50,20 €

23. III. 06

Alois Schröer

Die Kirche von Münster
im Wandel der Zeit

Alois Schröer

Die Kirche von Münster im Wandel der Zeit

Ausgewählte Abhandlungen,
Aufsätze und Vorträge
zur Kirchengeschichte und religiösen Volkskunde
des Bistums und Fürstbistums Münster

Aschendorff Münster

© 1994 Aschendorffsche Verlagsbuchhandlung GmbH & Co., Münster

Das Werk ist urheberrechtlich geschützt. Die dadurch begründeten Rechte, insbesondere die der Übersetzung, des Nachdrucks, der Entnahme von Abbildungen, der Funksendung, der Wiedergabe auf fotomechanischem oder ähnlichem Wege und der Speicherung in Datenverarbeitungsanlagen bleiben, auch bei nur auszugsweiser Verwertung, vorbehalten. Die Vergütungsansprüche des § 54, Abs. 2, UrhG, werden durch die Verwertungsgesellschaft Wort wahrgenommen.

Gesamtherstellung: Druckhaus Aschendorff, Münster, 1994

ISBN 3-402-03987-7

Dem Bischof von Münster
Reinhard Lettmann
und den Mitbrüdern
im Priester- und Diakonenamt

INHALT

Widmung V

Einführung XI

Abkürzungen XV

I. Liudger, erster Bischof von Münster, und sein Bistum
1. Das geistliche Bild Liudgers 3
2. Der Glaubensprediger 38
3. Liudgers Erinnerungen an seinen Lehrer und väterlichen Freund Gregor von Utrecht 44
4. Das Datum der Bischofsweihe Liudgers von Münster 57
5. Liudger-Reliquien im Hohen Dom zu Münster . . 75
6. Das Bistum Münster und seine Bischöfe 82

II. Dom und Domkapitel
7. Der St.-Paulus-Dom 95
8. Domstift oder Domkloster? 108
9. Der Erpho-Dom. Zur Geschichte der zweiten Domkirche in Münster (1090–1197) 113
10. Die Münsterer Domweihe (1264). Eine hundertjährige Kontroverse um das Weihejahr des dritten Paulus-Domes 134
11. Der Domhof, der „Vorhof der Kathedrale" 153
12. Das Münsterer Domkapitel im ausgehenden Mittelalter. Zur Siebenhundertjahrfeier der Domkirche in Münster 1264–1964 163
13. Das „neue" Domkapitel 1823–1973 218
14. Des Domes dunkelste Stunden 229

III. Reform und Reformation
15. Die Legation des Kardinals Nikolaus von Kues in Deutschland (1451/52) und ihre Bedeutung für Westfalen 241
16. Vatikanische Quellen zur Gropperforschung . . . 283

17. Das Visitationsprotokoll von St. Georg-Bocholt
    1654/56. Ein Beitrag zur Geschichte des Benefizial-
    wesens in der Zeit des Fürstbischofs Christoph
    Bernhard von Galen 307
18. Der Anteil der Frau an der Reformation in Westfalen 340
19. Der Erwerb der kirchlichen Jurisdiktion im Niederstift
    Münster durch Christoph Bernhard von Galen 1668 . 364
20. Das Priesterseminar in Münster. Ein Querschnitt
    durch seine Geschichte 377

IV. Kloster, Stift, Pfarrei

21. Die westfälischen Klöster und Stifte in der
    Reformationszeit 397
22. Die Vita Canonica und ihre Ausbreitung in Westfalen 421
23. Die pastorale Wirksamkeit der westfälischen
    Prämonstratenser 434
24. Stiftsdechanten von St. Ludgeri-Münster. Mit einer
    Lebensskizze des Georg Heinrich Jacobi v. Tautphäus
    (1717–1793) 448
25. Aus der Geschichte von St. Martini-Münster . . . 472
26. St. Lamberti-Münster unter der Leitung des
    Zwinglianers Bernd Rothmann (1532–1535) . . . 481
27. Die Gründung der Remigius-Kirche in Borken . . 489
28. 1000 Jahre St. Pankratius-Gescher (985–1985) . . . 500

V. Geistliche Persönlichkeiten

29. Niels Stensen (1638–1686) 551
30. Die Niels-Stensen-Feierlichkeiten in Florenz am
    Christ-Königs-Fest 1953 535
31. Johann Georg Müller, Bischof von Münster (1847–1870),
    und sein kirchenpolitischer Kampf im Jahre 1848 . . 543
32. Adolf Tibus (1817–1894) und Wilhelm Eberhard
    Schwarz (1855–1923). Zwei bedeutende Historiker
    des münsterischen Domkapitels 556

VI. Religiöses Volkstum

33. Heiligenkult und Volksfrömmigkeit. Gedanken zur
    Reduktion des römischen Calendarium Sanctorum . 599

34. Die westfälischen Bruderschaften. Ein historisch-volkskundliches Kapitel aus der religiösen Laienbewegung des Spätmittelalters 617
35. Die Wallfahrt zur Schmerzhaften Mutter von Telgte und die Galen-Bischöfe 633

Personen-, Orts- und Sachregister 648

EINFÜHRUNG

Die vorliegende Sammlung von Abhandlungen, Aufsätzen und Vorträgen bezieht sich nach ihrem Inhalt auf die *parochia Sancti Liudgeri*, d. h. auf jenen von Altfrid in der Vita Liudgeri, lib. II cap. 1, näher umschriebenen Gebietssprengel im westlichen Sachsen, den Karl d. Gr. 792 dem Friesenmissionar Liudger übertragen hatte und über den dieser und seine Nachfolger als Bischöfe und Fürstbischöfe von Münster hoheitliche Leitungsgewalt ausübten. Die Beiträge, die inhaltlich zum Teil auch auf die Kölner Kirchenprovinz bzw. den Raum Westfalen übergreifen, sind nach Themenbereichen geordnet und in sechs Abschnitte gegliedert. Die Texte wurden grundsätzlich unverändert übernommen, lediglich die Baugeschichte der Kirchengründung Liudgers erscheint in einer neuen Formulierung, die die Grabungsergebnisse der Archäologen des westfälischen Landesmuseums (1987/89) berücksichtigt. Neue Forschungsergebnisse, die über den Stand der jeweiligen Themen hinausgehen, finden Erwähnung. In ähnlicher Weise werden auch, um dem Leser ein abschließendes Bild zu vermitteln, zeitgeschichtliche Themen durch kurze Hinweise oder literarische Angaben bis in die Gegenwart ergänzt.

Im Vordergrund der Sammlung stehen die Abhandlungen über den ersten Bischof von Münster, *Liudger*, und über den *Dom* und das *Domkapitel*. Die Liudgerbeiträge suchen erstmals aus den persönlichen Aufzeichnungen des Friesen und der von Altfrid verfaßten Vita Liudgeri das geistliche Bild des ersten Bischofs von Münster zu ermitteln. Sie zeigen die Verdienste Liudgers um die Heranbildung jener ersten Priestergeneration, die nach dem Vorbild ihres Meisters die innere Bekehrung der westlichen Sachsen der Vollendung entgegenführte. Das Domkapitel, die wichtigste geistliche Körperschaft an der Kathedrale, erlangte u. a. durch das Adelsprivileg und das Recht der Bischofswahl hohe politische Bedeutung, während sein geistlicher Charakter zunehmend schwächer wurde. Drei Beiträge legen *umstrittene Daten* der Münsterer Bistumsgeschichte fest: Das Jahr der Bischofsweihe Liudgers (805), das Weihejahr der dritten Domkirche (1264) und das Jahr des Erwerbs der kirchlichen Jurisdiktion im Niederstift Münster durch Fürstbischof Christoph Bernhard v. Galen (1668).

Kirchengeschichtliche Bedeutung gewann die Legationsreise des großen Kardinals *Nikolaus von Kues* 1451/52, der der vorreformatorischen Selbstreform der Kirche in Deutschland weite Perspektiven gab und mit spirituellem Feingefühl pastorale Fehlentwicklungen der Volksfrömmigkeit in den Gemeinden unterband. Der Beitrag erstreckt sich ebenso wie die Untersuchung über den *Anteil der Frau an der westfälischen Reformation* auch auf das Erzbistum Köln bzw. die weltlichen Fürstentümer Westfalens. Neue vatikanische Dokumente werfen Licht auf den gegen die reformatorischen Pläne des Kölner Erzbischofs Hermann v. Wied gerichteten Glaubenskampf des Scholasters von St. Gereon-Köln, *Johannes Gropper* (1503–1559), aus Soest, dessen kämpferischer Initiative es zu danken ist, daß die Kölner Metropole der kirchliche und politische Eckpfeiler des deutschen Katholizismus blieb. Unsere Sammlung berichtet über die Geschichte der *Klöster*, *Stifte* und *Pfarreien* und über das verdienstvolle pastorale Wirken bzw. das berufliche oder menschliche Versagen der Mönche, Stiftsherren und Pfarrgeistlichen.

Unter den hier vorgestellten geschichtlichen Persönlichkeiten des Bistums Münster ragt durch Geistigkeit und Frömmigkeit der zur Ehre der Altäre erhobene Däne *Niels Stensen* (1638–1686) hervor, der sich als Weihbischof von Münster im Dienst an seinen reformbedürftigen Mitbrüdern und in der Sorge um die christliche Gemeinde aufrieb. Einer der verdientesten Oberhirten auf dem Stuhl des hl. Liudger im 19. Jahrhundert war *Johann Georg Müller* (1847–1870). Mit seinem Namen verbindet sich der großartige Aufbau der geistlichen Bildungsanstalten von Münster sowie die Verteidigung der kirchenpolitischen Grundrechte in der Frankfurter Paulskirche (1848). Hervorhebung verdienen auch die Historiker des „neuen" Domkapitels, *Adolf Tibus* (1817–1894) und *Wilhelm Eberhard Schwarz* (1855–1923), die nicht nur durch ihre grundlegenden historischen Arbeiten, sondern auch durch vielseitige Aktivitäten auf kirchlich-kulturellem und sozialem Gebiet der Kirche von Münster gedient haben. Den Abschluß bilden Gedanken über einige Erscheinungsformen *des religiösen Volkstums* (Heiligenkult, Bruderschaften, Wallfahrt), die der Volksfrömmigkeit im Bistum Münster weithin das Gepräge gaben.

Manche Beiträge dieser Sammlung wurden durch ungewöhnliche Ereignisse der jüngeren Bistumsgeschichte veranlaßt. Anlässe solcher Art waren u. a. die weitgehende Zerstörung des St.-Paulus-Domes im Zweiten Weltkrieg (Nr. 14), die Wiederherstellung, die Eröffnung und Konsekration der Kathedrale (Nr. 5, 7), die Diskussion um die Gestaltung des Domhofes (Nr. 11), die erstmalige Translation des Werdener Liudger-Schreines nach Münster (Nr. 2), die Erhebung der Gebeine Niels Stensens in Florenz 1953 (Nr. 30), Jubiläen von Dom-, Stifts- und Pfarrkirchen (Nr. 10, 12, 13, 22, 24, 25, 28) sowie des Domkapitels (Nr. 12, 13), Ehrungen verdienter Männer der Wissenschaft (Nr. 18, 19) oder des Kirchendienstes (Nr. 20), die Konsekration und Einführung neuer Bischöfe (Nr. 6, 30), die Tagung der Görresgesellschaft in Münster (1969) (Nr. 33) und nicht zuletzt die erwähnten Grabungen der Archäologen auf dem Domherrenfriedhof (1987/89), die neue Erkenntnisse über die Frühgeschichte der Münsterkirche Liudgers erbracht haben (Nr. 7, 8). Durch den Bezug dieser Beiträge auf denkwürdige Ereignisse der Gegenwart erhält die Sammlung auch eine zeitgeschichtliche Note.

Bei der Vorbereitung der Arbeit für den Druck leisteten mir die Mitarbeiter des Instituts für religiöse Volkskunde, Münster, der wiss. Assistent Herr Reinhard Jüstel und die wiss. Hilfskraft Herr Edgar Dohmen, wertvolle Dienste, für die ich ihnen danke.

Die Widmung des Buches ist Ausdruck unserer Hoffnung, daß Bischof Reinhard, der 74. Nachfolger des hl. Liudger, im Verein mit den Priestern, Diakonen und Laienhelfern unseres Bistums, die heutige Gemeinde des hl. Liudger mit Gottes Gnade zu einem lebendigen, freudigen Glauben an Jesus Christus in seiner Kirche führe.

Münster, den 5. August 1994   Alois Schröer

ABKÜRZUNGEN

Acta SS	Acta Sanctorum
ADB	Allgemeine Deutsche Biographie
BA(M)	Bistumsarchiv (Münster)
BKW	Bau- und Kunstdenkmäler von Westfalen
COD	Conciliorum Oecumenicorum Decreta (1962)
CTW	Codex Traditionum Westfalicarum
EKL	Evangelisches Kirchenlexikon
HJb	Historisches Jahrbuch
Jb	Jahrbuch
LThK	Lexikon für Theologie und Kirche
MG SS	Monumenta Germaniae Historica Scriptores
MGQ	Die Geschichtsquellen des Bistums Münster
MindGQ	Mindener Geschichtsquellen
Monasterium	Festschrift zum siebenhundertjährigen Weihegedächtnis des Paulus-Domes zu Münster, hg. von A. Schröer (1966)
NA	Neues Archiv der Gesellschaft für ältere deutsche Geschichtskunde
OGQ	Osnabrücker Geschichtsquellen
OM	Osnabrücker Mitteilungen
OUB	Osnabrücker Urkundenbuch
PL	Patrologia Latina
RGG	Die Religion in Geschichte und Gegenwart
RQ	Römische Quartalsschrift
RST	Reformationsgeschichtliche Studien und Texte
StA	Staatsarchiv
ThGl	Theologie und Glaube
UB	J. *Niesert*, Münsterisches Urkundenbuch
US	J. *Niesert*, Münsterische Urkundensammlung
WF	Westfälische Forschungen
WL	Westfälische Lebensbilder
WS	Westfalia Sacra
WUB	Westfälisches Urkundenbuch
WZ	Westfälische Zeitschrift

I. LIUDGER, ERSTER BISCHOF VON MÜNSTER

1. Das geistliche Bild Liudgers*

Der erste Bischof von Münster und Gründer von Werden ist im Laufe der Jahrhunderte mit einem überaus reichen Schrifttum bedacht worden. Die Arbeiten befassen sich, vielfach sehr verdienstvoll, mit seinem Leben und Wirken in Friesland und im Münsterland, mit seinen Gründungen, mit der verwickelten Frage der Chronologie, mit seinem Nachleben in Sage und Legende, in der Kunst und im kirchlichen Kult.[1] Von mehreren Ansätzen in der jüngsten Zeit[2] abgesehen, begegnen wir aber nirgends dem ernsthaften Versuch, die Gestalt Liudgers in ihrer persönlichen Eigenart aus den Quellen herauszuheben. Man beschränkte sich in die-

---

* Das erste Jahrtausend. Kultur und Kunst im werdenden Abendland an Rhein und Ruhr, hg. von K. Böhner, V. H. Elbern u. a., 1 (Verlag L. Schwann, Düsseldorf 1962) 194–215.

[1] Eine Zusammenstellung bis 1930 bringt Kl. *Löffler*, Der hl. Liudger, in: WL Bd. 1 (1930) 17. Besondere Hervorhebung verdienen die zahlreichen gediegenen Arbeiten von W. *Diekamp*, verzeichnet: WZ 44 (1886) 195f. Seither erschienen: H. *Börsting* und A. *Schröer*, Handbuch des Bistums Münster (²1946) 16–26. Liudger und sein Erbe = WS 1 (1948). H. *Börsting*, Geschichte des Bistums Münster (1951) 14–23. St.-Liudger-Gedenkschrift zum 1150. Todestage (Essen 1959). H. *Börsting*, Das Leben des heiligen Liudger. Sein Werk und seine Verehrung, in: Liudgerusstadt Billerbeck 809–1959, hg. von B. Senger OSB (1959) 7–39. V. H. *Elbern*, Der Werdener Buchschrein mit dem Probianus-Diptychon, in: WZ 109 (1959) 1–13. H. *Schrade*, Die Vita des hl. Liudger und ihre Bilder = Westfalen. 14. Sonderheft (1960). Dazu Bespr. von V. H. *Elbern* = Zs. f. Kunstgesch. (1960) 261ff.

[2] H. *Löwe*, Liudger als Zeitkritiker, in: HJb der Görresgesellschaft 74 (1955) 79–91. B. *Senger* OSB, Der heilige Liudger und der heilige Benedikt, in: Festschrift des Gymnasium Paulinum in Münster zur Einweihung seines neuen Hauses im St.-Liudger-Gedächtnisjahr 1959 (1959) 4–15. A. *Schröer*, Der heilige Liudger und der heilige Gregor von Utrecht: ebd. 16–26. B. *Senger* OSB, Die benediktinische Prägung des heiligen Liudger, in: Erbe und Auftrag 35 (1959) 376–387. J. *Leclercq* OSB, Liudger in der monastischen Überlieferung des Mittelalters: ebd. (1960). V. H. *Elbern*, Die künstlerisch-kulturellen Interessen St. Liudgers, Grundzüge einer Kulturbiographie, in: *ders.*, St. Liudger und die Abtei Werden. Gesammelte kunsthistorische Aufsätze, hg. von B. Senger OSB (1962) 45ff.

ser Hinsicht durchweg auf die knappen, zusammenfassenden Bemerkungen, die Altfrid am Ende seines Liudgerbildes macht. Und doch ist die Frage nach der geistigen Sonderheit dieses angesehenen Missionars für die Kenntnis der friesisch-sächsischen Bekehrung nicht ohne Belang. Es wird sich zeigen, daß die Quellen[3] im Sinne unserer Fragestellung weit mehr Aufschluß geben, als man gemeinhin annimmt. Bevor wir uns der thematischen Darstellung zuwenden, bringen wir einen kurzen chronologischen Lebensabriß Liudgers,[4] der die sachliche und zeitliche Einordnung der nachfolgenden Ausführungen erleichtern wird.

Liudger wurde im Jahre 742 oder kurz zuvor als Sproß eines christlich gewordenen friesischen Adelsgeschlechts geboren. Die Überlieferung nennt Zuylen unweit Utrecht als seinen Geburtsort. Seine Jugend verbrachte Liudger bis etwa zum dreizehnten Lebensjahr im Elternhaus. Auf eigenen Wunsch trat er um 755 in die von Abt Gregor geleitete Domschule am St.-Martins-Stift zu Utrecht ein, welche die von Willibrord und Bonifatius begründete angelsächsische Missionstradition fortsetzte. Den großen Apostel der Deutschen hatte Liudger selbst noch gesehen. Nach zwölfjährigem Besuch der Martinsschule begab er sich nach York in England, wo er im Alter von fünfundzwanzig Jahren die Diakonats-

---

[3] Es kommen in Betracht: a) Vita sancti Liudgeri auctore Altfrido, in: Die Vitae sancti Liudgeri, hg. von W. Diekamp = MGQ 4 (1881) 3–53. (Abk.: Vita Liudgeri). b) Vita secunda sancti Liudgeri (Vita II). Ebd. 54–84. Zur unbestrittenen Glaubwürdigkeit der Darstellung Altfrids: Ebd. Einleitung XV–XXXV. Zur Glaubwürdigkeit der Vita II: Einl. XXXV–XLIX. c) Vita Gregorii auctore Liudgero, ed. Holder-Egger, in: MG SS XV 1, 63–79; deutsch von *Grandaur*, in: Geschichtsschreiber der deutschen Vorzeit 14 (1888) und B. *Senger* OSB, Liudgers Erinnerungen (1959). Die historischen Angaben der Vita sind großenteils falsch oder ungenau. d) Cartularium Werthinense, in: *Lacomblet*, Urkundenbuch für die Geschichte des Niederrheins Bd. 1 (1840) Nr. 2-69. Mit nur einer Ausnahme (Nr. 15) beziehen sich alle Diplome auf Liudger und seine Werdener Stiftung. Sie umfassen den Zeitraum 793–848. – Die späteren Liudger-Viten scheiden hier wegen ihres betont legendarischen Charakters aus.

[4] A. *Schröer*, Chronologische Untersuchungen zum Leben Liudgers, in: WS 1, 85–138. Ders., Das Datum der Bischofsweihe Liudgers von Münster, in: HJb 75 (1957) 106–117.

weihe empfing. Er besuchte die hochangesehene Yorker Domschule, die unter der Leitung Alkuins stand, und kehrte nach einjährigem Studium nach Utrecht zurück. Der junge Diakon unternahm 769 eine zweite Reise nach York. Er verweilte dort dreieinhalb Jahre wiederum als Schüler Alkuins und traf um 772 mit einem kostbaren Bücherschatz wieder in Utrecht ein. Im Jahre 755 stand er am Sterbelager seines väterlichen Freundes Gregor.
Nun begann für Liudger die Zeit des pastoralen Wirkens. Gregors Neffe und Nachfolger Alberich entsandte ihn nach Deventer und in das innere Friesland. Nach dem 7. Juli 777 empfing Liudger im Alter von mindestens fünfunddreißig Jahren die Priesterweihe. Anschließend wirkte er sieben Jahre als Missionar im friesischen Ostergau, bis der Aufstand Widukinds 784 ihn zur Flucht nötigte. Er begab sich nach Rom, wo er kostbare Reliquien empfing, und anschließend nach Monte Cassino, um die Regel des hl. Benedikt zu studieren. Nach zweieinhalbjähriger Abwesenheit traf er wieder in seiner friesischen Heimat ein. Liudger wurde nunmehr von Karl dem Großen mit Lothusa belehnt und zum Missionsleiter der fünf mittelfriesischen Gaue ernannt. Im Herbst eines jeden Jahres unterbrach er seine Missionsarbeit, um für drei Monate die Leitung der Utrechter Domschule zu übernehmen. Eben damals entwarf er für seine Schüler das Lebensbild seines verehrten Lehrers Gregor. Liudger missionierte Helgoland, mußte aber 792 bei dem erneuten Aufstand der Ostfriesen seinen Wirkungskreis für die Dauer eines Jahres verlassen. Während dieser Zeit bot Karl der Große dem verdienten Missionar das angesehene Bistum Trier an, das dieser jedoch ausschlug. Statt dessen wurde Liudger auf eigenen Wunsch von dem Frankenherrscher zur Pastoration der Westsachsen entsandt. Nach dem 22. März 793 nahm er im Alter von einundfünfzig Jahren seine Tätigkeit im Münsterland auf. Die mittelfriesischen Gaue blieben weiterhin seiner Sorge unterstellt. Liudger gab wahrscheinlich die Anregung zur Gründung des Frauenstiftes Nottuln und gründete um 800 das Benediktinereigenkloster Werden an der Ruhr. Am 30. März 805 empfing er im Alter von dreiundsechzig Jahren die Bischofsweihe. Der Heilige starb in den frühen Morgenstunden des 26. März 809 zu Billerbeck.

I. Liudger, erster Bischof von Münster

Erbe und Bildung

Liudger hatte von seinen Vorfahren gute natürliche und religiöse Anlagen ererbt. Seine Eltern Thiadgrim und Liafburg[5] waren bereits im christlichen Glauben geboren und erzogen worden. In ihrem Hause herrschte ein vorbildlicher religiöser Geist. Liudgers Großvater väterlicherseits war ein begüterter friesischer Grundherr namens Wurssing.[6] Seine markante Gestalt erscheint in Altfrids Darstellung wie eine Verkörperung des mittelalterlichen Ritterideals. Obwohl Heide, erwies Wurssing sich „als ein Helfer der Armen, ein Verteidiger der Unterdrückten und ein gerechter Richter". Als der Friesenherzog Radbod zahllose Bürger des Landes wegen ihrer frankenfreundlichen Einstellung[7] verfolgte, trat Wurssing ihm mannhaft entgegen und verteidigte Recht und Wahrheit. Nach seiner Christwerdung stand der aufrechte Friese mit seiner ganzen Familie Willibrord bei der Bekehrungsarbeit im fränkischen Friesland zur Seite. Der Angelsachse wußte die Hilfe des friesischen Edelings wohl zu schätzen, weil dieser „ein Ehrenmann war, tiefgläubig und bei allen beliebt"[8]. Wurssings älterer Sohn Nothgrim, dessen Familie sich ebenfalls zum christlichen Glauben bekannte, unterhielt enge Freundschaft sowohl mit Willibrord als auch später mit Bonifatius.[9] Auch mütterlicherseits leisteten Liudgers Vorfahren der angelsächsischen Mission auf dem Festland ausgezeichnete Dienste. Zwei Brüder der Großmutter des Heiligen, Willibracht und Thiadbracht, waren die ersten Friesen, die den geistlichen Stand wählten[10] und damit das Bemühen

---

[5] Vita Liudgeri cap. 2. 5–8.
[6] Ebd. cap. 1–4.
[7] Als Willibrord 690 mit seinen Gefährten nach Utrecht gelangte, befanden sich Franken und Friesen im Kriegszustand. Die Franken siegten. Der Friesenherzog Radbod blieb dem mächtigen Nachbarn gegenüber mißtrauisch und feindselig. Wer von seinen Untertanen in den Verdacht der Hinneigung zu den christlichen Franken geriet, sah sich in höchster Gefahr. Mit dem nationalen Gegensatz verschärfte sich naturgemäß auch der Gegensatz der Friesen gegen das Christentum, die Religion der Franken. A. *Hauck*, Kirchengeschichte Deutschlands I (1922) 406f.
[8] Vita Liudgeri cap. 4.
[9] Ebd. cap. 5.
[10] Ebd.

des angelsächsischen Glaubensboten wirksam unterstützten, einen eingeborenen Klerus heranzubilden.
Alles dies stand noch in der lebhaften Erinnerung nicht nur der Eltern Liudgers, sondern auch der Menschen seiner Heimat. Als Liudger das Licht der Welt erblickte, waren eben erst zwei oder drei Jahre vergangen, seit Willibrord († 739) in seiner Echternacher Gründung die letzte Ruhestätte gefunden hatte. So ging der Geist der Familie wie von selbst auf den Knaben über und verband sich in ihm mit den besten Eigenschaften seiner Sippe. Es ist daher nicht erstaunlich, daß in dem heranwachsenden Jungen der Wunsch reifte, dem missionarischen Beispiel der angelsächsischen Glaubenshelden zu folgen. Er bat seine Eltern, ihn in der benachbarten *Domschule zu Utrecht* und dem damit verbundenen Missionsseminar ausbilden zu lassen.[11] Die Leitung der Martinsschule[12] lag damals in den Händen des Franken Gregor,[13] der aus dem Schülerkreis um Bonifatius hervorgegangen war. Der Sorge Gregors war außer der Schule auch die Mission anvertraut. Pippin der Jüngere (714–768) und Papst Stephan II. (752–757) hatten den Abt ausdrücklich mit der Administration des Bistums Utrecht und der Glaubenspredigt unter den Friesen beauftragt. Gregors

[11] Ebd. cap. 9. Nach Altfrid soll sich bereits in den Spielen des unmündigen Kindes die geistige Begabung des künftigen Priesters angekündigt haben. Zeichnet Altfrid hier vielleicht das Bild des Kindes nach dem des Mannes, das seinen Gewährsmännern vor Augen stand? Vgl. die gleichartige Schilderung Willibalds im Hinblick auf die asketischen Züge des Bonifatius im frühen Kindesalter. Vitae Bonifatii, ed. W. Levison, MG SS rer. Germ. (1905); deutsch von M. *Tangl*, Geschichtschr. d. dt. Vorzeit 13 (1945). A. *Hauck* I, 418f.
[12] Nachdem Willibrord 695 in Rom von Sergius I. zum Bischof geweiht worden war, erbaute er als neuer Erzbischof in Utrecht eine Kirche zu Ehren des Erlösers und des hl. Martin und ein Kloster für sich und seine Gefährten, das die Regel Benedikts annahm. Zu einer Kirchenprovinz kam es jedoch nicht. Um den Bestand des Bistums zu sichern, statteten die Frankenherrscher das Kloster reich aus. Die Mönche arbeiteten in der Mission und in der Seelsorge. Nach Willibrords Tod (739) blieb das Bistum einige Jahre unbesetzt, bis im Anfang der fünfziger Jahre Abt Gregor die Leitung des Martinsklosters übernahm. Zur weiteren Geschichte des Bistums und den konkurrierenden Ansprüchen Kölns vgl. A. *Hauck* I, 547f.
[13] Seine Vita von Liudger s. Anm. 3c. A. *Hauck* [8]II, 176. 356–359. A. *Schröer*, Liudger und Gregor, s. Anm. 2.

Liudgers Aufnahme in das Kloster Utrecht

Schule entwickelte sich zu einem wichtigen Bildungszentrum am Niederrhein. Sie zog nicht nur Sachsen, Friesen und Franken, sondern – was mehr bedeuten wollte – auch Bayern und Schwaben an. Sogar Angelsachsen, denen es doch gewiß im eigenen Land an hervorragenden Bildungsmöglichkeiten nicht fehlte, suchten bei Gregor Unterweisung.

Der Utrechter Meister war zweifellos ein trefflicher Lehrer, aber er war auch ein vorbildlicher Führer der jungen heranwachsenden Kleriker. Mit Liudger, „den er liebte wie seinen einzigen Sohn"[14], verband ihn ein echtes Meister-Jünger-Verhältnis. Zu keinem seiner Lehrer gewann der junge Friese so aufrichtiges Vertrauen wie zu Gregor. Mit dem Feingefühl des dankbaren Schülers widmete er ihm später die einzige Schrift, die von ihm erhalten ist.[15] Gre-

---

[14] Vita Gregorii cap. 9.
[15] S. Anm. 3c. Allerdings stammt aus Liudgers Feder wohl auch der in einer vatikanischen Handschrift überlieferte, für die christliche Frühzeit des Sachsenlandes überaus bezeichnende Indiculus superstitionum et

gor war das Vorbild, nach dem er nicht nur sein eigenes Leben gestaltete, sondern auch das seiner Schüler und jungen Mitbrüder zu formen suchte. Der Unterricht, den Liudger zwölf Jahre in Utrecht genoß, war von dem Ziel geleitet, den Schülern den antiken Bildungsstoff und die *doctrina christiana* Augustins in einer schlichten, dem Verständnis der Landesbevölkerung angepaßten Form zu vermitteln.[16] Besondere Berücksichtigung fanden die konkreten Bedürfnisse der Glaubenspredigt. Dem Lehrbetrieb lagen wohl, wie üblich, die kompilatorischen Sammlungen der großen Enzyklopädisten der Vergangenheit, wie Cassiodors († um 583), Boethius' († 524) und vor allem Isidors von Sevilla († 636), zugrunde, die außer zahlreichen Bibeltexten und Väterstellen die antiken Wissensschätze enthielten. Auch den äußeren Rahmen des Unterrichts entnahm man damals der Spätantike in der Form der sieben freien Künste. Bei all dem ließ man den sittlich-religiösen Endzweck aller Bildung sowie den Missionsgedanken nicht aus dem Auge.

Alkuin, dem die Utrechter Domschule zweifellos manche wertvolle Anregung verdankte, teilte später als Gesetzgeber der karolingischen Bildungspolitik den gesamten hergebrachten Lehrstoff der Kloster- und Domschulen in drei Stufen ein:

1. das elementare Wissen: Singen, Lesen, Schreiben, Anfangsgründe der Grammatik und Kalenderkunde;
2. die artistische Bildung: die sieben freien Künste[17]: das ethische Trivium und das physische Quadrivium;

---

paginarium, der im Anfang des 9. Jahrhunderts in Mainz bekannt war, zu dem aber leider die Kapitel selbst fehlen: MG Cap. I, 222f. Der Indiculus ist jedoch nicht als literarisches Erzeugnis, sondern als Instruktion an den Klerus zu werten. Vgl. A. *Hauck* II, 404ff. A. *Schröer*, Liudger und die Sachsen, in: Auf Roter Erde. Monatsblätter für Landeskunde und Volkstum Westfalens, Jg. 16 (1960) Nr. 15.

[16] W. *Wühr*, Das abendländische Bildungswesen im Mittelalter (1950) 20–63.

[17] Diese wurden *artes liberales* (*ars* = Lehre) genannt, weil sie nicht dem Gelderwerb dienten und eines freien Mannes würdig erschienen. Der Ausdruck *Trivium* = Dreiweg stammt aus dem 9. Jahrhundert, während *Quadrivium* = Vierweg bereits von Boethius geprägt wurde. Zum Trivium gehörten Grammatik, Rhetorik, Dialektik; zum Quadrivium Arithmetik, Geometrie, Musik, Astronomie. Über den Inhalt dieser Fächer und die Lehrbücher s. *Wühr* 57f.

3. die theologische Berufsbildung: Schriftverständnis und Schriftexegese (historisch, moralisch, allegorisch), Predigt, Liturgik und Katechese.

Eine systematische Darstellung oder gar spekulative Durchdringung der gesamten Glaubens- und Sittenlehre war dieser Zeit noch fremd. Da es nur um ein Begriffswissen ging, legte man das Schwergewicht auf das gedächtnismäßige Auswendiglernen. In methodischer Hinsicht pflegte man den Unterrichtsdialog, allerdings in der Weise, daß gewöhnlich der Schüler die Fragen stellte. Dem Schulleiter standen soviel Lehrkräfte *(scholastici* oder *magistri)* zur Verfügung, als die Zahl der Schüler erforderlich machte.

Eine unbestrittene Vorrangstellung unter den Bildungsstätten der damaligen Zeit nahm die *Domschule von York* in England[18] ein, die Liudger nach Abschluß seiner Utrechter Studien im Alter von fünfundzwanzig Jahren bezog.[19] York erwies damals dem Kontinent die Dienste einer Hochschule. Der ausgezeichnete Ruf, den diese Schule unter den abendländischen Bildungsstätten genoß, wurde noch gehoben durch den Namen ihres damaligen berühmten Leiters Alkuin,[20] zu dessen Füßen Liudger viereinhalb Jahre saß. Unstreitig war Alkuin dem Utrechter Abt an geistiger Reichweite überlegen. Während man in Utrecht die Kleriker schulte, pflegte man in England klassische Gelehrsamkeit. Was Alkuin seinen Schülern zu geben hatte, näherte sich bereits anspruchsvollen Vorstellungen von Bildung und Wissenschaft. In dieser Welt fühlte der junge friesische Diakon sich wohl. Als er nach einjährigem Studium nach Utrecht heimkehrte, zog es ihn schon bald mit Macht nach York zurück. Er hatte den Wunsch, so umschreibt Altfrid in einem treffenden Bild das Bildungsbedürfnis Liudgers, „sich an dem einmal dargebotenen süßen Honig vollends zu sättigen"[21]. Liudger verweilte noch dreieinhalb Jahre in York und machte „Fortschritte im Studium der Heilslehre"[22]. Enge Freund-

---

[18] A. *Hauck* II, 130f.
[19] Vita Liudgeri cap. 10. 11.
[20] A. *Hauck* II, 129–150. W. *Levison*, England and the Continent in the eighth Century (Oxford 1946) 147–150 u. ö.
[21] Vita Liudgeri cap. 11.
[22] Ebd.

schaft verband ihn mit einem Alkuin-Schüler namens Joseph, der ihn später bewundernd die „berühmte Säule seines Volkes" genannt und als „gebildet, klug und tief an Geist" gerühmt hat.[23] Die Umstände der Abreise[24] werfen ein bezeichnendes Licht auf den Bildungseifer Liudgers und dessen enge Verbundenheit mit seinem Yorker Lehrmeister. Ein ernster Konflikt zwischen Friesen und Angeln hatte diesen nämlich bewogen, seinen Schüler mit friesischen Kaufleuten heimzuschicken. Aber Alkuin hatte Anlaß zu der Sorge, Liudger könne „aus Liebe zur Wissenschaft"[25] die Flucht ergreifen und sich vorübergehend in einer anderen Stadt der Insel verborgen halten. Er gab daher seinem Diakon Putul den Auftrag, ihn in die Heimat zu begleiten. „Er wolle lieber selbst sterben", so erklärte er, „als daß sein lieber Sohn dort ein Leid erdulden müsse."[26] So gelangte Liudger „gut ausgebildet"[27] und mit kostbaren Büchern versehen[28] in die Heimat zurück. Auch in den Fragen des Ordenswesens war er zur Freude seines benediktinischen Meisters in Utrecht „gelehrter und erfahrener"[29] geworden. Allerdings erfuhr das Studium der monastischen Lebensweise seine letzte Ausreifung erst zwölf Jahre später, als er, von den Aufständischen Widukinds vertrieben, einen längeren Auf-

---

[23] Ebd. cap. 19: *Vive tuae gentis Fresonum clara columna... Doctus, in eloquio prudens et mente profundus.*
[24] Ebd. cap. 11. 12.
[25] Ebd. cap. 12: *amore discendi.*
[26] Ebd. cap. 12.
[27] Ebd. cap. 12: *bene instructus.*
[28] Ebd. cap. 12. Das wichtigste Hilfsmittel für eine gute Schule war eine reiche Bibliothek von Handschriften. Auf alle mögliche Art und Weise versuchte man, neue Abschriften zu gewinnen. Aus England und Italien ließ man Muster kommen, die man eifrig vervielfältigte. W. *Wühr* 58. Auch Bonifatius brachte von seiner Romfahrt „mehrere Bücher der heiligen Schriften mit nicht geringer Mühe zu seinem und seiner Schüler Gewinn mit nach Hause". Vita Gregorii cap. 8. Über die von Liudger gesammelten Handschriften: W. *Diekamp*, WZ 40 (1882) 74ff.; ferner die Arbeiten von R. *Drögereit*, insbes.: Des Friesen Liudger Eigenkloster Werden und seine kulturelle Bedeutung, in: Jahrbuch Emden 31 (1951) 5–24. Vgl. dazu: WF 6 (1953) 234 (Literaturbericht von W. *Foerste*).
[29] Vita Liudgeri cap. 12.

enthalt in Monte Cassino nahm.[30] Daß Liudgers theologische Bildung sich in York in erheblichem Maße geweitet und vertieft hatte, deutet vielsagend der Umstand an, daß er nach seiner endgültigen Heimkehr zusammen mit Gregor, der unterdessen leidend und hinfällig geworden war, das Enchiridion Augustins[31] las, eine systematische Darstellung der wichtigsten Glaubenslehren, die in bedeutsamer Weise die augustinische Gedankenwelt widerspiegelt.

So war Liudger für die vor ihm liegenden missionarischen und pastoralen Aufgaben geistig gut vorbereitet. Als gereifter Mann – er zählte dreiunddreißig Jahre – stand er auf der Höhe seiner Zeit und überragte zweifellos die meisten seiner Mitbrüder durch ein gediegenes wissenschaftliches Rüstzeug.[32] Allein Liudger war kein Gelehrter. Er gehörte nicht zu den überragenden Schülern Alkuins wie etwa der Historiograph am Hofe Karls des Großen, Einhard († 840), oder der Liturgiker Bischof Amalar von Trier-Metz († um 855) oder gar der Benediktiner Hrabanus Maurus († 856), der *princeps praeceptor Germaniae*, der die Fuldaer Klosterschule zu höchstem Ruhm führte. Wenn wir diese Namen nennen, wer-

---

[30] Ebd. cap. 21. Schon damals hatte Liudger die Absicht, auf seinem väterlichen Erbe ein Mönchskloster zu errichten.

[31] Das Enchiridion (Handbüchlein) ad Laurentium de fide, spe et caritate stammt aus der Spätzeit des seelsorglichen und bischöflichen Wirkens Augustins (423/24) und verdankt seine Entstehung der Bitte eines gebildeten Mannes namens Laurentius, ihm über die wichtigsten Lehrpunkte des Glaubens Aufschluß zu geben. Der Gedankengang läßt sich in den folgenden Stichworten zusammenfassen: Weisheit, Weg und Ziel, das Böse, Wahrheit und Erkenntnis, Gott und die Schöpfung, Sünde und Gnade, die Kirche als Tempel des Heiligen Geistes, Sündenvergebung und Auferstehung, das Geheimnis der Vorherbestimmung, Hoffnung und Liebe. Thomas v. A. benutzte das Enchiridion als Vorbild für das Compendium Theologiae, das sich im Plan genau an den in der augustinischen Schrift befolgten Grundriß anschließt. Vgl. *Abert*, Sancti Thomae Aquinatis Compendium Theologiae (1896) 17. Eine gute Übertragung und Erläuterung von P. *Simon* findet sich in der Reihe: Aurelius Augustinus in der deutschen Sprache (1948).

[32] Zwei Jahre später empfing Liudger die Priesterweihe. Die legitima aetas für das Presbyterat war damals das vollendete 30. Lebensjahr. A. *Schröer*, Chronol. Untersuchungen 98. Auch Bonifatius gelangte erst „im Alter von dreißig oder noch mehr Jahren ... zum Stande des Priesteramtes" (Willibald). *Tangl* 14.

den wir des geistigen Abstandes inne, der ihre Träger von der zwar geistig geformten, aber doch schlichten Gestalt des Gründers von Münster und Werden trennt. Die geistige Bildung Liudgers, so bedeutsam sie für die Beurteilung seiner Persönlichkeit sein mag, kann uns den Schlüssel zum tieferen Verständnis seines Wesens nicht geben. Um ihn zu gewinnen, müssen wir den Blick richten auf den Menschen Liudger und seine geistliche Berufsauffassung.

Mensch und Priester

Unter allen Wesenszügen, die Liudger eigentümlich waren, tritt am stärksten die *temperantia* hervor, die Tugend der Zucht und des Maßes. Altfrid schreibt, Liudger sei stets bestrebt gewesen, *omnia mensurate facere*.[33] Diese Kardinaltugend, „eine der vier Angeln, in denen das Tor zum Leben schwingt"[34], befähigt den Menschen, seine natürlichen Leidenschaften und Gemütswallungen nach den Gesetzen der Vernunft zu regeln. Sie hält „wahrend und wehrend Ordnung im Menschen"[35]. Zucht und Maß gehören zweifellos zu der glücklichen Naturausstattung Liudgers. In ihrer vollendeten Reife waren sie aber die Frucht benediktinischer Erziehung.[36] Die höchste Tugend des Erziehers der Klosterfamilie ist

---

[33] Vita Liudgeri cap. 30.
[34] J. *Pieper*, Zucht und Maß. Über die vierte Kardinaltugend (1940) 8f. *Cardo* bedeutet Türangel.
[35] Ebd. 18. 61.
[36] In Utrecht herrschte ein vorbildlicher benediktinischer Geist. Gregor erwies sich, wie wir sahen, als ein überzeugter Schüler des Benediktiners Bonifatius. In York lebte Liudger unter der Regel Benedikts, und in Monte Cassino widmete er sich deren Studium und nahm, was nicht zweifelhaft ist, eine Abschrift von ihr. Chrodegangs († 766) Regel (Migne PL 89, 1097–1120), die das kanonische Gemeinschaftsleben der Weltpriester an den Bischofssitzen, so auch in Münster, ordnete, hatte die Regel Benedikts und die der römischen Kanoniker am Lateran zum Vorbild. Vor allem traten Liudgers benediktinische Neigungen in der Gründung des Benediktinereigenklosters Werden hervor, dessen erster Abt er wurde und das er noch zu Lebzeiten als seine letzte Ruhestätte bestimmte. Gleichwohl legte Liudger, offenbar um für die Glaubenspredigt völlig frei zu sein, die Mönchsgelübde nicht ab, trug aber bis zu seinem Lebensende das benediktinische Bußhemd, „das leicht zu ver-

nämlich nach der Regel Benedikts die sogenannte *discretio*.³⁷ Das Wort ist schwer zu übersetzen. Gemeint ist wohl jene feine Unterscheidungsgabe, die in jeder Lage den rechten Ausgleich finden läßt zwischen dem anzustrebenden Ideal und der menschlichen Unzulänglichkeit. Die *discretio* hält, wie die *temperantia*, in allem Maß. Sie vermag im moralisch-asketischen Streben leicht Wesentliches vom Unwesentlichen zu scheiden. Das Ziel, das sie erreichen will, ist der Mensch, der seine Kräfte in ihrer natürlichen Hinordnung auf Gott harmonisch entfaltet und auf diese Weise innere Gelöstheit und den heiteren Frieden der Seele gewinnt.³⁸ Es ist das gleiche Bild, das der junge Friese in Utrecht bot. Liudger war nämlich bei seinen Mitschülern gern gesehen, „weil er ein Mensch von gewinnender Freundlichkeit war, heiteren Wesens, ... der in all seinem Tun Klugheit mit Zucht und Maß *(temperantia)* verband"³⁹.

In mannigfacher Weise wurde die *temperantia* im Leben des Heiligen wirksam. Sie bewahrte ihn vor dem ungeordneten Streben nach Geltung und Vorrang. Der Heilige hatte in der benediktinischen Familie gelernt, sich in selbstloser *Demut* der Gemeinschaft einzuordnen. Die *humilitas*⁴⁰ war ja neben der *oboedientia*⁴¹ der

bergen war". Vita Liudgeri cap. 30. Willibald rühmt auch an Bonifatius das benediktinische Maßhalten: „... Bei seiner Predigt wohnte ihm solche feine Mäßigung inne, daß seinem harten Tadel nicht die Milde und seiner Milde nicht die Kraft fehlte; denn wenn ihn auch kräftiger Eifer aufflammen ließ, so besänftigte doch wieder die Milde seiner Liebe." Vita Bonifatii cap. 3. *Tangl* 12.
³⁷ Sancti Benedicti Regula Monasteriorum, ed. D. C. Butler (1927) cap. 64: ... *Haec ergo aliaque testimonia discretionis matris virtutum sumens, sic omnia temperet, ut sit et fortes quod cupiant et infirmi non refugiant.*
³⁸ W. *Wühr* 27f.
³⁹ Vita Liudgeri cap. 9.
⁴⁰ Benedicti Regula cap. 2. 72.
⁴¹ Ebd. cap. 71. Einer gewissen Prüfung war die *oboedientia* Liudgers möglicherweise ausgesetzt, als nach dem Tode Gregors dessen Neffe Alberich die Leitung des Stifts übernahm. Alkuin nennt Alberich einmal *vaccipotens praesul* und will vielleicht damit andeuten, daß jener über den Besitz anders urteilte als Gregor. Auch sonst war Alberich „aus anderem Holz als sein Oheim, schroffer, energischer, auch in den Dingen dieser Welt gewandter". A. *Hauck* II, 363f. Alberich erteilte Liudger den

Hauptbegriff benediktinischer Askese. So hütete sich Liudger davor, „sich einen eitlen Namen zu machen"[42]. Er war jener demütigen Selbsterkenntnis fähig, die sich so einschätzt, wie es der Wahrheit entspricht. Leuchtend trat diese Tugend in das Licht der Geschichte, als Karl der Große den von ihm hochgeschätzten Friesenapostel auf den Trierer Bischofsstuhl erheben wollte. Die alte Römerstadt mit ihrer erlesenen Kultur und ihrer uralten christlichen Tradition mochte vielen Geistlichen des fränkischen Reiches als verlockendes Ziel erscheinen. Aber Liudger lehnte ab. Eine solche Kirche bedürfe seiner am allerwenigsten. Trier selbst verfüge über viele Männer, die gelehrter und einer solchen Aufgabe würdiger seien als er. Aber er bitte den König, zu den ungesitteten Sachsen gehen zu dürfen. „Und der König setzte ihn, hocherfreut über diese Antwort, zum Seelenhirten im westlichen Teil des Sachsenlandes ein"[43], meldet schlicht der zweite Biograph. Diese ansprechende Demut des Heiligen, die um die Grenzen der eigenen Fähigkeiten weiß, erleben wir ein zweites Mal in Münster. Auch hier wollte Liudger der Bischofsweihe ausweichen. Er bat seine Mitbrüder, einer von ihnen möge das hohe Amt übernehmen. Als auch sein bischöflicher Freund Hildibald von Köln ihm zuredete, gestand er diesem in aller Demut, er erfülle nicht die Forderung des Apostels: „Ein Bischof muß untadelig sein" (1 Tim 3,2)[44]. Hildibald gelang es, dieses Bedenken zu zerstreuen. „Durch den einstimmigen Wunsch aller überwunden und mehr noch durch die Fügung Gottes genötigt, willigte er endlich ein, um nicht dem Rat so vieler und erst recht nicht dem Willen Gottes gegenüber starr und ungehorsam zu sein."[45] Wenn das tiefste Wesen der Demut die Unterwerfung des Menschen unter Gott ist, dann finden wir es in Liudger beispielhaft verwirklicht.

Auftrag, die zerstörte Kirche über dem Grab Lebuins wiederaufzubauen. *Magistri iussis obtemperans* (Vita Liudgeri cap. 15) ging Liudger unverzüglich ans Werk.
[42] Vita Liudgeri cap. 30.
[43] Vita II cap. 17.
[44] Vita Liudgeri cap. 23. Auch der hl. Willibrord wies nach Alkuins Vita auf den *virtutum catalogus* hin, die nach den Worten des Apostels an Timotheus jeder Bischof besitzen müsse. MGQ 4, 28 Anm. 8.
[45] Ebd. cap. 23.

Am Schluß seiner Liudger-Vita umreißt Altfrid in flüchtigen Strichen das geistige Porträt seines Heiligen und fügt dem Bild in immer neuen Schattierungen die *temperantia* ein. Liudger war ein Gegner asketischer Übertreibungen, aber nicht einer vernünftigen Abstinenz: „Fleischgenuß lehnte er zu bestimmten Zeiten nicht ab; doch hat keiner seiner Schüler ihn je an Speise oder Trank vollends gesättigt gesehen."[46] Auch in seiner Haltung zu den Mitmenschen beobachten wir das gleiche ausgewogene Maß. Er lud nicht nur die Armen, sondern auch die Reichen an seinen Tisch. Für alle trug er die gleiche Sorge. Liudger benutzte gern die Gelegenheit, während des Mahles in zwanglosen Gesprächen „die süßen Heilslehren des ewigen Lebens in ihre Herzen strömen zu lassen, so daß sie mehr durch geistliche als durch irdische Genüsse gesättigt heimkehrten". Er war zwar der „Vater der Armen", der seiner selbst nicht achtete, aber er suchte nach dem Wort des Apostels „sich allen so anzupassen, daß er allen nützen könnte"[47]. Wenn ihm indessen der Reiche stolz und hochmütig begegnete, trat Liudger ihm „kraft seiner bischöflichen Autorität" mit höchster Strenge entgegen.[48] Diese in Liudger sichtbar gewordene Haltung des Menschen zum Menschen scheint auch jener Yorker Freund des Heiligen, der Alkuin-Schüler Joseph, im Auge zu haben, als er viele Jahre später seinem friesischen Freund liebenswürdige Verse sandte, in denen es heißt:

„Wie ein Kind dienst du demütigen Herzens den Bejahrten,
Wie ein Bruder bist du allen, die gleich dir an Alter,
Und wie ein Vater schenkst du der Jugend Worte des Lebens."[49]

Es ist kein Zweifel, die *temperantia* prägte das menschliche Bild Liudgers. Diese Feststellung gilt jedoch mit einer Einschränkung: im Dienst vor Gott, in seiner Innerlichkeit, zumal in seinem Gebetsleben, strebte Liudger nach höchster Vollendung.

---

[46] Vita Liudgeri cap. 30.
[47] Ebd.
[48] Vita II cap. 31: *Et dum bonos omnes honoraret, contra superbos divites episcopali auctoritate rigidissimus erat.*
[49] Vita Liudgeri cap. 19.

Die *Frömmigkeit* des Heiligen war, wiederum in Übereinstimmung mit der Regel Benedikts,[50] wesentlich *auf Christus* hingeordnet. Das Christusbild selbst war jedoch nicht benediktinisch,[51] sondern durchaus individuell gefärbt. Dreiunddreißigmal bezieht Liudger sich in dem Lebensbild Gregors auf Christus. Der Sohn Gottes erscheint als der Erlöser,[52] als Herr und Erlöser,[53] als „Unser Herr Jesus Christus"[54], als Christus,[55] bei weitem am häufigsten aber kurz und ehrfurchtheischend als „Der Herr"[56]. Der Heilige vertraute der Gnade Christi; denn diese schenkt unverdient Hilfe in irdischen Unternehmungen,[57] Fruchtbarkeit bei der Aussaat des Gotteswortes,[58] das große Licht eines heiligen Glaubenspredigers,[59] Ruhe vor den Kriegen,[60] Sieg und Frieden für die Kirche,[61] glückliche Heimkehr zum Herrn[62] und endlich die ewige Seligkeit.[63] Der Heilige ruft seinen Schülern und Mitbrüdern die

---

[50] A. *Kemmer*, Christus in der Regel St. Benedikts, in: Commentationes in regulam S. Benedicti, cura Basilii Steidle OSB = Studia Anselmiana 42 (1957) 1–14.

[51] In der Regel Benedikts wird Christus als Vater, als König, als Lehrer, als der Gute Hirt und dem Sinne nach auch als Arzt bezeichnet, Benennungen und Begriffe, die Liudger ungewohnt sind. Dagegen bezeichnet er Bonifatius und dessen Schüler Negingod, Willibald und Sturm in Anlehnung an die Schrift als Vater, Hirt und Lehrer. Er kennzeichnet in gleicher Weise die Kirche als Schafstall, Papst und Christenheit als Hirt und Herde, das Verhältnis des Bonifatius zu seinen Schülern als das des Vaters zu seinen Söhnen. Sein Lehrer Gregor ist für ihn der gute Vater und Hirt. Hier sind starke Anklänge an benediktinische Gewohnheiten zu erkennen.

[52] Vita Gregorii cap. 2: *redemptor*.

[53] Ebd. cap. 13: *dominus et redemptor*.

[54] Ebd. cap. 15: *dominus noster Jesus Christus*.

[55] Ebd. cap. 2. 4. 7. 10. 13. 15.

[56] Ebd. passim; diese schon damals traditionelle Bezeichnung Christi ist auch in der Regel Benedikts gebräuchlich.

[57] Ebd. Proemium.

[58] Ebd. cap. 1.

[59] Ebd. cap. 10.

[60] Ebd. cap. 4.

[61] Ebd. cap. 2.

[62] Ebd. cap. 10. 15.

[63] Ebd. cap. 15.

Mahnungen[64] und Gebote des Herrn[65] in die Erinnerung. Der „Pfeil des Herrenwortes"[66] durchdringt „das Ohr des Herzens". Wie die Diener Christi,[67] so gehören auch die Apostel[68] und die Armen[69] dem Herrn. Abt Gregors und Liudgers Mitbrüder und Schüler sind, der germanischen Vorstellung vom Herzog Christus gemäß, Soldaten Christi.[70] Der Herr ist der Beschützer,[71] die ewige Freude[72] der Gotteskinder. Er ist der starke Felsen,[73] den die Fluten menschlicher Feindseligkeit und die Stürme teuflischer Versuchung und List nicht zu erschüttern vermögen.

Hocherhaben über allem steht das *opus dei*[74]: die Feier der heiligen Eucharistie und das mit ihr verbundene kirchliche Stundengebet. Der Heilige feierte das heilige *Meßopfer* täglich. Sogar noch während seiner letzten Krankheit, als er bereits vom Tode gezeichnet war, zelebrierte er fast Tag für Tag. Als der Tod ihn in den frühen Morgenstunden des 26. März 809 ereilte, hatte er noch am Morgen des vorhergehenden Tages die heilige Messe gefeiert.[75] Wenn Liudger voll Sorgen war oder wichtige Entscheidungen zu treffen hatte, pflegte er seine geistlichen Mitbrüder zu bitten, in seiner Meinung das heilige Opfer zu feiern.[76] Die Feier der heiligen Messe war umrahmt durch das *kirchliche Stundengebet*, das Liudger zu den vorgeschriebenen Zeiten zusammen mit seinen Mitbrüdern und Schülern rezitierte oder sang.[77] Auch auf seinen Predigt- und Visitationsreisen durch das Bistum erhielt er diese Ord-

---

[64] Ebd. cap. 2.
[65] Ebd. cap. Proem.
[66] Ebd. cap. 12: *sagitta sermonis Domini . . . cordis aures . . . penetravit.*
[67] Ebd. cap. 2.
[68] Ebd. cap. 7.
[69] Ebd. cap. 2.
[70] Ebd. cap. 13. 14.
[71] Ebd. cap. 4.
[72] Ebd. Proemium.
[73] Ebd. cap. 7.
[74] Zum Begriff des *opus dei* bei Benedikt und Gregor dem Großen s. K. Hallinger, Papst Gregor der Große und Benedikt, in: Studia Anselmiana 42 (1957) 288–292.
[75] Vita Liudgeri cap. 31.
[76] Vita II cap. 31.
[77] Vita Liudgeri cap. 18; 17: *mane Domini laudibus expletis.*

Das geistliche Bild Liudgers

nung aufrecht.[78] Sogar noch in der letzten Zeit seines Lebens, als er bereits von körperlichen Leiden heimgesucht wurde, vernachlässigte er nicht das Stundengebet. Er widmete sich im Gegenteil mit höchstem Eifer *consueto more* der heiligen Pflicht: er hörte die geistlichen Lesungen, sang die Psalmen und verrichtete andere geistliche Übungen.[79] Es kennzeichnet die persönliche Innerlichkeit des Heiligen, daß er im Anschluß an das *officium divinum* noch lange in stillem Gebet verharrte.[80] In schwieriger Lage bat er Ordensmänner und Ordensfrauen um ihr fürbittendes Beten und Fasten.[81] Diese christozentrische Gebetshaltung schloß natürlich die Heiligenverehrung nicht aus. Wir wissen aus den Quellen, welche Bedeutung die Heilige Jungfrau und die Apostelfürsten Peter und Paul für das religiöse Innenleben Liudgers hatten.[82] Im Dienst vor Gott schien Liudger dieser Welt entrückt zu sein. Sowohl von sich selbst als auch von seinen Schülern verlangte er dabei eine zuchtvolle innere und äußere *Gebetshaltung*. Für den ehemaligen Benediktineralumnen gab es in der nächsten Nähe Gottes kein lockeres Sichgehenlassen, keine Formlosigkeit des Denkens, keine weiche Duldsamkeit bei vermeidbaren Störungen. Die Maßstäbe des Heiligen waren streng. Bezeichnend dafür ist ein Vorfall, der sich auf einer der vielen Reisen ereignete, die Liudger in seinem Sprengel unternahm.[83] Die kleine Reisegesellschaft hatte sich in einer Herberge einquartiert und zu nächtlicher Stunde am Herdfeuer des Hauses versammelt, um die Matutin zu singen. Während des Gesanges drang dem Meister beständig der scharfe Rauch des Feuers, das unter der Asche glimmte, in die Augen. „Er aber stand unbewegt an Geist und Körper, als ob er nichts bemerke."[84] Einer seiner Schüler wurde auf diesen Übel-

---

[78] Vita II cap. 31. 32.
[79] Vita Liudgeri cap. 31.
[80] Ebd. cap. 18: ... *post orationes speciales, quas semper amaverat.*
[81] Vita II cap. 31.
[82] Vita II cap. 13. Vgl. unten 33f.
[83] Ebd. cap. 32.
[84] Ebd.: *Ille vero quasi nihil sentiens immotus mente stabat et corpore.* Gerade hier machte sich die benediktinische Erziehung bemerkbar. Die Benediktregel sagt im 19. Kapitel: *Ubique credimus divinam esse praesentiam et oculos Domini in omni loco speculari bonos et malos: maxime tamen hoc*

stand aufmerksam. Er kniete am Herd nieder, entfernte die Asche, blies in die Kohlen und entfachte das Feuer. Die Belästigung war behoben. Liudger mißbilligte dieses Verhalten durchaus und nahm tags darauf den Vorfall zum Anlaß, die jungen Kleriker insgesamt zu mahnen, bei dem *opus divinum* jede Ablenkung zu vermeiden und, soweit menschenmöglich, zerstreuende Gedanken abzuwehren. Das geistliche Leben Liudgers stand im Zeichen des *opus dei, cui nihil praeponatur*.[85] Durch nichts und durch niemand, auch nicht durch die Großen dieser Welt, ließ er sich dabei stören. Als Liudger einst von Karl dem Großen wegen angeblicher Verschleuderung der Einkünfte seiner Tafelgüter zur Audienz gerufen wurde, nahm er in der Nähe des kaiserlichen Palastes Wohnung. In der Morgenfrühe ließ der Kaiser den Bischof durch einen Kämmerer zu sich bitten. Liudger verrichtete gerade in gewohnter Weise das kirchliche Stundengebet. Er bedeutete dem Boten, er möge schon vorausgehen; er selbst werde sogleich kommen, wenn er das *officium* beendet habe. Ungeduldig sandte der Kaiser einen zweiten, einen dritten Boten, ohne jedoch zu erreichen, daß der Heilige sein Gebet abbrach. Es fügt sich gut in das gewohnte Bild des Frankenherrschers, daß er den christlichen Mannesmut Liudgers achtete, als dieser ihn in der Audienz darauf hinwies, er halte sich, übrigens im Einklang mit einer früheren Weisung des Kaisers, für verpflichtet, Gott den Vorrang zu geben vor allen Menschen.[86]

Diese beiden Bilder, mögen sie nun Dichtung oder Wahrheit sein, lassen wie in einem Schlaglicht deutlich werden, wie sehr der Heilige sich in der unmittelbaren Nähe Gottes wußte, wenn er im Gebet verweilte oder dem liturgischen Dienst oblag.

Lehrer und Hirt

Gemäß der angelsächsischen Missionstradition war die Glaubensverkündigung unter den Heiden in erster Linie eine Frage der Volksbildung. Jeder führende Missionar betrachtete es daher als

sine aliqua dubitatione credamus cum ad opus divinum adsistimus. . . . Ergo consideremus qualiter oporteat in conspectu Divinitatis et angelorum eius esse, et sic stemus ad psallendum, ut mens nostra concordet voci nostrae.
[85] Die Kapitel 8–20 ordnen das Opus Dei.
[86] Vita II cap. 31.

seine vordringlichste Sorge, Schulen zu gründen, in denen der missionarische Nachwuchs für die pastoralen Bildungsaufgaben geistig gerüstet werden konnte.[87] Diesem Bedürfnis verdankten u. a. die von Willibrord in Utrecht, von Willehad in Bremen und von Liudger in Münster gegründeten Domschulen ihre Entstehung.

Die gründliche und vielseitige Ausbildung Liudgers hatte schon in Utrecht dazu Anlaß gegeben, den Heiligen neben seiner missionarischen Tätigkeit auch mit unterrichtlichen und erzieherischen Aufgaben zu betrauen. Alljährlich verließ Liudger im Herbst sein Arbeitsfeld im friesischen Ostergau für drei Monate, um die Leitung der Utrechter Martinsschule zu übernehmen.[88] Auch in der Mission selbst war er stets von einer Schülerschar begleitet, der er geistlicher Lehrer und missionarischer Ausbilder war. Als der Heilige nach siebenjähriger Tätigkeit infolge der Sachsenaufstände Friesland verlassen mußte, galt seine erste Sorge seinen Schülern. Erst als er sie zufriedenstellend untergebracht hatte, begab er sich in Begleitung zweier von ihnen nach Rom und Monte Cassino.[89] Auch in Münster blieb die Schule sein Herzensanliegen. Altfrid sagt, Liudger habe an den von ihm errichteten Kirchen nur Priester angestellt, „die er sich selbst zu würdigen Mitarbeitern in der Verkündigung des Gotteswortes herangebildet hatte"[90]. Tag für Tag widmete er sich in der Morgenfrühe der Unterweisung seiner Schüler. Altfrid hebt die geistliche Vorbildlichkeit dieses Lehrers hervor, indem er hinzufügt: „Was immer er (Liudger) in den Büchern an Geboten fand, das suchte er zunächst selbst mit höchster Gewissenhaftigkeit zu beobachten, dann andere zu lehren."[91] Auch in Münster wurde Liudger auf seinen Bistumsreisen von einer munteren Jungenschar begleitet.[92]

[87] W. *Wühr* 48.
[88] Vita Liudgeri cap. 17.
[89] Ebd. cap. 21. Seine Begleiter waren sein jüngerer Bruder Hildigrim und Gerbert mit dem Beinamen Castus.
[90] Vita Liudgeri cap. 23.
[91] Ebd. cap. 30.
[92] Dabei ereignen sich gelegentlich Zwischenfälle, die die unbekümmerte Sinnesart der Jungen verraten. Noch bevor Liudger Bischof von Münster wurde, kam er eines Tages in der Morgenfrühe mit seinen jugendlichen Begleitern nach Billerbeck. Er gedachte u. a. eine dortige uner-

22   I. Liudger, erster Bischof von Münster

Wie Bonifatius[93] und Gregor[94] scheint auch Liudger eine glückliche *Lehrgabe* besessen zu haben. Dieser Eindruck drängt sich auf, wenn man beobachtet, wie er in der Vita Gregorii das bekannte Pfalzel-Erlebnis seines Utrechter Meisters gestaltet.[95] Diese liebevoll gemalte Miniatur, die zu den schönsten der frühmittelalterlichen Hagiographie zählt, stellt zwar zunächst dem Lehrgeschick und der Sprachenkenntnis[96] des Bonifatius ein vortreffliches

laubte eheliche Verbindung durch sein persönliches Eingreifen zu beenden. „Um seinen Zorn zu besänftigen", ließ die Ehebrecherin dem Heiligen gewissermaßen zur Ehrung ein Fäßchen Honig präsentieren. Liudger durchschaute natürlich die Bestechungsabsicht und wies das Geschenk zurück. Seine jungen Begleiter teilten jedoch diese Bedenken nicht. Sie nahmen hinter dem Rücken ihres Meisters den Honig an und versteckten ihn einstweilen hinter dem Altar der Billerbecker Kirche. Als Liudger mit der heiligen Messe begann, zerbarst der irdene Topf. „Der Honig des Ungehorsams" zerfloß am Boden und wurde hinausgeworfen. Liudger scheint Humor genug besessen zu haben, um für das Verhalten der Jungen Verständnis aufzubringen; von einer Bestrafung lesen wir nichts. Das unerlaubte Verhältnis wurde gelöst, der Mann aus der Heimat verbannt. Vita Liudgeri cap. 28.

[93] Er war unter den angelsächsischen Glaubenspredigern der geachtetste Lehrer. „Der Meister des Unterrichts" unterwies seine Schüler „im Redefluß der grammatischen Kunst, in der Fertigkeit, markige Verse und Reime zu bauen, in der einfachen geschichtlichen Erklärung und der dreifältigen Art der geistlichen Auslegung (der Schrift)... und der Väter". Vita Bonifatii cap. 2. *Tangl* 10. Liudger bemerkt, der Papst habe Winfrid den Namen Bonifatius gegeben *ob facundiam linguae et gratiam labiorum a Deo sibi donatam.* Vita Gregorii cap. 7.

[94] Liudger rühmt Gregors Liebe zum Unterrichten: Es sei kaum ein Tag vorübergegangen, „an dem dieser nicht schon am frühen Morgen mit väterlicher Sorge jedem einzelnen, der kam, und wie es jeder wünschte, den Trank des Lebens gereicht und die Herzen seiner Söhne mit dem Wort Gottes erquickt hätte". Vita Gregorii cap. 11. Die Worte zeigen, daß Gregor im allgemeinen individuellen Unterricht erteilte und den Kollektivunterricht seinen magistri überließ. Es handelte sich dabei wohl um die Erklärung der Schrift und der Väter. In dieser Weise las Gregor auch, wie wir sahen, mit Liudger das Enchiridion.

[95] Vita Gregorii cap. 2. Die deutsche Übersetzung der Pfalzel-Szene s. o., Liudger und Gregor s. u. 49ff.

[96] Th. *Schieffer*, Winfrid-Bonifatius und die christliche Grundlegung Europas (1954) 140, hebt hervor, daß Bonifatius das fränkische Idiom damals bereits vollkommen beherrschte und offenbar mit sprachlichen Schwierigkeiten nicht zu kämpfen hatte. Bonifatius empfahl die Predigt in

Zeugnis aus. Darüber hinaus ist sie aber auch ein offenbarer Beweis für das pädagogische Gefühl ihres literarischen Gestalters.[97] Unter allen Liudger-Quellen gewährt uns keine tieferen Einblick in die geistliche und pastorale Eigenart des Heiligen als das Lebensbild Gregors von Utrecht. Hier finden wir sowohl das *pastorale Leitbild* als auch wichtige Hinweise auf die *Missionsmethode* des friesischen Lehrers, Grund genug, dem Werkchen unsere ungeteilte Aufmerksamkeit zu schenken. Liudger stellt sich in dieser Lehrschrift, wie wir bereits feststellen konnten, ausdrücklich in die Nachfolge von Gregor und Bonifatius.

Die jungen Domscholaren in Utrecht und Münster, für die Liudger schrieb, kamen aus den Kreisen des friesischen bzw. sächsischen Adels.[98] Als Sproß einer angesehenen friesischen Adelsfamilie kannte Liudger die geistige Welt seiner Schüler. Daher knüpfte er mit Vorliebe an solche Eigenschaften und Tugenden an, die

deutscher Sprache. Diese war in der Tat für den Erfolg des Missionswerkes entscheidend und wurde darüber hinaus Anlaß zur Niederschrift der ältesten kirchlichen Denkmäler der deutschen Literatur. Dagegen vermied Bonifatius, das deutsche Idiom in der Liturgie zu fördern. Man hat geklagt, er habe dadurch das Hineinwachsen der Germanen in den christlichen Kult erheblich erschwert. Aber wäre wohl, so fragt zu Recht Josef Lortz, „die Einheit der Kirche in der verwirklichten Fülle möglich gewesen ohne das einigende Latein? Jene Einheit also, die es vermochte, die Kultur des Abendlandes aufzubauen und den Sturm der Reformation trotz allem zu überwinden?" J. *Lortz*, Untersuchungen zur Missionsmethode und zur Frömmigkeit des heiligen Bonifatius nach seinen Briefen, in: Theologische Quartalschrift 121 (1940) 146 Anm. 1.

[97] Weitere Hinweise der Vita Gregorii auf die glückliche pädagogische Anlage Liudgers finden sich in dem folgenden pastoralen Leitbild, ohne daß wir sie eigens hervorzuheben brauchen.

[98] Es wird hier kaum anders gewesen sein als in der Ursprungsgründung von Corvey, dem 815 entstandenen Benediktinerkloster Hethi, wo sich nach dem möglicherweise etwas übertreibenden Bericht der Translatio s. Viti „täglich die Zahl der Mönche aus den vornehmsten Geschlechtern Sachsens vermehrte. Talentvolle Knaben wurden aufs beste dort erzogen, und wenn sie auch arm waren an Gütern, so waren sie doch reich in der treuen Beobachtung ihrer Ordensregel". Zitiert nach Kl. *Honselmann*, Die Annahme des Christentums durch die Sachsen, in: WZ 108 (1958) 209. Kloster Fulda zählte, als Abt Sturmi 779 starb, nach Liudgers Angabe „ungefähr 400 Mönche, die Postulanten und die anderen Leute geringeren Standes nicht gerechnet". Vita Gregorii cap. 5.

dem jungen Adelssohn nach Herkunft und Umwelt wesensgemäß waren.[99] Er rühmt die *Standhaftigkeit*[100] und *Ausdauer*[101], die Bonifatius und Gregor in dem von Feindeshand verbrannten und verheerten Thüringerland bewiesen und die täglich neuen harten Belastungsproben ausgesetzt waren. „Aber diese Not vermochte die... Glaubensprediger... keineswegs zu schrecken. Sie begannen vielmehr, nach dem Vorbild der Apostel (1 Kor 4,12) durch ihrer Hände Arbeit sich und ihren Gefährten das Lebensnotwendige zu beschaffen.... Gott mehrte täglich sehr die Zahl derer, die gerettet werden sollten. Dieser große Erfolg... wurde nicht durch Reichtum und irdische Vergnügungen errungen, auch nicht durch Sicherheit und Glück in diesem sterblichen Leben, sondern in Hunger und Blöße und in vielen Mühsalen."[102]

Auch die *Tugend der Werke*[103] im Sinne der Werkheiligkeit Gregors des Großen, jedoch begrifflich verbunden mit der alten Vorstellung des Starken und Heldischen, wußte Liudger immer wieder in das geistige Blickfeld seiner adligen Alumnen zu rücken. Das „gute Werk" der erfolgreichen Predigt in Thüringen, geprägt durch „unerschütterliche Tapferkeit"[104], hatte trotz des Widerstandes der verweltlichten fränkischen Prälaten gegen den großen Angelsachsen[105] die bewundernde Anerkennung des Frankenherr-

---

[99] H. *Löwe* 88. A. *Schröer*, Liudger und Gregor 18ff. Beide Arbeiten auch zu den folgenden Gedanken des pastoralen Leitbildes.

[100] *Constantia*: Vita Gregorii cap. 2, S. 69 Z. 18. S. 70 Z. 3.

[101] Longanimitas, die nach H. *Löwe* schon bei Liudgers Lehrer Alkuin an die Stelle der adligen *magnanimitas* getreten war. Ebd. cap. 2, S. 69, Z. 18.

[102] Ebd. cap. 2. Das Gegenbild ist offenbar auf die fränkischen Prälaten gemünzt.

[103] *Virtus operum*: Ebd. cap. 3, S. 70, Z. 18. Z. 35.

[104] *Fortitudine constantiae*: Ebd. Z. 18.

[105] Ebd. cap. 3. Der Widerstand richtete sich gegen das Reformprogramm des Bonifatius, das die Macht- und Besitzposition dieses „jagd- und waffenfrohen Episkopates alten Schlages" (*Schieffer* 227) vernichten mußte. Diese Herren kämpften um ihren Einfluß am karolingischen Hof, den Bonifatius ihnen streitig machte. Daher ihre würdelose Verleumdungskampagne und Wühlarbeit gegen den „Ausländer", die Liudger noch nachträglich mit den schärfsten Worten (cap. 3. 4) verurteilt.

Das geistliche Bild Liudgers 25

schers Karl Martell gefunden.[106] Aber bei aller Rücksicht auf die ethischen Werte der adligen Welt unterließ Liudger es nicht, seine künftigen Mitarbeiter zu mahnen, den Adel der Geburt durch den christlichen *Geistesadel* zu überhöhen, wie auch Gregor den Adel der Abstammung durch den Adel seiner Sitte und die Weisheit seiner Lehre veredelt habe.[107] Liudger weiß um den hohen Anspruch der Forderung Christi und die Schwäche der menschlichen Natur. Daher ist er ein Feind jeglicher Halbheit im Dienste Christi.

Das wird besonders deutlich in der ersten grundlegenden Forderung des Evangeliums, die Liudger seinen Schülern aufzeigt, der *inneren Abkehr von der Welt*. Liudger läßt seinen künftigen Mitarbeitern keinen Zweifel: Wer den folgenschweren Schritt in die entsagungsreiche Welt des Apostolats tun will, hat Brücken hinter sich abzubrechen. Daher erzählt er seinen Schülern die reizvolle Pfalzel-Szene. In dem jungen Gregor wirkte derselbe Geist, „der die Apostel Christi und Ausspender der göttlichen Geheimnisse dazu entflammte, auf ein Wort des Herrn hin ihre Netze und ihren Vater zu verlassen und dem Erlöser nachzufolgen". Alles, was sonst eines jungen Menschen Herz zu erfreuen pflegt, gab Gregor auf. „Das bewirkten nicht die Liebe zu Gold und Silber, nicht das Verlangen nach Landbesitz und stolze Ruhmsucht, nein, das bewirkte der höchste Werkmeister, ‚der einem jeden seine Gaben zuteilt, wie er will' (1 Kor 12,6.11)."[108] Diese monastisch anmutende *Weltflucht* ist es, die Liudger immer wieder um Christi willen von seinen Mitarbeitern fordert. Der Abt von Utrecht ist ihm Vorbild. „Wer nicht dem Gold nachjagt und nicht dem Silber vertraut, dessen Güter sind in Gott gegründet, und die Gemeinde der Heiligen verkündet seine guten Werke" (Sir 31,8.11). Die Erfahrung in der eigenen Heimat hatte Gregor gelehrt, daß die Liebe

---

[106] Ebd. cap. 3.
[107] Ebd. cap. 1: „Diesen Adel der Geburt zierte und überbot er (Gregor) in allem durch den Adel seiner Sitten und seiner Weisheit. Diesen geistlichen Adel und diese Weisheit hatte er von dem heiligen Märtyrer und Erzbischof Bonifatius, seinem Lehrer." Überall verfolgen wir die gleiche geistige Erbfolge.
[108] Vita Gregorii cap. 2. Wiederum der warnende Seitenblick auf den fränkischen Episkopat!

zum Gold „eine Wurzel aller Übel sei" (1 Tim 6,10). Daher verabscheute er die Habsucht wie den „Schlund der Hölle".[109] Geldgier und Geiz halten den Menschen in der ständigen Furcht, seine irdischen Schätze zu verlieren, während der innerlich freie Mensch im Gegenteil fürchtet, durch Horten und Hüten zeitlicher Güter die ewigen einzubüßen. Sooft Gold und Silber in seinen Besitz gelangten, war Gregors erste Sorge, es unter die Armen zu verteilen. Der Abt handelte als kluger Mann gemäß der Weisung der Schrift: „Er sammelt Schätze für den Himmel, wo weder Motte noch Nager sie vernichten und wo keine Diebe einbrechen und stehlen" (Mt 6,20).

Die Freiheit der Gotteskinder gegenüber der Welt war nach Liudger das tiefere Wesen jener *Enthaltsamkeit*, die Gregor auszeichnete und die Liudger den jungen Soldaten Christi und den bischöflichen Würdenträgern gleichermaßen empfiehlt. Gregor war maßvoll in Speise und Trank, schlicht in der Kleidung, zuchtvoll im Reden, rechtschaffen im Handeln.[110] So sollen auch die Diener Christi sein. Daher warnt Liudger sie, „mit kostbarem Gewande zu prunken" (1 Petr 3,3. 1 Tim 2,4). „Im Reich Gottes geht es nicht um Essen und Trinken, nein, um Friede und Freude im Heiligen Geist" (Röm 14,17). Es ist bezeichnend, daß Liudger in diesem Zusammenhang die Maßlosigkeit im Trinken, der wohl auch viele der verweltlichten fränkischen Prälaten verfallen waren, besonders brandmarkt. Wiederum verweist er auf die vorbildliche Selbstzucht seines Utrechter Meisters, der gemäß dem Wort des Apostels (1 Tim 5,23) kaum je ein wenig Wein genossen habe, ohne ihn zuvor mit Wasser gemischt zu haben.[111] Der Abt be-

---

[109] Ebd. cap. 12. Gregor hatte in seiner fränkischen Heimat die erschreckenden Folgen des Mißbrauchs von Geld und Besitz für die Kirche persönlich erlebt; daher die hier etwas überspitzt wirkende Formulierung. Daß Liudger den Besitz an sich nicht verurteilte, zeigt der Umstand, daß er die Reichen ebenso wie die Armen zu Tisch lud. S. o.
[110] Ebd. cap. 12. Auch hierin erwies sich Gregor als echter Sohn des Bonifatius, dem Willibald (cap. 3) ähnliche Tugenden nachrühmt. *Tangl* 14. Oder sollte es sich hier um Topoi handeln?
[111] Gregor übte demnach nicht, wie Bonifatius, völlige Abstinenz von „Wein und starkem Getränk" (Willibald cap. 3).

schwor die Hirten der Kirche, sich vor dem Laster der Trunksucht zu hüten wie vor dem Abgrund der Hölle.[112]
Niemand kann das *Aufbauwerk der Tugend* und der guten Werke in sich vollenden, sagt Liudger, der nicht zuvor die zerstörerische Macht der Sünde und des Lasters in sich gebrochen hat. In diesem Sinne rief Gregor von Utrecht in seinen Predigten den Christgläubigen immer wieder das Wort in die Erinnerung, das der Herr dem Propheten bei dessen Berufung gesagt hatte: „Ich gebe dir Vollmacht zum Ausrotten und zum Verheeren, zum Bauen und zum Pflanzen" (Jer 1,10). Noch ein anderes Bibelwort kehrte regelmäßig in Gregors Predigten wieder, das Wort des Apostels Paulus, das den Auserwählten gilt und die Sehnsucht nach dem Himmelreich wachhält: „Kein Auge hat es gesehen, kein Ohr hat es gehört und in keines Menschen Herz ist es gedrungen, was Gott denen bereitet hat, die ihn lieben" (1 Kor 2,9). Der Prediger wußte sagt Liudger, „daß beide Worte, das des Propheten und das des Apostels, aufmerksamen Zuhörern viel nützen könnten durch die geheimnisvolle Gnadengabe des Heiligen Geistes, der sowohl den Propheten als auch den Apostel erfüllt hat. Deshalb gebrauchte er bei seiner Predigt so oft dieses Wort und diese Mahnung zur Tugend."[113]
Die innere Verpflichtung auf das Reich Gottes war für Gregor wie für Liudger unlöslich verbunden mit der *Bruderliebe*, und

---

[112] Übrigens betrachtete Bonifatius, wie E. *Iserloh*, Die Kontinuität des Christentums beim Übergang von der Antike zum Mittelalter im Lichte der Glaubensverkündigung des Heiligen Bonifatius: Trierer Theologische Zeitschrift 63 (1954) 197 schreibt, die Trunksucht als ein angelsächsisches Nationallaster, dem sogar Bischöfe verfallen waren. Um so verständlicher werden die massiven Warnungen Liudgers an seine Mitbrüder und Schüler.

[113] Hier wird das Vertrauen Gregors und Liudgers auf das unmittelbar wirksame Wort Gottes in der Verkündigung deutlich. „Auch im 8. Jahrhundert war es nicht gleich, ob die brennende Hirtensorge sich gelegentlich oder öfter in die unnachahmlichen Worte der Heiligen Schrift kleidete oder nicht. Wir wissen um das Geheimnis ihrer Kraft. Wir dürfen diese Kraft überall dort wirksam glauben, wo die Schrift echt ausgesprochen wird. Und dann findet sie eine volle Grenze ihrer Fruchtbarkeit und Wirksamkeit auch nicht an der mangelnden Bildung der Germanen des 8. Jahrhunderts." J. *Lortz*, Bonifatius und die Grundlegung des Abendlandes (1954) 54f.

zwar nicht nur dort, wo sie ihnen leichtgemacht wurde. Auch der Abt von Utrecht konnte es nicht vermeiden, daß seiner Person schmähliche Behandlung widerfuhr, daß er Gegenstand des Neides, der Ehrabschneidung und Verleumdung wurde. Er vergalt nicht Gleiches mit Gleichem. „Wie ein Tauber, der nicht hört, wie ein Stummer, der seinen Mund nicht auftut" (Ps 37,14), überhörte und überging er das Kränkende einer Beschimpfung und Beleidigung. Der herrschende starre Ehrbegriff seines Geburtsstandes hatte für ihn seine Gültigkeit verloren.[114] Gregor machte auch mit dem schweren Gesetz der *Feindesliebe* ernst. Welchen Grad diese in ihm erreichte, zeigt Liudger an einem Beispiel. Zwei Halbbrüder Gregors waren von Räubern überfallen und ermordet worden. Die Brüder des Abtes ließen diesem zwei der Mörder vorführen und ihn zugleich bitten, „zur Genugtuung und zur Linderung seines Schmerzes" die Art der Todesstrafe festzusetzen. Gregor handelte nun nicht nach dem Gesetz der Rache, sondern dem der Liebe: „Liebet eure Feinde, tut Gutes denen, die euch hassen, auf daß ihr Kinder eures Vaters seid, der im Himmel ist" (Mt 5,44.45). Er nahm die Verbrecher liebevoll auf, löste ihre Ketten, ließ sie baden, mit reinen Gewändern kleiden und mit Speise erquicken. Darauf gebot er ihnen: „Geht in Frieden und seht euch vor, daß ihr nicht wieder eine solche Untat verübt, damit euch nicht Schlimmeres widerfahre!" Dann ließ er sie in Frieden ziehen und warnte sie mit väterlicher Liebe vor einer Begegnung mit seinen Verwandten.[115]

Die christliche Bruderliebe bleibt nach Liudger unvollkommen, wenn sie nicht wirksam wird in der *Mildtätigkeit*. Durch viele Tugenden, sagt der Heilige, leuchtete Gregor hervor, am meisten aber durch die *caritas*. Den Armen Christi galt seine stete Sorge.

---

[114] Vita Gregorii cap. 12.
[115] Ebd. cap. 9. Liudger schließt: „Was sollen wir kleinlichen und schwachen Menschen dazu sagen, die wir nicht einmal ein schiefes Wort hinnehmen können, ohne auf Vergeltung zu sinnen!" Was der Heilige mit diesem Beispiel religiös-asketisch bezweckte, ist demnach eindeutig. Gewiß nicht die Begnadigung aller Mörder und Verbrecher. Es überschreitet daher durchaus die Grenze des Zulässigen, wenn A. *Hauck* II, 358 aus diesem Einzelfall folgert, Gregor habe es allgemein als einen Verstoß gegen das Gebot der Liebe erachtet, wenn der offenbare Verbrecher bestraft werde.

Er wußte um die „reinigende Übung des Almosengebens"[116] gemäß dem Wort der Schrift: „Wie das Wasser das Feuer auslöscht, so tilgt das Almosen die Sünde" (Sir 3,31). Aus Christi Mund hatte er gehört: „Was ihr übrig habt, gebt als Almosen; dann ist alles an euch rein" (Lk 11,41). Vor allem aber: der Herr selbst belohnt die Werke der Liebe „auf dem furchtbaren Gerichtstag" mit dem ewigen Leben (Mt 25,34.35). „Heil dem, der an den Bedürftigen und Armen denkt! Am eigenen Unglückstag errettet ihn der Herr" (Ps 41,2).

Der Pastoraltheologe
Wenn wir das pastorale Leitbild überblicken, fällt uns zunächst auf, wie hervorragend Liudger sich in der *Heiligen Schrift* auskennt, wie meisterhaft er sie anzuwenden versteht. Jede Mahnung, die er ausspricht, jede Forderung, die er erhebt, begründet und stützt er durch ein Bibelwort. Altfrid hat recht, wenn er schreibt, Liudger sei in den heiligen Schriften sehr gut ausgebildet gewesen, „wie es das von ihm verfaßte Buch über das Leben des heiligen Gregor deutlich erweist"[117]. Schon in der Utrechter Studienzeit meditierte der junge Friese gern über die heiligen Texte, die Abt Gregor, selbst noch in den Tagen seiner letzten Krankheit, den Alumnen darbot.[118] Das Studium der Schrift war, wie wir bereits wissen, ein wesentlicher Bestandteil der angelsächsischen Schulbildung. Nach den Weisungen der Päpste sollten die Missionare den Germanen die christliche Botschaft „in einer den ungelehrten

---

[116] Vita Gregorii cap. 13.
[117] Vita Liudgeri cap. 30.
[118] Ebd. cap. 9. Über den großen Raum, den die *lectio divina* und die damit verbundene *meditatio* in den benediktinischen Schulen einnahm, berichtet W. *Wühr* 26f. Die hervorragende Schriftkenntnis teilte Liudger außer mit seinem Utrechter Meister auch mit Bonifatius, der auf Grund seiner benediktinischen Erziehung und eigenen Studiums zu einer *maxima scripturarum eruditio* (Willibald cap. 2) gelangt war. Zu dem von Bonifatius eifrig geförderten Schriftstudium s. J. *Lortz*, Untersuchungen zur Missionsmethode und zur Frömmigkeit des hl. Bonifatius nach seinen Briefen, in: Willibrordus. Echternacher Festschrift zur 12. Jahrhundertfeier des Todes des hl. Willibrord, hg. von N. Goetzinger (1940) 261.

Gemütern angepaßten Weise"[119] verkündigen. Aber diese Weisung sollte die Glaubensboten nicht etwa der Pflicht entheben, das Evangelium in seiner ganzen Fülle zu predigen. Da eine theologische Verarbeitung der Schrift angesichts der unzureichenden Bildung der Germanen nicht tunlich erschien, ließ sich dieses Ziel am sichersten mit den Worten der Schrift selbst erreichen. Liudger zitiert insgesamt 41 Schriftworte. Von diesen entfallen neun auf das Alte Testament, 32 auf das Neue Testament. Im einzelnen verteilen sich die Texte wie folgt:

AT	(Ps)	NT	Synopt	(Mt)	Jo	Apg	Paul	And. Texte
9	(5)	32	12	(10)	2	4	12	2

Unter den alttestamentlichen Zitaten nehmen die Psalmen[120] den größten Raum ein. Liudger bedient sich ihrer vornehmlich, um seine Hörer am Beispiel Gregors zur tätigen und duldenden Liebe und zur reinigenden Buße aufzurufen.
Wichtiger für die Beurteilung der pastoraltheologischen Vorstellungen Liudgers erscheinen die neutestamentlichen Schrifttexte. Hier stehen Matthäus und Paulus an der Spitze. Wiederum haben von den zehn Matthäuszitaten sechs die Nächstenliebe[121] zum Gegenstand, während zwei andere vor der Habsucht warnen[122] und den Blick des Christen auf die ewigen Güter lenken.[123] Von den Pauluszitaten gehören fünf dem 1. Korintherbrief an.[124] Sie handeln über die Wirksamkeit der Gnade und den verborgenen Lohn der Gottesliebe. Dem 1. Timotheusbrief[125] entnimmt Liudger den echt paulinischen Gedanken von der Allgemeinheit des Christentums, zu dessen Segnungen alle Menschen, auch die Germanen,

---

[119] *Mentibus indoctis consona ratione*, ein Wort Gregors II., zitiert von J. *Lortz*, Missionsmethode 254. Vgl. auch 262–267, wo *Lortz* das von Bonifatius verwendete Schriftmaterial aus dessen Briefen im Hinblick auf die religiös-theologische Eigenart des Missionars untersucht.
[120] Es handelt sich um die Psalmstellen 16,4; 37,14; 40,2; 70,18; 83,8.
[121] Mt 22,37–39; 25,35; 5,44; 18,3; 25,34; 25,35.
[122] Mt 6,20; 6,34.
[123] Mt 25,21.
[124] 1 Kor 2,9; 4,12; 12,11; 13,11; 15,10.
[125] 1 Tim 2,4.

berufen sind. Die übrigen Pauluszitate[126] dienen der Stützung moralisch-asketischer Forderungen und der Verurteilung der Habsucht. Mit den Worten der Apostelgeschichte[127] weist Liudger u. a. auf die vorbildliche Einmütigkeit und Leidensbereitschaft der Apostel und der urchristlichen Gemeinde hin, während andere neutestamentliche Texte wiederum die läuternde Wirkung der Mildtätigkeit[128] und die reichen Früchte eines lebendigen Gnadenlebens[129] hervorheben.

Die Art, wie Liudger diese biblischen Gedanken pastoral verwendet und einkleidet, ist schlicht, gelegentlich sogar von einer gewissen umständlichen Schwerfälligkeit. Darin äußert sich der nüchterne, schmucklos sprechende Friese. Nur dort, wo die Freiheit der Glaubenspredigt oder der Bestand des Gottesreiches gefährdet erscheint, wie bei dem Intrigenspiel der fränkischen Laienbischöfe gegen Bonifatius,[130] erhebt sich seine Sprache zu elementarer Kraft. Liudger liebt keine komplizierten Gedankengänge, von theologischen Spekulationen ganz zu schweigen. Was er seinen Hörern zu sagen hat, ist anschaulich, greifbar. Er bedient sich mit Vorzug der gegenständlichen Aussagen der Schrift. Theologisch-philosophische Wahrheiten, wie die der Rechtfertigung, läßt er beiseite. Bei seinem geistigen Ahnherrn Bonifatius beobachten wir ein gleiches.[131] Es wäre zweifellos abwegig, daraus zu folgern, der ehemalige Alkuin-Schüler, der das Enchiridion Augustins gelesen hatte, sei einer geistigen Durchdringung des Evangeliums nicht fähig gewesen. Die unmittelbare, reflexionslose Weise der Verkündigung, die in den angelsächsischen Schulen des Kontinents vorwiegend gelehrt wurde, nahm vielmehr – wir hörten es schon – bewußt Rücksicht auf die völlig unzureichende geistige Bildung bei den germanischen Neuchristen.

[126] 1 Thess 5,12f.; Hebr. 12,6; 13,7; 1 Tim 5,23; 6,10; Röm 14,17.
[127] Apg 4,32; 5,41; 10,35; 14,22.
[128] Lk 11,41.
[129] Jo 7,38.
[130] Vita Gregorii cap. 4.
[131] Auch er sah kaum, wie J. *Lortz*, Grundlegung 52 feststellt, Möglichkeiten für eine eigentliche Vertiefung der Glaubenspredigt im Sinne der paulinischen *superaedificatio*. Und doch war Bonifatius „im gewissen Sinne ein gelehrter Schulmeister, der sich ernstlich um religiös-theologische Bildung kümmert" (50).

Der schlichten Predigtweise Liudgers entspricht deren *moralisch-asketische* Ausrichtung. Auch hier wandelt der Heilige in den Spuren der angelsächsischen Missionare.[132] Was Liudger mit seiner Verkündigung zunächst erstrebt, ist ein Leben nach den Vorschriften des Evangeliums sowie nach dem Vorbild der Apostel und der urchristlichen Gemeinde. Wer dem Ruf des Herrn bedingungslos folgt, wer um Christi willen Opfer und Entsagung auf sich nimmt, wer Geld und Gut verachtet, wer sich durch Ehre und Ansehen nicht blenden läßt, wer der Kränkung und Beschimpfung nicht achtet, wer seine Feinde liebt, wer seinen Oberen in Demut gehorcht, wer in Speise und Trank Maß hält, wer den Armen durch Almosen hilft, wer Kreuz und Leid und Krankheit geduldig trägt, der wird mit dem ewigen Leben belohnt werden. Wenn Liudger sich in seiner pastoralen Bildungsarbeit an den künftigen Priestern von dieser moralisierenden Betrachtungsweise leiten ließ, um wieviel mehr bei seiner Predigt vor den sächsischen Neubekehrten, deren Denken noch in primitiv-dinglichen Bahnen verlief. Es ist nicht zu leugnen, daß diese Weise der Verkündigung der irrigen Auffassung Vorschub leistete, der christliche Glaube bestehe überhaupt nur aus einer Summe von moralischen Verhaltungsmaßregeln.[133] Damit vollzog sich zweifellos eine bedenkliche Verlagerung des Schwergewichtes vom Zentrum der Theologie an die Peripherie. Diese Gefahr war um so größer, als die Eingewöhnung der Sachsen in das christliche Leben, wenn wir von der Taufe absehen, sich weitgehend abseits der sakramentalen Lebensordnung vollzog.[134] Daß indessen Liudger selbst und seine Mitbrüder dieser Gefahr nicht erlagen, zeigte uns bereits der Umstand, daß in der Bildungsarbeit des Heiligen das *opus dei* höchste Bedeutung hatte.

Der moralistischen Predigttendenz folgt mit innerer Zwangsläufigkeit das *Lohndenken*. Wie auch sonst in der angelsächsischen Mission,[135] steht der Lohngedanke in der pastoralen Arbeit Liudgers unter den Motiven sittlichen Handelns an erster Stelle. „Der Herr selbst belohnt seine Heiligen für dieses Werk (der Mildtätig-

---

[132] J. *Lortz*, Grundlegung 58f.
[133] Vgl. Th. *Schieffer*, Winfrid-Bonifatius 273.
[134] Vgl. E. *Iserloh*, Glaubensverkündigung 200f.
[135] J. *Lortz*, Grundlegung 59f. E. *Iserloh* 204f.

keit) am furchtbaren Gerichtstag mit seiner Gnade und dem ewigen Leben: Kommt her, ihr Gesegneten ...."[136] In dieser und ähnlicher Form kehrt der Hinweis auf ewige Vergeltung, auf Verdienst für den Himmel ausdrücklich oder dem Sinne nach fast regelmäßig wieder, wenn Liudger seine Hörer zu einem Leben nach dem Gesetz des Evangeliums auffordert. Er wußte, daß er damit dem Verdienstdenken der Sachsen entgegenkam, der Auffassung des *do ut des*, die sowohl die heidnische Religiosität als auch das germanische Rechtsdenken stark bestimmte. Ahnte er auch, welche Gefahr diese Form der Akkomodation für die fernere Entwicklung der Kirche Deutschlands in sich barg? Es ist gewiß kein Zufall, daß der Heilige seine Schriftbelege mit Vorliebe dem Matthäusevangelium entnimmt. Denn hier erfahren wir mit besonderer Deutlichkeit, daß der Lohn- und Verdienstgedanke in ungezwungener Natürlichkeit zu den Grundlehren der Predigt des Herrn gehört. Allerdings ist dieser „Lohn" nicht dinglich aufzufassen, sondern als freie Gabe Gottes, als ein Werden in und durch Christus.[137]

Die Gefahr einer Verdinglichung – der Verlauf der Kirchengeschichte hat es bewiesen – verbarg sich auch in dem an sich großartigen Vertrauen, das Liudger in die *Reliquien* der Heiligen setzte. Die hohe Wertschätzung der Heiltümer war ein Zug der Zeit. Zu den erregendsten Erlebnissen gehörten damals die feierlichen Reliquientranslationen. Sogar auf den Kriegszügen waren die *sanctorum patrocinia* mitzuführen.[138] Wie Bonifatius,[139] so

---

[136] Vita Gregorii cap. 13.
[137] J. *Lortz*, Grundlegung 59, weist darauf hin, daß einer solchen vollchristlichen Interpretation des Lohngedankens durch das Bildungsniveau der Germanen enge Grenzen gezogen waren. Man war an feinere theologische Unterscheidungen nicht gewöhnt. Sowohl Bonifatius wie Liudger waren Elementarlehrer ungebildeter Menschen. „So lag die Gefahr der Veräußerlichung an sich nahe. Und die tatsächlich erfolgte Verdinglichung bis zur akuten Veräußerlichung im christlichen Mittelalter und die erschreckende Art des Lohngedankens in der kirchlichen Praxis des Spätmittelalters zwingen dazu, die Frage sehr ernst zu nehmen."
[138] J. *Lortz*, Missionsmethode 282 Anm. 19.
[139] Ebd. Anm. 19. Willibald berichtet, daß Bonifatius in der Mission stets Reliquien bei sich trug. In Rom und Umgebung pilgerte er zu ihnen und brachte von dort reichlich Reliquien mit heim.

brachte auch Liudger von seiner Romreise einen kostbaren Reliquienschatz mit, den er ständig bei sich führte.[140] Urkundlich war der Heilige im Besitz von Reliquien des Erlösers, der Heiligen Jungfrau und des Apostelfürsten Petrus.[141] Einen Teil derselben legte er in der um 801 von ihm erbauten Werdener Salvatorkirche nieder.[142] Mit Ergriffenheit erzählt der Heilige, wie Bonifatius in Rom nach seiner Bischofsweihe mit dem Papst und dem gesamten anwesenden Klerus „in tiefster Ehrfurcht vor den Reliquien des heiligen Apostelfürsten Petrus"[143] niederfiel, um dessen Fürsprache für ein gutes, gottgefälliges Lebensende zu erflehen. In dieser betonten Ehrfurcht vor den Reliquien aus Rom kommt zugleich die treue Ergebenheit des Heiligen gegenüber dem Nachfolger Petri zum Ausdruck. Wie Willehad, Gregor, Bonifatius und Willibrord war auch Liudger, wir sagten es schon,[144] mit zwei Begleitern in die Ewige Stadt gepilgert, um der engen Verbundenheit von Person und Werk mit dem Felsen Petri Ausdruck zu geben.

Wenn wir abschließend die pastoralen Leitgedanken Liudgers nach ihrem typischen Stimmungsgehalt einordnen, müssen wir sie *weltflüchtig-eschatologisch* nennen. Dieser Charakter steht wiederum in engem Zusammenhang mit dem moralistischen Einschlag der Predigt des Heiligen. Sein deutlichstes Merkmal ist ein ausgeprägtes Sündenbewußtsein. „Wie tief liegt unsere Schwachheit darnieder!" ruft Liudger aus angesichts des heroischen Tugendstrebens seines Meisters. „Man möchte lieber weinen als etwas sagen. Vielleicht erlangen uns die Tränen bei dem gnädigen

---

[140] *Qui ipsas reliquias semper secum gestare solet,* oder *secum portat,* so heißt es in mehreren Werdener Urkunden von 799, Jan. 18 bis 800, Dez. 6. *Lacomblet,* Urkundenbuch für die Geschichte des Niederrheins I (1840) Nr. 11–18; IV Nr. 601. Die Heiltümer wurden von Liudger erworben: *Lacomblet* I Nr. 5.6.8. Nach einer Vermutung von W. *Diekamp*, Vita Liudgeri 36 Anm. 2, hatte Liudger wie der hl. Willehad *capsam cum sanctis reliquiis in collo suspensam* (MG SS 2, 381).
[141] *Reliquiae S. Salvatoris (Lacomblet* I Nr. 11. 14. 17. 21. 23), *s. Salvatoris et s. Mariae semper virginis (Lacomblet* I Nr. 5. 6. 8. 18. 19. 22), *s. Salvatoris et s. Mariae et s. Petri (Lacomblet* I Nr. 36; vgl. Vita Liudgeri cap. 32), *s. Salvatoris ceterumque sanctorum (Lacomblet* I Nr. 9). Vita II cap. 13 fügt den genannten Reliquien noch solche des hl. Paulus hinzu.
[142] A. *Schröer,* Chronol. Untersuchungen 127.
[143] Vita Gregorii cap. 7.
[144] S. o. 21 und Anm. 89.

Richtergott Verzeihung; auf unsere Verdienste können wir nicht hoffen."[145] Gewiß, Liudger weiß um das Wirken der Gnade Christi, um das geheimnisvolle Wirken des Heiligen Geistes,[146] aber dieses Bewußtsein wird ihm nicht zum befreienden Erlebnis. Die mehrfachen Schuldbekenntnisse, die er für sich und seine Brüder ablegt, deuten es an: „Was sollen wir Elenden, Feigen und Trägen mitten im Frieden der Kirche Gottes sagen, die wir nicht den Gewinn der Herde, sondern unseren eigenen Vorteil immerfort suchen; die wir kaum je beim Hüten der Schafe gegen die Wut der Wölfe auch nur einen kleinen Laut von uns geben; die wir mitten im Frieden der Kirche beim Hüten der Herde träge und schlafmützig, bei irdischen Verdienstmöglichkeiten dagegen überaus eifrig und wachsam sind."[147] Diese und ähnliche Unwürdigkeitserklärungen sind nicht etwa als rhetorische Formeln zu werten. Man schrieb ihnen im Gegenteil sündentilgende Kraft zu.[148]
Liudger verweist auf die Weltflucht seiner geistlichen Vorfahren. Gregor ließ alles zurück, was das Herz eines jungen Mannes anzuziehen pflegt. Er gründete seine Hoffnung fest und sicher auf das Himmlische.[149] Auch Bonifatius wußte als „armer Pilger"[150] um die Gefahren, die dem schwachen Menschen auf der *peregrinatio* des Lebens drohen. Er hoffte auf die Barmherzigkeit Got-

---

[145] Vita Gregorii cap. 9.
[146] Ebd. cap. 2. 12.
[147] Ebd. cap. 12. Wenn Liudger beklagt, sich gegen die „Wut der Wölfe" nicht zur Wehr gesetzt zu haben, denkt er offenbar an seine zweimalige Flucht vor den Aufständischen. S. o. 5.
[148] Dies erklärt sich u. a. daraus, daß der Gebrauch der sakramentalen Buße damals nur einmal im Jahr üblich war. Aus diesem Grunde ging man dazu über, an zahlreichen Stellen der römisch-fränkischen Meßfeier sogenannte Apologien, d. h. leise gesprochene Schuld- und Unwürdigkeitsbekenntnisse mit anschließenden Verzeihungsbitten einzufügen, denen man ein hohes Maß sündentilgender Kraft zuschrieb. „Es ist nicht leicht, die Gedankenwelt zu erfassen, aus der diese merkwürdige Saat aufgegangen ist, die in fast erschreckender Weise von Sündenbewußtsein und Sündennot zu uns spricht." J. A. *Jungmann* SJ, Missarum sollemnia 100ff. *Ders.*, Die lateinischen Bußriten in ihrer geschichtlichen Entwicklung (1932) 172ff. 282–285.
[149] Vita Gregorii cap. 12.
[150] Ebd. cap. 2.

tes.¹⁵¹ So warnt Liudger seine Brüder und Schüler mit aller Eindringlichkeit vor den Gefahren und Lockungen der irdischen Pilgerreise.¹⁵² Indem er auf das Vorbild der geistlichen Väter hinweist, ruft er ihnen das Wort des Apostels in die Erinnerung: „Auf den Ausgang ihres Wandels achtet!"¹⁵³ (Hebr 13,7). Diese stete Blickrichtung des Pilgers auf das Ende des Weges und das dann folgende „furchtbare Gericht"¹⁵⁴ ist der Grundzug seiner Pastoral, ja, ist der Grundzug seines geistlichen Wesens. Sie ist zugleich Ausdruck einer Zeit, die von dem wahren inneren Glück der Gotteskindschaft weit entfernt war.¹⁵⁵ Und doch fühlten sich die

[151] Ebd. cap. 2. 7. Auch sonst ist die innere Abkehr von der Welt bzw. die asketische Heimatlosigkeit sowohl für Bonifatius als auch für dessen Schülerkreis ausgiebig belegt. *Sunt enim paene omnes peregrini*, schreibt Bonifatius an den Abt von St. Denis über seine Gefährten und sprach damit, vielleicht unbewußt, den Grundzug seines Wesens aus. Er leidet unter seinen eigenen Sünden und denen seiner Mitmenschen. E. *Iserloh*, Glaubensverkündigung 196f. – „Was ist das vergängliche Glück dieser Welt und sein hinfälliges Gedeihen als Rauch und Dunst", bemerkt der Bonifatiusschüler Lul in einem Brief an seinen Utrechter Freund Gregor, der eben Abt geworden war. *Hauck* II, 358.

[152] Er denkt dabei nach allem in erster Linie an die Gefahren des Reichtums. Im Gegensatz zu Bonifatius, der in seiner fränkischen Reformarbeit die Unzucht als eine der „schlimmsten und verderblichsten Sünden" bekämpft (*Lortz*, Missionsmethode [Theol. Quartalschrift] 146; *Iserloh*, Glaubensverkündigung 196), erwähnt Liudger die Unsittlichkeit im engeren Sinne mit keinem Wort. Hier zeigt sich, daß die Franken ihren Gewinn an romanischer Kultur bereits mit einer schweren Einbuße an Sittenstrenge bezahlt hatten, während die moralischen Grundlagen bei den Sachsen, einem Volk kriegstüchtiger Bauern, noch völlig unerschüttert waren. Was die Volkssitte heiligte, das galt diesen als Gesetz. Wo diese Stütze fehlte, war allerdings auch der Sachse Barbar. Kennzeichnend ist in dieser Hinsicht ein Wort Salvians, de gub. Dei VII,64, 176: *Saxones crudelitate efferi, sed castitate mirandi* (zit. nach A. *Hauck* II, 374 Anm. 3). *Hauck* fügt hinzu: „Man sieht zugleich die Macht der Sitte: sie wahrte die Keuschheit und gestattete die Grausamkeit."

[153] Vita Gregorii, Proemium.

[154] Ebd. cap. 13.

[155] Dabei darf man jedoch das übernatürlich Tröstende in der Verkündigung Liudgers nicht übersehen, wie es sich schon ausspricht in Worten und Wendungen wie Heilsbotschaft, Ströme der süßen Heilslehre, Trost der Heiligen Schrift, Salz der göttlichen Weisheit, wahres Licht, erquickendes Wort Gottes. Cfr. Vita Gregorii, passim.

Sachsen, sosehr sie sich auch der neuen Religion erwehrt hatten, von dieser herben, strengen Welt des christlichen Glaubens in einer eigenartigen Weise angezogen. Denn sie stand in einem merkwürdigen Gleichklang mit ihren früheren, noch keineswegs überwundenen heidnischen Vorstellungen, die durch das beängstigende Gefühl der „unnahbaren Furchtbarkeit der Götter" bestimmt worden waren.[156]
Seiner geistigen Herkunft nach ist Liudger, wenn wir nun zusammenfassen, der angelsächsischen Schule zuzurechnen. In Utrecht, York und Monte Cassino von benediktinischen Lehrern vortrefflich gebildet, stand der Friese, einer geheiligten Familientradition folgend, zeitlebens im Dienst der angelsächsischen Missionsidee. Sein Wesen wurde geprägt durch die Kardinaltugend der *temperantia*, die seiner Persönlichkeit eine vollendete innere Ausgeglichenheit verlieh. Liudgers Innerlichkeit, von tiefer Glaubenskraft und einem intensiven, monastisch akzentuierten Tugendstreben getragen, war nach benediktinischer Weise wesentlich auf Christus hingeordnet. Im Mittelpunkt seiner religiösen Welt stand das *opus Dei*, dem sich Liudger stets mit hoher Ehrfurcht und benediktinischer Zucht widmete. Demgegenüber trug die persönliche Gebetsfrömmigkeit des Heiligen warme menschliche Züge. Liudger war ein begabter Lehrer, der seine pastorale Weisheit aus der Schrift schöpfte. Als guter Erzieher ließ er die geistige Welt seiner Schüler und die ernsten Gefahren der Zeit nicht aus dem Auge. Seine Lehrweise akkommodierte sich weitgehend nach Inhalt und Form der Bildungslage seiner Hörer: sie war schlicht, gegenständlich, moralisch-asketisch ausgerichtet und vom Lohndenken beherrscht. Die typische Stimmungslage seiner pastoralen Verkündigung war weltflüchtig-eschatologisch. Eben darin erkennen wir auch den Grundzug seines geistlichen Seins.

---

[156] A. *Hauck* II, 372f.

2. Der Glaubensprediger*

In diesen Tagen ist das Münsterland Schauplatz eines bedeutenden Vorganges. Nach der 1150-Jahr-Feier des Todes Liudgers (809–1959) in Essen-Werden wird der Reliquienschrein des Heiligen am 4. Mai 1960 erstmals aus der Krypta der Werdener Abteikirche zu einer mehrtägigen Verehrung nach Münster übertragen. Ein gewaltiger Zeitbogen spannt sich von jener christlichen Frühzeit des Münsterlandes, da die junge Christengemeinde von ihrem Hirten Abschied nahm, bis zur Rückkehr der sterblichen Überreste des Heiligen in unseren Tagen.[1]
Das denkwürdige Ereignis lenkt unseren Blick auf die angelsächsische Missionsbewegung, die in Liudger, dem ersten Bischof von Münster, einen ihrer letzten bedeutenden Vertreter sah. Wenn wir das Werk des Heiligen missionsgeschichtlich begreifen wollen, müssen wir uns kurz Geschichte und Eigenart der angelsächsischen Festlandmission in die Erinnerung rufen. Während die fränkische Kirche sich im Abstieg befand, stieg die angelsächsische auf. Der Northumbrier Willibrord, der gegen Ende des 7. Jahrhunderts in Friesland festen Fuß fassen konnte, christianisierte mit seinen Gefährten im Auftrage des fränkischen Hausmeiers und des Papstes den südwestlichen, fränkisch beherrschten Teil Frieslands und fand dabei u. a. die tatkräftige Unterstützung der Vorfahren Liudgers. Die beiden ersten Friesen, die den geistlichen

---

* Auf Roter Erde Jg. 16 (1960) N.F. Nr. 15 (Liudger und die Sachsen).

[1] *Nachtrag: „Höhepunkt der Liudger-Tracht nach Münster war die Huldigung der Münsteraner vor dem abgesetzten Schrein unter dem Rathausbogen. Im Namen der Stadt und des Rates begrüßte Oberbürgermeister Dr. Peus den Gründer der Stadt und schloß seine ihn und uns alle bewegende Rede mit dem Gebet des Apostolischen Glaubensbekenntnisses." (Stadtdechant Vennemann, in: Kirche und Leben Nr. 20, vom 13.5.1984. Vgl. auch W. Freitag, Heiliger Bischof, sacrale Herrschaft und moderne Zeiten – Liudgerverehrung im Bistum Münster: E. Freise, Kommentar zum Faksimile-Druck der Bilderhandschrift der Vita secunda Liudgeri (in Vorbereitung). – Eine zweite Translatio des Liudger-Schreins nach Münster erfolgte ebenfalls unter starker Beteiligung der Gläubigen und in Anwesenheit von 14 aus dem Bistum Münster stammenden Bischöfen im Mai 1984 (s. Kirche und Leben Nr. 21, vom 20. 5. 1984).*

Stand wählten, waren Großoheime des späteren Erstbischofs von Münster. An Willibrord knüpfte Bonifatius an, dessen friesische Arbeit von seinem Schüler Gregor von Utrecht, dem Lehrer und väterlichen Freund Liudgers, fortgesetzt wurde. Die angelsächsischen Glaubensprediger handelten in engster Gemeinschaft mit Rom. Aber man suchte auch, den missionarischen Gepflogenheiten des Festlandes folgend, Rückhalt an der christlichen Staatsgewalt. Auf diese Weise entwickelte sich die Bekehrungsarbeit als eine „Mission von oben", d. h. der Missionar mühte sich zunächst nicht um die Bekehrung des einzelnen Menschen, sondern um den geschlossenen Übertritt der politisch-kultischen Gemeinschaft zum stärkeren Gott der Christen. Dies geschah durch die nur dürftig vorbereitete Massentaufe. Eine solche erfolgte u. a. 776 bei der Karlsburg a. d. L., die vermutlich auch große Teile der münsterländischen Bevölkerung erfaßte, und vor allem nach der Taufe Widukinds im Jahre 785. Eine vertiefte Unterweisung in der Glaubens- und Sittenlehre erfolgte später.

Und hier stehen wir an dem Punkt, an dem Liudgers Arbeit im Jahre 793 einsetzte. Die geschichtliche Bedeutung des Glaubensboten aus dem benachbarten Friesland liegt nicht in der Ausbildung oder Erweiterung eines münsterländischen Pfarrsystems, auch nicht in der Errichtung von Klöstern und Schulen, sondern in dem großartigen Erfolg, den sein apostolisches Bemühen um die Seelen der westlichen Sachsen zeitigte. Diese Arbeit stellte höchste Anforderungen an die geistige Kraft und das seelische Einfühlungsvermögen des friesischen Missionars. Der Mensch, der Priester stand hier in der Bewährung. Denn trotz der pastoralen Tätigkeit Bernrads war das münsterländische Volk noch weithin heidnisch gesinnt. Altfrid sagt, Liudger habe das Dornengestrüpp des Götzendienstes ausgerottet und überall in eifriger Hirtensorge das Wort Gottes gesät.[2]

Von dieser stillen, selbstlosen „Rodungsarbeit", die im Schatten der geschichtlichen Großtaten des Frankenkönigs allzu leicht übersehen wird, gewinnt man eine gewisse Vorstellung, wenn man das in einer vatikanischen Handschrift enthaltene Verzeich-

---

[2] Vita Sancti Liudgeri auctore Altfrido, in: MGQ 4 (1881) cap. 23 S. 28.

nis (Indiculus) heidnischer und abergläubischer Gewohnheiten[3] liest, das nach wohlbegründeter Ansicht[4] von Liudger zusammengestellt worden ist. Man erfährt in diesem Inhaltsverzeichnis, zu dem leider die Kapitel selbst fehlen, daß damals neben der Verehrung des siegreichen Christengottes Wodan und Thonar Opfer dargebracht wurden und daß man gewisse Tage feierte, die ihnen heilig waren. Auch Waldheiligtümer und Opferstätten an Quellen standen nach wie vor in hohen Ehren.[5] „Wer immer", so mahnt ein fränkischer Kleriker dieser Zeit die götzendienerischen Sachsen, „den Namen Christi bekennt und den katholischen Glauben angenommen hat und dennoch die alten Altäre und Haine, Bäume und Felsen oder andere Orte aufsucht, um dort ein Tier oder sonst etwas zu opfern oder Mahlzeit zu halten, der wisse, daß er Glauben und Taufe verloren hat. Wer an einem Quell oder dort, wo der Bach hervorsprudelt, sein Gebet verrichtet, der wisse, daß er Glauben und Taufe verloren hat."[6] Es war ein vom Unkraut des Heidentums überwucherter Acker, den Liudger zu bestellen hatte. Trotz des königlichen Bannfluches, der darauf ruhte, fertigte man, so ist dem Indiculus zu entnehmen, in aller Heimlichkeit für die heidnischen Gottheiten Feldkapellen aus Zweiggeflecht an und ersetzte die zerstörten Götterbilder durch bekleidete Puppen, die man an den hergebrachten Tagen durch die Flur trug, um die Ernte vor jähem Schaden durch Unwetter zu bewahren. Auch von Götterbildern, die man zu gewissen heidnischen Festen aus Mehlteig formte, ist in dem Indiculus die Rede.[7] Der Aberglauben gab sich im allgemei-

---

[3] Indiculus superstitionum et paganiarum: MG Cap. I S. 222f. Vgl. A. *Hauck*, Kirchengeschichte Deutschlands II (1935) 404ff.
[4] Ebd. 404 Anm. 1.
[5] In diesem Sinne wird noch heute von einer breitästigen Eiche auf einem Hügel bei Heinsberg, Kreis Olpe, „Heidenbäumchen" genannt, berichtet, die Sachsen hätten dort den Göttern geopfert und in der Quelle ihre Kinder gebadet. Als die Eiche 1881 gefällt wurde, erregte dies allgemeinen Unwillen. P. *Sartori*, Westfälische Volkskunde (1929) 68.
[6] C.P. *Caspari*, Eine Augustin fälschlich beigelegte Homilia de sacrilegiis (Christiana 1886) 2f. A. *Hauck* II 404f.
[7] „Haitewiggen" (Heidenweck) heißt noch heute in vielen Landstrichen Westfalens das Faschingsbrot. Näheres darüber bei *Sartori* 146f.

Der Glaubensprediger

nen harmloser. Im Februar trieb man den Winter aus. Die Losdeuter warfen die Stäbe und deuteten die Zukunft. Durch Zaubersprüche wehrte man sich gegen Verwundung und Krankheit oder gar gegen Verhexung. In gleicher Absicht bediente man sich wohl auch unverstandener christlicher Gebetsformeln, wie des Symbolums und des Paternoster und gefährdete damit allerdings auf das ernsteste die innere Entwicklung des christlichen Lebens. Es zeugte von der alten sächsischen Abwehrstellung gegen die Religion des fränkischen Erbfeindes, wenn man es für ein unheilvolles Vorzeichen hielt, einem Priester oder Mönch zu begegnen. Diese Beispiele mögen genügen, um deutlich werden zu lassen, welche Schwierigkeiten Liudger zu überwinden hatte, wenn er die Sachsen zum vollen christlichen Glauben führen wollte. Von höchster Wichtigkeit war dabei naturgemäß die Art und Weise des Vorgehens, die im Einklang stehen mußte mit der persönlichen Vorbildlichkeit des christlichen Predigers. Außer jener allgemeinen Bemerkung Altfrids haben wir keine unmittelbaren Hinweise darauf, wie Liudger dem Heidentum und Volksaberglauben pastoral begegnete. Aber die erwähnte vatikanische Handschrift enthält außer dem Indiculus drei lateinische, nicht von Liudger herrührende Predigten, von denen zwei[8] sich durch einen betont warmen, herzlichen Ton auszeichnen und ahnen lassen, mit welcher Behutsamkeit ihre Verfasser Forderungen erhoben und theologisch-religiös begründeten. Noch etwas anderes spricht aus diesen Homilien zu uns: trotz fehlender geistiger Vorbildung rang der Sachse mit Glaubensproblemen, die sich ihm infolge des Zusammentreffens zweier Religionen stellten. Wenn das Christentum heilsnotwendig ist, so hielt man den Glaubensboten entgegen, warum kommt ihr dann so spät? Wie konnte Christus es zulassen, daß so viele Menschen vor seiner Inkarnation verlorengingen? Der Prediger begegnet diesem schon zu Eusebius' Zeiten gehörten Einwurf mit der Gegenfrage: „Warum klagst du die Sonne an, sie sei zu spät aufgegangen, der du auch nach ihrem Aufgang noch in Finsternis wandelst?" Solche und ähnliche Äußerungen

---

[8] Conciliorum nova et amplissima collectio, coll. J.D. *Mansi* (1759ff.) Bd. 12 , 376ff. im Anhang zum Konzil von Estiennes. A. *Hauck* II 409ff. G. *Schnürer*, Kirche und Kultur im Mittelalter (1936) 396ff.

lassen ahnen, was manche Sachsen innerlich bewegte und mit welcher wachen Aufmerksamkeit sie der Predigt zuhörten, die von Gnade und ewigem Heil, aber auch von Gericht und Verdammnis sprach.

Nicht alle Prediger fanden den rechten Ton. Das gilt auch von dem fränkischen Verfasser der dritten Homilie, jener vatikanischen Handschrift, die über Sakrilegien handelt.[9] Der Prediger dürfte kaum die Herzen seiner Hörer gewonnen haben. In Bausch und Bogen verurteilte er alles, was ihm an abergläubischen Handlungen bekannt geworden war. Er stellte den Gottesfrevlern kategorisch die Forderungen des Christentums gegenüber, ohne sich um eine religiös-theologische Begründung zu bemühen. Eine frostige Atmosphäre weht uns aus dieser Moralpredigt entgegen. Es fehlt ihr die wärmende Sonne der christlichen Liebe. Man sieht, der Erfolg der Verkündigung hing nicht nur von der Einsicht in die Problematik der Verhältnisse, sondern nicht minder von der menschlichen Höhe und dem seelsorglichen Feingefühl der Prediger ab.

Wie war Liudger in dieser Hinsicht beschaffen? Diese Frage ist für die Würdigung der apostolischen Arbeit des Gründers von Münster und Werden von entscheidender Bedeutung. Ich habe sie an anderer Stelle zu beantworten versucht.[10] Der Heilige erfüllte in hervorragendem Maße die Voraussetzungen, die an einen überzeugenden Glaubensprediger zu stellen waren. Wir wissen aus dem Heliand, jener altsächsischen, möglicherweise in Werden entstandenen Evangeliendichtung aus der ersten Hälfte des 9. Jahrhunderts, wie sich innerhalb weniger Jahrzehnte die innere Frontstellung der Sachsen gegen das Christentum in freudige Hingabe an den Erlöser wandelte. Liudger und die von ihm gebildete Priestergeneration waren an diesem Erfolg wesentlich beteiligt. Die hohe Verehrung, die der heilige Glaubensprediger aus Friesland bei den Sachsen des Münsterlandes genoß, wurde vor aller Welt offenbar, als nach dem Tode des Heiligen sich um des-

---

[9] S. Anm. 6.
[10] Das geistliche Bild Liudgers, in: Das erste Jahrtausend. Kunst und Kultur im werdenden Abendland an Rhein und Ruhr 1 (1962) 194–215. S. o. 3–37.

Der Glaubensprediger 43

sen Leichnam ein heiliger Wettstreit erhob. Liudger hatte zu Lebzeiten den Wunsch geäußert, in der klösterlichen Stille seiner Werdener Gründung die letzte Ruhestätte zu finden. „Aber dem widersetzte sich das Volk (populus) in Anbetracht der heiligen Verdienste (Liudgers) mit aller Gewalt."[11] Es bedurfte des Eingreifens Karls d. Gr., um den letzten Willen des ersten Bischofs von Münster zu vollziehen.

---

[11] *Sed cum ad hoc agendum populus, illius [Liudgeri] sancta recolens merita, vehementer resisteret,* . . . Vita Liudgeri cap. 32, S. 38.

3. Liudgers Erinnerungen an seinen Lehrer und väterlichen Freund Gregor von Utrecht*

Das pastorale Leitbild des Gründers der Münsterer Domschule

Der erste Bischof von Münster[1] und Gründer der schola Paulina[2], der Friese Liudger, ging aus der Schule der angelsächsischen Festlandmissionare hervor. Seine geistigen Vorfahren waren Bonifatius und Gregor von Utrecht, die, wenn auch mit ungleichen Kräften, Seite an Seite das große Werk der angelsächsischen Mission zur Höhe führten und damit dem welthistorischen Bund der fränkischen Monarchie mit dem Papsttum den Weg bereiteten. Den ersteren hatte der dreizehnjährige Liudger im Utrechter Domstift noch persönlich gesehen. Wenn auch die Begegnung nur flüchtig war, so hinterließ sie dennoch in dem empfindsamen Knaben einen unauslöschlichen Eindruck.[3]
Nach dem Tode des Apostels der Deutschen (755) hatte Liudger in dem Bonifatiusschüler Gregor von Utrecht das getreue Abbild des großen Märtyrers ständig vor Augen. Gregor, das Haupt der friesischen Kirche, war Abt des Utrechter St. Martinstiftes und zugleich Leiter der damit verbundenen Domschule, deren Schüler

---

* Festschrift des Gymnasium Paulinum in Münster. Zur Einweihung seines neuen Hauses im St.-Liudger-Gedächtnisjahr 1959, hg. von H. Altevogt, 16–26 (Eigenverlag).

[1] W. *Diekamp*, Die Vitae sancti Liudgeri = MGQ 4 (1881). Das Liudger-Schrifttum bis zum Jahre 1930: Kl. *Löffler*, Der hl. Liudger: WL 1 (1930) 17. M. *Bierbaum* u. a., Liudger und sein Erbe = WS 1 (1948). A. *Schröer*, Chronologische Untersuchungen zum Leben Liudgers: ebd. 85–138. Ders., Das Datum der Bischofsweihe Liudgers von Münster: HJb (1957) 106–117. S. u. 57–74.

[2] R. *Schulze*, Das Gymnasium Paulinum zu Münster 797–1947 = Geschichte und Kultur. Schriften aus dem Bischöflichen Diözesanarchiv Münster, hg. von A. Schröer, 2 und 3 (1948); dort auch die ältere Literatur. Besonders erwähnen wir: K. F. *Krabbe*, Geschichtliche Nachrichten über die höheren Lehranstalten in Münster (1852) 5–29.

[3] Vita Gregorii auctore Liudgero, ed. O. *Holder-Egger* (1887): MG SS 15,1, c. 10, S. 75. Nachtrag: Basilius *Senger* OSB, Liudgers Erinnerungen. Einführung und Übertragung (1959).

Liudger seit 755 war.⁴ Zu keinem seiner Lehrer und Erzieher gewann der junge Friese ein so herzliches, von Liebe und Dankbarkeit geprägtes Vertrauensverhältnis wie zu dem Meister von Utrecht. Gewiß verehrte Liudger auch Alkuin, den berühmten Leiter der Yorker Domschule, zu dessen Füßen er viereinhalb Jahre gesessen hatte.⁵ Unstreitig war Alkuin dem Utrechter Abt an theologischer Tiefe und geistiger Reichweite überlegen. Was Alkuin seinen Schülern zu geben hatte, näherte sich bereits unseren Vorstellungen von Bildung und Wissenschaft. Daher *bewunderte* Liudger den Yorker Gelehrten als einen universalen Geist, seinen Utrechter Lehrer aber *liebte* er wie seinen Vater.

Die Utrechter Domschule genoß unter der Leitung Gregors einen vortrefflichen Ruf. Von weit her strömte ihr „die Blüte der benachbarten Nationen"⁶ zu: Sachsen, Angelsachsen, Bayern und Schwaben. Mehrere spätere Bischöfe gingen aus dieser Schule hervor. „Diesen allen reichte der fromme Vater und Nährer Gregor mit gleicher Aufopferung sowohl die geistliche Speise der Lehren und Offenbarungen Gottes als auch die leibliche Nahrung. Gott hatte ihm solche Liebe und solchen Eifer zum Unterrichten geschenkt, daß fast kein Tag verging, an dem er nicht schon am frühen Morgen jedem einzelnen seiner Schüler, der zu ihm kam, mit väterlicher Sorgfalt den Becher des Lebens gereicht und ihn mit den Worten Gottes getränkt hatte."⁷ Mit Liudger, den er „liebte wie seinen einzigen Sohn"⁸, las Gregor während seiner letzten Krankheit das Enchiridion Augustins.⁹

Als Liudger nach Gregors Tod (775) in der friesischen Missionsarbeit stand,¹⁰ übernahm er Jahr für Jahr in den drei Herbstmonaten

---

⁴ *Schröer*, Chronol. Untersuchungen 100.
⁵ Ebd. 102ff.
⁶ Vita Gregorii c. 11, S. 75.
⁷ Ebd. c. 11, S. 75f.
⁸ Vita sancti Liudgeri auctore Altfrido: MGQ 4, 14.
⁹ Vita Gregorii c. 14, S. 78.
¹⁰ Nach Gregors Tod 775 wird Liudger von dessen Nachfolger Alberich nach Deventer und in das innere Friesland gesandt, empfängt am 7.7.777 die Priesterweihe, wirkt anschließend sieben Jahre als Missionar im friesischen Ostergau, bis der Aufstand Widukinds 784 ihn zur Flucht nötigt. Der Missionar begibt sich nach Rom und Monte Cassino, trifft 787 nach zweieinhalbjähriger Abwesenheit wieder in seiner friesi-

die Leitung der Schule.¹¹ In dieser Zeit reifte der Missionar selbst zum Lehrer und Erzieher. Und nicht nur das. Er bildete sich auch eine klare Vorstellung von dem Aufbau, der Zielsetzung, dem Lehrstoff und der Lehrmethodik einer Bildungsstätte, die den besonderen Bedürfnissen des Missionslandes zu dienen hatte. Das war im Hinblick auf seine spätere Münsterer Wirksamkeit von größter Wichtigkeit. In diesen stillen Herbstmonaten dürfte Liudger auch jenes ansprechende Lebensbild Gregors in den Grundzügen entworfen haben,¹² das uns tiefen Einblick gewährt in sein erzieherisches Wollen. Aber die Vita Gregorii spiegelt im Bilde des dargestellten Utrechter Meisters zugleich das Bild des Gründers der Münsterer Domschule wider. Die Eigenschaften und Wesenszüge, die Liudger an Gregor rühmt, gelten ihm nicht nur als vorbildlich, sondern sind auch die seinigen.¹³ Der Heilige wendet sich unmittelbar an seine jungen Mitbrüder: „Wohlan, ihr Streiter Christi, betrachtet das leuchtende Tugendbeispiel dieses Vaters und folgt ihm! Dann wird Gott in seiner Gnade eure Wunden heilen und die Zier eurer Tugend mehren."¹⁴

schen Heimat ein, wird von Karl d. Gr. mit Lotusa belehnt und zum Missionsleiter der fünf mittelfriesischen Gaue ernannt, missioniert Helgoland und muß 792 bei dem erneuten Aufstand der Ostfriesen seinen Wirkungskreis für die Dauer eines Jahres verlassen. Während dieser Zeit wird Liudger von Karl d. Gr. zur Pastorierung der Westsachsen entsandt und nimmt nach dem 22. März 793 seine Tätigkeit im Münsterland auf. *Schröer*, Chronol. Untersuchungen 105ff. *Ders.*, Das Datum der Bischofsweihe 117.
¹¹ Vita Liudgeri c. 17, S. 21.
¹² Dies ist ergänzend festzustellen zu H. *Löwe*, Liudger als Zeitkritiker: HJb 74 (1955) 85, der die Abfassung in die Jahre 790/91 verlegen möchte. Wenn irgendwo, dann lag es an der Utrechter Domschule nahe, den Schülern ein Lebensbild ihres einstigen hochverehrten Lehrers zu schenken. Die letzte Fassung hat die Vita aber offenbar zu der von *Löwe* angesetzten Zeit erhalten.
¹³ Vgl. hierzu H. *Löwe*, Arbeo von Freissing. Eine Studie zu Religiosität und Bildung im 8. Jahrhundert: Rheinische Vierteljahrsblätter 15/16 (1950/51) 106ff.
¹⁴ Vita Gregorii c. 13, S. 78. Liudger wendet sich aber auch an die Bischöfe und Prediger des Gottesvolkes (praesules et praedicatores populi Dei) und denkt offenbar an den westfränkischen Episkopat, den er zur Wahrnehmung seiner missionarischen Pflichten in Sachsen und Friesland bewegen möchte. Ebd. c. 7, S. 73. H. *Löwe*, Liudger als Zeitkritiker 84.

Die Vita Gregorii, die vermutlich kurz vor oder nach Beginn der Münsterer Tätigkeit Liudgers ihre endgültige Fassung erhielt, ist das *pastorale Leitbild* des Priesterbildners Liudger. Der Verfasser stellt sich in dieser Lehrschrift betont in die Nachfolge seiner geistlichen Vorfahren Bonifatius und Gregor. Den biographischen Mitteilungen fügt er jeweils entsprechende *religiös-aszetische Mahnungen* und Belehrungen an, die, im bisherigen Liudgerschrifttum fast unbeachtet,[15] unsere ganze Aufmerksamkeit verdienen.

Die jungen Alumnen der *Münsterer Domschule* kamen, soweit Liudger sie nicht aus seiner friesischen Heimat mitgebracht hatte, vorwiegend aus den Kreisen des westsächsischen Adels.[16] Dieser hatte schon früh die fränkische und angelsächsische Mission des Landes begünstigt und gefördert. Die sächsischen Edelinge waren die ersten gewesen, die die christliche Lehre angenommen hatten. Als Sproß einer reichen friesischen Adelsfamilie kannte Liudger die geistige Heimat seiner Schüler. Er wußte nur zu gut, daß eine Erziehung, die die Vorstellungs- und Erlebniswelt des sächsischen Adels außer Betracht ließ, nicht erfolgreich sein konnte. Daher knüpft der Gründer der Münsterer Domschule in seiner Vita Gregorii mit Vorliebe an solche Eigenschaften und Tugenden an, die dem jungen Adligen nach Herkunft und Umwelt wesensgemäß waren.[17] Er rühmt die *Standhaftigkeit* (constantia) und *Ausdauer* (longanimitas), die Bonifatius und Gregor in dem von Feindeshand verbrannten und verheerten Thüringerland bewiesen und die täglich neuen harten Belastungsproben ausgesetzt waren.

---

[15] H. *Löwe* 79f. weist mit Recht auf dieses Versäumnis der Geschichtsschreibung hin und gibt in seinem Beitrag wertvolle Hinweise im Sinne unserer Fragestellung.

[16] Es wird in Mimigernaford kaum anders gewesen sein als in der Ursprungsgründung von Corvey, dem 815 entstandenen Benediktinerkloster Hethi, wo sich nach dem möglicherweise etwas übertreibenden Bericht der Translatio S. Viti „täglich die Zahl der Mönche aus den vornehmsten Geschlechtern Sachsens vermehrte. Talentvolle Knaben wurden aufs beste dort erzogen, und wenn sie auch arm waren an Gütern, so waren sie doch reich in der treuen Beobachtung ihrer Ordensregel." Zit. nach Kl. *Honselmann*, Die Annahme des Christentums durch die Sachsen, in: WZ 108 (1958) 209.

[17] *Löwe* 88; auch zum Folgenden.

„Aber diese Not vermochte die Diener Gottes und Prediger des Gottesvolkes keineswegs zu schrecken, so daß sie deswegen sich dem Amt entzogen hätten, dem Volk den ganzen Ratschluß Gottes zu verkünden. Vielmehr begannen sie nach dem Beispiel der Apostel, durch ihrer Hände Arbeit sich und ihren Gefährten das Nötige zu beschaffen und bei jenem Volk in seinen Prüfungen unerschütterlich auszuharren, allenthalben zu predigen und zum himmlischen Reich einzuladen." Auch als das Land infolge der immer neuen Einfälle der heidnischen Nachbarn zu einer förmlichen Einöde geworden war, versahen beide, wie Liudger schreibt, ihr Wächter- und Hirtenamt um so standhafter (constantior), je öfter und je heftiger sie von der Wut der Wölfe bedroht wurden.[18]

Auch die *Tugend der Werke* (virtus operum) im Sinne der Werkheiligkeit eines Gregors des Großen, jedoch begrifflich verbunden mit der alten Vorstellung des Starken und Heldischen, wußte Liudger immer wieder in das geistige Blickfeld seiner adligen Alumnen zu rücken.[19] Das „gute Werk" der erfolgreichen Predigt im Thüringerland, ermöglicht durch „unerschütterliche Tapferkeit" (fortitudine constantiae), hatte ja die Aufmerksamkeit Karl Martells auf die angelsächsischen Glaubenshelden gelenkt. Der Frankenherrscher ließ diese zu sich rufen, und „von diesem Tage an wuchsen die Liebe und Ehrfurcht vor dem Manne Gottes und seinen Schülern bei allen, die deren Glauben und Leben kennenzulernen wünschten". Die Erwählten Gottes verharrten mit aller Entschlossenheit bei ihrem begonnenen „guten Werk" unter den Thüringern und Hessen. Während sie so in der „Tugend der Werke" große Fortschritte erzielten, wuchs auch ihre Zahl.[20]

Aber bei aller Rücksichtnahme auf die ethischen Werte der adligen Welt unterließ Liudger es nicht, seine künftigen Mitarbeiter zu mahnen, den Adel der Geburt durch den christlichen *Geistesadel* zu überhöhen, wie auch Gregor den Adel der Abstammung durch den Adel seiner Sitte und die Weisheit seiner Lehre veredelt habe.[21] So leistete der Sproß eines friesischen Adelsgeschlechtes

---

[18] Vita Gregorii c. 2, S. 69.
[19] Ebd. c. 2 u. 3, S. 69f.
[20] Ebd. S. 70.
[21] Ebd. c. 1, S. 66.

einen beachtlichen Beitrag zur Ausbildung einer christlichen Adelsethik und dies zu einer Zeit, da diese Frage die führenden Geister der fränkischen Kirche kaum beschäftigte.[22]
Nicht ohne Grund ging Liudger diesen Weg. Er wollte auf diese Weise seine Schüler zu den Wahrheiten des Evangeliums führen. Und hier erweist er sich als ein gütiger und strenger Erzieher zugleich. Aus jeder Zeile, die der Heilige schrieb, spricht die Güte des geistlichen Vaters nicht minder als die Strenge des Erziehers, der um den hohen Anspruch der Forderung Christi und die Schwäche der menschlichen Natur weiß. Jeder Halbheit ist Liudger abhold.

Das wird besonders deutlich in der ersten grundlegenden Forderung des Evangeliums, die Liudger seinen künftigen Mitarbeitern stellt: der Absage an die Welt und der bedingungslosen *Hingabe an das Reich Christi*. Wenn irgendwo, dann war diese Forderung bei den Hirten der Sachsen zu erheben. Die pastorale Arbeit bei diesem „rohen" Volksstamm erschien derart mit Gefahr und Entbehrung belastet, daß sich im Frankenreich kaum die erforderlichen Kräfte dafür finden ließen. Wir verstehen sehr wohl die von Bewunderung getragene Freude Karls des Großen über den Entschluß Liudgers, nicht nach Trier, das er ihm angeboten hatte, sondern zu den westlichen Sachsen zu gehen.[23] Es gehörten zweifellos die Seelenstärke und Hingabebereitschaft eines Bonifatius und Gregor dazu, sich der Pastoration dieses Volksstammes zu stellen. Liudger wußte auch um die gefahrvollen Einflüsse, die seiner münsterländischen Pflanzung von der verweltlichten westfränkischen Kultur drohten. Seine geplante Berufung nach Trier hatte ihn ja noch unlängst mit diesen kirchlichen Kreisen in enge Berührung gebracht. Es war kein Zweifel: wer den folgenschweren Schritt aus dem Wohlleben des adligen Elternhauses in die herbe, entsagungsreiche Welt der jungen sächsischen Kirche tun wollte, hatte Brücken hinter sich abzubrechen.

Daher erzählt Liudger seinen jugendlichen Hörern jene schöne Szene der Berufung seines verehrten Lehrers Gregor, die sich im Kloster Pfalzel an der Mosel zutrug. Gregor, aus hochadligem

---

[22] H. *Löwe*, Regino von Prüm und das historische Weltbild der Karolingerzeit, in: Rhein. Vierteljahrsbl. 17 (1952) 157.
[23] Vita secunda sancti Liudgeri: MGQ 4, 62.

fränkischen Haus, hatte seine erste Ausbildung an der Hofschule des Hausmeiers erhalten. Mit 14 oder 15 Jahren kam er in das Frauenkloster Pfalzel bei Trier, das von seiner verwitweten Großmutter Addula geleitet wurde. Eines Tages nun stattete Bonifatius, der Apostel der Deutschen, dem Kloster einen Besuch ab. Während man zu Tisch saß, wurde der junge Gregor mit der üblichen Tischlektüre beauftragt.

„Als dieser die Lesung beendigt und mit einem Gebet geschlossen hatte", so erzählt Liudger, „zollte Bonifatius der Fähigkeit und dem Geschick des Jungen seine Anerkennung. Dann wandte er sich an ihn:
‚Du liest gut, mein Sohn, aber verstehst du auch, was du liest?'
Jener, der zu dieser Zeit nach den Worten des Apostels noch dachte wie ein Kind und sprach wie ein Kind, antwortete:
‚Ja, ich verstehe es.'
Aber der Heilige redete nach den Regeln der Vernunft weiter mit ihm und sagte:
‚Sage mir, wie verstehst du, was du liest?'
Nun begann Gregor seine Lesung von neuem und wollte wieder lesen wie das erste Mal. Der treffliche Lehrer jedoch unterbrach ihn mit den Worten:
‚Nicht also, mein Sohn; ich bitte dich, sage mir jetzt, was du gelesen, aber in deiner Mundart und in deiner Muttersprache.'
Dieser, von seinem Meister überführt, fand keinen Ausweg mehr und mußte bekennen, daß er das nicht könne. Da sagte der heilige Bonifatius:
‚Willst du, mein Sohn, daß ich es dir erkläre?'
Darauf dieser:
‚Ja, ich will es.'
Bonifatius aber:
‚Wiederhole von Anfang an deine Lesung und lies langsam.'
Gregor tat es. Darauf nahm der heilige Meister das Wort und begann, mit erhobener Stimme der Mutter und der ganzen Klostergemeinde zu predigen."[24]
Die vom Geist Gottes erfüllten Worte des Predigers zündeten in der Seele des empfänglichen Knaben. Zur gleichen Stunde erklärte

---

[24] Vita Gregorii c. 2, S. 68.

er seiner Großmutter, mit dem hl. Bonifatius ziehen zu wollen. Allen Vorstellungen gegenüber blieb er taub: „Wenn du mir kein Pferd geben willst, werde ich zu Fuß mit ihm ziehen." Endlich trug, wie Liudger schreibt, die Gottesliebe des jungen unbeugsamen Gregor den Sieg über die irdische Liebe der Frau davon. Addula gab ihrem Enkel Diener und Pferde und ließ ihn mit dem heiligen Lehrer ziehen zu dem großen Werk der Glaubensverkündigung im Thüringerland.

An diese eindrucksvolle Berufungsszene schließt Liudger eine persönliche Betrachtung an. Er weist darauf hin, daß in diesem Knaben derselbe Geist waltete, der die Apostel, die Ausspender der heiligen Geheimnisse Christi, dazu vermochte, auf ein Wort des Herrn hin ihre Netze und ihre Eltern zu verlassen und dem Erlöser zu folgen. Während Gregor alles, was dem irdischen Sinn des jungen Mannes schmeicheln konnte, aufgab, handelte er gemäß dem Wort des Psalmisten: „Wegen der Worte Gottes wandle ich auf harten Wegen" (Ps 16,4). Er, der im Hause eines reichen Vaters in Kurzweil und Luxus aufgewachsen war, folgte einem unbekannten Manne in Armut und Entsagung, ohne auf die Bitten seiner Eltern und Angehörigen zu hören. „Wer kann die Macht der Autorität ermessen, die schon damals von dem künftigen Märtyrer Bonifatius ausging, eine Autorität, die das Herz des Knaben durch eine so plötzliche Umwandlung begeisterte? Welcher Feuerbrand der Liebe entflammte das Herz des Jünglings, dem unbekannten Meister zu gehorchen, dem Bettler Christi, der aller irdischen Habe entblößt war, zu folgen? Das bewirkten nicht die Liebe zu Gold und Silber, nicht die Gier nach Landgütern und stolze Selbstüberhebung, nein, das bewirkte der höchste Werkmeister, ‚der einem jeden seine Gaben zuteilt, wie er will' (1 Kor 12,6.11)."[25]

Die Absage an die Welt und die völlige Hingabe an Christus war die höchste Forderung, die Liudger seinen künftigen Mitarbeitern stellte. In enger Verbindung damit stand jene andere Forderung, die den guten Werken den Vorzug gibt vor den Gütern der Erde. Wohl mit einem Seitenblick auf den verderblichen Reichtum der westfränkischen Kirche forderte Liudger von seinen jungen Mit-

[25] Ebd. S. 68.

brüdern *innere Unabhängigkeit* von den Dingen dieser Welt. Der Utrechter Abt ist ihm auch hierin Vorbild. Denn er handelt nach dem Wort der Weisheit: „Wer nicht dem Golde nachjagt und nicht dem Silber vertraut, dessen Güter sind in Gott gegründet, und die Gemeinde der Heiligen verkündet seine guten Werke" (Eccl 31,8.11). Die Erfahrung hatte Gregor gelehrt, daß die Liebe zum Geld eine Wurzel aller Übel sei (1 Tim 6,10). Daher verabscheute er die Habsucht wie den „Schlund der Hölle". Geldgier und Geiz halten den Menschen in der ständigen Furcht, seine irdischen Schätze zu verlieren, während der innerlich losgelöste Mensch im Gegenteil fürchtet, durch Horten und Hüten zeitlicher Güter die ewigen einzubüßen. Sooft Gold- und Silbermünzen in seinen Besitz gelangten, war es Gregors erste Sorge, sie unter die Armen zu verteilen. Der Abt handelte als kluger Mann gemäß der Weisung der Schrift: „Er sammelte Schätze für den Himmel, wo weder Motte noch Nager sie vernichten und wo keine Diebe einbrechen und stehlen" (Matth 6,20). So richtete der Utrechter Lehrer seine ganze Hoffnung auf die jenseitige Welt. Die Güter der Erde, die sonst des Menschen Herz anziehen, vermochten ihm weder zu schaden noch Verwirrung zu bringen.[26] Die innere Freiheit gegenüber der Welt war die Voraussetzung für die *Anspruchslosigkeit, Einfachheit und Klarheit*, die Liudger Gregor von Utrecht nachrühmt und die er den jugendlichen „Streitern" der Domschule zu Münster zur Nachahmung empfiehlt. Schlicht in der Kleidung und maßvoll in Speise und Trank, übte der Abt auf seine Schüler und Mitbrüder, namentlich auf Liudger, eine tiefe Wirkung aus. So einfach, maßvoll und klar wie jener wollte auch Liudger sein, so sollten auch seine eigenen Schüler und Mitbrüder werden.

Die Liebe zur Einfachheit und Klarheit, so rühmt Liudger seinen Lehrer, prägte dessen Wort und Tat. Er lebte seinen Hörern vor, was er in der Verkündigung des Evangeliums von ihnen verlangte. Er warnte sie, „mit kostbarem Gewande zu prunken" (1 Petr 3,3; 1 Tim 2,9). „Im Reich Gottes geht es nicht um Essen oder um Trinken, nein, um Friede und Freude im Heiligen Geist" (Röm 14,17). Es ist bezeichnend, daß Liudger in diesem Zusammenhang

[26] Ebd. c. 12, S. 76.

die Maßlosigkeit im Trinken, das alte Laster der Deutschen, besonders brandmarkt. Wiederum verweist er auf die vorbildliche Selbstzucht seines Utrechter Meisters, der kaum je ein wenig Wein genossen habe, ohne ihn zuvor mit Wasser gemischt zu haben. Gregor bat die ihm Anvertrauten eindringlich, sich vor dem Laster der Trunksucht zu hüten wie vor dem Abgrund der Hölle.[27] Zwei Schriftworte kennzeichneten nach Liudger in besonderer Weise die Frömmigkeit und die Wortverkündigung Gregors. Das erste, dem Buch Jeremias angehörend, stellt Sünde und Tugend einander gegenüber: Die Sünde reißt nieder, die Tugend baut auf. Sowohl das eine wie das andere ist in die Entscheidung des Menschen gelegt. In diesem Sinne ruft Gregor seinen Hörern immer wieder das Wort in die Erinnerung, das der Herr dem Propheten Jeremias bei dessen Berufung gesagt hatte: „Ich gebe dir Vollmacht zum Ausrotten und zum Verheeren, zum Verderben, zum Bauen und zum Pflanzen" (Jer 1,10). Gregor wünschte, daß seine geistlichen Hörer dieses Wortes allzeit gedächten. Denn niemand könne das Aufbauwerk der Tugend und der guten Werke vollenden, der nicht zuvor die zerstörerische Macht der Sünde und des Lasters in sich gebrochen habe. Höchste Tugend sei die *Gottesliebe*. Sie erhalte die Sehnsucht nach dem Himmel wach. Daher pflegte Gregor seine Predigt mit dem Apostelwort zu schließen: „Was kein Auge gesehen, kein Ohr gehört und in keines Menschen Herz gedrungen ist, das hat Gott denen bereitet, die ihn lieben" (1 Kor 2,9). Der Prediger wußte sehr wohl, sagt Liudger, daß beide Schriftworte geeignet waren, seine Zuhörer für die verborgene Gnadenfülle des Heiligen Geistes zu öffnen. Daher bediente er sich ihrer mit Vorliebe.[28]

Wahre Gottesliebe ist unlösbar verbunden mit der christlichen *Nächstenliebe*. Auch ein Gregor von Utrecht konnte es nicht vermeiden, daß seiner Person Geringschätzung und unwürdige Behandlung widerfuhren, daß er Gegenstand des Neides, der Ehrabschneidung und Verleumdung wurde. Er vergalt nicht Gleiches mit Gleichem. Der herrschende starre Ehrbegriff seines Geburts-

---

[27] Ebd. S. 76.
[28] Ebd. c. 12, S. 76f.

standes hatte für ihn seine Gültigkeit verloren. Gregor fühlte sich dem Gesetz der christlichen Liebe verpflichtet, auch dem der Feindesliebe. Gemäß dem Wort des Psalmisten: „Ich bin wie taub und höre nichts, bin wie ein Stummer, der den Mund nicht auftut" (Ps 38,14), übersah und überhörte er das Kränkende einer Beschimpfung und Beleidigung. Ja, er liebte seine Widersacher, verkehrte gütig mit ihnen und versagte ihnen selbst einen Freundesdienst nicht, wenn sie dessen bedurften.[29]
Die Gnade Gottes und die Reinheit seiner Gesinnung gaben ihm, so sagt Liudger, die Kraft, erlittenes Unrecht zu vergessen wie ein Kind. Kindesgesinnung verlangte ja der Herr von den Aposteln und in ihnen zugleich von allen Menschen, wenn er sie mahnte: „Fürwahr, ich sage euch, wenn ihr euch nicht bekehrt und werdet wie die Kinder, so werdet ihr sicher nicht ins Himmelreich eingehen" (Matth 18,3). Diese Gesinnung der Liebe erfüllte ihn auch gegenüber seinen Hausgenossen, ohne daß er die brüderliche Zurechtweisung, wo sie geboten erschien, unterließ. So überwand Gregor seine Feinde durch die Liebe. Liudger sagt, fast alle, die diesem „liebenswürdigen, demütigen und geduldigen Mann" die schuldige Ehre versagten, seien von Gott gestraft und zur Selbsterkenntnis geführt worden. Er mahnt seine Freunde, dem Heiligen nachzueifern gemäß dem Wort der Schrift, „daß wir nur durch viele Drangsale in das Reich Gottes eingehen werden" (Apg 14,22).[30]
Welchen heroischen Grad der Selbstverleugnung Gregors Feindesliebe erreichte, beleuchtet Liudger an einem Beispiel. Zwei Halbbrüder Gregors waren von Räubern überfallen und ermordet worden. Die Mörder wurden ergriffen und den Brüdern der Ermordeten ausgeliefert. Diese ließen zwei von ihnen ihrem älteren Bruder Gregor vorführen und ihn bitten, „zur Genugtuung und zur Linderung seines Schmerzes" die Art der Todesstrafe festzusetzen. Gregor aber handelte nicht nach dem Gesetz der Rache, sondern dem der Liebe: „Liebet eure Feinde, tut Gutes denen, die euch hassen, auf daß ihr Kinder eures Vaters seid, der in den Himmeln ist" (Matth 5,44.45). Er nahm die Verbrecher liebevoll auf,

[29] Ebd. S. 77.
[30] Ebd.

löste ihre Ketten, ließ sie baden, mit reinen Gewändern kleiden und mit Speise erquicken. Darauf wurden sie ihm vorgeführt, und er gebot ihnen: „Geht in Frieden und seht euch vor, daß ihr nicht wieder eine solche Untat verübt, damit euch nicht Schlimmeres widerfahre!" Dann ließ er sie in Frieden ziehen und warnte sie mit väterlicher Liebe vor einer Begegnung mit seinen Verwandten.[31] „Was sollen wir kleinlichen und schwachen Menschen dazu sagen", schließt Liudger, „die wir nicht einmal ein schiefes Wort hinnehmen können, ohne auf Vergeltung zu sinnen!"[32]
Die Nächstenliebe bleibt unvollkommen, wenn sie nicht wirksam wird in der *Mildtätigkeit*. Das ist eine Forderung sowohl des Alten als auch des Neuen Testamentes. Liudger wußte um die verheerenden Folgen des Reichtums in der jüngsten Geschichte der fränkischen Landeskirche.[33] Darum ist seine Darstellung hier besonders ernst. Durch viele Tugenden, so sagt er, leuchtete Gregor hervor, am meisten aber durch die caritas. Der Abt hütete sich, Gold und Silber zu behalten, es sei denn, für den Dienst der Kirche. Auch über die Vorräte zum Unterhalt des täglichen Lebens verfügte er freigebig und großzügig zugunsten der Armen Christi. Seine Sorge um die eigene Stiftsfamilie galt nur dem Heute, nicht dem „morgigen Tag" (Matth 6,34). Er richtete seine Hoffnung mehr auf die dereinstige Prüfung des schrecklichen Gerichts als auf die gegenwärtige Bereicherung mit den Reichtümern dieser Welt. Daher bereitete es dem Utrechter Meister Freude, um der Liebe Christi willen zu verschenken, was er besaß: „Heil dem, der an den Bedürftigen und Armen denkt! Am eigenen Unglückstag errettet ihn der Herr" (Ps 41,2). Auch dem Sühnegedanken dienen die Werke der Barmherzigkeit: „Ein lodernd Feuer löscht das Wasser aus; Mildtätigkeit sühnt Sünden" (Eccl 3,29).[34]
Vor allem aber, so schreibt Liudger, war Gregor von Utrecht der Verheißung des Herrn eingedenk, der uns am Tage des Jüngsten Gerichts nach dem Maß unserer guten Werke richten wird: „Kommt her, ihr Gesegneten meines Vaters! Nehmt in Besitz das

---

[31] Ebd. c. 9, S. 74.
[32] Ebd.
[33] Vgl. A. *Hauck*, Kirchengeschichte Deutschlands I ([6]1922) 157ff. u. 479ff.
[34] Vita Gregorii c. 13, S. 77f.

Reich, das euch seit Grundlegung der Welt bereitet ist" (Matth 25,34). Auf das freudige Verwundern der Auserwählten wird er begründend hinzufügen: „Denn ich war hungrig und ihr habt mich gespeist, ich war durstig und ihr habt mich getränkt, ich war nackt und ihr habt mich bekleidet" (Matth 25,35.36). Sie werden ihn erstaunt fragen, wann sie denn dies getan hätten. Er wird ihnen antworten: „Was ihr einem der geringsten meiner Brüder getan habt, das habt ihr mir getan" (Matth 25,40).[35]
Das ist der Meister von Utrecht, wie Liudger ihn seinen jugendlichen Mitbrüdern zu zeichnen pflegte. Es ist das Bild des Heiligen der sächsischen Frühzeit, der die Forderungen des Herrn in ihrem ganzen Ernst, ohne Abstriche und Zugeständnisse zu verwirklichen suchte. Im Geiste dieses Bildes hat Liudger jene erste entscheidende Priestergeneration der Domschule herangebildet, die den heidnischen Trotz unserer Vorfahren durch christliche Liebe überwand und überall im Münsterland neues heiliges Leben weckte.

---

[35] Ebd. S. 78.

4. Das Datum der Bischofsweihe Liudgers von Münster*

I.

Die Frage nach dem Zeitpunkt der Bischofsweihe Liudgers von Münster ragt über ihre örtliche Bedeutung weit hinaus. Mit der Konsekration des eifrigen friesischen Missionsabtes galt die Christwerdung der westlichen Sachsen im Gebiet des späteren Münsterlandes als abgeschlossen. Der Vorgang der Bistumsgründung fand durch den erhabenen Weiheakt eine sakrale Vollendung.[1] Der neue Sprengel, der schon bald zu bedeutendem Ansehen gelangte, wurde im fränkischen Reichsverband fest verankert. So stand Karl der Große am Tage der Weihe Liudgers in diesem Teil des westlichen Sachsen am Ziel seiner politischen und kirchlichen Bestrebungen. Aber trotz der geschichtlichen Bedeutung des Weiheaktes hat keiner der Liudgerbiographen das Datum der Weihe des ersten Bi-

* HJb 76 (1957) 106–117. Nachdruck: Die Eingliederung der Sachsen in das Frankenreich: Wege der Forschung Bd. 185 (1970) 347–364.

[1] In Münster fiel ähnlich wie in Paderborn die Bischofsweihe mit der Bistumsgründung zusammen, wenn auch der organisatorische Aufbau des Sprengels noch nicht abgeschlossen war. Wichtigste Einrichtungen eines Bistums waren jedoch vorhanden: das monasterium als Urzelle des Domkapitels, die Domschule als Seminar für den Priesternachwuchs sowie ein Pfarrsystem von etwa 18 bis 20 Pfarreien. In der Folge schritt der Ausbau des Pfarrnetzes verhältnismäßig rasch fort. Zur Frühgeschichte des Domkapitels: A. *Schröer*, Das Münsterer Domkapitel im ausgehenden Mittelalter. Ein Beitrag zur Kirchengeschichte Westfalens: Monasterium. Festschrift zum siebenhundertjährigen Weihegedächtnis des Paulus-Domes zu Münster, hg. von A. Schröer (1966) 471ff. Nicht überall in Sachsen nahm die Entstehung der Bistümer den gleichen Verlauf wie in Münster, wie die Frühgeschichte von Bremen, Verden, Minden und Halberstadt zeigt. E. *Müller*, Die Entstehungsgeschichte der sächsischen Bistümer unter Karl dem Großen (1938) 64ff. A. *Schröer*, Chronologische Untersuchungen zum Leben Liudgers: WS 1 (1948) 120ff. A. K. *Hömberg*, Studien zur Entstehung der mittelalterlichen Kirchenorganisation in Westfalen: WF 6 (1953) 46–108. Zur räumlichen Gliederung und zum politischen Aufbau des Sprengels s. J. *Prinz*, Die parochia des heiligen Liudger: WS 1, 1–65.

schofs von Münster überliefert. Die vortreffliche Vita des Heiligen aus der Feder Altfrids[2], des Neffen und dritten Nachfolgers Liudgers auf dem Münsterer Stuhl, enthält nur eine einzige bestimmte Zeitangabe: Todestag und Todesjahr Liudgers. Dieser eigentliche dies natalis war bestimmt, das Gedächtnis des Heiligen in der Liturgie festzuhalten.[3] Er erschien der mittelalterlichen Hagiographie daher in besonderem Maße bemerkenswert. Es ist demnach nicht ungewöhnlich, daß Altfrid über den Zeitpunkt der Weihe nichts aussagt, während er über die Vorgänge, die der Weihe vorausgingen, in breiter Ausführlichkeit berichtet.

Liudger empfand, so schreibt Altfrid, ehrfürchtige Scheu vor der bischöflichen Würde. Daher bat er seine Schüler, einer von ihnen möge statt seiner das hohe Amt annehmen. Der Erzbischof von Köln, Hildibald († 819), suchte den Heiligen zu überzeugen, daß es seine Pflicht sei, sich weihen zu lassen. Allein Liudger hielt ihm das Wort des heiligen Paulus entgegen: „Der Bischof soll ohne Tadel sein" (1 Tim. 3,2). Hildibald, demütig und gottesfürchtig wie er war, suchte ihn zu beruhigen, indem er auf seine eigene Unvollkommenheit hinwies. Nach langem Widerstreben gab der Heilige schließlich dem ungestümen Drängen aller nach, da er in ihrer einhelligen Bitte den Willen Gottes erkannte. Er wollte vor den Menschen nicht starrsinnig erscheinen und seinem höchsten Herrn nicht ungehorsam sein.[4] Diese ansprechende Szene fügt

---

[2] Vita sancti Liudgeri auctore Altfrido, ed. W. Diekamp = MGQ IV (1881) 1–53.

[3] Den Liudgerkult in der Liturgie und Ikonographie zeigt W. *Stüwer*, Die Verehrung des heiligen Liudger: WS 1 (1948) 183–294.

[4] Vita Liudgeri 28f. Den eigentlichen Grund der anfänglichen Weigerung Liudgers, das Bischofsamt zu übernehmen, sieht K. *Hauck*, Zu geschichtlichen Werken Münsterscher Bischöfe: Monasterium 377ff., in dem Wunsch des Heiligen, seine Bahn nicht in einen begrenzten Wirkungsraum einmünden zu lassen, sondern in entschiedener Paulus-Nachfolge „vielen Völkern mit dem Werk der Evangelisation zu Hilfe zu kommen" (Vita Liudgeri 28). An welche Missionspläne Liudger dachte, zeigen seine Gründungen in Ostsachsen, seine Missionsfahrt nach Helgoland im Grenzbereich der Friesen und seine Absicht, bei den Normannen das Evangelium zu predigen. Es erscheint zu gesucht, wenn *Müller*, Entstehungsgeschichte 65, in der Mahnung Hildibalds von Köln, Liudger *müsse* das Bischofsamt übernehmen, einen Beweis für die organisatorische Dringlichkeit der Bistumsgründung zu finden glaubt.

sich dem Bild der schlichten, selbstlosen und gewissenhaften Persönlichkeit des Heiligen trefflich ein. Dennoch ist ihr historischer Wert nur gering, da Altfrid hier weitgehend seiner Vorlage, der Vita Willibrords[5], folgt. Der zweite Biograph, der noch vor 864 schreibt, wiederholt diese Begebenheit mit fast den gleichen Worten.[6] Auch der Werdener Mönch, der kurz nach 864 zur geistlichen Erbauung seiner Mitbrüder das dritte Lebensbild des Gründerabts zeichnete, streift kurz Liudgers demütige Zurückhaltung gegenüber dem Bischofsamt.[7] Er fügt hinzu, der Heilige habe die bischöfliche Würde ungefähr neun Jahre nach dem Erwerb des Werdener Klostergeländes[8] und nahezu zwölf Jahre nach Beginn seiner pastoralen Arbeit im Münsterland[9] übernommen. Die Vita rhythmica[10] endlich, reichlich 300 Jahre nach Liudgers Tod ebenfalls von einem Werdener Benediktiner geschrieben, faßt Altfrids Erzählung in dichterische Form[11], ohne ihr neue Züge zu geben.

Der Kölner Erzbischof wollte nach dem Zusammenhang der Vita lediglich Liudger vor allen anderen Priestern den Vorzug geben. Im übrigen brauchte im Jahre 805 ein Pfarrsystem nicht erst aufgebaut zu werden, es war bereits da. S. Anm. 1.

[5] Andererseits ist es unbegründet, diesen „topoi" jeden Wahrheitscharakter abzusprechen. Der Schreiber wird seiner Vorlage kaum Motive entnommen haben, die sich dem Bild der dargestellten Person nicht einigermaßen einfügten. Vgl. auch H. *Löwe*, Liudger als Zeitkritiker, in: HJb 74 (1955) 80.

[6] Vita secunda sancti Liudgeri, ed. W. Diekamp: MGQ IV (1881) 65.

[7] Vita tertia sancti Liudgeri, ed. W. Diekamp: MGQ IV 104. Die Vita selbst nennt ganz allgemein die Werdener Mönche als Verfasser. Ebd. 85f.

[8] Ebd. 103.

[9] Ebd. 104. Diekamp sieht keinen Grund, diese Zeitangaben in Zweifel zu ziehen, da der Verfasser, der etwa 60 bis 70 Jahre nach Liudgers Tod schrieb, das Datum der Bischofsweihe Liudgers noch sehr wohl habe feststellen können. Und mit dem sonstigen Bestreben der Vita, die aszetischen Eigenschaften des Heiligen hervorzuheben und als Muster hinzustellen, die früheren Nachrichten weiter auszuführen und mit moralischen Betrachtungen zu verquicken, hätten diese Angaben nichts zu tun. W. *Diekamp*, Über das Consecrationsjahr des hl. Liudger zum ersten Bischof von Münster: HJb 1 (1880) 285f.

[10] Vita rhythmica sancti Liudgeri, ed. W. Diekamp: MGQ IV, 135–220.

[11] Ebd. 184.

I. Liudger, erster Bischof von Münster

Der Vorrat an zeitlichen Anhaltspunkten zur Gewinnung des Weihedatums ist somit mehr als dürftig. Aber dieser Mangel wird bis zu einem gewissen Grade ausgeglichen durch das Streben Altfrids nach streng chronologischer Darstellungsweise. Der Biograph reiht die Tatsachen aneinander, wie sie dem geschichtlichen Ablauf entsprechen. Auch die sonstigen allgemeinen Zeitangaben zum Leben Liudgers und zur politischen Landesgeschichte leisten Hilfe. Allerdings nur dem, der sie mit geschärftem Blick wertet. Es ist daher nicht verwunderlich, daß die phantasievollen Quellenschriften mittelalterlicher und späterer Schriftsteller[12], denen an einer korrekten Chronologie nichts gelegen war, die Frage nach dem Weihetermin des ersten Bischofs von Münster nirgends der Lösung näherbringen. Ihre willkürlichen Ansätze zur Bischofsweihe Liudgers schwanken von 776 bis 789.

II.

Die Väter der Gesellschaft Jesu gingen erstmals kritisch an die Beantwortung unserer Frage. Chr. Brower, einer der tüchtigsten Historiker der deutschen Jesuiten, setzte die Bischofsweihe Liudgers in das Jahr 802.[13] Er gab jedoch keine Begründung für seinen Ansatz. Seine Ordensbrüder G. Henschen und D. Papebroch, die in dem Märzband der Acta Sanctorum die Liudgerquellen herausgaben,[14] kamen in einem soliden Kommentar[15] unter Benutzung Werdener Urkunden fast zu dem gleichen Ergebnis. Nach ihnen mußte Liudger zu Anfang des Jahres 802 oder Ende 801 die Bischofsweihe empfangen haben.[16]

---

[12] A. *Schröer*, Chronologische Untersuchungen 125 Anm. 51.
[13] Chr. *Brower*, Sidera illustrium et sanctorum virorum ... Germaniae (1616) 79.
[14] Acta SS Boll Mart III, 626–665. Henschen und Papebroch waren die ersten Mitarbeiter Bollands.
[15] Die späteren Bollandisten heben den Wert dieser Arbeit wiederholt hervor und stellen sie neben die grundlegende Arbeit Henschens über die Vita s. Suitberti auct. Ps.-Marcellino (Acta SS Mart. I, 67–84).
[16] Anlaß zu dieser Datierung waren die Urk. vom 26. Aug. 801 (*Lacomblet*, UB für die Geschichte des Niederrheins [1840] I Nr. 22), in der Liudger Abt heißt, sowie das Pseudodiplom Karls des Großen für Werden vom

Das Datum der Bischofsweihe Liudgers 61

Während die Jesuiten die ihnen erreichbaren Urkunden nicht ohne Nutzen in den Dienst ihrer hagiographischen Forschungen stellten, schuf G. W. Leibniz mit der Ausgabe des Cartularium Werthinense[17], das 65 Werdener Urkunden umfaßt, das gediegene wissenschaftliche Fundament für die weitere Forschung. Die Werdener Urkunden sagen klar aus, daß Liudger am 13. Januar 802 noch Abt[18] und am 23. April 805 Bischof[19] war. Unabhängig von urkundlichen Quellen suchte der Münsterer Ortsgeschichtler E. F. Krabbe dem Zeitpunkt der Bischofsweihe Liudgers näherzukommen.[20] Er war der Meinung, Liudger habe seine Zustimmung zur Weihe auf einer Synode, und zwar auf der Aachener Reichssynode von 802 erteilt. Altfrid deute dies an, wenn er berichte, der Heilige habe sich nach dem vergeblichen Umstimmungsversuch Hildibalds von Köln schließlich „dem Rat aller" gefügt, *ne plurimorum consilio*[21] *immo Dei voluntati pertinaciter inoboediens esse videretur*. A. Tibus folgte Krabbe und nahm überdies auf Grund eines Kanons der Fränkischen Kapitularien an, Liudger habe auf der Aachener Synode vom Oktober 802 auch sogleich die Weihe empfangen.[22]
Erfolgreicher als Krabbe und Tibus war W. Diekamp, dem es gelang, die Kreise um das gesuchte Weihedatum wesentlich enger zu

---

26. April 802 (DK I Nr. 266 S. 388ff. und Lac. I Nr. 26), das Liudger zwar episcopus nennt, aber alle Merkmale der Unechtheit an sich trägt. Auch den beiden Bollandisten erschien das letzte Diplom verdächtig.
[17] SS rer. Brunsvic. I (1707). Das Cartular, dem 10./11. Jh. zugehörig, zählt zu den bedeutendsten karolingischen Urkundensammlungen. Eine kritische Ausgabe besorgte *Lacomblet* (s. Anm. 16).
[18] *Lacomblet* I Nr. 23.
[19] *Lacomblet* I Nr. 27.
[20] E. F. *Krabbe*, Geschichtliche Nachrichten über die höheren Lehranstalten in Münster (1852) 47.
[21] Nach Krabbe etwa im Sinne von „Mehrheitsbeschluß".
[22] A. *Tibus*, Gründungsgeschichte der Stifter, Pfarrkirchen, Klöster und Kapellen im Bereich des alten Bistums Münster (1867) 39f. Wir sagten bereits, daß Altfrids Bericht an dieser Stelle der Vita unselbständig ist und daher nur abgeschwächte Beweiskraft besitzt. Es wäre ferner der Nachweis zu erbringen, daß die Aachener Reichssynode in der Zeit 802–805 tatsächlich die einzige gewesen ist, die stattgefunden hat. Zudem werden wir noch sehen, daß Liudgers Bischofsweihe nicht im Oktober erfolgt ist.

ziehen.[23] Er stützte sich auf die beiden chronologischen Zusätze der dritten Vita, die wir eingangs andeuteten.[24] Nach der zweiten Notiz soll Liudger ungefähr zwölf Jahre ohne bischöfliche Weihe im Münsterland gearbeitet haben. Da der Heilige, wie Diekamp errechnete[25], die Pastoration der westlichen Sachsen frühestens 792, wahrscheinlich nicht vor 793 aufnahm, ergab sich das Jahr 804 oder das erste Viertel des Jahres 805 als die Zeit der Weihe.[26] Zu dem gleichen Ergebnis führt nach Diekamp auch die andere Mitteilung des dritten Biographen, Liudger habe neun Jahre vor seiner Weihe das Baugelände bzw. den ersten klösterlichen Boden für die Werdener Gründung (durch Tausch) erworben.[27] Nicht mit Unrecht deutet der Forscher auch den Umstand, daß Altfrid wenige Zeilen nach dem Bericht über die Bischofsweihe das Lebensbild Liudgers abschließt, im Sinne einer kurzen bischöflichen Wirksamkeit des ersten Münsterer Oberhirten.[28]

Diekamps sehr beachtliche Feststellungen berührten bereits die äußerste Grenze dessen, was man unter Zuhilfenahme der politischen Landesgeschichte mit einiger Sicherheit aus den Viten zur Bestimmung des liudgerischen Weihedatums herauslesen kann. Solange nicht neue Quellen gefunden wurden, mußte man sich wohl oder übel mit dem Erreichten bescheiden. Allein, Diekamp ahnte nicht, daß bereits zwei Jahre bevor er schrieb, H. Bresslau der Öffentlichkeit einen Quellenfund von höchster Wichtigkeit zugänglich gemacht hatte.[29] Wäre er auf diese wertvolle Entdeckung gestoßen, so hätte seine Arbeit zweifellos ein noch konkreteres Ergebnis gezeitigt.

Im Herbst des Jahres 1876 hatte nämlich H. Bresslau auf einer italienischen Archivreise in der Ambrosiana zu Mailand u. a. die bekannte Palimpsesthandschrift M 12 sup. 8 eingesehen. Der Kodex enthält auf den Seiten 26–45 ein in karolingischen Minuskeln

---

[23] W. *Diekamp*, Consecrationsjahr 281ff.
[24] S. Anm. 8 u. 9.
[25] Consecrationsjahr 282f.
[26] Ebd. 285f.
[27] Unsere Auffassung zu dieser Annahme s. u. Anm. 70.
[28] Consecrationsjahr 286.
[29] H. *Bresslau*, Reise nach Italien im Herbst 1876: NA III (1878) 77–138. Die fragliche Mitteilung findet sich 659 unter „Berichtigungen und Nachträge".

geschriebenes Kalendar mit zahlreichen nekrologischen Einträgen aus den Jahren 866–879. Über die Umwelt, in der der Kalender entstanden ist, sind aus den Einträgen einige Aufschlüsse zu gewinnen. So ist es so gut wie sicher, daß der Nekrolog, wenn nicht im alten Sachsen selbst, so doch im unmittelbaren Grenzgebiet geschrieben wurde, sei es nun in Herford, dem vornehmsten Frauenkloster auf altsächsischem Boden, sei es – was wahrscheinlicher ist – in der Benediktinerabtei Werden, der Lieblingsgründung Liudgers jenseits der Grenze auf fränkischem Hoheitsgebiet.[30]

H. Bresslau veröffentlichte nun im Jahre 1878 u. a. die folgende Eintragung der Handschrift: *VII. Kal. Apr. Sanctus Liudgerus episcopus migravit ad dominum sabbato sancto pasche hora nona. III. Kal. Apr. Ordinatio domni Liudgeri episcopi prefati.*[31] Die Notiz brachte Klarheit und Verwirrung zugleich: Klarheit im Hinblick auf den Ordinationstag Liudgers, Verwirrung im Hinblick auf

[30] Nach P. *Lehmann* (Corveyer Studien [1919] 66ff.) stammt die Hs. aus Herford. Der Herausgeber der Hs. B. *Bischoff* (s. u.) teilt diese Auffassung. R. *Drögereit* (Werden und der Heliand [1951] 87–91) kommt dagegen zu dem Schluß, daß die Hs. in Werden entstanden und später nach Essen gelangt sei. Die Einträge über Liudger und Altfrid (von Hildesheim) legten neben anderen Gründen diese Annahme nahe. In einem späteren Aufsatz (Die Heimat des Heliand: Jb. d. Ges. f. niedersächs. Kirchengesch. 49 [1951] 7) stützt Drögereit seine These durch positive Argumente. Das Vorkommen der hl. Pusinna (deren Gebeine sich seit 860 im Besitz des Herforder Frauenklosters befanden) sei in einer Werdener Hs. aus den engen familiengeschichtlichen Beziehungen zwischen Werden und Windhausen, das gleichfalls Pusinna zur Patronin hatte, zu erklären. Bischoff weist diese Annahme zurück und betont, daß in der Entstehungsgeschichte des vielschichtigen, aber von einer Hand geschriebenen Kalendars „Saxonia" nur eine längere Episode (bis 879) bedeute, daß aber der Schreiber in dieser Zeit in einem altsächsischen (nicht, wie B. meint, „niedersächsischen") Frauenkloster den Nekrolog führte und Interesse an der Aufnahme der heiligen Pusinna hatte. – Wie aber, so fragen wir, kam man denn in Herford, einer Stiftung des karolingischen Königshauses, die weder zu Münster noch zu Werden engere Beziehungen unterhielt, dazu, außer dem Todestag auch den Weihetag Liudgers festzuhalten und sogar durch Eintragung in das Kalendar auszuzeichnen? In Werden ist eine solche Aufmerksamkeit gegenüber dem Gründerabt durchaus verständlich. Die besseren Gründe sprechen offenbar für Werden.

[31] NA III 659.

dessen Sterbetag. Der 26. März 809, das unumstößlich feststehende Todesdatum des Münsterer Gründerbischofs, fiel nämlich nicht auf den Karsamstag, sondern auf den Montag der fünften Fastenwoche. Außerdem hatte Liudger nicht hora nona, also 15 Uhr, sondern in der Nacht das Zeitliche gesegnet. Wie war nun die rätselhafte Zeitbestimmung des Mailänder Kalendars zu verstehen?

B. Simson, der Bresslaus Mitteilung bei der Vorbereitung des zweiten Bandes der Fränkischen Jahrbücher benutzte, glaubte sich berechtigt, die Worte *sabbato sancto pasche hora nona* auf Liudgers Bischofsweihe zu beziehen.[32] Dies erschien ihm um so gerechtfertigter, als im Jahre 804 der 30. März in der Tat auf das sabbatum sanctum fiel. Es kam hinzu, daß Diekamp, wie wir sahen, das Jahr 804 bereits als eines der mutmaßlichen Jahre der Bischofsweihe errechnet hatte. Da der Karsamstag, wie Simson versicherte, auch sonst als Weihetag beliebt gewesen sei, schien die Beweiskette lückenlos. Münster mußte am 30. März 804 seinen ersten Bischof erhalten haben. Simsons überraschende Kombination fand in der westfälischen Geschichtsschreibung keinen Widerspruch, sondern weitgehende Anerkennung.[33]

Allein weder Simson noch die, die ihm zustimmten, hatten Gelegenheit gehabt, sich durch persönliche Einsichtnahme in das Kalendar oder durch gute Photokopien von der Richtigkeit der Textveröffentlichung Bresslaus zu überzeugen. Erst die von B. Bischoff im Jahre 1952 besorgte Ausgabe des Mailänder Kalendars[34] zerstreute das geheimnisvolle Dunkel, das die nähere Zeitbestimmung zum Tode Liudgers umgab. Bresslau hatte die Worte *sab-*

---

[32] S. *Abel* / B. *Simson*, Jahrbr. des Fränk. Reiches unter Karl d. Gr. Bd. II (1883) 312, Anm. 4.
[33] Erwähnt seien u. a. W. *Diekamp*, der in einer Besprechung des Buches von *Simson* (HJb 5 [1884] 256f.) und im WUB, Suppl. Nr. 126 Simson uneingeschränkt zugestimmt und das Weihedatum als absolut gesichert betrachtet; Kl. *Löffler*, Der hl. Liudger: WL I (1930) 5; E. *Müller*, Entstehungsgeschichte 66; A. *Schröer*, Chronologische Untersuchungen 125.
[34] B. *Bischoff*, Das karolingische Kalendar der Palimpsesthandschrift Ambros. M 12 sup.: Colligere Fragmenta. Festschrift Alban Dold zum 70. Geburtstag (1952) 251. Die gut kommentierte Ausgabe enthält zahlreiche Namen der angelsächsischen, altsächsischen, rheinischen und flandrisch-hennegauischen Missions- bzw. Heiligenkultgeschichte.

bato sancto pasche hora nona infolge eines Versehens dem Todestag Liudgers angefügt. Nicht Liudger, sondern eine gewisse Nonne Imma war in Wirklichkeit am Karsamstag in der neunten Stunde gestorben.[35] Der Kalender bezeugt lediglich unter dem 26. März den Tod und unter dem 30. März die Ordination Liudgers als Bischof. Beide Angaben sind durch weitere Einträge voneinander getrennt, ein Umstand, der aus der Veröffentlichung Bresslaus nicht ersichtlich ist und die von Simson vorgeschlagene Verbindung der Zeitangabe mit der Bischofsweihe Liudgers überhaupt erst ermöglichte. Mit dem Fortfall dieser Zeitbestimmung wurde auch Simsons Kombination gegenstandslos.

III.

Nach mannigfachen Irrwegen stellt sich uns nunmehr die Frage nach dem Zeitpunkt der Bischofsweihe Liudgers aufs neue. Bevor wir uns ihr abschließend zuwenden, müssen wir noch kurz zu dem Hauptargument Stellung nehmen, durch das Simson seinen scheinbar so glücklichen Lösungsvorschlag zu sichern suchte: der üblichen Wahl des Bischofsweihetages. Simson glaubte, Laspeyres als Gewährsmann dafür anführen zu können, daß zu Liudgers Zeit der Karsamstag als Bischofsweihetag beliebt gewesen sei. Jedoch mit Unrecht. Laspeyres spricht nämlich in dem fraglichen Zusammenhang überhaupt nicht von der Bischofsweihe, sondern von den ordines maiores. Aber selbst diese wurden nach Laspeyres in damaliger Zeit noch nicht am Karsamstag gespendet. Zwar habe man schon früh die Sommer-, Herbst- und Winterquatember sowie den Sonnabend vor Judica mit Rücksicht auf die mit diesen Tagen verbundenen allgemeinen Fasten als Ordinationstage benutzt. „Nirgends aber, wenigstens nicht in unzweifelhaften

---

[35] Die Eintragung zeigt folgende Anordnung:
  VII Kl Scs. Liudgerus eps. migrauit ad dnm./ Imma nonna ob. sabb. sco. pasche hora nona.
  VI Kl VIII. Aegyptiorum mensis Pharmuthi. Resurrectio xpi.
  IIII Kl Ordinatio sci. Gregorii pp.
  III Kl Ordinatio domni Liudgeri epi. praefati.

Quellen, geschieht bis in das 12. Jahrhundert des sabbati sancti in dieser Beziehung Erwähnung."[36] Was für die ordines maiores galt, traf in noch höherem Maße für die Bischofsweihe zu.[37] Der Karsamstag ist in der abendländischen Kirche des Mittelalters niemals Bischofsweihetag gewesen.[38] Aber das besagt keineswegs, daß Simson sich auf einem methodischen Irrweg befand, als er mittels der gebräuchlichen Wahl des Konsekrationstages das Jahr der Bischofsweihe Liudgers festzustellen suchte. Im Gegenteil, er schenkte dieser Frage zuwenig Aufmerksamkeit. Der Forscher übersah, daß zahlreiche Kirchenhistoriker und Liturgiker sich bereits eingehend mit dieser Frage befaßt hatten.[39] Schon damals herrschte in der Liturgiegeschichte Einmütigkeit darüber, daß der Bischof zu Liudgers Zeit grundsätzlich am *Sonntag* während des heiligen Opfers geweiht wurde.[40] Der Bischof galt damals wie heute als der oberste Liturge seines Sprengels. Daher stellte die Kirche ihn durch die Weihe in die engste Beziehung zum heiligen Opfer, dem Kernstück der Liturgie. Die

---

[36] *Laspeyres*, Art. „Ordination" in der Allgemeinen Encyklopädie der Wissenschaften und Künste, hg. von J. S. Ersch und J. G. Gruber, Dritte Section, 5. Teil (1834) 58f.

[37] Wir behandeln die Frage des Bischofsweihetages im folgenden in besonderer Ausführlichkeit, weil sie den Schlüssel zur Feststellung des Weihejahres Liudgers enthält.

[38] Siehe Th. *Michels*, Beiträge zur Geschichte des Bischofsweihetages im christlichen Altertum und im Mittelalter (1927). Die ausgezeichnete Untersuchung leistet uns im folgenden sehr wertvolle Dienste.

[39] Wir weisen hin auf C. *Baronius*, Annales ecclesiastici I 649 ss. Nr. XVIII bis XX (1738). E. *Renaudot*, Liturgiarum Oriental. Collectio I (Frankfurter Neudruck 1847) 392. J. A. *Assemani*, Codex liturgicus ecclesiae universae 13 (1766) 73 Nota 1. E. *Martène*, De antiquis Ecclesiae ritibus II, 9 et 26.

[40] Über die Weihepraxis in der Verfolgungszeit bis etwa Anfang des 4. Jahrhunderts gingen zwar die Meinungen auseinander, nicht aber hinsichtlich der weiteren Entwicklung, die deutlich bis in das Hochmittelalter hinein durch ein grundsätzliches Festhalten am Sonntag als Bischofsweihetag gekennzeichnet ist. Zu diesem Ergebnis kommt auch Th. *Michels* (S. 94), wenn er die gewonnenen Erkenntnisse seiner sorgfältigen Untersuchung dahin zusammenfaßt, es sei „unumstößliche Tatsache, daß der Sonntag für alle Jahrhunderte (des Mittelalters) und in allen Gebieten der Kirche der gegebene und bevorzugte Weihetag war". S. auch ebd. 3ff. 46f.

Gemeinde sollte Zeuge dieses grundlegenden Aktes sein. Da sie sich an jedem Sonntag zur Feier der heiligen Geheimnisse versammelte, war der Sonntag, und zwar jeder beliebige, der gegebene Weihetag. Aber nicht ohne jede Einschränkung galt diese Ordnung. Zu Liudgers Zeit bahnte sich bereits eine Neuerung an, die in engem Zusammenhang mit der stärkeren Betonung der kultischen Heiligenverehrung gesehen werden muß. Der Sonntag begann seine einzigartige Stellung in der Liturgie zu verlieren. Die Gedächtnistage mancher sancti traten dem Tag des Herrn nach und nach gleichrangig an die Seite. Zwar galt dies noch nicht für jedes Natale eines Heiligen, wohl aber für die Gedächtnistage derer, die dem Herrn am nächsten stehen, der Apostel.[41] Was lag näher, als daß die Bischöfe, die vicarii Apostolorum, auch an den Tagen derjenigen geweiht wurden, deren Nachfolger und Statthalter auf Erden sie waren?

Den liturgischen Niederschlag dieser kultischen Entwicklung finden wir erstmals in dem Ordo Romanus antiquus des M. Hittorp, der dem fränkisch-deutschen Liturgiegebiet angehört. Es heißt dort u. a.: *Ecclesiasticorum ... ordinum consecratio quatuor temporum die sabbati celebretur, episcopi autem consecratio, qui est vicarius Apostolorum, immo et Christi, sit in Dominica, quia in eodem die perdonum Spiritus Sancti dignatus est illustrare corda Apostolorum. Fieri etiam solet aliquoties in natalitiis Apostolorum.*[42] Man sieht,

---

[41] Ursprünglich wurden die Apostelfeste nach Art der Martyrertage (natale martyris) behandelt und genossen gleich diesen nur eine lokale Feier. Erst die Einführung allgemein kirchlicher Martyrologien seit dem 9. Jahrhundert verbreitete die Apostelfeste über die ganze Kirche. Daher weisen die ältesten Kalendarien nur ein oder zwei örtlich verschiedene Apostelfeste auf. Die Reichssynode von Erfurt 932 ordnete für Deutschland die Feier der Apostelfeste in foro an, die erst im 18. Jahrhundert bei der Reduktion der Feste wieder aufgehoben wurde. L. *Eisenhofer*, Apostelfeste: LThK I (1930) Sp. 559f.

[42] M. *Hittorpius*, De cath. eccl. divinis officiis ac ministeriis (1568). Bibliotheca max. vet. patr. XIII (1677) 709. M. *Andrieu* (Immixtio et consecratio: Université de Strasbourg [1924] 59) weist den Ordo als Kompilation dem 10. Jahrhundert, S. *Bäumer* (Katholik I [1889] 626) dem 9. Jahrhundert zu. Nach Th. *Michels* (S. 45) sind die einzelnen Teile älter.

grundsätzlich fand nach dieser wichtigen liturgischen Quelle die Bischofsweihe am Sonntag, vereinzelt auch an den Gedächtnistagen der Apostel statt. Die Fassung des letzten Satzes (aliquoties) deutet an, daß dem Redaktor die gelegentliche Weihe von Bischöfen an Apostelfesten noch neu und ungewohnt war. Hielt man nun in der fränkisch-deutschen Kirche diese Weiheordnung auch tatsächlich ein? Die Beantwortung dieser Frage bereitet nicht geringe Schwierigkeiten, da die Zeitangaben der mittelalterlichen Quellen bekanntlich sehr unsicher sind.[43] Von 26 überlieferten Weihedaten des 8. und 9. Jahrhunderts aus den Kirchenprovinzen Mainz, Köln, Trier und Salzburg fällt die Hälfte auf einen Sonntag.[44] Zwei Bischöfe wurden an einem Apostelfest geweiht.[45]

---

[43] Ein Blick in die von A. *Hauck*, Kirchengeschichte Deutschlands II (1935) 806–817, zusammengestellten Bischofslisten zeigt die Problematik der chronologischen Überlieferung. Auch manche Angaben von P. *Gams*, Series episcoporum ecclesiae catholicae (1873), auf den wir uns im Folgenden ebenso wie auf *Hauck* stützen, halten einer ernsten Kritik nicht stand. Vgl. *Michels* 52 Anm. 18. Es kann aber hier nicht unsere Aufgabe sein, alle Angaben auf letzte Sicherheit zu prüfen. Bei manchen Bischöfen werden zwei oder mehrere Weihetermine genannt. Immerhin vermitteln die Listen einen Gesamteindruck. Darauf kommt es uns an.

[44] Es sind dies: 1) Willibald von Eichstätt 22.10.741, 21. Sonntag nach Pfingsten (LThK X, 1938, Sp. 918); 2) Burchard von Würzburg 1. 4. 742, Ostersonntag; 3) Angilram von Metz 25. 9. 768, 17. S. n. Pf.; 4) Riculf von Mainz 4. 3. 787, Reminiscere; 5) Wolfgar von Würzburg 12. 5. 810, Exaudi; 6) Adalram von Salzburg 1. 12 .821, 1. Adventssonntag; 7) Godewald v. Henneberg von Würzburg 2. 4. 842, Ostersonntag; 8) Hraban von Mainz 26. 6. 847, 4. S. n. Pf.; 9) Günther von Köln 20. 4. 850, 2. S. n. Ostern; 10) Arno von Würzburg 1. 12. 855, 1. Adventssonntag; 11) Karl von Mainz 8. 3. 856, Laetare; 12) Adventius von Metz 7. 8. 858, 11. S. n. Pf.; 13) Theotmar von Salzburg 13. 9. 873, 14. S. n. Pf.

[45] 1) Arn von Salzburg 11. 6. 785, Fest des hl. Barnabas. 2) Liutbert von Mainz 30. 11. 863, Fest des hl. Andreas. – Vor der Weihe Arns von Salzburg, der ersten nachweisbaren Ausnahme von der Sonntagsregel im Frankenreich, wurde bereits Bonifatius, der Apostel der Deutschen, am 30. 11. 722, dem Fest des hl. Andreas, zu Rom geweiht. *Michels* 52.

Unter den Wochentagen halten sich der Montag[46], der Dienstag[47] und der Samstag[48] mit je vier Weihedaten die Waage. An einem Donnerstag[49] ist eine Weihe verzeichnet. Es zeigt sich demnach hier wie in den übrigen Liturgiegebieten des Abendlandes[50], daß im 8. und 9. Jahrhundert der Sonntag als Bischofsweihetag den unbestrittenen Vorrang hatte. In Übereinstimmung mit dem genannten Ordo Romanus antiquus wurde die Weihe vereinzelt auch an den Gedächtnistagen der Apostel vorgenommen. Die erste Ausnahme begegnet im 8. Jahrhundert mit dem Ordinationstag Arns von Salzburg, etwa acht Jahre vor Liudgers Arbeitsbeginn im westlichen Sachsen. Theorie und Praxis stimmen demnach so weitgehend überein, daß wir angesichts der Unzuverlässigkeit des Zahlenmaterials nun auch für die von der Regel abweichenden Konsekrationen den Sonntag als Weihetag vermuten und diese Vermutung als heuristisches Prinzip für die chronologische Ermittlung derselben anwenden dürfen. Es fällt zum Beispiel auf, daß fast alle regelwidrigen Termine in der Nähe eines Sonntags liegen. Diese Tatsache begründet den Verdacht, daß hier ein Versehen in der Überlieferung vorliegt, wie es A. Jü-

---

[46] 1) Willehad von Bremen 14. 7. 788 (drei verschiedene Daten); 2) Virgil von Salzburg 15. 6. 767; 3) Ruotpert von Metz 22. 4. 883; 4) Ratbod von Trier 8. 4. 883 (nach *Gams* 318 an diesem Tage electus).

[47] 1) Egilwald von Würzburg 16. 4. 804 (Datum stimmt mit der angegebenen Amtsdauer nicht überein); 2) Humbert von Würzburg 31. 12. 832 (stimmt mit der Amtsdauer nicht überein; auch der 7. März findet sich als Weihedatum); 3) Gundulf von Metz 1. 1. 816 (*Gams* 292 hat als Weihejahr 819); 4) Rudolf v. Rothenburg von Würzburg 1. 8. 892 (mit der Amtsdauer nicht übereinstimmend).

[48] 1) Leuterich von Würzburg 27. 2. 801 (mit der angegebenen Amtsdauer nicht übereinstimmend); 2) Drogo von Metz 13. 6. 823 (*Gams* 292 hat 826 als Weihejahr; *Hauck* II 814 nennt auch den 12. 6. als Weihetag); 3) Willibert von Köln 7. 1. 870 (vgl. *Michels* 59 Anm. 51); 4) Drogo von Minden 1. 4. 887 (*Gams* 294 hat 886 als Weihejahr).

[49] Wala von Metz 5. 4. 876 (*Gams* 292 hat 21. 3. 876).

[50] Th. *Michels* 48–65 untersucht die Praxis des Weihetages in Rom und den von Rom unmittelbar abhängigen Gebieten, im übrigen Italien, in Spanien und Portugal, in Gallien, England und den Nordischen Ländern.

licher für die Päpste des 3. Jahrhunderts[51] und L. Duchesne für manche Bischöfe Galliens[52] wahrscheinlich gemacht haben. Eine bemerkenswerte Bestätigung erfährt die Wahl des Sonntags zur Bischofsweihe durch einen Vergleich mit der Königsweihe. Es besteht nämlich ein ausgeprägter Parallelismus zwischen dem Ritus der mittelalterlichen Königs- und dem der Bischofsweihe.[53] E. Eichmann ist dieser interessanten Erscheinung nachgegangen.[54] Die Übereinstimmung der beiden Riten erstreckte sich auch auf den Weihe- und Krönungstag. Wie der Bischof, so wurde im Mittelalter auch der König grundsätzlich am Sonntag geweiht und gekrönt.[55]

---

[51] A. *Jülicher*, Kritische Bemerkungen zu den Papstverzeichnissen bei C. Mirbt: Quellen zur Geschichte des Papsttums und des römischen Katholizismus (³1911) 482f. H. *Lietzmann* (Petrus und Paulus in Rom [1915] 4f.) sagt zu Jülichers Korrekturen: „A. Jülicher hat die historische Zuverlässigkeit dieser Tagesdaten (des Catalogus Liberianus) glänzend nachgewiesen und gezeigt, daß man mit ihrer Hilfe die Fehler in den Jahresangaben des Catalogus beseitigen kann. Daß es alter Brauch sei, die Bischofsweihe am Sonntag vorzunehmen, wissen wir u. a. durch Leo den Großen (epist. 6,6. 9,1): es zeigt sich, daß alle angegebenen Ordinationsdaten des Catalogus tatsächlich auf einen Sonntag fallen, sobald wir die vor Silvester liegenden Jahresangaben in derselben Richtung um eine Einheit verschieben."

[52] L. *Duchesne*, Fastes episcopaux de l'ancienne Gaule, 3 Bde. (1898–1915). Für Duchesne ist es keine Frage, daß der einzige Weihetag für den Bischof im alten Gallien der Sonntag ist. Th. *Michels* 58 Anm. 48 zeigt an dem Beispiel Karls von Mainz (s. o. Anm. 44), wie leicht durch ein Versehen des Abschreibers sich Irrtümer einschleichen konnten. Es brauchte nur, wie im Falle des Mainzer Erzbischofs offenbar geschehen, der erste Strich von VIII (Idus Mart.) undeutlich gezogen oder verwischt zu sein, so ergab sich irrig IIII.

[53] Die starke Angleichung des Ritus der Kaiserweihe an die Bischofsweihe erklärt sich historisch aus dem Königspriestertum und aus der inneren Verwandtschaft des Königs- und Bischofsamtes. Vgl. E. *Eichmann*, Die Kaiserkrönung im Abendland Bd. I (1942) 106.

[54] E. *Eichmann*, Königs- und Bischofsweihe (1928) 16; ferner *ders.*, Kaiserkrönung 103f.

[55] Freilich mit der verständlichen Einschränkung, daß man zur Königsweihe statt des Aposteltages gelegentlich einen dies festivus (Weihnach-

IV.

Die liturgischen Quellen und die historische Statistik berechtigen zu der Feststellung, daß die Bischofsweihe zur Zeit Liudgers *grundsätzlich am Sonntag*, ausnahmsweise auch an Apostelfesten stattfand. Von dieser Erkenntnis geleitet, stellen wir nunmehr die letzte und zugleich entscheidende Frage: Auf welchen Tag fiel in den Jahren 802 bis 805 der 30. März?
Im Jahre 802 war der 30. März der Mittwoch der Osterwoche, im Jahre 803 der Donnerstag nach Laetare. In beiden Fällen handelt es sich um einen Oktav- bzw. Wochentag ohne Heiligengedächtnis. Eine Bischofsweihe an diesen Tagen würde durchaus gegen die liturgische Ordnung und die herrschende Weihepraxis verstoßen haben.[56] Außerdem müssen wir nach der Vita tertia annehmen, daß Liudger damals noch ohne bischöfliche Weihe war.[57] Im Jahre 804 fiel der 30. März auf den Karsamstag. Wir sagten bereits[58], daß das sabbatum sanctum weder in den Ordines noch in den Bischofskatalogen als Bischofsweihetag nachweisbar ist.
Es bleibt somit als letzte Möglichkeit das Jahr 805. In der Tat fällt in diesem Jahr der 30. März auf einen Sonntag, und zwar auf den Sonntag Laetare. Dieser Sonntag erschien wegen seines freudigen Charakters[59] innerhalb der strengen Quadragese für die Weihe gut

---

ten) wählte. Eine Bischofsweihe auf Weihnachten findet sich in unserem Raum erst im 10. Jahrhundert verzeichnet (*Michels* 59), wobei es eine offene Frage bleibt, ob die Weihe am Fest selbst oder an dem kurz darauffolgenden Sonntag stattfand. Bei der überragenden Bedeutung der Kaiser- und Königswürde können wir für die Königsweihe mit zuverlässigeren Daten rechnen. Außer Karl dem Großen und Karl II., deren Weihe und Krönung am Weihnachtstag erfolgten, wurden alle von Eichmann aufgeführten Karolinger an einem Sonntag geweiht und gekrönt.
[56] S. o. III.
[57] S. Anm. 8. 9 und 70.
[58] S. o. III.
[59] Die Freude, die er ausdrückt, ist Mutterfreude der Kirche über die nahe bevorstehende Wiedergeburt der Täuflinge, Freude der Erwartung im Hinblick auf Ostern und Freude über die Auferstehung der Natur („Rosensonntag" in Rom).

geeignet.[60] Politisch war die Lage im Jahre 805 günstiger denn je. Karl der Große hatte seit 804 die Hände frei, um sich ungestört der Konstituierung der sächsischen Bistümer zu widmen.[61] Nicht zuletzt steht auch die erwähnte Anmerkung des dritten Biographen mit diesem Weihedatum in vollem Einklang. Wenn Liudger am 30. März 805 *sine ordine pontificali annis fere duodecim*[62] in der Münsterer Kirche gewirkt hatte, muß er im Sommer oder Herbst 793 die Pastoration des Münsterlandes aufgenommen haben. Dieser Anfang ergibt sich auch aus anderweitigen Nachrichten. Seit 787 missionierte Liudger die fünf mittelfriesischen Gaue.[63] Sein Bekehrungswerk erfuhr 792 eine gewaltsame Unterbrechung, als nordsächsische Gaue im Bunde mit den Ostfriesen und Wenden[64] *propinquante aestivo tempore*[65], also etwa Mai des Jahres, nochmals den Versuch unternahmen, das Schicksal zu wenden. Liudger mußte das Land verlassen. „Unterdessen" berief Karl der Große den Friesenmissionar auf dessen Wunsch zum Hirten der westlichen Sachsen[66], nachdem dieser eine Berufung auf den angesehenen Trierer Bischofsstuhl demütig ausgeschlagen hatte.[67] Da Trier bereits 792 wieder besetzt ist[68], fällt wohl auch Liudgers Berufung in dieses Jahr. Der flüchtige Missionar kehrte *post anni circulum*, also etwa im Mai 793, aus dem Exil zu seinen friesischen Gläubigen zurück[69], um im Sommer oder Herbst des gleichen Jahres die Arbeit im Münsterland zu beginnen. So führt die chrono-

---

[60] Einundfünfzig Jahre später wurde auch Erzbischof Karl von Mainz am Sonntag Laetare geweiht; s. o. Anm. 44. Auch Friedrich I. wurde an diesem Sonntag des Jahres 1152 geweiht und gekrönt. K. *Jordan*, Investiturstreit und frühe Stauferzeit: B. *Gebhardt*, Handbuch der deutschen Geschichte I ([8]1954) 300.
[61] H. *Löwe*, Deutschland im fränkischen Reich: *Gebhardt* 134. E. *Winter-Günther*, Die sächsischen Aufstände gegen Karl d. Gr. in den Jahren 792 bis 804 (Diss., Halle 1940). E. *Müller*, Entstehungsgeschichte 50.
[62] Vita tertia: MGQ IV 104.
[63] *Schröer* 113.
[64] Ebd. 116 u. Anm. 79.
[65] Annal. Laureshamens. ao 792.
[66] Vita Liudgeri: MGQ IV 27.
[67] Vita secunda: MGQ IV 62.
[68] *Schröer* 117 Anm. 6.
[69] Vita Liudgeri: MGQ IV 27. Am 22. März 793 weilt Liudger noch im Fränkischen Hamaland. *Lacomblet* I Nr. 2.

Liudger wird zum Bischof von Münster gesalbt

logisch eindeutige Aussage der vita tertia[70] ebenfalls zum 30. März 805 als dem Zeitpunkt der Bischofsweihe Liudgers.[71]

---

[70] Die zweite Bemerkung der Vita tertia über den Erwerb des Baugeländes für die Werdener Klostergründung (MGQ IV 103) erscheint im Zusammenhang der wechselvollen Werdener Gründungsgeschichte zu wenig durchsichtig, um als chronologische Stütze für das Weihedatum gewertet werden zu können.

[71] Münster ist somit unter den sächsischen Bistümern das einzige, dessen Gründungstag im klaren Licht der Geschichte liegt. Die Anfänge aller übrigen Sprengel verschwimmen mehr oder weniger im Nebel der christlichen Frühzeit Altsachsens. Keiner von ihnen wurde jedoch vor Abschluß der fränkischen Eroberung, das heißt vor dem Jahre 803/04, gegründet. E. *Müller*, Entstehungsgeschichte 20–93. H. *Löwe*, Deutschland im fränkischen Reich 134f. u. 137 mit weiterem Schrifttum.

Der Weg unserer Beweisführung läßt sich zusammenfassend, wie folgt, darstellen: Das Mailänder Kalendar sagt glaubwürdig aus, daß Liudgers Ordination als Bischof auf den 30. März fällt. Die Werdener Urkunden umgrenzen den möglichen Zeitraum, in dem die Weihe erfolgt ist, durch die beiden Dokumente vom 13. Januar 802 und 23. April 805. Nach den Angaben des dritten Liudgerbiographen kommen jedoch für die Konsekration mit höchster Wahrscheinlichkeit nur das Jahr 804 und das erste Viertel des Jahres 805 in Betracht. Die Liturgiegeschichte erbringt den überzeugenden Nachweis, daß zu Liudgers Zeiten die Bischofsweihe grundsätzlich am Sonntag stattfand. Von 802 bis 805 fällt einzig im Jahre 805 der 30. März auf einen Sonntag, und zwar auf den Sonntag Laetare, der auch sonst als Tag der Bischofsweihe nachweisbar ist. Es unterliegt daher keinem vernünftigen Zweifel, daß Liudger am 30. März 805, vermutlich zu Köln durch Erzbischof Hildibald, die Bischofsweihe empfangen hat. Mit dem gleichen Tage trat das Bistum Münster seinen Weg in die Geschichte an.

5. Liudger-Reliquien im Hohen Dom zu Münster*

Münster ist unter den altsächsischen Bistümern das einzige, dessen Gläubige den sterblichen Überresten ihres Erstbischofs Verehrung erweisen können. Freilich ruht der Heilige nicht innerhalb der Grenzen des Bistums. Noch zu Lebzeiten hatte Liudger den Wunsch geäußert, seine letzte Ruhestätte in dem klösterlichen Frieden seiner Lieblingsstiftung Werden zu erhalten. Aber das anhängliche münsterländische Volk wollte sich unter keinen Umständen von dem Leichnam seines ersten Oberhirten trennen. So wurde Liudger zunächst von Billerbeck, wo er in der Morgenfrühe des 26. März 809 das Zeitliche gesegnet hatte, in die Domkirche zu Münster überführt und dort aufgebahrt. Gewiß war der Leichnam des Heiligen in dieser Zeit Gegenstand großer Verehrung. Keine Spur von Verwesung, so wird berichtet, war an ihm zu bemerken und manche wunderbare Heilungen erfolgten.

Unterdessen holte Liudgers Bruder Hildigrim, Bischof von Chalons sur Marne, die Entscheidung Karls des Großen, der gerade in Aachen Hoflager hielt, über die endgültige Ruhestätte Liudgers ein. Karl ordnete an, die sterbliche Hülle dort beizusetzen, wo Liudger es gewünscht hatte. Während die münsterländische Bevölkerung allenthalben von ihrem Oberhirten Abschied nahm, wurde der Leichnam Liudgers über Lüdinghausen nach Werden getragen und dort am 26. April 809 feierlich beigesetzt. So fand der erste Bischof von Münster nicht inmitten seiner Gemeinde, sondern in seiner benediktinischen Familienstiftung die letzte Ruhestätte. Seinem ausdrücklichen Wunsch gemäß und in Übereinstimmung mit den geltenden Konzilsbestimmungen wurde der Heilige außerhalb der von ihm errichteten Salvatorkirche östlich des Chores in einem Erdgrab bestattet. Aber schon bald erweiterte die Abtei den Chorraum der Salvatorkirche in der Weise, daß der Hochaltar der Kirche über der Grabkammer stand. Etwa 270 Jahre nach dem Tode des Heiligen ließ Abt Adalwig (1066–1081) die sterblichen Überreste aus der Grabkrypta in die Oberkirche

* Aus Anlaß der Domfestwoche (14.–21. 10. 1956) zur Öffnung des wiederhergestellten Domes: Kirche und Leben, Jg. 11 (1956 Oktober 14) Nr. 42.

Liudgers Aufbahrung und Translation

erheben, wo sie in einer kostbaren Tumba hinter dem Hochaltar aufgestellt wurden. Im 18. Jahrhundert ersetzten die Mönche die mittelalterliche Tumba durch einen dem barocken Zeitgeist entsprechenden Schrein. Bei der großen Jubelfeier im Jahre 1910 gab man den Reliquien einen neuen Schrein, den man in der Krypta über dem alten Liudgergrab aufstellte.

Schon frühzeitig gelangten Liudgerreliquien an andere Kirchen, namentlich an solche, die mit der Benediktinerabtei Werden in enger Verbindung standen. Nachweislich erhielten bis in das 12. Jahrhundert die Stephanskirche und die Kathedrale zu Halberstadt, die Kirche zu Billerbeck, die Abteikirche zu Freckenhorst und auf dem Wege über das Wundertätige Kreuz von Elte bei Rheine auch die Ludgerikirche zu Münster einzelne Partikel. Dem Dom zu Münster gegenüber scheint der Werdener Konvent mit der Verleihung von Reliquien sehr zurückhaltend gewesen zu sein. Vielleicht waren die Mönche besorgt, es könnte sich hier im Mittelpunkt der apostolischen Hirtentätigkeit Liudgers, eine zweite beherrschende Kultstätte entwickeln. Jedenfalls findet sich, soweit ich sehe, bis in das 17. Jahrhundert hinein keine Nachricht über eine Reliquien-Translation an den Dom, wenn auch ein Altar zu Ehren des heiligen Liudger und der heiligen Remigius und Nikomedes bereits für das Jahr 1385 im Dom nachweisbar ist.[1] Erst im Jahre 1632 erwähnt ein Reliquienverzeichnis des Domes auch Gebeine des heiligen Liudger.[2] Es handelt sich um zwei Partikel, die in einer Marienstatue und in einer kleinen Reliquienmonstranz eingeschlossen waren. W. Stüwer[3] glaubt, die Marienstatue in der um 1400 entstandenen, noch heute im Domschatz befindlichen Silberfigur der Muttergottes[4] zu erkennen. Trifft seine Vermutung zu, würde allerdings der Erwerb dieser Reliquie möglicherweise noch in das ausgehende Mittelalter fallen. Dasselbe wäre von der Monstranz-Reliquie[5] zu sagen, die sich jedoch unter den vorhandenen Reliquien-Monstranzen des Domschatzes kaum noch identifizieren läßt. Aber das sind, wie gesagt, Vermutungen.

Als in der Barockzeit die Volksfrömmigkeit zunehmend landschaftliche Färbung annahm, erlebten viele Landesheilige, namentlich die frühchristlichen Glaubensboten, ihre kultische Wiedergeburt. Im Zusammenhang mit dieser Bewegung erfuhr auch der Liudgerkult im Bistum Münster neuen Auftrieb. Namentlich Fürstbischof Christoph Bernhard von Galen (1650-1678) machte sich zum eifrigen Förderer der Liudger-Verehrung. Es entsprach

---

[1] StA Münster, Fürstentum Münster, Urk. Nr. 603c.
[2] BAM, Akten Dom VI A 33.
[3] WS I 247.
[4] *Geisberg* V 372; Domkammer Nr. 23.
[5] Domkammer Nr. 42 (um 1350).

daher durchaus auch seinen Wünschen, als das Domkapitel ihn 1654 bat, einige Reliquien des Heiligen in der Kathedralkirche, „dem Ort, wo dieser sein Münster stiftete und sein heiliges Werk begann", niederzulegen.[6] Dieser Gedanke wurde in Werden keineswegs begeistert aufgenommen. Mit großem Gefolge machte sich der Fürstbischof auf den Weg nach Werden, wo er am 11. Juni 1654 eintraf. Der Werdener Subprior und Historiograph Gregor Overham (1619–1687) schildert den Besuch. Als Christoph Bernhard vor den heiligen Gebeinen Liudgers, die in der Krypta auf dem Muttergottesaltar zwischen brennenden Kerzen und leuchtenden Fackeln ausgestellt waren, seine Andacht verrichtet hatte, entnahm er dem Schrein im Einverständnis mit dem Abt und dem Prior, aber unter dem lebhaften Protest der meisten Konventualen des Klosters zwei Partikel von der Hand und dem Rückgrat Liudgers. Overham hatte von seinen Oberen den Auftrag, bei der Entnahme anwesend zu sein, damit nicht noch mehr entnommen würde. Christoph Bernhard glaubte, wie sein Biograph von Alpen schreibt, dem Willen Liudgers nicht entgegenzuhandeln, wenn er Teile des heiligen Leibes mit sich nähme. Der Fürstbischof vertraute die verehrungswürdigen Reliquien einer kostbaren Tumba an, die mit einer liegenden Silberfigur Liudgers geziert war, und ließ den Schrein zunächst nach Billerbeck übertragen. Dem Dom zu Münster schenkte er 1656 eine Silberbüste des Heiligen, die ebenfalls eine Liudger-Reliquie enthielt. Aber damit hatte es nicht sein Bewenden. Einige Jahre später bat das Domkapitel den Fürstbischof, auch den Billerbecker Reliquienschrein in den Dom überführen zu lassen, da gegen eine Aufbewahrung in Billerbeck ernste Bedenken sprächen. Christoph Bernhard stimmte den Domherren zu. So gelangte der kostbare Schrein noch vor 1660 ebenfalls in die Münsterer Kathedrale, wo er einige Jahre später auf dem Altar der neuen mittleren Galenschen Kapelle einen würdigen Platz fand. Sie heißt bis heute Ludgerus-Kapelle.

Im Jahre 1806 wurde die Silberfigur des Schreines wegen der Kriegswirren mit dem übrigen Domschatz nach Magdeburg evakuiert, wo sie dann leider den Franzosen in die Hände fiel. Der

---

[6] StA Münster, Münstersches Landesarchiv 2 ad 18 I.

Reliquienschrein selbst blieb offenbar in Münster. Er dürfte mit der aus kostbarem Holz gefertigten Reliquientruhe identisch sein, die vor Jahren von Dr. Wieschebrink im Liudger-Altar gefunden wurde und im letzten Krieg den Bomben zum Opfer fiel. Anläßlich der Liudger-Jubelfeier des Jahres 1859/60 wurde der Werdener Reliquienschrein von dem Weihbischof von Köln in Gegenwart des Bischofs von Münster Johann Georg Müller (1847–1870) und des Münsterer Weihbischofs Johannes Boßmann (1858–1875) feierlich geöffnet. Wie das ärztliche Protokoll aussagt, waren erstaunlicherweise fast alle Gebeine des Heiligen noch vorhanden. Bei dieser Gelegenheit wurden drei Partikel entnommen und in feierlicher Prozession nach Münster gebracht. Der Hohe Dom erhielt ein Fragment vom Mittelhandknochen des Mittelfingers. Die zweite Reliquie, ein Fragment vom Mittelhandknochen des Ringfingers, gelangte in die Ludgeri-Kirche in Münster, die dritte, ein Fragment einer der oberen Rippen, in die Ludgeri-Kapelle über dem Borne in Lippborg.[7] Die Münsterer Kathedrale scheint damals, wenn wir von der fragwürdigen Marienstatue absehen, Liudger-Reliquien nicht mehr besessen zu haben. Soweit diese den Kriegswirren nicht zum Opfer gefallen waren, mögen sie mitsamt ihren kostbaren Hüllen dem Dom entfremdet worden sein. Der rührige Bischof Johann Georg, der sich durch die Errichtung der bischöflichen Anstalten unvergängliche Verdienste erworben hat, stellte den im liudgerischen Jubeljahr 1859/60 vollendeten Neubau des Kleinen tridentinischen Seminars unter den Schutz des heiligen Liudger (Ludgerianum). Als Verehrer des Heiligen umgab er die Translation der erwähnten Liudger-Partikel, die aus einem Glied eines ersten Fingers besteht, mit großer Feierlichkeit und ließ die kostbare Reliquie im Hochaltar des Domes aufbewahren. Gelegentlich des Reliquienfestes im Jahre 1880, als der Bekennerbischof Johann Bernhard Brinkmann (1870–1889), von seiner Herde getrennt, in der Verbannung lebte, entschloß sich das Domkapitel, die Reliquie einer neuen Silberfigur des heiligen Liudger anzuvertrauen und diese auf dem Altar der Ludgerus-Kapelle zur öffentlichen Verehrung auszustellen.

---

[7] *Diekamp*, Reliquien 67. „Kirche und Leben" Nr. 16/53.

I. Liudger, erster Bischof von Münster

Schrein einer Armreliquie des hl. Liudger im Dom zu Münster

Diese Reliquienfigur[8] hat auch die Zerstörungen des letzten Krieges glücklich überstanden. Somit ist die winzige Partikel das einzige kultische Bindeglied, das den Dom von Münster gegenwärtig mit dem Heiligen in Werden verbindet.
Der nach dem Zerstörungswerk der Bomben des Zweiten Weltkrieges in neuem Glanz wiedererstandene St.-Paulus-Dom, der ehrwürdige Nachfahre des alten liudgerischen „monasterium", sollte Priestern und Gläubigen das Bild des heiligen Liudger, des ersten Erbauers einer münsterischen Domkirche, wieder lebendig vor die Seele stellen. Wer von uns möchte nicht wünschen, daß Liudger selbst in diesen Tagen festlicher Freude in Gestalt einer größeren Reliquie zu uns käme und Hirt und Herde des Bistums Münster segnete! Kürzlich ist der Reliquienschrein Liudgers in Werden wieder geöffnet und ihm eine Reliquie, eine Elle vom Armknochen des Heiligen, durch den Erzbischof von Köln Joseph Kardinal Frings entnommen worden.

[8] Domkammer Nr. 184.

Nachtrag: Diese Armreliquie Liudgers schenkte der Erzbischof gelegentlich der feierlichen Öffnung der wiedererrichteten Kathedrale am 14. Oktober 1956 zur großen Freude des Klerus und des Kirchenvolkes dem St.-Paulus-Dom, wo die in einem von Dinnendahl kunstvoll gefertigten Schrein deponierte Reliquie zusammen mit der erwähnten Silberfigur des hl. Liudger in einer Schau-Vitrine zur öffentlichen Verehrung ausgestellt ist.

W. Diekamp (Hg.), Die Vitae Sancti Liudgeri = MGQ IV (1881). *Ders.*, Die Reliquien des hl. Liudger. Zugleich ein Beitrag zur Entwicklungsgeschichte der Legenden, in: WZ 40 (1882) 50–80. Relatio Status Ecclesiae Monasteriensis 1660: A. Schröer (Hg.), Die Korrespondenz des Münsterer Fürstbischofs Christoph Bernhard v. Galen mit dem Heiligen Stuhl = WS 3 (1972) Nr. 109. Johannes *de Alpen*, Decadis de vita et rebus gestis Christophori Bernardi episcopi et principis Monasteriensis. 2 P. Coesfeldiae/ Monasterii 1694/1703, Monasterii ²1709. Gregor *Overham* (1619–1687), Annales imperialium immediatorum liberorum et exemtorum monasteriorum Werthinensis et Helmstadiensis ordinis s. Benedicti: Werdener Geschichtsquellen, hg. von O. Schantz 2 (1919). Kl. *Löffler*, Der hl. Liudger, in: WL 1 (1930) 1–17. M. *Geisberg* (Bearb.), Die Stadt Münster V: Der Dom = BKW 41 (1937). Handbuch des Bistums Münster, bearb. von H. *Börsting* und A. *Schröer*, Bd. 1 (1946). W. *Effmann*, Die karolingisch-ottonischen Bauten zu Werden Bd. 1 (1899). W. *Stüwer*, Die Verehrung des heiligen Liudger: WS 1 (1948) 183–294. A. *Hüsing*, Fürstbischof Christoph Bernhard von Galen, ein katholischer Reformator des 17. Jahrhunderts (Münster/Paderborn 1887). P. *Wermers*, Die Begräbnisstätten der Bischöfe von Münster: Auf Roter Erde, Jg. 6 (1931) Nr. 1, 5ff. M. *Becker-Huberti*, Die tridentinische Reform im Bistum Münster unter Fürstbischof Christoph Bernhard v. Galen 1650–1678 = WS 6 (1978). G. *Jászai*, Die Domkammer der Kathedralkirche St. Paulus in Münster. Kommentare zu ihrer Bilderwelt (1991).

6. Das Bistum Münster und seine Bischöfe*

Im Norden des Sachsenlandes dauerten noch die fränkischen Eroberungskämpfe an, als Karl d. Gr. den kirchlichen Aufbau der bereits gewonnenen Gebiete in Angriff nahm. 792 entsandte er den Friesen *Liudger* in das Gebiet des heutigen Münsterlandes zur Missionierung der westlichen Sachsen. In Mimigerneford am rechten Ufer der Aa baute dieser um 793 ein Gotteshaus und eine Wohnung für sich und seine Schüler. Das war das *monasterium*, das später dem Ort den neuen Namen geben sollte. Das Gotteshaus weihte der Heilige dem Völkerapostel Paulus, der auch in Dokkum der Schutzherr seiner ersten apostolischen Tätigkeit gewesen war. Nach zwölfjähriger Aufbauarbeit stand der zweigeteilte Sprengel fest gegliedert da. Die Voraussetzungen zur Errichtung eines Bistums waren gegeben. Nach langem Zögern fand der bescheidene Missionsleiter sich bereit, die ihm von Karl d. Gr. angetragene Bischofswürde zu übernehmen. Nur vier Jahre hat Liudger seines hohen Amtes gewaltet. Er starb in den frühen Morgenstunden des 26. März 809. Mit seinem Tod fand der seelsorgliche Aufbau des jungen Bistums ein vorläufiges Ende.

Aber ein äußerlich glanzvolleres Kapitel der Bistumsgeschichte hebt an: das *politische*. Als mit dem Zerfall des karolingischen Königtums in der Führung des Reiches die zentralisierende Tendenz durch die dezentralisierende ersetzt wurde, als an die Seite des Königtums ein neues Stammesherzogtum trat, das als Konkurrent der Krone und als Gegner der geistlichen Aristokratie auftrat, wurden Königtum und Episkopat auf die engste Verbindung hingewiesen.

In dieses Kräftespiel wurde der von Liudger aufgebaute junge Sprengel hineingestellt. So getrübt die Überlieferung der ersten Jahrhunderte des Bistums im allgemeinen ist, so deutlich erkennt man andererseits, daß die Münsterer Oberhirten ihre Rolle in der *Reichspolitik* überraschend schnell und gut zu spielen wußten. Sie folgen dem Ruf des Königs zu den Reichssynoden und Reichsta-

---

* Ein geschichtlicher Überblick aus Anlaß der Weihe und Einführung des Herrn Dr. Michael Keller als Bischof von Münster am 28. Oktober 1947: Westfälische Nachrichten vom 25. Oktober 1947.

gen, sie begleiten ihren königlichen Herrn auf seinen Reisen und stehen ihm in der Ausübung der höchsten Gerichtsbarkeit beratend zur Seite. Liudgers dritter Nachfolger *Liudbert* (852. † 870), ein Neffe des Kölner Erzbischofs Hadebald (819–841), erlangte bereits ein Ansehen, wie es manche damaligen Kirchenfürsten selbst auf älteren Bischofsstühlen nicht besaßen. Er zählte zu den elf „hervorragendsten Bischöfen" (Dümmler) der drei fränkischen Reiche, denen 860 neben hohen weltlichen Würdenträgern der Auftrag zuteil wurde, den strittigen Koblenzer Friedensvertrag zwischen den drei hadernden Frankenkönigen zum glücklichen Abschluß zu bringen.

Mit dem Ansehen der Bischöfe wuchs auch das Ansehen des Bistums. Kaiser und Könige hielten in seinen Grenzen Einkehr und erwiesen der Bischofsstadt ihre Gunst. Es müssen erhebende Stunden gewesen sein, als in den Weihnachtstagen 1040 Heinrich III. in Münster einzog, um an der feierlichen Weihe der Pfarr- und Stiftskirche von Liebfrauen teilzunehmen. Nie wieder hat das Bistum eine solche Fülle der Ehrungen erfahren. Der König selbst verlieh seiner Anteilnahme an dem Gedeihen der neuen Stiftung durch Schenkung eines Königshofes und eines Königszehnten Ausdruck. Im Hohen Dom empfing Suitger von Bamberg, der sechs Jahre später als Clemens II. (1046–1047) den Stuhl des hl. Petrus bestieg, in Anwesenheit des Königs die Bischofsweihe.

Das Ziel der deutschen Krone, den Episkopat zum Vorkämpfer des Reichsgedankens zu machen, wurde auch in Münster erreicht. Die Bischöfe hatten in politischen Fragen ein gewichtiges Wort mitzureden, aber um den teuren Preis der hierarchischen Freiheit. Die Unterordnung der geistlichen Gewalt unter die weltliche fand ihren sinnfälligen Ausdruck in der *Investitur* des erwählten Bischofs mit den geistlichen und weltlichen Insignien durch den König. Als Gregor VII. (1073–1085) versuchte, die Kirche aus den Fesseln der kaiserlichen Bevormundung zu lösen, zeigte sich, daß dem deutschen Episkopat an der politischen Machtstellung mehr gelegen war als an der kirchlichen Unabhängigkeit. Auch die Münsterer Bischöfe erwiesen sich durchweg als überzeugte Parteigänger des Kaisers. Bischof *Friedrich I.* (1064–1084) aus dem gräflichen Hause Wettin, der unter Heinrich IV. von 1060–1064 das

Amt eines deutschen Kanzlers bekleidet hatte, hielt sich zwar von leidenschaftlicher Parteinahme fern, setzte aber doch, als die Wogen hochgingen, 1076 zu Worms seinen Namen unter das bekannte Absetzungsdekret Gregors VII. Friedrichs Nachfolger *Erpho* (1085–1097) blieb zeitlebens in unerschütterlicher Treue dem Kaiser ergeben. Bischof *Burchard der Rote* (1098–1118) vollends wich kaum je von der Seite des Kaisers. Aber die Macht des Kaisers war im Schwinden: 1118 bestieg ein Vetter des Herzogs Lothar von Sachsen, Dietrich Graf v. Winzenburg (1118–1127), nach kanonischer Wahl den Stuhl des hl. Liudger und schloß sich in erstmaligem Gegensatz zu seinen Vorgängern der kirchlichen Partei an.

Vier Jahre später, am 23. September 1122, wurde das *Wormser Konkordat* geschlossen. Es beendete die jahrzehntelangen Auseinandersetzungen zwischen weltlicher und geistlicher Gewalt durch einen Kompromiß. Kaiser Heinrich V. verzichtete auf die Investitur der Bischöfe und räumte den Kirchen bzw. den Domkapiteln des Reiches die freie kanonische Wahl der Bischöfe ein (s. u. 207f.). Papst Calixtus II. (1119–1124) gestand dem König Anwesenheit bei der Wahl der reichsunmittelbaren Bischöfe und Äbte zu. Bei zwiespältiger Wahl sollte sich der König der pars sanior anschließen. Außerdem erhielt der König das Recht der Regalieninvestitur (Belehnung mit der weltlichen Herrschaft), die in Deutschland vor der Weihe stattfinden sollte.

Der Kompromiß brachte nicht, was man von ihm erwartet hatte, aber er begünstigte die Bildung der *bischöflichen Landeshoheit*. Denn die Einbuße an Macht, die das Königtum durch die Wiedereinsetzung des alten Bischofswahlrechts erlitt, kam nicht allein dem Papsttum zugute, sondern auch dem Episkopat, der das Wahlrecht in dynastischem Interesse nützte. Schon früh trat das Streben der Münsterer Oberhirten nach Hoheitsrechten hervor und führte unter den Bischöfen *Friedrich II. Graf v. Ahr* (1151–1168) und *Ludwig v. Wippra* (1169–1173) zu vorläufigen Teilergebnissen. Das Schlußglied dieser langen Entwicklungskette stellt der Sturz Heinrichs d. L. 1180 dar. Freilich fiel das Münsterer Territorium nach der Zerschlagung des Herzogtums Sachsen an die Askanier, aber das neue Herzogshaus hatte gar nicht die Macht, der Begründung und Ausdehnung der bischöflichen Landeshoheit Schwierigkeiten zu bereiten. Das wußte man auch in Münster: 1183 unterzeichnete *Hermann II. v. Katzenelnbogen* (1174–1203) als erster unter den principes et nobiles curiae ein Konstanzer Kaiserdiplom, und stolz nennt sich 1271 Fürstbischof *Gerhard von der Mark* (1261–1272) *Dux per terminos nostrae dioecesis*. Mit dem Untergang der Staufer erscheinen die Beziehungen der Münsterer Fürstbischöfe zur deutschen Krone wie abgeschnitten. Das Verhältnis zur päpstlichen Kurie dagegen gestaltete sich ausgesprochen freundlich. Seit dem staufisch-welfischen Thronstreit sehen wir die Münsterer Kirchenfürsten nicht mehr aktiv in antikurialem Sinn an den Kämpfen zwischen Papsttum und Kaisertum beteiligt. Sie waren *Landesfürsten*, deren Sorge der Wahrung und dem Ausbau der territorialen Hoheit galt. Nur mit Mühe konnten im 14./15. Jahrhundert die Grafen v. Bentheim und die Edelherren v. Steinfurt und Gemen ihre Selbständigkeit behaupten. Die Grafen v. d. Mark wurden aus dem Stift hinausgeworfen. Das einst so mächtige Dynastengeschlecht der Tecklenburger verlor in jahrhundertelangen Kämpfen jeden Einfluß.

Von hoher Bedeutung für die Wahl des Bischofs und die Ergänzung der Dom- und Stiftskapitel wurde das *Wiener Konkordat*, das am 17. Februar 1448 in Wien zwischen Kaiser Friedrich III. und dem päpstlichen Legaten J. de Carvajal geschlossen wurde. Das Konkordat räumte dem Papst größere Rechte ein. Er erhielt u. a. das Zugeständnis, Bischofswahlen zu bestätigen und Kanonikate an Dom- und Stiftskirchen, die in den ungeraden Monaten frei wurden, zu besetzen (Näheres s. u. 168f.). Das Wiener Konkordat, das bis zur Säkularisation 1803 rechtsgültig war, gewann in der Reformationszeit eminente Bedeutung.

Zwei Jahre nach Abschluß des Wiener Konkordats, 1450, griff das aufstrebende Bürgertum in Münster in verhängnisvoller Weise in die Bischofswahl ein. Nach der kanonischen Wahl des Grafen Walram v. Moers (1450–1456) stellte die Bürgerschaft den Grafen Erich v. Hoya als Gegenbischof auf. Die Folge war die unglückselige Münsterer Stiftsfehde, die das Münsterland in zwei feindliche Lager schied. Die revolutionäre Grundhaltung der Bürgerschaft gegen das fürstbischöfliche Regiment dauerte auch in der Folge an und trug ihren Teil zur Ausbildung des landesherrlichen Absolutismus im Fürstbistum bei. Der Weg zum zentralisierten Einheitsstaat war frei, seitdem die Reformatoren die kirchliche Einheit zerschlagen hatten und das deutsche Kaisertum der Auflösung entgegenging. Die beiden fürstbischöflichen Regenten *Ernst* (1585–1612) und *Ferdinand v. Bayern* (1612–1650) führten den absoluten Staatsgedanken in Münster ein, *Christoph Bernhard v. Galen* (1650–1678) entfaltete ihn zu machtvoller Größe. So unanfechtbar das Fürstbistum gegen Ende des 17. Jahrhunderts auch dastand, seine Blüte beruhte auf trügerischem Schein. Die Ideen der Aufklärung unterwühlten die Fundamente der geistlichen Staaten. Franz v. Fürstenberg, der unter *Maximilian Friedrich v. Königsegg-Rothenfels* (1762–1784) in verdienstvoller Weise die Staatsgeschäfte leitete, suchte dieser Entwicklung zu begegnen: er ließ die mittelalterlichen Festungswerke in Münster, Warendorf, Meppen und Vechta schleifen. Aber schon warf die Französische Revolution ihre Schatten. Als die Armeen Napoleons das linke Rheinufer besetzt hatten, war das Schicksal Münsters besiegelt. Nach langwierigen Verhandlungen verfügte die Reichsdeputation zu Regensburg 1803 die Säkularisation des Fürstbistums. Das bedeutendste geistliche Territorium Nordwestdeutschlands verschwand damit aus der Reihe der selbständigen Fürstentümer.

Wenn wir die Geschichte der Münsterer Kirchenfürsten unter dem Gesichtspunkt der weltlichen Herrschaft betrachten, drängt sich die Frage auf: Sind die Bischöfe dabei nicht ihrer apostolischen Sendung untreu geworden? Es ist nicht zu leugnen, daß auf dem Stuhl des hl. Liudger Männer gesessen haben, die in der Münsterer Landesgeschichte oder in den Annalen des Reiches einen hervorragenden Platz einnehmen, aber in der Kirchengeschichte des Bistums kaum Erwähnung verdienen. Allein sie bilden Ausnahmen. Weitaus die Mehrzahl der Oberhirten war sich der heiligen Verpflichtung bewußt, die das Erbe Liudgers ihnen auferlegte. Außer dem hl. Liudger werden noch heute die Bischöfe *Suitger* (993–1011) und *Erpho* (1085–1097) als Heilige verehrt.

Bei allem Glanz des fürstlichen Regiments trugen die Bischöfe im Mittelalter an führender Stelle dazu bei, im Münsterland christliches Leben und christliche Kultur zu pflegen. Beweis dafür sind

Das Bistum Münster und seine Bischöfe 87

die zahlreichen von ihnen begünstigten Klöster und Stifte. Als die leidenschaftlichen Parteikämpfe des Mittelalters auch in diesen Pflegestätten des religiösen Lebens eine Lockerung der klösterlichen Ordnung zur Folge hatten, griffen die Bischöfe ein, indem sie die Konvente nötigten, auf der Grundlage der Benediktinerregel das Gemeinschaftsleben zu erneuern. Die reife Frucht religiösen Strebens erntete das Münsterland in zahlreichen Heiligen und Seligen, die, wie Ida, Heriburg, Thiadhild, Isfried oder Hermann v. Cappenberg, zu den Zierden der Münsterer Kirche zählen. Die *pfarrliche Gliederung* des Bistums machte Fortschritte. Zahlreiche Pfarreien verehren in Hermann II. (1173–1203) ihren Gründer, andere danken ihm die Sicherung ihrer wirtschaftlichen Existenz. 1313 zählte das Bistum 160 Pfarreien. Dem Zuge der Zeit folgend, richtete man an bedeutenden Pfarrkirchen Kollegiatkapitel ein, so am Alten Dom, an St. Mauritz-, St. Liudgeri- und St. Martini-Münster, St. Stephanus-Beckum, St. Victor-Dülmen, St. Gertrudis-Horstmar und St. Remigius-Borken. Die Stiftsherren ließen sich eine reiche Ausgestaltung des Gottesdienstes angelegen sein. Die Kollegiatstifte wurden mit Grundvermögen ausgestattet und gelangten oftmals zu hohem Einfluß.

Aber trotz der Größe jener Zeit und der Heiligen, die sie hervorbrachte, entging auch die Münsterer Kirche nicht der Verweltlichung. Der Glanz christlicher Kultur, die Schönheit des Gottesdienstes und die Pracht fürstbischöflicher Hofhaltung erforderten Mittel und steigerten das kirchliche Streben nach Besitz. Weltgeist ergriff den Klerus und zersetzte die Klöster. Das Vertrauen in die göttliche Führung der Kirche geriet bei vielen ins Wanken. Die *Glaubenskämpfe* des 16. Jahrhunderts fanden zu Münster in Bernd Rothmann, Kaplan der St.-Mauritz-Kirche, einen leidenschaftlichen Verfechter. Rothmanns Wirken wurde begünstigt durch die der neuen Lehre freundliche Haltung des Münsterer Fürstbischofs *Franz v. Waldeck* (1532–1553). Der Bischof leistete damit ungewollt jener kurzen, aber furchtbaren *Wiedertäufertragödie* Vorschub, deren Hauptspieler Jan van Leyden, Bernt Knipperdolling und Bernt Rothmann unsägliches Elend über die Bischofsstadt brachten. In dem Bestreben, das Bistum in ein erbliches Fürstentum umzuwandeln, unterbreitete Franz v. Waldeck 1543 dem Landtag den Vorschlag, das Hochstift nach den Grundsätzen der Augsburger Konfession zu reformieren. Aber das zwei Jahre später eröffnete *Konzil von Trient* (1545–1563) wurde zur Grundlage und theologischen Richtschnur einer katholischen Reformbewegung, die den Umwandlungsversuch des Waldeckers zum Scheitern verurteilte. Die tridentinisch ausgerichteten Fürstbischöfe *Bernhard v. Raesfeld* (1557–1566) und vor allem *Johann v. Hoya* (1566–1574) erwiesen sich als reformbereite Hüter des alten Glaubens. Das Domkapitel blieb in der Folgezeit unter der Führung des hochverdienten Domdechanten *Gottfried v. Raesfeld* (1569–1586) konfessionellen Umstimmungsversuchen gegenüber unzugänglich. Mit der Wahl des Fürstbischofs *Ernst Herzog v. Bayern* (1585–1612) und besonders seines Neffen *Ferdinand Herzog v. Bayern* (1612–1650) war die Erhaltung der katholischen Religion im Bistum Münster endgültig gesichert. *Christoph Bernhard von Galen* (1650–1678) führte die Katholische Erneuerung zu einem gewissen vorläufigen Abschluß.

Dem kraftvollen Eingreifen der Römischen Kurie und der unbeirrten Treue der Münsterer Bischöfe zur Zeit der Katholischen Erneuerung ist es zu danken, daß das Fürstbistum im 16. Jahrhundert allen Stürmen trotzte und sich als feste Burg des katholischen Glaubens in Norddeutschland erwies. Hochbedeutsam für die Geschichte des Bistums wurde 1668 der Erwerb der geistlichen Jurisdiktion im *Niederstift*, das bis dahin politisch zu Münster, kirchlich aber zu Osnabrück gehört hatte (s. o. 364ff.).

Einige Nachfolger Christoph Bernhards schenkten dem neuerwachten Glauben nur wenig Beachtung und ließen manche segensreiche Einrichtung verkümmern. Das religiöse Leben erstarrte mehr und mehr. Das Domkapitel, das schon seit Jahrhunderten nur Mitglieder des höheren Adels oder ritterlichen Standes aufnahm, verweltlichte in steigendem Maße, bis es schließlich gegen Ende des 18. Jahrhunderts nur noch wenige Priester in seinen Reihen zählte. Ähnliches galt von den Kollegiatstiften und den alten Orden.

Auch die Zeit der politischen Umwälzungen des beginnenden 19. Jahrhunderts entbehrte der Größe nicht. Auf der Höhe seiner Macht glaubte Napoleon, mit der Kirche wie mit einem willenlosen Werkzeug verfahren zu können. Während Pius VII. (1800–1823) von ihm gefangengehalten wurde, berief der französische Diktator 1811 zu Paris ein „Nationalkonzil", das eine Besetzung der zahlreichen vakanten Bistümer ohne Mitwirkung bzw. gegen den Willen des Papstes anstrebte. An diesem Scheinkonzil nahm als Vertreter der Münsterer Kirche Weihbischof *Kaspar Max Freiherr Droste zu Vischering* teil, der das ebenfalls vakante Bistum betreute. Sogleich in der ersten Sitzung des „Konzils" erhob der stellvertretende Bischof von Münster als erster seine Stimme, um feierlich Einspruch zu erheben gegen die Vergewaltigung der Kirche und mit Entschiedenheit die Freilassung des Papstes zu fordern. Durch seinen unerschrockenen Mut in der historischen Stunde der Bewährung übte Kaspar Max auf die übrigen Konzilsteilnehmer eine aufrüttelnde Wirkung aus, die den erfolgreichen Widerstand zahlreicher Bischöfe gegen den gewalttätigen Korsen auslöste. Das Scheinkonzil erklärte sich den Forderungen Napoleons gegenüber als inkompetent und wurde von diesem suspendiert. Nach seiner Rückkehr aus der Gefangenschaft richtete Pius VII. (1800–1823) an den Münsterer Weihbischof einen Brief, in dem er diesem dankte, daß er als erster seine Stimme erhoben habe, um seine, des Papstes, Freilassung zu fordern.

Nach Verhandlungen und im Einvernehmen mit dem preußischen Staat regelte Papst Pius VII. am 16. Juli 1821 durch die Zirkumskriptionsbulle *De salute animarum*, die bis zum preußischen Konkordat 1929 in Kraft blieb, die organisatorischen Verhältnisse in Preußen. Münster wurde wieder Sitz eines Bischofs, dessen Sprengel u. a. durch das *Vest Recklinghausen* und den *niederrheinischen Anteil* erheblich vergrößert wurde. Am 25. Juni 1825 fand in Münster nach dem neuen Recht der Zirkumskriptionsbulle die Wahl des Weihbischofs *Kaspar Max* zum Bischof von Münster statt. Die Bulle De salute animarum hatte den Domkapiteln der preußischen Bistümer das freie kanonische Bischofswahlrecht einschließlich des päpstlichen Bestätigungsrechtes zugestanden, ihnen aber eingeschärft, keinen Kandidaten zu wählen, von dem man wisse, daß er dem König minder genehm sei.

Nach Beseitigung gewisser Überreste der Aufklärungszeit entfaltete sich bald das kirchliche Leben zu reicher Blüte. Die Stürme des *Kulturkampfes* vermochten das so gefestigte Bistum nicht zu erschüttern: in einmütiger Treue standen die Gläubigen zu ihrem tapferen Bekennerbischof *Johann Bernhard Brinkmann* (1870–

1889). Dem ungeahnten Aufschwung der Industrie seit dem letzten Jahrzehnt des vorigen Jahrhunderts und den dadurch entstandenen seelsorglichen Problemen trugen die Bischöfe durch Gründung von Pfarreien und Errichtung neuer Gotteshäuser Rechnung. Für den inneren Ausbau des religiösen Lebens sorgten sie durch die Pflege der kirchlichen Vereine und die Gründung sozialkaritativer Einrichtungen.

Der Erste Weltkrieg hatte für fast alle Familien des Bistums schmerzliche Opfer an Gut und Blut zur Folge. Bischof *Johannes Poggenburg* (1913–1933), seit 1930 auch Titularerzbischof von Nicopsis, war in väterlicher Sorge bemüht, namentlich durch eine stärkere Betonung der karitativen Seelsorge die Kriegswunden zu heilen. Die *Weimarer Verfassung* von 1919, an deren Grundlage der Münsterer Theologe Joseph Mausbach verdienstvoll mitgewirkt hatte, garantierte der Kirche – bis auf letzte unerfüllte Wünsche in der Schulfrage – die volle Freiheit des Wirkens. Das noch heute geltende *Preußische Konkordat* vom 14. Juni 1929 trat an die Stelle der Bulle De salute animarum von 1821. Im Hinblick auf die *Bischofswahl* bestimmt das Konkordat, daß bei Vakanz des Bistums sowohl das Münsterer Domkapitel als auch die Bischöfe Preußens dem Heiligen Stuhl Kandidatenlisten einreichen, unter deren Würdigung der Papst dem Domkapitel einen Dreiervorschlag zur Wahl stellt. Dem Preußischen Staat steht das Recht zu, Bedenken allgemeinpolitischer Art gegen den Bischofskandidaten geltend zu machen.

Das neue, 1930 als Suffraganbistum von Köln gegründete *Bistum Aachen* erhielt von Münster die drei linksrheinischen Dekanate Dülken, Kempen (außer Tönisberg) und Lobberich mit insgesamt 24 Pfarreien.

Mit der Regierung des unvergeßlichen Bischofs *Clemens August Graf v. Galen* (1933–1946) und seinem denkwürdigen Kampf gegen die Tyrannis des Dritten Reiches, der durch die Berufung des Oberhirten in das Heilige Kollegium der Kardinäle vor aller Welt höchste Anerkennung fand, treten wir bereits in die Gegenwart ein. Am 1. Mai 1987 stand Johannes Paul II. während seiner Visitationsreise durch Deutschland am Grab des Kardinals. Indem wir dieses Streiters für Gottesrecht und Menschenwürde ehrfurchtsvoll gedenken, wenden wir zugleich unsere Herzen voll

Papst Johannes Paul II. am Grab Clemens August v. Galen

Vertrauen dem 71. Nachfolger des hl. Liudger, Bischof Michael Keller, zu und erflehen ihm von Gott, dem höchsten Lenker der Geschicke unseres Bistums, eine lange und reich gesegnete Regierung.

WUB I–III (1867–1871). MGQ II und V: H. *Hamelmann,* Historia ecclesiastica renati Evangelii Saxonum inferiorum et Westphalorum (1586). E. *Dümmler,* Geschichte des Ostfränkischen Reiches (840–918) = Jahrbücher der Deutschen Geschichte, Bd. 9 (²1887) und Bd. 10 (²1888). A. *Mercati,* Raccolta di Concordati, 1 (²1954) (Text des Wiener Konkordats). M. *Bierbaum,* Vorverhandlungen zur Bulle De salute animarum (1927). A. M. *Koeniger,* Das preußische Konkordat vom 14. Juni 1929 (1931). K. *Mörsdorf,* Das neue Besetzungsrecht der bischöflichen Stühle (1933). J. *Lortz,* Geschichte der Kirche in ideengeschichtlicher Betrachtung (1932). A. *Hauck,* Kirchengeschichte Deutschlands 5 (1920). K. *Brandi,* Die deutsche

Reformation und Gegenreformation, 2 Bde. (Leipzig 1927). Katholisches Leben und Kämpfen (Kirchenreform) im Zeitalter der Glaubensspaltung (Münster 1927ff.). H. *Kampschulte*, Geschichte der Einführung des Protestantismus in Westfalen (1866). A. *Brand*, Geschichte des Fürstbistums Münster (1925). H. Börsting u. A. Schröer (Hgg.), Handbuch des Bistums Münster (1946). Fr. *Stentrup*, Überblick über die Geschichte der Bischöfe von Münster: Schematismus der Diözese Münster 1914 (1914) V–XXX. F. *Fischer*, Die Reformationsversuche des Bischofs Franz v. Waldeck in Münster (1906). C. A. *Cornelius*, Geschichte des münsterischen Aufruhrs, 2 Bde. (1855/60). *Gebhardt-Grundmann*, Handbuch der Deutschen Geschichte I (1954) 279ff.

II. DOM UND DOMKAPITEL

7. Der St.-Paulus-Dom*

Der Dom ist das Herz unserer Bischofsstadt. Seine beherrschende Lage im Stadtbild spiegelt noch heute den Vorgang der ersten Siedlung wider. Um den Dom gruppieren sich wie um ihren Mittelpunkt die Kurien, die Märkte, die öffentlichen Gebäude, die Häuser der Bürger, kurz: das gesamte Gefüge der Altstadt. Diese räumliche Anordnung macht bereits deutlich, daß die Gechichte des Domes uns zu den Anfängen der münsterischen Siedlung führt. Münster ist eine Missionsgründung. Es ist wahrscheinlich, daß schon *Abt Bernrad* (787 bis ca. 791) oder ein anderer unbekannter Glaubensbote vor ihm hier ein Zentrum der Glaubensverkündigung mit einer schlichten Missionskapelle errichtete. Geschichtlichen Boden betreten wir mit der vortrefflichen Lebensbeschreibung *Liudgers* aus der Feder Altfrids. Nach seinem Bericht über Liudgers Sendung in das westliche Sachsenland fährt Altfrid fort: *„Der Hauptsitz dieses Sprengels liegt im Sudtergoe (Münsterland) und heißt Mimigernaefor, wo er (Liudger) dem Herrn ein ansehnliches monasterium ... errichtete."* Da Liudger im Jahre 793 seine Hirtentätigkeit im Münsterland aufnahm, wird er ungefähr gleichzeitig den Bau der Münsterkirche in Angriff genommen haben.

Die Münsterkirche Liudgers

Das der hl. Jungfrau Maria geweihte Gotteshaus erhob sich auf dem Areal der heutigen Domkirche.** Seine Existenz ist durch Bodenfunde gesichert, jedoch reichen die derzeitigen archäologi-

---

* Aus Anlaß der Wiederherstellung des St.-Paulus-Domes, die in der Domfestwoche vom 14. bis 21. Oktober 1956 gefeiert wurde: Unsere Seelsorge Jg. 1956 Nr. 4. Vgl. ferner: A. *Schröer*, Zur Geschichte unserer Bischofskirche: Gottes Dom und Gottes Volk. Festschrift zur Wiedererrichtung des Hohen Domes zu Münster, hg. von Dompropst Clemens Echelmeyer (1956).

** Meine ursprünglichen Ausführungen über die Münsterkirche Liudgers wurden durch Grabungen der Archäologen 1987/89 überholt. Der folgende neue Bericht (bis S. 97, Z. 16) entspricht dem archäologischen Grabungsergebnis und dem heutigen geschichtlichen Forschungsstand.

II. Dom und Domkapitel

Paulusdom

schen Erkenntnisse nicht aus, Lage und Gestalt der Kirche zu bestimmen. Endgültige Klarheit über die Ausdehnung der Kirche läßt sich nur durch gezielte Grabungen innerhalb der Domkirche gewinnen. Die Münsterkirche wurde nach der Bischofsweihe Liudgers (805) die *erste Domkirche* des Bistums, in der Liudger 809 aufgebahrt wurde. Nach seiner Bischofsweihe stellte Liudger den Sprengel samt der Domkirche unter das Patrozinium des hl. Paulus, der auch im westfriesischen Dokkum der Schutzheilige seiner ersten apostolischen Tätigkeit gewesen war. Im nördlichen Randbereich des Domhofes erbaute Liudger Wohnungen für sich, seine Scholaren und seine Mitbrüder. Die ganze Siedlung bildete das monasterium, das später dem Ort den Namen „Münster" gegeben hat. Die von Liudger erbaute Münsterkirche war nicht nur die Kathedrale des späteren Bischofs, sondern auch die Stiftskirche der von Liudger begründeten Vereinigung der zwölf Kanoniker, aus der sich in der zweiten Hälfte des 9. Jahrhunderts das kirchlich und politisch einflußreiche Domkapitel entwickelte.

Der St.-Paulus-Dom

Auf dem Gelände des heutigen Domherrenfriedhofs wurde eine kleine Kirche erbaut, die als *Annexkirche der Münsterkirche* bzw. des Domes offenbar den Scholaren des Bischofs zur täglichen Liturgiefeier diente. Dieses architektonisch bescheidene einschiffige Kirchlein (Saalkirche), das man bis zu den Grabungen 1987/89 irrig als erste Domkirche angesprochen hat, wird zeitlich näher bestimmt durch zwei karolingische Silberpfennige, die in einem der von den späteren Kirchenfundamenten geschnittenen Gräber gefunden wurden. Die Annexkirche wird daher frühestens im ersten Jahrzehnt des 9. Jahrhunderts, möglicherweise noch zur Zeit Liudgers errichtet worden sein. Nach der münsterischen Bischofschronik (MGQ 1, 13) ließ Bischof *Dodo* (972. 993 †), aus welchen Gründen auch immer, das Domkapitel „in eine andere Kirche" – gemeint ist offenbar die genannte kleine Annexkirche – verlegen und dort den Chordienst verrichten. Diese Regelung hatte über 100 Jahre Bestand.

Bischof *Burchard* (1098–1118) führte das Domkapitel wieder in den Paulus-Dom zurück. Um der kleinen Nebenkirche, die fortan wegen der dortigen langjährigen Residenz des Domkapitels von den Chronisten „Alter Dom" genannt wurde, wieder eine würdige kultische Stellung zu geben, richtete der Bischof in ihr den Gottesdienst wieder ein. Er gründete zu diesem Zweck ein Stiftskapitel mit zwölf Präbenden, deren Inhaber jedoch im Gegensatz zu den Domherren an der Verwaltung des Landes keinen Anteil hatten. Das neue Stiftskapitel nahm nun die Stelle einer ecclesia minor ein, deren Propstei von Anfang an in den Händen eines Domherrn lag. Der Hohe Dom und sein Kapitel waren die ecclesia maior. Die allzu große Nähe der beiden Kirchen, die sich gegenseitig das Licht nahmen und im Gesang störten, bestimmte im Jahre 1377 Bischof Florenz (1364–78), das Gotteshaus zum Abbruch freizugeben und den „Alten Dömern" die Bischöfliche Kapelle zu überweisen, die nach der Güterteilung zwischen Bischof und Kapitel auf einem Teil des Herrenfriedhofs und in räumlicher Verbindung mit dem Dom errichtet worden war. Die Kapelle erwies sich aber als zu klein. So kam es um 1380 zu dem Neubau des Alten Domes auf der Nordwestecke der Immunität, der 1875 abgebrochen wurde.

II. Dom und Domkapitel

Mit der von Liudger errichteten Münsterkirche war ursprünglich ein ausgedehnter *Pfarrbezirk* verbunden, der das heutige Stadtgebiet von Münster und weite Teile der angrenzenden Landgemeinden umfaßte. Im Zuge der pfarrlichen Gliederung des Bistums fiel im Jahre 1040 das gesamte Gebiet auf dem linken Ufer der Aa an die neugegründete Liebfrauenpfarre, um 1070 jenes auf dem rechten Aa-Ufer an die Mauritzpfarre mit Ausnahme der Immunität, die der Dompfarre bis auf den heutigen Tag verblieb. Bei dieser räumlichen Beschränkung genügte es vollauf, wenn Fürstbischof Hermann II. (1173–1203) um 1192 nach Fertigstellung des Westwerks der kleinen Domgemeinde für ihren Pfarrgottesdienst das „Alte Chor" zwischen den Domtürmen zuwies und den quadratischen Raum durch eine Mauer vom übrigen Dom trennte. Etwa 1250 wurde alsdann auf dem Domplatz zwischen dem Paradies und dem heutigen Landesmuseum die Jakobikirche erbaut, die Jahrhunderte hindurch der Dompfarre diente. Nach der Aufhebung des Domkapitels im Jahre 1811 durch das französische Regiment wurde der Pfarrgottesdienst in den Dom zurückverlegt und die Jakobikirche im Jahre darauf von den Franzosen auf Abbruch verkauft. Die sechs alten Stadtpfarreien bekunden ihre ursprüngliche Zugehörigkeit zur Dompfarre in dem noch heute üblichen Brauch, je das erste nach der Taufwasserweihe am Karsamstag und an der Pfingstvigil geborene Kind im Dom taufen zu lassen. Bischof Wulfhelm († 895) errichtete gegen Ende des 9. Jahrhunderts in der Nähe der Domkirche die Klemenskapelle, die gegen Ende des 14. Jahrhunderts als Marienkapelle neugebaut wurde. In jüngster Zeit fand in dem frühzeitig wiederhergestellten Marienheiligtum der Chordienst des Kapitels statt.

Der Erpho-Dom

Etwa 300 Jahre war die Münsterkirche Liudgers Kathedrale des Bistums, ohne daß wir Näheres über ihre Geschichte berichten könnten. Dann erwuchs an gleicher Stelle ein neues großartiges Gotteshaus, das ein Abbild der bedeutenden Machtstellung war, die die Bischöfe unterdessen in der Reichspolitik eingenommen hatten. Der Dom war ja nicht selten auch die Stätte politischer Repräsentation, namentlich, wenn Kaiser und Könige in ihm Hochfeste begingen. Die neue Kathedrale war eine basilikale An-

Der St.-Paulus-Dom

lage mit zwei Querschiffen und wies, abgesehen vom Ostchor, ungefähr die Ausmaße des heutigen Domes auf. Hochschiff und Seitenschiffe waren flach gedeckt. Im Osten bildeten drei halbrunde Chöre oder Apsiden den Abschluß, während dem westlichen Querschiff ein fast quadratisches Chor mit einem massiven Turm vorgelagert war. Gegen Ende des Jahres 1090 war der Bau vollendet. Am 2. November nahm Bischof Erpho (1085–1097) unter Mitwirkung des Erzbischofs von Köln und des Bischofs von Lüttich die Weihe vor.*
Die Geschichte des Erpho-Domes ist durch schwere Katastrophen gekennzeichnet. Bereits drei Jahrzehnte nach seiner Konsekration – es war im Jahre 1121 zur Zeit des Bischofs Dietrich – fiel das Bauwerk den militärischen Kämpfen des Investiturstreites zum Opfer. Der Paderborner Annalist, der die Vorgänge schildert, hebt bedauernd hervor, daß bei der Belagerung der Domburg die Kathedrale, dieses *templum nobiliter constructum*, in Asche gesunken sei. Ein anderer Zeitgenosse, der Benediktinerabt Ekkehard von Aura († 1125), fügt allerdings in der Fortsetzung der Weltchronik Frutolfs v. Michelsberg hinzu: „Einige meinten, das Unglück sei nur geschehen, um zu offenbaren, daß die vielen Geschenke, die der verstorbene Bischof Burchard dort unredlich gehäuft habe, Gott nicht wohlgefällig seien". Bischof Egbert (1127–32) deckte die ausgebrannte Domkirche mit Blei und versah sie mit neuen Glasfenstern.

Das Westwerk

Bischof Friedrich II. (1151–1168) hat offenbar den Bau des heutigen Westwerks in Angriff genommen. Er begleitete nämlich Friedrich Barbarossa, der 1156 in Münster das Osterfest begangen hatte, auf dem zweiten Römerzug, nahm 1162 an der Eroberung Mailands teil und brachte aus der Beute die Gebeine der heiligen Märtyrer Viktorin und Florian nach Münster mit. (Bei gleicher Gelegenheit gelangten die Reliquien der Heiligen Drei Könige nach Köln.) Tibus und Geisberg sehen in diesem Reliquienerwerb mit gutem Grund den nächsten Anlaß zum Bau des Westwerks.

---

* Einzelheiten der Baugeschichte des Erpho-Domes s. unten Beitrag Nr. 9, S. 113–133.

II. Dom und Domkapitel

Noch Jahrhunderte später genossen die Reliquien hohe Verehrung. Sie wurden an den Festtagen der beiden Märtyrer in einem kostbaren Schrein exponiert und am Tage der Translation (2. November) in feierlichem Umzug des Domklerus von vier Domherren über den Domhof getragen.

Hohe Verehrung seitens der Gläubigen erfuhr ein von Bischof Friedrich II. gestiftetes silbernes *Triumphkreuz*, das über dem Hochchor hing und kostbare Reliquien barg. Zur Zeit Kerssenbrocks (1519–1585) wurde das Heiligtum am Pfingstdienstag in feierlicher Kreuztracht durch die Kurien und Vikarien des Domhofes getragen, während ein Priester die Bewohner des Hauses mit Weihwasser besprengte. Alsdann trugen Domherren das Kreuz zum Michaelistor, wo es die zwölf Armen des Zwölfmännerhauses übernahmen und unter einleitendem Geläut der Domglocken auf einer Trage von Haus zu Haus trugen. Überall wurde es ehrfürchtig begrüßt und verehrt. Gegen Abend brachte die Trägergruppe das Kreuz in die Lambertikirche, von wo die Kreuztracht am nächsten Morgen ihren Fortgang nahm. Hatte der Zug die Rothenburg erreicht, begab sich der Domklerus auf ein Zeichen der Domglocken zum Michaelistor, um das Kreuz, nachdem es zuvor von Bürgern der Stadt mit Wein von dem Staub gereinigt worden war, wieder in Empfang zu nehmen. Eine ähnliche zweitägige Kreuztracht bewegte sich in der Woche vor dem Geburtsfest des hl. Johannes d. T. durch das Kirchspiel Überwasser von Hof zu Hof, wobei bestimmte Höfe nach althergebrachtem Recht das Kreuz auf ihren Wagen fuhren. Die Nacht über blieb das Heiligtum in der Überwasserkirche.

Den von Friedrich II. begonnenen Bau des Westwerks führte Fürstbischof Hermann III. (1197–1203) zum Abschluß. Um 1192, am Sonntag nach Remigius, fand die Einweihung des Westwerks statt, deren besondere Bedeutung durch die Prägung einer Gedenkmünze hervorgehoben wurde. So stand der Dom Erphos nach seiner Wiederherstellung im Inneren und seiner Erweiterung um das machtvolle Westwerk in stolzer Erhabenheit da. Aber schon nahte neues Unheil. In der Nacht des 9. Mai 1197 vernichtete eine Feuersbrunst sämtliche Kirchen und Häuser des Stadtgebietes außer der Stiftskirche von St. Ludgeri. Über den Umfang der Brandschäden am Dom und deren Behebung erfahren wir keine näheren Einzelheiten.

Der dritte Dombau

Wenn wir von einem Neubau des dritten Domes sprechen, meinen wir natürlich nicht das Westwerk mit den Türmen und dem Alten Chor, auch nicht das westliche Querschiff, sondern das Langhaus der Domkirche, d. h. den von Bischof Erpho konsekrierten Teil der Kathedrale, der durch die Brandkatastrophen schwer mitgenommen war. Dieser Bauteil wurde in den zwanziger Jahren des 13. Jahrhunderts niedergelegt. Am 22. Juli 1225, dem Fest der heiligen Maria Magdalena, nahm Fürstbischof Dietrich III. (1218–1226) die feierliche Grundsteinlegung vor. Sein Standbild im Paradies hält die Tat fest. Während der Bauperiode scheint das Kapitel den Chordienst im Alten Chor des Westwerks gehalten zu haben. Damals brach der Baumeister in die Westwand ein großes Radfenster, um das Äußere des Westwerks dem neuen Bauwerk anzugleichen. Die erste hochgotische Pforte des Westwerks wurde nach Geisberg um 1400 eingebaut.

In neununddreißigjähriger Bauzeit erwuchs ein Meisterwerk der spätromanischen Baukunst, das, breit und schwer gelagert, einzigartiger Ausdruck westfälischen Wesens ist. Von hoher Wirkung für die Innengestaltung wurde der Einfluß französischer Vorbilder, namentlich der Kathedrale zu Angers und der Abteikirche von Notre-Dame de la Couture in Le Mans. Der Münsterer Baumeister übertrug die Schildbogen dieser einschiffigen Kirchen auf das basilikale System des Paulus-Domes und gewann so in Verbindung mit den breiten und hohen Spitzbogen der Hochschiffmauern eine Weiträumigkeit, die den Besucher beeindruckt. Der Landessitte folgend, öffnete der Baumeister die Südfront des Westquerschiffs in einer Paradies-Vorhalle. Zu Beginn des 16. Jahrhunderts um das doppelte vergrößert und um ein Geschoß erhöht, ist das Paradies bis auf den heutigen Tag der Haupteingang des Domes geblieben. In ihm sieht man hoch über der Pforte zum Eingang des Domes Christus als Richter auf dem Thron und rechts und links von ihm die zwölf Apostel als seine Gerichtsschöffen. Hier war die Stätte, wo der Bischof Sendgericht hielt. Die monumentalen Steinplastiken, die später noch um einige Stifterfiguren vermehrt wurden, zählen zu den Meisterwerken deutscher Kunst. In den vier Gestalten des Fürstbischofs Dietrich v. Isenburg, des hl. Laurentius, des hl. Theodor und der hl. Maria Magdalena „erhebt sich die westfälische Plastik zu einem absoluten Höhepunkt" (W. Burmeister). Am 30. September 1264 fand das Fest der *Domweihe* statt (s. u. 134ff.). Wir sind über dieses bedeutende Ereignis leider nur am Rande unterrichtet. Aus gelegentlichen Bemerkungen gleichzeitiger Urkunden erfahren wir, daß Fürstbischof Gerhard (1261–1272) die Domweihe persönlich unter Mitwirkung mehrerer auswärtiger Bischöfe vornahm, unter denen sich auch der Bischof von Minden mit seinen Domkanonikern und Ministerialen befand.

Der Beitrag der Jahrhunderte

Alle Zeiten haben ihren Stolz darin gesetzt, auf ihre Weise zur Schönheit und Zierde der Mutterkirche des Bistums beizutragen. Es wäre töricht, wollte man dem Dom aus diesem Grunde das Prädikat mangelnder Stilreinheit geben. Dieses Wetteifern der Jahrhunderte ist vielmehr „sein schönster Schmuck, um den ihn viele Kirchen beneiden können" (Geisberg). Das gilt für unser Bemühen in der Gegenwart nicht minder als für den Eifer vergangener Geschlechter.

Eine durchgreifende Umgestaltung erfuhr das äußere Bild des Domes zur Zeit der dekorativen Spätgotik im beginnenden 16. Jahrhundert. Nach Corfey (MGQ III 323) wurde das im Zweiten Weltkrieg zerstörte spätgotische Westportal im Jahre 1516 erbaut. Im Zuge dieser Neugestaltung ersetzte man auch, unbekümmert um die Geschlossenheit des Bauwerks, das Radfenster der Westfront durch ein riesiges achtteiliges Maßwerkfenster, das von den Steinfiguren der Apostel Petrus und Paulus flankiert wurde. Das darüberliegende Giebeldreieck füllte der Baumeister mit den lebensgroßen Figuren des Einzugs Christi in Jerusalem. Die noch erhaltene Originalgruppe ist eine Arbeit des Bildhauers Henrik Brabender gen. Beldensnider. Die Figuren der Maria am Mittelpfeiler des Portals und der Klugen und Törichten Jungfrauen an den Portalwangen entstanden im Jahr 1592. Der Bildhauer ist unbekannt. Die Figuren befinden sich seit 1956 an der Nordwand des Kreuzganges.

Der St.-Paulus-Dom 103

Entsprechend dem erwähnten Ausbau der Paradies-Vorhalle wurden zu Beginn des 16. Jahrhunderts auch die Seitenschiffe umgestaltet. Der für die Spätgotik bezeichnende Wunsch nach möglichst großer Lichtfülle veranlaßte das Domkapitel, die Außenwände der Seitenschiffe bis in eine Höhe von zweieinhalb Metern abzutragen und durch eine neue Wand zu ersetzen. An die Stelle der kleinen romanischen Fenster traten nun hohe dreiteilige Maßwerkfenster.

Auch die Südwand des Ostquerschiffs wurde damals abgebrochen und durch den sogenannten Salvatorgiebel ersetzt, der seinen Namen von der ehernen Figur des Erlösers trägt, die ihn krönt. Bei dem Salvatorgiebel nahm das Zerstörungswerk der Wiedertäufer seinen Anfang. Der heutige Giebel wurde 1565 durch den Bildhauer Albert Reining in Renaissancegestalt neu geschaffen. Die lebensgroße Bronzefigur des Salvator, von Bernd Schmedding gegossen, ziert noch heute die Giebelspitze. In den Jahren 1905/06 wurde die Giebelwand von Baumeister Hertel formgetreu erneuert.

Der Bildersturm der Wiedertäufer (1534/35) vernichtete in der Kathedrale unersetzliche Teile des Skulpturenschmucks, die reichen Schnitzereien des Kapitelsaales und alle Altäre. Auch der Domschatz fiel bis auf eine Anzahl kleinerer Figuren und Gefäße aus Edelmetall den Sektierern zum Opfer, u. a. zur großen Trauer der Gläubigen auch der goldene Reliquienschrein der heiligen Viktorin und Florian und vor allem das große silberne Triumphkreuz des Bischofs Friedrich II., an dem das Volk mit ganzem Herzen hing, sowie sämtliche Paramente und liturgischen Bücher.

Schon bald begannen die Domherren mit neuem Eifer, den beraubten Dom wieder mit Altären und Grabmälern, Figuren und Gemälden auszustatten. In ihren Testamenten stellten sie oft reiche Mittel für die künstlerische Ausstattung bereit. An der Spitze der bildenden Künstler stand der ideenreiche Johann *Beldensnider*, ein Sohn Henriks, der in erstaunlich kurzer Zeit die notwendigste Ausstattung des Domes in prächtiger Ausführung erstellte. Zu seinen Werken zählen u. a. der Paulus am Mittelpfeiler der Paradiespforte, die beiden Sakramentshäuschen, von denen das glücklich erhaltene kleinere künftig in der Sakramentskapelle Aufstellung findet*, die neun lebensgroßen Statuen des Engelchores auf dem Hochchorumgang, die nach ihrem meistbietenden Verkauf im Jahre 1875 dank der Fürsorge des Kapitels und der mühevollen Verhandlungen Dr. Wieschebrinks nun wieder an ihrem Platz stehen, und vor allem der meisterhaft ausgeführte Lettner oder Apostelgang, der 1542 an die Stelle seines vernichteten spätmittelalterlichen Vorgängers trat und bis 1870 dem Münsterer Dom eine eigentümliche Note verlieh. Berechtigte liturgische Forderungen waren der Grund für seine Entfernung.

Der größte Teil der barocken Ausstattung des Domes gehört der über mehrere Generationen in Münster wirkenden Künstlerfamilie der *Gröninger* an, deren drei Vertreter jeder seine eigene künstlerische Einstellung zur Bildnerei hatte. Als beste Leistung des ältesten, *Gerhard*, gilt der etwa 1630 vollendete Stephanusaltar im Ostquerschiff, eine Stiftung des Dechanten Heidenreich von Letmathe. Zur Zeit Christoph Bernhards von Galen (1650–1678) schuf *Johann Mauritz Gröninger*, ein Vertreter der französisch-niederländischen Richtung des Hochbarock, seine eigenwilligen Werke, namentlich die plastische Ausstattung der Galenschen Kapellen mit dem Grabmal Christoph Bernhards und die sorgfältig ausgeführten alabasternen Bildwände der Chorschranken. *Johann Wilhelm Gröninger*, ein Sohn von Johann Mauritz, endlich fertigte außer dem prächtigen Grabmal des 1706 gestorbenen Fürstbischofs Friedrich Christian v. Plettenberg (1720, zusammen mit Pictorius) eine Reihe von Marmorfiguren heiliger Frauen, die die französische Schulung des Künstlers erkennen lassen.

Das vom Volk hochverehrte silberne Triumphkreuz wurde einige Jahre nach seiner Vernichtung durch ein neues Werk ersetzt, das wahrscheinlich aus der Kunstwerkstatt Joh. Beldensniders stammt und einen Teil der volkstümlichen Verehrung seines Vorgängers auf sich lenkte. Bis zum Jahre 1870 stand dieses aus Holz geschnitzte Triumphkreuz, durch eine vom Gewölbe herabreichende Kette aufrecht gehalten, auf der Mitte des Lettners. Heute dient es in der Marienkapelle als Altarkreuz.

---

* Es fand in Wirklichkeit vor dem Südpfeiler des Hochchores seinen Platz.

Der St.-Paulus-Dom

An dieses ehrwürdige Kreuz knüpft sich ein altes Brauchtum, in dem Religiöses und Irdisches, Glaube und (harmloser) Aberglaube in einer für das Münsterland kennzeichnenden, trocken-humorvollen Weise sich mischen. Bis in das 19. Jahrhundert hinein wurde nämlich das Lettnerkreuz am Feste Christi Himmelfahrt zur Symbolisierung der Himmelfahrt des Herrn feierlich an der Kette auf den Apostelgang gezogen. Nach einem alten Bauernglauben deutete dabei die Häufigkeit des „Krakens" der Kette auf die Höhe der Kornpreise hin. Die Stadtbevölkerung wird, wenn sie diesen Bauernglauben teilte, häufiges Kraken vermutlich mit weniger Begeisterung verfolgt haben als die anwesenden Bauern.

Den Wiedertäufern fiel auch die astronomische Domuhr zum Opfer. Das jetzt vorhandene Meisterwerk wurde von 1540 bis 1543 hergestellt. Es zeigt neben den Stunden den Kalendertag mit Monat und Jahr, die Stellung der Sonne im Tierkreis, die Mondphasen und Auf- und Untergang der damals bekannten Planeten. Die stimmungsvollen Monatsbilder der Kalenderscheibe gelten als die schönste Arbeit der münsterischen Malerei des 16. Jahrhunderts.

Mit Christoph Bernhard von Galen (1650–1678) traten auch die Landesherren als Förderer der Domkirche auf. Christoph Bernhard verdanken wir nicht nur die Galenschen Kapellen, die späteren Grabstätten der drei Galen-Bischöfe, sondern auch zahlreiche Weihegaben, die leider fast alle 1807 verlorengingen, als die preußische Regierung ihre Verbringung nach Magdeburg erzwang. Als die Festung sich den Franzosen kampflos ergab, fiel der ganze Schatz dem Heer Napoleons in die Hände und wurde eingeschmolzen. Auch die Nachfolger Christoph Bernhards förderten durch namhafte Stiftungen die Ausstattung des Domes. Es sei hingewiesen auf die beiden im letzten Krieg zerstörten Großplastiken Nazarener Kunstrichtung von dem zu seiner Zeit hochgefeierten Münsterer Bildhauer Wilhelm Achtermann († 1884 zu Rom): die Marienklage im Alten Chor (1844, von A. zwölfmal wiederholt) und die Kreuzabnahme (1856) in der ältesten Chorumgangskapelle, die nach ihr Kreuz-Kapelle benannt wird. Eine kleine Kopie der Marienklage befindet sich in der nördlichen Turmkapelle. Von seinen Zeitgenossen erheblich überschätzt, wurde Achter-

II. Dom und Domkapitel

mann in der Folgezeit in seiner wirklichen Leistung und Wirkung zweifellos nicht minder unterschätzt.

Die vorstehende Darstellung berührt im wesentlichen nur die äußere Geschichte des Domes, besser des Dombaues. Die eigentliche Geschichte der Mutterkirche des Bistums entzieht sich menschlicher Beschreibung. Sie betrifft den Strom der Gnaden, der von hier seinen Ausgang genommen hat. Wir denken an die erhebenden Opferfeiern der Bischöfe, an das tägliche heilige Opfer der Priester, an den Chordienst der Kanoniker, an die frommen Gebete und Gesänge der Gläubigen, an die Glaubensverkündigung begnadeter Kanzelredner, an die Konsekrationen und Weihen der Bischöfe und Priester, an die unvergeßlichen Glaubensstunden kirchlicher Feiern und nicht zuletzt an die wiederholten Treuekundgebungen, die das gläubige Volk in Zeiten der Verfolgung und Drangsal hier seinen standhaften Oberhirten bereitet hat. Hier wird der geistige Dom sichtbar, den der Apostel meint, wenn er uns zuruft: „Ihr seid ... Mitbürger und Hausgenossen Gottes, auf dem Fundament der Apostel und Propheten aufgebaut, indessen Christus Jesus selbst der Eckstein ist. In ihm fügt sich der ganze Bau zusammen und wächst zu einem Tempel aus, im Herrn heilig, auf dem auch ihr zu einer geistigen Gotteswohnung miterbaut seid" (Eph 2, 19–22).

MGQ I, IV u. VI. *Niesert*, UB I. WUB I, II, III u. VIII. Annales Patherbrunnenses, eine verlorene Quellenschrift des 12. Jahrhunderts, wiederhergestellt von P. Scheffer-Boichorst (1870). Ekkehardi Chronicon: MG SS 6, 231–267. M. *Geisberg*, Die Stadt Münster 5. Teil: Der Dom = BKW 41 (1937). C. A. *Savels*, Der Dom zu Münster (1904). Br. *Thomas*, Die westfälischen Figurenportale in Münster, Paderborn und Minden: Westfalen 19 (1934) 1–95. Th. *Wieschebrink*, Der Dom des hl. Ludgerus in Münster: Westfalen 21 (1936) 195–199 (Rekonstruktion des ersten Domes). *Ders.*, Münster, Dom: Westfalen 31 (1953) 284–285 (Rekonstruktion des zweiten Domes). W. *Burmeister*, Die westfälischen Dome (1936). H. *Börsting* u. A. *Schröer*, Handbuch des Bistums Münster Bd. 1 (1946). A. *Schröer*, Der Hohe Dom zu Münster = Geschichte und Kultur 1 (1947) 7–18 (Lit.). *Ders.*, Ist der Dodo-Dom zu Münster geschichtlich erwiesen?: WZ 96 (1946) 38–47. *Ders.*, Der Erpho-Dom zu Münster, seine Geschichte und sein angeblicher Vorgänger: Westfalen 36 (1958) 3–24. *Ders.*, Die Bischöfe von Münster = Das Bistum Münster, hg. von W. Thissen, Bd. 1 (1993). P. *Pieper*, Der Dom zu Münster (1965. 21967). *Ders.* u. Ina *Müller*, Das Paradies des Domes zu Münster (1993). W. *Winkelmann*, Ausgrabungen auf dem Domhof in Münster: Monasterium. Festschrift zum siebenhundertjährigen Weihegedächtnis des Paulus-Domes zu Münster, hg. von A. Schröer (1966) 46ff. K. *Scholz*, Die Urkunden des Kollegiatstifts Alter Dom in Münster 1129–1534 (1978). U. *Lobbedey*, Die jüngsten Ausgrabungen zur Baugeschichte des Domes zu Münster: Der Paulus-Dom zu Münster. Eine Dokumentation zum Stand der neuen Grabungen und Forschungen, hg. von Th. Sternberg (1990) 15–27. *Ders.*, Der Dombau von 1264 und seine Transformation bis zum 19. Jahrhundert: Ebd. 28–51. *Ders.*, Der spätromanische Westbau des Domes zu Münster: Westfalen 67 (1989) 1–21. M. *Schneider*, Der Paulus-Dom in Münster. Vorbericht zu den Grabungen im Johanneschor und auf dem Domherrenfriedhof („Alter Dom") = Ausgrabungen und Funde in Westfalen-Lippe (Münster) 6 B (1991) 33–78. *Ders.*, Zur Entwicklung der Kirchenbauten im Dombereich Münster: Ecclesia Monasteriensis. Festschrift f. Alois Schröer, hg. von R. Haas (1992). G. *Jászai*, Mittelalterliche Kunst (9.–16. Jh.), in: F. J. Jakobi (Hg.), Geschichte der Stadt Münster III (1993) 341–365. *Ders.*, Die Bildhauerkunst in der Neuzeit: ebd. 367–401. P. *Pieper*, Die Malerei im 16. und 17. Jh.: ebd. 403–424. Der Dom zu Münster 793 – 1945 – 1993, Bd. 1 Der Bau: Denkmalpflege und Forschung in Westfalen, Bd. 26 (1993). Fr. *Mühlen*, Der Dom zu Münster im Rückblick eines Denkmalpflegers: ebd. 507–512.

8. Domstift oder Domkloster?*

Eine neue Sicht der Frühgeschichte des monasterium von Mimigernaford bietet ein Deutungsversuch, der sich an die in der Vita Liudgeri erwähnte regula canonica knüpft. Nach der kirchlichen Rechtsgeschichte lebte der Klerus einer Bischofskirche im ausgehenden 8. Jahrhundert gewöhnlich „canonice", d. h. in Übereinstimmung mit den kanonischen Vorschriften, und zwar entweder gemeinsam mit dem Bischof oder von diesem getrennt im „monasterium canonicorum". Der begriffliche Gegensatz zum „canonice vivere" war „regulariter vivere", d. h. wie ein Mönch nach einer Mönchsregel leben.[1] Ein Mönchskloster wurde dementsprechend „monasterium" oder „coenobium monachorum" genannt.

Diese Unterscheidung zwischen Mönch und Kanoniker finden wir auch bei Altfrid, der die an seine monastischen Mitbrüder in Werden gerichtete Vita Liudgeri mit der Grußformel „carissimis fratribus et monachis in cenobio sancti Salvatoris et sancti patris Liudgeri Domino servientibus in Christo"[2] einleitet, aber gegen Ende des 1. Buches seine Ordensbrüder belehrt, daß der Heilige in Mimigernaford ein „monasterium sub regula canonica famulantium"[3] gegründet habe.

Über die Provenienz der Münsterer Regel äußert sich Altfrid nicht. Nach dem heutigen Kenntnisstand dominierte zur Gründungszeit des Münsterer Domstifts (793) die Kanonikerregel des Erzbischofs Chrodegang von Metz (um 755), die das gemeinsame Leben der Kanoniker in engem Anschluß an die Sitten und Ge-

---

* Auszug aus dem Manuskript „Ecclesia sancti Liudgeri. Zur frühesten Baugeschichte des St. Paulus-Domes in Münster" (1988), das der Verfasser den Archäologen anläßlich der Grabungen auf dem Domgelände 1987/89 als historische Orientierungshilfe zur Verfügung gestellt hat.

[1] H. E. Feine, Kirchliche Rechtsgeschichte (⁴1964) 196f. Zur Entwicklungsgeschichte des Begriffs „monasterium" s. R. Schieffer, Die Entstehung von Domkapiteln in Deutschland = Bonner Historische Forschungen 43 (1976) 128f. 246f. J. Semmler, Mönche und Kanoniker im Frankenreiche Pippins III. und Karls des Großen: Kloster und Stift = Veröffentlichungen des Max-Planck-Instituts für Geschichte 68, Studien zur Germania Sacra 14 (1980) 95ff.

[2] MGQ 4, 3.

[3] Ebd. 28.

Domstift oder Domkloster?

wohnheiten der römischen Kirche prägte.[4] Die für das Metzer Kapitel verfaßte Kanonikerregel lag in vier Hauptrezensionen vor, von denen die allgemeine („generalizata") unter Auslassung der die Kirche von Metz betreffenden Bestimmungen zum Gebrauch in anderen Kapiteln diente.

Diese Verfassung, die zum Vorbild späterer Regelungen der vita canonica wurde,[5] wird auch das Gemeinschaftsleben in dem von Liudger gegründeten monasterium zu Mimigernaford geordnet haben,[6] es sei denn, Liudger und die Stiftskanoniker hätten ihrer vita communis, wie es häufig geschah,[7] eine eigene, an keine vorgegebene Regel gebundene, auf Konsens beruhende Verfassung gegeben.

Der Bonner Historiker Rudolf Schieffer, der eine überörtliche Breitenwirkung der Chrodegangregel in Zweifel zieht,[8] neigt im Rahmen seiner verdienstvollen Forschungen zur Frühgeschichte der deutschen und westfälischen Bischofssitze und Domkapitel[9]

---

[4] Chrodegangi Regula Canonicorum, ed. v. W. *Schmitz*, PL 89 (1889) 1057–1126. Zu den Rezensionen: A. *Werminghoff*, Neues Archiv 27 (1902) 646–651. M. *Schmid*, Chorherrenregel: LThK 2 (1958) 1089. Th. *Schieffer*, Angelsachsen und Franken: Akademie der Wiss. und der Lit. Mainz, Abhandlungen der geistes- und sozialwissenschaftlichen Klasse Nr. 20 (1951) 30ff. O. G. *Oexle*, Forschungen zu monastischen und geistlichen Gemeinschaften im westfränkischen Bereich: Münstersche Mittelalter-Schriften 31 (1978) 134ff. 146ff.

[5] O. G. *Oexle*, Chrodegang: Lexikon des Mittelalters 2 (1983) 1948ff.

[6] Späterer Zusatz (1993): Rudolf Schieffer schließt eine Adaption der Chrodegang-Regel in Mimigernaford aus, weil sie auch sonst nirgends nachgewiesen sei und die kirchlichen Bedingungen in Metz völlig verschieden gewesen seien. Briefliche Mitteilung: s. u. Anm. 16.

[7] Vgl. R. *Schieffer*, Die Anfänge der westfälischen Domstifte: WZ 138 (1988) 179f.

[8] Ebd. 180f.

[9] Nach Schieffer hatten die von den Angelsachsen Willibrord und Bonifatius begründeten Bischofssitze aus der angelsächsischen Heimat eine monastische Organisationsform übernommen, die sich von dem aus römischer Wurzel weiterentwickelten gallofränkischen System, dessen Kern ein von den Bischöfen zentral geführter (kanonikaler) Klerus bildete, in mancher Hinsicht unterschied. Kennzeichnend für den angelsächsischen Ansatz ist eine der Bistumserrichtung vorausgehende Klostergründung, die erst durch Einwirkung der Karolinger zum Bischofs-

II. Dom und Kapitel

zu der Annahme, daß in dem Münsterer monasterium durch den in Utrecht und York gebildeten Friesen Liudger angelsächsische Einflüsse im Sinne eines Domklosters wirksam geworden seien. Trotz der gegenteiligen Aussage Altfrids schließt Schieffer nicht aus, daß ein nach dem angelsächsischen Vorbild von Utrecht geformter Konvent „später in der Vita Liudgeri als monasterium sub regula canonica famulantium bezeichnet werden konnte, obgleich es doch zunächst eher eine Mönchsgemeinschaft gewesen zu sein scheint"[10]. Dies sei begreiflich, wenn man sich vergegenwärtige, daß Altfrid sein Werk nicht an Münster, sondern an seine monastischen Mitbrüder in Werden gerichtet habe, denen er als Abt vorstand.

Die vorsichtig formulierte Vermutung Schieffers vermag jedoch nicht zu überzeugen, abgesehen davon, daß es den Regeln der Quellenbenutzung widerspricht, die eindeutige Aussage eines unbestritten glaubwürdigen Autors zugunsten einer Theorie in ihr inhaltliches Gegenteil umzudeuten. Es ist kein Grund erkennbar, warum Altfrid, der als Bischof von Münster und Verwandter Liudgers wie kein anderer mit der 50jährigen Geschichte des Sprengels vertraut war, den Werdener Mönchen im Hinblick auf die geistliche Verfassung des Münsterer monasterium die Wahrheit vorenthalten sollte.

Gegen ein Domkloster in Mimigernaford spricht auch der Umstand, daß Liudger sich bereits vor seinem Aufenthalt in Monte Cassino (etwa 785/87) mit dem Gedanken einer Klostergründung

---

sitz aufrückte. Aus einer solchen angelsächsischen Klostergründung sind nach Schieffer die Bistümer Utrecht, Büraburg(-Fritzlar), Erfurt, Würzburg und Eichstätt hervorgegangen. Schieffer möchte auch Münster dieser Gruppe zurechnen. R. *Schieffer*, Über Bischofssitz und Fiskalgut: HJb 95 (1975) 18–32. *Ders.*, Zur Frühgeschichte des Domstifts zu Münster: WF 28 (1976/77) 19ff. Zum Ganzen: *Ders.*, Die Entstehung von Domkapiteln in Deutschland = Bonner Historische Forschungen 43 (1976).

[10] *Schieffer* (wie Anm. 7) 181. Auch *Feine* (wie Anm. 1) spricht von Domklöstern in den germanischen Ländern, nennt aber nur St. Emmeran in Regensburg und St. Peter in Salzburg, die mit der baierischen Klosterreform selbständige Benediktinerklöster neben dem Domstift wurden (228f.).

Domstift oder Domkloster? 111

auf den Stammgütern seiner Familie trug.[11] Seit 796 richtete er sein Augenmerk auf Werden an der Ruhr, wo ihm der erste Grundbesitz für das Kloster geschenkt wurde. Der Werdener Gründungsplan beschäftigte Liudger weit mehr als die Vita Liudgeri Altfrids erkennen läßt. Karl Hauck weist nach, daß es Liudger im Zusammenwirken mit seinem Bruder Hildigrim darum ging, Werden als rückwärtige „Operationsbasis" am westlichen Anfang des Hellweges für die Gebiete an seinem östlichen Ende einzurichten.[12] Die Quellen berichten laufend über diesen Klosterplan. Es ist kaum anzunehmen, daß Liudger gleichzeitig noch ein zweites Klosterprojekt plante und verwirklichte, ohne daß dieses in den zeitgenössischen Quellen in irgendeiner Form Niederschlag gefunden hätte.

Auch Wilhelm Kohl vermutet, daß Liudger in Verbindung mit der von ihm um 793 gegründeten Pauluskirche ein Mönchskloster gegründet habe, und nimmt dafür u. a. die in dem ältesten Nekrolog der Domkirche aufgeführten monachi als Zeugen in Anspruch.[13] Bei diesen monachi handelt es sich jedoch offenbar nicht um Münsterer, sondern um Werdener Mönche. Da Liudger und seine beiden Nachfolger, die „Liudgeriden", die Würde des Abtes in der Werdener Familienstiftung bekleideten und wohl mit den dortigen Konventualen in Gebetsverbrüderung standen, betrachteten sie das Werdener Kloster und dessen Mönche als zu ihnen gehörig.[14] Altfrid nennt die Werdener Mönche seine „Brüder".[15] Es war daher selbstverständlich, daß das Gedächtnis der verstorbenen Werdener monachi auch im Münsterer Domklerus gefeiert

---

[11] MGQ 4, 25. A. *Schröer*, Chronologische Untersuchungen zum Leben Liudgers: WS 1 (1948) 112. 126ff. K. *Hauck*, Zu geschichtlichen Werken Münsterscher Bischöfe: Monasterium 380ff. *Diekamp*, WUB Supplementum (1885) 14 Nr. 99.
[12] *Hauck* (wie Anm. 11) 390f.
[13] W. *Kohl*, Honestum monasterium in loco Mimigernaefor. Zur Frühgeschichte des Doms zu Münster: Tradition als historische Kraft. Interdisziplinäre Forschungen zur Geschichte des frühen Mittelalters. Festschrift Karl Hauck, hg. v. N. Kamp u. J. Wollasch (1982) 177ff. *Ders.*, Person und Gemeinschaft im Mittelalter. Festschrift Karl Schmid, hg. v. Gerd Althoff u. a. (1988) 405ff.
[14] MGQ 4, 42 u. ö.
[15] Ebd. 31: „carissimi fratres".

wurde. Die von Kohl angemerkte Auslassung der Ortsbestimmung „Werthinensis" bei der Mehrzahl der Eintragungen erklärt sich aus dem Umstand, daß der jeweilige Schreiber es für überflüssig hielt, einen allgemein bekannten Tatbestand, nämlich die Zugehörigkeit des Verstorbenen zum Werdener Konvent, eigens hervorzuheben.

Wenn wir die Quellenaussagen in ihrem kirchenrechtlichen Wortsinn stehenlassen, gibt es keinen Zweifel, daß Liudger in Mimigernaford nicht ein benediktinisches Mönchskloster, ein coenobium monachorum, sondern ein Kanonikerstift, ein monasterium canonicorum, gegründet hat.[16]

---

[16] Herr Kollege Schieffer (Bonn), dem ich im Oktober 1989 das vorliegende Gesamtmanuskript zur Einsichtnahme gesandt hatte, schrieb mir zu der Frage „Domstift oder Domkloster?" am 25. Oktober 1989: „Auf einem benediktinischen Charakter des ursprünglichen monasterium würde ich nicht beharren."

9. Der Erpho-Dom*

Zur Geschichte der zweiten Domkirche in Münster (1090–1197)

Der zweite Münsterer Dom, den wir nach seinem Konsekrator „Erpho-Dom" nennen[1] und dessen Lebensdauer von 1090 bis 1197 währte, tritt mit dem Tage seiner Einweihung erstmals in das Licht der Geschichte. Es war die Zeit des Investiturstreites, der das ganze Reich in zwei feindliche Lager gespalten hatte. Gregor VII. (1073–1085), der leidenschaftliche Vorkämpfer der kirchlichen Freiheit, ruhte seit fünf Jahren in der stillen Gruft des Domes von Salerno. Sein großer Gegenspieler Heinrich IV. (1056–1106) stand auf der Höhe seiner Macht. Die aufständischen Sachsen hatten sich unterworfen, und der größte Teil des deutschen Episkopats, so auch Erpho von Münster (1085–1097), hielt zum Kaiser. Vor diesem wahrhaft geschichtlichen Hintergrund vollzog sich das denkwürdige Ereignis der Domweihe zu Münster.

Bischof Erpho selbst berichtet uns darüber. In einer Freckenhorster Urkunde teilt er mit[2], er habe am 2. November

---

* Westfalen 36 (1958) 3–24.

[1] Der Begriff „Erpho-Dom" wurde vom Verfasser nach einer vorhergehenden Untersuchung (s. *Schröer*, Ist der „Dodo-Dom" zu Münster geschichtlich erwiesen?, in: WZ 96 [1940] 38–47) im Handbuch des Bistums Münster (1940), hg. von H. Börsting und A. Schröer 62 erstmals verwendet. W. *Hege* und W. *Burmeister*, Die westfälischen Dome Paderborn, Soest, Osnabrück, Minden, Münster (²1951) (für den Dom zu Münster: Th. Wiescherbrink) 54 übernahmen die Bezeichnung, derer sich auch A. *Henze*, Westfälische Kunstgeschichte (1957) 57 bedient.

[2] H. A. *Erhard*, Regesta Historiae Westfaliae, accedit codex diplomaticus, Bd. 1 (1847) Nr. 165 (zitiert: WUB 1). Es handelt sich um eine bischöfliche Konstitution für das Präbendalgut der Freckenhorster Kanonissen. *Igitur cum hec omnia in Capitolio Fricconhorstensi . . . agerem . . . IV. N. Sept. . . . banno episcopali confirmavimus . . . Secundo in dedicatione maioris ecclesie Monasteriensis IV. N. Nov. peracta, eundem bannum domnus Coloniensis archiepiscopus Herimannus et Leodiensis episcopus Heinricus et ego Monasteriensis opilio videlicet Erpho, astante, audiente infinita tam*

1090³ in Gegenwart des Erzbischofs Herimann von Köln (1089–1099) und des Bischofs Heinrich von Lüttich (1075–1091) vor einer unübersehbaren Menge von Geistlichen und Laien, die zu dem Fest herbeigeeilt seien, die Einweihung des Münsterer Domes vollzogen. Am 11. Februar des folgenden Jahres⁴, am Tage vor seinem Aufbruch nach Jerusalem, konsekrierte Erpho nach der genannten Urkunde im Dom den Altar zu Ehren des hl. Johannes des Täufers. Der Bischof beschloß die Feier, die offenbar dem Abschluß der Bauarbeiten am Erpho-Dom galt, mit der Rekonziliation der Büßer.

Wenn dieser Bericht auch keine ausdrücklichen Angaben über die Raumgestalt des neuen Domes enthält, so weist die Weihe des Johannesaltares dennoch auf das Vorhandensein eines Johanneschores und damit eines östlichen Querhauses hin, wie es auch der heutige Dom besitzt. Auch der Nordarm dieses Querschiffes, das sogenannte Stephanuschor, findet sich urkundlich belegt. Schon im Jahre 1137 ist in ihm ein Altar des hl. Erzmärtyrers nachweisbar.⁵ Der neue Dom hatte außerdem einen Kreuzaltar, der auch Primaltar genannt wurde.⁶ Der Kreuzaltar stand, wie in den meisten westfälischen Domen, am Eingang zum Hochchor. Aber da-

---

cleri quam populi qui ad dedicationem convenerant multitudine fecimus,... Tercia vice III. Idus Feb. cum in maiori ecclesia Monasteriensi altare in honorem Sancti Johannis Bapt. consecrarem, quo eciam die penitentes in ecclesiam induxi, et reconciliationem et indulgentiam totis votis totisque animis quoad poteram facere institi, utpote insequenti die Jherosolimam iturus, eundem bannum repetivi.

³ Samstag vor dem 20. Sonntag nach Trinitas.
⁴ Dienstag nach Septuagesima.
⁵ WUB 2 Nr. 224: *Damus ad altare sancti Stephani prothomartyris, quod est in aquinolari parte nostri monasterii ...*
⁶ Ebd.: *Ad altare itaque sancte damus ... ut presbiter omnibus diebus sonante prima, missam ibi celebret.* Einzelheiten über die liturgische Verwendung des Kreuzaltares sowie über das Kollationsrecht zur Zeit des dritten Domes bei M. *Geisberg*, Die Stadt Münster, T. 5, Der Dom = BKW Bd. 41 (1937); (zit.: Der Dom) 209.

Der Erpho-Dom

mit ist der Vorrat an zuverlässigen Nachrichten über die Gestalt des Erpho-Domes auch bereits erschöpft.[7] Weiterführende Erkenntnisse vermitteln uns die Kunsthistoriker. Während man früher annahm, der zweite Dom sei erheblich kleiner gewesen als der heutige, sprachen G. *Dehio* und G. *von Bezold* im Jahre 1884 bzw. 1892 die Vermutung aus, der heutige Dom stehe auf den Fundamenten seines Vorgängers.[8] Nach M. *Geisberg*, der sich der Auffassung der beiden Forscher anschloß,[9] war der zweite Dom ein gewaltiger basilikaler Bruchsteinbau mit flacher Balkendecke. Die Frage, ob die Stützen des Hochschiffs nur aus Pfeilern bestanden oder den niedersächsischen Stützenwechsel von Säulen und Pfeilern aufgewiesen hätten, könne nur eine Grabung klären. Über den östlichen und westlichen Abschluß des Hochschiffs vermochte Geisberg Bestimmtes nicht auszusagen[10].

Dieses immerhin noch lückenhafte Bild vom zweiten Dom wurde in sehr bestimmter Weise ergänzt durch die Grabungen, die Th. *Wieschebrink* in den Jahren 1949/50 im Dom durchführte.[11] Die Arbeiten erbrachten den vollständigen Grundriß der Domkirche.

---

[7] WUB 2 Nr. 224 (1137) spricht auch von einem *atrium ecclesiae*, wo die Armen in der Quadragese unter geistlichen Gesängen Umzüge zu veranstalten pflegten. Es handelt sich dabei jedoch nicht, wie man zunächst annehmen sollte, um die Paradies-Vorhalle, sondern um den Domhof. In der ursprünglichen Domvorhalle, die M. *Geisberg*, Der Dom 58 aus dem heutigen Baubefund erschließt, dürften größere Umzüge kaum möglich gewesen sein. A. *Tibus*, Gründungsgeschichte der alten Stifter, Pfarrkirchen, Klöster und Kapellen im Bereich des alten Bistums Münster (1867) 107. 92f. Der uralte Brauch der Armen-Prozession auf dem Domhof blühte noch, als Tibus schrieb (1867). Vgl. 10 u. Anm. 39.

[8] G. *Dehio* und G. *von Bezold*, Die kirchliche Baukunst des Abendlandes (1884–1901) Bd. 1, 176 und 489; vgl. E. *Lehmann*, Der frühe deutsche Kirchenbau (1949. Neudruck von 1939) 115f.

[9] Der Dom 34. Es ist jedoch übertrieben, wenn Geisberg von einem *Nachweis* spricht, den die genannten Autoren geführt hätten.

[10] Ebd. 40. Ferner M. *Geisberg*, Unser Dom, ein kurzer Führer mit 15 Abb. (1934) 8f.

[11] Th. *Wieschebrink*, Der zweite Dombau, in: Der Hohe Thumb zu Münster, hg. von M. Bierbaum (1950) 58–60. *Ders.*, Die drei Dombauten von Münster, in: Kultur in Münster 1954/55, hg. von W. Vernekohl, 4. Jg.

Das Bauwerk hatte eine Längenausdehnung von 84 Metern. Beide Querhäuser fanden sich bestätigt. Die Arme des Ostquerschiffs waren jedoch um Mauerstärke kürzer als die heutigen. Eine wichtige Entdeckung machte Wieschebrink im östlichen Hochchor, wo er einen Abschluß in drei parallelen Apsiden ergrub. Zwischen der mittleren Apsis[12] und dem Ostquerschiff war ein querrechteckiger Raum, zwischen Nebenapsiden und Querschiff ein Quadrat eingeschoben. Die inneren Hochschiffmauern wurden von Säulen- oder Pfeilerarkaden, möglicherweise im Stützenwechsel, getragen. Im Westen war der Dom durch ein hochgelegenes Chor abgeschlossen, dem ein Vorchor unter der westlichen Vierung vorgelagert war. Die sehr stark ausgebildeten Außenmauern des Westchores zeigen unverkennbar eine ursprüngliche Turmanlage an. Spuren einer Krypta ließen sich weder unter dem östlichen noch unter dem westlichen Chor finden[13].
Als basilikaler Bau hatte der Erpho-Dom eine Holzdecke. Die von Wieschebrink in den Seitenschiffen entdeckten Spuren der Pfeilervorlagen lassen erkennen, daß man die Seitenschiffe nach dem großen Brand des Domes im Jahre 1121 eingewölbt hat.[14] Eine großartige Erweiterung erfuhr das von Erpho konsekrierte Werk, als Friedrich II. Graf von Ahr (1151–1168) nach dem Erwerb der Mailänder Viktorin- und Florian-Reliquien mit dem Bau der heutigen Westanlage begann. Der Bischof legte den Grundstein des Nordturmes, in dessen Erdgeschoß er seine letzte Ruhestätte fand.[15] Aber damit berühren wir bereits die Baugeschichte des dritten Domes.

(1955). *Ders.*, Grabungsbericht in dem Aufsatz von H. *Thümmler*, Neue Funde zur mittelalterlichen Baukunst Westfalens, in: Westfalen 31 (1953) 284f.
[12] Die zwei Meter dicke Außenmauer der mittleren Apsis verlief unmittelbar vor dem östlichen Abschluß des heutigen Hochchores.
[13] Auch in den Domen von Minden und Osnabrück (zweite Hälfte des 11. Jahrhunderts) gab es keine Krypten. H. *Thümmler* 302.
[14] Th. *Wieschebrink*: Westfalen 31, 284. Nach einer mündlichen Mitteilung Prälat Dr. Wieschebrinks besteht an der Einwölbung kein Zweifel.
[15] Die münsterischen Chroniken des Mittelalters, hg. v. J. Ficker = MGQ 1 (1851) 349 (mittl. Domnekrolog): *Hic* (Fredericus) *ante altare beati Petri sub turri est sepultus.* Zur Errichtung des Westwerks s. M. Geisberg, Der Dom 16 u. 41f. Ferner J. *Prinz*, Das Westwerk des Domes zu Münster, in: Westfalen 34 (1956) 4ff.

Der Erpho-Dom 117

Der glücklichen Raumwirkung des Erpho-Domes[16] entsprach dessen Ausstattung. Namentlich Erphos Nachfolger Burchard der Rote (1098–1118) scheint ihr seine Aufmerksamkeit geschenkt zu haben. Wenn wir auch seine diesbezüglichen Verdienste im einzelnen nicht mehr bestimmen können, so wissen wir doch aus allgemeinen Wendungen der Annalisten, daß dieser Bischof keine Bedenken trug, auch seine weitreichenden politischen Verbindungen und Möglichkeiten der Ausschmückung des Domes nutzbar zu machen.[17] Daß man sich im Mittelalter nicht scheute, im Kriege erbeutete Heiltümer im eigenen Gotteshaus zur Verehrung auszustellen, zeigt auch der Erwerb der Leiber der heiligen Viktorin und Florian, die Bischof Friedrich II., wie man allgemein annimmt, von Mailand mit heimbrachte. Der Bischof hatte nämlich an dem zweiten Italienzug Friedrich Barbarossas teilgenommen und nach der Einnahme von Mailand die begehrten Reliquien offenbar vom Kaiser als Anerkennung für seine Treue empfangen.[18] Diese in kostbaren Schreinen geborgenen Heiltümer, die wohl den Anlaß zur Errichtung des Westwerkes bildeten, spielten, wie wir noch sehen werden, in der Reliquienkultgeschichte des Domes eine besondere Rolle.

Zu den Schätzen des Domes gehörten auch der Schrein mit Gebeinen der hl. Walburgis und einige Partikel der Häupter der beiden Ewalde, die Bischof Friedrich I. Graf von Wettin (1064–1084)

---

[16] Bei *Hege-Burmeister* 54 heißt es: „In der herben Schlichtheit des Aufbaues bei großer lichterfüllter Weiträumigkeit und in der durch die Mauerführung des heutigen Werkes fast vollkommen bewahrten Gesamtform und Raumgestalt zeigt sich der Dombau an führender Stelle unter den großen Bauunternehmungen nach 1000."
[17] Ekkehard von Aura, ein politischer Gegner Burchards, schreibt zu dem verheerenden Dombrand des Jahres 1121, MG SS 6, 256: *interpretantes nonnulli causam tanti excidii non esse, nisi quod defuncti presulis Burkardi, qui multa illic ex iniquitate comportasset, oblatio manifestaretur Deo non placuisse.*
[18] Die Reliquien trafen am 2. November 1162 oder 1163 in Münster ein. J. *Prinz*, Westwerk 7, Anm. 34. Zur Zeit des Verfassers der Münsterer Bischofschronik wurden sie in der Peterskapelle des Nordturms auf dem Grabe Bischof Friedrichs II. aufbewahrt. MGQ 1, 23.

angeblich im Jahre 1074 von dem Kölner Erzbischof Anno erhalten hatte.[19] Von hoher Bedeutung für die Pflege der Volksfrömmigkeit wurde ein mächtiges silbernes Triumphkreuz, das, wenn wir der Bischofschronik glauben dürfen, Friedrich II. Graf von Ahr dem Erpho-Dom schenkte und an einer Kette in der Mitte des Hochchores aufhängen ließ.[20] An diesem kostbaren Stück der Ausstattung hing das gläubige Volk mit der ganzen Inbrunst mittelalterlicher Frömmigkeit. So zog das reich ausgestattete Gotteshaus die Menschen in seinen Bann und sprach ihr religiöses Empfinden nachhaltig an. Auch Andersgläubige konnten sich der eindringlichen Sprache der Bilder und Figuren des Domes nicht entziehen, wie das Beispiel des jüdischen Maklers Judas zeigt, der sich 1130 etwa fünf Monate in Münster aufhielt. Dieser empfängliche junge Mensch, der unter

[19] Die liturgische Verehrung der hl. Walburgis, einer Nichte des hl. Bonifatius, der Kompatronin des Münsterer Domes (neben Stephanus und Sebastianus), scheint in die früheste Zeit des Bistums zurückzureichen. Liudger selbst hatte wohl schon das Fest der Heiligen (25. Februar) aus Utrecht mitgebracht. Im Jahre 1293 ist ein Altar der hl. Walburgis im Dom nachweisbar (WUB 3, Nr. 1477), der nach R. *Stapper* wahrscheinlich 1090 zugleich mit der Vollendung des Erpho-Domes aufgestellt wurde. Die Ankunft der Reliquien im Dom wurde seit alters am 4. August, deren Erhebung am 1. Mai gefeiert. – Die Ankunft der Gebeine der hll. Ewalde feierte man am 29. Oktober, deren Gedächtnis an ihrem Sterbetag, dem 3. Oktober. Es handelte sich übrigens bei den Ewald-Reliquien nicht um die Häupter selbst, sondern um kleine Teile derselben, wie die letzte Öffnung der Reliquientruhen in St. Kunibert, Köln, am 3. Oktober 1879 ergeben hat. Bis auf Partikel waren die Häupter mit den übrigen Gebeinen noch vorhanden. H. *Kock*, Series episcoporum Monasteriensium (1850) 34. 20. A. *Tibus*, Gründungsgeschichte 49. R. *Stapper*, Die Feier des Kirchenjahres an der Kathedrale von Münster im hohen Mittelalter, in: WZ 75 (1917) 16f. A. *Schütte*, Die hll. Brüder Ewald und die Örtlichkeit ihres Martyriums, in: WZ 78 (1920) 65–68.

[20] MGQ 1, 22: *Hic* (Fredericus) *eciam dedit magnam crucem argenteam supra chorum, in quam corpus dominicum recondidit et quamplurimas alias reliquias, per quas deus multas virtutes longo tempore fecit.* Das Kreuz wurde 1534 von den Wiedertäufern zerstört. MGQ 6, 523. In der Bekehrungsgeschichte des jüdischen Maklers Judas spielt nicht, wie *Geisberg*, Der Dom 16, angibt, der Vorgänger dieses Kreuzes, sondern das erwähnte Gemälde (s. o. Anm. 21) eine Rolle. Von einem Kreuz ist dort nirgends die Rede.

dem Eindruck der Münsterer Erlebnisse den christlichen Glauben annahm und später Propst des Prämonstratenserstifts Scheda im Kreise Unna wurde, fühlte sich bei seinen häufigen Besuchen im Dom tief beeindruckt durch eine Darstellung, die den Erlöser in menschlicher Erniedrigung und göttlichem Triumph zeigt:

„Als ich hier alles aufmerksam betrachtete, erblickte ich unter der Vielfalt kunstvoll gearbeiteter Reliefs und Gemälde eine wundersame Darstellung. Ich sah nämlich ein und denselben Menschen erniedrigt und erhöht, schimpflich ausgestoßen und verherrlicht, wiederum wunderbar hängend am Kreuz und oben, wo das Gemälde endete, in hehrer, gleichsam göttlicher Gestalt sitzend."[21]

Der Dom ist das Haus des Herrn, das himmlische Jerusalem auf Erden. Er soll der Ehre des Allerhöchsten und dem Seelenheil der Menschen dienen. Es ist daher für uns von besonderem Interesse, über den Vollzug der Liturgie im Erpho-Dom Näheres zu erfahren. Aus den liturgischen Quellen wissen wir, daß der Kreislauf des Kirchenjahres in großen Zügen damals bereits mit der heutigen Übung übereinstimmte. Der Festkalender, auf den wir hier nicht näher eingehen können, enthielt einen bunten Kranz eigenständiger Heiligenfeste.[22]

Unsere Aufmerksamkeit gilt namentlich der Feier des hl. Meßopfers. Es sind uns hierzu zwar nur einige wenige Nachrichten erhalten, aber sie werfen ein bezeichnendes Licht auf die theologisch-liturgische Entwicklung der Zeit. Höhepunkt der Liturgie war nach wie vor die missa sollemnis des Bischofs an den kirchlichen Hochfesten. Sie wurde mit aller Prachtentfaltung gefeiert. Der großartige Pontifikalornat des Bischofs Werner (1132–1151), den die erwähnte Gedächtnisstiftung beschreibt,[23] gibt uns davon

---

[21] Hermanni Judaei opusculum de sua conversione: Migne PL 170 (1854) Sp. 809.
[22] R. *Stapper*, Kirchenjahr 1–181.
[23] WUB 1, Nr. 224, S. 22: . . . *damus ecclesiae nostrae omnem ornamentum pontificalis apparatus, videlicet anulum episcopalem et baculum, et cyrothecas, caligas et sandalia, tunicam de pallio, Albam cum humerali et stolam crucemque que in collo pontificis dependeat, dalmaticam unam et casulam, calicem et duas ampullas ad servandum vinum et aquam, Colam unam et*

II. Dom und Kapitel

eine gute Vorstellung. Feierlicher Orgelklang durchflutete während des Gottesdienstes die weiten Hallen und unterstützte den Choral.[24] Es sind in dieser Zeit auch in Münster Anzeichen dafür erkennbar, daß die Liturgie sich von der großen objektiven Ordnung des Kirchenjahres zu lösen beginnt, um ins Private und Subjektive abzugleiten, so die übersteigerte Wertschätzung der äußeren Teilnahme am hl. Opfer und die damit verbundene Häufung der Meßfeier. Das Übergewicht hatten dabei allenthalben[25] die vom Volk am meisten begehrten Votiv- und Totenmessen. Dieser religiöse Zug der Zeit wird in der erwähnten Gedächtnisstiftung des Bischofs Werner aus dem Jahre 1137 spürbar. In ihr setzte der bischöfliche Testator zu Händen des Subkustos des Domes eine Rente von fünf Schillingen aus mit der Auflage, dafür am Stephanusaltar im nördlichen Ostquerschiff an allen Sonn- und Feiertagen das hl. Opfer zu feiern sowie jeden Montag, Mittwoch und Freitag ein Seelenamt zu singen. War der Subkustos ohne Priesterweihe, so sollte er gehalten sein, mit aller Gewissenhaftigkeit für seine Stellvertretung zu sorgen. Für die bei der Meßfeier brennenden Lichter stiftete Werner eine Rente von drei Schillin-

---

pixidem argenteam ad servandas oblatas, vasculum ad thus recondendum et unum thuribulum, Pelvim de argento et urceolum in modum capitis humani formatum. Duo manutergia ad ministerium episcopi, missalem librum et benedictionale et ordinem episcopalem. Sedem unam et Tapetum. Duo candelabra et de erico duo vexilla, pectinem de ebore baculum episcopi manualem. Es sei hier am Rande vermerkt, daß der Dom als Bischofskirche auch in dem sinnvollen Brauch in Erscheinung trat, die Regierungsjahre des Oberhirten durch die entsprechende Zahl von Kerzen im Dom anzuzeigen. WUB 3, Nr. 105. J. *Prinz*, Westwerk 33, Anm. 121, weist darauf hin, daß diese Sitte noch heute in Köln geübt wird.

[24] Daß der Erpho-Dom eine Orgel hatte, steht außer Zweifel, da auch im Liudger-Dom 1181 eine Orgel nachweisbar ist: WUB 2, Nr. 417: ... *legitimus in choro vicarius et organa procuret.* Als Kultinstrument setzte sich die Orgel erst durch, als sie technisch und klanglich vervollkommnet war. Das 10. Jahrhundert brachte den Bau von zwei Manualen. Der damalige Orgelbau kannte jedoch noch keine Zerlegung des Pfeifenwerks in Stimmen (Register), kein Pedal und keine Rohrwerke. K.G. *Fellerer*, Orgel, in: LThK 7 (1935) Sp. 770–774.

[25] J. A. *Jungmann*, Missarum sollemnia. Eine genetische Erklärung der römischen Messe Bd. 1 (1948) 162–167, 280ff. Schon die Karolingerzeit hatte eine wahre Hochblüte der Votivmessen gebracht. Ebd. 278f.

gen.[26] Die Erträge zweier von ihm gestifteter Präbenden bestimmte der Bischof für den Kreuzaltar, wo täglich zu Beginn der Prim eine hl. Messe gefeiert werden sollte.[27] Vielleicht wollte der Bischof auf diese Weise auch den Kanonikern schon während der Rezitation des Chorgebetes die Teilnahme an einer hl. Messe ermöglichen. Der Primaltar war damals noch nicht durch einen Lettner vom Hochaltar getrennt.

Läßt schon die Vorliebe des Volkes für Totenmessen den eschatologischen Ernst dieser Zeit durchscheinen, so tritt uns in der alljährlichen Feier der Rekonziliation der öffentlichen Sünder der strenge Bußgeist des Mittelalters unverhüllt entgegen. Bischof Erpho beschloß, wie wir sahen, am 11. Februar 1091, dem Dienstag nach Septuagesima, die Konsekration des Johannesaltares mit der Wiederaufnahme der Büßer. „An diesem Tage", so schreibt der Bischof, „führte ich die Büßer wieder in die Kirche ein und gewährte ihnen nach Maßgabe meiner Vollmachten Wiederaufnahme und Nachlaß, da ich ja tags darauf nach Jerusalem pilgern

---

[26] WUB 2, Nr. 224, S. 21f. Noch im 14. Jahrhundert galt diese Stiftung, die auch auf den dritten Dom überging, als verbindlich. In von Mallinckrodts Kollektaneen, WZ 24 (1864) 360, heißt es: *Subcustos... debet providere et ad altare... S. Stephani misse statutis temporibus celebrentur.*
[27] WUB 2, Nr. 224, S. 22: *Ad altare... sancte crucis damus duas prebendas... ut presbiter omnibus diebus sonante prima missam ibi celebret. In manu vero prepositi et decani aliorumque priorum ponimus, quatenus ad hoc ministerium dignum et idoneum sacerdotem sollicite provideant.* Da an diesem vor dem Hochaltar stehenden Altar die hl. Messe stiftungsgemäß zu Beginn der Prim (sonante prima) begann, wurde er kurz *Primaltar* oder *primum altare* genannt. A. *Tibus*, Der letzte Dombau (1883) 41, irrt daher, wenn er meint, der Altar sei *primum altare* genannt worden, um ihn vom *altare maius* oder *summum*, dem Hochaltar, zu unterscheiden oder (Gründungsgeschichte 57) weil dort von Anfang an der Pfarrgottesdienst stattgefunden habe. In Analogie zum Primaltar des Domes nannte man auch in bedeutenden alten Pfarrkirchen, so in St. Laurentius zu Warendorf, den Altar in der Mitte vor dem Hochaltar *Primaltar*, ohne sich bewußt zu sein, daß die Bezeichnung hier, wo es kein Kapitel gab, ihren Sinn verloren hatte. Nach W. *Zuhorn*, Kirchengeschichte der Stadt Warendorf (1918) 255f., zelebrierte der Primissar oder Primherr von St. Laurentius ursprünglich am Primaltar, später am Hochaltar die Frühmesse. Dieser Umstand hatte indessen auf die Namensbildung *Primaltar* keinen Einfluß.

wollte."[28] Gewöhnlich fand die Rekonziliationsfeier am Gründonnerstag statt.

Die *poenitentia sollemnis* wurde vom bischöflichen Pönitentiar *pro gravioribus criminibus* auferlegt.[29] Die betreffenden Pönitenten versammelten sich am Aschermittwoch im Chor des alten Liudger-Domes, wo sie das Aschekreuz empfingen. Der Bischof segnete die Bußgürtel, sprach einige Gebete, richtete eine Ansprache an die Versammelten und mahnte sie, sich „durch Fasten, Beten, Wallfahrten, Almosengeben und andere gute Werke" auf den kommenden Gründonnerstag zur Rekonziliation vorzubereiten. Am Gründonnerstag fanden sich die Büßer in der Paradiesvorhalle der Domkirche ein. Nach dem Gesang der Non wurden sie im Rahmen eines sinnvollen Zeremoniells einzeln von den anwesenden Geistlichen in den Dom geführt. Hier vollzog der Bischof nach dem Gesang der Allerheiligenlitanei und der Rezitation verschiedener Orationen die eigentliche Rekonziliation, indem er alle Büßer mit Weihrauch inzensierte, jeden einzelnen mit Weihwasser besprengte und, offenbar als Zeichen der Buße, mit seinem Stab berührte.[30]

Wärmer und ansprechender als diese strenge religiöse Übung berührt die Marienverehrung, die im Mittelalter aufblühte und auch

---

[28] WUB 1, Nr. 165, s. o. Anm. 2.
[29] R. *Stapper*, Die älteste Agende des Bistums Münster (1906) 124. Auch zum Folgenden. Vgl. ferner: C. F. *Krabbe*, Statuta synodalia dioecesis Monasteriensis (1849) 81. H. *Kock*, Series episcoporum Monasteriensium (1850) 147–151. R. *Stapper*, Katholische Liturgik (1931) 285f. J. A. *Jungmann*, Die lateinischen Bußriten in ihrer geschichtlichen Entwicklung (1932) 74–109. Die nachstehend geschilderte Form der Rekonziliation entstammt teils dem Pontificale Romanum, teils dem älteren Domordinarius, der nach Tibus der zweiten Hälfte des 13. Jahrhunderts angehört.
[30] Noch heute wird diese Berührung mit dem Stab in Rom bei gewissen Gelegenheiten als Bußritus geübt, z. B. vom Großpönitentiar, wenn er in der Fastenzeit Beichten entgegennimmt. *Jungmann*, Lateinische Bußriten 108, Anm. 388. – Wie in Rouen, Orléans und Mecheln wurde die Verordnung über die öffentliche Buße auch in Münster noch 1598, 1613 und 1666 durch Synodalstatuten erneuert. *Stapper*, Älteste Agende 123. Das Konzil von Trient (XXIV, de ref. c. 8) hatte zu solchen Erneuerungsversuchen Anregungen gegeben.

Der Erpho-Dom

im Erpho-Dom eine Stätte liebevoller Pflege fand. Die beiden Domherren Hezelin (1138–1184) und Udo (1150–1185) stifteten ein kostbares silbernes Marienbild im Werte von über 30 Mark,[31] das möglicherweise mit jener Marienstatue gleichzusetzen ist, die später auf dem Hochaltar stand.[32] Ein besonderer Verehrer der Heiligen Jungfrau scheint Fürstbischof Hermann II. Graf von Katzenelnbogen (1174–1203) gewesen zu sein. Im Jahre 1181 schrieb er im Zusammenhang mit einer urkundlichen Meßstiftung für den Alten Dom[33] die folgenden vom mittelalterlichen Glaubensernst getragenen Worte nieder:

„In dem Bewußtsein, daß es schrecklich ist, in die Hände des Menschensohnes zu fallen, dem der Vater alles Gericht übergeben hat, dessen begehrenswerte und allumfassende Güte keine gute Tat unbelohnt, dessen furchtbare, erschreckende Gerechtigkeit aber auch keine böse Tat unbestraft läßt, und da wir nicht auf die Hilfe unserer eigenen Verdienste rechnen können, halten wir es für unumgänglich notwendig, uns der Fürsprache jener zu versichern, deren glücklicher Anker bereits im sicheren Gestade des ewigen Friedens liegt. Unter diesen, nein, über diesen wollen wir die glorreiche, überaus gnadenvolle Jungfrau-Mutter unseres Erlösers und Richters nach dem Maß unseres Vermögens ehren. Daher beschließen wir auf den Rat einiger unserer Gläubigen, die von dem Geist dieser Frömmigkeit angerührt sind, daß in der (Stifts-)Kirche zum hl. Paulus am Altar des hl. Servatius täglich zu Ehren der erwähnten Kaiserin des Himmels eine (Votiv-)Messe würdig gefeiert wird."

---

[31] StA Münster, Msc. I Nr. 10, Domnecrolog 290 zum 26. 5. und 331 zum 13. 10.; zitiert nach J. *Prinz*, Westwerk 33, Anm. 124. Die Lebensdaten der beiden Domherren bringt H. *Thiekötter*, Die ständische Zusammensetzung des Münsterschen Domkapitels im Mittelalter = Münstersche Beiträge zur Geschichtsforschung, 3. F., Heft 5 (1933) 14f.

[32] Domordinarius von 1498: R. *Stapper*, Weihnachten im Dom zu Münster in alter Zeit, in: Auf Roter Erde 8 (1933) 18, Anm. 10. Vgl. J. *Prinz*, Westwerk 33, Anm. 124.

[33] WUB 2, Nr. 417, S. 157.

Auch auf dem Alten Chor „zwischen den beiden Türmen" stand ein Marienaltar[34], der noch im Jahre 1194, mit dem Altar der hl. Katharina vereinigt, in der unteren Kapelle des Südturmes stand.[35] Die gemessene, an vorgeschriebene Formen gebundene Liturgie wurde von landschaftlich geprägtem religiösem Volkstum umrankt. Am Karfreitag öffnete sich im Erpho-Dom das Heilige Grab, jene stille Stätte, „wo das Andenken an das Grab unseres Erlösers geheiligt wird"[36]. Der erwähnten Gedächtnisstiftung des Bischofs Werner gemäß brannte in ihm ein Wachslicht, das nicht eher fortgenommen werden durfte, als bis es sich ganz verzehrt hatte. Die Verehrung der Leiber der heiligen Viktorin und Florian vollzog sich in würdiger Form. Die heiligen Gebeine, die in der Peterskapelle des Nordturms aufbewahrt wurden, galten bis zur Wiedertäuferzeit als *dat hilchdoem* des Domes schlechthin. Sie sind in ihrer Bedeutung für Münster etwa dem berühmten Schrein der Heiligen Drei Könige im Kölner Dom vergleichbar, dessen Reliquien ebenfalls aus der Mailänder Beute stammen. Die Reliquientruhen der beiden Märtyrer wurden an den Festtagen exponiert und am 2. November, dem Tag der Translation, in feierlicher Prozession des Domklerus von vier Domherren um den Dom getragen.[37]

Auch das silberne Triumphkreuz Friedrichs II. war wohl schon damals Gegenstand volkstümlicher Verehrung. Zur Zeit Kerssen-

---

[34] WUB 3, Nr. 78, S. 367f.: Bischof Gerhard überträgt die ihm vom Burggrafen von Rechede resignierten Zehnten dem Marienaltar zwischen den beiden Türmen des Domes zu Münster, 1263 April.
[35] WUB 2, Nr. 539, S. 236: Hermann, Dompropst (nicht Bischof, wie M. *Geisberg* 18 schreibt) zu Münster, eignet dem Altar SS. Mariae et Catharinae unter dem südlichen Turm der Domkirche zu Münster einen Zehnten zu Mecklenbeck. 1194.
[36] WUB 2, Nr. 224, S. 22. Vgl. A. *Krabbe*, Der Dom zu Münster, in: Sonntagsblatt Jg. 38 (1879) Nr. 29, 452.
[37] MGQ 1, 108. A. *Tibus*, Der letzte Dombau zu Münster (1883) 13 u. Anm. 1. – Der Domordinarius (um 1265/70), das Kollektar (1280/1300) und der Kalender des Breviers von 1365 bringen die Translationsfeier der beiden Märtyrer zum 2. November. Im 15. Jahrhundert wurde die Feier durch das Allerseelengedächtnis auf den 5. November verdrängt. R. *Stapper*, Kirchenjahr 20. 136.

brochs (1519–1585) wurde das Kruzifix am Pfingstdienstag in der Innenstadt, in der Woche vor dem Geburtsfest des hl. Johannes d. T. im Kirchspiel von Überwasser von den zwölf Armen des Zwölfmännerhauses – es ist dies bezeichnend – von Haus zu Haus getragen und dabei von einer großen Volksmenge ehrfurchtsvoll begrüßt.[38] (s. o. Paulusdom 100). Ob und inwieweit dieses sinnvolle Brauchtum in die Zeit des Erpho-Domes zurückreicht, ist nicht feststellbar.

Daß der arme, bedürftige Mensch im volksfrommen Brauchtum des Mittelalters auch sonst besondere Aufmerksamkeit fand, beweist ein liebenswerter Zug christlicher Karitas, der uns vom Erpho-Dom berichtet wird. In der Zeit von Aschermittwoch bis Karsamstag veranstalteten täglich die Insassen der beiden Armenhäuser des Kapitels[39] auf dem Domhof unter Lobgesängen feierliche Umzüge. Wie ernst man dieses Brauchtum nahm, zeigt wiederum die Memorie des Bischofs Werner, der eine Rente von vier Schillingen bereitstellte, um davon an acht Arme, wenn sie an der erwähnten Prozession teilgenommen hatten, täglich Brot austeilen zu lassen.[40] Ein schönes Zeichen der brüderlichen Verbunden-

---

[38] MGQ 5, 23f.

[39] Seit alters gab es am Dom ein Armenhaus, das nach der Zwölfzahl der Apostel zwölf Insassen zählte und im Katthagen lag. Die Bewohner wurden daher *spentbrothere, pauperes trans aquas* (WUB 3, Nr. 105) oder *duodeni* (CTW 2, 122. 131. 155) genannt. Die Zwölfmänner unterstanden der Betreuung eines Domherren, der ihnen aus dem Präbendalgut Wohnung, Speise und Kleidung gab. Sie erhielten Fleisch, Brot, Korn, Bier, am Gründonnerstag Eier und Heringe und an verschiedenen Festen Geld (CTW 2, 122). Im Winter empfing jeder vom Camerar einen Schafspelz (CTW 2, 22). Bischof Werner gründete noch ein weiteres Armenhaus. Er vereinigte wahrscheinlich zu diesem Zweck mehrere Armenpräbenden zu einer Stiftung für zunächst acht Arme, deren Fürsorge er dem Thesaurar übertrug und zu deren Gunsten er die erwähnte Brotspende stiftete. Nach und nach wurde die Stiftung für zwölf Arme ausgebaut, die zur Unterscheidung von ihren Brüdern in Überwasser *pauperes citra aquam* (WUB 2, 105) oder *duodeni huius ecclesiae* (CTW 2, 131) oder *duodeni nostri* (ebd. 155) genannt wurden. Sie siedelten 1324 in die Ludgeripfarre über. Vgl. H. *Nottarp*, Die Vermögensverwaltung des münsterischen Domkapitels im Mittelalter, in: WZ 67 (1909) 11.

[40] WUB 2, Nr. 224 (1137), S. 22; s. o. Anm. 7. Domkapitular Dr. P. A. Muth († 1860) schreibt zu dieser Armenprozession folgendes: „In der Fasten halten die 12 Männer noch jetzt ihren vollständigen Circuitus

II. Dom und Kapitel

heit des brauchtumsfreudigen Bischofs mit den Domherren des Erpho-Domes war eine Weinspende, die dieser in der mehrfach erwähnten Gedächtnisstiftung von 1137 für alle Zeiten festlegte. Werner erteilte darin den Kanonikern das Recht, alljährlich durch den Kapitelssekretär im Weinkeller des Bischofs ein Fuder besten Weines für den Kapitelskeller aussondern zu lassen. Allen Domherren, auch den abwesenden – jedoch nicht den Scholaren –, solle an den Festtagen der Münsterer Heiligen Nikolaus, Georg, Servatius, Maria Magdalena, des Erzmärtyrers Stephanus sowie des hl. Aegidius ein Maß Wein üblicher Größe gereicht werden. Der Bischofschronik zufolge schenkte Werner den Domherren zur Feier dieses Weinmahles den bekannten, von den Franzosen 1806 leider verschleppten silbernen Paulusnapf, auf dessen Außenseite sich Darstellungen aus dem Leben des Völkerapostels fanden und den Matthäus Tympius (1585) treffend *communionis et amoris fratrum indicium* nennt.[41]

---

wie vor Jahrhunderten in folgender Art: Sie treten, mit dem Kruzifix, welches auf dem Stephanus-Chore hängt, voran, durch die Thüre des Stephanus-Chores und durch den sogenannten Porticus des Umganges bei der Wohnung des Banquierhauses Lindenkampf et Olfers auf den Domhof, treten die Curien des Weihbischofs, des Canonicus Muth und das jetzige Salzmagazin (Alter Dom) vorbei wieder in dem Umgang, durchgehen denselben und kehren durch die Thüre des Stephanus-Chores wiederum in den Dom zurück." BAM, Domarchiv V 86b, 139f.

[41] Symbol der brüderlichen Liebesgemeinschaft war dieser Pokal in späterer Zeit auch am ersten Weihnachtstag, wenn der Domdechant die Domgeistlichkeit und andere Gäste zu einem Festmahl einlud, bei dem der Paulusnapf, mit Wein gefüllt, in der Mitte der Tafel stand. Am Stephanustag pflegten Pokal und Wein den Nonnen von St. Aegidii, am Neujahrstag den Stiftsdamen von Überwasser dargeboten zu werden. Brauchtum wächst, wandelt sich und treibt wohl auch hier und da einen wilden Schoß. So dehnte der karitative Sinn des Mittelalters auch die von Werner gestiftete Weinspende nach und nach auf den ganzen Domhof aus. Am Vigiltag vor Weihnachten wurde der mit Wein gefüllte Pokal von den Domangestellten morgens gegen 10 Uhr zuerst zum Domdechanten, dann rund um den Domhof zu den Domherren und Domvikaren getragen, wo überall Hausgesinde und Gäste am Umtrunk beteiligt wurden. Auch Arme, die dem Träger unterwegs begegneten, erhielten einen Trunk. Im Laufe der Zeit pflegten sich aber so viele „Arme" heranzudrängen, daß sich der Umgang nicht vor 8 oder 9 Uhr abends

Der Erpho-Dom 127

Wenn auch der Erpho-Dom im Gegensatz zur Münsterkirche Liudgers, mit der ein ausgedehnter Pfarrsprengel verbunden war, nicht mehr im eigentlichen Sinne der Pfarrseelsorge diente,[42] so blieb er als Mutterkirche der Stadt und des Bistums dennoch in enger Verbindung mit den Gläubigen. Das galt namentlich von der Verkündigung des Wortes.[43] Der Bischof war ja der oberste Lehrer des Bistums. Wie eng er sich damals noch seinen Gläubigen verbunden und verpflichtet fühlte, zeigt uns die schon er-

beenden ließ. Daher wurde 1574 durch Kapitelsbeschluß die Weinspende auf dem Domhof in eine Almosenspende für die Armen umgewandelt. Die Weinzuteilung an die Domherren und die Domvikare aber erhielt sich in klar festgelegter Ordnung bis in das 19. Jahrhundert. Der Paulusnapf wurde seither nur noch bei festlichen Anlässen hervorgeholt. So diente er bei den Feiern des Großen Kalands als Tafelschmuck und wurde bis zum Jahre 1806 den neuaufgenommenen Kalandsbrüdern zum Ehrentrunk gereicht. – Übrigens gab es am Erpho-Dom außerdem eine ältere Stiftung Bischof Friedrichs I. (1064–84), wonach der Bischof am Feste des Evangelisten Johannes und am Gründonnerstag die Domherren und die Armen im Refektorium, dem sogen. Remter, persönlich an der Tafel bediente, nach Meinung R. *Stappers* (Auf Roter Erde 8 [1932/33] 18, Anm. 6) mit gesegnetem Wein und gesegnetem Brot. Anschließend reichte der Bischof den Domherren eine Anzahl Goldmünzen, den Armen Silbermünzen. Der Brauch wurde offenbar um 1370, als der Verfasser der Bischofschronik schrieb, noch geübt. MGQ 1, 16f. Vgl. H. *Kock*, Series 36. In Anlehnung an das Gründonnerstagsmahl des Domkapitels bürgerte sich auch in mehreren Kollegiatkirchen des Bistums die Sitte ein, am Gründonnerstag vor dem Gesang der Düsteren Metten die Mitglieder des Kapitels *ad fraternam in vino recreationem* (*Kock* I 62) zu versammeln, ein Brauch, der 1850 noch blühte und sehr an die altchristliche Agape erinnert. Vgl. A. *Franz*, Kirchliche Benediktionen (1909) I 286–303. Zum Ganzen: WUB 2, Nr. 224. MGQ 1, 21. 107f. 349. MGQ 3, 201 299. 332. H. *Kock*, Series episcoporum 1 (1850) 62. WZ *(Stapper)* 86 (1929) 95. Auf Roter Erde *(Stapper)* 8 (1932/33) 17f. Handbuch des Bistums Münster *(Schröer)* 79f.

[42] Im Zuge der pfarrlichen Gliederung des Bistums war im Jahre 1040, möglicherweise aber auch schon zur Zeit Liudgers, das gesamte Gebiet auf dem linken Ufer der Aa an die Liebfrauenpfarre, um 1070 jenes auf dem rechten Aa-Ufer an die Mauritz-Pfarre gefallen mit Ausnahme der Immunität, die der Dompfarre bis auf den heutigen Tag verblieb.

[43] Die gewaltige Bewegung der Kreuzzüge hatte die Predigt nachhaltig gefördert und sehr zur Ausbildung der eigentlichen Volkspredigt beigetragen. A. *Niebergall*, Die Geschichte der christlichen Predigt, in: Leiturgia 2 (1955) 243f.

wähnte Bekehrungsgeschichte des späteren Propstes Hermann von Scheda. Der junge aufgeschlossene Jude empfing durch die Predigten des Bischofs Egbert[44] (1127–1132) im Erpho-Dom den ersten Anstoß zu seiner Konversion. Er selbst schreibt:

> „In dieser Zeit verkündete der gute Oberhirt seiner Gewohnheit gemäß recht oft das Wort Gottes; ich aber, von jugendlicher Neugierde getrieben, gesellte mich der Schar jener Gläubigen bei ... Dort hörte ich einen wahren Schriftgelehrten im Reiche Gottes, der es verstand, aus dem Schatz Neues und Altes hervorzuholen, das Neue durch das Alte tief zu begründen und das Alte Testament zum Neuen in die rechte Beziehung zu bringen. ... Er bediente sich auch folgenden Vergleiches: Während die Juden gleichsam wie unvernünftige Geschöpfe sich mit leeren Buchstaben begnügen gleich der Spreu, erquikken sich die Christen, wie es denkenden Menschen ziemt, in geistiger Erkenntnis mit dem vollen Weizenkorn dieser Spreu. Solches und Ähnliches aber hörte ich den Bischof um so begieriger und lieber sprechen, da ich mich gut erinnerte, jene Dinge, die er aus dem Alten Testament vortrug, oft in den hebräischen Büchern gelesen zu haben."[45]

Der Erpho-Dom hat auch seine politische Geschichte. Diese stand zunächst, wie wir eingangs andeuteten, im Zeichen des Kampfes um die Laieninvestitur zwischen den beiden höchsten Gewalten. Wie die meisten sächsischen Bischöfe hielten auch Erpho und Burchard in diesem Ringen um die Vormacht zum Kaiser. Als Burchard der Suspension des päpstlichen Legaten verfiel und in

---

[44] Mit dem großen Buß- und Kreuzzugsprediger Bernhard von Clairvaux (1090–1106) und dem aufrüttelnden Volksprediger Norbert von Magdeburg (ca. 1080–1134) verbanden Egbert freundschaftliche Beziehungen. A. *Schröer*, Handbuch des Bistums Münster, hg. v. H. Börsting u. A. Schröer (²1946) 75; im folgenden zitiert: Handbuch.
[45] Migne PL 170 Sp. 808. Das Bild dieses geistlich ausgerichteten Oberhirten hebt sich wesentlich ab von dem Typ des Reichsbischofs des 12. Jahrhunderts, den Fr. *Heer*, Die Tragödie des Heiligen Reiches (1952), zeichnet und von dem er sagt (26), er habe sich „in vielfach massiver Erdhaftigkeit" ganz dem Ausbau seines landesherrlichen Territoriums gewidmet.

Der Erpho-Dom

dem Machtkampf zwischen Vater und Sohn zu Heinrich V. (1106–1125) übertrat, entfesselten seine kaisertreuen Ministerialen gegen ihn einen Aufstand. Burchard sah sich gezwungen, Münster fluchtartig zu verlassen. Er fiel jedoch in die Hand Heinrichs IV., der ihn als seinen Gefangenen in Gewahrsam nehmen ließ. Und dann spielte sich 1106 jene berühmt gewordene Szene zu Lüttich ab, in der Heinrich IV. mit sterbender Hand Burchard von Münster und seinem treuen Kämmerer Erkenbald die Zeichen seiner weltlichen Herrschaft, Ring und Schwert, überreichte, damit sie diese seinem Sohn überbrächten mit dem Auftrag, allen, die ihm in seiner Bedrängnis treu geblieben seien, zu verzeihen und seine Leiche in der Kaisergruft zu Speyer beizusetzen.

Noch im gleichen Jahre geleitete Heinrich V. den Bischof, der einige Jahre später sein Kanzler für Italien wurde, nach Münster zurück,[46] und die weiten Hallen des Erpho-Domes erlebten das erregende Schauspiel der feierlichen Wiedereinsetzung des Oberhirten. Sechs Jahre später, im Jahre 1112, kehrte Heinrich V., auf der Höhe seiner Macht stehend, in Begleitung der Erzbischöfe von Köln, Mainz und Trier wiederum in Münster ein.[47] Wie die bei diesem Besuch datierten Kaiserurkunden erkennen lassen, wurden in diesen Tagen wichtige Beratungen über das Verhältnis zwischen Kaiser und Papst angestellt.[48]

Bildete der Erpho-Dom bei der Rückführung Burchards gewissermaßen den glanzvollen Rahmen für die Demonstration der kaiserlichen Macht, so sollte ihm einige Jahre später eine andere Erhebung der Münsterer Bürger zum Verhängnis werden. Im Gegensatz zu seinen Vorgängern schloß sich nämlich Bischof Dietrich II. (1118–1127) der kirchlichen Partei an, die auch von säch-

---

[46] Annales Patherbrunnenses, eine verlorene Quellenschrift des 12. Jahrhunderts, wiederhergestellt von P. *Scheffer-Boichorst* (1870) 115. Vgl. Handbuch 64f.
[47] K. Fr. *Stumpf*, Die Kaiserurkunden des X., XI. und XII. Jahrhunderts = Die Reichskanzler vornehmlich des X., XI. und XII. Jahrhunderts, Bd. 2 (1865) Nr. 3082/83. Der Besuch fand in der Osterwoche statt und zwar vom Donnerstag, dem 25. bis Samstag, den 27. April.
[48] Ebd.: Der Kaiser bestätigt die Stiftung des Klosters zu Laach (Nr. 3082) und überträgt dem Bistum Bamberg das Schloß Albewinstein im Nordgau (Nr. 3083).

II. Dom und Kapitel

sischen Fürsten unterstützt wurde. Bürger und Domkapitel indessen waren und blieben kaiserlich. Das sollte sich zeigen, als Heinrich V. im Jahre 1119 ein drittes Mal in Münster weilte, um hier Weihnachten zu feiern.[49] Offenbar durch die Anwesenheit des Kaisers ermutigt, erhoben sich die Münsteraner gegen den päpstlich gesinnten Bischof und trieben ihn aus dem Lande. Nur mit starker militärischer Unterstützung des Herzogs Lothar von Sachsen und des Grafen Hermann von Winzenburg gelang es Dietrich zu Anfang des Jahres 1121, sich wieder in den Besitz der Bischofsstadt zu setzen. In den harten Kämpfen fiel auch der „neue Dom"[50], dieses *templum nobiliter constructum*[51], gegen den Willen der Angreifer weitgehend einer Feuersbrunst zum Opfer.[52] Da das Bauwerk eine Holzdecke hatte, ist nicht daran zu zweifeln, daß es völlig ausbrannte.

---

[49] Annales Patherbrunnenses 137.
[50] So nennt der Verfasser der Bischofschronik zutreffend den Erpho-Dom im Zusammenhang mit dem Brandunglück von 1121. Er setzt die Nachricht aber irrig unter Bischof Burchard. MGQ 1, 19.
[51] Annales Patherbrunnenses 139.
[52] Dieser Großbrand vom 2. Februar 1121 hat in den Quellen lebhaften Niederschlag gefunden. Ann. Patherbrunnenses 139: *in qua restitutione sancti Pauli templum nobiliter constructum incaute incendio conflagrant cum omni fere urbis loco*. S. auch 195 zur Datierung des Brandes. Ausführlicher berichtet *Ekkehardi Chronikon*, MG SS 6, 256: A.D. 1121 *Domnus Thidericus, qui Burkardo Rufo, dudum in legatione Heinrici imperatoris apud Constantinopolim defuncto, per electionem aecclesiasticam in cathedram Monasteriensem successerat, a suis indigne tractatus, Saxonicis principibus quaerimoniam iniuriarum suarum detulit; et quia vir illustris natu et virtutibus famosus extitit, per Lotharium ducem congregato exercitu, sedem suam etiam contra regis voluntatem repetiit. Contigit autem occulto Dei iudicio, dum inimicas acies videndo cives terrerentur ac pro imminenti periculo singuli sua molirentur, casas aliquas incaute succendi, paulatimque dominante flamma etiam basilicam maiorem, quae sedes illius erat aecclesiae, funditus comburi. Sic quoque miserabili potiti victoria, pontificem pulsum restituunt, multam autem pecuniam ad restaurationem aecclesiae conferunt.* Die Sächsische Weltchronik, MG Deutsche Chroniken 2, 193, schreibt: *Hertoge Luder unde greve Herman van Winzenburch – de waren ouch sere widder den keiser – voren mit eme starken here to Münstere, da se wider satten bischop Thiderike. In dere storlinge ward verbrant*

Der Erpho-Dom

Die sächsischen Fürsten stellten Bischof Dietrich reiche Mittel für die Wiederherstellung des Gotteshauses zur Verfügung.[53] Gleichwohl sollte Bischof Dietrich die Erneuerung der Domkirche nicht mehr erleben. Erst unter seinem Nachfolger Egbert (1127–1132) wurde das Werk vollendet. Dieser tüchtige, seeleneifrige Oberhirt ließ bei dieser Gelegenheit das Gotteshaus auch in Blei decken und die Fenster mit Glasgemälden versehen.[54] Wir wiesen schon darauf hin, daß die Seitenschiffe bei dieser Wiederherstellung erstmals eingewölbt wurden.

Im Jahre 1156 feierte der große Stauferkaiser Friedrich Barbarossa (1152–1190) im Erpho-Dom das Osterfest.[55] Dieser Besuch war mit einer folgenschweren politischen Maßnahme des Kaisers verknüpft. Der Herrscher wollte offenbar das Domkapitel ehren, dessen Propst kurz zuvor von ihm als Reichskanzler berufen worden war. Rainald von Dassel, der hochbegabte Münsteraner Dompropst, dem drei Jahre später auch die Würde eines Kölner Erzbischofs zuteil wurde, stieg binnen kurzem zum führenden Staatsmann des Reiches auf und übte für ein Jahrzehnt auf die Politik des Kaisers einen starken, leider nicht immer glücklichen Einfluß aus.

Die stattliche Reihe der Kaiser- und Königsbesuche im Dom zu Münster macht deutlich, zu welcher Bedeutung Bischof und Bistum unterdessen in der Reichspolitik aufgestiegen waren. Symbol dieser einflußreichen Stellung war der Dom. Am 2. Februar 1189 weilte zum letzten Mal ein deutscher Herrscher in seinen geweih-

---

sente Paules münster, daß mit eren beguwet war, unde oc de stat vil na al. Do se den bischop wider sat hadden, so gaven viele scattes, dat men den dom mide wider buwen solde. Vgl. Ann. Hildesheimen., ed. G. Waitz, Scr. rer. Germ. (1878) 65; ferner Anselmi Gemblacensis Continuatio Digeberti Chronica, MG SS 6, 377 und Annalista Saxo, MG SS 6, 756.
[53] S. die vorige Anmerkung.
[54] MGQ 1, 346 (Ältestes Domtotenbuch).
[55] Ann. Paliden., MG SS 16, 89: 1156 *Imperator in episcopatu Monasteriensis pascha celebravit.* Ähnlich die Ann. Magdeburgen., MG SS 16, 191.

II. Dom und Kapitel

ten Mauern:[56] Barbarossas Sohn König Heinrich VI. (1190–1197), der schon zu Lebzeiten des Vaters dessen Mitregent war und diesen während des Kreuzzuges als Reichsverweser vertrat. Acht Jahre später schlug die Todesstunde des Erpho-Domes. In einem alten Evangeliar des Überwasserstiftes[57] findet sich darüber folgende zeitgenössische Eintragung:

> „Im Jahre 1197 . . ., als Cölestin (III.) Papst und Heinrich VI. Kaiser war, brach zur Zeit einer großen Dürre in der Nacht des 7. Mai ein Brand aus und vernichtete fast die ganze Stadt, Kirchen und Wohnhäuser, Hab und Gut der Bewohner sowie eine große Zahl von Menschen. Allein die Ludgeri- und Servatiikirche und ein paar Häuser, in denen das Feuer rasch gelöscht werden konnte, blieben verschont. Diesem Unglück folgte eine derartige Überschwemmung, daß die schwergeprüfte Bevölkerung nicht mehr daran zweifelte, dies sei ein Strafgericht Gottes."

Auch der Scholaster Tegeder († 1526) von St. Mauritz berichtet aus einer Handschrift des Domes über diese furchtbare Brandkatastrophe und hebt ausdrücklich hervor, daß auch der Dom eingeäschert worden sei:[58]

> „In Münster entstand im Jahre 1197 eine Feuersbrunst, wie man sie noch nicht erlebt hatte. Der Dom, das Überwasserstift sowie alle Kirchen und Kapellen fielen den Flammen zum Opfer. Nur die Ludgerikirche blieb verschont."

Wenn man auch, wie J. Prinz nachgewiesen hat,[59] Langhaus und Hochchor zunächst wieder notdürftig herrichtete, um den Got-

---

[56] K. Fr. *Stumpf*, Kaiserurkunden Nr. 4636. Heinrich VI. verbietet in Münster, die Mühlen des Stiftes Cappenberg am Ufer der Lippe zu zerstören. WUB 2 Nr. 489, S. 202. *Niesert*, Münster. Urkunden-Sammlung 2, 373.
[57] StA Münster, Msc. VII Nr. 1007a, Bl. 126ᵛ, zit. nach J. *Prinz*, Westwerk 12 u. Anm. 63. Der bisher gebräuchliche Text wurde von Prinz nach der Originalhandschrift berichtigt.
[58] StA Münster, Msc. I, Nr. 69, Bl. 14ᵛ, zit. nach J. *Prinz*, 13 u. Anm. 64.
[59] Ebd. 32f.

Der Erpho-Dom

tesdienst fortsetzen zu können, so blieb doch bestehen, daß der Erpho-Dom als Bauwerk im Jahre 1197 die Todeswunde empfangen hatte. Der massive Turm des Domes war bereits in den sechziger Jahren dem geplanten Westwerk gewichen. Am 22. Juli 1225 legte Fürstbischof Dietrich III. von Isenburg (1218–1226) den Grundstein zum dritten Münsterer Dom. Von diesem Tage an wuchs der Dombau in planvoller Arbeit bis zu seiner Vollendung im Jahre 1264 abschnittsweise empor.[60]

---

[60] Auf den zweiten Teil der Abhandlung, der sich mit der Frage des Dodo-Domes befaßt (s. o. 97), können wir hier verzichten.

10. Die Münsterer Domweihe (1264)*

Eine hundertjährige Kontroverse um das Weihejahr des dritten Paulus-Domes

Der Tag der Kirchweihe gilt als dies natalis ecclesiae, als Geburts- und Tauftag des Gotteshauses. Die dedicatio, die nur der Bischof vollziehen darf, war seit dem 13. Jahrhundert im wesentlichen eine erweiterte Form der Altarweihe. Diese wiederum bestand aus der Beisetzung der Reliquien und der Waschung und Salbung des Altares. Wenn der Altar konsekriert und das Meßopfer an ihm gefeiert worden war, galt auch die Kirche als geweiht.[1] Es war üblich, in dem Altargrab außer den Reliquien der Heiligen auch eine Weiheurkunde zu hinterlegen, die das Weihedatum sowie die Angabe des Konsekrators, der Patrone und der Reliquien enthielt. Eine große Zahl dieser wichtigen Zeugnisse ging leider bei den Wiederweihen der Barockzeit und später verloren.[2]

---

* Monasterium. Festschrift zum siebenhundertjährigen Weihegedächtnis des Paulus-Domes zu Münster, hg. von A. Schröer (Regensberg, Münster 1966) 119–132.

[1] J. *Braun*, Der christliche Altar in seiner geschichtlichen Entwicklung 1 (1924) 694ff. H. *Emonds*, Enkainia – Weihe und Weihegedächtnis: Enkainia. Gesammelte Arbeiten zum 800jährigen Weihegedächtnis der Abteikirche Maria Laach am 24. August 1956, hg. von H. Emonds (1956) 30ff. S. *Benz*, Zur Geschichte der römischen Kirchweihe des 6.–7. Jahrhunderts: ebd. 62ff. *Ders.*, Kirchweihe: LThK 6 (1961) 303ff. H. *Tüchle*, Dedicationes Constantienses. Kirch- und Altarweihen im Bistum Konstanz bis zum Jahre 1250 (1949) 81.

[2] *Braun* 632 und 722. H. *Tüchle*, Dedikationsbericht: LThK 3 (1959) 187. Erst in den letzten Jahrzehnten wurden diese wichtigen Urkunden von den kirchlichen Archiven gesammelt und namentlich von der aufblühenden Patrozinienforschung als grundlegende Quellen verwertet. Der Wert der Dedikationsberichte wurde allerdings schon von den Herausgebern der MG erkannt. Die SS-Bände 15, 17 und 30 bringen nichturkundliche Sammlungen bis zum Jahre 1137, zum Teil auch darüber hinaus. Im übrigen steckt die systematische Erfassung und Auswertung der Weihezeugnisse noch in den Anfängen. Auf dem Historikerkongreß in Rom 1955 wurde die Sammlung der Weiheinschriften für ein geplantes Repertorium der mittelalterlichen Geschichtsquellen angeregt. Vgl. auch unten 150 und Anm. 53.

Die Münsterer Domweihe (1264)

Die Weihe der Kirche ist ein Freudenfest der Pfarrgemeinde. Aber auch das jährliche Gedächtnis der dedicatio wurde im Mittelalter als eines der höchsten Feste gefeiert, *quia in ecclesia nostra audimus et recipimus divina, similiter et sepeliemur*.³ An diesem Tage erstrahlte der Hochchor des St.-Paulus-Domes zur ersten Vesper, zur Matutin und zum Festhochamt *ad ampliationem cultus divini* in dem milden Licht einer Vielzahl von Kerzen. So wollte es eine Lichterstiftung des Domkapitels aus dem Jahre 1302.⁴ Das damalige Festoffizium kannte noch nicht in allem die strenge Gesetzmäßigkeit der späteren Zeit. In der zweiten Vesper wurden Hymnus und Responsorium zur Wahl gestellt. Die Antiphonen der ersten Vesper, die zweite Oration und die Präfation der Festmesse entnahm man dem Dreifaltigkeitsformular.⁵ Von seiner Assistenz umgeben, nahm der Bischof selbst an der kirchlichen Feier teil.

---

³ So schrieb zu Beginn des 16. Jahrhunderts Pastor Bernhard Dreierwald von der dem Dom inkorporierten Jakobipfarre auf dem Domhof zu Münster in seinem interessanten und aufschlußreichen liber ordinarius. Die übrigen Pfarrgemeinden der Stadt wurden regelmäßig durch Kanzelverkündigung zum Kirchweihfest eingeladen. A. *Tibus*, Die Jakobipfarre in Münster von 1508–1523 (1885) 19.

⁴ WUB 8 Nr. 51. Auch in der Mitternachtsmesse des Weihnachtsfestes war der Hochchor in eine Flut von Kerzenlicht getaucht. An den übrigen hohen Festen des Kirchenjahres geschah dies nur während der ersten Vesper und der Matutin. Über das festtägliche Läuteritual am jährlichen Domweihfest s. H. *Scherl*, Das Festtagsläuten am Dom zu Münster um 1600: Monasterium 244f.

⁵ Diözesanarchiv Münster (BAM), Hs. Domarchiv Nr. 1 (1. Domordinarius = O I) Bl. 91ʳᵛf. Die Offizien von Kirchweih und Fronleichnam finden sich im Anschluß an das Proprium de tempore. R. *Stapper*, Die Feier des Kirchenjahres an der Kathedrale von Münster im hohen Mittelalter: WZ 75 (1917) 101f. Da *Stapper* (Ausgewählte Texte aus dem Domordinarius: ebd. 140ff.) das Kirchweihfest nicht berücksichtigt, lasse ich den Text hier folgen: *In dedicatione ecclesie. Ad vesperas super psalmos antiphona: Gloria tibi trinitas, cum aliis, psalmus Lauda, per omnia. Capitulum: Vidi civitatem, responsorium: Benedic domine, ymnus: urbs beata, versus: Domus mea. Super Magnificat antiphona: O quam metuendus. Collecta: Deus qui nobis. Ad completorium antiphona: Miserere, psalmi consueti, ymnus: Hoc in templo. Capitulum: Vidi civitatem, versus:* (custodi nos domine, getilgt, darüber:) *Hec est domus domini firmiter edificata. Super nunc dimittis antiphona: Tu domine universorum. Kyrie, Pater noster, versus: In pace, Credo, versus: Dignare domine etc., versus: Do-*

II. Dom und Kapitel

Sieben Chormäntel hatte der Domküster für die Vesper auszulegen: für den Offizianten, den Diakon, den Subdiakon und die vier Bischöflichen Kapläne, d. h. für jene Domherren, die veri pastores und Archidiakone der Pfarreien Beckum, Warendorf, Billerbeck und Stadtlohn waren und seit jeher das Vorrecht genossen, am Thron zu assistieren. Während des ganzen Festes intonierten nicht die Vikare, sondern die Domherren selbst die Antiphonen, an der Spitze die genannten Bischöflichen Kapläne.[6]

mus mea. Domine exaudi. Dominus vobiscum. Oremus: Deus qui nobis alia: Salva nos. Ad matutinas. Invitatorium: Templum hoc, *antiphone et psalmi et responsoria et lectiones ut in libris, primus versus:* Domus mea, *secundus:* Domum tuam domine, *tertius:* Adorate dominum. (Ad) Laudes domum tuam. Capitulum: Vidi civitatem, versus: Hec est domus domini. Super Benedictus antiphona: Mane sur., collecta: Deus qui nobis per singulos. Sola Ad primam ymnus: Hoc in templo *(später getilgt),* antiphona de laudibus. Capitulum: Domine miserere, alia ut semper dicitur Dignare domine die isto etc., versus: Domus mea. Domine exaudi vobiscum. Oremus: Deus qui nobis, alia: Domine sancte pater. Ad horas responsoria et antiphone de laudibus. Ad tertiam responsorium: Domum tuam domine. Ad sextam responsorium: Hec domus domini. Ad nonam responsorium: Adorate dominum, versus: Domum tuam, cum capitulo et collecta diei. Ad missam Officium ut in missali habetur, prima collecta de dedicatione, alia de trinitate sub una conclusione. Credo dicitur, prefatio de trinitate sollempniter: Qui cum unigenito filio tuo. In secundis vesperis super psalmos antiphona: Vota mea, cum aliis, ymnus: urbs beata vel responsorium: Terribilis (die beiden letzten Worte getilgt), versus: hec est domus, super Magnificat antiphona: Zachee cum capitulo et collecta ut supra. Suffragium. Ad completorium antiphona et psalmi ut semper, ymnus: hoc in templo, capitulum: vidi civitatem, versus: Domus mea. Super nunc dimittis antiphona: Fundamenta. Kyrie eleyson. Pater noster. In pace in idipsum. Credo, preces ut semper, versus: Adorate dominum. Collecta: Deus qui nobis, alia: Salva nos.* O I stellt eine erstrangige Quelle für die Liturgiegeschichte und die religiöse Volkskunde des 13. und 14. Jahrhunderts dar. Leider besitzen wir von ihm noch keine kommentierte, auf der Höhe der Forschung stehende Ausgabe. Die erwähnten, zweifellos nützlichen Auszüge von R. *Stapper* genügen nicht mehr den heutigen Ansprüchen.

[6] BAM Domarchiv, Hs. Nr. 5 (zweiter Domordinarius, um 1500, = O II) Bl. 134v: *In secundis vesperis* (sc. Michaelis arch.) *agitur de dedicatione templi. In dedicatione templi:* Erunt septem cappe in choro, et cappellani scribuntur ad chorum et domini canonici incipiunt per totum festum antiphonas... Es folgen, ähnlich wie in O I, liturgische Weisungen. Zu den

Geistliche Freude drängte über die Kirchenmauern hinaus. So war denn mit dem anniversarium dedicationis, gelegentlich auch mit dem Patronatsfest des Gotteshauses, ein weltliches Kirchweihfest verbunden, die sogenannte Kirmes, die bis auf den heutigen Tag ein beliebtes, weitverbreitetes Volksfest geblieben ist. Am Münsterer Dom fand und findet diese anziehende Volksbelustigung in Verbindung mit dem Patronatsfest am 29. Juni statt. Sie wird in Angleichung an den Frühjahrs- und Herbstsend „Sommersend" genannt und dauert jeweils vom Donnerstagmittag bis Montagabend. Seit dem späten Mittelalter lockerte sich die Verbindung der kirchlichen und weltlichen Feier zunehmend. Das von den Burschen- und Mädchenschaften gestaltete Fest wies einen erstaunlichen Reichtum an landschaftlich gebundenen Brauchspie-

---

Festa capellanorum s. R. *Stapper*, Ordinarius II maioris ecclesiae Monasteriensis: F. *Schubert* et R. *Stapper*, Excerpta ex ordinariis Germanicis de summis anni ecclesiastici festivitatibus = Opuscula et Textus, series liturgica, Fasc. VII–VIII (1936) 41 Anm. 1. Dem Weihbischof als dem offiziellen Vertreter des Ordinarius in den Pontifikalhandlungen stand natürlich eine ähnliche Assistenz wie dem Bischof zu. Aber die adligen Kanoniker lehnten es aus Standesrücksichten ab, dem Weihbischof zu assistieren. Als der gelehrte Niels Stensen (1680–1683) im Sommer 1680 bei seinem Amtsantritt den Domdechanten ersuchte, ihm für die Pontifikalämter im Dom die ihm *ex praescripto ecclesiae* zustehende Assistenz von zwei Domherren zu stellen, wurde ihm bedeutet, daß er damit „hierzulande" auf keinen Fall rechnen könne. Der in Neuhaus bei Paderborn residierende Bischof Ferdinand v. Fürstenberg (1678–1683) stellte dem Weihbischof auf dessen briefliche Anfrage anheim, in anderen Kirchen zu zelebrieren. Daraufhin ließ Stensen Weihnachten und Epiphanie das Pontifikalamt im Dom ausfallen. Später fand er sich zwar *pacis et humilitatis studio* mit der Assistenz der Domvikare ab, unterrichtete aber nach dem Tode Ferdinands die Kardinäle der Propaganda über die Haltung des Kapitels und erbat Weisung des Papstes, wie er sich in dieser und anderen Fragen verhalten solle. Zu einer Antwort seitens der Kurie kam es jedoch nicht mehr, da Stensen kurz darauf mit Zustimmung Roms sein Amt niederlegte. Nicolai Stenonis epistolae et epistolae ad eum datae, ed. G. Scherz, 2 (1952) 633. Vgl. auch unten M. *Bierbaum* 461. Eine ausführliche Beschreibung des Osnabrücker Kirchweihfestes: W. *Berning*, Das Bistum Osnabrück vor Einführung der Reformation (1543), (1940) 110 und 132f.

len, Wettkämpfen, scherzhaften Schaustellungen und Tänzen aus vorchristlicher und christlicher Überlieferung auf.[7]

I.

Das Weihedatum des dritten münsterischen Domes ist nicht überliefert. Die Dedikationsurkunde, die uns darüber bündigen Aufschluß hätte geben können, scheint dem Zerstörungswahn der Wiedertäufer zum Opfer gefallen zu sein. Kerssenbrock berichtet zwar nur, die Sektierer hätten den Hochaltar des Domes seines gesamten Schmuckes an Gold, Silber und Edelsteinen beraubt,[8] aber die Schäden müssen doch schlimmer gewesen sein. Denn schon bald nach dem Untergang des Wiedertäuferreiches entstand ein neuer mächtiger Hochaltar, der 1537 von dem Münsterer Weihbischof Johann Bischopinck († 1543) konsekriert wurde.[9] Der Steintisch dieses gotischen Werkes blieb auch erhalten, als Gerhard Gröninger und Adrian van den Bogart in den zwanziger Jahren des 17. Jahrhunderts die neuen Doppelflügel für den Altar schufen.[10] Im Sommer 1863 ließ Adolf Tibus, der eben damals eine Arbeit über das Weihejahr des Domes unter Händen hatte, das Reliquiengrab der mensa öffnen, ohne jedoch darin die erhoffte Urkunde über die Konsekration des 13. Jahrhunderts zu finden.[11] Da uns also diese unmittelbare Quelle nicht mehr vorliegt, sind wir bei unserer Forschung nach dem Weihejahr der

---

[7] A. *Franz*, Die kirchlichen Benediktionen im Mittelalter 2 (1909) 703 (Reg.). P. *Sartori*, Sitte und Brauch, 3 (1914) 245ff. H. *Bächtold-Stäubli*, Handwörterbuch des deutschen Aberglaubens 4 Sp. 1421ff. A. *Spamer*, Sitte und Brauch: Handbuch der deutschen Volkskunde 2 (1935) 108ff. O. A. *Erich* und R. *Beitl*, Wörterbuch der deutschen Volkskunde (²1955) 413ff.

[8] MGQ 5, 44f. (um 1573).

[9] A. *Tibus*, Wann ist der Dom zu Münster durch den Bischof Gerhard von der Mark consecriert worden?, in: WZ 24 (1864) 354.

[10] M. *Geisberg*: BKW 41 Die Stadt Münster, 5. T.: Der Dom (1937) 206.

[11] *Tibus*, Dom 354. Nach dem letzten Weltkrieg fand der nach schwerer Beschädigung wiederhergestellte Hochaltar mit dem Steintisch von 1537 im Westchor der Domkirche Aufstellung. Die Altarflügel wurden während des Krieges nach dem Angriff vom 10. Oktober 1943 evakuiert.

Die Münsterer Domweihe (1264) 139

Domkirche auf beiläufige Bemerkungen und Hinweise in anderen Urkunden oder in den Chroniken der Zeit angewiesen.

Verhältnismäßig leicht läßt sich der Kalendertag der Weihe ermitteln. Es wird allgemein angenommen, daß der Dom an einem 30. September, dem Fest des hl. Hieronymus, geweiht wurde. Dieser Tag war nämlich, wie leicht nachzuweisen ist, vom 13. Jahrhundert bis in unsere Zeit stets dem anniversarium dedicationis vorbehalten. Auf den 30. September deutet schon die in einer Gedächtnisstiftung (1266) für das jährliche Kirchweihfest des Domes enthaltene Bestimmung hin, daß dem mit der Verteilung der Präsenzgelder betrauten Kanoniker die fälligen Renten an der Vigil von St. Michael, dem 28. September, auszuhändigen seien.[12] Während seltsamerweise der älteste Domordinarius (um 1300), der Domkollektar (um 1350) und der Kalender des Dombreviers von 1356 über den Zeitpunkt des anniversarium dedicationis schweigen, bezeugen der Domnekrolog (seit 15. Jh.), das Memorienbuch des Alten Domes, der Kalender des münsterischen Breviers von 1489 und der zweite Domordinarius (um 1500) einhellig den 30. September als den Tag der jährlichen Erinnerungsfeier.[13]

---

[12] WUB 3 Nr. 760. Um die Mitte des 14. Jahrhunderts wurden die 10 Mark, *que in festo dedicationis ecclesie ... distribuuntur*, am Michaelsfest (29. September) ausgehändigt. CTW 2, 95. S. auch Anm. 19.

[13] Die Belege bei *Tibus*, Dom 339ff. und J. *Prinz*, Das Westwerk des Domes zu Münster. Eine geschichtliche Untersuchung, in: Westfalen 34 (1956) 51. O I enthält keine Angaben über den Monatstag des jährlichen Kirchweihfestes. Dementsprechend ist *Prinz*, Westwerk 51 Anm. 217 zu berichtigen. Im Kalendarium erscheint unter dem 30. September nicht das anniversarium dedicationis, sondern das Duplex-Fest des hl. Hieronymus. Das Fehlen dieser Angabe scheint in Verbindung mit den erwähnten Urkunden WUB 3 Nr. 760 vom 1. März 1266 (s. vorige Anm.) und WUB 8 Nr. 51 vom 28. Januar 1302 (s. o. Anm. 4) nicht ohne Bedeutung zu sein für die Frage der Entstehung und des Alters von O I bzw. dessen Vorlage. Vgl. zur Datierung von O I *Stapper*, Kirchenjahr 37ff. und E. *Lengeling*, Missale Monasteriense ca. 1300–1900, kath.-theol. Habil. München 1958, Masch. 127ff. Der Dom Liudgers, der sogenannte Alte Dom, beging sein Kirchweihfest am Feste der heiligen Crispinus und Crispinianus (25. Oktober), der Alte Chor des Domes am Samstag bzw. Sonntag nach Remigius (1. Oktober), die Jakobipfarre auf dem Domhof in festo Pauli Eremitae (10. Januar). *Tibus*, Dom 356f.

Allerdings folgt aus diesen Zeugnissen nicht zwingend, daß die Konsekration an diesem Tag auch wirklich vollzogen wurde. Der Konsekrator hatte nämlich das Recht, jeden beliebigen Tag des Jahres zur Feier des Weihegedächtnisses festzusetzen. Anlaß dazu konnte zum Beispiel ein mit dem Kirchweihfest des früheren Gotteshauses verbundener Jahrmarkt sein, den man nicht verlegen konnte oder wollte. Um den Gläubigen die Teilnahme an der jährlichen Erinnerungsfeier zu erleichtern, verlegte man noch im 14. Jahrhundert und später das anniversarium vielfach auf den nächsten Sonntag.[14] Aber solche Gründe dürften in Münster kaum eine Rolle gespielt haben, da es hier ja in der Macht des Bischofs lag, sie bei der Wahl des Konsekrationstages gebührend zu berücksichtigen. Der liturgische Rang einer Domkirche verbot es überdies, die Jahresfeier ihrer Dedikation zu verlegen. Man wird also den 30. September als Weihetag ansehen müssen.

Erheblichen Schwierigkeiten begegnet der Versuch, das Weihejahr des Domes zu bestimmen, das, wie bemerkt, in keiner bisher bekannten Quelle überliefert wird. Seit mehr als einem Jahrhundert haben Historiker und Archivare sich um die Lösung dieser Frage bemüht. Sie konnten dabei auf bemerkenswerte Hinweise in den Quellen zurückgreifen, die jedoch nicht immer den richtigen Weg anzeigten und hier und da auch falsch gedeutet wurden.

Einen ersten Hinweis dieser Art enthält die Bischofschronik des Münsterer Bischofs Florenz von Wevelinghoven (1364–1378). Nachdem der Chronist mitgeteilt hat, daß Bischof Gerhard von der Mark (1261–1272) die Domkirche geweiht habe, schließt er die Bemerkung an, von der Grundsteinlegung (22. Juli 1225) bis zur Dedikationsfeier des Domes seien *circa XXXVI anni* verflos-

---

Ders., Jakobipfarre 18ff. *Stapper*, Kirchenjahr 26f. *Prinz*, Westwerk 10f. Das Fest des hl. Hieronymus wurde im Dom mit Rücksicht auf das anniversarium dedicationis auf den 28. September verlegt: O II Bl. 133v.

[14] *Tibus*, Dom 340ff. *Ders.*, Geschichtliche Nachrichten über die Weihbischöfe von Münster (1862) 34. 38. 40. 47, wo Beispiele dieser Art angeführt sind. Das Prämonstratenserstift Scheda wurde an einem 13. Mai konsekriert, das anniversarium später aber im Herbst gefeiert. J. *Bauermann*, Die Anfänge der Prämonstratenserklöster Scheda und St. Wiperti-Quedlinburg: Sachsen und Anhalt. Jahrbuch der historischen Kommission für die Provinz Sachsen und Anhalt 7 (1931) 203.

Die Münsterer Domweihe (1264)   141

sen.[15] Indem man das einschränkende *circa* auf die Zeitdifferenz zwischen dem 22. Juli und dem 30. September bezog, kam man auf das Jahr 1261 als Weihejahr. Spätere Handschriften der Chronik fügten dieses Datum dem Bericht über die Domweihe ein.[16] Jahrhunderte hindurch schenkte man der Chronik rückhaltloses Vertrauen. Erst als im 19. Jahrhundert die historische Methode verfeinert wurde und die zahlreichen Urkundensammlungen neue Wege zur geschichtlichen Wahrheit öffneten, erkannte man ihre allgemeine Unzuverlässigkeit und im besonderen die Unhaltbarkeit ihrer Aussage über die Datierung der Domweihe.

Im Jahre 1861 gab Roger Wilmans den dritten Band des Westfälischen Urkundenbuches (WUB) heraus, der die Urkunden des Bistums Münster von 1201 bis 1300 enthält. Seine Urkundenstudien führten ihn zu der Erkenntnis, daß die Münsterer Domkirche 1261 noch nicht geweiht sein konnte, weil ihr Konsekrator damals noch nicht die Bischofsweihe empfangen hatte. Gerhard von der Mark, der wegen eines dispensablen Weihehindernisses, dessen Charakter wir leider nicht kennen, vom Kapitel nicht gewählt werden konnte, sondern auf Grund einer sogenannten Wahlbitte (postulatio) der Kanoniker vom Papst selbst zugelassen und bestätigt werden mußte, war spätestens im April 1261 vom Kapitel postuliert[17] und gegen Ende 1262 vom Papst approbiert bzw. konfirmiert worden.[18]

Das Westfälische Urkundenbuch enthält aber noch eine weitere wichtige Nachricht, auf die Wilmans erstmalig aufmerksam machte. Bischof Gerhard von der Mark überwies nämlich den Kanonikern aus den Einkünften der von ihm erworbenen Brausteuer eine Rente von 10 Mark zum Jahresgedächtnis „unserer Mutterkirche, die mit Gottes Hilfe durch unsere Hand und unter Mit-

---

[15] MGQ 1, 35. Auch das Jahr der Grundsteinlegung (1225) wird uns nur durch den Chronisten mitgeteilt. MGQ 1, 30.
[16] So etwa eine der zweiten Hälfte des 16. Jahrhunderts angehörende Hs. (Bl. 26ᵛ) im Eigentum der Familie von der Forst, Münster, die offenbar mit dem Codex Leydensis (Hs. L.: MGQ 1, XLI) identisch ist.
[17] WUB 3 Nr. 676.
[18] Ebd. Nr. 695; 5 Nr. 622. Sonst empfing der Münsterer Elekt Konfirmation und Konsekration vom Kölner Erzbischof. Ebd. 8 Nr. 345, 114 ad 3.

wirkung mehrerer Bischöfe feierlich geweiht worden ist"[19]. Die Urkunde wurde *anno Domini MCCLXV Kalendas Martii* (1. März 1265) ausgestellt. Für den zeitlichen Ansatz mittelalterlicher Urkunden ist nun die Kenntnis des am Ausstellungsort jeweils üblichen Jahresanfangs von großer Wichtigkeit. Denn wenn auch festzustehen scheint, daß sich das ganze Mittelalter hindurch im bürgerlichen Leben der 1. Januar als Jahresbeginn erhalten hat, so steht doch außer Zweifel, daß die offiziellen Datierungen der verschiedenen Kanzleien vielfach von dieser Ordnung des römischen Kalenders abwichen. In Münster galt spätestens seit 1260 der sogenannte Osterstil.[20] Die in den Monaten vor dem jeweiligen Osterfest ausgestellten Urkunden sind daher stets um ein Jahr ihrer Datierung zu erhöhen. Dementsprechend setzte Wilmans das erwähnte Diplom vom 1. März 1265 in das Jahr 1266. Da der Tag

[19] Ebd. 3 Nr. 760, 394: ... *ob reverentiam et honorem matris Monasteriensis ecclesie, que mediante Dei auxilio per manus nostras nostrumque ministerium cooperantibus nobis ad hoc pluribus aliis episcopis solemniter existit ...* Vgl. auch das Regest der Urkunde im Münsterischen Urkundenbuch, Teil I. Das Stadtarchiv Münster, 1. Halbband 1176–1440 (1960), bearb. von J. Prinz, Nr. 22, 13, sowie CTW 2 (1886) 95. Im einzelnen erhielten die beiden Domherren zu beiden Vespern und zum Hochamt je 8, zur Matutin je 12 Denare, die Kanoniker des Alten Domes je 4 bzw. 6 Denare, die Domvikare und der Rektor des Primaltares im Alten Dom zu allen vier gottesdienstlichen Veranstaltungen je 3 Denare. Die Domscholaren bekamen insgesamt ad convivium 3 Schillinge, die Glöckner, *ut festive pulsent*, je 2 Denare und, wie eine spätere Hand hinzufügt, der Organist ebenfalls 2 Denare. Die Interpolation zeigt, daß der neue Dom zunächst ohne Orgel war. WUB 3, 394 Anm. 1. Zu den Datierungen der Orgelwerke im Dom und im Alten Dom sowie zu den Angaben von G. *Fellerer*, Westfalen in der Musikgeschichte: Raum Westfalen IV, 1 (1958) 199, s. R. *Reuter*, Orgeln in Westfalen (1965) 261–263. 264f.

[20] R. *Wilmans*, WUB 3, 949f. H. *Grotefend*, Zeitrechnung des deutschen Mittelalters 1 (1891) 134. *Ders.*, Taschenbuch der Zeitrechnung des deutschen Mittelalters und der Neuzeit, hg. von Th. Ulrich (1960) 12. M. L. *Freiin v. Fürstenberg*, Beiträge zum Urkundenwesen der Bischöfe von Münster, in: WZ 90 (1934) 260 Anm. 7. Das Osterjahr begann am Karsamstag nach der Weihe der Osterkerze. Man umwand aus diesem Grunde die Osterkerze mit einer Inschrift, die außer dem Osterdatum alle übrigen chronologischen Jahreskennzeichen der Ostertafel enthielt. Anklänge an diesen Brauch sind in der vor einigen Jahren reformierten katholischen Osterliturgie wiederaufgelebt. *Grotefend*, Taschenbuch 12 Anm. 1.

Die Münsterer Domweihe (1264)

der Weihe auf den 30. September gesetzt werde, könne man wohl „mit einiger Wahrscheinlichkeit" den 30. September 1265 als den wirklichen Dedikationstag bezeichnen.[21] Dieser Ansatz werde offenbar durch die bis dahin ungedruckte Urkunde Clemens IV. vom 10. Februar 1268 bestätigt, in der der Papst der Gedächtnisstiftung des Bischofs seine Zustimmung erteilt.[22]
Aber Wilmans fand Widerspruch. Adolf Tibus bemerkte 1861 in einer längeren Abhandlung über das Konsekrationsjahr des Domes, die von Wilmans angestellten Spekulationen um die Bischofsweihe Gerhards von der Mark würden gegenstandslos, wenn man annehme, daß der Graf bereits vor seiner Postulation, sei es als Weihbischof oder als Bischof im Baltikum, die Weihe empfangen habe. Diese Möglichkeit sei aber keineswegs auszuschließen, da unter den kanonischen impedimenta, die eine Postulation verlangten, das vinculum alterius episcopatus am häufigsten auftrete. Aber abgesehen davon, weise die urkundlich nachweisbare Verlegung mehrerer Altäre des Westchores und der Turmkapellen offenbar darauf hin, daß diese Änderungen in Verbindung mit der Domweihe erfolgt seien, die ihrerseits auf Grund der in den diesbezüglichen Urkunden enthaltenen Zeitangaben spätestens am 30. September 1262 stattgefunden haben müsse.[23]
Wilmans ließ sich durch diese Einwände nicht beirren. Er führte vielmehr im Jahre 1877 eine unbekannte Urkunde des Bischofs Kono von Minden in die Diskussion ein, die nach seiner Meinung die Mitteilungen von WUB 3 Nr. 760 über die Domweihe illustrierte und den von ihm vorgeschlagenen Ansatz der Dedikation noch zusätzlich stützte. Der Mindener Bischof bemerkt nämlich in dem fraglichen Diplom beiläufig, er habe mit den Kanonikern und Ministerialen seiner Kirche an der Domweihe in Münster teilgenommen. Die Urkunde trägt das Datum des 16. Januar 1265.[24] Aber sie gehört nach Wilmans in das Jahr 1266, „da wir

---

[21] WUB 3, 393f. Anm. 2.
[22] Ebd. Nr. 803.
[23] Nicht 1263, wie *Prinz*, Westwerk 50 versehentlich zitiert. *Tibus*, Dom 337ff.
[24] WUB Additamenta Nr. 110. Ebd. 6 Nr. 813: ... *in consecratione ecclesie monasteriensis concanonicis nostris et ministerialibus ecclesie nostre presentibus, qui ad consecrationem dicte ecclesie nobiscum advenerant* ...

II. Dom und Kapitel

auch für Minden erwiesen haben, daß dort wie in allen zum Cölnischen Erzsprengel gehörigen Bistümern damals das Jahr mit Ostern begonnen wurde"[25]. Wenn nun in diesen beiden Urkunden des Jahres 1266 von einer Domweihe zu Münster die Rede ist, so müsse man, da das Gegenteil nicht angedeutet werde, annehmen, daß die dedicatio in dem voraufgegangenen Jahr, also 1265, stattgefunden habe. Wenn Tibus den 30. September 1262 als spätesten Termin der Dedikation bezeichne, so befinde er sich im Irrtum. Erzbischof Hildebold von Bremen (1258–1273) ermahne nämlich noch im Jahre 1264 die Geistlichen seines Sprengels, die Almosensammlungen „zum Bau des abgebrannten Domes zu Münster" zu fördern.[26] Der Dom sei demnach im Jahre 1264 noch nicht konsekriert gewesen.

In der Annahme, daß die beiden genannten Urkunden tatsächlich dem Jahre 1266 zuzuweisen seien, stimmte Tibus 1883 der Datierung Wilmans zu.[27] Das Jahr 1265 schien somit als Konsekrationsjahr des Domes festzustehen.

Aber nur für 15 Jahre. Als nämlich Hermann Hoogeweg 1898 die Urkunden des Bistums Minden 1201–1300 herausgab,[28] hatte er sich auch mit der Datierungsfrage zu befassen. Er gelangte dabei zu dem überraschenden Ergebnis, daß in Minden nicht, wie Wilmans angenommen hatte, der Oster-, sondern der Weihnachtsstil in Geltung gewesen sei. Für seine Behauptung führte Hoogeweg vier Beispiele an.[29]

Diese für die Ermittlung des Weihejahres wichtige Erkenntnis wurde ergänzt bzw. eingeschränkt durch die Untersuchungen, die Friedrich Wecken im Jahre 1900 über das Urkundenwesen der Bischöfe von Minden im 13. Jahrhundert anstellte. Wecken fand heraus, daß wenigstens um die Mitte des 13. Jahrhunderts in Minden nicht Weihnachten, sondern der 1. Januar als Jahresanfang

---

[25] WUB Additamenta 86.
[26] Zit. nach: Bremisches Urkundenbuch, hg. von D. R. Ehmck und W. v. Bippen, 1 (1873) 690. Original in der Universitätsbibliothek zu Rostock. Photokopie im hiesigen Staatsarchiv. Den vollständigen Text bringt *Prinz*, Westwerk 48f.
[27] A. *Tibus*, Der letzte Dombau zu Münster (1883) 44f.
[28] WUB 6.
[29] Ebd. VIf.

üblich gewesen sei.[30] Er zog auch, was Hoogeweg unterlassen hatte, aus der Mindener Datierungsweise Folgerungen für die Münsterer Domweihe. Da die Urkunde Konos vom 16. Januar 1265 in ihrer Datierung unverändert bleibe, könne die in ihr angesprochene Domweihe nicht mit der endgültigen Münsterer dedicatio vom 30. September 1265 identisch sein, zumal Bischof Kono laut WUB 6 Nr. 831 am 30. September 1265 in Minden nachgewiesen werde. Wecken glaubte daher, eine Zwischenweihe des Domes annehmen zu müssen, die vor dem 16. Januar 1265 stattgefunden habe.[31]

II.

Die Feststellungen Hoogewegs und Weckens fanden in der westfälischen Geschichtsschreibung keine Beachtung. Das von Wilmans ermittelte und von Tibus bestätigte Weihejahr 1265 wurde ausnahmslos und ohne Vorbehalt übernommen. Von einer Zwischenweihe war ebensowenig die Rede wie von den unvermeidlichen Konsequenzen, die sich aus dem im 13. Jahrhundert in Minden üblichen Weihnachtsstil für den zeitlichen Ansatz der Münsterer Domweihe ergaben.[32]
Es ist das Verdienst von Joseph Prinz, mit Nachdruck auf die Problematik hingewiesen zu haben, die sich hinter dem scheinbar so gut gesicherten Dedikationsjahr 1265 verbirgt. Im Zusammenhang mit einer geschichtlichen Untersuchung über das Westwerk des Domes (1956) zog Prinz aus den urkundlichen Ermittlungen Wilmans und Hoogewegs andere Folgerungen, als es Wecken ge-

---

[30] F. *Wecken*, Untersuchungen über das Urkundenwesen der Bischöfe von Minden im XIII. Jahrhundert (1206–1293), in: WZ 58 (1900) 90ff. Die Arbeit, eine Marburger phil. Dissertation, erschien unter dem gleichen Titel auch als selbständige Publikation (1900). Für unsere Frage ist es gleichgültig, ob das Jahr Weihnachten oder am 1. Januar begann.

[31] Bei dieser Annahme ging Wecken von der irrigen Voraussetzung aus, daß Wilmans das Jahr 1265 als Weihejahr bereits erwiesen habe.

[32] Auch M. *Geisberg* sah in seinem Inventarwerk über den Dom keinen Anlaß, 1265 als Dedikationsjahr in Frage zu ziehen: BKW Die Stadt Münster 5 (1937) 18 und 51. Desgleichen W. *Hege* und W. *Burmeister*, Die westfälischen Dome Paderborn, Soest, Osnabrück, Minden, Münster (1951) 56.

II. Dom und Kapitel

tan hatte.³³ Wenn Gerhard von der Mark, so sagt Prinz, erst Ende Februar oder Anfang März 1263 die Weihe empfangen hat – der vermeintliche Konsekrator, Erzbischof Engelbert II. (1261–1274) von Köln, wurde selbst erst Ende Dezember 1262 in Rom geweiht³⁴ – und wenn das Jahr 1265 als Weihejahr ausscheidet, kann die durch die Bischöfe Gerhard von Münster und Kono von Minden bezeugte Dedikation nur innerhalb der zeitlichen Grenzen von 1263 bis 1264 stattgefunden haben. Da nun der 30. September als Weihetag im Jahre 1263 auf einen Sonntag, im Jahre 1264 auf einen Dienstag fiel, und da man, wie Prinz meint, seit dem 13. Jahrhundert Kirchweihfeste nur noch an einem Sonntag (oder an einem hohen Festtag) feierte,³⁵ „unterliegt es keinem Zweifel, daß der 30. September 1263 jener Tag gewesen ist, an dem der Hochchor des Münsterschen Domes feierlich in Gegenwart mehrerer Bischöfe und zahlreicher anderer hoher Gäste eingeweiht und damit das große Werk des Dombaues vollendet worden ist"³⁶.

Aber diese Beweisführung ist angreifbar. Gerhard von der Mark wurde nicht, wie Prinz angibt, erst Ende Februar oder Anfang März 1263, sondern bereits im November oder Dezember 1262 geweiht. Denn Urban IV. (1261–1264) nennt den *Monasteriensis episcopus* am 31. Dezember 1262 *venerabilis frater*, eine Anrede, die nur geweihten Bischöfen zukam.³⁷ Da Erzbischof Engelbert II.

---

[33] *Prinz*, Westwerk 49ff.: Exkurs 2: Das Datum der Domweihe unter Bischof Gerhard von der Mark.

[34] WUB 5 Nr. 627.

[35] *Prinz*, Westwerk 51 Anm. 218: „... wie eine Durchsicht eines jeden Regestenwerkes zeigt."

[36] Ebd. 51. Das Datum wurde, wenn auch nicht ohne Einschränkung („wahrscheinlich"), übernommen von A. *Henze*, Der Dom zu Münster (1960) 12.

[37] Der nichtgeweihte Bischof galt, selbst wenn er Kardinal war, theologisch-hierarchisch nicht als „Bruder" des Papstes, sondern wie andere Prälaten oder Domherren als dessen „Sohn". Vgl. etwa WUB 5 Nr. 814 vom 9. September 1297: *Venerabilibus fratribus ... archiepiscopo Treuerensi et ... Monasteriensi ac Mindensi episcopis* wird durch Bonifaz VIII. der Auftrag zuteil, *dilectum filium Wicboldum electum et decanum ipsius (Coloniensis) ecclesie* zum Bischof zu weihen. Vgl. auch ebd. Nr. 324 oder *Niesert* US 7, 264. Die Papsturkunden WUB 5 Nr. 464–468 und 472 wurden übrigens von dem Herausgeber H. Finke versehentlich Bischof Otto II. von Münster als Adressaten zugeschrieben. Sie waren

Die Münsterer Domweihe (1264)

von Köln zu dieser Zeit eben erst in Rom die Weihe empfangen hatte,[38] wurde der Münsterer postulatus nicht von ihm persönlich, sondern von einem Beauftragten des Erzbischofs konsekriert, dessen Namen wir nicht kennen.[39] Am 3. November 1262 erscheint Gerhard von der Mark zum letzten Mal als postulatus.[40] Er muß daher in diesem oder im folgenden Monat geweiht worden sein. Der Bischof war daher schon im November oder Dezember 1262 zum Vollzug der Domweihe befähigt. Die dedicatio hätte demnach nicht nur in den Jahren 1263 und 1265, sondern auch in einem der beiden letzten Monate des Jahres 1262 stattfinden können.[41]

Prinz geht ferner bei der Begründung seines Lösungsvorschlags von einer irrigen Voraussetzung aus, wenn er annimmt, seit dem 13. Jahrhundert habe man Kirchweihfeste nur noch an einem Sonntag oder an einem hohen Festtag gehalten. Westfalen besitzt zwar keine historische Untersuchung über die mittelalterliche Weihepraxis, aber schon eine flüchtige Zusammenstellung leicht erreichbarer Daten, wie sie sich uns in den Arbeiten über die westfälischen Weihbischöfe anbietet, läßt keinen Zweifel, daß sowohl der Sonntag als auch der hohe kirchliche Feiertag im allgemeinen für Kirchweihen ungeeignet erschien. Von 18 Altar-, Kapellen- und Kirchweihen, die nachweislich im 13. Jahrhun-

---

in Wirklichkeit an Bischof Ludolf († 10. Juni 1247) gerichtet. In nichtpäpstlichen Urkunden wird der electus oder postulatus, unabhängig von der Bischofsweihe, *venerabilis pater* genannt.

[38] S. o. Anm. 34.

[39] Die von *Prinz*, Westwerk 50 Anm. 210 angezogenen, von dem Herausgeber des WUB 8, R. Krumbholtz, in einer Anmerkung erwähnten Zeugenaussagen zweier Laien (der milites Ludolphus de Asbech und Hermannus de Schonebeke) in dem Absetzungsprozeß gegen Bischof Otto v. Rietberg (1306), denen zufolge u. a. Gerhard von der Mark durch Engelbert II. selbst geweiht sein soll, beruhen demnach auf einer Verwechslung, die um so verständlicher erscheint, als die Weihe Gerhards, die zweifellos in Köln stattgefunden hatte (s. o. Anm. 18), zur Zeit des Prozesses immerhin mehr als 40 Jahre zurücklag. Aber abgesehen davon ist der Hinweis des Herausgebers von WUB 8 in dieser Form ohne Wert, da er den Wortlaut der angeblichen Zeugenaussagen nicht enthält. WUB 8 Nr. 351, 123 Anm. 1.

[40] WUB 3 Nr. 695. Ebd. 5 Nr. 622.

[41] S. aber unten 150f.

dert von Bischöfen bzw. Weihbischöfen der Bistümer Münster, Osnabrück und Paderborn vollzogen wurden, fielen sechs auf einen Sonntag, eine auf einen Sonntag/Montag, alle übrigen auf einen Wochentag.[42] Im 14. Jahrhundert war es nicht anders. Von elf Weihen fanden drei an Sonntagen, acht an Wochentagen statt.[43]

Bei diesen mehr oder weniger zufällig gewonnenen Daten handelt es sich natürlich nur um einen Bruchteil der großen Masse westfälischer Altar- und Kirchweihen des 13. und 14. Jahrhunderts. Sie stellen keinen repräsentativen Querschnitt dar. Wesentlich deutlicher tritt der übliche Weihetermin in jenen Landschaften hervor, die, wie die Bistümer Konstanz und Bamberg, Gegenstand eindringlicher Untersuchung waren. Von 115 datierten Dedikationen und Konsekrationen des Bistums Konstanz aus der Zeit von 816 bis 1249 fanden 14 an einem Sonntag, alle übrigen an einem Wochentag statt. Auch hier tendierte der Weihetermin im 13. Jahrhundert keineswegs zum Sonntag oder zum Hochfest. Von den 22 Weihen der ersten Hälfte des 13. Jahrhunderts fielen lediglich fünf auf einen Sonntag, 17 auf einen Wochentag.[44] Ein ähnliches Bild ergeben die Weihezeugnisse des Bistums Bamberg.[45] Doch genug

---

[42] J. C. *Möller*, Geschichte der Weihbischöfe von Osnabrück (1887) 26f. 29. 32f. 37. 50f. *Tibus*, Weihbischöfe 11. 16. 17. 20f. J. *Evelt*, Die Weihbischöfe von Paderborn (1869 und 1879) 20 und 23.

[43] *Möller* 40f. 42. 44. 45f. 53. *Tibus* 26. 28. 30f. 34. *Ders.*, Nachträge, in: WZ 40 (1882) 175. *Evelt* 38f.

[44] H. *Tüchle*, Dedicationes Constantienses 10ff. Das Corpus Iuris Canonici kannte keine Bestimmung zum Weihetag. Das 1140/42 vollendete Decretum Gratiani enthält zwar eine ausgedehnte Kasuistik zur Dedikationspraxis (c. 1 D. I. De consecratione ecclesiarum = *Friedberg* I, 1293ff.), aber keine Angaben zum Tag der Weihe. Auch die späteren Sammlungen berührten diese Frage nicht.

[45] W. *Deinhardt*, Dedicationes Bambergenses. Weihenotizen und -urkunden aus dem mittelalterlichen Bistum Bamberg = Beiträge zur Kirchengeschichte Deutschlands 1 (1936) 22ff. Die erwähnten Dedikationsnotizen MG SS 15. 17 und 30 (s. Anm. 2) berichten ebenfalls, soweit sie das 13. Jahrhundert betreffen, nur vereinzelt von einer Kirchweihe am Sonntag. Vgl. auch W. *Levison*, Medieval Church-Dedications in Engl.: Transactions of the Architectural and Archaeological Society of Durham; 10 (1946) 57–72. Reallexikon für Antike und Christentum, hg. von Th. Klauser, 3 (1957) 647f. H. *Tüchle*: LThK 3 (1959) 187.

der Belege! Die Dedikationsberichte machen deutlich, daß man Altar- und Kirchweihen nur ungern auf einen Sonn- und Feiertag legte. Der Grund für die Bevorzugung der Wochentage liegt auf der Hand. Man wollte durch das ausgedehnte Weihezeremoniell den ordnungsgemäßen Vollzug des sonntäglichen Chordienstes in den Kloster-, Stifts- und Domkirchen sowie die Erfüllung der Sonntagspflicht in den Pfarrkirchen nicht stören.[46]
Aber nahmen vielleicht die Domkirchen im Hinblick auf die Weihepraxis eine Sonderstellung ein? Keineswegs. Die erste nachweisbare dedicatio unserer Domkirche, nämlich die Weihe des „Alten Chores" (vermutlich 1202), erfolgte nicht an einem Sonntag, sondern an einem Samstag nach Remigius (1. Oktober),[47] wie auch die Grundsteinlegung des heutigen Domes, offenbar aus den gleichen Gründen, an einem Dienstag (22. Juli 1225) stattfand.[48] In anderen Bistümern hielt man es ebenso. Der Bischof von Bamberg, Ekbert v. Meran (1203–1237), weihte am 15. August 1229, einem Mittwoch, den Marienaltar der Bamberger Domkirche,[49] die eben damals von Grund auf erneuert wurde. Acht Jahre später konnten die Bauarbeiten, die der Kathedrale ihre heutige Gestalt gaben, abgeschlossen werden. Am 6. Mai 1237, einen Monat vor dem Tode Ekberts († 5. Juni 1237), fand die feierliche dedicatio des Domes statt, die u. a. in den Erfurter Annalen ihren Niederschlag fand. Der Dedikationstag war wiederum ein Mittwoch. Die Weihe wurde von den Bischöfen Hermann (1225–1254) von Würzburg, Heinrich III. (1233–1237) von Eichstätt, Engelhard (1207–1244) von Naumburg und Eckard (1216–1240) von Merseburg vollzogen.[50] Wir kennen auch die Weihedaten des Osnabrücker Domes, der gleichzeitig mit der Münsterer Kathedrale neugebaut wurde. Im Jahre 1218, kurz vor Beginn der Bauperiode, scheint Bischof Adolf v. Tecklenburg (1217–1224) die Reli-

---

[46] Aus dem gleichen Grunde vermeidet man hierzulande auch heute Kirchweihen am Sonntagvormittag.
[47] *Prinz*, Westwerk 10f.
[48] MGQ 1, 30. Vgl. auch das Spruchband der Magdalenenfigur im Paradies des Domes.
[49] *Deinhardt* 24 Nr. 34.
[50] Annales Erphordenses ad annum 1237: MG SS 16, 31. Vgl. auch Chronica s. Petri: MG SS 30, 393. *Deinhardt* 25 Nr. 35. J. *Kist*, Bamberg: LThK 1 (1957) 1216.

II. Dom und Kapitel

quien der Nebenpatrone des Domes, der heiligen Crispinus und Crispinianus, in den Hochaltar umgebettet zu haben. Offenbar bei dieser Gelegenheit nahm der Bischof die Altarweihe vor. Der Weiheurkunde, die 1867 bei dem Abbruch des Hochaltars gefunden wurde,[51] ist zu entnehmen, daß die Konsekration am 20. Juni 1218, einem Mittwoch, vollzogen wurde.[52] Nach neunundfünfzigjähriger Bauzeit stand der Dom vollendet da. Am 1. Oktober 1277, dem Tage des hl. Remigius, nahm der vertriebene Bischof von Samland, Hermann von Köln († 1303), die Konsekration des Hochaltares vor.[53] Der dies consecrationis war ein Freitag.

Es ergibt sich demnach, daß man im 13. Jahrhundert Kirchweihen in der Regel an Wochentagen vornahm. Da, wie erwähnt, der 30. September im Jahre 1263 auf einen Sonntag, 1264 auf einen Dienstag fiel, ist anzunehmen, daß die Domweihe im Jahre 1264 stattgefunden hat. Diese Annahme wird bestätigt durch den erwähnten, im Original vorliegenden Kollekten- und Ablaßbrief des Erzbischofs Hildebold von Bremen, der im Jahre 1264 die Geistlichen seines Bistums anwies, die Sammler für den Wiederaufbau des Domes zu Münster, an dem seit vielen Jahren gebaut werde, der aber noch nicht vollendet sei, zu unterstützen.[54] Wenn sich der Dom 1264 noch im Aufbau befand, war er, wie auch Wilmans und Prinz feststellen, 1263 noch nicht geweiht.

---

[51] *Möller* 50f.
[52] OUB 2 Nr. 100.
[53] *Möller* 36. In OUB 3 nicht enthalten. Die Weiheurkunde wurde ebenfalls 1867 bei dem Abbruch des Hochaltares gut erhalten in einer Bleikapsel unter der aus einer gewaltigen Steinplatte bestehenden Mensa gefunden. Der Osnabrücker Bischof Konrad v. Rietberg (1270–1296) konnte die Konsekration nicht vornehmen, da er die Bischofsweihe noch nicht empfangen hatte.
[54] Die Universitätsbibliothek Rostock übersandte mir freundlicherweise das Original der Urkunde auf dem Wege über die hiesige Universitätsbibliothek zur Einsicht, wofür ich dem Herrn Direktor Eberlein sehr zu danken habe. Der fragliche Text lautet: ... *Ex relatione multorum vobis constare potest et pluribus, quod venerabilis ecclesia Monasteriensis iam multis annis edificata ad consummationem sui edificii nondum est devecta. Verum hoc ipsum, quod iam multo tempore in ea edificatum fuerat* ... Den vollen Wortlaut s. *Prinz*, Westwerk 48f.

Prinz hält aber die Urkunde für eine Fälschung.[55] Ob mit Recht oder Unrecht, mag dahingestellt bleiben, denn diese Frage ist im Hinblick auf das zu ermittelnde Dedikationsjahr ohne Belang. Die in dem Ablaßbrief enthaltene Bemerkung über den noch andauernden Wiederaufbau des Domes, der übrigens in keiner bekannten Vorlage auftaucht, verliert nicht dadurch ihre Beweiskraft, daß sich ein Fälscher ihrer bedient. Dies gilt um so mehr, als das Diplom, wie auch Prinz bestätigt, tatsächlich zur Zeit seiner Datierung entstanden ist. Der Fälscher wollte, wie der bischöfliche Aussteller eines Ablaßbriefes, in den Besitz von Ablaßgeldern gelangen, wenn auch auf betrügerische Weise. Wäre die Kathedrale 1263 konsekriert worden, dann hätte selbst der gedankenloseste Fälscher gewiß nicht im Jahre darauf sein Machwerk ausgerechnet mit dem Wiederaufbau des Domes von Münster firmiert, von dem jedermann wußte, daß er vollendet und soeben in großem Rahmen eingeweiht worden war.

Der Ablaßbrief läßt demnach die Annahme einer Domweihe vor dem Jahre 1264 nicht zu. Aber auch das Jahr 1265 scheidet als Weihejahr aus. Denn die Urkunde WUB 6 Nr. 831, die den Mindener Bischof Kono am 30. September 1265 in seiner Bischofsstadt nachweist, spricht unmißverständlich gegen eine Domweihe an diesem Tag. Auch das erwähnte, von Wilmans und Tibus angeführte Argument, Bischof Gerhard von der Mark werde seine Rentenstiftung für die jährliche Gedächtnisfeier der Domweihe vom 1. März 1266 nicht nach, sondern vor der ersten Feier des anniversarium dedicationis fundiert haben, ist abwegig. Es geht nämlich in WUB 3 Nr. 760 nicht in erster Linie um die Gedächtnisstiftung, sondern um den Erwerb der Grut durch den Bischof von Münster. Auch die Bürgerschaft der Stadt erhielt damals mit Zustimmung des Domkapitels gegen eine einmalige Zahlung von 200 Mark Anteil an dem jährlichen Brausteueraufkommen.[56] Erst durch den Erwerb der Grut scheint der Gedanke einer Gedächtnisstiftung konkrete Gestalt angenommen zu haben.

---

[55] *Prinz* 13 und 42ff. Das Schriftstück ist nach Meinung von *Prinz* die Abschrift eines weit älteren Diploms, das nach seinen inneren Kriterien vielleicht in die Zeit um 1220, wenn nicht gar in das Jahr 1214 datiert werden dürfe.

[56] S. Anm. 19.

So führen unsere Überlegungen wie von selbst zu dem Jahr 1264 als Weihejahr des Domes. Der Ablaßbrief des Erzbischofs Hildebold von Bremen aus dem Jahre 1264, mag er nun echt sein oder nicht, hat sich als letzter Zeuge für den im Wiederaufbau begriffenen Dom bis in die Gegenwart erhalten. Noch im Jahre seiner Ausstellung muß die Domweihe stattgefunden haben. So berechtigen uns die Urkunden zu der Feststellung, daß der heutige Dom von Münster am Dienstag, dem 30. September 1264, am Fest des hl. Hieronymus, durch Bischof Gerhard von der Mark unter Mitwirkung des Bischofs Kono von Minden und anderer Oberhirten sowie in Gegenwart zahlreicher hoher Gäste geistlichen und weltlichen Standes geweiht und für den heiligen Dienst bereitgestellt worden ist.

11. Der Domhof, der „Vorhof der Kathedrale"*

Nach kirchlichem und fränkischem Recht genoß die nähere Umgebung des Gotteshauses einschließlich des Friedhofs und etwaiger kirchlicher Gebäude einen Sonderfrieden, der durch keine weltlichen Ansprüche und Eingriffe gestört werden durfte. Der Domhof genoß Immunität. Sogar der Verbrecher, der sich der strafrechtlichen Verfolgung durch die Flucht entzog, fand hier eine sichere Zuflucht, solange der Bischof ihn schützte. Die Verletzung des Asylrechts galt im Mittelalter als Sakrileg. Der Domhof der Kathedrale von Münster wurde gebildet, als Liudger kurz nach 793 auf dem Horsteberg eine Kirche errichtete und mit einem Hof umgab. Bischof Burchard (1098–1118) erweiterte den Freiplatz zur befestigten Domburg.

Bezirk heiliger Stille

Die fortschreitende Entwicklung der Siedlung begünstigte den Frieden des Domhofes. Als die Aafurt durch die Anlage von drei Brücken ihre Bedeutung verlor, wurde der gesamte Wagenverkehr über die beiden größeren Brücken unmittelbar in das Geschäftszentrum mit seinen späteren Bogenhäusern geleitet, ohne den geistlichen Mittelpunkt der Stadt zu berühren. So blieb der Domhof, durch den Immunitätsgraben von der Geschäftsstraße getrennt, ein Bezirk heiliger Stille, von dem Handel und Verkehr gänzlich ferngehalten wurden. „Zwei Welten", so schreibt der bekannte Bonner Historiker Prof. Dr. Alois Schulte († 1941), ein Sohn unserer Stadt, dessen Wiege im Hause Prinzipalmarkt 35 stand, „trennte der Immunitätsgraben, die ruhige Stadt der Geistlichkeit und die belebte Stadt der Kaufleute und Handwerker. Die Seele der Immunität war in ihrem Eigenleben gesichert, dem Laientum war außerhalb eine Entwicklung zum Aufstieg ermöglicht." (*Aus dem alten Münster 5*)
Auch in der Folgezeit waren Bischof und Kapitel stets darauf bedacht, den Frieden der Immunität zu hüten. Der Domhof galt ihnen und der Bürgerschaft als ein Ort, der göttlichem Schutz un-

---

* Ein Beitrag zur Diskussion um die Neugestaltung des Domhofes (1965): Westfälische Nachrichten Jg. 20 (1965) Nr. 135.

II. Dom und Kapitel

Domplatz mit altem Baumbestand (vor 1939)

terstand. Kerssenbrock (1519–1585) rühmt in seiner Geschichte des Wiedertäuferreiches die stille Abgeschiedenheit des Domhofes, der alle übrigen Plätze der Stadt an Schönheit übertreffe. „Denn nicht nur der prachtvolle Dom, sondern auch die ansehnlichen Kurien der Domherren ringsum bieten ein höchst anziehendes Bild." Grüne Linden und Eichen und Rasenflächen umgaben das Gotteshaus und hüllten es in eine Atmosphäre überirdischer Ruhe, die allerdings von den Wiedertäufern frevelhaft und brutal entweiht wurde. Manche Bürger, selbst Frauen, fielen an dieser Stätte dem Henkersbeil des tollgewordenen Sektierers Jan von Leiden zum Opfer.

Zum damaligen Baumbestand des Domhofes gehörten, wie bemerkt, auch Eichen. Kerssenbrock bemerkt, daß die Wiedertäufer im Frühjahr 1535 einen zehnjährigen Knaben, der Wurzeln und Kräuter gerupft hatte, um seinen Hunger zu stillen, an einer dieser Eichen gehängt hätten.

Ein Zeuge denkwürdiger Ereignisse und Vorgänge war eine uralte Linde, die zwischen dem Paradies des Domes und der nahegelegenen Jakobikirche stand. (MGQ VI 624f.) Unter ihrer Krone pflegte der eben inthronisierte geistliche Landesherr den Treueid

der Bürgermeister und Stadträte entgegenzunehmen. In ihrem Schatten fanden 1579 und 1580 Verhandlungen zwischen Domkapitel und Rat über die strittige Bischofswahl des Jungherzogs Johann Wilhelm von Kleve (1579–1583) statt. Am Patronatsfest der Jakobikirche hielt der Pleban bei günstigem Wetter unter dieser Linde seine Festpredigt. Im Jahre 1586 führte ein Seiltänzer seine Akrobatenkünste auf einem Seil vor, das von der alten Linde zum Lambertikirchturm gespannt war.
Traurige Berühmtheit erlangte demgegenüber zur Zeit der Wiedertäufer eine kleinere Linde, an der ein Halseisen befestigt war, die sogenannte Halsbandlinde. In das Halseisen pflegten die wilden Sektierer Gefangene und Aufsässige zu spannen und mit Pfeilen und Lanzen zu Tode zu quälen. (MGQ VI, 624 Anm. 2)
Drei Fahrwege führten über den Domhof. Der breite Hauptweg vom Michaelistor zum Spiegelturm wurde im Jahre 1704 gepflastert. Etwa zwei Jahrzehnte später erhielten die beiden anderen Fahrwege vom Westportal zur Dechanei (dem heutigen Generalvikariat) und von der Pferdegasse zum Alten Dom ebenfalls Kieselsteindecken. Für die Pflasterung der Fußwege waren die Kurieninhaber selbst verantwortlich.

Der Lindenpark 1739–1939

In den dreißiger Jahren des 18. Jahrhunderts erwies sich, wie Max Geisberg den Kapitelsprotokollen entnommen hat, eine Neubepflanzung des Domhofes als unumgänglich. Mit welcher Sorgfalt sich das Domkapitel dieser Aufgabe unterzog, zeigen die verschiedenen Gruppierungsentwürfe angesehener Fachleute, über die das Kapitel wiederholt beriet.
Bereits im Jahre 1724 hatten sich die Kanoniker im Anschluß an einen Vorschlag des Baumeisters und fürstbischöflichen Oberleutnants Gottfried Laurenz Pictorius († 1729) in einer Kapitelssitzung mit dem Gedanken der Neubepflanzung beschäftigt. Aber auch damals gebrauchte die Ausführung eines solchen Werkes ihre Zeit. Dabei fiel es den Kanonikern offensichtlich schwer, sich von dem schönen, dichten, wenn auch überreifen Baumbestand zu trennen.
Im Jahre 1739 legte der Ingenieur und Fähnrich Johann Leonhard Mauritz Gröninger († 1773) aus der bekannten Münsterer Künst-

lerfamilie dem Kapitel und dem Landtag einen neuen, leider nicht erhaltenen Plan vor, der eine einheitliche Bepflanzung der ganzen Fläche vorsah. Das Domkapitel wünschte jedoch, daß der prächtige Baumbestand auf der Südseite des Domhofes vor der Dompropstei (Platz der heutigen Bundespost) trotz seiner Überreife vorerst noch erhalten bleibe. Die alten Bäume auf der Ostseite wurden geschlagen und noch im Jahre 1739 durch junge Linden und Ulmen ersetzt. Damit kam das Unternehmen vorerst zum Stillstand.

Als man zehn Jahre später den Plan wieder aufgriff, zog man den bekannten münsterischen Baumeister Johann Konrad Schlaun († 1773), dem unsere Stadt verschiedene Meisterwerke des westfälischen Barocks verdankt, zu Rate. Schlaun legte dem Domkapitel am 18. März 1748 einen noch erhaltenen Plan vor, der offenbar den Entwurf Gröningers wesentlich verbesserte, aber dennoch in dieser Gestalt nicht zur Ausführung gelangte. Für die Gesamtbepflanzung des Domhofes waren nach Schlauns Planung 238 größere und kleinere Bäume vorgesehen. Der Barockmeister ließ sich bei der Gruppierung der Bäume von dem genialen Gedanken leiten, jedem Bewohner der um den Domhof gelegenen Kurien einen alleeartigen Zugang und Durchblick zu schaffen. Wenn das Vorhaben auch in dieser Form nicht ausgeführt werden konnte, wird man dennoch die von Schlaun wesentlich mitbestimmte Form der Bepflanzung, die um 1753 beendet wurde und sich bis 1938/39 erhalten hat, mit Max Geisberg als Kunstwerk bezeichnen dürfen. Das Domkapitel beauftragte den großen Baumeister mit der dauernden Betreuung der Linden und Ulmen. Ein Ölgemälde im Besitz des Freiherrn von Droste zu Senden aus der Zeit um 1760 gibt eine gute Vorstellung von der jungen Pflanzung, die 180 Jahre später zu jenem prächtigen Park herangewachsen war, über dessen Wipfeln die kupfergrünen Turmhelme und Dächer unserer Bischofskirche in den blauen Himmel lugten und den die älteren unter uns noch in schöner Erinnerung haben.

Das Dokument von 1860

Unterdessen hatte die Säkularisation zu Beginn des 19. Jahrhunderts das natürliche Band, das Domhof und Kathedrale seit einem Jahrtausend miteinander verknüpfte, zerrissen. Münster fiel 1803

mit dem östlichen Teil des Hochstifts an Preußen, wurde aber bereits 1810 mit dem größten Teil des Münsterlandes bis 1815 dem französischen Kaiserreich einverleibt. Das französische Dekret vom 14. November 1811 verfügte die Aufhebung der Kapitel und die Einziehung aller Güter der „Toten Hand" zugunsten des Staates. Nachdem die Stadt Münster durch den Wiener Kongreß 1815 mit der Provinz Westfalen endgültig in preußischen Besitz übergegangen war, wurde der Domhof nach einem vom Domkapitel durch drei Instanzen verfolgten Rechtsverfahren 1850/51 zugunsten der Stadt Münster enteignet. So schmerzlich dieser Verlust für das Kapitel sein mochte, eine gewisse Beruhigung bereitete den Domherren das Übereinkommen mit der Stadt vom 20. Dezember 1860, das namentlich in der hochwichtigen Frage der sakralen Immunität des Domhofes bindende Abmachungen enthielt.
In dem Dokument wird der gemeinsame Wille bekundet, „den mit der Domkirche in unmittelbarem Zusammenhang stehenden, mit Bäumen jetzt bepflanzten großen, freien Platz – Domhof genannt – ... sowohl im Interesse der Stadt als der Kirchen in seiner jetzigen Gestalt als freien Platz für immerwährende Zeiten zu erhalten und beiderseits zur Verschönerung desselben beizutragen". In dem Übereinkommen, in dem übrigens zum erstenmal die säkularisierte Bezeichnung „Domplatz" auftaucht, die dann leider in der Folgezeit mehr und mehr üblich wurde, heißt es alsdann: „Der Domplatz bleibt auf immerwährende Zeiten ein freier, unbebauter, mit Bäumen bepflanzter Platz, der zugleich zu kirchlichem Umgang benutzt wird, Veränderungen, durch welche der Domplatz seine Bestimmung als öffentlicher Platz verlieren würde, sollen nicht getroffen werden."
Diese Bestimmungen zeigen, daß beide Seiten entschlossen waren, den Domhof für alle Zeiten als eine geheiligte Stätte des Friedens zu erhalten. Das Domkapitel hatte in den folgenden Jahrzehnten kaum je Veranlassung, sich wegen einer Verletzung des Übereinkommens zu beklagen. Im Gegenteil, Rat und Verwaltung der Stadt respektierten wiederholt das verbriefte Recht des Domkapitels und machten Einzelgenehmigungen von dessen Zustimmung abhängig.

Wenig Verständnis für die Belange des Domhofes zeigte dagegen die Preußische Regierung bei der Neubesiedlung der von ihr eingezogenen Domkurien. Es war gewiß kein Zufall, daß man ausgerechnet solche Institutionen wählte, die zwangsläufig eine Steigerung des Verkehrs mit sich brachten. So verlegte man in die Kurie v. Hompesch ein Bankkontor (1803), in die Dompropstei die Generalpostverwaltung (1809). Später kamen Reichsbank, Universität, Provinzialschulkollegium und Landesmuseum hinzu. Jedoch bewiesen diese Einrichtungen und Behörden im allgemeinen ein gutes Einfühlungsvermögen und fanden, wie namentlich die Universität, ein freundliches Verhältnis zu ihrer geistlichen Nachbarschaft.

Um so mehr war das Kapitel seit der Jahrhundertwende darüber beunruhigt, daß der Wochenmarkt auf dem Domhof immer größere Ausmaße annahm. Als die Stadtverwaltung im Jahre 1928 erwog, den Marktverkehr nicht nur am Mittwoch und Samstag, sondern auch an anderen Wochentagen zuzulassen, erhob der damalige Dompropst Prof. Dr. Joseph Mausbach († 1931) dagegen Einspruch. Die Ausweitung des Marktverkehrs unterblieb daraufhin. Der übliche Wochenmarkt scheint im übrigen dem Dom und seiner Umgebung kaum wesensfremd zu sein. Er mag uns erinnern an die frühere Feier des Patronatsfestes der Kathedrale auf Peter und Paul sowie an die beiden Sendtage im Frühjahr und Herbst, die mit einem bescheidenen Aufwand an dargebotener Unterhaltung, Verpflegung und einiger Marktware – es waren gewöhnlich etwa 15 „boutiquen" aufgestellt – verbunden waren. Als die Märkte sich mehr und mehr ausdehnten, wurden sie 1916 auf den Neuplatz verlegt.

Der ruhige Wochenmarkt bekundet demgegenüber in sinnvoller Weise die enge Verbundenheit zwischen Dom und Volk im Alltag. Das Sorgen der Menschen für den täglichen Unterhalt im Schatten der Domtürme hat gewiß zumal in Münster seinen Sinn und seinen eigenartigen Stimmungsgehalt.

Der Domhof als Parkplatz

Mit dem Anbruch des Dritten Reiches geriet auch der Friede des Domhofes in Gefahr. Der geheiligte Bezirk erschien manchen Parteileuten als geeignetes Gelände für Aufmärsche und Demon-

strationen. Namentlich der vor der Hauptpost gelegene Teil des Domhofes, so kündigte man an, werde in Zukunft den Schwerpunkt für Versammlungen bilden. Jetzt tauchte auch, was viel schlimmer war, erstmals das böse Schlagwort auf: „Der Domplatz – ein unentbehrlicher Parkplatz!" Diesem Verwendungszweck aber standen die Linden im Wege. Prof. Alois Schulte schrieb 1936 in seinem erwähnten Buch, nachdem er das wundervolle Straßenbild des Prinzipalmaktes gepriesen hatte („Es predigt Vergangenheit und dient der Gegenwart"), in aufrichtiger Sorge um seine Heimatstadt die resignierten Worte: „Das Los des Domplatzes ist trauriger. Er mußte den Marktverkehr aufnehmen, Automobile parken dort. Seine Ruhe ist dahin, und seine uralten Linden werden als Hindernis empfunden. Der stille Platz dient den Fremden."
Drei Jahre später fielen die Linden und Ulmen der Axt zum Opfer. Erst jetzt wurde der Bürgerschaft mit Erschrecken bewußt, was sie mit dem einzigartigen Lindenpark im Zentrum ihrer Stadt verloren hatte. Auf der weiten, kahlgeschlagenen Fläche bot sich der gewaltige, imponierende Baukörper wie ein Kunstwerk dar, das man aus seinem natürlichen kostbaren Rahmen gerissen hatte. Es klang wie bittere Ironie, als gewisse Vertreter der Parkplatztheorie geflissentlich die Meinung kolportierten, jetzt erst komme die „großartige Kathedrale" zur vollen Geltung.
Seit dem Jahre 1938 kämpft das Domkapitel unentwegt um die Neugestaltung des Domhofes und damit zugleich um den Frieden dieser Stätte. Dompropst Prof. Dr. Adolf Donders († 1944) forderte von der Stadt unter Hinweis auf das Übereinkommen von 1860 eine vollständige und dichte Bepflanzung des gesamten Feldes, eine Forderung, die sich das Kapitel auch in der Folgezeit stets zu eigen gemacht hat. Donders wurde dabei nachdrücklich unterstützt von Männern, wie Max Geisberg, Landeskonservator Baurat Dr. Rave und dem Städt. Oberbaurat Borchers. Aber keiner der diskutierten Pläne zur Neubepflanzung gelangte zur Ausführung. Was schließlich geschah, war dürftig genug. Man gab dem weiten Platz einen Lindengürtel und bezog kleine Teilflächen im Osten und Westen des Domhofes in die Neubepflanzung ein. Das Domkapitel erhob unter Berufung auf die Abmachungen

von 1860 gegen diese völlig ungenügende Bepflanzung Einspruch, ohne daß die Stadt davon weitere Kenntnis genommen hätte. Der Realisierung der Parkplatzforderung standen nun alle Möglichkeiten offen. So ging man zunächst daran, am Süd- und Westrand des Domhofes Parkmöglichkeiten für Kraftfahrzeuge zu schaffen. Aber schon bald überschritt der zunehmende Autoverkehr die ihm gesetzten Grenzen.

Im Mittelpunkt der Mensch
Wohin diese Entwicklung in den letzten drei Jahrzehnten geführt hat, kann jeder Bürger täglich beobachten. Der Domhof ist für gewisse Kreise der günstigste Parkplatz Münsters geworden. An manchen Tagen, namentlich an verkaufsoffenen Wochenenden, wird er in seiner ganzen Ausdehnung, nicht selten einschließlich der Zugangswege zum Dom, durch Personen- und Lieferwagen von nah und fern förmlich überflutet. Alle Schranken, die einst den Domhof und die Domkirche vor dem profanen Treiben der Welt schützten, sind gefallen. Nichts ist geblieben von jener Stille, von jenem Frieden, der den Besucher umfing, wenn er durch die grüne Lindenallee auf den Dom zuschritt. Heute hat der Besucher nicht selten Mühe, sich den Weg durch einen häßlichen Autopark zu bahnen, wenn er den Dom besuchen will. Welch ein groteskes Mißverständnis, in diesen Zuständen ein begrüßenswertes Merkmal der sich zur Welt öffnenden Kirche zu erblicken!
Dieser Mißbrauch der sakralen Immunität sollte abgestellt werden, bevor er sich verfestigt. Wie man vernimmt, wünscht auch der heutige Rat der Stadt (1965) in seiner Mehrheit, und zwar im Einklang mit weitesten Kreisen der Bevölkerung, eine Neubepflanzung des Domhofes, wie sie das Dokument von 1860 vorsieht. Eine andere Beurteilung ist auch kaum zu erwarten von einer Stadt, die in der gärtnerischen Gestaltung und Pflege der Promenaden und der zahlreichen kleineren und größeren Freiplätze Hervorragendes bietet.
Nicht die örtliche Problematik im Bereich der Wirtschaft und des Verkehrs sollte daher im Mittelpunkt der Überlegungen stehen, wenn es darum geht, den Domhof neuzugestalten, sondern der Mensch und zwar – das wird man in Münster wohl hinzufügen

dürfen – der Mensch in seinem Verhältnis zu Gott. Denn der Domhof ist, wie schon eine Urkunde aus dem Jahre 1137 (WUB II Nr. 224) es formuliert, das atrium (cathedralis) ecclesiae, der Vorhof der Kathedrale.

Nachtrag: Im Jahre 1968 entschied sich die Stadtverwaltung Münster im Einvernehmen mit der bischöflichen Behörde für die heutige Lösung des Parkproblems, die kaum als befriedigend bezeichnet werden kann. Neben der Beeinträchtigung von Ruhe und Beschaulichkeit sind es nach Meinung des derzeitigen Dompropstes Dr. Heinz Mussinghoff zunehmend auch ökologische Gründe, die – nicht zuletzt im Hinblick auf den Baumberger Sandstein des Domes – für ein Parkverbot sprechen. Man müsse auch an die Behinderten denken, denen an gewissen Tagen der Besuch des Domes zu Gebet und Gottesdienst nahezu unmöglich gemacht werde. In jüngster Zeit (Ende 1993) steht die Frage einer Räumung des Domplatzes von Fahrzeugen aller Art erneut auf der Tagesordnung der Stadtverwaltung. Dabei erscheint es besonders erfreulich, daß sich die junge Generation, u. a. vertreten durch die Mitglieder des Ortsverbandes der JU Altstadt Münster-Nord, mit bemerkenswertem Feingefühl für die Würde des „Domhofes" und mit guten Vorschlägen für eine, wenn auch nur schrittweise durchzuführende, Räumung des Domplatzes vom PKW-Verkehr einsetzt (WN 21. 2. 1994 Nr. 43). Wird es dem Magistrat gelingen, dem Domhof den ursprünglichen Charakter eines atrium (cathedralis) ecclesiae, des Vorhofes der Kathedrale, zurückzugeben?

Der Prozeß von 1850/51 und die Übereinkunft zwischen der Stadt und dem Domkapitel: BA Münster und Registratur der Domverwaltung. WUB II Nr. CCXXIV (1137). Hermanni a Kerssenbroch, Anabaptistici furoris Monasterium inclitam Westphaliae metropolim evertentis historica narratio, hg. von H. Detmer = MGQ V u. VI (1899/1900). Zu der großen Linde (oder Eiche) vor dem Paradies, die im Leben der Stadt wiederholt eine bedeutende Rolle spielte (s. *Geisberg* II, 8) und der kleineren Linde auf dem Domhof s. außer MGQ VI, 624 auch Heinrich *Gresbeck*: MGQ II, 37 (Hinrichtung des Gert Schmoicker durch Hängen an der kleineren Linde). S. ferner *Prinz*, Mimigernaford-Münster 147 und WZ 27 (1867) 271f. Zu den Vorgängen und Ereignissen auf dem Domhof zur Zeit der Täufer s. MGQ II, 467 (Reg.). A. *Tibus*, Die Stadt Münster (1882) 47–81. H. E. *Feine*, Kirchliche Rechtsgeschichte. Die katholische Kirche (1964). M. *Geisberg*, Wie sah der Domplatz früher aus?: Münsterischer Anzeiger

(1933) Nr. 186. *Ders.*, Der alte Domhof und die neue Zeit: Ebd. (1933) Nr. 378. *Ders.*, Die Stadt Münster, 5. Teil. Der Dom = BKW Bd. 41 (1937). A. *Schulte*, Aus dem alten Münster. Erinnerungen, Skizzen und Studien (1936). J. *Prinz*, Mimigernaford-Münster. Die Entstehungsgeschichte einer Stadt (1960) 105–146. A. *Schröer*, Um den Frieden des Domplatzes: Westfälische Nachrichten (Aus Münsters Kulturleben) Jg. 1957 Nr. 148 (28. Juni 1957). *Ders.*, Um die sakrale Immunität des Domhofes zu Münster: Kirche und Leben Jg. 1965 Nr. 37 (12. Sept. 1965).

12. Das Münsterer Domkapitel im ausgehenden Mittelalter*

Zur Siebenhundertjahrfeier der Domkirche in Münster 1264–1964

I.

Die Urzelle des Domkapitels von Münster ist jenes *honestum monasterium sub regula canonica famulantium*, das Liudger kurz nach 793 zu Mimigernaford am rechten Ufer der Aa errichtete.[1] Hier lebte der Erstbischof mit seinen Klerikern entweder nach einer eigenen, mit den Brüdern vereinbarten kanonischen Regel oder nach der allgemeinen Regel Chrodegangs von Metz († um 766), die in etwas veränderter Gestalt von der Aachener Synode 816 für alle Domstifte des Reiches vorgeschrieben wurde. Der Regel lag das Bestreben zugrunde, die benediktinisch-monastische Lebensweise auch für den Weltklerus fruchtbar werden zu lassen. Der Eintretende verzichtete zwar auf sein Vermögen, behielt aber dessen freie Nutzung auf Lebenszeit.

Ursprünglich zählte das Kapitel zwölf Mitglieder.[2] Als der Bischof in der zweiten Hälfte des 9. Jahrhunderts die vita communis

---

* Monasterium. Festschrift zum siebenhundertjährigen Weihegedächtnis des Paulus-Domes zu Münster, hg. von A. Schröer (Regensberg, Münster 1966) 471–510.

[1] Altfridi vita Liudgeri, lib. I cap. 23: Die vitae sancti Liudgeri, hg. von W. Diekamp = MGQ Bd. 4 (1881) 28. Zur Allgemeingeschichte des Domkapitels: Ph. *Schneider*, Die bischöflichen Domkapitel, ihre Entwicklung und rechtliche Stellung im Organismus der Kirche (1885). A. *Hauck*, Kirchengeschichte Deutschlands, Bd. 5 (1911) 185ff. J. *Lortz*, Zur Problematik der kirchlichen Mißstände im Spätmittelalter: Trierer Theologische Zeitschrift 58 (1949) 264ff. H. E. *Feine*, Kirchliche Rechtsgeschichte, Bd. 1 (1954) 334ff. Eine kirchengeschichtliche Darstellung des Münsterer Domkapitels liegt noch nicht vor.

[2] Zur Mitgliederzahl des Domkapitels vgl. U. *Herzog*, Untersuchungen zur Geschichte des Domkapitels zu Münster und seines Besitzes im Mittelalter = Veröffentlichungen des Max-Planck-Instituts für Geschichte 6 = Studien zur Germania Sacra 2 (1961) 82ff. J. *Prinz*, Mimigernaford-Münster (1960) 143f. Zum Mensalgut s. W. M. *Plöchl*, Geschichte des Kirchenrechts 1 (1953²) 429 und 437; 2 (1955) 382. *Feine* 189 und 332. H. *Nottarp*, Die Vermögensverwaltung des münsterischen Domkapitels im Mittelalter, in: WZ 67 (1909) 12f. *Herzog* 13ff. und 49ff.

des Domstifts verließ, wurde das für den Unterhalt der Brüder erforderliche Vermögen von dem allgemeinen Bistumsgut getrennt. Seit dieser Zeit gab es eine *mensa episcopi* und eine *mensa capituli*. Die kleine Kommunität trat ihren Weg in die Geschichte an. Bereits im 12. Jahrhundert war der abgabepflichtige Grundbesitz des Kapitels auf seinen späteren Umfang angewachsen. Um die Mitte dieses Jahrhunderts verzichteten auch die Brüder auf das gemeinsame Dormitorium und nahmen in Einzelkurien Wohnung, die man rund um den Domhof errichtete. Den gemeinsamen Tisch setzten sie, wenigstens soweit er die gestifteten Refektionen betraf, bis in die erste Hälfte des 13. Jahrhunderts fort. Seit 1246 empfingen die Kanoniker statt der gemeinsamen Mahlzeiten die denarii refectionales.

Unterdessen war die Zahl der Domherren stetig gewachsen. In der Zeit 1170 bis 1211 schwankte sie zwischen 12 und 15, im Jahre 1212 schnellte sie auf 26 hinauf. Von diesem Zeitpunkt an lassen sich jährlich 24–30 Kanoniker nachweisen. Es scheint, daß im 12. Jahrhundert zu den erwähnten zwölf canonici maiores, die wohl als residierende Kanoniker die geistlichen und politischen Aufgaben des Kapitels wahrzunehmen hatten, sechs canonici minores hinzukamen, deren Zahl sich in der Folgezeit rasch erhöhte. Eine Urkunde des Jahres 1224 zählt außer dem Dompropst 24 Kanoniker.[3] Dieses Gremium dürfte den eigentlichen Kapitelskörper dargestellt haben.

Um zwischen der Zahl der Kanoniker und den Einkünften aus dem Kapitelvermögen ein angemessenes Verhältnis herzustellen, verfolgten die Domstifte spätestens seit dem beginnenden 13. Jahrhundert das Ziel, die Kanonikate zahlenmäßig festzulegen und die Vermögensmasse dementsprechend in *Präbenden* aufzuteilen. Dieser bedeutungsvolle Schritt erfolgte in Münster, wie auch in den übrigen westfälischen Bistümern, offenbar im Zusammenhang mit der Legationsreise des römischen Kardinaldiakons Otto von St. Nikolaus, der 1230/31 in Deutschland weilte, um im Auftrage Gregors IX. (1227–1241) die Bistümer zu visitieren, zu reformieren und den Bann gegen Kaiser Friedrich II., der sein

---

[3] WUB 3 Nr. 202.

Kreuzzugsversprechen nicht eingelöst hatte, zu verkünden. Mit der politischen Aufgabe hatte der Legat wenig Erfolg. Anders verhielt es sich mit seinem ordnenden Eingreifen in die kirchlichen Verhältnisse. Im November und Dezember 1230 weilte der Kardinaldiakon in Münster.[4] Die seit dem Jahre 1249 bezeugte Zahl von 41 Präbenden – 24 Voll- und 17 Knabenpräbenden – ist mit höchster Wahrscheinlichkeit bei dieser Gelegenheit durch den Legaten endgültig festgelegt worden.[5] Die Vollpräbenden ihrerseits zerfielen später entsprechend der Höhe ihrer Bezüge in zwölf praebendae maiores, deren Inhaber im Remter auf der „Weizenbank", und zwölf praebendae mediae, deren Inhaber auf der „Gerstenbank" saßen. Die übrigen Kanoniker nahmen auf der dritten Bank Platz. Secundum introitum rückte man in die nächsthöhere Klasse auf.[6]

Die vermögensrechtliche *Selbständigkeit des Kapitels* hatte zur Folge, daß der Bischof auf sein durch die Aachener Regel verbrieftes Recht, die Mitglieder des Domstiftes zu ernennen, nach und nach verzichtete. Die Verleihung der Präbenden gelangte, von Ausnahmen abgesehen, in die Zuständigkeit des Kapitels. Damit war das Domkapitel zu einer selbständigen Korporation im rechtlichen Sinne herangereift. Die kirchlich-religiöse Zielsetzung der Gemeinschaft blieb von dieser Entwicklung unberührt. Die Mitglieder versammelten sich regelmäßig zum gemeinsamen Vollzug des Chordienstes, d. h. der Konventualmesse und des Stundengebetes. Sie hatten zu gleichem Recht an der Selbstverwaltung der Korporation Anteil. Ausdruck der Vollberechtigung waren das stallum in Choro et votum in Capitulo.

[4] OUB 2 Nr. 266 (1230). WUB 3 Nr. 262; ebd. 7 Nr. 344 und 345. Vgl. Böhmer-Ficker-Winkelmann, Regesta Imperii 5, 2 Nr. 10105–10120. J. *Marx,* Die Reformtätigkeit des Kardinallegaten Otto von St. Nikolaus in Westfalen und der Diözese Bremen: Archiv für katholisches Kirchenrecht 80 (1905) 20ff.

[5] Von den 41 Präbenden dienten allerdings 1248 bereits zwei zum Unterhalt von vier Domvikaren. S. u. 196 und Anm. 136. Osnabrück, Paderborn und Minden hatten je 24 Voll- und 6 Minder-(Knaben-)Präbenden.

[6] Ältestes Verzeichnis des Kapitelgutes von etwa 1340–1350: Die ältesten Verzeichnisse der Einkünfte des Münsterschen Domkapitels, hg. und bearb. von F. Darpe = CTW 2 (1886) 135 Anm. 5 und 6.

II. Dom und Domkapitel

Die deutsche Kirche des Mittelalters war eine Adelskirche. Wie an der politischen Herrschaft, so nahm der *Adel* als führende Eliteschicht auch an der Herrschaft über die Kirche teil. Er war es gewohnt, Bistümer, Stifte und Klöster wie sein Eigentum zu behandeln. Der geistliche und weltliche Adel des Bistums Münster hatte bis auf einen kleinen Rest sämtliche Archidiakonate und Patronate des Sprengels in seiner Hand. Nahezu alle deutschen Domkapitel befanden sich in adligem Besitz. Das Münsterer Kapitel zählte nach der bekannten Terminologie von Alois Schulte bis um die Mitte des 14. Jahrhunderts zu den gemischtständischen Domstiften mit hochadliger Spitze. Demgemäß waren die Pröpste durchweg hochadlig, während zur Prälatur des Dechanten und zum Kapitel sowohl Hochadlige als auch Ritterbürtige, seit dem 13./14. Jahrhundert zunehmend auch Angehörige des vornehmen Münsterer Bürgertums Zugang hatten. In der Regel galt als domherrenfähig, wer die Vierahnenprobe de nobili aut militari genere ex utroque parente leisten konnte.[7]

Dieses alte Aufnahmegesetz wurde 1392 mit einer deutlichen Wendung gegen bürgerliche Bewerber erneuert und insofern erweitert, als fortan auch in den in der Theologie und im kanonischen oder bürgerlichen Recht Graduierten der Eintritt offenstehen sollte.[8] Es ist jedoch bezeichnend, daß man kaum ein Jahrzehnt später dieses Zugeständnis an den Geistesadel wieder zurückzog.[9]

Das aufgeklärte *Bürgertum* empfand den von den Kapiteln erhobenen Anspruch der ständischen Exklusivität als Anmaßung. Al-

---

[7] H. *Thiekötter*, Die ständische Zusammensetzung des Münsterschen Domkapitels im Mittelalter (Phil. Diss., Münster 1933) 75ff. *Ders.*, Die Standesverhältnisse in den westfälischen Domkapiteln des Mittelalters: Aus westfälischer Geschichte, Festgabe für Anton Eitel zur Vollendung seines 65. Lebensjahres (1947) 51ff.

[8] Or. im StA Münster, Fürstentum Münster 1074. Druck: J. Niesert, Münstersche Urkundensammlung (US) 7 (1837) Nr. 65, 356ff. Verbesserter Text: M. *Freiherr v. Twickel*, Die verfassungsgeschichtliche Entwicklung und persönliche Zusammensetzung des Hohen Domkapitels zu Münster in der Zeit von 1400–1588 (Phil. Diss., Münster 1952, masch.) 392f.

[9] Nämlich in dem von Bonifaz IX. bestätigten Aufnahmestatut (1399): Niesert US 7 Nr. 67.

bert Krantz (1448–1517), der bekannte hansische Staatsmann und Geschichtsschreiber,[10] der die kirchlichen Mißstände bekämpfte, führte lebhaft Klage darüber, daß bei der Aufnahme der Domherren adlige Geburt schwerer wiege als Gelehrsamkeit. Diese Einstellung herrsche in fast allen nordwestdeutschen Domstiften vor,[11] „aber nirgends krasser als in Münster. Während andere Kapitel es zulassen, daß wenigstens Doktoren oder Lizentiaten wegen ihrer Gelehrsamkeit den Ritterbürtigen gleichgestellt werden, nimmt das Münsterer Domkapitel unter keinen Umständen jemanden auf, der nicht von Geburt zu den Edelfreien oder Ritterbürtigen zählt."[12]

Die Beschränkung der Aufnahme auf den politisch und militärisch starken Adel diente aber nach Ansicht der Domherren der Sicherheit des Hochstifts.[13] Mochte diese Ansicht in territorialer Hinsicht ihre Berechtigung haben, so ist doch nicht zu leugnen, daß das Adelsmonopol dem Bistum und der Gesamtkirche schwer geschadet hat. In seiner unangenehmsten Form zeigte es sich in dem sogenannten Turnusverfahren, das seit dem 13. Jahrhundert zur Ergänzung des Kapitels angewandt wurde. Hatten die Domherren bis dahin durch das Mehrheitswahlsystem tatsächlich die großen Belange des Sprengels berücksichtigt, so trug man durch den neuen Wahlmodus in kleinlicher Weise den persönlichen oder familiären Ambitionen der einzelnen Kanoniker

---

[10] Der aus Hamburg gebürtige Krantz war 1480 Professor in Rostock, 1486 Ratssyndikus von Lübeck, seit 1493 Lektor und Kanonikus am Hamburger Dom und seit 1508 Domdekan. Er gab für Hamburg das Brevier (1508) und das Missale (1509) neu heraus. Krantz bewährte sich als geschickter Diplomat im Dienste seiner Heimat. H. *Fuhrmann*: LThK 6 (1961) Sp. 395.

[11] Er nennt ausdrücklich Magdeburg, Hildesheim, Halberstadt, Minden, Osnabrück und Münster. Demgegenüber lobt er Paderborn, *quod Praepositum sustinuerit et usque hodie veneretur, plebeio genere oriundum, utriusque juris doctorem, virum sine controversia praecipuum* ... Zit. nach Annalium Paderbornensium Pars Secunda, auctore Nicolao *Schaten*, (1775) 494f. (zum Jahre 1465).

[12] Ebd. 495. Zu dem gleichen Ergebnis gelangt Frhr. v. *Twickel* 127ff.

[13] Niesert US 7 Nr. 65 (1392) 356: ... *quarum* (personarum) *potentia et industria ac consanguineorum et amicorum suorum assistentia a malignorum insultibus defendi valeat et tueri* ...

II. Dom und Domkapitel

Rechnung.[14] Das Kapitel wurde zu einem Reservat bestimmter adliger Familienkreise, die eifersüchtig darüber wachten, daß kein Fremder in ihre Reihen eindrang.

Allerdings gelang dies den Domherren nur zum Teil. Seit dem 13. Jahrhundert nahm nämlich der Kaiser das Recht in Anspruch, für die erste nach seiner Thronbesteigung im Kapitel freiwerdende Pfründe einen Anwärter verbindlich vorzuschlagen.[15] Um vieles störender war das Provisionsrecht des Apostolischen Stuhles, das die Päpste trotz des Widerstrebens der Kapitel ausgiebig in Anspruch nahmen.[16] Das Baseler Konzil annullierte zwar 1436 alle päpstlichen Reservationen, soweit sie nicht im Corpus Juris Canonici garantiert waren,[17] wurde aber zwölf Jahre später durch die Bestimmungen des Wiener Konkordats überholt, die bis zur Säkularisierung der Domkapitel zu Beginn des 19. Jahrhunderts in Kraft blieben.

Seit dem Wiener Konkordat 1448 stand den Dom- und Stiftskapiteln das Recht der Selbstergänzung nur noch zu, wenn eine Präbende in den geraden Monaten vakant geworden war. Die in den ungeraden oder „päpstlichen" Monaten freigewordenen Kapitelstellen besetzte der Apostolische Stuhl.[18] Aber auch der Papst, der ja die neuen Kapitelsstatuten anerkannt hatte, respektierte bei der

---

[14] Vgl. Bistumsarchiv Münster (BAM) Domarchiv Hs. 48, 63f. und 65f. (zit.: Hs. 48).
[15] H. *Bauer*, Das Recht der ersten Bitten bei den deutschen Königen (1919). Vgl. WUB 8 Nr. 489: Preces primariae König Heinrichs VII. für Ludwig, Sohn des Landgrafen v. Hessen (1309).
[16] *Feine* 300ff.
[17] Sess. XXIII De reservationibus: Conciliorum oecumenicorum Decreta (COD), edidit Centro di Documentazione Istituto per le Scienze Religiose, Bologna; curantibus J. Alberigo, P.-P. Joannou, C. Leonardi, P. Prodi, consultante H. Jedin (1962) 481.
[18] Später verzichtete der Papst häufiger zugunsten des Bischofs. Für das Erzbistum Köln ist ein solches Indult aus dem Jahre 1524 erhalten. Zwei Jahre später führte auch der Münsterer Bischof Friedrich v. Wied (1522–1532) diesbezügliche Verhandlungen mit Rom, über deren Ergebnis jedoch Nachrichten nicht vorliegen. Aus späterer Zeit sind diese gewöhnlich auf drei Jahre befristeten Verleihungsindulte noch vorhanden. BAM Generalvikariat (GV) VII Nr. 1 und Nr. 11. Zur Entwicklung der Indultenfrage im 17. und 18. Jh. s. F. *Keinemann*, Das Domkapitel zu Münster im 18. Jahrhundert (Phil. Diss., Bonn 1965, masch.) 119f.

Das Münsterer Domkapitel im Mittelalter

Nominierung der Kandidaten durchweg die ständischen Vorschriften.[19] Die Dignität des Propstes, die wegen ihrer reichen Dotierung bevorzugter Gegenstand der Provision gewesen war, wurde ausdrücklich von jeder Reservation ausgenommen.[20]

II.

Die mittelalterliche Geschichte des Domkapitels ist auf weite Strecken eine Geschichte der *Kapitelspräbenden*. Seitdem nämlich das Benefizium als besonderer Vermögensträger aus dem Bistumsgut ausgeschieden und in den Besitz des einzelnen Domherrn übergegangen war, rückte die nutzbare Seite des Kanonikates immer mehr in den Blick seines Inhabers. Im ausgehenden Mittelalter war für die meisten Kanoniker das Amt gleichbedeutend mit der Pfründe. Mit Rücksicht auf das beneficium drängte man zum officium.

Die Präbenden des Münsterer Domkapitels waren die reichsten in Westfalen. Das Präbendalgut umfaßte 30 Haupthöfe mit etwa 700 abhängigen Höfen, die über das ganze Gebiet des heutigen Regierungsbezirks Münster verstreut lagen.[21] Trotzdem geriet das Kapitel im 13. und 14. Jahrhundert in ernste wirtschaftliche Bedrängnis. Die Domherren teilten dieses Mißgeschick mit den übrigen geistlichen und weltlichen Grundherrschaften, die infolge der Umstellung von der Naturalwirtschaft zur Geldwirtschaft sowie der besonderen Schwierigkeiten, die sich aus der Verfassung der Grundherrschaft ergaben, vielfach dem Ruin nahe waren. Katastrophale Folgen hatten ferner die ständigen Kriege und Fehden, die auf dem Rücken der kapitelshörigen Bauern ausgetragen wurden. Schließlich riß im 15. Jahrhundert der Schwarze Tod solche

---

[19] L. *Niehus*, Die päpstliche Ämterbesetzung im Bistum Osnabrück 2 (1940) 73ff.

[20] C. *Mirbt*, Quellen zur Geschichte des Papsttums und des römischen Katholizismus (1934⁵) 239. Die Kurie gab aber dem Text die gegenteilige Deutung, woraus in der Folgezeit schwere Verwicklungen zwischen Kurie und Kapitel erwuchsen. *Keinemann* 108ff.

[21] *Nottarp* 12ff. CTW 2, 15ff.

Lücken in die Reihen der ländlichen Bevölkerung, daß mancher Hof nicht mehr besetzt werden konnte. In Münster hatte Dompropst Rembold (1206–1238) einen Teil der Naturalgefälle für die Tafel der Domherren in Geldzahlungen umgewandelt, eine Maßnahme, die Bischof und Kapitel 1247 ausdrücklich billigten.[22] Um sich jedoch nicht völlig vom Markt abhängig zu machen, nahm man gewisse, termingebundene Naturallieferungen, wie Wein, Bier, Met, Fische, Käse und Bohnen, von der Redemption aus. Offenbar standen manche Kanoniker der Frage der Umwandlung nicht ohne Bedenken gegenüber, denn der Dompropst Wilhelm v. Holte (1241–1257), der spätere Fürstbischof von Münster (1259–1260), verehrte seinen Mitbrüdern bei dieser Gelegenheit einige Sonderstiftungen mit dem Bemerken, *ut huiuscemodi redemptio... fratribus... nec inutilis apparere valeat nec dampnosa.*[23]

Schon in der ersten Hälfte des 13. Jahrhunderts waren die Güter des Domkapitels nicht mehr voll leistungsfähig. Dies hatte seinen Grund nicht zuletzt in dem Umstand, daß sich die Pröpste daran gewöhnt hatten, das dürftige Präbendenaufkommen durch allzu häufige außerordentliche Schatzungen und Beden zu verbessern.[24] Anderes kam hinzu.

Der Wahlstreit des Jahres 1272 zog eine schwere Fehde nach sich, in deren Verlauf zahlreiche Güter des Domkapitels verwüstet, Höfe niedergebrannt, Litonen gefangengenommen und erpreßt wurden. Viele Hörige ließen aus Angst ihre Landwirtschaft im

---

[22] WUB 3 Nr. 466.
[23] Ebd. 251. Wie berechtigt solche Zweifel waren, sollte die nahe bevorstehende Geldentwertung zeigen. Immer wieder führten die Kanoniker bewegte Klage über die geringen Erträge der Präbenden. Während die Preise stiegen, blieben die Pachtsätze konstant. Vgl. Niesert US 7 Nr. 61. 63. 64. Zur Frage der Identität des Dompropstes Wilhelm v. Holte s. O. *Loegel*, Die Bischofswahlen zu Münster, Osnabrück und Paderborn seit dem Interregnum bis zum Tode Urbans VI. (1256–1839) = Münsterische Beiträge zur Geschichtsforschung 4 (1883) 202 und Anm. 3. Neuerdings auch J. *Prinz*, Die Urkunde Bischof Gerfrieds von Münster für Nottuln eine Fälschung des Albert Wilkens, in: WZ 112 (1962) 48f.
[24] WUB 3 Nr. 744: *Quoniam propter graves nimium et cotidianas exactiones pressuras... de bonis ipsis et hominibus eisdem fratrum nequeant ministrari prebende...*

Stich und hielten sich verborgen. Die Folge war, daß die Domherren in einem solchen Maße ihrer Einkünfte verlustig gingen, daß sie, wenn man nicht schnellste Abhilfe schaffe, „gezwungen sein werden, zum Gespött des Klerus zu betteln"[25]. Um den Landfrieden wiederherzustellen, wählte das Kapitel einen Stiftsverweser und gab diesem einen Regentschaftsrat zur Seite.

Das 14. Jahrhundert brachte keine Besserung. Als Florenz v. Wevelinghoven 1364 den Stuhl Liudgers bestieg, waren infolge der wilden Fehden *quasi omnia bona ecclesiae et dioecesis... deserta, devastata vel cremata seu obligata.*[26] Feindliche Überfälle hatten die Wirtschaftskraft der Kapitelsgüter und die Arbeitsfähigkeit ihrer Bewohner bis zur Erschöpfung geschwächt. Im Jahre 1370 tauchte erstmals die Sorge auf, daß wegen fehlender Unterhaltsmittel Chorgebet und Opferfeier in Mitleidenschaft gezogen werden könnten. Noch dreizehn Jahre später befanden sich die Kapitelsgüter in einem desolaten Zustand. Langanhaltende Dürre hatte den Boden ausgemergelt. Die Stiftsritterschaft beunruhigte erneut das Land, und die Pest hielt in Münster und im Münsterland grausige Ernte. Die den Kanonikern zugeteilten Präbenden waren *adeo exiles et debiles* geworden, daß mehrere Domherren *propter tenuitatem prebendarum* sich genötigt sahen, auf die Residenz zu verzichten und Münster zu verlassen.[27] Der Gottesdienst in der Domkirche verlor zum Leidwesen der Kanoniker[28] zusehends an Glanz. Der Niedergang der Wirtschaft war zweifellos für die Kanoniker mit schweren persönlichen Opfern verbunden. Um so bemerkenswerter ist es, daß die Dokumente, in denen das Kapitel darüber berichtet, kein Wort des Vorwurfs oder der Schmähung an die Adresse der hörigen Bauern enthält. Man ließ sich von dem Grundsatz leiten, daß nur ein wirtschaftlich gesundes Bauerntum fähig und bereit sein könne, seine Abgabepflicht zu erfüllen. Dompropst und Domkellner wurden daher immer wieder ermahnt, die Rechte der Bauern zu achten und zu schützen, erpres-

---

[25] WUB 3 Nr. 936.
[26] MGQ 1, 57.
[27] Niesert US 7 Nr. 63, 342ff. Nr. 64, 348ff.
[28] Ebd. 350: *quam potius augeri quam minui cupientes...*

serische Schatzungen und Beden sowie alles, was den Anschein der Ausbeuterei erwecken könne, zu unterlassen.[29] Nachdem sich die Lage beruhigt und das Kapitel in der zweiten Hälfte des 14. Jahrhunderts eine Verwaltungsreform durchgeführt hatte,[30] ging es im 15. Jahrhundert mit der Wirtschaft wieder bergauf. Im Jahre 1439 beliefen sich die Einnahmen aus dem Präbendalgut auf 2213 Mark, 1484 auf 4248 Mark und 1508 gar auf 4596 Mark leichter Münze.[31] Der Wohlstand der Domherren hatte seine frühere Höhe wieder erreicht.

Die Verweltlichung der Kapitelsherren wurde begünstigt durch den rasch fortschreitenden Machtzuwachs, den diese auf staatspolitischem Gebiet gewannen. Die Präbende erschien vielen Kanonikern wie ein Vermögensobjekt, das man zum eigenen Vorteil verkaufte, tauschte oder häufte. Dabei fehlte es im Kapitel nicht an Versuchen verantwortungsbewußter Männer, der Mißstände Herr zu werden oder sie wenigstens in ihrer verderblichen Wirkung abzuschwächen.

Eine merkwürdige Erscheinung des Präbendenmißbrauchs war der Pfründenverkauf.[32] Im Jahre 1312 erwarb Frater Hermann, Bischof der Kirche des hl. Johannes d. T. zu Belovil in Palästina und

---

[29] Ebd. 431: ... *nec per novas adinventiones, secretas exactiones vel vincopia graventur, sed in suis juribus fideliter tueantur.* Schon damals hatte das Wort seine Gültigkeit: *Unterm Krummstab ist gut leben.*
[30] S. unten 185.
[31] *Nottarp* 35 Anm. 5. Um die Wende des 18./19. Jahrhunderts betrug der auf die Domherren entfallende Teil der Gesamteinnahmen des Kapitels durchschnittlich jährlich 61 000 Rtlr., die nach einem bestimmten Schlüssel in ebenso viele Anteile zerfielen, als Domherren zum Präbendengenuß berechtigt waren. Im Jahre 1805 erhielt der Domdechant 6556 Rtlr., der Dompropst 4249 Rtlr., der Domscholaster 2306 Rtlr., der Vicedominus 1727 Rtlr., der Domkantor 2480 Rtlr. Das jährliche Einkommen der übrigen Domherren belief sich auf durchschnittlich 1214 Rtlr. Interessant ist ein Vergleich mit den Bezügen der ersten Beamten des französisch-bergischen Administrationskollegiums im Jahre 1808: Der Präsident hatte ein Gehalt von 2250 Rtlr., der Kammerdirektor von 1680 Rtlr., die Räte durchschnittlich von 1000 Rtlr. J. *Müller*, Das Domkapitel zu Münster zur Zeit der Säkularisation, in: WZ 71 (1913) 59.
[32] *Feine* 349.

Weihbischof in Münster,[33] vom Domkapitel für 250 Mark die lebenslängliche Nutznießung einer Präbende mit den Einkünften und Nutzungsrechten eines residierenden Kanonikers. Es handelte sich dabei wohl um die Präbende eines dauernd suspendierten Domherrn. Sollte die Burse des Kapitels, so heißt es in einer von dem Weihbischof unterzeichneten Erklärung, wegen der Vielzahl der anwesenden Domherren nicht in der Lage sein, dem Käufer das Präbendenfleisch in natura zu liefern, werde man ihm dafür den entsprechenden Geldwert zahlen, *sicut aliis emptoribus similium fructuum et utilitatum praebendalium fieri consuetum est.* Man sieht, die emptio beneficii war am Münsterer Dom keineswegs ungewöhnlich.[34]

Während der Pfründenverkauf Sache des Kapitels war, lag der Pfründentausch zunächst in der Hand des Pfründeninhabers. Er scheint seit dem 13. Jahrhundert auch in Münster ein ziemliches Ausmaß angenommen zu haben. Im Jahre 1313 griff das Kapitel ein. Der Pfründentausch bringe es mit sich, so klagte man, daß bisweilen würdige und geeignete Männer das Kapitel verließen und sehr zum Schaden der Kirche weniger würdige und weniger geeignete an ihre Stelle träten. Man beschloß daher, „daß künftig niemand seine Dignität, seine Prälatur, sein Personat oder sein Kanonikat gegen ein anderes Amt oder eine andere Präbende eines auswärtigen Kapitels eintauschen darf und kann, es sei denn, in Übereinstimmung mit dem Kapitel oder der Mehrheit desselben". Auch die abwesenden Kanoniker hatten das Statut zu unter-

---

[33] WUB 8 Nr. 734; vgl. A. *Tibus,* Geschichtliche Nachrichten über die Weihbischöfe von Münster (1862) 21ff. J. C. *Möller,* Geschichte der Weihbischöfe von Osnabrück (1887) 39.
[34] Niesert US 7 Nr. 86, 450ff. WUB 8 Nr. 787. Im gleichen Jahr verkaufte das Kapitel dem Chorvikar und Provisor der Domfabrik Adam (WUB 8 Nr. 759) und 1330 dem Laien Riquin genannt Brokmann (Niesert US 7 Nr. 58) je eine Präbende. Natürlich begründete diese wirtschaftliche Beziehung keinerlei Kapitelsrechte, aber sie beleuchtet den wuchernden Versorgungscharakter des Benefizialwesens. Die Bischofswahlen boten in späterer Zeit vielfach Anlaß, nicht emanzipierten Domherren die Präbenden abzukaufen, um diese mit stimmberechtigten Anhängern der eigenen Partei zu besetzen. *Keinemann* 124.

II. Dom und Domkapitel

zeichnen, sobald sie zur Ableistung der Residenz zurückkehrten.[35] Das Statut von 1392 fügte hinzu, daß bei einer Aufnahme *per viam permutationis* die ständischen Vorschriften zu beachten seien.[36]
Unverhüllt trat die materielle Ausrichtung des Benefizialwesens in der Pfründenhäufung hervor.[37] Schon das erste uns erhaltene Kapitelsstatut aus dem Jahre 1176 bemerkt, daß es an der Domkirche Kanoniker gab, die *alias in aliis ecclesiis mansiones* besaßen und ihre Residenzpflicht vernachlässigten.[38] Ein Übereinkommen zwischen Propst und Kapitel aus dem Jahre 1212 zeigt die gleiche Erscheinung.[39] In der zweiten Hälfte des 13. Jahrhunderts, zur Zeit der Domweihe, hatte die Pfründenhäufung bereits ein erhebliches Ausmaß angenommen. Neben Prälaturen des eigenen Kapitels oder Bistums, wie Archidiakonaten und Propsteien, besaßen manche Kanoniker auch Dignitäten und Pfründen an auswärtigen Dom- und Stiftskirchen.[40]
Namentlich der sterbende Hochadel suchte auf diese Weise seine alten Kapitelsdomänen zu retten. Wigbold v. Holte war Domherr in Münster (1246–1304), Stiftspropst von St. Mauritz-Münster (1265–1293), Pfarrer und Archidiakon von Warendorf

[35] WUB 8 Nr. 840. Statut des Domkapitels. Im Kapitelseid hatte der emancipandus seitdem eidlich zu geloben: ... *nec permutationem de praebenda mea et Canonicatu, quos in hac Ecclesia obtineo, faciam, nec quacumque authoritate fieri procurabo, sine consensu Capituli mei.* ... S. u. Anm. 160. Als um 1339/42 der Domherr Everhard Brune zwar mit Genehmigung des Bischofs, aber ohne Einwilligung des Domkapitels seine Warendorfer Pfarrpfründe gegen die Kapitelspfründe seines Mitkanonikers Robin v. Sayn vertauschte, erhob das Kapitel bei Benedikt XII. (1334–1342) Einspruch und forderte die Nichtigkeitserklärung des Tauschkontraktes, die Klemens VI. (1342–1352) auch vollzog. Niesert US 7 Nr. 62. Vgl. auch K. *Zuhorn*, Untersuchungen zur Münsterschen Domherrenliste des Mittelalters, in: WZ 90 (1934) 306f. Im Jahre 1429 tauschte Dompropst Heinrich v. Nassau-Beilstein mit Dietrich Droste seine Propstei und schied aus dem Kapitel aus. *Frhr. v. Twickel* 174. *Keinemann* 126f.
[36] Niesert US 7 Nr. 65, 357.
[37] *Feine* 349f. A. *Schulte*, Der Adel und die deutsche Kirche im Mittelalter: Kirchenrechtl. Abhandl. 63/64 (1910) 284f.
[38] WUB 2 Nr. 385.
[39] Ebd. 3 Nr. 67.
[40] Ebd. Nr. 672.

(1274–1296) und Scholaster des Kölner Metropolitankapitels.[41] Arnold v. Blankenheim aus dem gleichnamigen Edelherren- und späteren Grafengeschlecht hatte gegen Ende des 13. Jahrhunderts mit päpstlicher Dispens Kanonikate der Domstifte Münster und Trier sowie die Propstei in Lüttich inne.[42] Graf Gottfried von Waldeck besaß 1291 Domherrenpfründen in Münster, Magdeburg, Würzburg, Utrecht, Lüttich, Köln und ein Stiftskanonikat zu Fritzlar in der Diözese Mainz.[43] Wie wollten diese Kanoniker dem officium gerecht werden, das mit dem jeweiligen beneficium verbunden war! Während die neugeschaffenen Ämter des Officials, Generalvikars und Sieglers den Grundsatz der Versorgung durch ein auf Lebenszeit zu verleihendes Beneficium nicht mehr kannten – ihre Inhaber waren besoldete Beamte des Bischofs[44] –, hielten die übrigen kirchlichen Amtsträger, namentlich, soweit sie dem Domkapitel angehörten, an der Pfründenversorgung fest. Ja, diese wurde bei der Berufung der Kanoniker mehr und mehr zur Kardinalfrage. Der geistliche Charakter der Pfründe trat demgegenüber zurück. Der Inhaber eines kirchlichen Amtes wurde im Hinblick auf seine soziale Geltung nicht mehr nach dem Grad der Weihe, sondern nach seiner Herkunft und dem materiellen Wert seiner Pfründe eingestuft. Während der hohe Adel auf die Dignität des Domdechanten, die für Zucht und Spiritualität des Kapitels von ausschlaggebender Bedeutung war, keinen sonderlichen Wert legte, hielt er an der ebenso mächtigen wie einträglichen Dignität des Propstes, mit der die Gesamtverwaltung der Mensa capitularis verbunden war, bis zur Mitte des 14. Jahrhunderts unentwegt fest. Erst als dem Propst durch Kapitelsbeschluß die Güterverwaltung entzogen wurde, verlor diese erste Prälatur nach der bischöflichen ihre Anziehungskraft für den Hochadel. Die ebenfalls gut dotierten Propsteien der vier Kollegiatkirchen in der Stadt Münster sowie der Stiftskirchen in Beckum und Dülmen waren stets Mitgliedern des Domkapitels vorbehalten.

---

[41] *Thiekötter*, Standesverhältnisse 52.
[42] *Ders.*, Ständ. Zusammensetz. 26.
[43] WUB 5 Nr. 789.
[44] *Feine* 325ff.

Eine unvermeidliche Folge der Pfründenhäufung war, wie bemerkt, die Vernachlässigung der geistlichen Amtspflicht. Dies mochte bei den einfachen Präbenden, die lediglich zum Chordienst verpflichteten, noch hingehen. Bedenklicher war es bei den Dignitäten und Personaten, mit denen Führungs- und Verwaltungsaufgaben innerhalb des Kapitels verbunden waren. Erheblicher Schaden für das Heil der Seelen konnte vor allem entstehen, wenn der Kanoniker, der durchweg selbst nicht Priester war, auch Pfarrbenefizien erwarb. Mehreren Prälaturen und Ämtern des Domkapitels waren zur Aufbesserung ihrer Pfründe Pfarrkirchen inkorporiert worden.[45] Die Gotteshäuser von Dülmen und Steinfurt befanden sich 1218 im Besitz des Propstes Burchard von Bremen, der aus ihnen jährlich Erträge in Höhe von fast 8 Mark erzielte.[46] Die Kirchen von Billerbeck, Warendorf, Stadtlohn und Beckum, die vier sogenannten Bischöflichen Kaplaneien, hatten bis in das 19. Jahrhundert hinein stets einen Münsterer Domherrn zum Pfarrer, der jeweils den weitaus größten Teil der Einkünfte der Pfarrstelle bezog.[47] Gewiß bestellte der verus pastor einen Vizekuraten, aber die Versuchung war groß, nicht den besten, sondern den billigsten Bewerber einzustellen.[48] Tatsächlich waren

---

[45] S. u. 176f.
[46] WUB 5 Nr. 256.
[47] Bezüglich der Einkünfte der vier Bischöflichen Kaplaneien s. Niesert US 7, 574ff. CTW 2, 84ff. Außerdem hatten die Bischöfl. Kapläne den Archidiakonat über das jeweilige Kirchspiel inne. Die Tatsache, daß die vier Bischöflichen Kapläne als Domherren keine Distributionen der Utpräbenden bezogen (Niesert US 7, 412), ist ein interessanter Hinweis auf das rechtliche Denken des Mittelalters. Da diese Kanoniker de iure nicht anwesend waren, konnten sie nach mittelalterlichem Rechtsempfinden auch keine Präsenzgebühren empfangen. Die Meinung *Herzogs* 39, die Bischöfl. Kapläne hätten offenbar zur Stiftungszeit der Utpräbenden „nicht oder noch nicht als ordentliche, zum Chorgottesdienst in der Domkirche verpflichtete Mitglieder des Kapitels" gegolten und daher auch später keine Präsenzen bezogen, ist irrig, ganz abgesehen davon, daß ein solcher Kanoniker-Status zu keiner Zeit existiert hat.
[48] Der Vikar hatte Anspruch auf die portio congrua, d. h. auf etwa ein Drittel der Pfarreinkünfte: IV. Laterankonzil, const. 32: COD 225f. = c. 30 X. III 5: Corpus iuris canonici, editio Lipsiensis secunda post Aemilii Ludouici Richteri curas ... instruxit Aemilius Friedberg, 2 vol. (1879) Sp. 478. *Feine* 360. Vgl. *Nottarp* 22.

manche Vikare schlecht besoldet, mangelhaft ausgebildet und nicht selten anfangs ohne Priesterweihe.[49] Natürlich besteht kein Anlaß, sogleich überall dort eine Vernachlässigung der Seelsorge zu vermuten, wo Vizekuraten auftreten. Es gab unter diesen Geistlichen eine große Zahl eifriger und tüchtiger Seelsorger. Aber das Stellvertretersystem war in sich ein Widerspruch zur Idee der apostolischen Sendung.[50]
Die Kirche blieb dieser Fehlentwicklung gegenüber nicht untätig. Namentlich die Konzilien wandten sich gegen den Mißbrauch der Kuratbenefizien zu Versorgungszwecken. Das III. Laterankonzil (1179) hatte den gleichzeitigen Besitz mehrerer Dignitäten und Pfarrkirchen untersagt.[51] Da das Verbot kaum Beachtung fand, dekretierte das IV. Laterankonzil (1215) erneut, „daß derjenige, der ein Benefizium annimmt, mit dem seelsorgliche Pflichten verbunden sind, desselben eo iure verlustig gehen soll, wenn er bereits vorher eine solche Pfründe besaß. Sollte er aber versuchen, jenes zu behalten, so verliert er beide."[52] Es war demnach untersagt, zwei oder mehrere Kuratbenefizien in einer Hand zu vereini-

[49] H. K. *Sauerland*, Kirchliche Zustände im Rheinland während des 14. Jahrhunderts: Westdeutsche Zeitschrift für Geschichte und Kunst 27 (1908) 313ff. Unter Berufung auf das 2. Konzil von Lyon 1274 bestimmte die Mindener Diözesansynode 1304: „Die Benefiziaten in Kuratkirchen haben persönliche Residenz zu halten und im Jahresfrist die Weihen zu nehmen. Anderenfalls gehen sie ihrer Benefizien verlustig, es sei denn, sie wollen sie im Einklang mit dem kanonischen Recht zum Studium verwenden." WUB 10 Nr. 114. Natürlich hatten sie in letzterem Falle für einen Vizekuraten zu sorgen.
[50] Über das Ausmaß der Stellvertretung sind wir ziemlich gut unterrichtet. In einem Osnabrücker Zehntregister (1456) werden einschließlich der Kapitelspräbenden 266 Benefizien, aber nur 221 Benefiziaten aufgeführt. Von den letzteren hatten 193 je eine, 20 je zwei, sechs je drei, einer vier und einer fünf Pfründen inne. Ein Viertel der Benefizien war also kumuliert. Unter diesen befanden sich 16 Pfarrstellen, die je zu zwei in einer Hand vereinigt waren. *Vincke* 102f. In der ersten Hälfte des 16. Jahrhunderts lag die Zahl der Stellvertretungen höher: Von den 148 Pfarren des Bistums Osnabrück wurden 1517–1534 15 Pfarrer dauernd, acht etwa je 10, 16 je fünf bis sieben Jahre, drei je vier, einer drei Jahre und neun je ein Jahr durch einen Vizekuraten vertreten. Das ist etwa ein Drittel. *Berning* 157ff.
[51] Can. 13: COD 194 = c. 3 X. III 4: *Friedberg* 2, 460.
[52] Const. 29: COD 224.

gen. Das gleiche galt für die höheren Ämter im Kapitel. Die Väter bestimmten, *ut in eadem ecclesia nullus plures dignitates aut personatus habere praesumat, etiam si curam non habeant animarum.* Es ist bemerkenswert, daß das Konzil, dem es um den Schutz der Seelsorge ging, gegen den gleichzeitigen Besitz mehrerer einfacher Benefizien verschiedener Kirchen, sogenannter Sinekuren, nichts einwandte. Alle Mahnungen und Verbote der Konzilien blieben fruchtlos. Zu Beginn des 15. Jahrhunderts hatte die pluralitas beneficiorum bereits ein solches Ausmaß angenommen, daß die Reformkonzilien von Konstanz und Basel, wie ein Teilnehmer berichtet, nicht mehr wagen konnten, dieses heiße Eisen anzufassen, weil allzu viele Konzilsteilnehmer selbst betroffen waren.[53]

In Münster lagen die Dinge nicht anders. Es erhob sich aber die Frage, ob den alias praebendati, die ihre Residenzpflicht nicht, oder nur zum geringen Teil erfüllten, der volle Genuß ihrer Praebende zuzubilligen sei. Das erwähnte Kapitelsstatut von 1176 beließ zwar die Kanoniker, die an anderen Kirchen bepfründet waren und nur zeitweilig in Münster residierten, im Besitz ihrer Pfründe, schloß sie aber von der Verleihung der begehrten Obödienzen aus.[54] Im allgemeinen neigte man jedoch zur Großzügigkeit. Ja, man sanktionierte geradezu das verderbliche Prinzip dieses Mißbrauchs, als man begann, den üblichen Fraternitätsverträgen mit anderen Kapiteln Klauseln einzufügen, die den beiderseitigen Kanonikern den vollen Genuß ihrer Präbenden gewährleisteten. So sicherte das Kapitel von Minden 1261 den Münsteranern zu, *ut cum fratres seu canonicos ecclesiae vestrae ad nos transire*

---

[53] Ebd. 225. Dem Apostolischen Stuhl wurde jedoch anheimgegeben, vornehme oder gelehrte Persönlichkeiten, wenn es angebracht erscheine, durch größere Benefizien auszuzeichnen. Es ist bekannt, in welcher verschwenderischen Fülle das Papsttum später, gewiß nicht zum Segen der Kirche, von diesem Recht Gebrauch gemacht hat. Ablehnende Dekrete zur Frage der Kumulation ferner auf dem 2. Konzil von Lyon 1274 (const. 18: COD 299) und auf dem V. Laterankonzil 1514 (Sess. IX: COD 593). Der Avignoneser Papst Innozenz VI. (1352–1362), der seiner Umgebung Einfachheit und Anspruchslosigkeit vorlebte, verbot die Pfründenhäufung in aller Form. L. *Génicot*, Das Mittelalter (1957) 342. E. S. *Piccolomini*, De rebus Basileae gestis commentarius, ed. Fea (1823) 62.
[54] S. o. Anm. 38.

*contigerit, praebendam suam apud nos recipiant.*⁵⁵ Die gleiche Zusage machte Münster den Mindener Kanonikern.⁵⁶ Noch im Jahre 1495 war diese Abmachung in Kraft. Ein ähnlicher Vertrag scheint mit Hildesheim abgeschlossen worden zu sein.⁵⁷ Zur Zeit der Domweihe entschloß sich das Kapitel zu einer Neuordnung der Residenzfrage. Dieser wichtige Schritt erfolgte *de consilio et consensu domini Gerhardi Monasteriensis episcopi,*⁵⁸ der als ehemaliger Münsterer Dompropst (1260–1261) dem Dom und seinem Kapitel besonders verbunden war. Gerhard v. d. Mark (1261–1272) hatte den dritten Dom unter Assistenz mehrerer Bischöfe feierlich konsekriert⁵⁹ und am 1. März 1266 zur Erinnerung an diesen denkwürdigen Akt dem Kapitel aus der Brausteuer eine Rente von 10 Mark gestiftet, die an jedem Kirchweihfest an die anwesenden Domherren und die übrigen Kleriker zu verteilen war.⁶⁰ Auch um die wirtschaftliche Gesundung des geschwächten Präbendalgutes zeigte sich dieser tatkräftige Bischof besorgt.⁶¹ Dechant und Kapitel kamen nunmehr unter Zustimmung Fürstbischof Gerhards überein, den vollen Genuß der Präbende grundsätzlich von der Residenz des jeweiligen Inhabers abhängig zu machen.⁶² Wie alle Domherren, durften auch die alias praebendati jährlich sechs Wochen Urlaub nehmen, den sie für die auswärtige Residenz verwenden konnten. In dieser Zeit erlitten sie, wie alle Kanoniker, keine Einbuße an ihren Einkünften. Blieben sie aber länger fern, so wurden die jeweils fälligen Pfründenerträge zugunsten der Burse eingezogen. In einem wichtigen Punkt kam man den auswärts Bepfründeten allerdings entgegen. Wer in der Deservitionszeit, d. h. von der Herbstsynode bis zum Oktavtag von Epiphanie, Residenz hielt, hatte ein Anrecht auf das gesamte Pfründenkorn des Jahres und sämtliche in dieser Zeit fälligen Geldzahlungen. Ausgenommen waren die Chorpräsenzen der sie-

---

⁵⁵ WUB 3 Nr. 679.
⁵⁶ Würdtwein, Subs. dipl. 10, 21.
⁵⁷ *Nottarp* 36 Anm. 1.
⁵⁸ WUB 3 Nr. 672.
⁵⁹ Ebd. Nr. 760. Zum Weihejahr s. o. 134ff.
⁶⁰ S. vorige Anm. Am 10. 2. 1268 bestätigte Clemens IV. (1265–1268) zu Viterbo die Stiftung. WUB 3 Nr. 803; ebd. 5 Nr. 677.
⁶¹ S. u. 183 Anm. 74.
⁶² WUB 3 Nr. 672. *Nottarp* 35f.

ben Utpräbenden. Überdies stand es den auswärts Präbendierten frei, den ihnen zustehenden sechswöchigen Urlaub in diese Zeit zu verlegen.

Im Laufe der Zeit wurde die Haltung des Kapitels in dieser wichtigen Frage immer laxer. Im 15. Jahrhundert genügten ganz allgemein zum Bezug des Pfründenkorns zwei Wochen Residenz um Martini.[63]

Allerdings wurde die Residenz für manche Kanoniker sehr erschwert durch die Wohnungsfrage. Da nämlich im 15. Jahrhundert für die 40 Domherren nur 30 Kurien zur Verfügung standen und manche abwesenden Kanoniker überdies die von ihnen optierten Wohnungen an fremde Personen oder Behörden[64] vermietet hatten, waren einige residierende Herren gezwungen, sich anderweitig einzumieten. Durch dieses incommodum wurde die Neigung zur Residenz gewiß nicht gefördert. Um nun den alias praebendati einen größeren Anreiz zur Residenz zu geben, verabschiedete das Kapitel 1510 das Statut, künftig nichtresidierende Domherren von der Option vakanter Kurien auszuschließen, da es „recht und billig ist, daß diejenigen, ›die die Last und Hitze des Tages tragen‹ (Matth 20,12), sich auch größerer Vorrechte erfreuen". Sollte sich ein Kanoniker ohne Erlaubnis des Dechanten und des Kapitels drei Monate seiner Residenzpflicht entziehen, gelte seine Kurie als vakant und könne von jedem qualifizierten Kanoniker optiert werden. Soweit die abwesenden Herren ihre Kurien stiftungswidrig vermietet hatten, wurden sie aufgefordert, sie ihren residierenden Mitbrüdern zur Miete zu überlassen.[65]

Da im übrigen, wie bemerkt, die Präbenden der Münsterer Domkirche in weitem Umkreis die am besten dotierten waren, wird den alias praebendati, wenn die äußeren Bedingungen erfüllt waren, die Wahl des Residenzortes im allgemeinen kaum schwergefallen sein.[66]

---

[63] Niesert US 7, 411f. Das Pfründenkorn wurde alljährlich auf Jakobi (25. 7.), das Geld auf Martini (11. 11.) verteilt. MGQ 5, 89. Vgl. dazu Niesert US 7 Nr. 46, 275.
[64] Beispiele bei *Prinz*, Mimigernaford-Münster 125 und 144 Anm. 224.
[65] Hs. 48, 28f.
[66] Von den für den Zeitraum 1400–1588 nachgewiesenen 259 Münsterer Domherren waren nach den Ermittlungen *Frhr. v. Twickels* 113ff. zwölf

III.

Auch auf die *innere Entwicklung des Kapitels* wirkte die Präbende nachhaltig ein. Nachdem der Bischof sich vom Domstift zurückgezogen hatte, übernahm der Dompropst die Leitung des Kapitels. Später trat ihm der Domdechant zur Seite. Beide Dignitäre hatten eine begrenzte iurisdictio pro foro externo und den Ehrenvorrang vor den übrigen Mitgliedern des Kapitels. Zu den Dignitäten traten die Personate, denen keine externe Jurisdiktion, sondern nur ein Ehrenvorrang zukam. Zu ihnen zählten, jeweils nach Bistümern verschieden, der Kantor, der Scholaster, der Kustos oder Thesaurar, der Kellner, der Kämmerer und der Vicedominus. Beide Gruppen wurden in Deutschland, entgegen dem gemeinen Kirchenrecht, zu den Kapitelsprälaten gerechnet.[67] In Münster gab es deren im ausgehenden Mittelalter fünf: Propst, Dechant, Scholaster, Thesaurar und Vicedominus.[68] Mit den Prälaturen waren besondere Aufgaben verbunden.

Die Prälatur des Dompropstes, die, wie erwähnt, fast ausnahmslos vom Hochadel bekleidet wurde, überragte alle anderen. Der Propst war der erste Dignitär des Kapitels und der Grundherr des Präbendalgutes. Er hatte den Kanonikern die ihnen zustehenden Natural- und Geldeinkünfte zuzuweisen. Die Überschüsse konnte er für sich behalten oder zum Präbendalgut schlagen. Beides diente seinem Vorteil. Es leuchtet ein, daß diese Verwaltungstätigkeit leicht zu wirtschaftlichen Interessenkämpfen führen konnte. Seit der Ablösung der Vogtei (1173) erhielt der erste Dignitär außerdem die Beden, die bis dahin dem Vogt zugekommen waren. Der Propst war verpflichtet, aus den Reihen der emanzipierten Domherren einen Domkellner zu bestellen. Dieser hatte ihn in der Verwaltung zu unterstützen, trat aber seit dem 13. Jahrhun-

---

im 15. Jh. und 54 im 16. Jh., insgesamt also 66 bzw. ein Viertel, zugleich Mitglieder anderer Domkapitel. Jedoch sind diese Angaben, wie Frhr. v. Twickel bemerkt, nicht vollständig. Vgl. auch *Fr. v. Klocke:* Raum Westfalen II, 1, 61. Hinsichtlich des gleichzeitigen Besitzes von Dom-, Stifts- und Pfarrbenefizien s. *Frhr. v. Twickel* 118ff.

[67] *Feine* 178 und 341ff.
[68] Hs. 48, 19f. Als Prälaten im Sinne des kanonischen Rechts galten außer den Archidiakonen alle Äbte und Äbtissinnen, Prioren und Priorinnen in Stadt und Bistum Münster. WUB 8 Nr. 882.

dert mehr und mehr an die Stelle seines Auftraggebers.[69] Das Kapitel legte auf die Einsetzung des Kellners besonderen Wert, da es in dessen Person den Hüter der eigenen Rechte und Ansprüche erblickte.[70]
Der Kampf um die Präbende blieb nicht aus. Er hatte verschiedene Gründe. Die Tendenz zur Dezentralisierung, die damals der Politik in Kirche und Staat das Gepräge gab, wandte sich, je mehr das Kapitel als Körperschaft in seine staatspolitische Führungsrolle hineinwuchs, auch gegen die überragende wirtschaftliche Machtstellung des ersten Dignitärs. Dazu kamen die besonderen Schwierigkeiten, mit denen die Vermögensverwaltungen der Kapitel seit der Festlegung der Präbenden allgemein zu kämpfen hatten. Auch Menschliches spielte hinein. Der Propst unterließ offenbar nichts, um die Gegensätze durch sein rücksichtsloses, von der Habgier geleitetes Vorgehen in den Zeiten der Wirtschaftskrise noch zu verschärfen. Während nämlich die Kanoniker sich mit stark verminderten Präbenden zufriedengeben mußten, belegte er als Grundherr des Kapitels die Hörigen und ihre Güter zugunsten seiner eigenen Kasse mit zahlreichen Schatzungen und Beden, die, wie erwähnt, die Leistungsfähigkeit der Höfe nachhaltig schwächten.[71]
Als Propst Widukind v. Waldeck (1263–1265) im Jahre 1265 zum Bischof von Osnabrück gewählt wurde, untersagten Dechant und Kapitel seinem Nachfolger Walram v. Kessel (1265–1295) und den künftigen Inhabern der Propstei sämtliche außerordentlichen Schatzungen bis auf die Antrittsbede und die petitio tertii anni. Die letztere, so fügte man hinzu, enthalte keinen Rechtsanspruch. Das Kapitel behielt sich vor, in jedem Einzelfall entsprechend den Zeitumständen über die Durchführung bzw. die Höhe der Bede zu befinden. Jeder neueintretende Propst hatte das Statut zu beschwören.[72]

---

[69] *Nottarp* 18.
[70] Neben dem Präbendalgut bildete sich seit dem 11. Jahrhundert ein besonderes Kapitelgut, zu dem die Obödienzen gehörten, die emanzipierten Kanonikern übertragen und von diesen selbst verwaltet wurden. *Nottarp* 41ff.
[71] WUB 3 Nr. 744.
[72] Ebd. 384.

Das Münsterer Domkapitel im Mittelalter

Da das Mißtrauen in die Amtsführung des Propstes auch in der Folgezeit andauerte, entschloß sich das Kapitel in der ersten Hälfte des 14. Jahrhunderts zu dem folgenschweren Schritt einer Änderung der Kapitelsverfassung. Man übertrug dem Propst fortan die Verwaltung der mensa capitularis nicht mehr auf Lebenszeit, sondern alljährlich von Jakobi zu Jakobi.[73] Diese Beschränkung erfolgte nicht zuletzt im Hinblick auf den Rückerwerb des Präbendalgutes aus den Händen der Ministerialen, der seit der frischen Initiative des Fürstbischofs Gerhard v. d. Mark (1261–1272) gute Fortschritte machte und um die Mitte des 14. Jahrhunderts so gut wie abgeschlossen war.[74] Das Kapitel wünschte Einfluß auf die Verwaltung der zurückgewonnenen Güter zu nehmen. Wie schwierig dies war, sollte schon die nächste Zukunft lehren.

Im Jahre 1356 loderte nämlich der schwelende Machtkampf zwischen Propst und Kapitel wieder auf, als Dompropst Everhard v. Vechtrup (1353–1356) sich weigerte, einen Kellner zu bestimmen. Das Kapitel sperrte dem Propst daraufhin die Verwaltung. Dieser ignorierte die Maßnahme und ließ weiter durch seine Anhänger die Einkünfte erheben. Nun griff Fürstbischof Ludwig v. Hessen (1309–1349) ein und verhängte über den Propst und seine Helfer die Exkommunikation.[75]

---

[73] StA Münster Msc. I, 1, Kopialbuch des Domkapitels 443 (vom Jahre 1348): ... *administratio praepositurae quolibet anno in vigilia b. Jacobi terminabitur secundum consuetudinem hactenus observatam* ... Vgl. ebd. 446. Ferner: Urkunden des Fürstentums Münster 838 und 856.

[74] *Nottarp* 16ff. und 32. *Herzog* 73ff.

[75] StA Münster, Fürstentum Münster, Urk. Nr. 658. Dabei befand sich Ludwig selbst in einer sehr angespannten Lage. Er hatte in den ständigen Fehden mit dem Landadel und den Grafen – er ließ mehr als 70 Burgen zerstören – das Hochstift derartig in Schulden gestürzt, daß er sich genötigt sah, in großem Ausmaß Kirchengüter zu versetzen. Der weltliche Besitz der Kirche geriet völlig in Verfall. Das widersprechende Kapitel fand Unterstützung bei dem Kölner Metropoliten Walram v. Jülich (1332–1349), der den Bischof aufforderte, mit ihm und dem Domkapitel zu beraten, wie der Münsterer Kirche, *que fuit nobile totius universalis membrum ecclesie*, die aber „zusehends von Tag zu Tag tiefer sinkt", wieder aufzuhelfen sei. Der Metropolit drohte, die Angelegenheit nach Rom zu berichten, wenn er in Münster kein Gehör finde. Niesert US 7 Nr. 89. *Darpe* (CTW 2, 6) führt diese Urk. zu Unrecht als einen Hinweis auf die Mißwirtschaft des Kapitels an.

II. Dom und Domkapitel

Noch im gleichen Jahre wurde Otto v. Bentheim (1356–1359), der dem Kapitel bereits als Domherr angehörte, ohne allerdings die höheren Weihen empfangen zu haben, durch kanonische Wahl zur Würde des Dompropstes erhoben.[76] Er war ein Sproß des gräflichen Hauses Bentheim, dessen Territorium damals wegen der Gewalttätigkeiten des jungen Grafen Bernd, der in seinen alten Tagen Frenswegen reich beschenkte, in dem üblen Ruf einer Räuberhöhle stand.[77] Bevor Bernd zur Herrschaft gelangte, führte sein älterer Bruder Otto, der zugleich Dompropst von Paderborn[78] und Münster war, die Regierung der Grafschaft. Wie wenig Otto einer geistlichen Berufung gefolgt war, zeigt der Umstand, daß er sich auch als Dompropst nicht entschließen konnte, die nach dem Kirchenrecht innerhalb eines Jahres vorgeschriebene Subdiakonatsweihe zu nehmen.[79]

Trotz seines angeblich friedfertigen und rechtschaffenen Charakters[80] unterließ es auch Otto v. Bentheim (1356–1359), einen Domkellner zu bestellen. Nach Bentheimer Raubrittermanier nahm er vielmehr sogleich im ersten Jahr seiner Amtsführung mit Hilfe seiner Getreuen sämtliche Einkünfte des Präbendalgutes für

---

[76] *J. C. Möller*, Geschichte der vormaligen Grafschaft Bentheim (1879) 194f. *Thiekötter*, Ständ. Zusammens. 7.
[77] Chronik von Frenswegen (1494): Quellen zur Geschichte des Augustinerchorherrenstifts Frenswegen, hg. von K. Löffler = Veröffentlichungen der Historischen Kommission des Provinzialinstituts für westfälische Landes- und Volkskunde 16 (1930) 54: *primum tamen ante monasterii fundationem mutum saecularis, bellicosus et victoriosus fuit. Nam prius inimicitias sustinuit et exercuit et, sicut scriptum est, ›manus eius contra omnes et manus omnium contra ipsum‹ (Gen 16, 12). Fuit enim terribilis, saevus et rapax ut leo, unde et territorium ipsius tamquam lacus leonum et spelunca latronum reputabatur. Et propterea proverbium exiit, quod circa Benthem Paternoster terminaret.* Ähnlich schreibt W. *Rolevinck*, De laude antiquae Saxoniae nunc Westphaliae dictae, hg. von H. Bücker (1953) 204: *ibi vertitur Credo et finitur Pater noster.*
[78] 1337–1384.
[79] *Möller*, Bentheim 194.
[80] Chronik von Frenswegen 11: *Vir enim bonus et pacificus fuit, quietis amator, turbationes et tumultus avertans. Qua de re uxorem ducere numquam consensit, sed bona terrae prudenter satis et pacifice aliquamdiu dispensavit.* In Münster zeigte er sich in einem anderen Licht als in dieser 140 Jahre nach seinem Tode geschriebenen Charakteristik.

sich persönlich in Anspruch[81] oder verpfändete sie an seine Gläubiger.[82] Außerdem beanspruchte er für die Dauer seiner Administration das Recht, alle Getreide- und Geldrückstände einzumahnen.[83] Die Erregung im Kapitel war groß. Da der Dompropst es im übrigen ablehnte, um eine päpstliche Weihedispens einzukommen, resignierte er nach drei Jahren zugunsten seines Bruders Christian, der dem Kölner Metropolitankapitel als Domgraf angehörte.[84]
Nach den Erfahrungen, die das Domkapitel mit dem Hause Bentheim gemacht hatte, war kaum zu erwarten, daß die Kanoniker erneut ein Mitglied dieser Familie mit der Propstei betrauen würden. Daher wandte sich Christian an die Kurie, um auf dem Wege über das päpstliche Reservationsrecht in den Besitz der Propstei zu gelangen. In der Tat providierte Innozenz VI. (1352–1363) im Jahre 1360 von Avignon aus den Bentheimer, ohne auf die verworrenen Verhältnisse innerhalb des Domkapitels Rücksicht zu nehmen. Im Jahre darauf verlieh er ihm die durch den Tod des Domscholasters Friedrich v. Enschede an der Domkirche freigewordene Präbende.[85] Der neue Dompropst, der schon als Jungherr ein bewegtes Leben geführt hatte,[86] war kaum der rechte Mann, die Verwaltung des Pfründengutes in geordnete Bahnen zu lenken.
Noch zehn Jahre fanden sich die Kanoniker mit den Unzuträglichkeiten der Präbendalverwaltung ab. Dann beschlossen Dechant und Kapitel unter Zustimmung des Fürstbischofs Florenz v. Wevelinghoven (1364–1378) „wegen der feindlichen Einfälle und der Untätigkeit und Gleichgültigkeit des Propstes und seiner Be-

---

[81] StA Münster, Fürstentum Münster Urk. Nr. 658.
[82] Ebd. Nr. 662.
[83] Ebd. Nr. 665.
[84] *Möller*, Bentheim 194f. Otto v. Bentheim starb 1384. L. A. Th. *Holscher*, Die ältere Diözese Paderborn, in: WZ 44 (1886) (II) 47.
[85] Inventar der nichtstaatlichen Archive I 4, 521,6. *Möller*, Bentheim 195; vgl. auch ebd. Urk. 14. *Thiekötter*, Ständ. Zusammens. 7f.
[86] Chronik von Frenswegen 147: ... *quidam aemulus ac persecutor monasterii (Frenswegen) dictus Torneye, qui filius naturalis domicelli Christiani de Benthem exstitit* ... Andererseits schreibt die Chronik 13: *Matutinis nativitatis Christi* (Bernardus) *semper interfuit et inibi cum germano suo Christiano, quamdiu vixit,* ›Venite‹ *decantavit* ...

II. Dom und Domkapitel

amten" am Samstag nach Reminiscere 1370 ein Verwaltungsstatut von elf Artikeln, das die ordnungsgemäße Lieferung der Präbenden und damit zugleich die regelmäßige Feier des Chorgottesdienstes für alle Zukunft sicherstellen sollte.[87] Die Verwaltung der mensa capitularis wurde von der Propstei getrennt. Der Propst blieb zwar de iure Grundherr.[88] Er hatte nach wie vor die Hörigen und ihre Güter zu beaufsichtigen und deren Rechte zu schützen und zu verteidigen. Aber die Verwaltung des Präbendalgutes lag fortan in den Händen des Domkellners, der alljährlich vom Kapitel ernannt bzw. neu beauftragt wurde[89] und auf Jakobi Rechnung zu legen hatte. Zwei emanzipierte Kanoniker standen ihm als Beirat zur Seite. Diese Ordnung bewährte sich und blieb bis zur Säkularisation in Kraft.

Der Domkellner hatte dem Propst für dessen Unterhalt sowie die Verwaltung und Betreuung der Burg Schöneflieth bei Greven alljährlich einen Betrag von 80, später 150 Mark zu zahlen. Außerdem behielt der Propst bis auf weiteres die zu Schöneflieth gehörigen Ländereien,[90] einige Zehnten in Gimbte, Wichtrup, Everswinkel und Telgte sowie die Archidiakonalpfründe mit dem Refektionsrecht.[91] Unberührt von den Maßnahmen des Kapitels blieben die Kollationsrechte der Propstei.[92]

---

[87] StA Münster, Fürstentum Münster Urk. Nr. 809 a und 1415. Niesert US 7 Nr. 63, 342ff.

[88] Ebd. 343: *Primus articulus est, quod prepositus prepositurram in suo antiquo iure et bona omnia prepositure tam in lignis quam in agris observabit fideliter, nec quidquam alienabit ab eisdem.* Man scheute sich, alte Rechtsverhältnisse förmlich zu ändern. Aber die Villikationen durften nicht mehr *sine consensu et iussu capituli* (1265: *sine consilio et consensu*) besetzt werden (344).

[89] Ebd. Artikel 8, 346. Das Ernennungsrecht des Kapitels wurde ausdrücklich mit der Enthebung des Propstes von der Verwaltung begründet: *cum prepositus defectum administrationis non teneatur supplere, sed tantum ad perlocutionem, tuitionem et defensionem iurium, hominum et bonorum, ut superius exprimitur, sit astrictus.*

[90] Die Burg war 1276 von Fr. v. Schonebeck für 421 Mark angekauft worden. Die Größe des Areals betrug 147 Morgen 87 Ruten, darunter 4 ½ Malter Waldbestand. Auch eine Mühle war vorhanden. *Müller* 23 Anm. 2. Vgl. auch StA Münster, Fürstentum Münster Urk. Nr. 838.

[91] Niesert US 7 Nr. 63, 345. *Nottarp* 41 Anm. 6. Seit 1391 wurde wieder regelmäßig mit der Propstei eine Präbende verbunden. Außerdem hatte

Das Münsterer Domkapitel im Mittelalter

So waren dem Wirkungsbereich und den ökonomischen Möglichkeiten des Propstes enge Grenzen gezogen. Die Machtstellung des ersten Dignitärs war gebrochen, seine Verbindung mit dem Kapitel gelockert,[93] wenn er auch nach außen der erste Repräsentant des Domes blieb.[94]

---

der Propst im 15. Jh. das Kollationsrecht über folgende Obödienzen, die er an emanzipierte Kanoniker verleihen mußte: *Jodevelde sive Gasle, quod idem est Smalamet, bona Caseorum, Curtis Gronovere, Curtis Oldehof up der ghest, Holthusen iuxta Ravensberghe Holt.* Hs. 48, 5. Vgl. Niesert US 7, 421f.

[92] Diese bezogen sich um die Mitte des 14. Jh.s auf die Kirchen von Altenberge, Nordwalde, Emsdetten, Telgte (wurde 1249 mit Zustimmung des Bischofs der Propstei inkorporiert, „die im Vergleich zu ihrer Würde nur geringe und dürftige Einkünfte hat". *Niesert*, Beiträge zu einem Münsterischen UB 1 (1823) Nr. 153, 402), Everswinkel, Ostbevern, die dortige Vikarie, Angelmodde, die dortige Vikarie, Rinkerode, Ascheberg, Bösensell, Reken, Handorf, Olfen, Osterwick und St. Jakobi infra urbem. CTW 2, 157.

[93] Melchior Röchell († 1606) schreibt in der zweiten Hälfte des 15. Jh.s: *Diesen* (den Propst) *haben sie wohl anfangs aus einem anderen Kapitel* (nämlich dem Kölner) *gekoren und wurde auch eingeführt als ein Fürst; und derselbe hatte* (nach seiner Enthebung) *mit des Kapitels Sachen wenig oder nichts zu schaffen; kam auch nicht zum Kapitel, er wurde denn sonderlich dazu begehrt; dieser wird aber nun hinferner stets aus ihrem Kapitel gekoren.* MGQ 3, 182. Die gleiche Entwicklung wie in Münster läßt sich in anderen Bistümern beobachten. So gab es auch in Minden harte Kämpfe zwischen Propst und Kapitel, die 1381 damit endeten, daß der Propst reichlich abgefunden wurde, während die Kanoniker fortan selbständig über ihre Präbendalgüter verfügten. W. *Dammeyer*, Der Grundbesitz des Mindener Domkapitels: Mindener Jahrbuch, NF Heft 6 (1957). Vgl. auch WUB 6 Nr. 1640. Am Kölner Dom setzte sich das Kapitel 1373 endgültig vom Dompropst ab und wies ihm ein Sondervermögen zu. W. *Neuss* und W. *Oediger*, Das Bistum Köln von den Anfängen bis zum Ende des 12. Jahrhunderts = Geschichte des Erzbistums Köln, Bd. 1 (1964) 417. Auch in Paderborn entzweite 1275 ein Prozeß super defectu amministrationis praebendarum Dompropst und Kapitel: WUB 4 Nr. 1390. 1392. 1395. 1397. 1398 und 1405. Der Dompropst von Speyer stand 1400 völlig außerhalb des Kapitels und durfte ebensowenig wie der Bischof an den Kapitelssitzungen teilnehmen. L. *Stamer*, Kirchengeschichte der Pfalz 2 (1949) 49 und 52.

[94] MGQ 5, 97: *Praepositus dignitate quidem alios, decanus vero auctoritate officii praecellit.*

II. Dom und Domkapitel

Die Gesamtleitung des Domstifts lag von nun an in den Händen des zweiten Dignitärs, des *Domdechanten*, der bis dahin nur für die religiöse Führung des Kapitels zuständig gewesen war. Die Aachener Regel sah dieses Amt noch nicht vor. Es scheint sich im Laufe des 9. oder zu Anfang des 10. Jahrhunderts gebildet zu haben. Der Dechant hatte über die Beobachtung der Statuten und Gewohnheiten sowie über die Einhaltung der gottesdienstlichen Ordnung zu wachen. Da er der Seelsorger des Kapitels war, mußte er Priester sein. Der Dechant übte die Disziplinargewalt innerhalb der Kapitelsgemeinde aus, indem er u. a. die Residenz der Kanoniker und Vikare überwachte bzw. diesen im Einvernehmen mit dem Kapitel auf kürzere Zeit Urlaub erteilte. Er war der Richter über Prälaten und Kanoniker, Chorvikare und Altaristen.[95] Das wichtigste von ihm behauptete Recht war die Entscheidungsfreiheit über die Einberufung des Kapitels.[96]

In seinem Diensteid gelobte[97] der Domdechant u. a., innerhalb eines Jahres die Priesterweihe zu nehmen, ohne Zustimmung des Kapitels keinen Vikar von der Residenzpflicht zu dispensieren, in den Kurien der Domherren keine Gerichtsbarkeit auszuüben, persönlich stets Residenz zu halten und die üblichen Gnadenjahre der Kanoniker zu respektieren. Der Domdechant war dafür verantwortlich, daß die emanzipierten Domherren die vorgeschriebenen Oblationen zugunsten der Burse leisteten, und zwar die solutio vini, 10 Mark für Jödefeld, 3 Mark für die Kameralen (bis 1402), 20 Mark für das servitium regis,[98] 6 Mark für Schloß Schonebeck und 10 Mark für die Burg Schöneflieth. Er hatte schließlich die ordinatio capituli über die Jakobipfarre auf der Domimmunität, deren Patron er war, gewissenhaft zu befolgen. Der Dechant bezog doppelte Präbende sowie die Einkünfte der Kirche von Bocholt, die Fürstbischof Ludolf v. Holte (1226–1247) im Jahre 1230 der Dechanei inkorporiert hatte.[99]

---

[95] Niesert US 7 Nr. 79, 389 (Nr. 2 und 3). *Hauck* 5, 202f.
[96] Das sollte sich namentlich in den Zeiten der Glaubenswirren zeigen.
[97] Hs. 48, 6.
[98] In einem Statut von 1386 wurde das servitium regis von 20 auf 30 Mark erhöht, „da das Geld den dritten Teil seines Wertes verloren hatte". Niesert US 7 Nr. 94, 478.
[99] WUB 3 Nr. 269. *Nottarp* 42.

Von hoher Wichtigkeit für das geistige Streben des Kapitels war der *Scholaster*, der die Aufsicht über Erziehung und Ausbildung der Jungherren, den Lehrbetrieb der Domschule und das kirchliche Schulwesen in Stadt und Land, soweit es sich noch in der Hand der Kirche befand, führte. Er versah das Amt des Scholasters zugleich im Kollegiatkapitel des Alten Domes.[100] Ihm oder dem Kantor hatten die canonici scholares in Fragen der Disziplin Rede und Antwort zu stehen.[101] Der Scholaster besaß das Vorschlagsrecht bei der Besetzung der Stelle des Domschulrektors, der zugleich Kapitelssekretär war. Er trug die Sorge dafür, daß der Rektor an allen Sonn- und Feiertagen mit seinen Scholaren den Chor besuchte. Mit Rücksicht auf seine höhere Bildung vertrat der Scholaster als os capituli seine Mitbrüder sowohl bei allen schwierigen Verhandlungen, die den Dom berührten, als auch auf dem Landtag. Um seinen vielseitigen Verpflichtungen nachkommen zu können, hielt er zwei Reitpferde.[102] Der Scholaster war Patron von Herbern.[103] Auch er erhielt doppelte Präbende.[104] Die drei genannten Prälaten wurden vom Kapitel aus den Reihen der emanzipierten Kanoniker gewählt.[105] Der Thesaurar, der Kantor und der Vicedominus empfingen ihr Benefizium vom Bi-

---

[100] MGQ 5, 38. Ebenso der Kantor. So wurden denn auch die canonici scholares des Alten Domes vom Scholaster und Kantor des Neuen Domes emanzipiert. Die Alten Dömer, wie man die Kapitelsherren des Alten Domes nannte, beteiligten sich regelmäßig an dem sonntäglichen Umzug vor dem Konventualamt, der auch den Alten Dom durchzog, nahmen an hohen Festtagen im Chorgestühl Platz und empfingen die üblichen Präsenzen (s. oben Anm. 60). Der Alte Dom hatte auch keine Glocken. Abgesehen von der Würde des Propstes, die stets ein Domherr bekleidete, war es verboten, zugleich an beiden Kirchen Benefizien zu besitzen. Wenn einer der Alten Dömer erkrankte, wurde er von einem der Domherren, gewöhnlich dem Krankenmeister, mit den Sakramenten versehen. „Hieraus wird ersichtlich, daß diese beiden Kirchen, wenngleich nach der Zahl ihrer Geistlichen und dem Ort verschieden, mit Recht nur als eine Kirche angesehen wurden." Ebd. 38.
[101] Niesert US 7, 390 (4). MGQ 5, 98.
[102] Hs. 48, 8f.
[103] CTW 2, 158.
[104] S. Anm. 99.
[105] Hs. 48, 1.

schof.[106] Die Kollation der beiden erstgenannten Benefizien war vermutlich, um den Einfluß des Bischofs im Kapitel zu stärken, auf päpstliche Weisung dem Ordinarius übertragen worden, wie es für Paderborn urkundlich belegt ist.[107] Es ist aber auch möglich, daß in dieser Ordnung das bischöfliche Verleihungsrecht des alten Domstifts fortwirkte, zumal mit beiden Benefizien liturgische Aufgaben verbunden waren.

Der *Kustos* oder *Thesaurar*, ebenfalls emanzipierter Domherr, hatte die canonici scholares in den praktischen Kirchendienst einzuführen und für die Einrichtung, Erhaltung und Pflege der Domkirche und deren Schatzkammer zu sorgen. Mit seinem Amt war seit 1390 eines der großen Archidiakonate verbunden. Der Thesaurar war der eigentliche Pfarrer des Domes. Ihm standen zwei emanzipierte Kanoniker im Priesterstand, der subcustos maior und der subcustos minor, deren Amt er verlieh, sowie fünf Werkküster und einige andere Gehilfen aus dem Laienstand zur Seite. Er hatte die Osterkerze zu beschaffen und im Rahmen der Osterliturgie als Diakon zu benedizieren.[108]

[106] Ebd. 4.
[107] WUB 4 Nr. 198: Die Visitatoren des Kardinallegaten Otto von St. Nikolaus ordnen 1231 an, daß das Archidiakonat Warburg der Paderborner Domkantorei übertragen, diese zur Prälatur erhoben und deren Kollation dem Bischof verliehen wird. Demnach kann die Annahme A. *Haucks* 5, 204, die vom Bischof verliehenen Präbenden seien auch von diesem gegründet und nach Patronatsrecht vergeben worden, keinen Anspruch auf Allgemeingültigkeit erheben. Der Bischof ernannte im 15. Jahrhundert aus den Reihen der emanzipierten Kanoniker außerdem den Propst von Friesland, die Stiftspröpste von St. Martini-Münster, St. Liudgeri-Münster und St. Victor-Dülmen, die Bischöflichen Kapläne von Beckum, Warendorf, Billerbeck und Stadtlohn, den Archidiakon in Vreden cum suis appendiciis und den Archidiakon iuxta Emesam. Er verlieh weiter die Güter des Großen Weißamtes, mit dem die Kirche in Alt-Lünen verbunden war, ferner die Kammer von Friesland. *Item bona fermenti (gruth), de quibus agitur memoria Gerhardi Episcopi cum reliquis festis* (vgl. WUB 3 Nr. 760 und 803), *Wilbrandinckhoff, bona Sancti Michaelis, Curtis to Mesem cum conexiis suis.* Hs. 48, 4. Vgl. Niesert US 7 Nr. 57, 319f. (aus d. J. 1314).
[108] Niesert US 7, 425ff. MGQ 5, 98. *Nottarp* 47. Außerdem hatte er in einer Pfanne glühende Kohlen für das Weihrauchfaß und evtl. zum Erwärmen des Zelebrans und der ministri bereitzuhalten, ferner Weihrauch, Chormatten, Handtücher für die Sakristei und hinter dem Al-

Von besonderer Art war die Prälatur des *Vicedominus*, die gemeinrechtlich nicht vorgesehen war.[109] Der Name deutet wohl an, daß der Inhaber, gewöhnlich Viztum genannt, jene Präbende besaß, die der Bischof zur Zeit der vita communis im Kapitel innegehabt hatte. Der Vicedominus bekleidete zwar die unterste Kapitelsprälatur, nahm aber im Chor *von wegen des fursten* den ersten Platz ein.[110] Wurde der Viztum selbst zum Bischof gewählt, so behielt er seine Präbende und seinen Platz im Kapitel. Das Vicedominat war gleichsam die Verbindungsstelle zwischen Kapitel und Bischof.[111] Auch mit ihm war eines der großen Archidiakonate verbunden. Außer in Münster ist dieses Amt innerhalb Westfalens nur in Minden nachweisbar, ohne jedoch dort zu den Prälaturen zu zählen.[112]

Außer den Prälaturen gab es einige Kapitelsämter, die ebenfalls von Domherren versehen wurden und dem Vollzug des Chordienstes und der internen Kapitelsverwaltung dienten.

Der *Kantor*, der ehedem auch zu den Kapitelsprälaten gezählt wurde,[113] mußte Priesterkanoniker sein. Er überwachte den Gottesdienst, namentlich den Chorgesang, wobei er durch zwei Domvikare, den Praecentor oder Concentor und den Succentor, un-

---

tare, drei Spanlichter von je einem halben Pfund, gestickte Decken für den Sakramentsaltar und sieben Wachskerzen von je einem Pfund (zwei in summo altari, zwei ad mensam propositionis, drei in pulpito) zu liefern. CTW 2, 83 Anm. 1. Im Winter hatte er auch eine Pfanne mit glühenden Kohlen in einem Raum der Turmkapelle für die Geistlichkeit und eine andere im Hauptschiff für die Gläubigen aufzustellen. MGQ 5, 39f. Der Thesaurar verlieh die Priestervikarie, *que dicitur vicaria veteris chori*, den Walburgisaltar und den Marienaltar im Alten Chor, der Subcustos maior den Johannes- und den Stephanusaltar, der Subcustos minor den Petrusaltar. CTW 2, 158.

[109] Der Vicedominus findet bei *Hinschius, Sägmüller, Schneider* und *Feine* keine Erwähnung.
[110] MGQ 3, 182 (gegen Ende des 16. Jh.s).
[111] Der Vicedominus hatte z. B. zu Beginn des 14. Jh.s dem Bischof die Äbte und Prälaten zu präsentieren, wenn das Kapitel sie approbiert hatte. WUB 8 Nr. 351, 121. *Nottarp* 45 glaubt, der Vicedominus sei vor der Dezentralisierung der bischöflichen Gewalt auf die Archidiakone Stellvertreter des Bischofs in der Diözesanregierung gewesen.
[112] Mind GQ 2, 53.
[113] WUB 5 Nr. 195.

terstützt wurde. Der Praecentor leitete, „den Dirigentenstab führend", die Chorschola, die sich aus den 24 Kameralen und den Domschülern zusammensetzte.[114] Bischof Ludolf v. Holte (1226–1247) hatte 1231 die Einkünfte der Kantorei, „die so kümmerlich waren, daß der Kantor von ihnen nicht standesgemäß leben konnte", durch die Inkorporierung der Kirche von Albersloh aufgebessert.[115]

Der *Domkellner*, dessen Amt nach der Enthebung des Propstes sehr an Bedeutung gewonnen hatte, versah die Funktion eines Grundherrn, ohne es de iure zu sein. Die sieben bemerkenswerten Artikel seines Diensteides verpflichteten ihn u. a., dem Dekan und dem Kapitel jährlich Rechnung zu legen, die Forsten zu schonen und zu pflegen und die Rechte der Hofhörigen zu achten und zu schützen.[116]

Das Amt des *Kämmerers*, dessen Inhaber zur Zeit der vita communis für die Beschaffung der Kleidung und die Betreuung des Dormitoriums Sorge trug, war im ausgehenden Mittelalter zur Bedeutungslosigkeit abgesunken. Die ihm zugehörige Obödienz wurde 1383 mit Zustimmung des Bischofs eingezogen und der Burse überwiesen.[117]

Die wichtigste Obödienz, *que humanitatis magna compassione ordinata fuit*,[118] hatte der *Krankenmeister* inne.[119] Nach dem ältesten Kapitelsstatut fiel das Amt stets dem rangältesten Priesterkanoniker nach dem Dechanten zu.[120] Der minister infirmorum, der sein Amt ursprünglich vom Propst, später vom Dechanten erhielt, hatte seinen kranken Mitbrüdern die Sakramente der Wegzehrung und Ölung zu spenden und seine Amtsobliegenheiten so zu versehen, *ut fidelis dispensator in die retributionis coram Domino inveniatur*.[121]

---

[114] MGQ 5, 44. Er vergab die Kirche zu Albersloh und den Elisabethaltar im Dom. CTW 2, 158.
[115] WUB 3 Nr. 270.
[116] Niesert US 7, 428ff. MGQ 3, 182; 5, 98.
[117] Ebd. Nr. 64.
[118] WUB 2 Nr. 385, 135 (Statut von 1176).
[119] Niesert US 7, 422. MGQ 5, 98.
[120] S. Anm. 118.
[121] Ebd.

Sehr bemerkenswert im Hinblick auf das Sterbebrauchtum des Kapitels ist die Dienstanweisung des *Infirmars*: „Nach der Spendung der Ölung hat er den Kranken drei Tage hindurch mit einer vor einem Kreuz aufgestellten Wachskerze zu erleuchten.... An diesen drei Tagen betet er oder ein anderer am Krankenbett des mit der Ölung Versehenen die kanonischen Horen. Er schickt ihm an diesen drei Tagen jedesmal einen Vorder-(Schulter-)-Schinken oder einen Schweinskopf, ein Schüsselchen alter Schweinssülte, einen Krug Doppelbier und drei Brote, ›beverlinge‹ genannt."[122] Der Krankenmeister mußte daher stets *capita suilla in salsugine* bereit halten.[123] Natürlich war diese echt westfälische Nahrungsmittelspende nicht als Krankenkost für den Sterbenden,[124] sondern als Oblation für die Armen gedacht.[125]

Nach dem Tode des Mitbruders stellte der Infirmar vier Kerzen von vier Pfund um den Aufgebahrten, die so lange brannten, bis die Leiche zum Dom getragen wurde. Vor dem Einzug in den Dom wurden die Kerzen gelöscht. Der Wachsrest verblieb dem Krankenmeister. Wenn der mit der Ölung versehene Kranke länger als drei Tage lebte, oder wenn die Leiche mehrere Tage auf der Immunität aufgebahrt blieb, hatten die Angehörigen bzw. die Erben für das Erforderliche zu sorgen. In der ersten Woche nach dem Tode des Kanonikers wurde täglich dessen Memorie gefeiert. Dabei hatte der Infirmar fünf Weizenbrote, eine petia Präbendenfleisch oder gleichwertiges Frischfleisch, eine Kerze, einen Denar und ein Quart Wein zu opfern. In ähnlicher Weise verfuhr man bei der wöchentlichen Memorie des folgenden Monats.

Dem Inhaber des officium infirmorum stand die Verleihung der Nikolauskapelle auf der Domimmunität zu, deren Benefiziat vicarius perpetuus an der Domkirche war.[126]

---

[122] CTW 2, 47f. Niesert US 7, 421f. und 562f.
[123] MGQ 5, 98.
[124] Wie Niesert US 7, 424, Darpe CTW 2, 47 Anm. 3 und *Nottarp* 29 Anm. 6 annehmen.
[125] MGQ 5, 98: ... *deferuntur enim haec fercula in ptochodochia urbis ac inter inopes distribuuntur* ... Kerssenbrock gibt verschiedene Deutungen dieses volkskundlich interessanten Brauches.
[126] Außerdem vergab er den Gregoraltar im Dom. CTW 2, 158. Niesert US 7, 424.

II. Dom und Domkapitel

Das Amt des *Bursars* gehörte seinem Ursprung nach dem 13. Jahrhundert an. Als das Kapitel etwa zur Zeit der Domweihe (1264) sich genötigt sah, seine Güter, von den ministerialischen Amtmännern, deren Amt nebst den verwalteten Kapitelsgütern erblich geworden war, zurückzukaufen, sammelte die Burse die Memorienstiftungen, um sie für den Rückkauf des entfremdeten Besitzes zu verwenden.[127] Ihr fielen auch die Oblationen der emanzipierten und die Präbenden der suspendierten Kanoniker sowie die Einkünfte des zweiten Gnadenjahres zu. Der Bursar hatte täglich im Chor und beim Konventualamt die Präsenzgelder auszuteilen.[128] Die Burse entwickelte sich im Laufe der Zeit zu einem förmlichen Bankinstitut, das über reiche Kapitalien verfügte, die der Bursar auslieh oder zu Güter- und Rentenkäufen einsetzte.

Als Körperschaft handelte der Domklerus, wenn er zum Kapitel, d. h. zur Versammlung der stimmberechtigten Mitglieder, zusammentrat. Nach der Regel Chrodegangs trugen die *Kapitelssitzungen* vorwiegend erbaulichen Charakter. Dieser Grundzug erhielt sich, wie in Köln,[129] auch noch im ausgehenden Mittelalter. Den Jungherren oblag die lectio der Statuten und der nomina defunctorum.[130] Dann schlossen sich je nach den Umständen Beratungen bzw. Beschlußfassungen über Verwaltungsangelegenheiten, die Emanzipation der Jungherren, die Wahl der Prälaten oder eine bevorstehende Bischofswahl an. Der Dechant führte den Vorsitz. Bei Wahlen gaben die Domherren ihr votum in der Reihenfolge ihres Eintritts ab, jedoch hatten die fünf Prälaten, die im Kapitelssaal die obere Bank einnahmen, hier, wie auch bei Prozessionen, Opfergängen und ähnlichen Gelegenheiten, die Präzedenz.[131] Zweifellos war der Bischof auf Grund seiner Diözesangewalt berechtigt, dem Kapitel Satzungen aufzuerlegen, wenn Zucht, Ordnung und Friede unter den Kanonikern gefährdet erschienen,[132]

---

[127] *Nottarp* 26. 38. *Spieckermann* 8f. CTW 2, 112.
[128] MGQ 5, 98: *Quae res ecclesiasticum ordinem optime conservat ac in officio retinet.*
[129] *Hauck* 205 und Anm. 4.
[130] Hs. 48, 17.
[131] Niesert US 7, 410.
[132] So in Minden 1299: WUB 6 Nr. 1635.

daß er aber – und hierin zeigt sich der hohe Grad der anerkannten Selbständigkeit des Kapitels – von diesem Recht Gebrauch gemacht hätte, läßt sich nicht feststellen. Dagegen nahm der Bischof wohl bei einschneidenden Statutenänderungen das Konsensrecht wahr.[133]

Im übrigen scheint das Leben im Kapitel weniger durch geschriebene Satzungen als durch Gewohnheiten bestimmt worden zu sein, die sich auf Grund der alten Statuten herausgebildet hatten. Die *consuetudines in Ecclesia et Capitulo antiquitus observatae*,[134] betrafen die Disziplin, die Gerichtsbarkeit, das Präbenden- und Ämterwesen, die verschiedenen Formen der Distributionen, die Deservitionspraxis, das Aufnahmeverfahren der Jungherren, die Residenzpflicht, die Wahlordnung, die Exequien des Bischofs, der Domherren, der Kanoniker des Alten Domes, der Stiftsdamen von Überwasser, der Kanoniker von St. Martini und St. Mauritz sowie der Nonnen von St. Aegidii, ferner die Verleihung der zahllosen über- und untergeordneten Benefizien seitens des Bischofs, des Propstes bzw. später des Dechanten und der übrigen Kapitelsprälaten, die bis ins einzelne gehenden Rechte und Pflichten der Benefiziaten sowie schließlich die wichtigen Verwaltungsbestimmungen, die der Domkellner zu beobachten hatte.

Alles in allem stellten die Statuten, Privilegien et honestae consuetudines das *kodifizierte Recht des Domkapitels* dar, das der Bischof bei seiner Inthronisation feierlich zu garantieren und die Jungherren bei ihrer Emanzipation zu beschwören hatten.[135]

Allerdings schufen diese Rechtsnormen, die für die Entwicklung der mittelalterlichen Kirche so charakteristisch sind, kaum das Klima, in dem jenes anspruchsvolle apostolische Ideal gedeihen konnte, das einst dem Domstift seinen Sinn gegeben hatte. Der den meisten Privilegien, Statuten und Gewohnheiten zugrundeliegende *Versorgungsgedanke* und der exklusive Wahlmodus

---

[133] So bei den Eingriffen in die Verwaltung, Niesert US 7, 271 (1265): *accedente venerabilis in Christo patris Domini nostri Gerhardi Monast. Episcopi consensu.* Oder Niesert US 7 Nr. 63, 343: *Reverendi Domini nostri Florentii ecclesie prescripte Episcopi ad hoc accedente consensu.*
[134] Ebd. Nr. 79, 389–432.
[135] Hs. 48, 3 und 10.

II. Dom und Domkapitel

brachten es nämlich mit sich, daß der Domherr mehr und mehr zum verweltlichten „Gottesjunker" wurde, dessen Denken nur um seine Pfründe kreiste. Diese ungeistliche Entwicklung setzte bereits im 13. Jahrhundert ein und erreichte gegen Ende des 14. Jahrhunderts ihren Tiefpunkt. Abgesehen davon, daß ein gewisser Teil der Chorplätze infolge der Pfründenhäufung fast ständig unbesetzt blieb, mochten manche Domherren auch durch ihre dienstlichen Verpflichtungen als Archidiakone oder bischöfliche Beamte an der Teilnahme am täglichen Kapitelsgottesdienst rechtens behindert sein. Nicht wenige blieben aber auch aus Gleichgültigkeit und Mangel an geistlicher Gesinnung dem Chor fern. Der immer tiefer in das Kapitel eindringende Weltgeist bewirkte außerdem, daß sich viele Domherren mit den niederen Weihen begnügten. Es fehlte für den Vollzug der Liturgie namentlich an Priesterkanonikern.

Um den *Chordienst* nicht verkümmern zu lassen, wurde daher im 13. Jahrhundert die Einrichtung der *Chorvikare* geschaffen, die als vicarii temporales oder perpetui die Verpflichtungen der Domherren übernahmen. Nachdem bereits Bischof Dietrich III. (1218–1226) im Jahre 1225 dem Thesaurar die Genehmigung erteilt hatte, mit Zustimmung des Kapitels für den Chordienst und den Altardienst am Paulusaltar des Westchores einen Priestervikar zu ernennen, erhielt das Kapitel 1248 von Innozenz IV. (1243–1254) *propter ministrorum et maxime sacerdotum defectum* die Erlaubnis, für den Altar- und Chordienst vier Chorvikare zu bestellen, von denen zwei Priester und je einer Diakon und Subdiakon sein sollten. Sie wurden trotz des entgegenstehenden Statuts über die Zahl der Kanoniker mit päpstlicher Genehmigung aus den Einkünften zweier Kapitelspräbenden unterhalten.[136] Auch die Altaristen des Domes – man zählte 1386 bereits 22 Altäre[137] – hatten als Domvikare Chordienst zu leisten. Im Jahre

---

[136] Niesert US 7 Nr. 41 und 42. Vgl. auch Nr. 45 und 46. WUB 3 Nr. 212; 5 Nr. 494.
[137] Urk. v. 2. 9. 1387: BAM Domarchiv VIII A 30 fol. 10; Kopie des 16. Jh.s *Nottarp* 10 Anm. 7. CTW 2, 156f. *Geisberg* 5, 198ff. S. auch die folgende Anmerkung. Die Angabe *Spiekermanns* 24, der Dom habe 1434 schon 38 Altäre gehabt, beruht auf einem Irrtum.

Das Münsterer Domkapitel im Mittelalter 197

1434 gab es insgesamt 38[138], hundert Jahre später 48 Domvikare.[139] Schließlich erhielt der Chordienst Verstärkung durch die bedürftigen scholares de camera, kurz *Kameralen* genannt, die aus der Schar der Domschüler ausgewählt wurden und in der „Kammer" über dem Remter, der späteren Domschule, eine vita communis führten. Ihr Lebensunterhalt wurde aus den Spenden der einzelnen Domherren bestritten. Seit 1402 bezogen die Kameralen ein festes Einkommen, ihre Zahl wurde auf 24 begrenzt.[140] Die Jung-

[138] Niesert US 4 Nr. 9. Vgl. ebd. 7 Nr. 59, 324 (1336). Die Ernennung der Chorvikare und Altaristen war fast ausnahmslos Sache des Dechanten. CTW 2, 157: *Decanus habet conferre ea, que sequuntur: Altare S. Vincentii, altare S. Pauli, altare S. Karoli, altare S. Ludgeri, altare sacramenti, altare S. Antonii, altare trium regum, diaconalem vicariam, quam nunc possidet Rodolphus Berner, subdiaconalem vicariam, quam nunc possidet Hermannus Wyroghe, in Bocholte ecclesias veterem et novam. Decanus cum duobus senioribus de capitulo habet conferre: primum altare et altare beate Katherine. Decanus et capitulum habent conferre: sacerdotalem vicariam, quam nunc habet Albertus de Zote, sacerdotalem vicariam, quam nunc habet Arnoldus Rode, diaconalem vicariam, quam nunc habet Johannes Biscopinch, subdiaconalem vicariam, quam nunc habet Everhardus Morbroch, altare Symonis et Jude, altare decem milium martyrum.* Diese von Darpe CTW 2, 157 mitgeteilte Liste findet sich bei *Geisberg*, Der Dom 198ff. nicht. Ihre Zusammenstellung erfolgte 1387/1410, da der erwähnte Antoniusaltar am 3. 9. 1387 errichtet wurde und die beiden 1410 gestifteten Altäre Quatuor Evangelistarum und Quatuor Doctorum noch nicht aufgeführt sind. *Geisberg* 199 und 218f. Der bereits 1352 erwähnte Altar Simon et Judas taucht bei *Geisberg* überhaupt nicht auf. Im Jahre 1423 gab es am Dom 34 Domvikare, 1 Succentor, 1 Organisten, 4 Offizianten der Marienkapelle sowie Rektoren der Kapellen in der Domburg, in St. Jakobi, St. Michaelis, St. Nicolai und St. Margarethe. Münsterisches Urkundenbuch. Das Stadtarchiv Münster, hg. von J. Prinz, 1. Halbband 1176–1440 (1960) Nr. 498.

[139] *Nottarp* 10 Anm. 7. Demnach waren an manchen Altären zwei oder mehrere Altaristen zugelassen. S. auch die aufschlußreichen Untersuchungen von J. *Prinz*, Prebenda regis, in: Monasterium (1966) 514ff.

[140] Hs. 48, 93f. Die Gruppe teilte sich in ältere und jüngere Kameralen. Nur die letzteren besuchten die Domschule. Alle hatten regelmäßig bei den gottesdienstlichen Veranstaltungen des Kapitels im Chor zu singen bzw. zu rezitieren. Wer das Morgengebet versäumte, wurde von der Mittagstafel ausgeschlossen. Auch die älteren Kameralen waren zum Zölibat verpflichtet. Allerdings scheint man es damit im 16. Jahrhun-

herren und die übrigen Domschüler waren nur an den Sonn- und Feiertagen zum Altar- bzw. Chordienst verpflichtet.[141] In der zweiten Hälfte des 15. Jahrhunderts konnte sich auch das Domkapitel der allgemeinen Erneuerungsbewegung nicht völlig verschließen. Zu den Männern, die der Reform offen gegenüberstanden, gehörte der verdiente Domscholaster (vor 1444–1448) und Domdechant (1448–1484) Hermann v. Langen aus Everswinkel.[142] Im Sinne der Reformdekrete des Baseler Konzils über die Disziplin in der Kirche (1435),[143] suchte er als Scholaster seine *Kanonikerscholaren* zu einem zuchtvollen, verinnerlichten Mitvollzug des Chordienstes zu führen. Von ihren Eltern für den geistlichen Beruf vorherbestimmt, gelangten die jungen Adelssöhne, die das Kirchenrecht canonici domicellares oder canonici in pulvere nannte, oft schon im Alter von sieben Jahren in den Besitz einer Knabenpräbende. Vom 13. oder 14. Lebensjahr an lebten die jungen Novizen im Haushalt der ihnen verwandten Kanoniker. Sie erhielten ihre Ausbildung an der Domschule.

Als die Universitäten im deutschen Bildungswesen an die erste Stelle traten, verlangte das Kapitel von seinen *Jungherren* außerdem ein *akademisches Studium* von mindestens einjähriger Dauer, dessen Kosten ebenfalls aus der Knabenpräbende bestritten wurden. Wie ernst man es damit nahm, zeigt die Tatsache, daß das

dert nicht sonderlich ernst genommen zu haben. *Kerssenbrock* erzählt, daß ein Kameral, der illegitimer Vater wurde, zur Strafe seinen Kollegen ein Mahl zu spenden hatte(!), wobei ihm das Recht zustand, die erste volle Kanne Bier der Kindbetterin zu schicken. Durch dieses finanzielle Opfer konnte er seinen guten Namen wiederherstellen und sein Vergehen auslöschen. Natürlich stand es ihm frei, das Mädchen zu heiraten, aber dann schied er aus der Kammer aus. Ob und inwieweit sich dieser sittliche Laxismus schon im ausgehenden Mittelalter eingenistet hatte, bleibt unklar. MGQ 5, 47f. Näheres über die Kameralen bringt demnächst F. *Helmert*, Die Kleriker der Domkammer, älteste Singgemeinschaft in Münster: Zur 150-Jahrfeier des Musikvereins Münster = Westfalen 44 (1966) Heft 4.

[141] Nottarp 10f. Anm. 8. Hs. 48, 17. Niesert US 7, 608 (15. Jh.).
[142] Schaten 2, 515 (ad 1475): *Eminebat per id tempus, Henrico Schwartzenburgio Episcopo, Hermannus Langius Decanus, tam generis claritudine ex prisca Langiorum familia, quam religione et doctrina clarus. Quippe qui utriusque juris laurea publice decoratus, Cleri decus et forma erat.*
[143] Sess. XXI: COD 465–468.

Kapitel im 13. Jahrhundert unter seinen Kanonikern wenigstens 15 magistri zählte.[144] Aber der Eifer erlahmte bald. Im Jahre 1304 erhoben Dechant und Kapitel das Universitätsstudium zur Aufnahmebedingung, *ne consuetudo laudabilis hactenus observata eundi ad studium deinceps obmittatur.* Seitdem durfte niemand emanzipiert werden, der nicht zwanzig Jahre alt war und wenigstens ein Jahr und sechs Wochen in Paris, Bologna oder an einer anderen Hochschule Frankreichs oder der Lombardei studiert hatte.[145] Bologna genoß als hohe Schule des Rechts Weltruf. Die bis in das 16. Jahrhundert an dieser Universität vertretene natio Theutonicorum zählte von 1289 bis 1516 unter ihren Mitgliedern 200 westfälische Jungherren und emanzipierte Domherren.[146] Die Priesterkanoniker, vor allem der Dechant, verfügten im allgemeinen über eine angemessene Ausbildung. Aber im übrigen gab man sich gern zufrieden, wenn die Jungherren bei den Prüfungen zur Emanzipation die litteratura, d. h. die Kunst des Lesens und Schreibens, einigermaßen beherrschten. Kanoniker, die in anderen Kapiteln emanzipiert worden waren und in Münster bepfründet wurden, werden selbst dies Mindestmaß nicht immer erfüllt haben. Tatsächlich brachten die Jungherren im späten Mittelalter nur noch ausnahmsweise einen akademischen Grad von der Universität mit

---

[144] WUB 3 Reg., 97ff.
[145] WUB 8 Nr. 189. Niesert US 7 Nr. 60, 408f.; Hs. 48, 17: *De officio Canonici scholaris eiusque studio et quando emancipationem petere possit necnon de modo et forma emancipationis, quidque in illa et post illam ab emancipando agendum sit.* Man zeigte sich jedoch schon um die Mitte des Jahrhunderts einverstanden, wenn der Kanoniker das Studium erst nach der Emanzipation aufnahm. Vgl. CTW 2, 96. *Frhr. v. Twickel* 232. 238 u. ö.
[146] H. *Hoogeweg,* Westfälische Studenten auf fremden Hochschulen, in: WZ 49 (1891) 59ff.; J. *Vincke,* Der Klerus des Bistums Osnabrück im späten Mittelalter = Vorreformationsgeschichtliche Forschungen 11 (1928) 178ff.; *Frhr. v. Twickel* 148ff. In der Zeit 1289–1561 erscheinen in der Universitätsmatrikel von Bologna 27 Münsterer Kanoniker. A. *Bömer,* Das literarische Leben in Münster bis zur endgültigen Rezeption des Humanismus: Aus dem geistigen Leben und Schaffen in Westfalen. Festschrift zur Eröffnung der Königl. Universitäts-Bibliothek in Münster 1906 (1906) 67 Anm. 1.

II. Dom und Domkapitel

heim.¹⁴⁷ Den meisten fehlte die Vorbildung zu einem erfolgreichen Hochschulstudium.¹⁴⁸ Trotz des Statuts von 1304 wurde es noch im Laufe des 14. Jahrhunderts üblich, sich vom Studium loszukaufen.¹⁴⁹ Ein von verantwortungsbewußten Mitgliedern des Kapitels 1387 veranlaßtes Verbot dieser Unsitte¹⁵⁰ vermochte neues geistiges Streben nicht zu wecken. Im Gegenteil, noch im 15. Jahrhundert kam es offenbar vor, daß Kanoniker nicht lesen und schreiben konnten. Einen Versuch, diesen beschämenden Bildungstiefstand durch bescheidene Mindestforderungen zu überwinden, unternahm 1446 Hermann v. Langen. Auf sein Drängen erließ das Generalkapitel *pro reformandis moribus* vom 20. Dezember 1446 das „unverletzliche" Statut, fortan Kanoniker ohne akademischen Grad oder sonstige Studienzeugnisse zur Emanzipation nur noch zuzulassen, wenn sie durch den Sukzentor und den Rektor der Domschule *tam de litteratura quam de cantu* sorgfältig geprüft worden waren. War der Prüfling nach dem Urteil der beiden vereidigten Examinatoren „wenigstens zum Lesen und Singen hinreichend befähigt" – beides war für den Chordienst unerläßlich –, durften der Scholaster und der Kantor, wenn die sonstigen Bedingungen erfüllt waren, ihn dem Dechant und dem Kapitel zur Emanzipation vorschlagen.¹⁵¹

---

¹⁴⁷ Einige beachtliche Ausnahmen bei *Frhr. v. Twickel* 150.
¹⁴⁸ Besonders kraß trat die Unwissenheit in Minden hervor. Als hier 1324 die 14 wahlberechtigten Kanoniker den Herzog Ludwig v. Braunschweig-Lüneburg (1324–1326) zum Bischof gewählt hatten, wurden sie gebeten, ein Schreiben an den Kölner Metropoliten Dietrich v. Moers, dem die Bestätigung zustand, zu unterzeichnen. Aber nur sechs Domherren waren in der Lage, ihren Namen zu schreiben. Die übrigen acht, unter ihnen der Scholaster, der für die Ausbildung der Jungherren verantwortlich war, ließen durch ihren Notar oder einen Mitbruder unterzeichnen mit dem entschuldigenden Zusatz: *quia usum scribendi non habeo.* WUB 10 Nr. 929. Vgl. auch WUB 6 Nr. 1523.
¹⁴⁹ *Nottarp* 7 Anm. 3. Im 15. Jh. betrug die Kaufsumme 20 Mark. Niesert US 7, 609.
¹⁵⁰ Niesert US 7 Nr. 64, 353ff. (Von Propst, Dechant und Kapitel erlassen): *Si quis vero prefatum statutum violare de cetero presumpserit, voce capitulari et ab actibus capituli manebit exclusus et privatus ipso facto.*
¹⁵¹ Hs. 48, 20f.

Der bildungsfördernde Einfluß des Humanismus dürfte unter dem Dekanat Hermanns v. Langen (1448–1484) und dank der Reformbemühungen seines großen Neffen Rudolf v. Langen († 1519) auch am Münsterer Domkapitel nicht spurlos vorübergegangen sein. Einen grundlegenden Wandel in der Einstellung der Domherren zur Frage der geistigen Bildung bewirkte er jedoch nicht. Man war bereits zu sehr dem Streben nach materiellem Genuß und politischer Macht verfallen. Die Jungherren besuchten zwar pflichtgemäß eine Universität, begnügten sich aber im allgemeinen damit, wie Kerssenbrock sarkastisch anmerkt, in der Universitätsstadt „studienhalber etliche hundert Kronentaler zu verzehren". Immerhin bewirkte der Aufenthalt in der akademischen Welt, „daß die meisten Mitglieder dieses Standes durch geistige Weite, Menschlichkeit und vornehme Gesittung den anderen voranleuchten"[152].

Mit größerem Nachdruck betrieb das Kapitel seit altersher die Ausbildung seiner Kanonikerscholaren im *Choralgesang*. Jeder Domherr sollte fähig sein, im Chor eine Antiphon vom Blatt zu singen und als Offiziant und Ministrant die entsprechenden Partien des jeweiligen Formulars einwandfrei vorzutragen. Der von den Scholaren gefürchtete regelmäßige Gesangunterricht lag in den Händen des Sukzentors, der jeweils auch die Vikare, Offizianten und Kameralen für den Chordienst schulte und bei der Ausführung überwachte. Er wurde unterstützt durch den Konzentor, der *die jungen Choralen nicht allein in cantu fleißig informieren und zu ihren Verrichtungen anweisen, sondern auch denselben im singen bestens assistieren und bey denen processionen begleiten* mußte.[153] Im Chorgestühl war der Sukzentor als Provisor Chori die höchste Instanz, dessen Weisungen unbedingt Folge zu leisten war.

Unbestreitbare Verdienste erwarben sich viele Domherren als Anreger und Auftraggeber auf dem Gebiet der *kirchlichen Kunst*. Die für das 13. Jahrhundert einwandfrei erwiesenen kunsthistorischen Beziehungen zwischen Westfalen und Westfrankreich, namentlich im Hinblick auf die Domkirchen von Münster, Paderborn und Minden sowie hinsichtlich der Entwicklung der westfäli-

---

[152] MGQ 5, 96.
[153] StA Münster, Domkapitel Münster, Akten IV K Nr. 57.

schen Stufenhalle, erklären sich weitgehend aus den Studienaufenthalten westfälischer Jungherren an den französischen Universitäten.[154] Die residierenden Domherren, vorab die Priesterkanoniker, bestimmten in den späteren Jahrhunderten wesentlich die künstlerische Note ihrer Kathedrale.[155]
Hatten die Jungherren ihre Studien abgeschlossen und die Prüfung bestanden, konnten sie zur *Emanzipation* zugelassen werden.[156] Dieser „sehr schöne Ritus"[157] fand in Anwesenheit des gesamten Kapitels statt. Die für die Ausbildung und Erziehung der Kanonikerscholaren verantwortlichen Herren, Scholaster und Kantor, führten den Kandidaten ein, worauf Dechant und Kapitel den Jungherrn zum Hochaltar des Domes geleiteten, wo dieser sich zu Boden warf. Dieser Unterwerfungsritus wurde in Osnabrück noch dadurch verdeutlicht, daß der Dechant dem vor ihm Liegenden drei symbolische Schläge mit der Rute erteilte, um anzudeuten, daß der Novize aus der Jurisdiktion des Scholasters in die seinige übergehe.[158] Drastischer fiel diese Symbolik in Minden aus, wo noch um die Mitte des 14. Jahrhunderts der emancipandus nach bestandener Prüfung für 24 Stunden in den Karzer wanderte, aus dem er sich teuer loskaufen mußte.[159]
Nach einigen Segensgebeten forderte der Dechant den Jungherrn auf, sich zu erheben und ihm Obödienz zu leisten, worauf dieser ihm kniend gelobte: *Domine Decane, ego facio vobis oboedientiam uppe recht unde uppe ghenade.* Der Novize erhob sich und trat vor

---

[154] B. *Thomas,* Die westfälischen Figurenportale in Münster, Paderborn und Minden: Westfalen 19 (1934) 1ff. *Geisberg* 5, 62. A. *Henze,* Westfälische Kunstgeschichte (1957) 174ff.

[155] *Geisberg* 2.

[156] Hs. 48, 17ff.: *De officio Canonici scholaris, eiusque studio et quando emancipationem petere possit et forma emancipationis quidque in illa et post illam ab emancipando agendum sit.* Ferner ebd. 14f.: *Forma ac Ritus in dando emancipando Canonico possessionem coram Summo altari observandi.* Vgl. Niesert US 7, 393 und 409. Die Prüfung der emancipandi fand in der Turmkapelle der hl. Katharina, der Patronin des Lehrstandes, statt. MGQ 5, 39.

[157] Nach *Kerssenbrock,* MGQ 5, 98: *pulcherrimus emancipationis ritus.*

[158] H. *Hagemann,* Das Osnabrücker Domkapitel in seiner Entwicklung bis ins 14. Jahrhundert (1910) 29.

[159] W. *Schröder,* Chronik des Bistums und der Stadt Minden (1886) 253f.

den Dechant, der ihn in folgender Weise über Rechte und Pflichten des ersten Jahres belehrte: „In diesem ersten Jahr sollst du im Chor der erste und der letzte sein, in diesem ersten Jahr wirst du im Kapitel nie mit der Minderheit, sondern stets mit der Mehrheit abstimmen, in diesem ersten Jahr darfst du dich im Chor nur setzen, wenn auch die Scholaren Platz nehmen, es sei denn, du wärest davon dispensiert, in diesem ersten Jahr wirst du den Subdiakonat empfangen, außer, wenn dir aus Gnade Aufschub gewährt wird." Nach dieser Belehrung wurde ein Plenarium herbeigeholt. Indem der Novize das Evangelium berührte, leistete er den Kapitelseid.[160]

Nunmehr emanzipiert, verehrte der Neokanoniker dem Scholaster und dem Kantor, wenn sie es erlaubten, eine bzw. eine halbe Mark, vor 1402 auch den Kammerscholaren ca. drei Mark.[161] Dann erteilte ihm der Dechant *vocem in Capitulo et stallum in Choro*, letzteres jedoch mit der Einschränkung, daß der neue Kanoniker zunächst an drei aufeinanderfolgenden Tagen seinen Platz auf der Bank der Scholaren nehme, es sei denn, der Dechant würde es ihm erlassen. Der neue Domherr pflegte seine Mitbrüder, Verwandten und Freunde mit einem Emanzipationsschmaus zu bewirten.

Die Reformstatuten von 1446 machten den emanzipierten Kanonikern in Anlehnung an die erwähnten Baseler Dekrete eine zuchtvolle und ehrfürchtige *Gebetshaltung im Chor* zur Pflicht.[162] „Wenn der Provisor Chori", so heißt es darin, „den jungen Kanoniker auffordert, die Antiphon anzustimmen, soll dieser, wenn er

---

[160] Dieser hatte folgenden Wortlaut: *Ego N. iuro ad haec sancta Dei Evangelia corporaliter per me tacta, quod sum de parentibus libere et legitime natis et matrimonialiter copulatis procreatus, et quod pro me posse et nosse procurabo utilitatem Ecclesiae huius, observabo statuta, Privilegia et honestas Ecclesiae istius consuetudines, secreta Capituli huius non revelabo nec permutationem de praebenda mea et Canonicatu, quos in hac Ecclesia obtineo, faciam, nec quacumque authoritate fieri procurabo, sine consensu Capituli mei huius, sic me Deus adiuvet et sancti patres, qui sancta Evangelia conscripserunt.* Hs. 48, 18.
[161] Zu den übrigen Verpflichtungen des Neokanonikers s. u. 205f.
[162] Hs. 48, 17ff.

sitzt, sofort ehrerbietig aufstehen, Birett oder Choralkapuze abnehmen, sich zum Provisor Chori verneigen und die Antiphon dezent intonieren, bis der Provisor Chori den Psalm anstimmt. Dann bricht er augenblicklich ab, bleibt unbeweglich stehen, bis der erste Vers gesungen ist, macht je eine Verneigung nach Osten und Westen und nimmt wieder Platz. Er steht, sitzt, rezitiert oder singt stets in Gemeinschaft mit allen Chorteilnehmern. Am ersten Samstag nach der Emanzipation wird der neue Domherr zum Sonntagsdienst aufgeschrieben. Wenn er dann seinen Dienst versieht, soll er sich nicht auf das Pult stützen, sondern aufrecht und gerade in der Mitte des Chores stehen und so die Mitbrüder durch Wort und Beispiel zum guten Rezitieren und Singen anspornen. Auch darauf soll er gewissenhaft achten, daß er während des Evangeliums seinen Platz nicht verläßt, sondern geneigten Hauptes ehrfürchtig zuhört. Befindet er sich während des Evangeliums außerhalb des Chores, darf er nicht eintreten, bevor das Evangelium beendet ist."
Solche Rubriken zeigen, wie ernstlich man bemüht war, die jungen Kanoniker zu einer von Ehrfurcht getragenen liturgischen Haltung zu erziehen, die weithin geschwunden war.
Die Statuten schärften den jungen Domherren auch die rücksichtsvolle Beobachtung der kirchlichen Rangordnung ein. „Begegnet dem Emanzipierten beim Betreten oder Verlassen des Chores der Dechant, so zieht er, da er ja Obödienz gelobt hat, Birett oder Kapuze und grüßt ihn mit einer ehrerbietigen Verneigung. Betritt ein Ranghöherer das Chor, so erhebt er sich, es sei denn, der ganze Chor hätte Platz genommen, aber dann darf ja auch niemand eintreten. Vor einem Rangniederen braucht er nicht aufzustehen, kann es aber freiwillig tun. Vor dem Dechant erheben sich alle, sei es im Kapitel, sei es im Chor. Wenn der Dechant steht, soll sich niemand unterfangen, sitzen zu bleiben, außer der Provisor Chori hätte Platz genommen. Bei der Prozession, im Chor, beim Opfergang, bei Wahlhandlungen soll der Kanoniker stets die Rangordnung sorgfältig beobachten."
Auf der oberen, durch Wandteppiche dekorierten Chorbank saßen zu beiden Seiten Propst und Dechant, Scholaster, Thesaurar und Vicedominus. Dann folgten nach dem Eintrittsalter die übrigen Domherren. Auf der mittleren Bank nahmen die Domvikare,

auf der unteren die Kameralen und die Domschüler einschließlich der Kanonikerscholaren Platz.[163]
Der Neokanoniker hatte, wie wir sahen, innerhalb des ersten Jahres nach der Emanzipation die zur Ehelosigkeit verpflichtende Subdiakonatsweihe zu empfangen. Diese Forderung des Konzils von Vienne 1311,[164] die 1317 in der Clementina gesetzlich verankert wurde,[165] war auch in die Satzungen der westfälischen Domstifte eingegangen. Allerdings konnte der emanzipierte Kanoniker, wie die obige Belehrung des Dechanten zeigte, im Einklang mit den Vorschriften des Konzils[166] die Weihe aus besonderen Gründen aufschieben,[167] jedoch nur unter Verzicht auf entscheidende Vorrechte. Ohne Weihe blieb der Domherr ausgeschlossen von den actus capitulares, von der auf Jakobi (25. Juli) stattfindenden Verteilung des gemeinsamen Pfründenkorns, von der Option der einträglichen Obödienzen und Oblegien, von der dem Bischof reservierten Verleihung der vier Bischöflichen Kaplaneien Bekkum, Warendorf, Billerbeck und Stadtlohn, der Archidiakonate Vreden und Winterwijck, der Propsteien von St. Liudgeri, St. Martini, St. Mauritz und Alter Dom, sämtlich in Münster, seit 1323 auch der Propstei von St. Viktor, Dülmen, sowie weiterer fünf dem Kapitel vorbehaltener Archidiakonate.[168] Da die Übernahme dieser einträglichen Benefizien Kanonikern ohne Subdiakonat stets verwehrt blieb, wird die Mehrzahl der Domherren wenigstens diese Weihe empfangen haben. Als seit 1532 infolge der Wiedertäuferunruhen und der anschließenden Glaubenswirren gelegentlich auch Kanoniker-Minoristen zu diesen Stellen Zugang gewährt worden war, stellte das Kapitel nach Beruhigung der Lage im Jahre 1541 den gesetzlichen Zustand wieder her, fand sich aber fünf Jahre später zu dem Zugeständnis bereit, auch solchen Kanoniker-Minoristen die Option zu gestatten, die inner-

---

[163] Niesert US 7, 410. MGQ 5, 44.
[164] Decr. 5: COD 339.
[165] C. 2 I 6 in Clem.: *Friedberg* 2, 1139–1140.
[166] Decr. 5: *nisi iusto impedimento cessante* ...
[167] Hs. 48, 18: *nisi de gratiosa supporteris* ...
[168] Ebd. 43ff. Niesert US 7 Nr. 57. *Nottarp* 41ff.

halb einer Frist von 15 Tagen die Subdiakonatsweihe empfingen.[169]
Diese abwartende Haltung gegenüber den höheren Weihen zeigt, daß manchen Kapitelsherren das Opfer des Zölibats nur um den Preis einer gut dotierten zusätzlichen Pfründe zumutbar erschien.[170]

IV.

Während die aktive Teilnahme des Bischofs an der Verwaltung des Domstiftes im Laufe der Zeit mehr und mehr ausgeschaltet wurde, drängte das Kapitel seinerseits immer stärker und erfolgreicher auf eine Mitbeteiligung an der bischöflichen und landesherrlichen Machtausübung. Im späten Mittelalter war aus den ursprünglich beratenden Mitarbeitern des Bischofs ein *mitbestimmendes Gremium* geworden, von dessen Konsens die Rechtsgültigkeit bischöflicher Maßnahmen weitgehend abhängig war.
Der Einbruch in die bischöflichen Rechte war tief. Es sei erinnert an die quasiepiskopale Stellung bestimmter Domherren in ihrer Eigenschaft als Archidiakone. Seit dem Ende des 12. Jahrhunderts waren nämlich sämtliche großen Archidiakonate sowie ein beträchtlicher Teil der kleinen mit dem Domkapitel verbunden.[171]
Damit befanden sich mehr als drei Viertel aller Pfarreien unter der geistlichen Aufsicht und Gerichtsbarkeit der Kapitulare. Man denke ferner an das seit dem 13. Jahrhundert zu beobachtende zielbewußte Streben des Kapitels, dem bischöflichen Beamtentum durch Besetzung des Offizialates und Generalvikariats mit Kapitelsmitgliedern die gegen das Kapitel gerichtete Spitze zu nehmen oder es gar völlig zu beseitigen. Vor allem wußten die Kanoniker

---

[169] Hs. 48, 46ff.
[170] Jedoch liegt die Zahl nachweisbarer Zölibatsvergehen nicht hoch. Von den von *Frhr. v. Twickel* 163ff. ermittelten 11 Fällen gehören nur drei oder vier der vorreformatorischen Zeit an. Vgl. auch A. *Tibus*, Die Jakobipfarre in Münster 1508–1523 (1885) 48ff. Es ist aber anzunehmen, daß die wiederholten Klagen über die Ungebundenheit des höheren Klerus nicht unbegründet waren. Die Pfarrgeistlichkeit bot ein verhältnismäßig günstiges Bild.
[171] N. *Hilling*, Die Entstehungsgeschichte der Münsterschen Archidiakonate, in: WZ 60 (1902) 78.

als die Erbherren des Bistums die Sedisvakanz, in der die Rechte des Bischofs an das Domkapitel zurückfielen, zum Ausbau und zur Festigung ihrer Machtstellung zu nutzen. Diesem Ziel diente namentlich das vornehmste und bedeutendste Recht des Domkapitels, das die Kanoniker, von Rom unterstützt, nur gegen harten Widerstand durchzusetzen vermochten, die *Bischofswahl*.[172] Obwohl das *Wormser Konkordat* (1122) die freie kanonische Wahl der Bischöfe durch Klerus und Volk gefordert hatte, war nämlich die Kurie in der Folgezeit stets darauf bedacht, Laien und Regularkleriker[173] bei der Wahl zurückzudrängen und das Wahlrecht ausschließlich auf das Domkapitel zu beschränken. Dementsprechend betrachtete bereits das II. Laterankonzil (1139) das Domkapitel als den eigentlichen Wahlkörper, forderte jedoch, daß die Kanoniker die viri religiosi nicht von dem Wahlakt ausschlössen, sondern deren Rat und Zustimmung einholten. Die Laien wurden nicht mehr erwähnt.[174] Das IV. Laterankonzil (1215), an dem auch der Fürstbischof von Münster, Otto v. Oldenburg (1203–1218), im Auftrage Friedrichs II. teilnahm, beschloß in einer Konstitution zur Bischofswahl ausdrücklich, *ut is collatione adhibita eligatur, in quem omnes vel maior vel sanior pars*

---

[172] G. *v. Below*, Die Entstehung des ausschließlichen Wahlrechts der Domkapitel (1883). A. *Diegel*, Der päpstliche Einfluß auf die Bischofswahlen in Deutschland während des 13. Jahrhunderts (Diss., Berlin 1932). L. *Schmitz-Kallenberg*, Die Landstände des Fürstbistums Münster bis zum 16. Jahrhundert, in: WZ 92 (1936) 1ff. *Frhr. v. Twickel* 66f. *Feine* 335ff. K. *Mörsdorf*, Besetzung der Bischofsstühle: LThK 2 (1958) Sp. 501ff. (Lit.). B. *Gebhard*, Handbuch der deutschen Geschichte, hg. von H. Grundmann, 1 (1954) 350 und 661.

[173] In Münster waren dies, wie es scheint, die Pröpste von Cappenberg und Varlar sowie der Abt von Liesborn. G. *Tumbült*, Die Münsterische Bischofswahl des Jahres 1203: Westdeutsche Zeitschrift 3 (1884) 355ff. und 371f. (Exkurs: Die Wählerschaft im Bistum Münster). *Schmitz-Kallenberg* 11ff. Dem Propst von Cappenberg oblag es, zusammen mit dem Domdechanten die abgegebenen Stimmzettel zu zählen und abzulesen, dem Erzbischof von Köln als dem Metropoliten das Ergebnis der Wahl mitzuteilen und für den Neugewählten die erzbischöfliche Bestätigung zu erbitten. St. *Schnieders*, Cappenberg = Geschichte und Kultur 5 (1949) 38.

[174] Conc. Lateranen. II can. 28: COD 179. Der Kanon wurde in das kirchliche Recht aufgenommen: c. 35 D LXIII: *Friedberg* 1, 247. Vgl. G. *Schreiber*, Kurie und Kloster im 12. Jahrhundert 1 (1910) 162ff.

capituli consentit, eine Bestimmung, die Innozenz III. (1198–1216) in das allgemeine Kirchenrecht aufnahm.[175] Von einem Zustimmungsrecht Dritter war nicht mehr die Rede. Jede unter dem Druck weltlicher Gewalt zustandegekommene Wahl wurde als nichtig erklärt.[176]
Tatsächlich gelang es den Domstiften im Laufe des 12. Jahrhunderts fast überall, sowohl den Regularklerus als auch die Laien, d. h. Vertreter des Stiftsadels, von diesem hochwichtigen Akt auszuschließen. Das Münsterer Domkapitel befand sich spätestens seit dem Jahre 1204 im Besitz des ausschließlichen Wahlrechts.[177]
Die Stadt Münster war zu keiner Zeit an der Bischofswahl beteiligt. Es gibt, soweit ich sehe, kein Zeugnis dafür, daß das Domkapitel anläßlich einer Wahl die Stadt konsultiert oder gar ihre Zustimmung nachgesucht hätte.[178] Dies brauchte nach der ältesten Münsterer Wahlkapitulation nicht einmal bei der Aufstellung eines weltlichen Stiftsverwesers zu geschehen.[179] Es war daher ungewöhnlich, daß die Majorität des Domkapitels sich nach der zwiespältigen Bischofswahl im Jahre 1273 herbeiließ, wegen der Nominierung eines Stiftsverwesers nicht nur mit der Stiftsritterschaft, sondern auch mit der Stadt Münster zu verhandeln.[180]

[175] Conc. Lateranen. IV, const. 24: COD 222 = c. 42 X. I 6: *Friedberg* 2, 88f. Zur Teilnahme des Bischofs von Münster s. H. *Krabbo*, Die deutschen Bischöfe auf dem IV. Laterankonzil 1215: Quellen und Forschungen aus den italienischen Archiven und Bibliotheken 10 (1907) 275–300.
[176] Const. 24: COD 223 = c. 43 X. I 6: *Friedberg* 2, 89.
[177] WUB 5 Nr. 195 (1204). *Diegel* 49.
[178] *Schmitz-Kallenberg* 16ff. glaubt annehmen zu dürfen, das Domkapitel habe im 13. Jahrhundert regelmäßig vor der Wahl auch mit der Stadt Münster verhandelt. Aber abgesehen davon, daß die landständische Position Münsters noch keineswegs gefestigt war (ebd. 35f.), enthalten die von ihm angezogenen Urkunden (WUB 3 Nr. 626 und 936; 8 Nr. 362 und 536) weder einen direkten noch einen indirekten Hinweis auf ein Konsensrecht der Stadt. Man vermißt bei U. *Meckstroth*, Das Verhältnis der Stadt Münster zu ihrem Landesherrn bis zum Ende der Stiftsfehde (1457) = Quellen und Forschungen der Stadt Münster NF 2 (1962) eine Stellungnahme zu dieser Frage.
[179] Niesert US 7 Nr. 24, 163: Die ältesten Artikel, welche die gewählten Münst. Bischöfe beschwören mußten. Undatiert. *(Duodecim est...)* Vgl. auch *Herzog* 76.
[180] WUB 3 Nr. 936. Die Verhandlungen scheiterten jedoch.

Das Münsterer Domkapitel im Mittelalter

Das emanzipierte Bürgertum des 15. Jahrhunderts, das auf den Reform-Konzilien einen anderen Geist kennengelernt hatte, gab sich jedoch auf die Dauer mit dieser unzugänglichen Haltung der Domherren nicht zufrieden. Es verlangte, als dritter Landstand bei der Wahl des geistlichen Landesfürsten gehört zu werden. Zu einem schweren Konflikt führten diese Bestrebungen gelegentlich der Doppelwahl im Jahre 1450. Über die Erhebung des mißliebigen Walram v. Moers durch die Majorität des Domkapitels erbittert, übertrug die Stadt Münster ihrerseits dem Grafen Johann v. Hoya die weltliche Verweserschaft des Hochstifts und gab die bezeichnende Erklärung ab, das Amt werde so lange bestehen bleiben, bis der Apostolische Stuhl sich entschließe, einen Bischof zu providieren, der sowohl der Ritterschaft als auch den Städten des Hochstifts genehm sei.[181] Gleichzeitig führte die Stadt in einem nicht ungeschickt abgefaßten Protest an die Adresse des Papstes lebhafte Klage darüber, daß das Domkapitel sich nicht scheue, dem Kirchenvolk einen verhaßten Bischof aufzudrängen. So werde der Bürger in die Opposition zur Kirche getrieben. „Wenn auch die Wahl des Bischofs Sache des Kapitels ist, so sollte man doch die Ansicht des Volkes hören, seine Zustimmung suchen und seinen Wünschen Rechnung tragen." Die Kurie würde der Sache des kirchlichen Friedens einen großen Dienst erweisen, wenn sie durch gesetzliche Bestimmungen sicherstellte, daß künftig bei der Wahl oder Postulierung eines Bischofs das Votum der Bürgerschaft, das Gutachten des Volkes und seiner Vertreter sowie die Meinung der Gilden und der Gemeinheit eingeholt würde. „Denn wenn auch das Volk demjenigen Beifall spendet, den das Kapitel einmütig erhebt, dann ist ein Bischof in der Kirche Gottes legitim gewählt."[182]
Diese für das Selbstbewußtsein der Bürgerschaft bezeichnenden Forderungen, die deutlich die Ideen von Konstanz und Basel wi-

---

[181] MGQ 1, 255ff. J. *Hansen,* Westfalen und Rheinland im 15. Jahrhundert Bd. 2 = Publikationen aus den K. Preußischen Staatsarchiven Bd. 42 (Leipzig 1890) Nr. 25. Dieser Zusammenstoß führte zur Münsterer Stiftsfehde (1450–1457).
[182] Ebd. Nr. 26. Vgl. auch MGQ 1, 203ff. und 258ff.

derspiegeln,[183] waren dem Streben der Kurie nach Freiheit und Unabhängigkeit der Bischofswahl von weltlichen Einflüssen jeglicher Art diametral entgegengesetzt und trafen daher in Rom auf taube Ohren. Daß ihr rechtliches Fundament schwach war, mußte auch der damalige Stadtchronist und Bürgermeister von Osnabrück, Ertwin Ertmann, einräumen.[184] Auch der deutsche König, der Lehnsherr der Fürstbischöfe, fand sich zu Beginn des 13. Jahrhunderts bereit, auf seine alten Rechte weitgehend zu verzichten. Angeblich hatte Otto IV. im Jahre 1203 dem Münsterer Kapitel das freie Wahlrecht verbrieft.[185] Diese unbestätigte Mitteilung der Bischofschronik gewinnt an Glaubwürdigkeit durch die Tatsache, daß der König sechs Jahre später dem Papst freie Bischofswahlen zugestand.[186] Im Jahre 1213 bestätigte Friedrich II. seinerseits in der Goldbulle von Eger die Zusicherung Ottos. Er verzichtete auf die praesentia regis bei der Wahlhandlung, auf das Recht der Entscheidung bei strittigen Wahlen

[183] Den gleichen Geist atmet das Gutachten der Erfurter Rechtsgelehrten (1451), das den Ungehorsam der Stadt Münster gegen die Provision Walrams durch den Papst rechtfertigt und im Fall hartnäckigen Beharrens der Kurie auf ihrem Standpunkt Berufung an das allgemeine Konzil empfiehlt. *Hansen* 2 Nr. 70. Vgl. auch MGQ 1, 211f.

[184] Die Chroniken des Mittelalters, hg. von F. Philippi und H. Forst = OGQ 1 (1891) 172: ... *et ab electione per capitulum facta ad sanctissimum dominum nostrum apostolicum per debile fundamentum, licet capituli de jure esset eligere, populi tamen esse consentire (appellavit), qua appellacione ut frivola non obstante dominus noster sanctissimus Nicolaus papa quintus eundem dominum Walramum confirmavit et in pastorem ecclesie Monasteriensi prefecit.*

[185] MGQ 1, 28 und Anm. 7. Der König, der damals in Dortmund weilte, soll dazu durch die zwiespältige Bischofswahl nach dem Tode Hermanns II. veranlaßt worden sein. Der Wortlaut der Chronik *(tunc electionem episcoporum ... ab imperatore obtinuerunt)* stützt die gewöhnliche Angabe, die aber sonst nirgends bestätigt wird. Nach einer unkontrollierbaren Mitteilung des Münsterer Minoriten Erasmus Kösters (2. Hälfte des 15. Jh.s) befand sich das Privileg zu seiner Zeit noch im Domarchiv. Otto IV. (1198–1215) war 1198 von niederrheinischen Fürsten unter Erzbischof Adolf von Köln gegen Philipp von Schwaben gewählt und 1201 von Innozenz III. (1198–1216) anerkannt worden.

[186] Im gleichen Jahre wurde Otto IV. von Innozenz III. zum Kaiser gekrönt. Als er jedoch die Stauferpolitik wieder aufnahm und gegen Sizilien zog, traf ihn der Bannstrahl des Papstes, der sich alsdann dem 1212 erhobenen Gegenkönig Friedrich II. (1212–1250) zuwandte.

und gewährte uneingeschränkte Appellationsmöglichkeit nach Rom. Die dem König verbleibende Belehnung war nur noch eine Formsache. Das Eintreten der Kurie für das ausschließliche und freie Wahlrecht des Domkapitels hatte eine erhebliche Stärkung der päpstlichen Zentralgewalt zur Folge. Einer geistlichen Korporation gegenüber konnte der Papst freier handeln. Tatsächlich gelangte der Apostolische Stuhl auf diesem Wege in den Besitz des Konfirmationsrechtes, das den Päpsten vielfach eine willkommene Handhabe bot, ihrerseits in die Wahlen einzugreifen.[187]
Aber noch wichtiger war das Reservationsrecht. Spätestens seit Martin IV. (1281–1285) erfuhr nämlich das Wahlrecht des Kapitels eine starke Einschränkung durch den Anspruch des Papstes, ein erledigtes Kirchenamt unter bestimmten Voraussetzungen auch unter Ausschluß des ordentlichen Verleihers zu besetzen. Urban V. (1362–1370) reservierte 1363 ganz allgemein dem Apostolischen Stuhl die Besetzung der Bistümer. Durch die Aufnahme der allgemeinen Reservation in die päpstlichen Kanzleiregeln verlor das ius eligendi des Kapitels praktisch sein Fundament. Das Baseler Konzil verwarf zwar 1433, wie erwähnt, alle nicht im

---

[187] Von den acht Neubesetzungen des 13. Jahrhunderts standen in Münster vier unter nachweislichem päpstlichem Einfluß. *Diegel* 49f. 93. 55f. und 109f. Von den neun Kölner Neubesetzungen standen acht, von den elf Osnabrücker drei, von den sechs Paderborner zwei und von den elf Mindener eine unter päpstlichem Einfluß. Ebd. 125f. Aus dem Bestätigungsrecht erwuchs per consuetudinem die päpstliche Forderung des servitium commune. Als 1309 der junge Graf Ludwig v. Hessen *vermiddes bede* des Grafen Otto v. Kleve vom Papst zum Bischof von Münster providiert worden war, benutzte die Apostolische Kammer die Gelegenheit, Münster als erstes der westfälischen Bistümer zu taxieren. Zu diesem Zweck begab sich eine Delegation des Domkapitels zur Kurie, wo man am 19. Juni 1310 den Sprengel zu 3000 fl. in das Obligationsregister eintragen ließ, „um die Münsterer Kirche erstrebenswert und anziehend zu machen". MGQ 1, 42 und 126. Osnabrück wurde mit 600 fl., Minden mit 400 fl. und Paderborn mit 100 fl. eingetragen. Taxae pro communibus serviitis ex libris obligationum ab anno 1295 usque ad annum 1455 confectis, excerpsit H. *Hoberg*, = Studi e Testi 144 (1949) 81. 90. 80. 92. Die Kölner Metropoliten hatten ein Servitium von 10 000 fl., die Mainzer von 5000 fl. zu zahlen. Ebd. 39 und 74.

Corpus Juris Canonici enthaltenen Generalreservationen,[188] die Dekrete kamen jedoch nicht mehr zur Geltung. Nach heftigen Auseinandersetzungen der Parteien gelangte endlich das *Wiener Konkordat* 1448 zur Anerkennung der freien Bischofswahl durch die Domkapitel, wenn auch wieder mit beachtlichen Einschränkungen seitens der Kurie. Das Wahlergebnis war innerhalb einer bestimmten Frist dem Apostolischen Stuhl zur Bestätigung vorzulegen. Erwies sich die Wahl als unkanonisch, erfolgte Besetzung durch Rom. Auch sonst konnte der Papst aus einem wichtigen Grund im Einvernehmen mit dem Kardinalskollegium eine würdigere und geeignetere Persönlichkeit bestimmen.[189]

Von diesen dehnbaren Möglichkeiten des Eingreifens machte die Kurie in den ersten Jahrzehnten nach Abschluß des Konkordats reichen Gebrauch. Fast mit Planmäßigkeit überging man die Wahlen und Postulationen der Domkapitel, erklärte sie, oft aus fadenscheinigen Gründen, für ungültig und drängte den Bistümern seine Günstlinge auf. Andererseits boten Sippenwirtschaft, Machtstreben und Parteiengegensätze innerhalb der Kapitel der Kurie oft genug begründeten Anlaß, die Verleihung des Bistums an sich zu ziehen. Als 1456 in Münster nach einer zwiespältigen Wahl beide Parteien des Kapitels die Konfirmation ihres Kandidaten an der Kurie nachsuchten, versagte Kalixt III. (1455–1458) beiden Gewählten die Bestätigung und providierte den trefflichen jungen Herzog Johann von Pfalz-Simmern (1457–1465),[190] der sich durch eine grundlegende Reform der Münsterer Kirche ein geschichtliches Verdienst erworben hat.[191]

---

[188] S. Anm. 17. *Feine* 716. G. *May*, Reservation von Kirchenämtern: LThK 8 (1963) Sp. 1248f.

[189] *Mirbt* 239. Vgl. L. Frhr. v. *Pastor*, Geschichte der Päpste im Zeitalter der Renaissance bis zur Wahl Pius' II. Bd. 1 ([12]1955) 399ff.

[190] *Hansen* 2, 128 (Einl.).

[191] Wenn *Pastor* 401 meint, das Konkordat hätte der Kurie bei richtiger Anwendung die Möglichkeit gegeben, den übermäßigen und höchst schädlichen Einfluß des Adels zurückzudrängen, so unterschätzt er die verfassungsrechtliche Machtstellung der Domkapitel. Selbst der Apostolische Stuhl sanktionierte fast überall die Adelsprivilegien der Domkapitel und verpflichtete sich bei Provisionen oder Expektanzen zu de-

In der Folgezeit blieb die Wahl des Bischofs durch das Domkapitel die Regel. In dem Bischofswahlrecht besaß das Kapitel ein wirksames Mittel, seine Macht zu festigen und auszubauen. Dies geschah vornehmlich auf dem Wege der sogenannten Wahlkapitulationen.[192] Die Domherren verpflichteten sich gegenseitig vor der Wahl, im Falle ihrer Erwählung gewisse Abmachungen zu beobachten. Nach der Wahl hatte der Elekt die vorher bedingt übernommene Verpflichtung zu beschwören. Man hielt solche Vereinbarungen für rechtlich einwandfrei und sah daher keinen Grund, ihren Inhalt geheimzuhalten.

Die ältesten Wahlkapitulationen von Münster, die wohl in die Mitte des 13. Jahrhunderts zurückreichen, sind nicht erhalten. Die erste diesbezügliche Nachricht knüpft sich an Fürstbischof Otto III. v. Rietberg (1301–1306), der nach seiner Wahl dem Domkapitel in einer eigens zu diesem Zweck berufenen Sitzung im Kapitelsaal, *ubi talia fieri consueverunt*,[193] das eidliche Versprechen ablegen mußte, die Rechte und Gewohnheiten des Domkapitels und der Münsterer Kirche zu wahren, keinen Offizial einzusetzen, es sei denn einen Domherrn, die geteilten Archidiakonate nicht wieder zusammenzulegen, die Archidiakone in ihrer Amtsführung nicht zu stören und deren Rechte unangetastet zu lassen, ferner ohne Zustimmung des Kapitels keine Kirchengüter zu verkaufen, zu verpfänden oder zu tauschen, Prälaten, Äbte und Äbtissinnen für Klöster und Stifte nur zu konfirmieren, wenn sie ihm vom Domkapitel präsentiert würden, ohne vorherige Beratung mit dem Kapitel keinen Geistlichen seines Amtes und seiner Würde zu entheben und von seinen Untertanen, namentlich den Geistlichen, keine außerordentlichen Steuern und Abgaben zu for-

---

ren Respektierung. Ein bürgerlicher Bischof hätte sich in Münster auch bei päpstlicher Stützung nicht halten können. Welche grotesken Blüten der exklusive Standesdünkel trieb, zeigt z. B. Enea Silvio d'Piccolomini, der spätere Pius II. (1458–1464), in seiner Historia Friderici 3, 352, wo er berichtet, die Domherren von Passau hätten sich geweigert, Nikolaus V. (1447–1455) Gehorsam zu leisten, weil er nicht stiftsmäßiger Edelmann sei. Vgl. *Pastor* 1, 401 Anm. 2.

[192] *Feine* 336f. (Lit.). *Hauck* 217 (Lit.). *Schmitz-Kallenberg* 65ff.
[193] WUB 8 Nr. 345, 116 Art. 33.

dern.[194] Er hatte außerdem zu geloben, ohne Zustimmung des Kapitels keine Synodalstatuten zu erlassen, keine Quaestionarier und Petitoren im Bistum zuzulassen, keine Kirchenlehen zu vergeben, Burgen, Städte, Wigbolde, Dörfer und Befestigungsanlagen sowie die Rechte und Einkünfte der Mensa episcopalis nicht zu veräußern, keinen weltlichen Bistumsverweser ohne zusätzliche Zustimmung der Lehnsleute und Ministerialen einzusetzen und schließlich alle Untertanen in ihren Rechten und vernünftigen Gewohnheiten nach Möglichkeit zu schützen.[195]
Seit dem Jahre 1424 hatten die Münsterer Bischöfe auch das etwas weiter und bestimmter gefaßte Landesprivileg von 1309 zu beschwören, das der schwache Elekt Konrad v. Berg (1306–1310) den weltlichen Ständen des Hochstifts unter Druck zugestanden hatte.[196] Unter den zahlreichen Bestimmungen dieses Privilegs ragte jene hervor, die es dem Landesfürsten verbot, ohne Zustimmung des Domkapitels eine Fehde zu beginnen oder ein Bündnis zu schließen. Mit diesem Artikel geriet sogleich Fürstbischof Heinrich v. Moers (1425–1450) in Konflikt, als er seinem Bruder, dem Kölner Erzbischof Dietrich in der Soester Fehde Hilfe leistete. Er stieß auf den geschlossenen Widerstand der Stände, die ihn zum Verzicht auf eine weitere Teilnahme an der Fehde zwangen.[197]

---

[194] Die einzelnen Artikel ergeben sich aus der Klageschrift des Kapitels gegen Bischof Otto III.: WUB 8 Nr. 351, bes. 123 Anm. 6. Der einzige unter den Bischöfen des Mittelalters, der mit Erfolg unrechtmäßige Forderungen der Wahlkapitulation rundweg ablehnte, war Florenz v. Wevelinghofen (1364–1378). MGQ 1, 56f. Vgl. auch *Schmitz-Kallenberg* 55 und *Meckstroth* 96f.
[195] Hs. 48, 1ff.
[196] WUB 8 Nr. 510.
[197] MGQ 3, 317. *Hansen* 1, 89 und 106f. (Einl.) und Nr. 212; ferner ebd. 2 Nr. 3; *Schmitz-Kallenberg* 7. *Meckstroth* 116ff. Vgl. auch das Paderborner Bischof-Bernwards-Privileg von 1326, das den geistlichen Landesherrn so völlig an die Stände band, daß diese die landesherrliche Gewalt geradezu ausschalten konnten. Das Domkapitel wurde zum Richter für alle Klagen gegen den Bischof eingesetzt. Es war berechtigt, notfalls seinen Spruch durch Waffengewalt zu erzwingen. H. *Rothert*, Westfälische Geschichte 1 (1949) 330f.

Auch an der Landesregierung nahm das Domkapitel wesentlichen Anteil.[198] Es stand gemäß dem erwähnten Landesprivileg unter den drei Ständen, die das Land gegenüber dem Fürsten vertraten, vor der Ritterschaft und den Städten an erster Stelle. Das Domkapitel war der einzige Vertreter der Geistlichkeit mit landständischen Rechten.[199] Es berief als erster Stand den Landtag ein. Seinen Reihen entnahm der Fürst, wenn auch nicht ausschließlich, seine Räte und, wenn er für längere Zeit vom Bistum abwesend sein mußte, seinen Stellvertreter. Er bediente sich, wie erwähnt, fähiger Kanoniker, vorzugsweise des Scholasters, bei politischen Verhandlungen und Missionen und betraute sie oft mit verantwortungsvollen Staatsämtern.[200]

Am überzeugendsten dokumentierte sich die Machtstellung der Domherren auf dem Gebiet des Gerichtswesens.[201] Das Kapitel war Gerichtsinstanz für die ihm unterstehenden Eigenhörigen. Es besaß mehrere Gografschaften und hatte die ordentliche Jurisdiktion in den eigenen Archidiakonaten. Jeder Kanoniker war Richter über sein Hausgesinde. Vor allem besaß das Domkapitel das Recht des eigenen Gerichtsstandes. Aber nicht nur die Kanoniker unterstanden dem Kapitelsgericht, auch der Bischof hatte sich vor den Domherren zu verantworten, wenn er beschuldigt wurde, seinem Eid zuwidergehandelt zu haben. Das Kapitel war berechtigt, den Fürsten bis zur Entscheidung der Klage durch den Metropoliten bzw. den römischen Gerichtshof der Regierung zu entheben.[202]

So stand das Kapitel am Vorabend der Reformation verfassungsrechtlich fast ebenbürtig neben dem Bischof und geistlichen Lan-

---

[198] F. *Philippi*, Geschichte Westfalens = Westfalenland, eine Landes- und Volkskunde Westfalens 3 (1926) 73 und 106. *Schmitz-Kallenberg* 7.
[199] In Osnabrück erschien auch der Abt von Iburg auf dem Landtag. Ebd. 19 Anm. 7.
[200] Einzelheiten bei *Frhr. v. Twickel* 144ff.
[201] Niesert US 7 Nr. 79 Abs. 1–12 (consuetudines). S. oben Anm. 87.
[202] Das Verfahren des Domkapitels gegen Bischof Otto III. v. Rietberg (1301–1306) ist dafür ein anschauliches Beispiel. WUB 8 Nr. 343 und 345.

desherrn. Es hatte ohne Änderung der allgemeinen kirchlichen Rechtsordnung erreicht, daß dieser bei nahezu allen wichtigen Amtshandlungen seine Zustimmung einholte. Aus einem kleinen, dem Gottesdienst verpflichteten Kollegium, das dem Oberhirten beratend zur Seite stehen sollte, war eine mächtige Korporation geworden, die sowohl in der Kirche als auch im Staat entscheidend mitzubestimmen hatte.

Dem Domkapitel ist es zu danken, daß der Willkür und Fehdelust mancher Landesherren Grenzen gezogen wurden. Andererseits wußten charaktervolle und starke Fürsten, wie Heinrich v. Schwarzburg (1466–1496), ihrer Regierung trotz der einengenden Wahlkapitulation durchaus einen eigenen Stempel aufzudrücken. Alles in allem beruhte am Vorabend der Reformation die Regierungsform in Staat und Kirche nicht mehr, wie im Frühmittelalter, auf dem Grundsatz der absoluten Monarchie. Sie hatte sich in eine beschränkte, ständische Monarchie gewandelt. Die bewegende Kraft dieser wahrhaft geschichtlichen Entwicklung war das Domkapitel.

Dieser staatspolitische Erfolg war aber um einen teuren Preis erkauft worden, nämlich um den Verzicht auf jene hohen geistigen und religiösen Werte, die das monasterium der Frühzeit seinen Söhnen gegeben hatte. An die Stelle theologischer Aufgeschlossenheit und der Bereitschaft zum priesterlichen Dienen waren geistig-religiöse Armut, Habgier, Standesdünkel, Machtstreben, sittliche Ungebundenheit getreten. Das Verhältnis der Kanoniker zum Bischof wurde nicht mehr getragen von der gemeinsamen Sorge um die Seelen. Vielmehr standen beide Partner in unseliger Konkurrenz um die Macht einander gegenüber. Mit verhängnisvoller Zielstrebigkeit war es den Domherren in diesem Ringen gelungen, den Oberhirten aus seiner geistlichen Verantwortung hinauszudrängen, seinen Einfluß auf das Kapitel, ja auf den gesamten Diözesanklerus auszuschalten.

Dabei werden wir nicht übersehen, daß die geistliche Aristokratie, allen ihren Schwächen und Gebrechen zum Trotz, mit schöpferischem Geist in einer feudalen Gesellschaft eine christliche Kultur geschaffen hat, deren Denkmäler wir bewundern. Schließlich sollte die Jubelfeier der Domkirche uns auch daran erinnern, daß es in der Zeit der schwersten Glaubenskrise unseres Bistums (1585) jene adligen Domherren waren, die, nach harten inneren Kämpfen dem Ruf des Papstes folgend, verhütet haben, daß das Ewige Licht in unserer Kathedrale, in den Kirchen der Stadt und des Bistums, ja in allen westfälischen Gotteshäusern erlosch. Denn der Abfall Münsters hätte über ganz Westfalen entschieden.

13. Das „neue" Domkapitel 1823–1973*

In der Geschichte des Investiturstreites gibt es eine Episode, die das Kernproblem der deutschen Domkapitel schlaglichtartig beleuchtet. König Heinrich V. (1106–1125) war 1110 in Begleitung seines Kanzlers für Italien, Bischof Burchard von Münster (1098–1118), und anderer Großen des Reiches mit einem starken Heer nach Rom gekommen, um den Investiturstreit zu beenden und sich von Papst Paschalis II. (1099–1118) zum Kaiser krönen zu lassen. In den Verhandlungen gelang es dem Papst, Heinrich V. für den radikalen Plan zu gewinnen, die geistlichen Würdenträger des Reiches aller weltlichen Macht zu entkleiden. Die Bischöfe sollten aufgefordert werden, ihre Reichslehen und Regalien in die Hände des Königs zurückzugeben und sich unter Strafe des Bannes zu verpflichten, nie wieder solche anzunehmen. Die Ausführung des päpstlichen Befehls hätte in der Tat mit einem Schlage die politische Macht der deutschen Bischöfe beendet, die Streitfrage der Investitur gelöst und, wie es der gregorianischen Kirchenreform vorschwebte, die Domkapitel möglicherweise in klösterliche, nach der Augustinerregel lebende Gemeinschaften umgewandelt. Die Kirchengeschichte hätte einen völlig anderen Verlauf genommen. Aber der utopische Plan mißlang. Als Paschalis II. am 12. Februar 1111 bei der Eröffnung der Krönungsfeierlichkeiten in der Peterskirche das kühne Projekt verkünden ließ, erhob sich nicht nur bei den geistlichen, sondern auch bei den weltlichen Großen ein Sturm der Entrüstung. Die erneut aufgenommenen Verhandlungen mit dem König scheiterten und endeten bekanntlich mit der vermutlich von Burchard von Münster und Erzbischof Adalbert von Mainz betriebenen Gefangennahme des Papstes und der Kardinäle durch Heinrich V. und der erzwungenen Kaiserkrönung.

---

* Das Domkapitel zu Münster 1823–1973. Aus Anlaß seines 150jährigen Bestehens seit der Neuordnung durch die Bulle „De salute animarum" im Auftrag des Domkapitels, hg. von A. Schröer = WS 5 (Aschendorff, Münster 1976) XI–XXVI (Einführung).

Das „neue" Domkapitel 1823–1973

Die Ausbildung der Territorialherrschaft der Reichsbischöfe und die staatspolitische Entfaltung der Domkapitel nahmen unaufhaltsam ihren Lauf.*

I.

Siebenhundert Jahre nach jenem dramatischen Geschehen in Rom fand der radikale Reformplan Paschalis II. auf andere Weise Erfüllung. Der *Regensburger Reichsdeputationshauptschluß von 1803* unterwarf auch das Domkapitel von Münster der *Säkularisation* durch den preußischen Staat. Die Säkularisation von 1803 beseitigte in Deutschland nicht nur die Territorialherrschaft der Fürstbischöfe, sondern auch die landespolitische Machtstellung der Domkapitel, aus denen die geistlichen Fürsten im allgemeinen hervorgingen. Dieses Ereignis stellt die tiefste Zäsur in der Geschichte der deutschen Domkapitel dar. Man mag die Form, in der über die Kirchengüter verfügt wurde, mit dem unverdächtigen Heinrich v. Treitschke als „ungeheuren Rechtsbruch" verurteilen, für die Kirche selbst erwies sich die Säkularisation als die große Chance eines Neubeginns. Die von Paschalis II. geforderte radikale Beseitigung der kirchlichen Machtpositionen auf staatlichem Gebiet gab in einer geistig und politisch total gewandelten Welt endlich den Weg frei für eine fundamentale Erneuerung nicht nur der Domkapitel, sondern des gesamten kirchlichen Lebens. Daß die katholischen Institutionen in den ersten Jahrzehnten wirtschaftlichem Druck und einem rücksichtslosen Staatskirchentum ausgesetzt waren, bedeutete für den Prozeß der Verinnerlichung eher Förderung als Hemmnis.

Im Königreich Preußen wurde die kirchliche Neuordnung durch die von Papst Pius VII. (1800–1823) am 16. Juli 1821 erlassene, in langen und schwierigen Verhandlungen mit der Regierung vereinbarte, durch Kabinettsorder vom 23. August 1821 als staatliches Recht verkündete Zirkumskriptionsbulle *De salute animarum* durchgeführt. Die Bulle, die im Westen des Königreiches die Kirchenprovinz Köln mit den Suffraganbistümern Trier, Münster

---

* Die Ausführungen zur Geschichte des Domkapitels S. XII–XVI entfallen hier. S. das vorige Referat.

und Paderborn begründete und die Kirchensprengel neu umschrieb, legte die Zusammmensetzung der Domkapitel fest und regelte die Frage der Dotation.

Am 27. September 1823 nahm das nach den Richtlinien der Bulle errichtete *„neue"* *Domkapitel*, an dessen Spitze nun wieder der Dompropst stand, seinen Dienst auf. Von aller politischen Macht und Verantwortung befreit, kehrte es zu seiner ursprünglichen, ausschließlich kirchlichen Bestimmung zurück. Die Kanoniker betrachteten den Chor- und Altardienst wieder, wie einst Liudger, als ihre vornehmste Pflicht. Das zahlenmäßig stark reduzierte Kapitel bestand nun aus zwei Dignitären (Propst und Dechant), acht wirklichen und vier Ehrenkanonikern sowie acht Vikaren. Das Domkapitel übernahm als parochus habitualis die Seelsorge für die Dompfarrei, die durch einen vicarius perpetuus auszuüben war. Es wurden die Stellen eines Poenitentiars und eines Domtheologen geschaffen, die vom Bischof je einem Domkapitular zu übertragen waren. Mitglied des Domkapitels konnte nur werden, wer die höheren Weihen empfangen und sich wenigstens fünf Jahre in der Seelsorge, in der bischöflichen Verwaltung oder als Religionslehrer bewährt hatte. Auch der Doktorgrad in der Theologie oder im kanonischen Recht sollte – nach Verlauf von zehn Jahren – zur Aufnahme berechtigen.

Stand und Geburt der Geistlichen durften von nun an bei der Erlangung von Dignitäten und Kanonikaten keine Rolle mehr spielen. Alle Schichten und Kreise des Volkes hatten Zugang zum Kapitel, eine Neuerung, die in Anbetracht der fast tausendjährigen ständischen Exklusivität der Domkapitel in der Öffentlichkeit wahrhaft revolutionär wirkte. Auch das partielle Selbstergänzungsrecht des Kapitels erlosch zugunsten des Bischofs, der nach Anhörung des Domkapitels sämtliche in den geraden Monaten erledigten Kanonikate, sowie stets die Dignität des Domdechanten und alle Vikarien und sonstigen Pfründen besetzte. Die postpontificale Dignität (Dompropstei) verlieh der Papst, ebenso die in den ungeraden („päpstlichen") Monaten freiwerdenden Kanonikate. Jedoch war die päpstliche Verleihung an die Nomination des Königs von Preußen gebunden, der in Wirklichkeit über die Besetzung der Präbenden entschied.

Geblieben war dem Domkapitel das *Recht der Bischofswahl*, das durch Apostolisches Indult auch die Ehrendomkapitulare einschloß. Das Wahlrecht hatte zwar nach dem Erlöschen der fürstbischöflichen Macht seine politische Bedeutung verloren, war aber für den kirchlichen Bereich nach wie vor von höchster Wichtigkeit, wenn auch der preußische Obrigkeitsstaat durch das dem Papst aufgezwungene Zusatzbreve Quod de fidelium vom 16. Juli 1821 die Freiheit der Wahl vorerst massiv einschränkte. Die Wahl hatte innerhalb einer Frist von drei Monaten nach Erledigung des Bischofsstuhles zu erfolgen und bedurfte der Bestätigung durch den preußischen König, der dieses Recht anfangs nahezu wie ein Ernennungsrecht handhabte. Um Schwierigkeiten mit dem Monarchen zu vermeiden, wählte das Kapitel den Ausweg, vor der feierlichen Wahl eine Art von Vorwahl zu veranstalten und dem König den gewählten Kandidaten zu präsentieren. Erteilte dieser seine Zustimmung, schritt das Domkapitel zur feierlichen Wahl des nun sicher genehmen Kandidaten.

Im Laufe der Zeit setzte sich jedoch auch in Preußen das sogenannte Listenverfahren durch, nach welchem der König aus einer eingereichten Liste die ihm minder genehmen Kandidaten streichen konnte. Die frühere Unterscheidung zwischen Wahl und Postulation entfiel.

Das Kapitel behielt ferner das Recht der Selbstverwaltung seiner Staatsbezüge und der dürftigen Einkünfte einiger Stiftungen. Gemessen an der früheren Wirtschaftsmacht des Kapitels fiel dieses Vermögen kaum noch ins Gewicht. Der 1823 errichtete Provinziallandtag, in dem der Großgrundbesitz vorherrschte, sah für das Domkapitel keinen Platz mehr vor.

Auch die mit ordentlicher Jurisdiktion ausgestatteten kirchlichen Führungspositionen des Kapitels gehörten der Vergangenheit an. Nachdem die Archidiakonalpräbenden 1803 der Säkularisation zum Opfer gefallen waren, beseitigte die Bulle 1821 auch alle archidiakonalen Rechte. Der Bischof trat wieder in die volle pastorale Verantwortung ein. Am 29. September 1825 errichtete Bischof Caspar Max Droste zu Vischering im Oberstift Münster unter förmlicher Aufhebung der Archidiakonate *die Dekanatsverfassung*, die außer dem Stadtdekanat Münster zehn Landdekanate vorsah. Die Dechanten unterstanden der Leitungsgewalt des Bi-

schofs. Dieser beteiligte das Kapitel an der Leitung und Verwaltung der Diözese, indem er die wichtigen Stellvertretungsämter des Weihbischofs, Generalvikars und Offizials regelmäßig Kanonikern übertrug.
Trotz der seit 1821 eingetretenen gewaltigen Veränderungen auf sozialem und politischem Gebiet wurde die Bulle De salute animarum bei den Verhandlungen um das *Preußische Konkordat* vom 14. Juni 1929 grundsätzlich als gültig betrachtet. Dennoch gab es einige Änderungen. In Abhebung von der in der Bulle von 1821 verwendeten Bezeichnung „Ehrenkanonikat" (canonicus honoratus) spricht das Preußenkonkordat von „nichtresidierenden" Kanonikern. Unter diesen sind nicht die herkömmlichen Ehrendomherren, sondern wirkliche Domkapitulare, wenn auch ohne Residenzpflicht, zu verstehen, die nach Art. 6 Abs. 2 auch am Bischofswahlrecht, dem vornehmsten aller Kapitelsprivilegien, teilhaben. Im Hinblick auf eben diese *Bischofswahl* bestimmt das Konkordat in Art. 6, daß nach Erledigung des bischöflichen Stuhles sowohl das Kathedralkapitel einschließlich der nichtresidierenden *Kanoniker* als auch die Diözesanbischöfe Preußens dem Heiligen Stuhl Listen von kanonisch geeigneten Kandidaten einreichen. Unter Würdigung dieser Listen stellt der Papst dem Domkapitel einen Dreiervorschlag zur Wahl, ohne dabei an die Listen gebunden zu sein. Der Heilige Stuhl hat in der Ernennung des Bischofs volle Freiheit. Die Preußische Staatsregierung erwartet jedoch, daß der Heilige Stuhl niemand zum Bischof ernennt, „von dem nicht das Kapitel nach der Wahl durch Anfrage bei der Preußischen Staatsregierung festgestellt hat, daß Bedenken politischer Art gegen ihn nicht bestehen".
Nach Art. 8 des Preußischen Konkordats werden die Dignitäten des Kathedralkapitels vom Heiligen Stuhl verliehen, diejenige des Dompropstes auf Ansuchen des Kapitels, diejenige des Domdechanten auf Ansuchen des Diözesanbischofs. Die Kanonikate besetzt der Bischof abwechselnd nach Anhörung („consilio") und mit Zustimmung („consensu") des Kapitels. Die Ehrendomherren und die Domvikare werden vom Bischof nach Anhörung des Kapitels ernannt. Die seit 1821 übliche Besetzung der Kanonikate nach den geraden und ungeraden (päpstlichen) Monaten wurde damit abgeschafft.

II.

Wenn wir den Zeitraum von 150 Jahren im Hinblick auf die *personelle Zusammensetzung* des residierenden Domkapitels überblicken, so ergibt sich, daß die Berufenen zahlenmäßig ausgeglichen den verschiedenen Wirkungsbereichen der Seelsorge entnommen wurden. Die Gesamtzahl der residierenden Kanoniker belief sich in den 150 Jahren auf 89. Von diesen waren vor ihrer Berufung 25 als Pfarrer in der praktischen Seelsorge, 19 als Regenten, Subregenten und Direktoren geistlicher Häuser, 19 als Professoren, Gymnasialdirektoren und -lehrer, Regierungs- und Provinzialschulräte, 15 als Generalvikare, Offiziale und Geistliche Räte und 11 als Domvikare, Domprediger, Domchordirektoren, Karitasdirektoren und Diözesanpräsides tätig gewesen.
Dagegen waren die drei Landesteile des Bistums, gemessen an der Zahl der Bevölkerung (1912: westfälischer Anteil 852 765, Niederrhein 572 910, Oldenburg 100 202 Einwohner), im residierenden Kapitel ungleich repräsentiert. Von den 89 Kanonikern kamen 62 aus dem westfälischen, 13 aus dem niederrheinischen und nur drei aus dem oldenburgischen Raum. Unter den westfälischen Kanonikern befanden sich allein 19 Münsteraner. Der Grund für die auffallende Bevorzugung der Bischofsstadt lag sowohl in dem Vorhandensein der Universität – alle dem Kapitel angehörigen Professoren lehrten in Münster – als auch in dem Umstand, daß die Stadt in diesem Zeitraum mehr und für die besonderen Aufgaben des Kapitels wohl auch qualifiziertere Geistliche stellte als die übrigen Städte und Orte des Münsterlandes. Jedenfalls spielte bei der Berufung ins Kapitel die räumliche Nähe zum Bischof und zur Bischofsstadt eine nicht unerhebliche Rolle.
Überrepräsentiert erscheinen die beiden benachteiligten Bistumsanteile dagegen bei den *nichtresidierenden Domkapitularen*, von denen acht dem westfälischen, sechs dem niederrheinischen und sieben dem oldenburgischen Anteil angehörten.
Günstiger für den Niederrhein und Oldenburg, wenn auch keineswegs ausgewogen, lagen die Zahlen der Ehrendomherren. Während das Münsterland 33 Ehrenkanoniker stellte, waren es am Niederrhein 16 und in Oldenburg 11.

Fast die Hälfte aller Kanoniker (40) hatte in Münster das Paulinum bzw. eines der anderen städtischen Gymnasien besucht. Zahlreiche Domherren waren Alumnen des Collegium Ludgerianum gewesen. Die Mehrzahl der Kanoniker (51) war in der Theologischen Fakultät der Akademie bzw. Universität Münster immatrikuliert, 13 hatten ihre Studien an einer zweiten, neun an einer dritten, einer an einer vierten Hochschule (Rom) fortgesetzt. Zehn Kanoniker hatten in Rom studiert, acht ihr dortiges Studium mit der kirchenrechtlichen Promotion abgeschlossen.

Gemäß der Bulle De salute animarum (1821) war ein Domkanonikat regelmäßig einem Mitglied der *Katholisch-Theologischen Fakultät* zu übertragen. Diese Regelung galt bis zum Preußischen Konkordat 1929, das im Art. 2 Abs. VIII. anordnete, daß wie in Köln und Breslau auch in Münster ein Fakultätsmitglied dem Domkapitel als nichtresidierender Kanoniker angehören solle (Ausg. Wenner [⁵1949] 70/75). Dieser Artikel ist jedoch offenbar als Mindestforderung zu verstehen. Die jüngste Berufungspraxis zeigt, daß Fakultätsmitglieder auch dem residierenden Kapitel angehören können. In der Tat haben Bischof und Kapitel von Anfang an auf die Mitgliedschaft der Hochschullehrer großes Gewicht gelegt. Dem ersten Kapitel von 1823 gehörten bereits drei Fakultätsmitglieder an, wobei allerdings zu bemerken ist, daß das damalige Bildungsinstitut nach der Aufhebung der Universität (1818) eher den Charakter einer philosophisch-theologischen Lehranstalt hatte. Erst seit 1832 kann man von einer eigentlichen Akademie mit Promotionsrecht sprechen.

Als beamtete Lehrer der Theologie gehörten dem Domkapitel die Pastoraltheologen Brockmann, Kellermann, Püngel und Hüls, die Exegeten Kistemaker für allgemeine biblische Exegese, Schmülling für NT und Reinke für AT, ferner die Moraltheologen Laymann und Mausbach, der Kirchenhistoriker Katerkamp, der Kirchenrechtler Hartmann, der Dogmatiker Diekamp und der Homilet Donders an. Domkapitular Rath hatte vor seinem Eintritt in das Kapitel von 1821 bis 1826 an der Akademie Mathematik doziert.

Sehr beachtlich war die Zahl jener Kanoniker, die durch die Verleihung der theologischen *Ehrendoktorwürde* geehrt wurden. Regelmäßig erhielten die Bischöfe, soweit sie nicht selbst in der

Theologie promoviert hatten, von der Münsterer Fakultät diese Auszeichnung: Caspar Max Droste zu Vischering, Bischof von Münster, im Jahre 1834; nach der Wahl und vor ihrem Ausscheiden aus dem Kapitel: Paulus Melchers, Bischof von Osnabrück, 1857; Johann Bernard Brinkmann, Bischof von Münster, 1870; Hubert Voß, Bischof von Osnabrück, 1899; Felix v. Hartmann, Bischof von Münster, 1911; Johannes Poggenburg, Bischof von Münster, 1913; Clemens August Graf von Galen, Bischof von Münster, 1933 – Galen erhielt auch den theologischen Ehrendoktor der Universität Innsbruck –, und Reinhard Lettmann, Bischof von Münster 1991. Von den Weihbischöfen wurden seitens der Münsterer Theologischen Fakultät durch Verleihung des Ehrendoktorats ausgezeichnet: W. Cramer 1884; J. Scheifes 1925 und H. Roleff 1953. F. A. Melchers, der 1826 Generalvikar und 1837 Weihbischof in Münster wurde, empfing, da die Münsterer Akademie noch kein Promotionsrecht besaß, bereits 1825 von der Breslauer Theologischen Fakultät die Ehrendoktorwürde.
Auch andere Kanoniker in wichtigen Ämtern wurden, teils schon vor ihrem Eintritt ins Kapitel, für ihre Verdienste von der Akademie Münster durch den Dr. theol. h. c. ausgezeichnet, so der Geistliche Rat am Generalvikariat und Präses des Heerdekollegs P. A. Muth im Jahre 1832; der Landdechant des Dekanats Tecklenburg B. H. Busch 1835 gelegentlich seiner Berufung ins Kapitel; der frühere Professor der Philosophie an der Universität Münster J. G. Grothues 1837; der Direktor des Paulinums H. L. Nadermann 1837; der Subregens des Priesterseminars J. H. Hölling 1838. Von der Universität Münster (1902) wurden durch Verleihung des Dr. theol. h. c. geehrt der Domchordirektor Fr. Schmidt 1902; der Regens des Priesterseminars H. Greving 1925; der Generalvikar Fr. Meis 1930 und der Regens des Priesterseminars A. Francken 1948. Die Professoren Schmülling und Mausbach wurden 1811 bzw. 1912 von den Universitäten Breslau bzw. Bonn durch die Verleihung des Ehrendoktors der Philosophie ausgezeichnet. Nadermann (1844), Reinke (1847) und Lahm (1880) erfuhren die gleiche Ehrung durch die Akademie Münster.
Die Mitglieder des münsterischen Domkapitels entwickelten eine rege, teils überragende (Mausbach) *literarische Tätigkeit*. Den größten Raum nehmen die wissenschaftlichen Publikationen ein.

Sie erstrecken sich auf sämtliche Fachrichtungen der Theologie sowie auf die Gebiete der Philologie und der Geschichte. Sehr aufschlußreich für die Strömungen der Volksfrömmigkeit und die kirchenpolitischen Auseinandersetzungen der Zeit sind die zahlreichen Kleinschriften von rund zwanzig Kanonikern. Dieses wichtige Material bedarf noch der wissenschaftlichen Auswertung.

Besondere Erwähnung verdient der ehemalige Regierungs- und Schulrat in Münster, *Gottlieb Lahm* (1866–1888), der außer Schriften für den Schulgebrauch aufsehenerregende Publikationen auf dem Gebiet der Flechtenkunde (Lichenologie) herausgab. Die Botanik verdankt dem Münsteraner Domkapitular 17 neue Beschreibungen von westfälischen Flechtenarten und 13 Deskriptionen infraspezifischer Taxa. Verschiedene Flechtenarten tragen seinen Namen. Die philosophische Fakultät der Akademie Münster erteilte, wie bemerkt, dem allgemein anerkannten Forscher die Ehrendoktorwürde. G. W. Koerber widmete ihm seine Schrift „Parerga Lichenologica" (Breslau 1865). H. Landois schrieb ihm im Jahrbuch des Westf. Provinzialvereins für Wissenschaft und Kunst 7 (1889) 2–4 einen Nachruf.

Das Domkapitel war als Korporation zwar aus der aktiven Politik ausgeschieden. Dies bedeutete jedoch nicht, daß sich die Kanoniker vom politischen Geschehen zurückzogen. So nahm Subregens *Paul Melchers,* der spätere Erzbischof von Köln, 1848 als Abgeordneter des Kreises Ahaus zusammen mit dem münsterischen Bischof *Johann Georg Müller* (1847–1870) an der Nationalversammlung in der Frankfurter Paulskirche teil (s. u. 546ff.). Der Gymnasiallehrer und Zentrumspolitiker *A. Cl. Perger* war von 1874 bis 1877 Mitglied des Preußischen Abgeordnetenhauses, von 1877 bis 1892 Mitglied des Deutschen Reichstages und zeitweilig Sekretär Ludwig Windthorsts.

J. Mausbach nahm 1919 an der verfassunggebenden *Weimarer Nationalversammlung* teil, wo er in Anbetracht des weltanschaulichen Pluralismus im Interesse einer tragfähigen demokratischen Grundordnung mit Erfolg für einende Kompromisse und die Sicherung des öffentlichen Charakters des Christentums eintrat. Als Referent in der verfassunggebenden Versammlung wirkte Mausbach namentlich an der Abfassung der Kirchenartikel der Weimarer Reichsverfassung mit, die durch Art. 140 in das Grundgesetz inkorporiert wurden und noch heute das Staat-Kirche-Verhältnis in der Bundesrepublik prägen. Mausbach gehörte von 1919 bis 1920 dem Reichstag an. In ähnlicher Weise war der Studienprofessor R. *Wildermann* 1919 Mitglied der verfassunggebenden *preußischen Landesversammlung* und bereits seit 1913 als Zentrumsabgeordneter Mitglied des Preußischen Landtages. Wildermann, der sich um den katholischen Religionsunterricht an den höheren Lehranstalten literarische Verdienste erwarb, entfaltete als parlamentarischer Staatssekretär im Preußischen Ministerium für Wissenschaft, Kunst und Volksbildung eine für die kirchlichen Belange sehr erfolgreiche Wirksamkeit.

Ergänzung:
Nach dem Verständnis des *Zweiten Vatikanischen Konzils* besteht die Hauptaufgabe des Domkapitels in der Verrichtung des *Chordienstes* und der Gestaltung der *bischöflichen Liturgie* im Dom. Die meisten Kanoniker werden als Referenten der bischöflichen Kurie mit Aufgaben der Diözesanverwaltung betraut. Als neue pastorale Beratungsorgane des Diözesanbischofs wurden aufgrund des Konzils der Diözesanpastoralrat und der Priesterrat geschaffen, deren Mitglieder teils vom Bischof berufen werden, teils ihnen kraft Amtes angehören. Die Existenz der beiden geistlichen Beratungsgremien, des Domkapitels und des Priesterrats, sowie die vom Konzil angestrebte Neuordnung der Domkapitel – die literarischen Vorschläge reichen von der Aufhebung der Domkapitel bis hin zu einer stärkeren Beteiligung der Kanoniker an der Leitung des Bistums – bringen Probleme mit sich, die noch der Lösung harren. Aufgrund eines Beschlusses der Deutschen Bischofskonferenz nehmen die Domkapitel in Deutschland die Funktionen des Collegium Consultorum wahr. Ihr Recht der Mitwirkung bei der Bestellung des Bischofs ist ungeschmälert erhalten geblieben, ja auf die neugegründeten Bistümer Erfurt, Görlitz, Hamburg und Magdeburg ausgedehnt worden. Münster gehört zu den Bistümern, deren Domkapitel auf eine lange Tradition der Bischofswahl zurückblicken können.

Schrifttum: Fr. *Kempf*, Die gregorianische Reform (1046–1124): Die mittelalterliche Kirche, erster Halbband = Handbuch der Kirchengeschichte, hg. von H. Jedin, III (1966) 450ff. (Paschalis II.). A. *Schröer* (Hg.), Das Domkapitel zu Münster 1823–1973 = WS 5 (1976). J. *Müller*, Das Domkapitel zur Zeit der Säkularisation, in: WZ 81 (1913) 1ff. H. *Börsting* u. A. *Schröer*, Handbuch des Bistums Münster 1 (^{2}1946) 66, 449 (Bischof Burchard). Bulla circumscriptionis Dioecesium Regni Borussici de 16. Julii 1821: BAM GV Bistum Münster IIa Bistum Oberstift; Teilabdruck s. Das Domkapitel zu Münster 1823–1973, in: WS 5 (1976) S. 486ff. Statuta Capituli Ecclesiae cathedralis Monasteriensis, a Sancta Sede Apostolica rite approbata et confirmata, Monasterii Westfaliae MDCCCLXXV. E. *Münch*, Vollständige Sammlung aller ältern und neuern Konkordate, nebst einer Geschichte ihres Entstehens und ihrer Schicksale. Zweiter Theil. Konkordate der neuern Zeit (Leipzig 1831). M. *Bierbaum*, Vorverhandlungen zur Bulle De salute animarum (1927). E. *Mörsdorf*, Das neue Besetzungsrecht der bischöflichen Stühle (1933). D. *Golombek*, Die politische Vorgeschichte des Preußenkonkordats 1929 = Veröffentlichungen der Kommission für Zeitgeschichte, hg. von K. Repgen, Reihe B, Bd. 4 (1970). J. *Wenner*, Das preußische Konkordat (^{5}1949). Fr. *Helmert*, Die Domkapitulare seit 1823 (Kurzbiographien): A. *Schröer* (Hg.), Das Domkapitel zu Münster 1823–1973 = WS 5 (1976) 351ff. und 480ff. H. *Herrmann*, Beständigkeit und Wandel. Ein Beitrag zur Frage der Rechtsstellung des „neuen" Domkapitels: ebd. 84ff. E. *Hegel*, Geschichte der katholisch-theologischen Fakultät Münster 1 (1966), 2 (1971). *Ders.*, Theologieprofessoren als Mitglieder des münsterischen Domkapitels: Monasterium (1966) 567ff. Das Zweite Vatikanische Konzil, Konstitutionen, Dekrete und Erläuterungen, lateinisch und deutsch, Kommentare, 3 Bde. (1966/68): LThK (^{2}1966/68). R. *Lettmann*. Das Domkapitel im Verständnis des II. Vatikanischen Konzils. Reformvorstellungen der Gegenwart: Das Domkapitel zu Münster 1823–1973 = WS 5 (1976) 98ff. P. *Wesemann*, Domkapitel nach dem II. Vaticanum. Abschaffung oder Reform?: Investigationes Theologico-Canonicae, hg. von Pontificia Università Gregoriana, Rom (1978) 501–532. H. *Mussinghoff*, Überlegungen zur Zirkumskription und Organisation des Bistums Münster bei den Verhandlungen zum Konkordat mit Preußen von 1929, in: Reformatio Ecclesiae. Festgabe für E. Iserloh, hg. von R. Bäumer (1980) 933–955. *Ders.*, Das Zweite Vatikanische Konzil aus der Perspektive des Bistums Münster: Das Bistum Münster II (1993) 59ff. *Ders.*, Die gemeinsame Synode der Bistümer der Bundesrepublik Deutschland aus der Perspektive des Bistums Münster: ebd. 65ff. L. *Meiners*, Der Priesterrat: ebd. 141–144.

14. Des Domes dunkelste Stunden*

Am Samstag, dem 10. Oktober 1953, jährt sich zum zehnten Male der „Schwarze Tag" Münsters – jener Tag, an dem die Bischofsstadt von einem schweren Luftangriff heimgesucht wurde. Über 700 Menschen, Zivilisten und Soldaten, mußten an diesem Tag im Hagel der Bomben und unter den Trümmern der Häuser ihr Leben lassen. Zum Gedenken der Toten wird unser Bischof Michael am Samstag, 10. Oktober, morgens 9 Uhr, in der Lambertikirche ein Pontifikalrequiem zelebrieren und predigen. Am Nachmittag um 18 Uhr ist die Bevölkerung Münsters und des Münsterlandes zu einer ernsten Stunde im Dom, „den Toten zum Gedenken, den Lebenden zur Mahnung", eingeladen. Es spricht Dompropst Clemens Echelmeyer, es singt der Domchor.

Der 10. Oktober 1943 war ein schöner, sonniger Herbsttag. Die Domkirche mit ihren kupfergrünen Turmdächern und dem majestätischen Langbau bot in der milden Herbstsonne ein Bild feierlicher Sonntagsruhe. Einige Besucher schritten langsam durch die weiten Hallen des Domes, um die architektonische Freiheit des Raumes und die Fülle der Kunstwerke auf sich wirken zu lassen. Die Bänke füllten sich nach und nach mit Betern, die der Vesper vom Fest der Mutterschaft Mariens beiwohnen wollten. Auf dem Chor traf der Domküster die letzten Vorbereitungen. Er zündete die Kerzen des Hochaltars an und ging in die Sakristei zurück, wo er Domkapitular Francken, der in Stellvertretung des verhinderten Dompropstes die Feier der Vesper vornehmen wollte, das Pluviale umlegte. Die Domkapitulare Emmerich, Krapp und Bierbaum sowie die Domvikare Lilie, Leiwering und Albers standen gerade im Begriff, ihre Plätze im Chorgestühl aufzusuchen, als die feierliche Stille durch den eindringlichen Ton der Alarmsirene zerrissen wurde. Die Uhr zeigte 14.55 Uhr an. Ohne zu ahnen, welche furchtbare Katastrophe sich durch den gemeldeten Vollalarm als kurz bevorstehend ankündigte, verließen die Besucher das Gotteshaus, um sich in Deckung zu begeben. Die Domkleri-

---

* Kirche und Leben 8. Jg. (1953) Nr. 41 (11. 10. 1953). Entnommen: A. Schröer, Der Hohe Dom zu Münster. Sein Stirb und Werde in der Not unserer Zeit = Geschichte und Kultur V, Heft 1 (Regensberg, Münster 1947) 23ff.

ker legten ihre Paramente ab und begaben sich größtenteils nach Hause. Domkapitular Emmerich verweilte noch längere Zeit betend in der letzten Bank des nördlichen Seitenschiffes. Etwa zehn Minuten später wurde aus südwestlicher Richtung das dumpfe, grollende Motorengeräusch nahender Bomberverbände vernehmbar. Da die Lage bedrohlich erschien, begaben sich die letzten Besucher zum nördlichen Domturm, wo der Domküster die Türen zur Turmtreppe und zur Taufkapelle, die als Schatzkammer ausgebaut war, aufschloß. Fast gleichzeitig erdröhnten die ersten Salven der schweren Flak. Sie waren das Signal zu dem furchtbarsten Unglück, das je über die Bischofsstadt hereinbrach. Deckung suchend, begaben sich die Domvikare Lilie und Leiwering mit mehreren Verwandten und Hausangestellten sowie einige Nachbarn zum Nordturm. Der Domküster Gerhard und der Domwächter Winter flüchteten schnellstens in die Schatzkammer. Domvikar Leiwering hatte die Turmtreppe noch nicht betreten, als für den Bruchteil einer Sekunde das Heulen niedergehender Bomben vernehmbar war. Dann folgten furchtbare Detonationen, die Fundamente der Domkirche bebten, Mauern und Pfeiler wankten, und während der Domvikar hinter sich die Tür zuzog, stürzte das Gewölbe der westlichen Vierung mit ohrenbetäubendem Krachen in die Tiefe. Die schwere Eisentür der Schatzkammer wurde von einem Bombensplitter durchschlagen und durch den ungeheuren Luftdruck aus den Angeln gehoben. Einige Sekunden später – die Insassen der Turmtreppe mochten zwei, drei Stufen hinaufgestiegen sein – ging ein zweiter Volltreffer auf den Nordarm des westlichen Querschiffes nieder und zerschmetterte auch dieses Gewölbe. Undurchdringlicher Staub wirbelte auf und drohte die Insassen der Turmtreppe zu ersticken. Die in die Turmtreppe Geflüchteten schoben sich unterdessen langsam nach oben an dem kleinen westlichen Turmfenster vorbei und sahen, daß der Bischöfliche Hof brannte. Im Bewußtsein der tödlichen Gefahr erteilte Domvikar Leiwering den Anwesenden die Generalabsolution. Noch hatten sie die obere Kapelle des Domturmes nicht erreicht, als eine dritte Bombe den Nordturm traf und das jahrhundertealte Bauwerk in allen Fugen krachen ließ.
Kurz bevor die erste Bombe die westliche Vierung traf, flüchteten auch die Frau des Domküsters und deren 16jähriger Sohn, der

Des Domes dunkelste Stunden 231

Luftwaffenhelfer Antonius Gerhard, aus ihrer bereits schwer mitgenommenen Wohnung zur Schatzkammer des Domes. Gleichzeitig mit den beiden eilten auch drei Soldaten in den Dom, von denen soeben zwei schwer verwundet worden waren. Mutter und Sohn gelangten bis zur letzten Bank im nördlichen Seitenschiff, als die ersten Bomben einschlugen. Obgleich beide unwillkürlich unter der großen Bank Deckung nahmen, wurde Antonius Gerhard durch herabstürzendes Gestein und namentlich durch einen Bombensplitter am Kopf schwer verwundet. Die Mutter, die fast unversehrt blieb, aber durch den Luftdruck für den Augenblick wie betäubt war, nahm sich ihres Sohnes an, der regungslos dalag, und rief ihren Mann zu Hilfe. Der Domküster kam hinzu und bat laut rufend um geistlichen Beistand. Domvikar Leiwering, der unterdessen mit den übrigen bis zur oberen Kapelle hinaufgestiegen war, hörte die Hilferufe und schickte sich sogleich an, nach unten zu gehen. Da die Treppentür des Nordturmes durch einen Berg von Schutt und Trümmern versperrt war, begab er sich über die Galerie des Alten Domes zum Südturm und von dort nach unten. Er betete kurz mit den Eltern und erteilte dem blutüberströmten jungen Menschen, der einige Tage später starb, die Generalabsolution. Darauf suchten die drei vor einer neu anfliegenden Bomberwelle wieder im Domturm bzw. in der Schatzkammer Schutz.

Greuel der Verwüstung

Als nach 20 qualvollen Minuten der Angriff zu Ende ging, erschien sogleich Bischof Clemens August im Dom. Seinen Augen bot sich ein trauriges Bild. Durch das seiner Gewölbedecke beraubte nördliche Feld des westlichen Querschiffes sah man den helmlosen, zerfetzten Nordturm der Kathedrale. Aufsteigender Rauch zeigte an, daß der Turm im Innern brannte. Auch das Gewölbe der anschließenden westlichen Vierung war eingestürzt. Der trennende Gurtbogen stand zwar noch, ließ aber höchste Einsturzgefahr erkennen.

Die erste Bombe hatte die westliche Vierung getroffen. Sie war offenbar bei der ersten Berührung mit dem Dach explodiert. Die Bombe hatte das Gewölbe der Vierung zerrissen und im Dominnern furchtbare Zerstörungen – u. a. an dem bronzenen Tauf-

Zerstörungen des Domes im Krieg

becken, der Domkanzel, der Pietà, dem Portal des Westwerkes, den Bänken des Mittelschiffs und des Alten Chores – angerichtet. Sprengstücke waren bis auf das Hochchor geschleudert worden, wo sie an den Säulen und namentlich an einer Evangelistenfigur aus dem 13. Jahrhundert erheblichen Schaden verursacht hatten. Die zweite Bombe war in das nördliche Querschiff-Feld eingeschlagen. Glücklicherweise hatte sie das Gewölbe nicht unmittelbar getroffen, sondern die nordöstliche Ecke desselben, wo sie auf der starken Außenmauer aufschlug und krepierte. Daher konnte sich die Explosivkraft des Sprengkörpers – offenbar handelte es sich um die damals vorwiegend verwendeten Fünf-Zentner-Bomben – ebenfalls nicht mit voller Wucht im Dominnern auswirken. Diesem glücklichen Umstand ist es zuzuschreiben, daß die in die Turmtreppe und Schatzkammer Geflüchteten ohne Schaden davonkamen und daß namentlich die Frau des Domküsters dem sonst sicheren Tode entging.
Der dritte Volltreffer war auf der Ostmauer des Nordturmes explodiert. Er hatte das Kupferdach vernichtet, riesige Steinblöcke aus der Ost- und Nordmauer gerissen und diese großenteils in das westliche Querschiff geschleudert. Die übrigen Mauern des Nordturmes waren stark aus dem Lot gedrängt. Die beiden Gewölbe im Turminnern dagegen hatten standgehalten.
Durch Rauch und Staub hindurch wurden nun auch die schweren Wunden sichtbar, die die Altäre, Standbilder, Epitaphien, Wandreliefs und sonstigen Einrichtungen der Domkirche, namentlich in ihrem Westteil, infolge der Sprengwirkung empfangen hatten. Die Gesteinsmassen der Gewölbe, Mauerblöcke und Balken türmten sich zu Berge und sperrten den Weg. Das Wort vom Greuel der Verwüstung an heiliger Stätte hatte hier eine erschütternde Erfüllung gefunden.

Verheerende Brände

In den Abendstunden loderte der Brand im Nordturm, der sich am Spätnachmittag etwas beruhigt hatte, wieder hell auf. Die Gluthitze hatte die schwere Eisentür oberhalb der zweiten Kapelle des Turmes bereits herausgedrückt und in das Dominnere geworfen. Brennende Balken fielen auf die vor der Schatzkammer zu Berge liegenden Holztrümmer und setzten sie in Brand. Die

Fensterhöhlen der Schatzkammer begünstigten die Zugluftbildung.

Gegen 21 Uhr lebte der Brand im Dachstuhl des Alten Chores wieder auf. Es war deutlich, daß er bei dem starken Westwind binnen kurzem das ganze Gebälk der Kathedrale erfassen würde. Als der Bischof auf diese Gefahr aufmerksam wurde, begab er sich in Begleitung von Domkapitular Prof. Bierbaum sogleich zu dem Pumpwerk der fieberhaft arbeitenden Feuerwehr auf der Ostseite des Domplatzes. Der Bischof wandte sich an die Feuerwehrleute und ersuchte sie dringend, zur Rettung des Domes sogleich Wasser heranzuleiten, da der Brandherd jetzt noch mit Erfolg zu bekämpfen sei. Es wurde ihm darauf bedeutet, daß man nicht zuständig sei, er möge sich an den Einsatzleiter bei den Feuerherden wenden. Der Brand wuchs zusehends, und auch der Bischöfliche Hof sowie die Kurien des Dompropstes und Domdechanten standen in Flammen. Der Bischof ging nun zur Domgasse, von wo aus die Feuerwehr das Wasser zum Roggenmarkt pumpte. Er sprach erneut die dringende Bitte um sofortige Hilfe für den Dom aus, da es sonst zu spät sein würde. Da der Feuerherd an der Domgasse ohnehin unschädlich gemacht war, entsprach man schließlich seinem Ansuchen und leitete gegen 21.30 Uhr den an der Domgasse verwendeten Schlauch in das westliche Querschiff des Domes. Hier stand der Nordturm in hellen Flammen, und der Dachstuhlbrand des Alten Chores wurde durch den Westwind mächtig geschürt. Von beiden Feuerherden wurde ein wahrer Funkenregen über die Gewölbelücken des Nordportals und der westlichen Vierung hinweg unter das offene Dach des Langschiffes getrieben. Die Gefahr für das Gebälk des Langschiffes war offensichtlich.

Gegen 23 Uhr trat das Unvermeidliche ein: der Dachstuhl des Mittelschiffes hatte gezündet. Das völlig ausgetrocknete, jahrhundertealte Gebälk wurde in kurzem ein Raub der gierigen Flammen. Durch die Schlußsteinringe der Gewölbe rieselte unaufhörlich ein goldener Funkenregen in den Dom. Das zusammenbrechende Balkenwerk brachte das Langhaus und Hochchor des Domes in höchste Gefahr. Würden die Gewölbe der Belastung standhalten? Es war nichts mehr zu überlegen: der Dom mußte so schnell wie möglich von allem beweglichen Inventar geräumt werden. Mit fieberhafter Hast gingen mit dem Domküster die Herren Allkemper und Kieser ans Werk. Die Flügel des Hochaltares, das Beldensnyder-Kreuz über dem Mittelaltar und das Pestkreuz im Stephanuschor wurden entfernt, Leuchter, Kruzifixe, Altardecken, Teppiche u. ä. in Sicherheit gebracht. Die Abnahme des schweren spätgotischen Kronleuchters auf dem Hochchor, der an dem brennenden Gebälk befestigt war, erwies sich als unmöglich. Der Leuchter fiel später zu Boden, ohne daß er wesentlichen Schaden litt.

Während die Flammen über dem Hochchor zusammenschlugen, traf eine Mülheimer Feuerwehr ein, die dem Brand kraftvoll zu Leibe rückte. Aber es war zu spät, zumal der Löschteich auf dem Domplatz erschöpft war. Riesige Feuerzungen schlugen aus dem verstümmelten Nordturm, und vom Alten Chor bis zum Hochchor bildete die Kathedrale ein einziges Flammenmeer: ein unvergeßlicher, schauriger Anblick...

Der Bischof

Bischof Clemens August Graf von Galen befand sich im Obergeschoß seines Hauses, als die Sirenen Vollalarm gaben. Er hatte Chorkleidung angelegt und wollte in Begleitung seines Kaplans zur Vesper gehen. Der Bischof legte die kirchlichen Gewänder wieder ab und blieb in seinem Arbeitszimmer. Als die Fliegerverbände Münster anflogen und die Flak zu schießen begann, wurde er auf die drohende Gefahr aufmerksam. Es war aber bereits zu spät, um nach unten zu gehen, denn nur wenige Sekunden später warf die erste Welle der anfliegenden Kampfflugzeuge ihren Bombenteppich. Etwa vier bis fünf Bomben trafen den Bischöflichen Hof. Im Augenblick des Einschlagens stellte sich der Bischof geistesgegenwärtig in den Türrahmen zwischen Arbeits- und Schlafzimmer, der inmitten des einstürzenden Hauses einigermaßen Schutz bot. In Sekundenschnelle verwandelten die detonierenden Sprengkörper das Hauptgebäude des altehrwürdigen, stilvollen Baudenkmals in einen Trümmerhaufen. Eine der Bomben zerschmetterte das Treppenhaus des linken Flügels, drei weitere trafen die Rückwand des Mittelbaues, eine letzte schlug in das

Hinterhaus des rechten Flügels ein. Der Dachstuhl des Mittelbaues brach zusammen. Die Balkenlage und der Fußboden des ersten Stockwerkes waren nach Zerstörung der Rückwand ihrer Stützen beraubt. Sie senkten sich und bildeten von der Sohle des bischöflichen Arbeitszimmers bis zum Trichterfeld des hinteren Hofes eine aus Trümmern und gebrochenen Balken bestehende schiefe Ebene. Das Arbeits- und das Schlafzimmer des Bischofs waren zusammengestürzt und vernichtet, die trennende Innenmauer jedoch stand und bot dem Bischof einen festen Standort und Schutz gegen herabstürzende Trümmer. Nicht zuletzt bewahrte ihn auch der schwere Kamin vor den entsetzlichen Sprengwirkungen der drei auf der Rückwand des Mittelbaues krepierten Bomben. Lediglich das einigermaßen erhaltene Vorzimmer konnte der Bischof von seinem Standort aus erreichen. Dort beobachtete er noch während des Angriffes einen beginnenden Brand, konnte aber, da alle Wasservorräte vernichtet waren, das Feuer nicht löschen.

Während noch die Flak schoß und feindliche Flugzeuge über der Stadt kreisten, eilte der Bischöfliche Kaplan Dr. Portmann zum Bischöflichen Hof, wo er den Bischof hoch oben in den Ruinen unter freiem Himmel stehen sah. Der Bischof war, wie es schien, unversehrt. Er hatte, um unbehindert zu sein, den Talar abgeworfen und machte in seiner ungewöhnlichen Aufmachung – Kniehose, lange violette Strümpfe und Lederweste – einen seltsamen Eindruck. Bischof Clemens August war durchaus ruhig und gefaßt, als Dr. Portmann sich um ihn bemühte. Der Kaplan wollte ihm beim Abstieg behilflich sein, der Bischof aber meinte, es sei nicht so wichtig, daß er gleich nach unten komme, wichtiger wäre es, wenn er Wasser hätte, um den Brand im Vorzimmer zu löschen. Wasser aber war nicht vorhanden. Der Bischof glitt nun langsam über die schräg abfallenden Balken nach unten. Während Dr. Portmann ihn stützte. Von den furchtbaren Schrecken des Angriffs – der Bischof hatte dabei lediglich eine leichte Verletzung des linken Unterschenkels davongetragen – und dem mühevollen Abstieg ermattet, setzte sich Clemens August auf dem Rand eines Bombenkraters nieder und ruhte ein wenig aus. Danach begab er sich sogleich zum Dom . . .

Des Domes dunkelste Stunden

Die Opfer

Domkapitular Prof. Dr. Emmerich verließ erst den Dom, als die Feindflugzeuge sich der Stadt näherten. Gleichzeitig mit ihm betraten fünf oder sechs Personen seine Kurie am Spiegelturm, um in dem Luftschutzkeller des Hauses Deckung zu suchen. Er ließ ihnen den Vortritt und stieg als letzter die Treppe hinunter. Prof. Emmerich erkannte die drohende Gefahr und war, noch auf den Stufen stehend, im Begriff, allen die Generalabsolution zu erteilen, als zwei schwere Sprengbomben unmittelbar vor und hinter dem Hause niedergingen. Unter den furchtbaren Detonationen der Bomben brach das Haus zusammen. Der Domkapitular wurde von einer Bohle auf der Brust getroffen und niedergeschlagen. Der benachbarte Buchhändler Wulle, der ebenfalls im Keller Schutz gesucht hatte, trug zusammen mit einem Soldaten den Schwerverletzten in den Garten des Hauses, wo ihn seine Nichte Elisabeth Emmerich auf den Rasen bettete und während des ganzen Angriffs treu und unerschrocken bei ihm aushielt. Mit leiser Stimme betete er und brachte sein Einverständnis mit dem Willen Gottes zum Ausdruck. Professor Emmerich dankte seinen Hausgenossen, bat sie in der für ihn so kennzeichnenden Demut um Verzeihung und gab ihnen wiederholt den priesterlichen Segen. Dann bat er um die heilige Ölung. Mittlerweile hatte Herr Wulle eine Tragbahre besorgt, auf der er mit Hilfe eines Soldaten den Verletzten zum Collegium Ludgerianum am Domplatz trug. Prälat Dr. Weinand erteilte dem Sterbenden im Luftschutzkeller die heilige Ölung und leistete ihm den letzten Beistand. Am Dienstag, dem 12. Oktober, wurde die Leiche in die Domsakristei übergeführt.

Domkapitular Professor Diekamp hielt sich während des Angriffs im Luftschutzraum des Regierungsgebäudes auf. Um sich vor den Bränden der Umgebung zu retten, begab sich der alte Herr in Richtung Bahnhof. In der Nähe des Kanonengrabens traf ihn ein Herzschlag, so daß er bewußtlos zusammenbrach. Ein des Weges kommender Priester erteilte dem Sterbenden die heilige Ölung. Die Leiche wurde von Sanitätern in der Kegelbahn des Gasthofs Frönd an der Warendorfer Straße zusammen mit vielen anderen Verunglückten aufgebahrt. Stadtdechant Domkapitular Berghaus wurde in den nächsten Tagen auf die Leiche aufmerksam, erwirkte von der Stadtverwaltung ihre Freigabe und ließ sie zusammen mit der Leiche des Domkapitulars Emmerich in der Domsakristei aufbahren.

Am 14. Oktober 1943 hielt der Bischof in der Ludgerikirche für die beiden Verstorbenen das Totenamt. Die Tragik ihres Todes drängte den Oberhirten, an die Trauergemeinde ein Wort des Dankes und des Gedenkens zu richten und die Verzagten zu christlicher Hoffnung aufzurufen. Der Bischof war dabei von Bewegung und Schluchzen so überwältigt, daß er seine Ansprache nur mit Mühe beendete. Nach dem Vollzug der Liturgie begaben sich die Trauergäste durch die Trümmer der Straßen zum Domherrenfriedhof, der ebenfalls zu einer Stätte der Verwüstung geworden war. Leichter Aschenregen von noch ungelöschten Bränden rieselte auf die Trauergemeinde herab und verlieh dem Ganzen einen Hauch von Weltuntergangsstimmung. Um so eindringlicher ließen die kirchlichen Grabgesänge die christliche Hoffnung aufleuchten, die allein dem Christen Kraft und Mut verleiht in der Stunde der Drangsal und Not.

Die Anregung zu dem vorstehenden Bericht gab der erkrankte Dompropst Prof. Dr. Adolf Donders († 9. 8. 1944). Die Angaben beruhen auf den persönlichen Wahrnehmungen des Verfassers, auf dem Zeugnis des Domkapitulars Prof. Dr. Max Bierbaum, der Domvikare Hubert Leiwering, Dr. Theodor Wieschebrink und Heinrich Roth, des Bischöflichen Kaplans Dr. Heinrich Portmann, des Domrentmeisters Finke, des Domoberküsters Gerhard, des cand. phil. Klaus Gruna und anderer Augenzeugen.

III. REFORM UND REFORMATION

15. Die Legation des Kardinals Nikolaus von Kues in Deutschland (1451/52) und ihre Bedeutung für Westfalen*

Das abendländische Schisma, das 1378 begann und erst 1449 mit dem Rücktritt Felix V., des letzten Gegenpapstes der Kirchengeschichte, endgültig überwunden wurde, hatte auch in Westfalen heillose Verwirrung gestiftet. Die Aufspaltung des westfälischen Territoriums in zwei oder gar drei Obödienzen,[1] die wechselseitigen Bannflüche der Parteien, die Lähmung des spärlichen kirchlichen Reformwillens unter Ausnutzung der Gegensätze[2] und nicht

---

* Dona Westfalica. Georg Schreiber zum 80. Geburtstag. Dargebracht von der Historischen Kommission Westfalens = Schriften der Hist. Kommission Westfalens 4 (Aschendorff, Münster 1963) 304–338.

[1] Als z. B. 1409 das Konzil von Pisa den römischen Papst Gregor XII. (1406–1415) und den Avignoneser Gegenpapst Benedikt XIII. (1394–1417) absetzte und Alexander V. (1409–1410) erhob, zerfiel auch die deutsche Nation in entsprechende Obödienzen. Der Paderborner Elekt Wilhelm v. Berg (1401–1415) und der Bischof von Minden, Wilbrand v. Hallermund (1406–1436), hielten an dem römischen Papst Gregor XII. fest. Der Klerus von Paderborn dagegen wandte sich Alexander V. zu, dem auch die Stifte Münster und Hildesheim folgten. Der Münsterer Bischof Otto v. Hoya (1392–1424) benutzte die Parteiungen, um sich durch Alexander V. zum Lohn seiner Treue und zur Verbreiterung seiner Machtbasis die Administratur von Osnabrück (1410–1424) verleihen zu lassen: C. *Stüve*, Geschichte des Hochstifts Osnabrück bis zum Jahre 1508 (1853) 296f. – Ein Wort herzlichen Dankes gebührt Herrn Bibliotheksrat Dr. Karl Gröver von der Universitätsbibliothek Münster für seine stete Hilfsbereitschaft bei der Beschaffung der Literatur und für manchen wertvollen bibliographischen Rat.

[2] Bezeichnend ist in dieser Hinsicht ein Reformversuch des Paderborner Elekten Wilhelm v. Berg in Abdinghof. Als die Benediktinermönche, vom Paderborner Domkapitel und dem Stadtklerus unterstützt, sich der Reform widersetzten, belegte sie der Elekt mit kirchlichen Strafen und schließlich Abtei und Stadt mit dem Interdikt. Daraufhin erklärten sich Bürgerschaft, Ritterschaft, Domkapitel und Stadtklerus mit der klösterlichen Opposition solidarisch und richteten eine Berufung an Alexander V., der das Interdikt wiederaufhob. Gegenvorstellungen des Elekten, der dem römischen Papst Gregor XII. anhing, bei dem Nachfolger des Gegenpapstes, Johannes XXIII. (1410–1415), blieben fruchtlos. Gobelin Person, der darüber berichtet, behauptet, die Aufhebung des Interdikts sei durch Bestechung erschlichen worden; H. *Abels*, Gobelin Person, in: WZ 57 (1899) II 22f.

zuletzt der in intellektuellen Kreisen Westfalens weitverbreitete konziliare Gedanke[3] hatte nicht nur eine Schwächung der päpstlichen Autorität, sondern des kirchlichen Ansehens schlechthin bewirkt. Diese Entwicklung brachte es mit sich, daß auch im Klerus und im Volk die Bande der Zucht und Sitte sich lockerten.

Diese bedrohliche Entwicklung wurde in Westfalen noch verschärft durch das ärgerniserregende Regiment einer Anzahl verweltlichter Fürstbischöfe sowie durch die verheerenden materiellen und seelischen Verwüstungen, welche die Soester Fehde (1445–1449) und die Münsterer Stiftsfehde (1449–1457)[4] in den Kerngebieten Westfalens anrichteten. Namentlich letztere brachte den Heiligen Stuhl dank der maßlosen Hetze des Münsterer Stiftshauptmanns Johann v. Hoya in einen scharfen Gegensatz nicht nur zur *Stadt Münster*, sondern auch zu einer Minderheit des Domkapitels und dem größeren Teil der Welt- und Ordensgeistlichkeit des Bistums. Dieser Streit, in den Nikolaus V. selbst wiederholt eingriff, riß eine tiefe *Kluft zwischen Rom und weiten Teilen des Münsterer und Osnabrücker Landes*. Zugleich ließ er aber auch in den Menschen dieser Landstriche die Sehnsucht nach Ruhe und Ordnung, nach Wiedergeburt und Aufstieg ihrer Kirche um so brennender werden.

Papst Nikolaus V. (1447–1455) trug dem Verlangen der deutschen Nation nach Reform in glücklicher Weise Rechnung, indem er das *Jubeljahr 1450*, das in Rom zu einer großartigen Dankfeier für die Wiederherstellung der kirchlichen Einheit geworden war, auf

---

[3] H. *Grundmann*, Politische Gedanken mittelalterlicher Westfalen, in: Westfalen 27 (1948) 5ff. Allerdings vertreten die hier Genannten durchweg einen gemäßigten „Konziliarismus", der vor allem das Recht des deutschen Kaisers, als des Vogts der Kirche, betont, zur Wiederherstellung der Einheit und zur Durchführung der Reform ein Konzil zu berufen. In ihrer extremsten Form wurde die konziliare Theorie u. a. von dem Marienfelder Zisterzienser Hermann Soest aus Münster auf dem Baseler Konzil vertreten.

[4] J. *Hansen*, Westfalen und Rheinland im 15. Jahrhundert Bd. 1: Die Soester Fehde = Publikationen aus d. Preußischen Staatsarchiven Bd. 34 (1888); *ders.*, Westfalen und Rheinland im 15. Jahrhundert Bd. 2: Die Münsterische Stiftsfehde = Publikationen aus d. Preußischen Staatsarchiven Bd. 42 (1890).

alle christlichen Nationen ausdehnte. Man war sich an der Kurie darüber klar, daß die Einleitung einer weitgreifenden, wirksamen Reform durch den heiligen Stuhl für die kirchliche und politische Geltung des Papsttums von ausschlaggebender Bedeutung sein würde, namentlich in den Ländern, die, wie das Deutsche Reich, unter den Wirren der vergangenen Jahrzehnte religiös-kirchlich besonders gelitten hatten. Legaten und Ablaßkommissare sollten in diesen Gebieten den *Nach-Jubiläums-Ablaß* verkündigen und das *päpstliche Reformanliegen* nach Kräften fördern. Nach Deutschland entsandte der Papst den Kardinal Nikolaus von Kues.

Nikolaus von Kues (1401–1464)[5] wurde als Sohn des Moselschiffers Henne Krebs und der Katharina Römer zu Kues an der Mosel in der Erzdiözese Trier geboren. Früh entfloh er dem Elternhaus und fand in dem Grafen v. Manderscheid einen verständnisvollen Gönner. Da der Graf die reichen Talente des Schiffersohnes erkannte, schickte er ihn zu den Fraterherren in Deventer, wo dieser seine erste Ausbildung erhielt. Nikolaus studierte in Heidelberg, Padua und Köln Rechtswissenschaft, Mathematik, Naturwissenschaft, Philosophie und Theologie. Im Jahre 1423 erwarb er zu Padua den Doktorgrad im kanonischen Recht. Nach Abschluß der Studien trat Nikolaus 1426 als Sekretär in die Dienste des Kardinals Giordano Orsini, der eben damals in den von der Hussitengefahr bedrohten Ländern beachtliche Erfolge erzielte. Nachdem er 1425 Domherr von Trier und 1427 Dechant von St. Florian in Koblenz geworden war, empfing er 1430 die Priesterweihe. Als Vertreter des zwiespältig gewählten, nicht konfirmierten Trierer Erzbischofs Ulrich v. Manderscheid nahm Nikolaus 1432 am Konzil von Basel teil, befaßte sich dort mit der Hussitenfrage und der Kalenderreform und stand im Streit um die Superiorität des Konzils über den Papst auf der Seite des Konzils. Aus dieser Zeit stammt seine Schrift „De concordantia catholica", die als bedeutendste Reformdenkschrift der Zeit gilt und den Konziliarismus

---

[5] *Nicolai de Cusa* opera omnia, hg. von der Heidelberger Akademie der Wissenschaften (1932ff.); E. *Vansteenberghe*, Le cardinal Nicolas de Cues (1401–1464) (1921), grundlegend; P. *Mennicken*, Nikolaus v. Kues (²1950); H. *Rössler* und G. *Franz*, Biographisches Wörterbuch zur deutschen Geschichte (1958) 626ff.

wissenschaftlich rechtfertigen sollte.⁶ Das Anwachsen der demokratischen Tendenzen des Konzils sowie dessen ablehnende Haltung gegenüber den päpstlichen Unionsbemühungen mit Ostrom bewogen Nikolaus von Kues 1436, zum Papst überzutreten. Als Gesandter Eugens IV. (1431–1447) kämpfte er in den folgenden Jahren, unterstützt durch Enea Silvio dè Piccolomini, der ihn rühmend „Eugenianorum omnium Hercules" nennt, auf mehreren Reichstagen gegen die antipäpstliche Stimmung in Deutschland und erlebte im Wiener Konkordat 1448 die Aussöhnung zwischen Reich und Papst. Noch im selben Jahr berief Nikolaus V. den Kusaner in das Kardinalskollegium und verlieh ihm die Titelkirche S. Pietro in vincoli. Im Jahre 1450 ernannte ihn der Papst zum Bischof von Brixen.

Der neuernannte Legat für das Deutsche Reich war „die gewaltigste Erscheinung des sterbenden Mittelalters. Weder zu seinen Lebzeiten noch nach ihm hat es einen Denker von den geistigen Ausmaßen und der weltbildgestaltenden Kraft des großen Kardinals mehr hervorgebracht."⁷ Als Mathematiker und Naturwissenschaftler, als Humanist und spekulativer Denker stand der Kusaner hoch über seiner Zeit. Er lehrte bereits die Kugelgestalt und Achsendrehung der Erde, er entwarf die erste Karte Mitteleuropas, er wies die Unechtheit der Konstantinischen Schenkung nach und sammelte wertvolle alte Handschriften. Das von ihm gezeichnete Weltbild erscheint auf dem Hintergrund der mittelalterlichen Philosophie so völlig neuartig, daß man seinen Urheber den ersten „modernen" Denker überhaupt genannt hat.

Eben dieser Eindruck der Neuartigkeit, der souveränen Selbständigkeit des Urteils mag entstehen, wenn man beobachtet, mit welcher Überlegenheit der päpstliche Legat den kirchlichen Verhältnissen in Deutschland gegenüberstand. Man durfte erwarten, daß ihm seine deutsche Nationalität die Durchführung erleichtern würde. Gleichwohl war die Legation noch schwierig genug. Nikolaus von Kues sollte nach dem Willen des Papstes in seinem Vaterland den Jubiläumsablaß verkünden, zugleich das kirchliche Leben stärken, der sittlichen Verderbnis im Welt- und Or-

---

⁶ Opera omnia Bd. 14, 2. u. 3. Teil (1939 u. 1959), hg. v. G. Kallen.

⁷ W. *Andreas*, Deutschland vor der Reformation. Eine Zeitenwende (⁶1959) 43.

Die Legation des Kardinals Nikolaus von Kues 245

densklerus entgegenwirken und namentlich in den Klöstern den Reformwillen anspornen und unterstützen.[8] Dies alles sollte dazu beitragen, nach den Wirren der unseligen Kirchenspaltung wieder eine echte Kirchengemeinschaft der deutschen Bistümer mit dem Heiligen Stuhl herzustellen. Nikolaus V. erteilte ihm hierzu umfassende Vollmachten, insbesondere das Recht, Provinzialkonzilien zu veranstalten.[9]
Nikolaus von Kues verließ die Ewige Stadt am 31. Dezember 1450.[10] Er begab sich über Tirol nach Salzburg – wo am 3. Februar 1451 unter seinem Vorsitz eine Provinzialsynode stattfand –, München, Bamberg und Würzburg, nach Thüringen und hielt im Juni eine zweite Provinzialsynode zu Magdeburg ab. In Hildesheim visitierte er u. a. das Benediktinerkloster St. Michael.[11] Er ersetzte den simonistischen Abt durch einen Bursfelder Mönch. Das Territorium von Münster, das durch die Stiftsfehde beunruhigt wurde, betrat der Legat nicht, „wante de lude weren tegen Walramum van Morse"[12]. Der größte Teil des *Bistums Münster* war dem

---

[8] Vatikanisches Archiv, Reg. 391 Bl. 17: Bulle vom 29. 12. 1450. L. v. *Pastor*, Geschichte der Päpste im Zeitalter der Renaissance bis zur Wahl Pius' II. Bd. 1, 12. Aufl. (Neudruck 1955) 468. 829f. Nr. 37; *Vansteenberghe* 89ff. Der Papst trug dem Legaten ferner auf, im Reich Frieden zu stiften und namentlich in der zwischen Köln und Kleve ausgebrochenen Münsterer Stiftsfehde, die seit Jahresfrist nicht nur das bedeutendste westfälische Bistum, sondern ganz Nordwestdeutschland kirchlich und politisch wieder zu zerreißen drohte, zu vermitteln. Die Bulle vom 29. 12. 1450 ist gedruckt in der Tübinger theologischen Quartalschrift Jg. 1830, 171ff.

[9] Zur Legation des Kusaners: W. *Sauer*, Die ersten Jahre der Münsterischen Stiftsfehde 1450–1452 und die Stellung des Cardinals Nikolaus von Cues zu derselben während seiner gleichzeitigen Legation nach Deutschland, in: WZ 31 (1873) 84ff.; K. *Grube*, Die Legationsreise des Kardinals v. Cusa im Jahre 1451, in: HJb 1 (1880) 393ff.; J. *Uebinger*, Kardinallegat Nikolaus Cusanus in Deutschland 1451–52, ebd. 8 (1887) 629ff.; *Pastor* 467ff. Das Itinerar des Legaten: *Sauer* 172ff.; *Vansteenberghe* 481ff.

[10] *Pastor* 470.

[11] Von hier aus versuchte der Legat vermittelnd in die Münsterer Stiftsfehde einzugreifen: *Hansen* 2, 55f. (Einl.).

[12] Die Chroniken der westfälischen und niederrheinischen Städte Bd. 1: Dortmund. Neuss = Die *Chroniken* der deutschen Städte Bd. 20 (Leipzig 1887) 118 (Chronik des Johann Kerkhörde).

Interdikt verfallen,[13] so daß hier an eine Verkündigung des Jubelablasses und an ein persönliches Wirken des Kardinals nicht zu denken war. Zudem erschien die Sicherheit auf den Landstraßen infolge der Kriegswirren in höchstem Maße gefährdet. Dennoch hatte Münster an den reichen Früchten der Legation des Kusaners vollen Anteil.

Der Legat begab sich über Hannover in die Fürstabtei Corvey[14] und von dort nach *Minden,* wo er am Freitag vor der Kettenfeier Petri, dem 30. Juli 1451, eintraf und elf Tage blieb. Mit kleinem Gefolge zog der bescheidene, asketisch wirkende Kardinal, auf einem Maultier reitend,[15] in die Domstadt ein. Das einzige Abzeichen seiner Würde war ein silbernes Kreuz, das Nikolaus V. ihm geschenkt hatte und das er vor sich hertragen ließ. Wie in allen Städten und Dörfern, die er berührte, war wohl auch in Minden sein erster Gang in die Domkirche.

Am Fest Petri Kettenfeier, das 1451 auf den Sonntag fiel, verkündete Nikolaus von Kues im Hohen Dom vor den zahlreich versammelten Gläubigen den Jubelablaß, sang ein Hochamt und hielt eine Predigt.[16] Der noch erhaltene Entwurf dieser Pre-

---

[13] *Hansen* 45 (Einl.), 56 (Einl.), 554f. Nr. 467, 174 Nr. 105.
[14] *Uebinger* 649; *Pastor* 481. Von Reformversuchen in Corvey verlautet nichts.
[15] *Pastor* 470. 476.
[16] *MindGQ* 1: Die Bischofschroniken des Mittelalters, hg. v. K. Löffler (1917) 84 (Hermann v. Lerbeck): *Eodem anno cardinalis Johannes*(!) *de Cusa presbyter fuit hic in partibus Alemanniae cum indulgentiis apostolicis et in ecclesia Mindensi missam cantavit, praedicavit et claustrum reformavit.* Ebd. 259 (Fortsetzer der jüngeren Bischofschronik): *Anno MCCCCLI feria sexta ante festum ad vincula Petri intravit civitatem Mindensem venerandissimus pater Nicolaus Cusa, cardinalis presbyter, et traxit ibi moram ad undecim dies et praedicavit et cantavit missam in summo ipso die Petri, quia fuit suus titulus ad vincula Petri. Et fuit magnus concursus interim. Et reformavit monasterium* .... Die Bedingungen für die Gewinnung des Jubelablasses, die wir von dem Erfurter Aufenthalt des Legaten kennen, waren nicht leicht; es wurden in Erfurt verlangt eine reumütige Beichte, Fasten an sieben Freitagen, Abstinenz an sieben Mittwochen und Besuch von sieben Kirchen an 24 Tagen, wobei 40 Vaterunser gebetet werden mußten (die ersten zehn für den Papst, die zweiten für den römischen König, für den Erzbischof von Mainz und den Landesfürsten, die dritten für alle Gläubigen, die vierten für die Sünder); außerdem sollte, jedoch nur, wenn die Vermögensverhältnisse

digt[17] trägt den Vermerk: *In die sancti Petri ad vincula in provincia sancti Petri et ecclesia sancti Petri per Cardinalem legatum sancti Petri, tituli sancti Petri ad vincula. In Mynda 1451.* Was lag bei einem derartig gehäuften Zusammentreffen verschiedenster Hinweise auf den Apostelfürsten, zumal in dem papstentfremdeten Westfalen, näher, als die Schlüsselgewalt Petri zum Ausgangspunkt der Ausführungen zu machen: *Quodcumque solveris super terram, erit solutum et in celis* (Mt 5,20). Der Kardinal verband diesen Gedanken homiletisch mit dem Kernsatz des Sonntagsevangeliums: *Nisi habundaverit iustitia vestra plus quam scribarum et Pharisaeorum, non intrabitis in regnum celorum* (Mt 5,20). Er wies seine Hörer darauf hin, daß Petrus als erster unter den Aposteln den Glauben an Christus bekannte, ohne den niemand selig werden kann, und betonte, daß es dieser freimütig bekannte Glaube ist, der dem Fundament der Kirche unerschütterliche Festigkeit verleiht. Wie ernstlich der große Gelehrte besorgt war, dem schlichten Volk die geistige Aufnahme der Glaubenswahrheiten zu erleichtern, zeigt der Umstand, daß er, wie zum Beispiel in Hildesheim, zur Unterstützung der Katechese vor den Gläubigen eine hölzerne Merktafel mit dem Vaterunser, dem Ave-Maria, dem Credo und den Zehn Geboten aufhängen ließ.[18]

Der Legat benutzte die wenigen Tage seines Mindener Aufenthaltes, um in Stadt und Bistum eine sehr energische *Reform des kirchlichen Lebens* ins Werk zu setzen. Er ließ sich dabei von dem Grundsatz leiten, daß „man reinigen und erneuern, nicht zerstö-

---

es erlaubten, die Hälfte der Kosten einer Romreise geopfert werden. Um den Empfang des Bußsakramentes zu erleichtern, ernannte der Kardinal zwölf „treffliche Beichtväter" und stattete sie mit entsprechenden Vollmachten für die Lossprechung von reservierten Sünden aus; *Pastor* 476.

[17] Vatikanische Bibliothek, Vat. lat. 1245, 20rb–vb; Cusanus-Texte I: *Predigten 7*: Untersuchungen über Datierung, Form, Sprache und Quellen. Kritisches Verzeichnis sämtlicher Predigten, von J. Koch (Sitzungsberichte der Heidelberger Akademie der Wissenschaften, Philosophisch-historische Klasse, Jg. 1941/42, 1. Abhandlung, Heidelberg 1942) Nr. 91, 98f. Nikolaus von Kues predigte vor dem Volk in deutscher, vor dem Klerus in lateinischer Sprache.

[18] *Vansteenberghe* 102. Die Tafel befindet sich im Städtischen Museum in Hildesheim.

ren und niedertreten, daß nicht der Mensch das Heilige umgestalten müsse, sondern umgekehrt das Heilige den Menschen"[19]. Nachdem der Kardinal sich eingehend über die Mindener Verhältnisse hatte unterrichten lassen, erließ er eine Reihe von Reformmandaten, welche die im Bistum eingerissenen Mißstände[20] abstellen sollten. Ein ernstes Wort der Mahnung zur Frage der Gestaltung des Gottesdienstes[21] richtete der Legat an die Pröpste, Dekane und Kanoniker der Domkirche und der Stiftskirchen in Stadt und Bistum Minden: *Decet domum Domini omni devocione decorari.* Der Gottesdienst ist zu gelegener Stunde mit Ehrfurcht und Würde zu vollziehen. Die Beteiligten sollen ehrerbietige Zurückhaltung beobachten und überlautes, zuchtloses Rezitieren und Singen vermeiden. Die Orgel hat spätestens nach dem Evangelium zu schweigen. Keinesfalls dürfen die täglichen Distributionen im Chor ausgegeben werden, wie überhaupt jegliche Störung, wie Lachen und Schwatzen, während des Gottesdienstes unbedingt zu

---

[19] *Pastor* 469.
[20] Die kirchlichen Zustände in Minden waren schon seit Beginn des 15. Jahrhunderts schlimmer als irgendwo sonst in Westfalen. Die Bischöfe versagten. Bischof Wilbrand v. Hallermund (1406–1436) war ein Haudegen, aber kein Seelenhirt. Über ihn berichtet ein Chronist, seine Tapferkeit in der Schlacht habe ihm, dem Bischof, den Verlust eines Auges und so viele Wunden im Gesicht und am Körper eingetragen, daß er völlig entstellt gewesen sei und geradezu einem gebratenen Fisch geglichen habe. Verse auf den Toten rühmen, Wilbrand habe „kämpfend wie ein grimmiger Löwe drei Burgen zurückgewonnen". Unter Bischof Albert v. Hoya (1436–1473) waren infolge ständiger Fehden Raub und Plünderung an der Tagesordnung. Die Meinung der Zeitgenossen über Bischof Albert ist sehr geteilt. Daß unter solchen Oberhirten kein religiöses Leben gedeihen konnte, liegt auf der Hand. MindGQ 1, 255, besonders z. J. 1421; W. *Schröder*, Chronik des Bistums und der Stadt Minden (1886) 343ff. 353. 385. Auch die Mindener Kanoniker erregten, wie der Osnabrücker Chronist Erwin Ertman lebhaft bedauert, wegen ihrer Zuchtlosigkeit und ihres völlig verweltlichten Auftretens höchst unangenehmes Aufsehen: *Osnabrücker Geschichtsquellen* Bd. 1 (1891) 100.
[21] S. A. *Würdtwein*, Nova subsidia diplomatica ad selecta iuris ecclesiastici Germaniae et historiarum capita elucidanda Bd. 11 (1788) 385f. Das Mandat schließt sich eng an die diesbezüglichen Dekrete der 21. Sitzung des Basler Konzils an; *Grube* 411.

Die Legation des Kardinals Nikolaus von Kues

unterbleiben hat. Der Legat erinnerte die Dekane an die gewissenhafte Wahrnehmung ihrer Aufsichtspflicht und ermächtigte sie, falls Strafen zu verhängen seien, die Distributionen für acht Tage zu streichen.

In einem anderen Mandat, das an alle Gläubigen in Stadt und Stift Minden gerichtet ist, wendet sich der Kusaner gegen das *Überhandnehmen der Bruderschaften und eucharistischen Prozessionen*.[22] Er räumt zwar ein, daß die Fraternitäten einem gewissen Streben nach Frömmigkeit entsprängen. Trotzdem dürfe man nicht übersehen, daß sie durch ihre religiöse Sonderbündelei die pfarrliche Einheit störten und erfahrungsgemäß keine guten Früchte brächten. Der Legat verbietet daher, neue Bruderschaften in Stadt und Bistum Minden zu gründen sowie die bestehenden mit weiteren Privilegien und Indulten auszustatten. Nachdrücklich wandte sich Nikolaus von Kues mit Rücksicht auf die Reverenz vor dem Allerheiligsten gegen die an vielen Orten wöchentlich oder monatlich innerhalb der Kirchen üblichen Umzüge der einzelnen Bruderschaften, bei denen das Sakrament unverhüllt getragen werde. Das Sanctissimum dürfe fortan bei diesen theophorischen Umzügen nur noch, wie beim Versehgang, verhüllt und im geschlossenen Gefäß mitgeführt werden. Überhaupt sollten künftig Sakramentsprozessionen nur noch am Fronleichnamsfest und in der anschließenden Oktav gestattet sein, dann allerdings *cum summa veneratione, custodia et ornatu*. „Denn es ist durchaus unziemlich, die heilige Eucharistie außerhalb dieser privilegierten Zeit anzuschauen, es sei denn in den Händen des zelebrierenden Priesters oder wenn der Christgläubige die heilige Kommunion empfängt. Die einzigartige Würde dieses Sakramentes verbietet es, die Andacht der Gläubigen durch die Häufigkeit der sakramentalen Aussetzung zu mindern und damit zugleich das religiöse Erlebnis der Eucharistiefeier zu schwächen." Jene Geistlichen, die trotz dieser Anordnung außerhalb der Fronleichnamszeit das Sanctissimum in offener Monstranz exponieren oder in Prozessionen mitführen, verlieren für die Dauer eines Jahres ihr Amt.

Ein ernstes Problem war für Nikolaus von Kues die *sittliche Haltung des Klerus*. Er fand in dieser Hinsicht in Minden besonders

---

[22] *Würdtwein* 395–397.

III. Reform und Reformation

traurige Verhältnisse vor. In einem Mandat,[23] das sich an den Bischof von Minden wendet,[24] richtet der Legat eine sehr eindringliche Mahnung an die Geistlichen des Bistums, die im Konkubinat leben. Trotz der Bemühungen der Konzilsväter in Basel, sagt der Kardinal, sei es bisher nicht gelungen, das abscheuliche Konkubinat aus dem Hause des Herrn zu verbannen. In Anknüpfung an die Baseler Beschlüsse[25] forderte er alle Kleriker und Priester des Bistums, die dem Laster ergeben waren, auf, sich endgültig von ihren Konkubinen zu trennen. Die Oberen sollten die ihnen unterstehenden Kleriker und Priester in dieser Hinsicht warnen und prüfen und, falls nötig, gemäß den Baseler Dekreten bestrafen. „Sollten aber, was wir nicht hoffen wollen, die Konkubinarier trotz dieser Warnung und Prüfung nach Ablauf eines Jahres nach wie vor diesem verabscheuungswürdigen Laster frönen, so müssen wir zu den rechtlichen Strafmitteln greifen. Wir ordnen daher an, daß niemand außer dem Bischof und dem von diesem specialiter ad hoc und mit ausdrücklicher Namensnennung Beauftragten Vollmacht hat, einen Kleriker oder Priester, der im öffentlichen Konkubinat lebt und gewarnt worden ist, zu absolvieren, auch wenn dieser alle möglichen Beichtbriefe vorweisen sollte. Ein solcher Kleriker oder Priester wird allein durch die Tatsache, daß er eine Konkubine hat und mit ihr sündigt, vom Amt suspendiert. Der Bischof soll den öffentlichen Konkubinarier, wenn er ihm bereits zweimal die Lossprechung erteilt hat, nicht mehr von der Suspension, sondern nur noch von der Sünde absolvieren und ihm dazu eine gehörige Buße auferlegen. Sollte aber ein solcher Konkubinarier sich bessern, kann der Erzbischof (von Köln) ihn zum dritten und zugleich letzten Mal von der Suspension lösen."

---

[23] Ebd. 393–395.
[24] Albert v. Hoya (1436–1473); s. oben Anm. 20.
[25] Die folgenden Maßnahmen des Kardinals richteten sich, wie das Mandat erkennen läßt, in erster Linie gegen den Kapitels-Klerus des Domes und der Stiftskirchen. Fast überall in Westfalen waren die Kapitel höchst reformbedürftig. Demgegenüber bot der westfälische Pfarrklerus, wie ich in anderem Zusammenhang zeigen werde, damals sowohl beruflich als auch asketisch im allgemeinen kein ungünstiges Bild.

Dieses Reformmandat ließ Nikolaus von Kues am 4. August an den Domportalen anschlagen, so daß alle Mindener es lesen konnten. Der Legat forderte zusätzlich die bepfründeten Kleriker der Stadt Minden, soweit diese im Ruf des öffentlichen Konkubinats standen, auf, die verdächtigen Frauen unverzüglich zu entlassen und ihm binnen drei Tagen über das Geschehene zu berichten. Darauf erschien, wie aus einer an alle Gläubigen des Bistums Minden gerichteten Konstitution hervorgeht,[26] vor dem Kardinal namens des Mindener Klerus Barthold Bockenau, Archidiakon in Lohe und Stiftsdechant von St. Johann, und gab ihm die Versicherung ab, kein Kleriker in Minden wolle künftig wieder rückfällig werden. Um nun die enthaltsamen Kleriker vor der Sünde zu schrecken und diejenigen, die unterdessen ihre Konkubinen entlassen hatten, in ihrem Beschluß zu bestärken, verschärfte der Legat seine früheren Anordnungen. Er befahl, daß jeder in der Stadt Minden bepfründete Kleriker, der seine frühere Konkubine wieder aufnehme oder mit ihr in fremdem Haus Beziehungen unterhalte, von Amt und Einkünften suspendiert werde. Namentlich den Kapiteln legte der Kusaner unter der Strafe des ipso facto eintretenden Interdikts die Verpflichtung auf, unenthaltsamen Kanonikern den Eintritt in die Kirche, die Teilnahme am Gottesdienst und den Genuß der Pfründe zu verwehren. Und nun schritt der Legat zum Äußersten: Sollte man sich um diese Anordnung nicht kümmern, werde ipso facto die ganze Stadt Minden dem kirchlichen Interdikt verfallen, dessen Aufhebung oder Milderung er sich und dem Apostolischen Stuhl allein vorbehalte.

So rigoros der Kusaner selbst die kanonischen Strafen zu handhaben verstand, wenn es um die Ehre Gottes, das Heil der Seelen und lebenswichtige Fragen der Kirche ging, so scharf verurteilte er andererseits deren Gebrauch um materieller Werte willen. Dieser *Mißbrauch der kirchlichen Strafmittel* war damals nicht eben selten. Die geistliche Gerichtsbarkeit, deren Sinn es ist, die Sünden vornehmlich der Widerspenstigen und Übeltäter zu strafen, darf niemals, so sagt der Legat, an den Bischof und die Beamten

---

[26] *Würdtwein* 397–399.

III. *Reform und Reformation*

des Mindener Offizialats gewandt,[27] die Gott gebührende Ehre schmälern oder Notleidende allzusehr beschweren. Er verbiete daher, zum Zweck der Eintreibung von Geldschulden den Gottesdienst einzustellen oder gar das Interdikt zu verhängen. Ein so zustandegekommenes Interdikt sei nichtig, und wer es verhänge, solle auf sechs Monate das Richteramt verlieren.[28] Der Kusaner warnt die Offiziale davor, sich irgendwie in causae einzumischen, die nicht durch Privileg oder Herkommen zu ihrem Kompetenzbereich gehören. Im Hinblick auf die Taxen und Gebühren empfiehlt er dem Bischof, nach Beratung mit seinem Kapitel persönlich im einzelnen festzulegen, was hier zur Erleichterung bedürftiger Gläubigen getan werden könne. Andererseits will der Legat nicht etwa exkommunizierte Schuldner, die sich länger als ein Jahr aus der kirchlichen Gemeinschaft ausschließen lassen, ohne durch Not dazu gezwungen zu sein, irgendwie privilegieren, so daß gegen sie nicht vorgegangen werden dürfe.

Unsere besondere Aufmerksamkeit erregt heute die Stellung des Kusaners zur *Judenfrage*, die ebenfalls in dem Mindener Reformprogramm ihren Niederschlag fand.[29] Nicht antisemitisch-rassische Affekte, sondern einzig die auf Glauben und Sitte beruhenden kirchlichen Rechtsnormen gaben ihr das Gepräge. Unter Berufung auf die kanonischen Gesetze, die den Juden eine besondere Kleidung zur Pflicht machten und Zinsgeschäfte mit den Christen

---

[27] Or. im StA. Münster, Fürstentum Minden, Urk. 302ᵇ; ungenau gedr. bei *Würdtwein* 391f.; H. E. *Feine*, Kirchliche Rechtsgeschichte Bd. 1: Die katholische Kirche (³1955) 386.

[28] In diesem Sinne beantwortete der Kardinal am 15. November 1451 von Mainz aus auch eine diesbezügliche Beschwerde des Stadtrates von Lemgo. Der Legat verbot den zuständigen Offizialatsbeamten, künftig in Lemgo wegen Geldschulden das Interdikt zu verhängen. Sollten sie es dennoch tun, sei die betreffende Erkenntnis als ungültig zu betrachten: Lippische Regesten, bearb. von O. *Preuß* und A. *Falkmann*, Bd. 3 (1866) Nr. 2116, 293. Noch im Jahre 1560 sah sich der Münsterer Bischof Bernhard v. Raesfeld (1557–1566) genötigt, anzuordnen, „daß über Laien, die am Offizialat wegen Geld oder Geldeswert verklagt bzw. verurteilt wurden, in Zukunft unter keinen Umständen der Kirchenbann verhängt werden soll": W. E. *Schwarz*, Die Reform des bischöflichen Offizialats in Münster durch Johann v. Hoya (1573), in: WZ (1916) I, 161ff.

[29] *Würdtwein* 386–389.

verboten,[30] bestimmte der Legat, daß von Weihnachten 1451 an jeder Jude in Stadt und Bistum Minden auf der Brust an seinem Anzug oder Mantel deutlich sichtbar einen aus safrangelben Fäden eingewirkten Ring mit dem Mindestdurchmesser von der Länge eines menschlichen Fingers trage, der ihn in der Öffentlichkeit von den Christen unterscheide. Die Jüdinnen sollten sich in ähnlicher Weise durch zwei blaue Streifen auf ihrem Mantel kenntlich machen. Der Kardinal sprach ferner die Erwartung aus, daß die Juden sich von Weihnachten an gänzlich der schmutzigen Zinsgeschäfte mit den Christen enthielten. Falls sie das Zinsverbot respektierten und auch sonst nichts gegen den christlichen Glauben im Schilde führten, könnten sie in Ruhe leben. Sollten sie jedoch ihre Darlehnsgeschäfte mit den Christen fortsetzen und es ablehnen, Erkennungszeichen zu tragen, so werde die Pfarrei, die solche Juden in ihren Reihen dulde, ipso facto dem Interdikt verfallen, das so lange andauere, als Juden solcher Art sich dort befänden. Der Kusaner unterließ es nicht, Klerus und Laien auf die ernsten kirchenrechtlichen Folgen im Falle einer Nichtbeachtung seiner Konstitution aufmerksam zu machen, „damit nicht um eines geringen irdischen Vorteils willen die Geschenke der Juden dem Kult des Allerhöchsten vorgezogen werden". Sollten sich in einer Gemeinde erstmalig Juden niederlassen, so habe der Ortspfarrer die Gläubigen von der Kanzel aus über die vorstehenden Bestimmungen und die kanonischen Strafen im Falle ihrer Nichtbeachtung aufzuklären. Im übrigen solle man den Juden in Stadt und Bistum Minden die gleiche menschenfreundliche Rücksicht gewähren, die ihnen in der Hauptstadt der Christenheit durch den Papst zuteil werde.

[30] Da sie sich gerne wie Geistliche oder Ritter kleideten, verpflichtete das 4. Laterankonzil 1215 die Juden, eine besondere Kleidung in gelber Farbe zu tragen. Die Forderung einer Sonderkleidung beruhte theologisch auf 4. Mos. 15,37–39, wo der Herr von den Söhnen Israels verlangt: „Sie sollen sich Quasten an ihre Kleiderzipfel machen, sie und ihre Nachkommen, und sollen eine blaue Purpurschnur an jeder Zipfelquaste anbringen. So sollt ihr also Quasten haben. Seht ihr sie an, dann denkt an all die Gebote des Herrn und tut sie!" – Das kirchliche Zinsverbot wurde im Mittelalter auch vom weltlichen Recht übernommen und erst im 16. Jahrhundert seitens der Kirche aufgegeben; *Rößler-Franz*, Sachwörterbuch zur deutschen Geschichte (1958) 468f.

III. Reform und Reformation

Eine bedrückende Sorge für den Kusaner war zweifellos der Gedanke: Werden die in den Mandaten enthaltenen Reformanliegen tatsächlich Gestalt annehmen oder bleiben die Erlasse möglicherweise ein wertloses Stück Pergament? Er suchte eine Lösung in einem eigenen Mandat,[31] in dem er besondere *Exekutoren* mit der Durchführung seiner Erlasse betraute. „Kraft Apostolischer Vollmacht haben wir in diesen Tagen hier in Minden", so heißt es darin, „mehrere Verordnungen und Statuten zur Verbesserung des Gottesdienstes, zur Erneuerung der Sitten, zur Ausrottung des Lasters und zur Einpflanzung der erwähnten Tugenden veröffentlicht. Weil es nun keinen Sinn hat, Gesetze zu erlassen, wenn sie nicht auch ausgeführt werden, übertragen wir dem Bischof, dem Dompropst[32] und dem Domthesaurar[33] die verantwortungsvolle Pflicht, unsere Statuten und Verordnungen ausnahmslos im Auge zu behalten und – gemeinsam oder einzeln – durchzuführen. Kein Diözesanstatut, kein geleisteter Eid, kein Gewohnheitsrecht und keine Appellation sollen den Bischof und die Prälaten der Mindener Kirche hindern, die ihnen durch diese Reformmandate auferlegte Pflicht der Reinigung und Auferbauung der Mindener Kirche zu erfüllen."[34]

Noch einmal nahm Nikolaus von Kues, als er bereits in Deventer weilte, zu einer Mindener Angelegenheit Stellung, die Anlaß zu

---

[31] *Würdtwein* 389–391.
[32] Hartwich Groperdorf (1441–1468): WZ 35 (1877) II 80f.
[33] Albert Weygewynt (1338–1354): WZ 34 (1876) II 111.
[34] Die Originale der angeführten, von *Würdtwein* gedruckten Konstitutionen und Mandate sind verschollen; nachgewiesen im StA Münster durch Sammelregest des Kopiars Msc. II 189¹, 108, Diplomata 664–669 und 673. Von Würdtwein nicht gedruckt sind Nr. 670, 671 und 672. Über diese berichtet das Kopiar: ... *Nicolaus* ... *Cardinalis Presbyter Apostolicae sedis per Alemaniam legatus Mindae* ... *edidit et promulgavit constitutiones:* ... *septimam transformatas hostias speciem ruboris habentes populo ad adorandum non esse proponendas, sed a presbyteris sumendas; octavam, ut religiosae personae servent suas regulas sub poena amissionis privilegiorum; nonam, quod ingressus ad canonicatus et praebendas tam in Cathedrali quam Collegiatis Ecclesiis fiat absque solutione alicuius pecuniae.* Inhaltlich finden sich diese Mandate z. T. in dem Halberstädter Wilsnack-Wallfahrtsverbot des Kusaners (s. u. 325ff.) sowie in den Statuten der noch zu behandelnden Kölner Provinzialsynode von 1452 (s. u. 269ff.).

einem Streit zwischen den kirchlichen und zivilen Behörden der Stadt gegeben hatte.[35] Es handelte sich um die Frage, ob die Zahlung einer Mühlensteuer, die seit zehn Jahren von der Bürgerschaft erhoben wurde, auch vom Klerus verlangt werden könne. Beide Parteien hatten den Legaten um einen Schiedsspruch gebeten. Man war bereit, in jedem Falle die Entscheidung anzuerkennen. Von dem Streben geleitet, die kirchliche Freiheit zu wahren und die städtische Verfassung nicht zu verletzen, kam der Kardinal, nachdem er beide Seiten gehört hatte, nach reiflicher Überlegung zu dem Urteil, daß der Klerus von der Mindener Stadtverwaltung zur Zahlung der Mahlsteuer weder direkt noch indirekt herangezogen werden könne. Er hoffe, daß die Bürgermeister von Minden diese Entscheidung respektierten.

Zwei weitere Mandate behandeln die Reform des Klosterlebens im allgemeinen und das Verbot, für die Verleihung von Kanonikaten Geld zu zahlen.[36] Auf das erstere kommen wir sogleich zurück.

Trotz der Kürze der ihm in Minden verbleibenden Zeit beschränkte sich der päpstliche Legat in seiner Reformarbeit keineswegs auf die Abfassung von Mandaten und Konstitutionen, wenngleich diese Tätigkeit begreiflicherweise das Übergewicht haben mußte. Er schritt in Minden auch zur praktischen Reform. So visitierte er die Benediktinerabtei St. Moritz an der Pfarrkirche von St. Simeon, wo er eine sehr verfallene Ordenszucht vorfand.[37]

Von den neun westfälischen *Benediktinerabteien* hatte sich damals noch keine der *Bursfelder Kongregation* angeschlossen.[38] Jetzt benutzte der Legat seinen Mindener Aufenthalt, diese vortreffliche Erneuerungsbewegung auch in Westfalen in Gang zu setzen. Die

---

[35] *Würdtwein* 399f.; MindGQ 2 (1932) 47f. (H. *Tribbe*, Beschreibung von ... Minden).

[36] StA Münster, Msc. II 189 Nr. 671 (Reg.); *Hartzheim*, Concilia Germaniae 5, 461ff. Ferner StA Münster, Msc. II 189 Nr. 672. Vgl. Anm. 34.

[37] MindGQ 2, 21. In dem hier mitgeteilten zeitgenössischen Bericht aus der Beschreibung der Stadt Minden heißt es u. a.: *Et sic introducti* (im Jahre 1435) *quilibet habuit propriam habitationem et vixerunt, sicut in insula solebant, et habuerunt suspectas personas secum, ibant die noctuque vagando per civitatem sicut alii cum curtis bambasiis scilicet blavii coloris sicut alii clerici.*

[38] P. *Volk*, Fünfhundert Jahre Bursfelder Kongregation (1950) 10f.

Kongregation genoß das höchste Wohlwollen des Kardinals. Schon Ende Mai 1451 hatte er in der St.-Stephan-Abtei zu Würzburg mit vier Äbten das 14. Kapitel der Benediktinerprovinz Mainz-Bamberg geleitet und die anwesenden 70 Äbte eidlich zur Vornahme der Reform verpflichtet. Wie er sich diese Reform dachte, war unmißverständlich, da er den Bursfelder Abt Johannes Hagen zum Visitator der Provinz ernannte.[39] Noch stärker hob der Legat die musterhafte Erneuerungsarbeit der Bursfelder auf der nächsten Station seiner Legationsreise in Erfurt hervor. Er nahm dort in der bereits reformierten Abtei St. Peter Wohnung und lernte aus eigener Anschauung die segensreichen Wirkungen der Bursfelder Observanz kennen.[40] Um der jungen Reformkongregation seine Anerkennung zu zeigen, erteilte er dem Bursfelder Mönch Christian, der seit 1446 Prior von St. Peter war, persönlich die Abtsweihe.[41] Als weiteren Erweis seiner Hochschätzung bestätigte er bei demselben Erfurter Aufenthalt am 7. Juni 1451 die Bursfelder Union und verlieh den angeschlossenen Klöstern[42] mehrere Privilegien.[43] Diese Anerkennung seitens des päpstlichen Legaten bildete fortan die unantastbare Rechtsgrundlage der Bursfelder Kongregation. Nachdem der Legat, wie schon erwähnt,[44] in Hildesheim den simonistischen Abt der St.-Michael--Abtei durch einen Bursfelder Mönch abgelöst und damit die Reform des Klosters gesichert hatte, war er entschlossen, im St.-Moritz-Kloster zu Minden mit gleicher Strenge durchzugreifen.[45] Er

---

[39] Ebd. 129f.
[40] *Pastor* 475f. Von den zehn Klöstern Erfurts waren erst zwei, das Benediktinerkloster und das Kloster der Augustiner-Eremiten, reformiert. Der Legat visitierte sämtliche Klöster. *Uebinger* 642f.
[41] *Volk* 129.
[42] Es waren dies Bursfelde, Rheinhausen, Erfurt, Homburg, Klus, Huysburg, Berge und Cismar. *Volk* 129.
[43] J. *Linneborn*, Die Reformation der westfälischen Benediktinerklöster im 15. Jahrhundert durch die Bursfelder Kongregation, in: Studien u. Mitt. a. d. Benediktiner- u. Zisterzienserorden 20 (1899) 279ff. Der ungekürzte Text des wichtigen Dokumentes findet sich bei U. *Berlière*, Les origines de la Congrégation de Bursfeld, in: Revue Bénédictine 16 (1899) 490ff.
[44] S. o. 245.
[45] Über die Zustände in der Abtei s. Anm. 37.

Die Legation des Kardinals Nikolaus von Kues 257

enthob den unwürdigen Abt – er hieß Friedrich Beuse[46] – seines Amtes und setzte an seine Stelle den reformierten, angeblich überstrengen[47] Abt Casyn († 1461) aus Stadthagen, den der Bursfelder Abt Hagen auf Ersuchen des Kusaners geschickt hatte. Zusammen mit diesem vertraten der Prior und der Prädikator die Reformpartei des Klosters.[48]

Von Minden aus korrigierte Nikolaus von Kues auch eine liturgische Fehlentwicklung in dem Kollegiatstift St. Johann und Dionys zu Herford.[49] Das Stift hatte eine ungewöhnliche Geschichte. Im Jahre 1414 war nämlich das Dionysstift für Chorherren in Enger mit Genehmigung des Apostolischen Stuhles an die Stiftskirche St. Johann zu Herford transferiert worden[50] und hieß seitdem St. Johann und Dionys. Der Legat bestätigte zwar den Kanonikern die Ordnung des Chordienstes im allgemeinen, hielt es aber für geboten, in einem Punkt Ordnung zu schaffen. Es gab nämlich an der Stiftskirche noch sechs Pfründner, die merkwürdigerweise eine Sondernorm für das kirchliche Stundengebet befolgten. So wurden also innerhalb desselben Gotteshauses zwei verschiedene Kultformen eingehalten. Das Kapitel bat den Legaten um Abhilfe. Daraufhin beauftragte dieser den Dekan der Marienkirche von Bielefeld, dafür zu sorgen, daß die sechs Benefiziaten sich hinsichtlich des Gottesdienstes nach ihrem Haupt richteten.

Der Mindener Aufenthalt des Kardinallegaten neigte sich dem Ende zu. Am Sonntag, dem 8. August 1451, feierte Nikolaus von Kues nochmals mit den Gläubigen der Stadt das Meßopfer und

---

[46] Ein Mindener Chronist nennt ihn irrig Johannes Bennen. Der letzte Herausgeber der Chronik K. Löffler hat nach urkundlichen Nachrichten des StA Münster (St. Mauritz u. Simeon) festgestellt, daß damals Friedrich Beuse (1425–1451) Abt des Klosters war. MindGQ 1, 259 Anm. 2. Demgemäß sind Linneborn und alle späteren Autoren zu berichtigen.

[47] MindGQ 2, 21: *Et fuit nimis rigidus in corrigendo, quia istos antiquos flagellavit, sicut magister solet scholasticos.*

[48] Ebd. 22: *... Tunc isti tres, abbas, prior et ille praedicator, tenuerunt unam partem, et isti de monasterio tenuerunt alteram partem ...*

[49] StA Münster, St. Johann und Dionys zu Herford (Or.-Urk. 156). *Uebinger* 650.

[50] H. *Nottarp*, Das katholische Kirchenwesen der Grafschaft Ravensberg im 17. und 18. Jahrhundert = Studien u. Quellen z. westf. Gesch. 2 (1961) 9.

sprach zu ihnen im Anschluß an das Evangelium über das Schriftwort *Manducaverunt et saturati sunt* (Mk 8,8). Wiederum stand die Glaubensgnade im Mittelpunkt seiner Ausführungen. Da der Glaube über menschliches Begreifen hinausgehe, werde er am leichtesten jenen Seelen zuteil, die sich ihm in der Einfalt des schlichten Herzens nahten. *Sic quamdiu possunt, non deserunt. Sed salvator dat posse, quando deficit. Sic est misericordia expectanda, quando deficit potencia.*[51]

Nach elf Tagen angespannter Tätigkeit begab sich der päpstliche Legat von Minden in das Ursprungsland der westfälischen Kirchenreform: in die Niederlande. Bevor er jedoch Westfalen verließ, stattete er den *Windesheimer Chorherren* in Frenswegen bei Nordhorn einen Tagesbesuch ab. Dieses älteste und bedeutendste Chorherrenstift der Windesheimer auf deutschem Boden war unter seinem Prior Heinrich Loder (1416–1436), dem „Apostel Westfalens", – er ruhte damals bereits zwölf Jahre im Grabe –, aus armseligen Verhältnissen zu hoher Blüte aufgestiegen und zum geistigen Mittelpunkt aller Windesheimer Chorherrenstifte in Westdeutschland geworden. Loder, ein kerniger Westfale, hatte während seines zwanzigjährigen Priorates allein 16 Kanoniker als Prioren in zwölf Stifter entsandt. Nikolaus von Kues feierte im Kreise der regeltreuen Chorherren das Meßopfer und hielt eine Ansprache an den Konvent.[52]

Der Prior des Windesheimer Chorherrenstifts Böddeken im Bistum Paderborn, Arnold Holt, eine der besten damaligen Reformpersönlichkeiten der Windesheimer Kongregation, war ebenfalls nach Frenswegen gekommen, um mit dem hohen Gast zusammenzutreffen.[53] Der Legat wußte die Verdienste Holts, der vor

---

[51] Vatik. Biblioth., Vat. lat. 1245, 21ra–b; *Koch*, Predigten Nr. 92, 99.

[52] ... *et omnibus se affabilem, humilem et benignum verbo et opere demonstravit*. J. Busch, Liber de origine devocionis moderne: *Chronicon Windeshemense*, bearb. v. K. *Grube* (1886) c. 36, 339. Der undatierte Bericht ist hier anzusetzen, was sich aus dem im folgenden geschilderten datierten Zusammentreffen des Legaten mit dem Abt von Böddeken ergibt. Zu Abt Loder: F. *Jostes*, Heinrich Loder. Ein westfälischer Mönch vor 500 Jahren, in: Aus Westfalens Vergangenheit (1893) 17ff.

[53] E. *Schatten*, Kloster Böddeken und seine Reformtätigkeit im 15. Jahrhundert (Phil. Diss., Münster 1917) 27f. Für den frdl. Hinweis auf diese Mitteilung habe ich Herrn Prof. Bauermann zu danken.

seiner 1449 erfolgten Wahl zum Oberen des Stiftskapitels von Böddeken sieben Jahre hindurch Prior der neugegründeten Niederlassung in Möllenbeck gewesen war, wohl zu schätzen.[54] Er begegnete daher dem tüchtigen Prior mit Wohlwollen und offenem Vertrauen. Am 10. August 1451 erteilte er Holt und dem Bursfelder Abt Johann v. Hagen den ehrenvollen Auftrag, als päpstliche Subkommissare im Paderborner Land den Jubiläumsablaß zu verkünden, da er selbst nicht nach Paderborn reisen könne.[55] Als später eine Abordnung von Geistlichen und Laien aus Lippstadt, Marsberg und Volkmarsen (Kr. Wolfhagen) dem Legaten darlegte, es sei den Bewohnern ihrer Gemeinde wegen der weiten Wege und aus anderen erlaubten Gründen nicht möglich, die zur Gewinnung des Ablasses vorgesehenen Kirchenbesuche zu machen, ermächtigte der weitherzige Kusaner am 26. Februar 1452 Prior Holt, in dieser Hinsicht eine den Verhältnissen entsprechende Änderung vorzunehmen.[56]

Am 12. August traf der Legat in Deventer ein,[57] wo er einst glückliche Jugendjahre verbracht hatte. Das Fest Mariä Himmelfahrt verlebte er im Hause der Fraterherren, unter deren Obhut er nicht nur die erste Ausbildung an der Stadtschule, sondern auch die für sein späteres Leben entscheidende Richtung der „modernen Frömmigkeit" erhalten hatte. In ähnlicher Weise hatte hier fünfzig Jahre früher der Münsterer Domvikar Heinrich von Ahaus den folgenschweren Anstoß zur Gründung des Münsterer Fraterhauses Zum Springborn empfangen, das in der westfälischen Ge-

---

[54] Während Holt Prior war, wurden von Böddeken aus allein vier Männer- und drei Frauenstifte teils gegründet, teils neu besetzt und sieben Schwesternhäuser in bischöflichem Auftrag visitiert. *Schatten* 25. Über Möllenbeck vgl. jetzt N. *Heutger*, Das Stift Möllenbeck an der Weser (1962), zur Legation des Kusaners 58f.
[55] Ebd. 27. Demnach befindet sich *Andreas* 119 im Irrtum, wenn er zu wissen glaubt, Nikolaus von Kues habe in der Benediktinerabtei Abdinghof bei Paderborn einen erfolglosen Reformversuch unternommen. Der Legat war während seiner Legation nie in Paderborn.
[56] *Schatten* 27f. Der Legat befand sich demnach seit drei Tagen auf der Provinzialsynode in Köln. Vgl. u. 269ff.
[57] F. A. *Scharpff*, Der Kardinal und Bischof Nikolaus von Cusa, 1. Das kirchliche Wirken (1843) 209. Noch am 17. August weilte der Legat in Deventer: MGQ 1 (1851) 214.

III. Reform und Reformation

schichte der *Devotio moderna* einen führenden Platz einnehmen sollte. Im Hause der devoten Brüder zu Deventer fühlte sich der Kardinal wie daheim. Wohl sicher lebte noch der eine oder andere seiner alten Lehrer und Erzieher. Zum Zeichen der dankbaren Verbundenheit mit den Brüdern und seiner hohen Wertschätzung der Devotio moderna schloß sich Nikolaus von Kues auf eigenen Wunsch wie in seiner Scholarenzeit der ihm vertrauten Hausordnung an. Er speiste mit den Fraterherren an derselben Tafel, hörte die geistliche Lesung, hielt bei dem Nachmittagsgottesdienst die übliche Kollatie[58] und verhielt sich in allem, als ob er selbst zur Brüdergemeinschaft gehöre. Als er beim Abschied seinen ehemaligen Wohltätern aus Dankbarkeit gewisse Privilegien schenken wollte, lehnte der Rektor des Hauses die Annahme ehrerbietig dankend ab, da er fürchte, solche Vorrechte könnten der Gemeinschaft mehr schaden als nützen.[59]

Unterdessen war der Prior der Augustiner-Chorherren von Windesheim in Deventer eingetroffen, um den hohen Gast auf seinem Wege zu dem berühmten Windesheimer Kloster zu begleiten, das 1387 durch sechs Schüler Grootes und auf den Rat Radewijns gegründet worden war und sich inzwischen zum Brennpunkt einer aktiven Reformkongregation entwickelt hatte. Auf westfälischem Boden zählte man damals vier Niederlassungen dieser klösterlichen Ausprägung der neuen Frömmigkeit, unter denen Frenswegen und Böddeken die bedeutendsten waren.[60] Auf dem Wege über Diepenveen, wo er am 21. August 1451 dem mustergültigen

---

[58] Er wählte den Vorspruch: *Qui facit voluntatem patris mei qui in celis est, ipse intrabit in regnum celorum* (Mt 7,21) und warnte die Brüder vor den falschen Propheten, die in Schafskleidern zu uns kommen, inwendig aber reißende Wölfe sind, und ermahnte sie zum beständigen Gebet und zur geistlichen Betrachtung: *Nolite confirmari huic seculo!* (Röm 12,2). Vatikanische Bibliothek, Vat. lat. 1245, 13rb–14rb. *Koch*, Predigten Nr. 93, 100.
[59] *Uebinger* 651.
[60] Außerdem Ewig (1420) und Möllenbeck (1441). Im Jahre 1453 folgte Dalheim und 1484 Blomberg. Bis zum Jahre 1463 umfaßte die Windesheimer Kongregation – ein Zeichen ihrer starken Anziehungskraft – 64 Chorherren- und 13 Chorfrauenstifte: K. *Grube*, Johannes Busch, Augustinerpropst zu Hildesheim, ein katholischer Reformator des 15. Jahrhunderts (1881) 283f.

Konvent der Windesheimer Regularkanonessen auf einem kurzen Tagesbesuch den Ablaß gewährte und eine Kollatie hielt,[61] zog der Legat nach Windesheim weiter. Am Sonntag in der Oktav von Mariä Himmelfahrt, dem 22. August 1451, hielt ein ihn begleitender Bischof[62] den Kanonikern im Anschluß an die Prim eine Ansprache, der Nikolaus von Kues in eindrucksvollen Worten die Mahnung anfügte, auch weiterhin die Ordensgelübde unversehrt zu erhalten. Darauf sang er ein Hochamt und erteilte anschließend allen Insassen des Hauses unter den üblichen Bedingungen für Ordensleute die Gnaden des Jubeljahres.[63] Dem Prior von Windesheim und den von ihm beauftragten Kommissaren erteilte er uneingeschränkte Absolutionsgewalt. Auf die Frage des Priors, ob ein Ordensmann ohne Erlaubnis seiner Oberen nach Rom pilgern dürfe, erwiderte der Legat mit den Worten Nikolaus' V.: „Gehorsam ist besser als Ablaß."[64] Den weiteren Verlauf der Legationsreise des Kusaners durch die Niederlande und Westdeutschland übergehen wir hier,[65] da sich dabei nähere Beziehungen zum kirchlichen Leben Westfalens nicht ergeben.

[61] Chron. Windeshem. 339. In Diepenveen nahm ein halbes Jahrhundert früher Heinrich von Ahaus durch Vermittlung seiner Tante Jutta von Ahaus, die dort 1400 eingetreten war, die erste Verbindung zu dem niederländischen Devotenkreis auf.

[62] Es handelte sich wohl um den Benediktinerbischof Thomas Lauder, *episcopus Donckolgensis regni Scocie, qui fuit in comitatu eius* (sc. legati), *sacre theologie eximius professor, qui pro facultatis et scientie sue eminentia nominatissimus fuit.* Vgl. De fundatione domus regularium prope Haerlem, in: J. C. *Poole*, Frederick van Heilo en zijn schriften (1866) 149; *Berlière* in: Revue Bénédictine 16 (1899) 488 Anm. 5; *Koch*, Predigten 101.

[63] Chronic. Windesheim. 339; *Poole*, van Heilo 146ff. Ordensleute sollten in ihren Klöstern bleiben, den Hauptaltar besuchen, in oder außer der Kirche dreißigmal Umgang halten, beten, fasten, hlg. Messen lesen oder Psalter beten; *Uebinger* 636.

[64] Ebd. 652.

[65] Ungemach und Bitterkeit blieben dem Kardinal nicht erspart. Auf der Reise von Trier nach Köln lag er in Aachen auf dem Krankenlager. Seine Mission in London, wo er zwischen England und Frankreich vermitteln sollte, scheiterte. Seine Bemühungen zur Beilegung der Münsterer Stiftsfehde brachten Enttäuschung und Ärger. Die Gegner des Legaten, durch dessen feurigen Eifer in den Fragen der sittlichen Reform des Welt- und Ordensklerus und der Wilsnacker Wallfahrt gereizt, wagten

III. Reform und Reformation

Das Weihnachtsfest beging der Kardinallegat in der *Kölner Metropole*,[66] wo er den Jubiläumsablaß verkündete und am Fest der Unschuldigen Kinder (28. 12.) eine Predigt hielt unter dem Schriftwort: *Lux in tenebris lucet, et tenebre eam non comprehenderunt* (Joh 1,5).[67] Auch in Köln blieb die vordringlichste Sorge des Legaten die Besserung des Klerus. Er übte hier scharfe Kritik an den vier wenig reformfreudigen Mendikantenorden der Minoriten,[68] Dominikaner,[69] Karmeliter[70] und Augustiner-Eremiten,[71] die sich indessen wegen ihres schlichten Wesens bei der westfälischen Bevölkerung durchweg großer Beliebtheit erfreuten. Lediglich bei den Minoriten gab es eine der Windesheimer und Bursfelder Kongregation vergleichbare Erneuerungsbewegung, die sogenannte *Franziskanische Observanz*, die jedoch in der westfälischen Kustodie trotz heißen Bemühens nicht Fuß fassen konnte.[72] Die Dominikaner und Augustiner-Eremiten verfügten zwar über eine Reihe bedeutender Reformerpersönlichkeiten, aber dem Erneuerungswillen dieser Orden fehlten organisatorische Geschlossenheit und gesammelte Kraft.[73] Schon in Trier hatte Nikolaus von Kues die

---

sich offener hervor. Während der Mainzer Synode im November 1451 fand der Kardinal eines Tages an seiner Tür ein Libell, das sich in schmähenden Ausdrücken über die Verderbnis der Kurie, über den Luxus und die Pfründenkumulation der Kardinäle, über die römischen Taxen u. ä. erging: *Scharpff* 171. 178. 195; *Pastor* 490. Solche Unmutsäußerungen sind jedoch in Westfalen nicht festzustellen.

[66] Die Chroniken der deutschen Städte Bd. 20 (1887) 118: *Nu was een cardinal... Nativitatis Christi to Collen und gaf roemschen aflaet up velen steden, sunder Munster, Cleve uetgescheden, wante de lude weren tegen Walramum van Morse....*

[67] *Koch*, Predigten Nr. 106, 108.

[68] In Westfalen gab es Minoritenklöster zu Paderborn (1232), Soest (1233), Dortmund (vor 1244), Münster (um 1247), Höxter (1248), Osnabrück (um 1250) und Herford (vor 1286).

[69] In Westfalen: Soest (1231), Minden (1236), Warburg (1281), Osnabrück (1295) und Dortmund (1310).

[70] Karmeliterklöster hatte Westfalen nicht.

[71] In Westfalen: Lippstadt (1281), Osnabrück (1287) und Herford (1288).

[72] Da sie auch später in die bestehenden Minoritenklöster nicht einzudringen vermochte, schritt sie zu Neugründungen in Hamm (1455), Dorsten (1488) und Bielefeld (1498).

[73] Unter den westfälischen Augustiner-Eremiten des 15. Jahrhunderts, die ebenso wie die Dominikaner stets eine kuriale Haltung einnahmen, fan-

Die Legation des Kardinals Nikolaus von Kues 263

dortigen Bettelmönche[74] ultimativ aufgefordert, bis zum 1. Fastensonntag 1452 die Reform einzuführen. Man solle sich hinsichtlich der Beobachtung der Ordensgelübde die Windesheimer Chorherren zum Muster nehmen. Falls die Mönche die Observanz ablehnten, werde der Erzbischof von Trier den Mendikanten künftig die Zulassung zum Beichthören und zur Volkspredigt verweigern und die Gläubigen vor ihnen warnen.[75] Diese Drohung, die der Legat in Trier, Köln und an anderen Orten gelegentlich der Promulgation des Jubel-Ablasses unnachsichtig verwirklichte,[76] mußte die Mendikanten, die als Volksprediger und päpstlich privilegierte Beichtväter Kanzel und Beichtstuhl als ihre ureigenste Domäne betrachteten, geradezu am Lebensnerv treffen.

den sich bedeutende Lehrer des geistlichen Lebens, die sich gleichwohl der Reformbewegung Heinrich Zolters versagten, so namentlich im Kloster zu Osnabrück Gottschalk Hollen († 1481), die „einflußreichste Persönlichkeit unter den niederdeutschen Augustinern jener Zeit", der Lektor Johannes von Wiedenbrück und Johannes Schiphower. Erst seit 1457 kam in den westfälischen Klöstern der Augustiner-Eremiten eine mäßige Reform zum Zuge. Vgl. T. *Kolde,* Die deutsche Augustiner-Congregation und Johannes v. Staupitz (1879); A. *Zumkeller,* Die Lehrer des geistlichen Lebens unter den deutschen Augustinern vom 13. Jh. bis zum Konzil von Trient, in: Sanctus Augustinus, vitae spiritualis magister = Settimana Internazionale di spiritualità Agostiniana II (1956) 289ff.; *ders.,* Das Ungenügen der menschlichen Werke bei den deutschen Predigern des Spätmittelalters, in: Zeitschr. f. kath. Theologie 81 (1959) 296ff.

[74] Alle vier Orden waren hier vertreten: Dominikaner (um 1220), Minoriten (um 1223), Karmeliter (1264) und Augustiner-Eremiten (vor dem Ende des 13. Jh.s); G. *Kentenich,* Geschichte der Stadt Trier (1915) 168ff.

[75] Cusanus-Texte IV: *Briefwechsel* des Nikolaus von Cues. Erste Sammlung, hg. von J. Koch (Sitzungsberichte der Heidelberger Akademie der Wissenschaften, Phil.-hist. Klasse, Jg. 1942/43, 2. Abhandlung, 1944) Nr. 17a. 17b. 18.

[76] Ebd. 114: ... *in promulgatione indulgenciarum plenarie remissionis Colonie, Treveris et in pluribus aliis partibus disposuit et ordinavit confessores et alios religiosos inexpertos et ad audienciam confessionum minime privilegiatos spretis fratribus mendicantibus tamquam incapacibus, mandans predicare in omnibus parochiis, ne aliquis confiteretur fratribus predictis, nisi servarent regulam eorum.* Vgl. u. 272ff. das entsprechende Statut der Kölner Provinzialsynode von 1452.

Ihre Reaktion war entsprechend. Mit Heftigkeit und nicht ohne Geschick wiesen die vier Mendikantenorden zu Rom im August 1452 die Vorwürfe des Kardinallegaten zurück.[77] Ihrem Protestschreiben ist zu entnehmen, daß der Kusaner, wie erwähnt, in Köln und später auch an anderen Orten seine Klagen über die Bettelmönche mit offensichtlich übertriebenem Eifer in noch schärferem Ton wiederholt hatte. Vor den Prälaten des Domes und der Stiftskirchen und führenden Kölner Laien behauptete der Kusaner angeblich u. a. „mit lauter Stimme und in deutscher Sprache", die Mendikanten samt ihren Oberen widersetzten sich, obgleich ihr Lebenswandel zu ernstem Tadel Anlaß gebe, der Reform. Man dürfe sie nicht mehr zum Beichtstuhl und zur Kanzel zulassen, bevor sie nicht zur Regeltreue zurückgekehrt seien. Nachdem sie selbst die Kirche zugrunde gerichtet hätten, wollten sie nun die Hierarchie der streitenden Kirche stürzen.[78] Um zu verhindern, daß nichtreformierte Kräfte in führende Ordensämter gelangten, legte der Legat am 22. März 1452 dem Dekan der theologischen Fakultät der Universität Köln nahe, den Beschluß zu fassen, keinen Ordensgeistlichen mehr zur Promotion zuzulassen, der nicht einen einwandfreien Lebenswandel führe und die Reform seines Ordens bejahe.[79]

Diese von den Beschwerdeführern gewiß überspitzt und zum Teil entstellt[80] wiedergegebenen Vorwürfe und Maßnahmen des Kardinallegaten dürften trotz mancher Niedergangserscheinungen in den einzelnen Häusern auf die Verhältnisse der westfälischen Mendikantenklöster kaum allgemein zutreffen. Gewiß wurde die Klausur nicht selten vernachlässigt und die strenge Beobachtung

---

[77] Ebd. Nr. 37, 111ff.
[78] Ebd. 112: ... dixit ... legatus Prelatos et fratres dictorum ordinum Jerarchiam militantis Ecclesie et infringere et ecclesiam ante eos fere mille et centum melius stetisse ac eandem per eos in suo statu periisse. Die Beschwerdeführer sahen in dieser Äußerung des Kardinallegaten einen Rückfall in die Häresie des Pariser Philosophen und Theologen Wilhelm v. Saint-Amour († 1272), demzufolge religiosos mendicantes in statu dampnacionis existere und verlangten die Verurteilung des Kusaners. Vgl. zu W. v. Saint-Amour M. *Bierbaum*, Bettelorden und Weltgeistlichkeit an der Universität Paris (Theol. Diss., Münster 1920) 14ff.
[79] *Koch*, Briefwechsel Nr. 20, 74.
[80] Vgl. ebd. 113 Anm. 2 und Nr. 20, 74 und Anm. 2.

der Armut als unzeitgemäß abgelehnt, aber von einem totalen Zerfall der Ordenszucht konnte hier nicht die Rede sein. Die maßvolle Tonart der diesbezüglichen Statuten der Kölner Provinzialsynode von 1452[81] scheint diese Annahme zu bestätigen. Frömmigkeit und Askese der Mendikanten bewegten sich damals in Westfalen auf der Ebene der Mittelmäßigkeit, wobei es allerdings bei den einzelnen Orden Abstufungen gab. Am umstrittensten waren die Minoriten, während die Dominikaner durchweg als einigermaßen regeltreu galten und die Augustiner-Eremiten, namentlich in Osnabrück,[82] sogar eine gewisse Blütezeit durchlebten. Dementsprechend erwies sich auch die Glaubenskraft der Mendikanten in der Stunde der Bewährung.[83]

Im Januar 1452 weilte der päpstliche Legat, was alle Autoren merkwürdigerweise bisher übersehen haben, wieder in Westfalen.[84] Am Vortage von Fabianus et Sebastianus, dem 19. Januar

[81] S. u. 272f.

[82] Das Kloster stellte in der zweiten Hälfte des 15. Jahrhunderts für Münster und Osnabrück eine Reihe guter Weihbischöfe; vgl. K. *Zuhorn*, Die Beziehungen der Osnabrücker Augustiner zu Münster: Dona Westfalica (1963). Dennoch entsprachen selbst solche relativ hochstehenden Klöster nicht den Anforderungen, die die franziskanische Observanzbewegung an ihre Brüder stellte, wie das Beispiel des heiligmäßigen Dietrich Kolde († 1515) aus Münster zeigt, der schon wenige Jahre nach seiner Aufnahme bei den Augustiner-Eremiten zu den Franziskaner-Observanten in Hamm hinüberwechselte. A. *Groeteken*, Dietrich Kolde, in: LThK 6 (1961) Sp. 371.

[83] Von den sieben Minoritenklöstern fanden vier, nämlich Paderborn, Höxter, Osnabrück und Herford, in der Reformation ihr Ende, während die Observantenklöster dem alten Glauben treu blieben. Auch die Dominikaner behaupteten sich, außer in Minden, wo das Kloster 1529 aufgehoben wurde. Daß die Augustiner-Eremiten zur Neulehre übertraten, hatte wohl seinen Grund in der Tatsache, daß Luther selbst diesem Orden angehörte.

[84] Chroniken der deutschen Städte Bd. 20 (1887) 119f. (Chronik des Johann Kerkhörde): *1452 was een duetsch cardinal uet dem stichte van Trier, Nicolaus Cusa, de gaf romische aflate, als to Rome weren in anno gratiae anno 1450; solke gratie gaf he unser stat und kerspelsluden van buten und den, de in unsem gerichte wonneden, angaende profesto Fabiani et Sebastiani a. 1452 und waerde usque primum diem Aprilis, dat was vigilia Palmarum. Men moste bichten dennen, de daerto ordiniert weren, und vasten 7 vridage, 8 godenstage und visitieren de 12 kerken in diser stat 24 dage und spreken in itlicker kerken 4 Pater noster, Ave Maria, een vor den*

III. Reform und Reformation

1452, promulgierte Nikolaus von Kues in der führenden westfälischen Hansestadt *Dortmund* den Jubiläumsablaß. Alle christlichen Einwohner der Stadt, der Kirchspiele und des Gerichtsbezirks von Dortmund, die der Gnaden des Jubeljahres teilhaftig werden wollten, hatten bei den dafür bestellten Beichtvätern zu beichten, an sieben Freitagen und acht Mittwochen zu fasten und an 24 Tagen die zwölf Gotteshäuser der Stadt zu besuchen. In jeder Kirche wurden vier Pater noster und Ave-Maria verrichtet: für den Papst,[85] den Kaiser, die armen Seelen und um Nachlaß der eigenen Sünden. Wer sehr wohlhabend war, sollte das halbe Zehrgeld einer Pilgerfahrt nach Rom als Ablaßalmosen in die Opferkiste werfen, die anderen *kleine gelts*. Im übrigen konnte jeder nach eigenem Ermessen und Vermögen entscheiden.[86] Der Dortmunder Chronist hebt eigens hervor, daß der Ertrag des Almosens der Verbesserung von Elenden, Kirchen und Gasthäusern dienen sollte. Die gesamte Bevölkerung Dortmunds, Männer, Frauen und Priester, nahm mit *groter innicheit* an den Jubiläumsfeierlichkeiten teil.

Der Kardinal scheint in Dortmund das von ihm am 5. Juli 1451 zu Halberstadt für alle seiner Legation unterstellten deutschen Kirchenprovinzen erlassene und in Minden erneuerte strenge Verbot der Wallfahrt zu den vielerorts verehrten *Bluthostien*[87] – dabei ist

---

pauwes und een vor den keiser, een vor alle gelovige selen, een vur dine sunde. In dem lesten quam kleine gelts; we over seer rike were, solde geven in den kasten half teringe tuschen hier und Rome, andre lude geven na erem guetdunken. Dit gelt solden almissen werden, mede to verbeteren elende kerken, gasthuse etc. De lude in desser stat gengen gemeenlicken umme de kerken 24 Dage, menne, vrouwen, prester, alle mit groter innicheit.

[85] S. o. Anm. 16. Auch hierin wird das Bemühen des Legaten um die innere Verbindung der Bevölkerung mit dem Oberhaupt der Christenheit sichtbar.

[86] Chroniken der deutschen Städte 20, 323: *gaf man idermanne den willen, entlich to given wat einer vermochte.*

[87] Or. der Verordnung im StA Münster; Abdr.: *Würdtwein* 282ff. Der Kardinal erblickte offenbar in den angeblichen Blutwundern betrügerische Machinationen, die dem Geldgewinn dienen sollten. Er verlangte daher die Entfernung der transformierten Hostien und bedrohte die in Frage kommenden Geistlichen und Pfarrgemeinden im Falle des Ungehorsams mit Suspension und Interdikt. „Hostienwunder" solcher Art seien

überdies mit dem Glauben unvereinbar, da der Leib Christi unter den eucharistischen Gestalten im verklärten und leidensunfähigen Zustand gegenwärtig und daher nicht verwundbar sei, *cum corpus Christi glorificatum sanguinem glorificatum in venis glorificatis habere catholica fides nos instruat*. Diese theologische Frage, mit der sich die bedeutendsten Geister des Jahrhunderts befaßten, blieb allerdings auch in der Folgezeit kontrovers. Nach der heutigen katholischen Theologie empfiehlt sich gegenüber allen Blut-Christi-Wundern besondere Zurückhaltung. In Übereinstimmung mit dem Kusaner ist festzuhalten, daß „Christi Blut nicht mehr vergossen werden kann. Würde bei solchen Wundern tatsächlich echtes Blut nachgewiesen, so könnte es als solches nur auf das Blut Christi verweisen, dies aber niemals sein. Auch im Falle eines echten Wundercharakters könnte ihm daher keine eigentliche Anbetung, sondern nur ein relativer Kult geleistet werden. Berechtigt ist die Verehrung jedweden solchen Wunderblutes, soweit sie dem gilt, auf den es hinweist." Dagegen ist keineswegs in allen Fällen, wo Blutphänomene auftreten und Wunder angenommen werden, eine dolose Absicht zu unterstellen. Das vermutete Blut kann auch durch den sogenannten Hostienpilz (bacterium prodigiosum) verursacht worden sein. Vgl. A. *Winkelhofer*, Blutwunder, in: LThK 2 (1958) Sp. 548f. Die Reverenz vor der Eucharistie war es, die den Kusaner zu der äußerst scharfen Stellungnahme führte, wobei allerdings nicht zu leugnen ist, wie *Grube* 406 mit Recht bemerkt, daß dieser Vorstoß den Erfolg der Legation nicht unwesentlich beeinträchtigt hat. In Westfalen begegnen „Hostienwunder" in der Sakramentskapelle zu Büren (1322), in der Sakramentskapelle der Zisterzienserinnen von Kloster Rulle b. Osnabrück (1347), in Volmarstein a. d. Ruhr und in Hillentrup in Lippe (1404). Von der echten Volkswallfahrt nach Rulle abgesehen (*Berning* 209), ist in diesen Orten eine rege Wallfahrtsbewegung nicht nachweisbar. Es fällt auf, daß im Münsterland nirgends ein Bluthostienkult in Erscheinung tritt. Wie wenig das Verbot des Legaten fruchtete, zeigt die Tatsache, daß im Jahre 1460 in dem lippischen Städtchen Blomberg sich angeblich ein neues Hostienwunder zutrug, das, von dem Grafen Bernhard zur Lippe und dessen Bruder Simon III., Bischof von Paderborn (*Schaten* II 486, Urk.), gefördert und von Pius II. (1458-1464), Paul II. (1464-1471) und zehn Kardinälen mit Ablässen versehen, zu einer weithin beliebten Wallfahrt Anlaß gab und zu einer Einnahmequelle ersten Ranges wurde. Dieser Fall macht besonders deutlich, wie berechtigt das tiefe Mißtrauen des Kusaners gegen die Hostienwunder war. Vgl. K. *Löffler*, Mittelalterliche Hostienwunder und Wunderhostien in Westfalen und Niedersachsen, in: Auf Roter Erde 6 (1931) 9ff. 20ff.; J. *Heuser*, „Heilig-Blut" in Kult und Brauchtum des deutschen Kulturraumes. Ein Beitrag zur religiösen Volkskunde (Phil. Diss., Bonn 1948, masch.) 18ff. 113 (reiche Literatur); W. *Berning*, Das Bistum Osnabrück vor Einführung der Reformation (1543) (1940). A. *Cohausz*, Vier ehem. Sakramentswallfahrten, in: WZ 112 (1962) 275ff.

III. Reform und Reformation

zunächst an Wilsnack im Bistum Havelberg zu denken[88] – auf der Kanzel wiederholt zu haben, obgleich dazu in Westfalen wohl kaum besonderer Anlaß bestand.[89] Wie der Dortmunder Chronist aus dem Zeitgeschehen berichtet, hatte die Wilsnacker Bittfahrt eine Tradition von etwa 40 Jahren. Dieses ostelbische Dorf in der Prignitz sehe alljährlich Pilgerscharen in solcher Zahl, wie man sie in Deutschland noch nicht erlebt habe: Herren, Fürsten, Bischöfe aus allen deutschen Landen, aus Preußen und Flandern. Wer eine Wallfahrt nach Wilsnack gelobt habe, solle, so bestimmte Kardinal von Kues, in seiner Kirche 18 Albus opfern und sich absolvieren lassen.[90] Der Legat vermochte sich jedoch nicht gegen den tief in der deutschen Volksseele verwurzelten Pilgerbrauch und noch weniger gegen innerkirchliche Widerstände zu behaupten.[91]

[88] „Wenn in Nordeuropa nach 1400 von einer Wallfahrt zum hlg. Blut die Rede war, so meinte man fast ausschließlich damit die Wallfahrtsstätte Wilsnack. So angesehen war der Ort, daß er nach Rom und Compostella seinen Rang neben der altgeheiligten Aachenfahrt behaupten konnte. Es wird immer ein Geheimnis bleiben, wie und warum gerade dieser Blutkultort, ein kleiner Flecken mitten im märkischen Land, seine ungeheure Bedeutung gewann." *Heuser* 26, wo sich Näheres über die Geschichte und die Tradition dieses Wallfahrtsortes findet. Im Jahresetat der Stadt Siegen fand sich eine Position, die dazu diente, daß nach Wilsnack gepilgert wurde, *uff das* (der Pilger) *vor die gantze gemeyne bidde*: E. T. *Breest*, Das Wunderblut von Wilsnack, in: Märkische Forschungen 16 (1881) 279. *Heuser* 27. Wilsnack war sehr umstritten. Hauptzentren der Gegnerschaft waren Prag und Magdeburg. Vgl. die Wilsnack-Artikel der Magdeburger Synode von 1412 gegen den Bischof von Havelberg, der zwei Drittel aller Pilgeralmosen für die mensa episcopalis in Anspruch nahm: *Hartzheim* 5, 35f. Der Kampf gegen Wilsnack war ein Kampf gegen transformierte Hostien überhaupt.
[89] Unter den Landschaften, die das Hauptkontingent der Wallfahrer stellten, findet sich Westfalen nicht. *Heuser* 27.
[90] Chroniken d. dtsch. Städte 20, 121f.
[91] Die Franziskaner und Benediktiner befürworteten die Blutwallfahrt, die Dominikaner lehnten sie unter Berufung auf Thomas von Aquin entschieden ab. Während der Kusaner in Norddeutschland gegen Wilsnack eiferte, redete zur gleichen Zeit der später heiliggesprochene redegewaltige Minorit Johannes von Capestrano († 1456) in Süddeutschland der Blutwallfahrt das Wort. Vollends gegenstandslos wurden die Maßnahmen des Legaten, als Nikolaus V. sich 1453 ebenfalls für Wilsnack entschied und damit dem Streit ein vorläufiges Ende bereitete. Jetzt erst

Die Legation des Kardinals Nikolaus von Kues

Am 1. April 1452, dem Vigiltag von Palmsonntag, lief die Frist ab, innerhalb welcher in Dortmund der Jubelablaß gewonnen werden konnte. Unterdessen hatte ein Subkommissar des Kusaners auch in Osnabrück den Jubelablaß gepredigt.[92] Nach Beendigung der Feiern enthielt die Ablaßkiste 688 Gulden. Zur Hälfte fiel das Geld an den Legaten, zur anderen Hälfte an die Dom-Struktur und den Stadtrat. Kardinal von Kues hatte bestimmt, daß die an die Dom-Struktur fallenden Gelder für die Ausbesserung der Gotteshäuser verwendet würden. Der Osnabrücker Elekt Albert v. Hoya, Bischof von Minden, wünschte jedoch die Summe zur Regulierung eines Streites einzusetzen, den die Stadt Osnabrück mit dem Domkapitel wegen gewisser Grundstücksmanipulationen führte. Dementsprechend wurde Gograf Hermann Hunder beauftragt, zu diesem Zweck mit dem päpstlichen Legaten Verhandlungen aufzunehmen.[93]

Während die Gläubigen von Dortmund und Umgebung sich mit Eifer den Frömmigkeitsübungen des Jubelablasses hingaben, eilte der Legat im Februar 1452 abermals in die rheinische Metropole. Eine *Provinzialsynode zu Köln* sollte das großartige Erneuerungswerk seiner Legation in Westdeutschland beschließen. Es war das vierte Konzil dieser Art, das in Deutschland unter seinem Vorsitz stattfand.[94] Die Provinzialsynode begann am 23. Februar 1452 und schloß am 8. März dieses Jahres.[95] Der *Bischof von Münster, Walram v. Moers* (1450–1456), dem die Tore der Bischofsstadt nach wie vor verschlossen blieben und der nur den kleineren Teil seiner Diözese behauptete, *Albert v. Hoya, Bischof von Minden*

---

ging die Blutwallfahrt nach Wilsnack ihrer Blütezeit entgegen. Der Zulauf nahm geradezu unvorstellbare Formen an. Im Jahre 1475 scheint eine wahre Wallfahrtsepidemie die Menschen nach Wilsnack getrieben zu haben; *Heuser* 27. 77f. Wiederum liegen aus dem Münsterland, soweit ich sehe keine Nachrichten vor, die dort auf einen exzessiven Wallfahrtseifer seiner Bewohner schließen lassen.

[92] *Stüve*, Geschichte des Hochstifts Osnabrück 385. *Berning* 265f. Anm. 32. Stüve behauptet irrtümlich, der Legat habe persönlich in Osnabrück gepredigt.
[93] *Stüve* ebd.; *Berning* ebd.
[94] Es gingen vorher die Provinzialsynoden in Salzburg und Mainz 1451 und Magdeburg 1452. *Hartzheim* 398ff. 923ff. 426ff.
[95] Ebd. 413ff.

III. Reform und Reformation

(1436–1473) und Elekt von Osnabrück (1450–1453), beide durch die Münsterer Stiftsfehde zu scharfen politischen Gegnern geworden, und *Rudolf v. Diepholz, Bischof von Utrecht* (1433–1456), hatten ihre Vertreter entsandt.[96] Auch die Domkapitel, die Prälaten und übrigen Würdenträger der Suffraganbistümer, die an einem Provinzialkonzil teilzunehmen hatten, waren eingeladen worden.[97] Die genannten Oberhirten erteilten den Beschlüssen der Synode ihre ausdrückliche Zustimmung.[98] Auf diese Weise gewann die Reform des Kusaners auch in den Gebieten, in denen dieser wegen der Stiftsfehde persönlich nicht auftreten konnte, kirchenrechtliche Anerkennung und Bedeutung.

Wie in ähnlicher Weise bei den voraufgegangenen Provinzialsynoden, verfolgte der Legat in Köln das doppelte Ziel, die Kirchengemeinschaft der Bistümer der Kölner Provinz mit Rom zu erneuern und zu festigen sowie die verfallene Zucht im Klerus, namentlich in den Klöstern, wiederherzustellen. Er kleidete dieses Anliegen in die schönen einleitenden Worte: „Durch den Einfluß der göttlichen Liebe und die Kraft des apostolischen Geistes, der, nach dem Zeugnis des Hieronymus, den Stuhl Petri nie verläßt und sich jetzt der Weide der Herde des Herrn mit vieler Sorgfalt

---

[96] *Uebinger* 664f.
[97] *Hansen* 221 Nr. 144. Die Geistlichkeit der fünf Hauptkirchen zu Utrecht verweigerte durch Schreiben vom 27. Januar 1452 die Teilnahme an der Synode, da sie dem Legaten wegen der ihr auferlegten Abgabe an den Münsterer Bischof Walram v. Moers zürnte; *Hansen* 65 (Einl.). Vgl. hierzu den von Hansen übersehenen Brief des Kusaners an den Klerus von Utrecht vom 27. Oktober 1451 (Trier), worin der Legat der Utrechter Geistlichkeit heftige Vorwürfe macht, daß sie seine Anordnungen nicht befolgt und nach Rom appelliert hat. Er droht mit der Anrufung des weltlichen Armes, wenn der Klerus nicht bis zum 15. November eine befriedigende Antwort über die vollzogene Sinnesänderung nach Mainz sendet. *Koch*, Briefwechsel Nr. 15, 64ff. Die MüGQ 1, 214 erwähnte Einladung seitens des Legaten war nicht, wie Uebinger a.a.O. Anm. 11 annimmt, an den Bischof von Münster in betreff der Kölner Provinzialsynode gerichtet, sondern in Sachen der Münsterer Stiftsfehde *ad civitatem Monasteriensem ... pro dieta in Arnhem sub poena maledictionis aeternae.* Diese Tagfahrt zu Arnheim, die am 18. September 1451 stattfinden sollte und zu der der Kusaner auch rechtzeitig eintraf, ist gar nicht zustande gekommen. *Hansen* 61 (Einl.).
[98] *Hartzheim* 413.

widmet, ist es geschehen, daß unser Heiliger Vater, Papst Nikolaus V., seinen Blick dieser großen Provinz Köln zugewendet und uns, wiewohl den geringsten aller Kardinäle des Heiligen Kollegiums, hierher gesandt hat, um zu sehen, wie ihr, Brüder, seine geliebten Söhne, auf dem Wege des Herrn voranschreitet. Danken wir daher Gott, der uns zur Förderung heiliger Dinge versammelt hat, auf daß durch wechselseitige Beratung alles eine Wendung zum Guten nehme. Und weil ihr denn hier versammelt seid, hochwürdiger Erzbischof Dietrich samt dem ehrwürdigen Kapitel und den Stellvertretern der Konprovinzialen, mit den ehrwürdigen Äbten, Pröpsten, Dekanen, Kanonikern und anderen Religiosen, gelehrten Priestern und Magistern in großer Menge, scheint mir der Augenblick gekommen zu sein, wo auf die mehrtägige, ausführliche und gemeinsame Beratung ein gewinnreicher Abschluß erfolgen kann. Zum besseren Verständnis glaube ich vorausschicken zu müssen, daß wir durch diese Beschlüsse allen apostolischen, durch uns oder andere Legaten erlassenen Anordnungen in nichts wollen einen Eintrag tun noch auch Provinzial- oder Diözesanbeschlüsse und löbliche Gebräuche, welche sie auch sein mögen (soweit sie nicht durch unsere sogleich zu publizierenden Beschlüsse verbessert oder eingeschränkt werden), hierdurch aufheben, noch endlich hiermit für die Autorität des Apostolischen Stuhles oder seines Legaten oder des Metropoliten und seiner Mitbischöfe oder für irgendwelche Rechte, Freiheiten, Privilegien, und Exemtionen was immer für ein Präjudiz entstehen lassen; sondern wir wollen das erweisliche Recht eines jeden aufrechterhalten wissen. Übrigens zu einiger Reform der kirchlichen Zustände, bis Gott zu sorgfältigerer Beratung passendere Zeit verleiht, wollen wir, Nikolaus, Kardinal und Legat, kraft unserer Vollmacht als Vorsitzender dieses heiligen Provinzialkonzils nach der ausdrücklichen Zustimmung des hochwürdigen Vaters in Christo und Herrn, Herrn Dietrich, Erzbischofs von Köln, der mit uns den Vorsitz führt, seines ehrwürdigen Kapitels und aller Konprovinzialen und mit einstimmiger Gutheißung der ganzen Synode beschließen und anordnen wie folgt..."[99]

---

[99] Ebd. a. a. O.; *Pastor* 391f.

Die nun anschließenden *Kölner Beschlüsse*[100] betrafen zum Teil die gleichen Reformanliegen, die wir aus der Mindener Tätigkeit des Legaten bereits kennen. Im regelmäßigen Turnus von drei Jahren ist in Köln nach der Osteroktav eine Provinzialsynode und in den Suffraganbistümern alljährlich eine Diözesansynode zu veranstalten. Auf der letzteren soll – und dies ist bezeichnend für die Beurteilung der geistlichen Bildung durch den Kusaner – aus der Schrift des hl. Thomas von Aquin De articulis Fidei et Sacramentis ecclesiae vorgelesen und den Seelsorgsgeistlichen auferlegt werden, den darin enthaltenen Traktat über die Sakramente zu erwerben und sorgfältig zu studieren. Nikolaus von Kues ist der erste, der sich wegen der theologischen Bildung des Klerus Sorge macht und einen brauchbaren Reformgedanken ausspricht. Die Synodaldekrete behandeln ferner die Judenfrage, ohne allerdings die jüdischen Zinsgeschäfte zu berühren, die Mißbräuche im Benefizialwesen, die Tonsur und die geistliche Kleidung,[101] die Entheiligung der Sonn- und Feiertage durch Markthalten sowie die überhandnehmende Gewinnsucht. Die Synode gestattet die Neugründung von Männer- und Frauenkongregationen, auch wenn sie eine vita communis erstreben, nur, wenn sie eine vom Apostolischen Stuhl approbierte Regel besitzen. Den bestehenden Häusern, die dieser Vorschrift nicht gerecht werden, soll jede Vergünstigung, jedes Privileg und Indult entzogen werden.[102] Desglei-

---

[100] *Hartzheim* 413–16.
[101] Ebd. 414: *... statuimus, quod presbyteri, diaconi, subdiaconi et alii in minoribus ordinibus constituti ... tonsuram deferant clericalem atque crines longos et tamen sic detonsos, quod auribus patentibus incedant, ita quod status et gradus cuiuslibet eorundem discerni commode possint et valeant. Et quod vestes deferant competenter longas, decentes et honestas, in lateribus clausas, iuxta morem et consuetudinem dioecesium seu locorum.*
[102] Das Statut richtete sich gegen die Begarden- und Beginenhäuser. Die ersteren waren in Westfalen nicht vertreten. Beginenhäuser gab es dagegen in großer Zahl, so in Münster, Minden, Paderborn, Dortmund, Soest, Osnabrück, Lemgo und in zahlreichen kleineren Städten: L. *Schmitz-Kallenberg*, Monasticon Westfaliae (1909) 101f. H. *Hoogeweg*, Verzeichnis der Stifter und Klöster Niedersachsens (1908) 150. Über die sichtbare Wirkung dieses Beschlusses in Münster s. K. *Zuhorn*, Die Beginen in Münster. Anfänge, Frühzeit und Ausgang des münsterischen Beginentums, in: WZ 91 (1935) I 123ff.; für Osnabrück: *Berning* 191ff.

chen untersagt die Provinzialsynode, neue Bruderschaften zu gründen und mit Ablässen zu versehen, da die Fraternitäten ihre Mitglieder wahrscheinlich dem religiösen Leben und dem Einfluß der zuständigen Pfarrkirchen entfremden.

Das Statut gegen die *Konkubinarier*, das wörtlich dem Konzil von Basel entlehnt ist,[103] erscheint gegenüber den beiden Mindener Mandaten maßvoll: Es sieht für öffentliche Konkubinarier, denen jeglicher Wille zur Enthaltsamkeit fehlt, nach vorhergegangener Warnung im Wege des kirchlichen Prozeßverfahrens die Entziehung der Pfründeneinkünfte sowie die Erklärung der Unfähigkeit zur Übernahme von Benefizien, Ämtern und Dignitäten vor und bedroht die Oberen, welche die ihnen unterstellten öffentlichen Konkubinarier schützen, mit den gleichen Strafen. Wie schon in Minden wurde auch in Köln der Mißbrauch der kirchlichen Strafgewalt verurteilt und auf die Konstitution „Provide" Bonifaz' VIII. (1295–1303) verwiesen, jedoch unbeschadet der Bestimmungen des allgemeinen Kirchenrechts sowie der Diözesan- und Provinzialstatuten.

Die Ordinarien wurden dringend ermahnt, ihre Aufsichtspflicht über die *Ordensleute* beiderlei Geschlechts ernst zu nehmen. Dies gelte namentlich im Hinblick auf die Mendikanten, denen der Apostolische Stuhl besondere Vollmachten zur Absolution reservierter Sünden gewährt habe. Die Bischöfe wurden gebeten, in aller Liebe bei den Oberen darauf hinzuwirken, nur würdige, qualifizierte Fratres mit diesem verantwortungsvollen Amt zu betrauen. Die Oberhirten sollten ferner nicht dulden, daß die Mönche sich über die Zeit des Kollektierens hinaus in den Termineien aufhielten, es sei denn, sie würden für den Beichtstuhl oder die Kanzel des betreffenden Ortes benötigt.

Die Synode erinnerte die Bischöfe schließlich an ihre Pflicht der *Visitation*. Dabei sei besonders auf das Wallfahrtswesen zu achten. Wenn sich herausstelle, daß das Volk zu gewissen Wallfahrtsorten ströme, nur weil es sich durch die äußere Beschaffenheit des Bildes angezogen fühlt, solle man das betreffende Bild aus Gründen des Glaubens fortnehmen, ohne es durch ein anderes zu erset-

---

[103] *Hartzheim* 378.

zen, um nicht der Idolatrie Vorschub zu leisten.[104] Ähnliches gelte von den Bluthostien. Wo immer man sie vorfinde, müsse man sie streng geheimhalten, damit das Volk vor Irrtum und einer auf Gewinn abgestellten Wallfahrt bewahrt bleibe. Überhaupt war die Wiedererweckung der *Ehrfurcht vor dem Mysterium der Eucharistie* eines der dringendsten Anliegen des Kusaners.[105] Diese Sorge war wahrlich nicht unbegründet. Man denke an die zahllosen eucharistischen Expositionen, Prozessionen und Flurumgänge, bei denen das Sanctissimum, wenn auch nicht gewollt, so doch nicht selten objektiv der Verunehrung ausgesetzt war. Der Eingriff des Kölner Provinzialkonzils in dieses zweifellos verwilderte eucharistische Brauchtum war tief: Man beschränkte – unbeschadet löblicher Gewohnheiten der Kölner Metropolitankirche und der Kathedralkirchen der Suffragane – die Aussetzung des Allerheiligsten und theophorische Prozessionen auf das Fronleichnamsfest und seine Oktav. Außerdem gestattete die Synode für jede Stadt, jedes Dorf und jede Pfarrgemeinde noch eine weitere Sakramentsprozession auf Grund eines bischöflichen Induktes oder wegen des Friedens oder aus einem anderen wichtigen Grund oder wegen einer Notlage des Staates: aber dann *cum summa reverentia et devotione*.

„Da die Natur täglich neue Formen gebiert und alles dem Wechsel unterliegt, erteilen wir den künftigen Provinzialsynoden das freie und uneingeschränkte Recht, unsere obigen Statuten und Vorschriften den Zeitverhältnissen gemäß zu verbessern, umzugestalten und auszuwechseln, wie es dem Wohl der Untertanen der Kölner Kirchenprovinz entspricht." Die Synode verlieh dem Metropoliten und den Diözesanbischöfen Absolutionsvollmachten hinsichtlich sämtlicher Strafen und Zensuren, die päpstlichen Reservatfälle ausgenommen, die in diesen und den früheren Provinzialstatuten enthalten seien. Schließlich sollten die Beschlüsse

---

[104] Ähnlich heißt es in dem obigen Mindener Mandat über die transformierten Hostien (*Würdtwein* 384): ... *sub eadem interdicti late sententie pena statuimus et mandamus omnes tales ymagines et picturas ab oculis simplicis vulgi amoveri, ad quas propter figuram visibilem in suis adorationibus vulgus specialius recurrit et per publicum recursum in figura ipsa se salutem quaerere verbo aut signo ostendit* ...

[105] *Vansteenberghe* 97ff.

innerhalb eines Monats durch die Ortsordinarien veröffentlicht werden, um nach zwei weiteren Monaten Rechtskraft zu gewinnen.

In Verbindung mit der Kölner Provinzialsynode richtete der Legat am 3. März 1452 an den Kölner Erzbischof und dessen Suffragane eine ordinatio zur *Erneuerung der Klöster*.[106] Nikolaus von Kues fühlte sich dieser Aufgabe besonders verpflichtet, da Nikolaus V. ihm die Reform der deutschen Klöster an erster Stelle anbefohlen hatte.[107] Die Ordensleute sollten, betont der Kardinal, ihr Gemeinschaftsleben nach der jeweiligen, vom Papst approbierten Regel gestalten. Um ihnen ein freies und sorgloses Dasein im Dienste Gottes zu ermöglichen, habe der Apostolische Stuhl den Orden eine Vielzahl von Privilegien und Indulten verliehen und Kirchen samt deren Einkünften inkorporiert. Anstatt dafür dankbar zu sein, hätten einige Ordensleute in beklagenswerter Weise ihr Seelenheil vernachlässigt. Man habe sich um die Ordensregel nicht mehr gekümmert und dadurch den Menschen schweres Ärgernis bereitet. Sollten diese Personen ihr Leben und ihre schlechten Sitten in gewohnter Weise fortsetzen und nicht in sich gehen, sind sie ihrer Vorväter nicht wert. Sie haben damit das Anrecht auf die Privilegien, Indulte und inkorporierten Kirchen verloren. Daher befahl der Legat allen exemten und nicht exemten Ordensleuten der Kölner Kirchenprovinz unter Strafe des Verlustes und Widerrufes der Privilegien, Indulte und Inkorporationen, innerhalb des nächsten Jahres ein regeltreues Ordensleben zu beginnen. Wenn dies nicht geschehe, sollten die betreffenden Ordenspersonen zur Übernahme eines Amtes in ihrer Kommunität weder fähig noch wählbar sein. Sollten sie auch nach Verlauf von zwei Jahren nicht zur Einsicht gekommen sein, stehe ihnen der Zugang zu einem Ordensamt nur offen, wenn sie sich zuvor wenigstens für die Dauer eines Jahres in der gewissenhaften Beobachtung der Ordensregel bewährt hätten. Der Legat mahnt die Bischöfe, in diesem Sinne keine Ordenspersonen in einem Amt zu bestätigen, die inhabiles seien.

---

[106] *Hartzheim* 416–418.
[107] *Pastor* 477 Anm. 1.

III. Reform und Reformation

Am Tage der Schlußfeier des Kölner Provinzialkonzils, dem 8. März 1452, bestätigte Nikolaus von Kues die *Provinzial- bzw. Synodalstatuten* der Kölner Erzbischöfe Konrad v. Hochstaden (1238–1261) und Siegfried v. Westerburg (1275–1297) über das *regeltreue Ordensleben* und dehnte diese auch auf die exemten Klöster aus.[108] Einleitend bemerkt der Legat, die Orden hätten sich heutzutage vom Weg ihrer Vorväter so weit entfernt, daß in den meisten Klöstern nicht nur das monastische Leben, sondern auch die Kenntnis der Regel untergegangen zu sein scheine. Daher erneuere er kraft Apostolischer Vollmacht namentlich die unter dem Erzbischof Siegfried gefaßten Synodalstatuten zum Ordensleben: Ein Mönch oder eine Nonne darf nie – nisi ex causa rationabili et urgente – das Kloster verlassen, um in den Städten und Dörfern umherzulaufen oder in einem dem Kloster angeschlossenen Wirtschaftshof zu speisen. Im Oratorium, Refektorium und Dormitorium ist Schweigen zu beobachten, wie auch zu den übrigen von der Regel näher bestimmten Zeiten Stille herrschen soll. Fleisch wird nicht verabreicht, außer in der Krankenstube. Alle, außer den Kranken und Schwachen, schlafen im gemeinsamen Dormitorium. Alle nehmen teil an dem gemeinsamen kirchlichen Offizium, entweder nach der Regel des hl. Benedikt oder des hl. Augustinus oder nach den Institutionen der heiligen Väter. Die Statuten gebieten allen Religiosen, Männern und Frauen, *sub poena excommunicationis latae sententiae propter abusum, qui his temporibus in talibus inolevit*,[109] die ihrer Regel entsprechende Ordenskleidung zu tragen. *Cappas, manicas, tunicas phalas, indumenta, tabbardos, calceos vel caligas non ferant nisi beati Benedictini et beati Augustini regulae congruentes.*[110] Niemand soll etwas zu eigen besitzen, auch kein Geld, es sei denn, jemand habe es von Amts wegen im Auftrage des Abtes zu verwalten.

Die Ordensleute sollen auch geschäftliche Unternehmungen vermeiden. Verträge, die sie schließen, binden zwar den Konvent nicht, ziehen aber – gemäß der zusätzlichen Anordnung des Erzbischofs Siegfried – für den klösterlichen Kontrahenten die Exkommunikation nach sich. Diese *Eigentums- und Geschäftsverbote*

---
[108] *Hartzheim* 419f.
[109] Ebd. 419.
[110] Ebd.

will die Konstitution auch auf die Prämonstratenser und die übrigen Religiosen ausgedehnt wissen. Den Äbten und Prioren legt sie die schwere Pflicht auf, dafür zu sorgen, daß die Regel von allen gewissenhaft erfüllt wird. „Widerspenstige und Unbelehrbare aber soll man uns vorführen, damit wir selbst ihre aufrührerische Gesinnung zähmen"[111]. Erzbischof Siegfried belegte die Verweigerung der Reform mit der Exkommunikation.

Nach der den Statuten angeschlossenen Auslegung des Kusaners wird diese Sentenz von den Ordensleuten aller Richtungen inkurriert, die entweder die vita communis oder die Armut oder den Gehorsam oder die stabilitas in monasterio oder die vorgeschriebene Ordenstracht oder das Verbot, Verträge abzuschließen, ablehnen. Der Legat ermahnte die Klöster der Kölner Kirchenprovinz mit höchster Eindringlichkeit, innerhalb des nächsten Jahres die Reform vorzunehmen, damit sie nicht nach Ablauf der Frist der von selbst eintretenden Exkommunikation und den sonstigen in den Ordensregeln vorgesehenen Strafen verfielen.

Wie auf den übrigen deutschen Synoden[112] erließ der Legat am 3. März 1452 auch auf dem Kölner Provinzialkonzil die gerade in Westfalen für das Bewußtsein der Kirchengemeinschaft mit Rom höchst bedeutsame Verordnung, künftig an jedem Sonntag in der Messe am Schluß der Kollekten unter Nennung der Namen *Gebete für den Papst und den Ortsbischof* zu verrichten.[113] Schon der Apostel Paulus wußte, sagt der Kardinal, daß das Wohl der Untertanen am sichersten in dem von Gott gesetzten Oberen aufgehoben ist. So lesen wir in der Apostelgeschichte, daß die Kirche ohne Unterlaß für den Apostelfürsten Petrus betete. Daraus erwuchs die Verordnung, auch des Bischofs von Rom während der Opferfeier zu gedenken. Man glaubte, dadurch die Einheit der Kirche zu festigen. Wie der Pontifex Romanus für die Gesamtkirche, so ist aber der einzelne Bischof verantwortlich für ein Teilgebiet derselben. Daher geziemt es sich, fährt der Kusaner fort, in den einzelnen Bistümern auch für die jeweiligen Oberhirten besondere Fürbitten zu verrichten. Diese Gebete für Papst und Bi-

---

[111] Ebd.
[112] So auf den Synoden zu Salzburg, Bamberg, Magdeburg, Mainz. *Pastor* 471 Anm. 1.
[113] *Hartzheim* 418f.

schof dienen der Einheit der Gesamtkirche ebenso wie der Erhaltung der einzelnen Diözese. In voller Übereinstimmung mit der Provinzialsynode von Köln legte Nikolaus von Kues daher jedem Priester der Kölner Kirchenprovinz, und zwar Welt- und Ordenspriestern, exemten und nicht exemten, die Verpflichtung auf, in der Sonntagsmesse den Kirchengebeten die folgende Oration anzuschließen: *Et famulos tuos N. Papam et N. antistitem nostros una cum universa Ecclesia catholica ab omni adversitate custodi. Per Dominum etc.* Jedem Priester, der diese Anordnung gewissenhaft befolgt, gewährt der Legat zugleich mit der Verrichtung der Oration einen Ablaß von 50 Tagen.

Die Bedeutung dieser Verfügung, mit der Nikolaus von Kues seine Legation auf deutschem Boden in Salzburg eröffnete und in Köln beschloß, ist gerade für Westfalen, dessen Kerngebiete eben damals mit dem Papst in hartem Widerstreit lagen, offensichtlich. Das Gebet sollte Klerus und Volk der gesamten Kölner Kirchenprovinz wieder mit dem Oberhaupt der Christenheit verbinden und die innere und äußere Einheit der Kirche übernatürlich begründen.

Wer das Wirken des Kusaners in Westfalen aufmerksam verfolgt, wird sich kaum, das ist in *abschließender Würdigung der Legation* festzustellen, dem mächtigen Eindruck dieser unermüdlichen, nur der Sache dienenden, im Glauben tief verankerten Reformerpersönlichkeit entziehen können.[114] Mit dem ihm eigenen Scharfblick für das Wesen der Dinge suchte Nikolaus von Kues die zentralen Glaubenswahrheiten wieder in den Mittelpunkt des kirchlichen Kultes und des religiösen Volkslebens zu rücken und exzentrische, abergläubische Äußerungen und Entartungen der Frömmigkeit zu unterbinden. Da der Legat wußte, daß die Integrität der christlichen Verkündigung mit dem Priester steht und fällt, erstrebte er eine grundlegende Erneuerung des Priesterstandes und

---

[114] Nach J. *Lortz*, Die Reformation in Deutschland Bd. 1 (1939) 93f., zeigt die große Legationsreise des Kusaners „die Reformbewegung etwa auf ihrem Höhepunkt". Der Kardinal blieb vielleicht „die einzige vollkatholische Darstellung der Freiheit des Christenmenschen, der Verselbständigung des menschlichen Geistes innerhalb und in der Gefolgschaft der Kirche" (62).

Die Legation des Kardinals Nikolaus von Kues 279

eine enge Gemeinschaft der westfälischen Bistümer mit dem Oberhaupt der Christenheit in Rom.
Hat der Kardinal diese Ziele in Westfalen erreicht? Es kann hier natürlich nicht die Rede davon sein, ob die Legationsreise unmittelbare Früchte gebracht hat. Solche waren in Anbetracht der dem Kusaner in Westfalen zur Verfügung stehenden Zeit von ein paar Wochen kaum zu erwarten.[115] Viel wichtiger erscheint es, ob das Bemühen des Legaten wesentlich dazu beigetragen hat, hier eine *neue Entwicklung zur inneren Gesundung der Kirche* anzubahnen. Diese Frage müssen wir in mehrfacher Hinsicht bejahen. Das gilt zunächst im Hinblick auf die westfälischen Bischöfe. An der Spitze der Bistümer Westfalens standen, wenn wir von Minden absehen, seit der Mitte des 15. Jahrhunderts durchweg profilierte, untadelige Männer, die neben ihren landesherrlichen Aufgaben auch ihren geistlichen Hirtenpflichten mit Gewissenhaftigkeit dienten.[116]

Noch deutlicher tritt der nachwirkende Einfluß des Kusaners in der *Klosterreform* hervor, die, wie wir sahen, zu den vordringlichsten Aufgaben des Legaten gehörte. Die Windesheimer Kongregation konnte zu Neugründungen schreiten.[117] Die von ihr und den Fraterherren gepflegte „neue Frömmigkeit" bestimmte fortan das innere Leben zahlreicher Konvente, namentlich der Frauenstifte und -klöster.[118] Außer Blomberg, dessen Konvent sich 1533 auflö-

---

[115] Die kirchlichen Verhältnisse in Minden waren ein Jahrzehnt später nach wie vor denkbar traurig, wie der ungeschminkte, um 1460 geschriebene Bericht des Mindener Domherrn Heinrich *Tribbe* († 1464) zeigt (MindGQ 2, 1932). In der Mindener Luft konnte religiöses Leben nicht gedeihen. In der Zeit von 1300 bis 1500 wurde im ganzen Bistum kein Kloster gegründet; *Schröder* 407. Zum Verbot des Mißbrauchs kirchlicher Strafmittel s. o. 251f. Anm. 27. Zur Entwicklung der ungesunden Auswüchse im Wallfahrtswesen s. o. Anm. 91.
[116] Ich nenne für Münster: Johann von Bayern (1457–1464), Heinrich von Schwarzburg (1466–1497); für Osnabrück: Konrad III. von Diepholz (1455–1482), Konrad IV. v. Rietberg (1482–1508); für Paderborn: Simon von der Lippe (1463–1498).
[117] Dalheim, Kr. Büren (1453) und Blomberg in Lippe (1465).
[118] Herford 1453, Bocholt um 1455, Wiedenbrück 1458, Unna 1459, Ahlen 1468/72, Lügde 1478, Rüthen 1480, Störmede 1483, Brakel 1483 und Rosendahl in Münster 1460. Im Jahre 1451 wurde Johannes Veghe Fra-

III. Reform und Reformation

ste, blieben alle westfälischen Chorherrenstifte Windesheimer Observanz zur Zeit der Reformation dem alten Glauben treu. Die schönsten Reformerfolge auf westfälischem Boden erzielte allerdings die von dem Kusaner in ihrem hohen geistlichen Wert erkannte und so nachdrücklich und sichtbar ausgezeichnete Bursfelder Reformbewegung. Während im übrigen Reichsgebiet fast die Hälfte der Abteien sich jeglicher Reform verschloß, konnte die Kongregation in Westfalen, von den Bischöfen tatkräftig gefördert, in der Folgezeit bis auf eine Ausnahme sämtliche Benediktinerklöster für die Erneuerung gewinnen[119] und auf die bevorstehende Feuerprobe vorbereiten. Es ging bei dieser Reform nicht mehr um eine förmliche, mehr oder minder unverbindliche Anerkennung der benediktinischen Lebensordnung, sondern um deren konsequente, unerbittliche Durchführung. In den Klöstern traten die drei Gelübde der Armut, des Gehorsams und der Keuschheit wieder voll in Kraft. Bis auf Flechtdorf in der Grafschaft Waldeck, das 1580 säkularisiert und 1630 für kurze Zeit restituiert wurde, erwiesen sich die reformierten Konvente den Stürmen der Reformation ausnahmslos gewachsen.

Während die durch den Legaten geförderte Reform der Klöster von gut organisierten Kongregationen oder Reformparteien getragen wurde und in den Ordensregeln sowohl ein eindeutiges Reformziel als auch ein anziehendes Reformmotiv vor Augen hatte, war die Erneuerung des Weltklerus mehr Sache der *Improvisation* und daher erheblich schwieriger zu erreichen. Sie setzte sich zusammen aus einer Anzahl von Geboten und Verboten, deren Nichtbeachtung der Legat mit strengen Strafen ahndete. Diese wenig glückliche Methode war bei den mächtigen Domkapiteln, die in erster Linie der Erneuerung bedurft hätten, von vornherein zum Scheitern verurteilt. Sie konnte aber auch bei heruntergekommenen Stiftsherren und Kuratgeistlichen Dauererfolge kaum erzielen, da sie es unterließ, die Berufsauffassung und die Willens-

---

ter im Hause Zum Springborn in Münster und 1481 Rektor der Niesingschwestern daselbst und bewährte sich als vorbildlicher Lehrer der „neuen Frömmigkeit".

[119] St. Moritz-Minden 1464, Liesborn 1465, Iburg 1468, Flechtorf 1469, Abdinghof 1477, Marienmünster 1480, Korvey 1505 und Grafschaft 1508. In Helmarshausen mißlang die Reform.

richtung des Klerus auf die hohen Ziele des geistlichen Standes zu lenken. Was für die alten Dom- und Stiftsschulen selbstverständlich gewesen war und hundert Jahre später das tridentinische Seminardekret erneut erstrebte, nämlich die schon in früher Jugend einsetzende religiös-asketische Erziehung und Ausrichtung des Priesternachwuchses, war dem 15. Jahrhundert in dieser Form fremd. Wenn der Legat dem Mindener Klerus unter Androhung der Pfründenentziehung, der geistlichen Suspension, der Exkommunikation und schließlich gar des Interdiktes das Konkubinat verbot, so geschah dies in der Überzeugung, daß eine allgemeine Kirchenreform ohne einen guten Klerus undurchführbar sei. Aber die Maßnahmen mußten fruchtlos bleiben, da ihnen jenes aufbauende Motiv fehlte, das geeignet gewesen wäre, die Kleriker zur freiwilligen und freudigen Bejahung des Priesterideals zu bestimmen. Dasselbe gilt von den übrigen Mandaten, soweit deren Durchführung ausschließlich unter dem Druck kirchlicher Strafmittel erreicht werden sollte.

Ist es Nikolaus von Kues gelungen, Westfalen wieder eng mit Rom zu verbinden? Dies war sein Hauptanliegen. Der Abt von Sponheim, *Johann Trithemius*, mag recht haben, wenn er schreibt, der Kusaner habe die (äußere) *Einheit der Kirche* wiederhergestellt und die päpstliche Autorität gestärkt.[120] Aber das Bewußtsein einer inneren Verbundenheit und Zusammengehörigkeit mit Rom hat er weder in Westfalen noch im übrigen Reichsgebiet zu wecken vermocht. Es hätte dazu einer Reform der Kurie bedurft, die aber ausblieb. Die fernere Entwicklung des Renaissancepapsttums schloß eine echte Kirchengemeinschaft der westfälischen Bistümer mit dem Heiligen Stuhl, wie der Kusaner sie dachte, aus. Allerdings gab es bis zum Anbruch der Reformation zwischen dem Papsttum und den westfälischen Territorien auch keine tief-

---

[120] De vera studiorum ratione Bl. 2, bei J. *Janssen* – L. v. *Pastor*, Geschichte des deutschen Volkes seit dem Ausgang des Mittelalters Bd. 1, 17./18. Aufl. (1897) 4; Trithemius denkt allerdings wohl in erster Linie an die Verhandlungstätigkeit des Kusaners auf den deutschen Reichstagen 1441–1447, die im Wiener Konkordat 1448 zu einer Versöhnung zwischen Reich und Papst führte; *Vansteenberghe* 121 stimmt mit Trithemius überein.

greifende Auseinandersetzung mehr, und fast überall da, wo die Chronisten des Landes der Päpste gedenken, geschieht es mit Respekt und Würde.

Trotz der erwähnten zeitbedingten Einschränkungen hat man mit vollem Recht die Legationsreise des Kardinals als „das herrlichste Werk seines ganzen tatenreichen Lebens" gerühmt.[121] „Nikolaus von Kues erschien", wie Trithemius schreibt, „in Deutschland wie ein Engel des Lichtes und des Friedens inmitten der Dunkelheit und Verwirrung. Er stellte die Einheit der Kirche wieder her, befestigte das Ansehen ihres Oberhauptes und streute reichen Samen neuen Lebens aus. Ein Teil davon ist durch die Herzenshärte der Menschen gar nicht aufgegangen, ein anderer Teil trieb Blüten, die aber infolge von Trägheit und Lässigkeit wieder verschwanden. Ein guter Teil jedoch hat Früchte getragen, deren wir uns noch gegenwärtig erfreuen. Der Kusaner war ein Mann des Glaubens und der Liebe, ein Apostel der Frömmigkeit und der Wissenschaft. Sein Geist umfaßte alle Gebiete des menschlichen Wissens, aber all sein Wissen ging von Gott aus und hatte kein anderes Ziel als die Verherrlichung Gottes und die Erbauung und Besserung der Menschen."[122]

---

[121] *Pastor* 492.
[122] S. Anm. 120.

16. Vatikanische Quellen zur Gropperforschung*

Wenn man die Quellen zur Gropperforschung auf ihre Herkunft prüft, ist man erstaunt über den geringen Anteil der vatikanischen Archive. So entstammen beispielsweise nur fünf der rund 150 Briefe der gesammelten Gropperkorrespondenz dieser reichsten Fundgrube der Geschichtsforschung. Der um die Gropperforschung sehr verdiente Walter Lipgens hatte die vatikanischen Quellen noch nicht in seine Studien einbezogen.[1] Erheblich erweitert wurde der Quellenbestand durch Robert Stupperich.[2] Tatsächlich verfolgte man in Rom Groppers Reformwirken mit hoher Aufmerksamkeit.

Bei meinen Vorarbeiten für eine westfälische Reformationsgeschichte fand ich nun im Vatikanischen Archiv einen bemerkenswerten Papstbrief.[3] Es handelt sich um den überarbeiteten Entwurf eines am 24. Oktober 1545 ausgestellten Kumulationsindults Pauls III. (1534–1549), dessen Original verschollen ist.[4] Der

---

* Von Konstanz nach Trient. Festgabe für August Franzen, hg. von R. Bäumer (Schöningh, Paderborn 1972) 497–518.

[1] W. *Lipgens*, Kardinal Johannes Gropper 1503–1559 und die Anfänge der katholischen Reform in Deutschland = RST 75 (1951) 230ff. Hier auch das Gropperschrifttum bis 1951. Seither erschienen außer Stupperich (s. Anm. 2) H. *Lutz*, Reformatio Germaniae. Drei Denkschriften Johann Groppers. 1546. 1558: QFIAB 37 (1957) 222–310. W. *Lipgens*, Johannes Gropper: Rheinische Lebensbilder 2 (1966) 19–66. R. *Braunisch*, Die Theologie der Rechtfertigung im „Enchiridion" (1538) des Johannes Gropper (Diss. theol., 1970). Diese sorgfältige Untersuchung fördert die Kenntnis der Theologie Groppers an einem entscheidenden Punkt und schafft eine gesicherte Grundlage für weiterführende Forschungen (Lit.).

[2] R. *Stupperich*, Unbekannte Briefe und Merkblätter Johann Groppers aus den Jahren 1542–1549: WZ 109 (1959) 97ff. (Mit einer Würdigung der Gropperforschung.) S. auch *Braunisch* 418ff.

[3] Anlage Nr. 1.

[4] Diesbezügliche Anfragen wurden gerichtet an das Hauptstaatsarchiv Düsseldorf, das Historische Archiv der Stadt Köln, die Archivverwaltung der Fürstl. Wiedeischen Rentkammer Neuwied, das Historische Archiv des Erzbistums Köln und das Stadtarchiv Soest. Allen Archivverwaltungen sei auch an dieser Stelle für die freundliche Auskunft gedankt.

III. Reform und Reformation

Zweck dieses Briefes entspricht dem Programm des großen Reformpapstes, zu dessen vordringlichsten Zielen der Kampf gegen die Häresie und die Reform der Kirche gehörten. Mit großer Besorgnis verfolgte Paul III. seit Beginn der vierziger Jahre das sich geradezu überstürzende Vordringen der Reformation in Deutschland.[5] Eine schwere Krise der katholischen Sache schien sich anzubahnen. Durch die Türken und Franzosen bedrängt, mußte der Kaiser untätig zusehen, wie der Schmalkaldische Bund katholische Reichsstände vergewaltigte und deren Territorien die Neulehre aufzwang.

Zu einer Katastrophe mit unabsehbaren Folgen auch für das Fürstbistum Münster und die übrigen Suffraganbistümer drohte sich die kirchliche Lage im Erzbistum Köln zu entwickeln, wo der Metropolit Hermann v. Wied (1515–1547) im Begriff stand, zum Luthertum überzutreten. In theologischen Fragen unselbständig, hatte der Erzbischof im Februar 1542 mit Zustimmung der weltlichen Stände des Landtages Martin Butzer zu freundschaftlichen Religionsgesprächen mit dem Scholaster an St. Gereon in Köln, Dr. iur. Johannes Gropper (1503–1559) nach Bonn eingeladen. Obgleich sich schon bald zeigte, daß eine gemeinsame theologische Basis nicht zu erreichen war, erteilte der Erzbischof gegen Ende des Jahres Butzer den Auftrag, im Bonner Münster zu predigen. Die Folge waren heftige Proteste an die Adresse des Erzbischofs seitens des Domkapitels, der Universität, des Kuratklerus und des städtischen Magistrats.[6] Der geistige Führer dieses Widerstandes war Gropper.

Nach langem Zögern entschloß sich Karl V. am 27. Juni 1545 auf dem Reichstag zu Worms, der katholischen Widerstandsbewe-

---

[5] E. *Iserloh*, Reformation, katholische Reform und Gegenreformation: Handbuch der Kirchengeschichte IV (1967) 292ff. L. *Ennen*, Geschichte der Stadt Köln IV (1875) 406ff. 432ff.

[6] Im Vatikanischen Archiv fand ich u. a. die Protestschreiben des Domkapitels an den Erzbischof (1543 Jan. 4), der Universität an das Domkapitel (1543) und die Landstände (1543 März 13) sowie der Äbte, Dekane und Stiftsherren an das Domkapitel (1543), die ich hier außer Betracht lasse. Ein Breve Pauls III. an den Kölner Klerus (Ad futuram rei memoriam, 1547 Jan. 2) geht auf diese Protestschreiben näher ein. Ich hoffe, auch diese Dokumente, soweit sie unbekannt sind, in einiger Zeit veröffentlichen zu können.

gung in Köln seinen Schutz zu gewähren. Kurz darauf lud er den Erzbischof zur Rechtfertigung nach Brüssel vor. Am 18. Juli d. Js. wurde Hermann v. Wied seitens der Kurie aufgefordert, sich binnen 60 Tagen in Rom zu verantworten. Aber der Metropolit ging weder nach Brüssel noch nach Rom. Um einen friedlichen Ausgleich bemüht, begab er sich nach Köln, wo er am 13. Oktober d. Js. in einem Schwesternhospiz die Bürgermeister und mehrere Ratsvertreter der Stadt zu einem Mittagsmahl empfing.[7] Am Nachmittag bat der Erzbischof auch Gropper zu sich, mit dem er in Anwesenheit seiner Gäste in ein lebhaftes Streitgespräch geriet, über das der letztere am 19. Oktober 1545 seinem Freund Jodokus Hoetfilter in Rom berichtete.[8]

Die Brücken zwischen den beiden Parteien waren nunmehr endgültig abgebrochen. Von dem Vertrauen der weltlichen Landstände getragen, setzte Hermann v. Wied seine ganze Hoffnung auf die Fürsten des Schmalkaldischen Bundes. Der Ausgang des Ringens, das immer leidenschaftlichere Formen annahm, war völlig offen.

So stellte sich die Lage in Köln dar, als Paul III. am 24. Oktober 1545 den Stiftsscholaster von St. Gereon, auf den sich die Hoffnung der Kurie für den Fortbestand der katholischen Kirche in Nordwestdeutschland in erster Linie stützte, durch ein weitgehendes Kumulationsindult auszeichnete.

Gropper war für Gunsterweise dieser Art nicht unempfänglich. Mit bemerkenswerter Zielstrebigkeit hatte er im Laufe von zwei Jahrzehnten eine Vielzahl einträglicher Präbenden in seiner Hand vereinigt. Diese Einstellung zur Pfründenhäufung war damals weitverbreitet, nichtsdestoweniger stand sie im Widerspruch zum kanonischen Recht. Reformpäpste und Reformkonzilien hatten wiederholt den gleichzeitigen Besitz mehrerer Benefizien zum Zweck persönlicher Bereicherung gerügt. Jedoch blieb dem Papst das Recht vorbehalten, vornehme und gelehrte Persönlichkeiten durch eine Mehrzahl von Benefizien auszuzeichnen. Von diesem Recht machte Paul III. ausgiebigen Gebrauch.[9]

---

[7] W. *Schwarz*, Römische Beiträge zu Johannes Groppers Leben und Wirken: HJb 7 (1886) 392ff.
[8] Wortlaut des Briefes: ebd. 399–407.
[9] A. *Schröer*, Die Kirche in Westfalen vor der Reformation I, 107ff.

III. Reform und Reformation

Es war daher legitim, daß der Papst den gelehrten, um die katholische Sache hochverdienten Gropper durch ein Pfründenbesitzindult ehrte und begünstigte. Drei der angesehensten Kurienvertreter wurden mit der Vorbereitung des Indults befaßt: der päpstliche Kardinalnepot Alessandro Farnese[10], Giuliano Kardinal Ardinghello[11] und Marcello Kardinal Crescenzi[12], der den Entwurf des Brevensekretariats überarbeitete.

Nach den Worten Crescenzis verfolgte das Indult das Ziel, durch die Begünstigung der dem Papst treu ergebenen Person Groppers den alten Glauben gegen die lutherische Häresie zu stärken. Ursprünglich für den Gesamtbereich der drei Erzstifte vorgesehen, wurde das Indult nach einem Consilium mit den genannten Kardinälen von Paul III. auf den Mainzer Sprengel begrenzt[13], wo eben damals Sebastian v. Heusenstamm (1545–1555) die Regierung übernahm.

Im Einvernehmen mit dem neuen Metropoliten wünschte die Kurie den festigenden Einfluß Groppers außer in Köln auch in dem gefährdeten Mainzer Erzstift wirksam werden zu lassen. Die Reformation hatte dem Erzbischof bereits die Jurisdiktion in Hessen und Thüringen entrissen. Das ganze Mainzer Territorium wäre protestantisiert worden, wenn nicht Karl V. und Ferdinand I. den Metropoliten Albrecht v. Brandenburg und das religiös indifferente, mit der neuen Lehre sympathisierende Domkapitel daran gehindert hätten.[14] Anders als in Mainz war im Erzbistum Trier eine akute Gefahr für den Glauben nicht erkennbar.

---

[10] Wurde 1535 Vizekanzler und leitete seit 1538 die Staatsgeschäfte. C. T. *Frangipane*, Memorie sulla vita e i fatti del Card. Alessandro Farnese (1876).
[11] Enger Mitarbeiter Farneses. Zählte zu den angesehensten Kardinälen. *Pastor* V 614, 617 u. ö.
[12] Hervorragender Jurist. Wurde 1542 Kardinal und vertrauter Berater Pauls III., 1551 alleiniger Legat für die 2. Tagungsperiode des Trienter Konzils, auf der auch Gropper in Erscheinung trat. J. *Birkner*, Kardinal Marcellus Crescentius: RQ 43 (1935). Aus dem erwähnten Breve Pauls III. von 1547 Jan. 2 (s. Anm. 6) geht hervor, daß Kardinal Crescenzi den kanonischen Prozeß gegen Hermann v. Wied führte, der die Absetzung des Erzbischofs zur Folge hatte.
[13] Anlage Nr. 1.
[14] H. *Rössler*, Mainz: Sachwörterbuch zur deutschen Geschichte von H. Rössler und G. Franz (1958) 698.

Erzbischof Johannes Ludwig v. Hagen (1540–1547) bemühte sich ebenso wie sein Nachfolger Johann v. Isenburg (1547–1556), das Erzbistum dem katholischen Bekenntnis zu erhalten. Er lehnte daher im Gegensatz zu seinem Kapitel eine Unterstützung des abtrünnigen Kölner Metropoliten Hermann v. Wied ab.[15] Eine weitere Präbendierung Groppers im Kölner Erzstift stand angesichts seines dortigen Pfründenbesitzes nicht zur Diskussion.

Paul III. stimmte dem Vorschlag der Kardinäle Farnese und Ardinghello zu, Gropper in Stadt und Bistum Mainz den Erwerb von Benefizien mit Einkünften bis zu einer Gesamthöhe von 400 Gulden zu gestatten. Diese Zahl trug Kardinal Crescenzi nachträglich in den Entwurf ein.

Das Indult erstreckte sich auf Kanonikate, Präbenden, Dignitäten einschließlich der postpontifikalen (Propst bzw. Dechant eines Kathedralkapitels), Prälaturen, Administrationen, Kurat-, und einfache Benefizien sowie Vikarien an Dom-, Stifts- und Pfarrkirchen, soweit diese Pfründen und Ämter durch den Erzbischof von Mainz, das Mainzer Domkapitel oder sonstige Patrone weltlichen oder geistlichen Standes innerhalb oder außerhalb des Erzbistums Mainz verliehen wurden. Auch die Priorate, Propsteien und Dignitäten der verschiedenen Orden fielen unter das Indult, jedoch nicht die mit innerklösterlichen Aufgaben versehenen Ämter. Von der Kollation ausgeschlossen blieben ferner die dem Heiligen Stuhl oder der päpstlichen Familie reservierten Benefizien. Das Indult verwies, wie üblich, auf die zahlreichen benefizialrechtlichen Bestimmungen, die wir hier übergehen, und sprach abschließend die Erwartung aus, daß alle mit den Benefizien verbundenen liturgischen und seelsorglichen Verpflichtungen in vollem Umfang erfüllt würden.

Gropper hat von der päpstlichen Gnade keinen Gebrauch gemacht. Kaum fünf Monate nach Ausfertigung des Indults befaßte sich das Konzil von Trient mit der Pfründenhäufung und bestimmte: „Wer sich künftig untersteht, mehrere seelsorgliche oder sonstwie inkompatible Benefizien ... entgegen den Vorschriften der heiligen canones, namentlich der Konstitution Innocenz' III. ‚De multa', anzunehmen und zu behalten, soll sie gemäß dieser

---

[15] Trier: LThK² X 355 (A. Thomas).

Konstitution und kraft dieses Kanons ipso iure verlieren."[16] Es bedurfte jedoch nicht des Tridentinums, um Groppers Vorstellungen und Ambitionen auf dem Gebiet des Pfründenwesens zu korrigieren. Längst stand für den großen Reformer das officium höher als das beneficium.[17]

Die Beziehungen Groppers zur römischen Kurie gestalteten sich unter dem Pontifikat Pauls IV. (1555–1559) vertrauensvoll und schwierig zugleich. Der gelehrte Theologe und Kirchenpolitiker war unterdessen auf der zweiten Tagungsperiode des Trienter Konzils durch seine Schriften, Gutachten und Reden der katholischen Hierarchie und einer breiten Öffentlichkeit bekannt geworden. Nach der Unterbrechung des Konzils hatte Gropper wiederholt die erneute Einberufung der Kirchenversammlung gefordert und durch seine Arbeiten wichtige theologische Voraussetzungen dafür geschaffen. Es war daher keineswegs überraschend, daß Paul IV., der damals an eine Fortsetzung des Konzils in Rom dachte, am 18. Dezember 1555 Gropper mit sechs anderen außerdeutschen Prälaten in das Kardinalskollegium berief.[18]
Dieses spektakuläre Ereignis ist im bisherigen Gropperschrifttum quellenmäßig nicht besonders gut fundiert. Die Belege beschränken sich im wesentlichen auf lokale Chroniken, ein Kölner Ratsprotokoll (1556 März 27)[19], einen Brief Groppers an den in Rom

---

[16] Sess. 7 c. 4 de ref.
[17] Sehr deutlich trat die pastorale Ausrichtung Groppers in Erscheinung, als ihm 1547 die Propstei der Bonner Münsterkirche übertragen wurde, mit der ein wichtiges Archidiakonat verbunden war. Wenn Hermann Hamelmann dazu bemerkt, Gropper habe dieses Benefizium von Paul III. erhalten, „weil er von den Evangelischen abfiel" (Th. *Legge*, Flug- und Streitschriften der Reformationszeit in Westfalen 1523–1583 = RST 58/59 [1933] 71), so mag er damit im Hinblick auf dessen frühere Unentschiedenheit nicht ganz unrecht haben. Gropper selbst betrachtete Propstei und Archidiakonat als eine vordringliche seelsorgliche Aufgabe. Um sich seiner Reformarbeit in dem häretisch infizierten Archidiakonat ungeteilt widmen zu können, zögerte er nicht, im folgenden Jahr auf Präbende und Kanonikat des angesehenen Kölner Kathedralkapitels zu verzichten. (Protokoll des Kölner Domkapitels ad annum 1548: W. *van Gulik*, Johannes Gropper 1503–1559 [1906] 234f.).
[18] *Lipgens*, Gropper 203ff.
[19] *v. Gulik* 203 Nr. 22.

weilenden Lübecker Stiftspropst Kaspar Hoyer (1556 Ende Januar)[20], ein Notifikationsschreiben Pauls IV. an den Kölner Magistrat (1556 Februar 18) sowie ein späteres Breve desselben Papstes an den Kölner Erzbischof Adolf v. Schauenburg mit der Aufforderung, Gropper zur Annahme der Berufung zu bewegen (1556 Juli 3).[21]
Man vermißt unter den Quellen ein persönliches Breve Pauls IV. an Gropper über dessen Erhebung sowie eine ähnliche Notifikation für den Kölner Erzbischof, wie sie der Stadtrat erhalten hatte. Die Kopien beider Briefe wurden von mir im Vatikanischen Archiv aufgefunden.[22] Während die päpstliche Anzeige an Adolf v. Schauenburg (1556 Februar 18), soweit ich sehe, in der Literatur bis heute unbekannt blieb, wurde das an Gropper gerichtete Breve (1556 Februar 18) zwar um die Mitte des 17. Jahrhunderts von dem Baronius-Fortsetzer Oderich Raynald (1595–1671) in den Annales ecclesiastici im Wortlaut mitgeteilt[23], aber von keinem der Gropperbiographen herangezogen. Auch dieser Papstbrief ist

---

[20] Anlage Nr. 2 (Regest). Dieser außerordentlich wichtige, von den Gropperbiographen nur summarisch ausgewertete Brief wurde von W. *Schwarz* im Vatikanischen Archiv aufgefunden und im HJb 7 (1886) 412–422 veröffentlicht. Wie mir der Vizepräfekt des Vatikanischen Archivs, Herr Prälat Dr. Hermann Hoberg, auf Anfrage mitteilte, befindet sich der Brief nicht mehr an dem von Schwarz angegebenen Fundort (Arm. XI vol. XLIV f. 591–598).

[21] Hinsichtlich der beiden letztgenannten Briefe (s. Anhang Nr. 5 u. 6) sind im Gropperschrifttum mehrere Korrekturen anzubringen. L. *Ennen*, Geschichte der Stadt Köln IV (1875) 619f. bringt inhaltliche Auszüge beider Briefe, zitiert aber nur das Breve an den Kölner Magistrat und setzt es zudem an die unrichtige Stelle. W. *van Gulik* bezieht 159f. den Inhalt des Kölner Ratsprotokolls vom 27. 3. 1556 (ebd. 203 Nr. 22) irrig auf den Brief Pauls IV. an den Kölner Magistrat vom 18. 2. 1556 (Anhang Nr. 5), der in Wirklichkeit keine Bitte um Einflußnahme auf Gropper enthält. Dieses Versehen übernimmt auch *Lipgens* 210, der als Fundort des genannten Papstbriefes an den Kölner Magistrat unrichtig die Annales ecclesiastici von Raynald nennt.

[22] S. Anlagen Nr. 3 u. 4.

[23] C. Baronii, Od. Raynaldi et J. Laderchii Annales ecclesiastici 1542–57, 33 (1878) 549. Auch das Original dieses Briefes ist verschollen, wie eine Umfrage bei den oben Anm. 4 genannten Archiven ergab.

in dem von Lipgens zusammengestellten Verzeichnis der Gropperkorrespondenz nachzutragen. Das vatikanische Kopiar, dem ich diese Briefe entnahm, enthält außerdem zwei bisher unbekannte Kredentialformulare für den päpstlichen Gesandten Prälat Theophil Hernheim.[24] Damit ist das Verzeichnis der bisher bekannten vatikanischen Korrespondenz zur Kardinalserhebung Groppers aus den Jahren 1555/56 vollständig.

Lipgens nennt allerdings in seiner Liste einen für uns außerordentlich wichtigen Brief Groppers an Paul IV. (1556 Mai 21), der die Gründe für die ablehnende Haltung des designierten Kardinals enthalten soll.[25] Dieses nach Lipgens im Fondo Barberini der Vatikanischen Bibliothek befindliche Breve ist jedoch an der von ihm angegebenen Stelle nicht auffindbar.[26] Es ist zu befürchten, daß die Angabe der Liste auf einer Verwechslung beruht, da Paul IV. in dem erwähnten Breve an Erzbischof Adolf von Schauenburg (1556 Juli 3), das sich mit den Gründen der Weigerung

---

[24] Das erste Formular (Anlage Nr. 5: 1556 Febr. 18, Regest) wendet sich an vier Bischöfe und vier Adlige und hat folgenden Wortlaut: *Cum miserimus dilectum filium Theophilum Hernhema cubicularium nostrum gratissimum, ut dilectum filium nostrum Joannem Groperum, S.R.E. presbiterium cardinalem, huc ad nos venturum comitetur, eaque illi officia interim praestet, quae cognoverit esse necessaria. Mandavimus ei, ut Fraternitatem tuam nostro nomine salutaret et cum ea nonnulla loqueretur. Hortamur te in Domino, ut omnem illi fidem habeas Deumque ores pro nobis, ut opera et consilia nostra pro sua clementia ad eum perducantur finem, qui ipsius Maiestati gratus sit et christianae rei publicae salutaris.* Das zweite, allgemein gehaltene Kredential (1556 Febr. 18) lautet wie folgt: „*Cum mittamus dilectum filium Theophilum Hernhema cubicularium nostrum nobis carissimum in Germaniam ad dilectum filium nostrum Joannem Groperum, in Sacrum Venerabilium Fratrum nostrorum S.R.E. cardinalium collegium proxime Dei voluntate a nobis cooptatum, ut ei huc in almam urbem venturo comes sit atque omnia officia praestet, quibus (ut summopere optamus) non modo incolumis, sed quo maiori eius commodo fieri poterit, ad nos perducatur.*" Theophil Hernheim stammte offenbar aus der Erzdiözese, da Paul IV. ihn dem Kölner Magistrat mit den Worten *nec forte vobis ignotum* vorstellt. Ennen 169 Anm. 1 (Text des Briefes).
[25] *Lipgens*, Gropper 240 Nr. 125.
[26] Freundl. Mitteilung des Herrn Prälaten Hoberg.

Groppers befaßt, den fraglichen Brief mit keinem Wort erwähnt.[27] Schließlich sei noch eine interessante Druckschrift erwähnt, die R. Braunisch in der Freiburger Universitätsbibliothek aufgefunden und in seiner Arbeit über die Rechtfertigungslehre Groppers veröffentlicht hat.[28] Sie trägt auf ihrem Umschlag oben den Titel: „Pauli IIII Pontificis Maximi ad Joannem Gropperum Cardinalem designatum Epistola", in der Mitte das bekannte Horazwort *Ridentem dicere uerum quid uetat?* (Sat. 1,1,24) und unten das Jahr der Drucklegung „Anno MDLVII". Die am 1. Dezember 1556 datierte Epistel stellt ihrem Inhalt nach eine scharfe Abrechnung des Papstes mit dem westfälischen Theologen und Kirchenpolitiker dar. Gropper erscheint in dem Brief als erbärmlicher Ehrgeizling, der seine Fahne nach dem Winde dreht. Er wird von Paul IV. nicht nur für die verhängnisvolle Berufung Butzers nach Bonn, sondern auch für den Glaubenswechsel Hermanns v. Wied verantwortlich gemacht. Sein Werk über die Eucharistie, das Braunisch mit Recht als eine hervorragende theologische Leistung wertet, enthält nach dem Urteil des Papstes Widersprüche und Verstöße gegen die Wahrheit. Der katholischen Sache sei durch diese Arbeit ein schlechter Dienst erwiesen worden. Paul IV. rügt die Polemik Groppers gegen Melanchthon, Butzer und Sleidan. Die Folgen dieser unbesonnenen Kritik habe der Heilige Stuhl zu tragen. „Es wäre mir lieber, du würdest Bartholus[29] und Baldus[30], nicht aber Pigge[31] nacheifern und mehr mit juristischen als mit

---

[27] Anlage Nr. 6 (Regest). Auch Herr Prof. Lipgens-Saarbrücken selbst ist, wie er mir am 25. 8. 1971 mitteilte, nicht in der Lage, Angaben zur Auffindung des Briefes zu machen.
[28] *Braunisch* 405–410 (Anhang 1). Der Universitätsbibliothek Freiburg habe ich für die freundliche Zustellung einer Photokopie der Druckschrift zu danken.
[29] Bartolo von Sassoferato (1313–1357), einer der bedeutendsten italienischen Juristen seiner Zeit. Lehrte die Rechte in Pisa und Perugia. Sein Einfluß ging über ganz Europa. LThK² II 17 (A.M. Stickler).
[30] Baldus de Ubaldis (um 1327–1400), hochangesehener Lehrer des römischen und kanonischen Rechtes in Bologna, Perugia, Florenz und Pavia. Brockhaus II 246.
[31] Albert Pigge (um 1490–1542), kath. Kontroverstheologe und Humanist, vgl. LThK² VIII 502 (R. Bäumer).

III. Reform und Reformation

theologischen Waffen kämpfen." Ohne ihn erneut aufzufordern, nach Rom überzusiedeln, gibt der Papst Gropper zu verstehen, daß er künftig seinen Rat nicht in den Fragen der Theologie, sondern nur noch in den politischen Angelegenheiten der deutschen Fürsten wünsche.

Der Brief enthält zweifellos interessante Neuigkeiten, die geeignet erscheinen, dem historischen Profil Groppers schärfere Züge zu geben. Die sachlichen Unrichtigkeiten und böswilligen Verdrehungen des Breve nimmt Braunisch zum Anlaß, Paul IV. einer herben Kritik zu unterziehen.[32] Man müßte ihm zustimmen, wenn es sich bei dem vorliegenden Schreiben tatsächlich um einen Papstbrief handelte. Dies ist aber nicht der Fall. Wir haben es hier vielmehr mit der typischen Fälschung eines Neiders zu tun, der es darauf anlegt, Gropper zu diffamieren und zu kränken und zwischen ihm und dem Papst Mißtrauen zu säen.[33]

Die Merkmale der Unechtheit des angeblichen Papstbriefes springen ins Auge.[34] Dennoch ist dieses Falsifikat für die Gropperfor-

---

[32] So namentlich 69f. 453 Anm. 31. 463 Anm. 23. S. auch 498f. Anm. 12, obschon er 414 Anm. 1 auf die noch ausstehende Klärung der Echtheitsfrage verweist.

[33] Immer wieder wird darauf hingewiesen, wie gut man in Rom über alle Fehler Groppers unterrichtet sei. Dennoch wolle man dessen Dienste in Anspruch nehmen. „Es gibt nämlich keinen Schandfleck", so fährt der Schreiber ironisch fort, „den die Römische Kirche, wenn es die Zeiten erfordern, nicht abwäscht, und das Kardinalsbirett besitzt einen solchen Glanz, daß es allen Trug der Menschen verdunkelt, und unsere Autorität bei den Sterblichen ist so groß, daß sie alle Urteile und Richtersprüche, jeden Tadel und jede Verurteilung geringschätzt und überwindet. Was der Römischen Kirche heilsam und notwendig erscheint, ist weder schlecht noch gottlos."

[34] Abgesehen von den grotesken Übertreibungen, Verzerrungen und Sarkasmen des Briefes, für die man bei Paul IV. vergeblich ein Motiv sucht, zeigt bereits ein flüchtiger Stilvergleich dieses Machwerks mit den in flüssigem Kurialstil verfaßten Breven Pauls IV. (vgl. die Anlagen 3, 4 und 6 bzw. van Gulik 204f.), daß der Brief nicht aus der Werkstatt des Brevensekretariats hervorgegangen sein kann. Bestätigt wird diese Annahme durch die von der Norm abweichende formale Gestaltung des Briefes. Nach den seit Jahrhunderten gültigen Regeln der Kurie beginnt jedes persönliche Breve mit dem Namen des Papstes, der Anrede des Empfängers als „*Venerabilis Frater*" (im Falle eines konsekrierten Bischofs) bzw. als „*Dilecte Fili*" (für alle übrigen Adressaten einschließlich

schung nicht ohne Wert, da es deutlich macht, welchen Schwierigkeiten und seelischen Belastungen der sensible Westfale bei seinem Reformstreben ausgesetzt war.

Nr. 1

PAUL III. AN JOHANNES GROPPER   Rom, 1545 Okt. 24

AV, Arm. XIL 34 p. 156–162

Der Papst gewährt Gropper das Indult, in Stadt und Bistum Mainz kirchliche Benefizien mit Erträgen bis zu einer Gesamthöhe von 400 Gulden zu erwerben.

Dilecto filio Johanni Gropper scolastico[a] ecclesie sti Gereonis Coloniensis utriusque iuris doctori.

nichtkonsekrierter Kardinäle) und dem apostolischen Segensgruß. Demgemäß im Falle Groppers: *„Paulus PP. IIII. Dilecte Fili, Salutem et apostolicam Benedictionem."* In dem Freiburger Brief aber heißt es: *„Paulus IIII. Pontifex Maximus Joanni Groppero Cardinali designato, Salutem et Apostolicam Benedictionem."* Noch deutlicher verrät sich das Falsifikat durch die Schlußformel und die Datierungszeile. Ein apostolisches Breve faßt gewöhnlich den Kerngedanken des Briefes abschließend zu einem geistlichen Segenswunsch zusammen. Ganz anders der vorliegende Brief, der formlos-trivial schließt: „Ich hätte Dir noch mehr zu schreiben, fürchte aber, daß der Brief in unberufene Hände fallen könnte. Vale!" Die Datierungszeile der Breven hat seit dem frühen Mittelalter in der kurialen Praxis folgende Form: *„Datum Romae apud S. Petrum (oder S. Mariam maiorem) die III. Julii anno MDLVI, Pontificatus nostri anno II."* In dem Freiburger Brief lautet sie: *„Datum Romae ex arce Capitolina[!] sub annulo Piscatoris. Calendis Decembris. Anno 1556."* Papstbriefe *„ex arce Capitolina"* sind mir noch nicht begegnet. Eine Datierung nach dem römischen Kalender gibt es nur in Papsturkunden wie Bullen und Konstitutionen. Es fehlt die Angabe des Pontifikatsjahres. Hinsichtlich der Urheberschaft könnte man an den römischen Caraffa-Delfino-Kreis oder an die Kölner Billickgruppe denken, wenn nicht die dilettantische Form, die primitive Polemik und die allzu durchsichtigen Warnungen des „Briefes" eine solche Annahme verböten. Die Fälschung trägt, wie bemerkt, auf ihrem Umschlag den vielsagenden Aufdruck: *„Ridentem dicere verum quid vetat?"*

a) „et canonico" durchgestrichen.

Paulus etc.
Dilecte fili salutem etc. Volentes illa tibi favorabiliter concedere, que tuis commoditatibus fore conspicimus opportuna, motu proprio et ex certa nostra scientia unum, duo, tria ac tot beneficia ecclesiastica cum cura et sine cura, secularia et quorumvis ordinum regularia, quorum insimul fructus, redditus et proventus quadrigentorum[b] ducatorum auri de camera secundum[c] valorem annuum non excedunt, in Maguntin.[d] civitate[e] et diocesi[f] consistentia et[g] ad collationem, provisionem, praesentationem, electionem seu quamvis aliam dispositionem venerabilis fratris nostri archiepiscopi Maguntinensis[h] ac dilectorum filiorum Capituli[i] et aliarum personarum Maguntinensis ecclesie[j] ac quorumcumque aliorum collatorum et collatricum secularium et quorumvis ordinum regularium in Maguntinensi[k] civitate[l] et dioecesi[m] aut alibi consistentia, etiam si secularia canonicatus et prebende aut dignitates, etiam post pontificalis maior[o] et principales personatus, administrationes vel officia etiam curata et electiva in predictis seu quibusvis aliis cathedralibus etiam metropolitanis aut collegiatis ecclesiis aut parochialis ecclesiis vel earum perpetue vicarie, regularia vero beneficia huiusmodi prioratus, prepositure, prepositatus dignitates, non tamen[p] conventuales personatus, administrationes vel (157) officia, non tamen[q] claustralia ac curata et electiva

b) „quadrigentorum" nachträglich eingefügt.
c) „raxationem decime" durchgestrichen.
d) „Colonien. et Treviren" durchgestrichen.
e) Geändert aus „civitatibus".
f) Geändert aus „diocesibus"; anschließend: „aut alibi consistentia" durchgestrichen, statt dessen auf dem Rande: „consistentia".
g) „et" auf dem Rande.
h) Ursprünglich „venerabilium fratrum Maguntinen. Colonien. et Treviren. archiepiscoporum".
i) Ursprünglich: „capitulorum".
j) Ursprünglich: „Maguntinen. Colonien. et Treviren. ecclesiarum".
k) „Colonien. et Treviren. civitatibus" durchgestrichen.
l) „civitate" auf dem Rand.
m) Geändert aus „diocesibus".
o) Geändert aus „post pontificales maiores".
p) „et" durchgestrichen, dafür auf dem Rand „non tamen".
q) „etiam" durchgestrichen, dafür auf dem Rand „non tamen".

fuerint, si que vacant ad presens aut cumprimum per cessum vel decessum seu quamvis aliam dimissionem vel amissionem aut alio quovismodo vacare contigerit[r], generaliter non tamen ratione vacationis illorum apud sedem apostolicam aut[s] familiaritas continue commensalitatis nostre seu[t] alicuius cardinalis viventis, cuius consensus requirendus foret, generaliter reservata seu affecta fuerint, ex nunc prout ex tunc et extra secularia videlicet sine cura conferimus et de illis etiam providemus, curata vero seu alias incompatibilia ac regularia beneficia huiusmodi per te, quoad vixeris, etiam unacum predictis ac scolastria ac canonicatu et prebenda ecclesie sancti Gereonis Coloniensis ac[u] quibusvis aliis beneficiis ecclesiasticis cum cura et sine cura secularibus et quorumvis ordinum regularibus, que in titulum et commendam ac alias obtinens et expectas ac in posterum obtinebis ac in quibus et ad que ius tibi quomodolibet competit quicumque quotcumque et qualiacumque sint[v] necnon pensionibus annuis, quas super quibusvis fructibus, redditibus et proventibus ecclesiasticis tibi reservatis seu reservandis percipis et percipies, in futurum tenenda, regenda et gubernanda ita, quod licet tibi, debitis et consuetis beneficiorum in commendam obtinendorum huiusmodi supportatis oneribus de residuis illorum fructibus, redditibus et proventibus disponere et ordinare, sicut illa in titulum pro tempore obtinentes de illis disponere (158) et ordinare potuerunt seu etiam debuerunt.

r) „vacare contigerit" nachträglich eingefügt. Der folgende an „quovismodo" anschließende Text durchgestrichen: „quem etiam, si de illo quevis generalis resignatio et in Corpore Juris clausulis resultet, presentibus habere volumus, pro expresso etiam in aliquo ex mensibus ordinariis collatoribus et per Constitutiones maiores resignatis aut etiam ipsis ordinariis collatoribus per Constitutiones Apostolicas pro tempore editas seu literas ... et alia privilegia et indulta concessa hactenus et imposterum concedenda vacare contigerit, etiam si dispositione apostolica reservata vel ex eo, quod illo obtinentes alicuius preceptis [?] nostris [?] seu cardinalis defuncti familiaris continui commensalis seu notarii accoliti aut capellani sedis apostolici fuerint aut alias ex quavis ratione etiam dispositum exprimenda."
s) „vero" durchgestrichen.
t) Statt „aut", durchgestrichen.
u) „scolastica – ac" auf dem Rande.
v) „quicumque ... sint" auf dem Rande.

Alienatione tamen quorumcumque bonorum immobilium et preciosorum mobilium eorundem beneficiorum in commendam obtinendorum tibi penitus interdicta apostolica auctoritate commendamus cum omnibus iuribus et pertinentiis suis ac tibi sine cura... collata et de illis etiam provisum, curata vero seu alias incompatibilia secularia ac regularia beneficia huiusmodi commendata necnon exnunc plenum ius tibi in illis vero omnino acquisitum esse et censeri ac illa tibi et non alteri de iure deberi teque solum illorum fructuum perceptionem ac actualis possessionis apprehensionem expectare et regulis nostris de non tollendo ius quesitum ac de annali et triennali possessore gaudere necnon quascumque collationes, provisiones, commendas, acceptationes et alias dispositiones ac earum revalidationes de vacaturis etiam tunc vacantibus beneficiis predictis etiam cum quibusvis clausulis et decretis in alterum quam tui favorem ac presentium derogationes seu suspensiones etiam motu simili aliis personis quam tibi etiam per nos et sedem predictam etiam pretextu quarumcumque reservationum ac mandatorum de providendo seu commendando aliarumque gratiarum expectativarum et preventivarum ac litterarum apostolicarum etiam motu simili etiam cum... in canonicum[w] faciendas nullas et invalidas ac nullius roboris vel momenti existere nullumque per eas cuique etiam familiari nostro antiquo et descripto ius acquiri aut coloratum titulum possidendi tribui posse ac presentes litteras[x] sub quibusvis suspensionibus, derogationibus, revocationibus similium vel dissimilium gratiarum etiam per nos et sedem eandem quomodolibet factis et faciendis ac cancellarie apostolice regulis seu constitutionibus apostolicis minime comprehendi nec comprehensas, sed semper ab illis exceptas. Et quoties ille emanabunt toties in pristinum statum eoipso[y] restitutas et de novo concessas existere teque vacantium exnunc ac cumprimum vacaverint vacatorum beneficiorum predictorum posses-

w) „etiam de consensu ordinariorum collatorum receptos factas et" durchgestrichen.
x) „de" durchgestrichen.
y) „absque aliqua solemnitate et sub data per te eligenda" durchgestrichen.

sionem[z)] libere apprehendere et apprehensam retinere libere et licite posse[a)].

Sicque in premissis omnibus et singulis per quoscumque quavis auctoritate fungentes iudices (159) et personas sublata[b)] eis eorum cuilibet quavis aliter iudicandi et interpretandi facultate et auctoritate iudicari et deffiniri debere decernimus districtius inhibentes archiepiscopo capitulo[c)], collatoribus et collatricibus predictis, ne de beneficiis huiusmodi etiam pretextu quorumcumque privilegiorum et indultorum apostolicorum sub quibuscumque tenoribus et formis eis etiam motu simili concessorum et concedendorum cuiquam providere aut alias de illis disponere quoquomodo presumant. Quocirca venerabilibus fratribus[d)] Caseratensi et Aquensi episcopis ac dilecto filio[e)] Maguntinensi[f)] motu simili mandamus quatinus ipsi vel duo aut unus eorum per se vel alium seu alios te vel procuratorem tuum nomine tuo in corporalem possessionem, si vacant aut cum vacaverint, beneficiorum iuriumque et pertinentium predictorum inducant auctoritate nostra et defendant inductum amotis quibuslicet illicitis detentoribus ab eisdem facientes te vel pro te procuratorem predictum ad beneficia huiusmodi, ut est moris, admitti tibique de illorum fructibus, redditibus, proventibus, iuribus et obventionibus universis integre responderi contradictoribus etc. non obstantibus premissis ac una XXV februarii quinto et reliqua Va novembris mensium diebus sexto pontificatus nostri annis datis ac alio similium ... revocatorie ultimo[g)] in cancellaria apostolica publicatis, quarum etiam publicationum pro singulis diebus facta haberi volumus, necnon de non acceptandis beneficiis generaliter reservatis seu affectis vigore quarumcumque gratiarum expectativarum[h)] ac aliis eiusdem cancellarie apostolice

z) „etiam absque spolii seu attemptatum ..." durchgestrichen.
a) Auf dem Rand: „ ... propterea in usum beneficii canonis et ..." durchgestrichen.
b) Randnotiz unleserlich.
c) Geändert aus „archiepiscopis, capitulis".
d) „nostris" gestrichen.
e) Geändert aus „dilectis filiis".
f) „Colonien. item Treviren. item archiepiscopis, vicariis in spiritualibus predictis in" durchgestrichen.
g) „alio ... ultimo" auf dem Rand.
h) „ac in favorem ordinariorum ac de canali et tui ..." durchgestrichen.

regulis quomodolibet editis et edendis ac quibusvis aliis constitutionibus et ordinationibus apostolicis ac predictarum necnon aliarum ecclesiarum, in quibus secularia et monasteriorum seu aliorum regularium locorum, in quibus regularia beneficiatus forsan fuerint, seu a quibus illa dependere contigerit et ordinum, quorum illa exstiterint, etiam iuramento, confirmatione apostolica vel quavis firmitate alia roboratis statutis et consuetudinibus etiam de optando maiores et pinguiores prebendas ac domos canonicales ipsorumque (160) beneficiorum fundationibus necnon litteris alternativis privilegiis quoque indultis et litteris apostolicis archiepiscopo[i] Maguntinensi[j] necnon capitulo[k] personis collatoribus et collatricibus ac ecclesiis et ordinibus prefatis illorumque superioribus et personis sub quibuscumque tenoribus et formis ac cum quibusvis regulis et decretis concessis, approbatis et innovatis necnon quibuscumque specialibus vel generalibus aliis reservationibus[l] gratiis unionibus, annexionibus, incorporationibus perpetuis et temporalibus suppressionibus absque consensu coadiutorem deputationibus nominationibus nominandi et conferendi ac alias citra accessus et regressus facultatibus mandatis de providendo et commendando vel uniendo litteris concessionibus privilegiis et indultis etiam cum provisionibus commendis et aliis dispositionibus etiam nominatim specialiter et expresse de vacantibus seu vacaturis beneficiis huiusmodi etiam extunc prout ex die vacationis illorum et extra etiam eisdem archiepiscopo, capitulo[m], collatoribus, collatricibus et quibusvis aliis personis etiam familiaribus continuis commensalibus nostris etiam antiquis et in capella nostra cantoribus, capellanis ac Romanae curie officialibus etiam officia sua actu exercentibus necnon referendariis nostris ac causarum palatii apostolici auditoribus ac litterarum apostolicarum abbreviatoribus et scriptoribus et aliis cuiuscumque dignitatis, status, gradus, ordinis vel conditionis existentibus ac quacumque etiam episcopali, archiepiscopali et alia maiori ecclesiastica dignitate etiam

i) Geändert aus „archiepiscopis".
j) „Colonien. et Treviren." durchgestrichen.
k) Geändert aus „capitulorum".
l) „etiam mentalibus[?] et nullius favorem ac expectationes[?] concordatis nationis et aliis" durchgestrichen.
m) Geändert aus „archiepiscopis et capitulis".

cardinalatus honore seu mundana etiam imperiali regia ducali seu alia maiori dignitate auctoritate seu excellentia fungentibus etiam imperatoris, regum, ducum et aliorum principum quorumcumque contemplationi vel intuitu seu in eorum aut earum monasteriorum mensium vel beneficiorum ecclesiasticorum aut universitatum et studiorum generalium favorem seu ob remunerationem laborum et obsequiorum nobis et dicte sedi impensorum aut recompensam iurium cessorum vel ablatorum aut ex quibusvis etiam quibuscumque maximis et urgentissimis causis sub quibusvis verborum formis et expressionibus ac in quibusvis suppressionibus, declarationibus, attestationibus, exceptionibus, (161) restitutionibus et aliis efficacissimis et insolitis clausulis etiam derogatoriarum derogatoriis et quascumque gratias suspendentibus et illis expresse derogantibus ac cum irritantibus et aliis etiam efficacioribus et vim contractus inducentibus decretis et aliis quomodolibet sub quacumque forma et verborum expressione per nos et sedem eandem etiam motu et scientia similibus ac de apostolice potestatis plenitudine ac etiam consistoriali in genere vel in specie concessis hactenus et imposterum concedendis, que omnia[n] illorumque omnium vim et effectum illorum[o] tenores datas et formas pro expressis habentes quatinus presentibus litteris illarumque effectui preiudicare videantur omnino suspendimus et in vacantibus seu vacaturis beneficiis huiusmodi effectum sortiri aut[p] locum sibi vindicare non posse neque debere decernimus illisque necnon omnibus et singulis premissis ac statutis et privilegiis predictis etiam si pro illorum sufficienter derogatione de illis eorumque totis tenoribus specialis specifica[q] expressi et individua ac de verbo ad verbum, non autem per clausulas generales idem importantes mentio seu quevis alia expressio habenda aut aliqua alia exquisita forma servanda foret et in eis caveatur expresse predictorum ordinum beneficia nullatenus aut nisi certis inibi expressis personis commendari ... possint et commende de illis etiam per sedem eandem pro tempore facte nullius sint roboris vel momenti ac quod eisdem statutis privilegiis indultis et litteris nullatenus derogari possit il-

n) „et concedenda" durchgestrichen, darüber „que omnia".
o) „in" durchgestrichen, darüber „illorum".
p) „officium" [?] durchgestrichen.
q) „et" gestrichen.

lorum omnium tenores presentibus pro sufficienter expressis ac de verbo ad verbum insertis habentes illis alias in suo robore permansuris motu et scientia similibus derogamus ac sufficienter derogatum esse decernimus ceterisque contrariis quibuscumque aut si aliqui super provisionibus seu commendis sibi favendis de huiusmodi vel aliis beneficiis ecclesiasticis in illis partibus specialis vel generalis dicte sedis vel legatorum eius litteras impetrarint etiam si per eas ad inhibitionem reservationem et decretum vel alias quomodolibet et processum.

Quibus omnibus te etiam familiaribus, officialibus, referendariis, auditoribus (162) et singulis prefatis nullis prorsus exceptis in assentione dictorum beneficiorum volumus anteferri, sed nullum per hoc eis quoad assecutionem beneficiorum aliorum preiudicium generari aut si archiepiscopo, capitulo[r], collatoribus et collatricibus prefatis vel quibusvis aliis communiter vel divisim ab eadem sit sede indultum[s] quod ad receptionem vel provisionem alicuius minime teneantur et ad id conpelli aut quod interdicti, suspendi vel excommunicari non possint etc. et quod de huiusmodi vel aliis beneficiis ecclesiasticis ad eorum collationem, provisionem, presentationem, electionem seu quamvis aliam dispositionem coniunctim vel separatim spectantibus nulli valeat provideri seu commenda fieri per litteras apostolicas non facientes plenam et expressam ac de verbo ad verbum de indulto huiusmodi mentionem et qualibet alia dicte sedis indulgentia generalis vel specialis cuiuscumque tenoris existat per quam presentibus non expressis vel totaliter non insertam effectus huiusmodi gratiae impertiri valeat ... vel differri et de gratia cum hiis toto tenore habenda sit in nostris litteris mentio specialis. Volumus autem, quod beneficia in commendam retinenda huiusmodi debitis propterea non fraudentur obsequiis et animarum cura in eis[t], quibus illa immineat, nullatenus negligatur, sed eorum congrue supportentur onera antedicta. Quodque infra sex menses a die habite per te[u] possessionis beneficiorum predictorum, quorum singulorum fructus, redditus et proventus XXIIII ducatorum auri de camera sedis dicte de

r) Geändert aus „archiepiscopis et capitulis".
s) Über der Zeile nachgetragen.
t) Folgendes „in" durchgestrichen.
u) „pacifice" durchgestrichen.

valore annuo^v) excedunt, novas provisiones a dicta sede impetrare et iura camere apostolice propterea debita persolvere omnino tenearis alioquin dictis sex mensibus elapsis beneficia ipsa vacare ... ipso^w) et insuper exnunc irritum et inane [dec]ernimus, si secus super hiis a quoquam quavis auctoritate scienter vel ignoranter contigerit attemptari.
Datum Rome 24 octobris 1545 anno XI^mo.

Instante beatissimo domino meo Farnesio Sanctitas Sua petente eius beatissimo domino meo Ardingello dixit esse contentam in una diocesi et ad summam CCCC ducatorum, et clausule preservative aliarum similium gratiarum ... et expectativum fuerint ommisse et non posite et quia in ea dioecesi nullae sunt, et intuitu persone, quum (?) assertum fuit Sanctitati Sue, esse satis utilis et proficua pro catholica fide contra lutheranam haeresim.

M. Cardinalis Crescentius

Nr. 2

JOHANNES GROPPER AN KASPAR HOYER IN ROM
Köln, Ende Jan. 1556

AV*
Druck: W. *Schwarz* 412–422.

Gropper schildert eingangs das tiefe Erschrecken, das ihm die von Otto Kardinal Truchseß von Waldburg und dem Lübecker Stiftspropst Kaspar Hoyer übermittelte Nachricht von seiner Berufung in das Kardinalskollegium bereitet habe. Er sei gern bereit, sich auch ferner in Deutschland gegen Häresie und Schisma einzusetzen, müsse aber in aller Demut bekennen, daß er den Anforderungen des Kardinalates nicht gewachsen sei. Moralische Integrität und rechtgläubige Gelehrsamkeit genügten nicht, „wenn nicht andere körperliche und geistige Gaben hinzutreten, wie zum Beispiel rüstiges Alter, körperliche Kraft, widerstandsfähige Gesundheit, Kenntnis vieler Sprachen, auf persönlicher Erfahrung beruhende Vertrautheit mit den Sitten anderer Völker, schlagfertige Redegabe, hervorragender Arbeitseifer, Geschick, Scharfsinn, langjähriges Ansehen bei den Ver-

---

v) „non" durchgestrichen.
w) „alioquin ... ipso" auf dem Rand z. T. überklebt.
* Bzgl. der näheren Quellenangaben s. o. 289. Anm. 20.

handlungspartnern, kurz, eine höchstmögliche geistige Beweglichkeit auf allen Gebieten. Wer diese Eigenschaften nicht ausnahmslos besitzt, soll meines Erachtens dieses hocherhabene Amt nicht annehmen, selbst wenn der Papst es ihm zugedacht hat." Alle diese Vorzüge aber fehlten ihm. Er sei 53 Jahre alt, durch starke seelische Belastungen im Kampf gegen Hermann v. Wied in seiner Gesundheit geschwächt (Magenbeschwerden). Seine niedrige Herkunft verlege ihm den Weg zu denen, die den Glanz der Familie und rauchgeschwärzte Ahnenbilder zu den höchsten Gütern rechneten. Ihm fehle die Kenntnis fremder Sprachen, namentlich des Italienischen, die er im Verkehr mit Königen und Fürsten, aber auch mit dem Papst und den Kardinälen gebrauche. Er sei außer in Italien (Trient) nie in anderen Ländern gewesen und habe nur Latein gelernt und es auch darin nur zum „semilatinus" gebracht. Von Haus aus Jurist, habe er sein Wissen auf dem Gebiet der Theologie erst seit dem 30. Lebensjahr anläßlich seiner Anwesenheit auf dem Augsburger Reichstag „privatim sine magistro" erworben. Er würde es daher als Arroganz betrachten, für sich in Anspruch zu nehmen, eine gediegene Kenntnis der Theologie zu besitzen. Er wisse nur zu gut, *„quam sit in ea facultate mihi curta supellex".* Er sei zwar einige Male gegen die Häretiker in die Arena gestiegen, habe sich dabei aber in erster Linie auf seinen gesunden Menschenverstand verlassen. Dies seien einige der wichtigsten Gründe, die seine ablehnende Haltung bestimmten. Nicht maßgebend sei das Streben nach einem bequemen, bindungsfreien Leben. Er bitte Hoyer bei der alten Freundschaft, die sie verbinde, diese Argumente den Kardinälen Otto Truchseß v. Waldburg, Giovanni Angelo de' Medici, Giovanni Morone, Girolamo Dandino und anderen, von denen Hoyer wisse, daß sie ihm gewogen seien, mit der Bitte zu unterbreiten, bei dem Papst dafür einzutreten, ihn von der Berufung in das Kardinalskollegium und der damit verbundenen Last, die seine Kräfte bei weitem übersteige, zu befreien, zumal nach alter Rechtsregel niemand ohne Not gegen seinen Willen befördert werden solle. Er werde der Stadt und dem Bistum Köln, der Kirche und dem Heiligen Stuhl in unwandelbarer Treue dienen bis zum Tode.

Nr. 3

PAUL IV. AN JOHANNES GROPPER

Rom, bei St. Peter 1556 Febr. 18

AV, Arm. XLIV 4 f. 189v–190 (Kopie)
Druck: Baronius-Raynald 33, 549

Der Papst würdigt die Verdienste des neuen Kardinals. Durch seine Beständigkeit im Glauben und in der Frömmigkeit und seine außerordentliche, in vielen vortrefflichen Schriften aufleuchtende Gelehrsamkeit, die er stets klug und unerschrocken zur Verteidigung des Glaubens, der Kirche und des Papstes einsetze, habe Gropper sich würdig erwiesen, in das Heilige Kollegium berufen zu werden. Er, der Papst, verbinde mit dieser Berufung die Hoffnung, daß Gropper nach Rom übersiedle, um ihn, den Papst, angesichts der immer drückender werdenden Last des pontifikalen Amtes zu unterstützen. Ausgestattet mit der Würde und dem Ansehen des Kardinalates, könne Gropper dort um vieles erfolgreicher wirken als in der Heimat.

Summa et perpetua fidei ac pietatis constantia sanaque et singularis doctrina et tot praeclaris litterarum monumentis iam omnibus nota, qua circumspectio tua fidei atque ecclesiae catholicae sanctaeque huius sedis partes scite ac fortiter tueri nunquam desistis, dignum te apud Deum reddiderunt, ut ipse quoque ad hoc onus curarum et laborum, quo indies gravius premimur, nobiscum sustinendum in sacrum venerabilium fratrum nostrorum SRE Cardinalium Collegium per nos cooptatus fueris ea utique nostrum omnium spe, ut quamvis in vinea Domini uberrimos atque optimos adhuc pepereris fructus, ita tamen personae dignitate et auctoritate ordinis amplissimi ad virtutem et probitatem sanctissimasque disciplinas et artes tuas adiuncta, longe uberiores ac meliores in posterum adiuturus sis. Quare primum istius muneris insigne rubrum scilicet biretum per dilectum filium Theophilum Hernhema, cubicularium nostrum nobis gratissimum, ad tuam circumspectionem mittimus, quod tanquam coronam illius charitatis Deus tibi reservavit, quam tua tum facta tum scripta prae se non mediocrem apud omnes ferunt. Eo igitur, qua decet, reverentia accepto, quanto citius fieri tuo tamen commodo poterit, te huc ad nos conferes, ut nos et fratres iidem nostri, collegae tui, tuam circumspectionem maximo cum desiderio expectatam paterno pacis osculo et amplexu excipere possimus. Et quamquam non ignoramus, quam adverso valetudo nationis istius nobilissimae, tua utique similium cura et praesentia hoc potissimum tempore indigeat, confidimus tamen in Domino te illi non minus salubrem una cum collegis ipsis tuis, filiis nostris, medicinam allaturum hinc esse, quam isthic attuleris, sicuti ex eodem Theophilo melius cognosces, qui de his omnibus rebus, tecum nostris verbis copiose locuturus est. Deus ac Dominus noster Jesus Christus circumspectionem tuam benedicat atque ad commissum tibi munus in sui nominis gloriam obeundum huc incolumem perducat.

Nr. 4

PAUL IV. AN ERZBISCHOF ADOLF VON KÖLN
Rom, bei St. Peter 1556 Febr. 18

AV, Arm. XLIV 4 f. 190–190^v (Kopie)

Der Überbringer des Briefes, Prälat Theophil Hernheim, sei von ihm beauftragt, Johannes Gropper, den er in das Kardinalskollegium berufen habe, nach Rom zu begleiten. Dort solle der neue Kardinal im Zusammenwirken mit ihm und seinen Kollegen für den Heiligen Stuhl und die Gesamtkirche tätig sein. Er bedürfe in der gegenwärtigen Zeit, wo so vieles nach Reform rufe, solcher Männer wie Gropper. Alles übrige solle Prälat Hernheim mit dem Erzbischof persönlich besprechen. Er nehme an, daß Erzbischof Adolf der Übersiedlung des neuen Kardinals nach Rom zustimme. Dort werde Gropper, so hoffe er zuversichtlich, dank seiner Gelehrsamkeit und Frömmigkeit wie bisher zum Besten der deutschen Nation und zum Nutzen der Gesamtkirche reiche Früchte bringen.

Misimus dilectum filium Theophilum Hernhema cubicularium nostrum nobis gratissimum, qui has ad Fraternitatem tuam pertulit litteras, ut dilectum item filium nostrum Joannem Groperum, quem Dominus Deus noster, ut ex aliorum litteris te cognovisse putamus, in sacrum venerabilium fratrum nostrorum SRE Cardinalium Collegium a nobis cooptari voluit, huc ad nos deducat; isque una nobiscum et cum ipsis nostris fratribus, collegis suis, pro sancta hac sede et universali ecclesia suum hic munus exerceat hoc praesertim tempore, quo dum nonnulla, quae imprimis ad Dei honorem et hominum salutem pertinent, redigere in meliorem formam curamus, talium virorum opera et consilio egemus. Et quoniam mandavimus ei, ut Fraternitatem tuam salutaret nostris verbis ac nonnulla praeterea tecum loqueretur, gratissimum nobis faciet, si omnem illi fidem habebit, nam de Gropero ipso cardinale plura, ut scribamus, minime necessarium videtur. Cum enim non minus is tuae Fraternitatis tuorumque alumnus quam nostra creatura sit, pro certe habemus non minus eum apud nos quam apud vos curare tibi et cordi futurum. Et cum non minorem doctrinam ac pietatem hic eundem praestituturum esse speremus, quam isthic perpetuo praestitit, item non minores fructus in privatam Germanicae nationis quam in communem fidelium utilitatem et gloriam Dei pariturum plane in Domino confidimus. Sicuti ex eodem pluribus tua Fraternitas cognoscet.

Nr. 5

PAUL IV. AN DEN MAGISTRAT VON KÖLN
Rom, bei St. Peter 1556 Febr. 18

Hist. Archiv d. Stadt Köln (Or.)*
AV, Arm. XLIV 4 f. 190–192 (Kopie)
Druck: *Ennen* 4, 169 Anm. 1

Er werde der edlen Stadt Köln, die ihn vor vielen Jahren als Nuntius von England (1513–1518) auf der Durchreise so freundlich aufgenommen habe, niemals ihre unerschütterliche Glaubenstreue und ihre Ergebenheit gegenüber dem Heiligen Stuhl vergessen. Nun habe er, wie die Stadträte gewiß schon vernommen hätten, den wegen seiner gesunden Gelehrsamkeit bewährten und berühmten Johannes Gropper in das Kardinalskollegium berufen, um sich bei der Regierung der Kirche Christi seines Rates und seiner Hilfe zu bedienen. Der den Mitgliedern des Magistrats gewiß nicht unbekannte Prälat Theophil Hernheim solle dem Erzbischof und den Kölner Bürgern die Grüße des Papstes überbringen und Gropper nach Rom begleiten. Der Kardinal werde in seiner neuen römischen Stellung für Köln und die ganze deutsche Nation weit erfolgreicher wirken können als bisher. Er zweifle daher nicht, daß man über diese Berufung in Köln aufrichtige Freude empfinde. Er selbst werde Gropper in seiner künftigen Tätigkeit stets nach Kräften fördern, wie dies gewiß den Wünschen des Erzbischofs und des Magistrats entspreche. Nicht er, sondern nur Gott könne Gropper und die Kölner, die keiner Ermahnung bedürften, für ihre hervorragenden Verdienste gebührend belohnen.

---

* A. D. *v. d. Brincken*, Haupturkundenarchiv der Stadt Köln, Nachträge. Mitteilungen aus dem Stadtarchiv von Köln (1970) 130 Nr. 535.

Nr. 6

PAUL IV. AN ERZBISCHOF ADOLF VON KÖLN
Rom, bei St. Peter 1556 Juli 3

AV, Arm. XLIV 2 f. 66–67^v (Kopie)
Druck: *Baronius-Raynald* 33, 550f.; *van Gulik* 204f.

Er habe von Prälat Hernheim brieflich erfahren, daß Gropper nicht zu bewegen sei, dem päpstlichen Ruf zu folgen. Er wolle zwar diese völlig unerwartete Haltung als Demut und Selbstbescheidung deuten, sehe aber nicht, wie er Gropper, falls dieser bei seiner Weigerung bleibe, „bei anderen hinreichend schützen könne". Der an Gropper ergangene Ruf komme nicht, wie er ihm geschrieben habe, in erster Linie von ihm, sondern von Gott. Es gehe um die Ehre des Allerhöchsten und die cura pastoralis des Papstes, nicht um einen menschlichen Affekt. Da aber das Böse dem Guten benachbart sei, könne der Verdacht aufkommen, Gropper denke angesichts der aufreibenden Amtsverpflichtungen eines Kardinals mehr an seine eigene Bequemlichkeit als an das Heil der Christgläubigen, das vorab ihm und dem Heiligen Stuhl, zu dem auch das Kardinalskollegium gehöre, anvertraut sei. Auch er, der Papst, habe trotz seines hohen Alters die schwere Bürde des Pontifikats in der Nachfolge Christi auf seine schwachen Schultern genommen. Da er sie allein nicht tragen könne, berufe er geeignete Mitarbeiter wie Gropper. Es gebe keinen vernünftigen Grund, sich einem solchen Ruf zu versagen, es sei denn, „ut maxime timendum est", der Böse Feind verdunkle in den Berufenen durch seine Einflüsterungen das Licht der Wahrheit. Er, der Papst, hoffe, daß Gropper seine Haltung ändere. An den Erzbischof gewandt, fährt Paul IV. fort: „Wir wünschen, daß Du Kardinal Gropper in Unserem Namen kraft des heiligen Gehorsams den strengen Befehl erteilst, sogleich nach Kenntnisnahme dieses Briefes ohne Widerrede das ihm verliehene Birett mit der gebührenden Ehrfurcht und unter dem üblichen Zeremoniell gleichsam als Krone der Gerechtigkeit und Helm des Geistes auf sein Haupt zu setzen, wie es kanonisch kreierte Kardinäle zu tun pflegen und sich zu Uns nach hier zu begeben, sobald der Gesundheitszustand ihm dies gestattet." In Rom werde Gropper mit seinen hervorragenden Geistesgaben ein vorzüglicher Internuntius zwischen ihm und dem Kölner Erzbischof sein. Abschließend gibt der Papst der Hoffnung Ausdruck, Erzbischof Adolf auf dem in Bälde nach Rom einzuberufenden Konzil, das er selbst leiten werde, begrüßen zu können.

17. Das Visitationsprotokoll von St. Georg Bocholt 1654/56*

Ein Beitrag zur Geschichte des Benefizialwesens in der Zeit des Fürstbischofs Christoph Bernhard von Galen

Die erste Hälfte der Amtszeit Christoph Bernhards v. Galen stand weitgehend im Dienst der tridentinischen Reform seines Bistums.[1] Sogleich auf den ersten Synoden erließ der Bischof die grundlegenden Edikte über die Ehelosigkeit und die Residenzpflicht der Priester.[2] Beide Erlasse standen auch im Vordergrund der allgemeinen bischöflichen Visitation des Bistums, die Christoph Bernhard nur wenige Monate nach Antritt der Regierung in Angriff nahm. Zu den Pfarreien, die in den ersten Visitationszyklus Galens einbezogen wurden, gehörte St. Georg, Bocholt. Die Gemeinde unterstand dem Archidiakonat des münsterischen Domdechanten Bernhard v. Mallinckrodt, der mit Christoph Bernhard von Galen wegen des Ausgangs der Bischofswahl in heftigem Streit lebte und an der Ausübung seiner Rechte behindert war.[3] Statt seiner nahm bis zum Jahre 1655 das Domkapitel die Rechte des Archidiakons wahr.

---

* Bocholter Quellen und Beiträge 1, hg. von der Stadt Bocholt, Stadtarchiv (Aschendorff, Münster 1976) 100–124.

[1] A. *Hüsing*, Fürstbischof Christoph Bernhard von Galen, ein katholischer Reformator des 17. Jahrhunderts (1887). A. *Schröer*, Christoph Bernhard v. Galen und die Katholische Reform (1973). M. *Becker-Huberti*, Die tridentinische Reform im Bistum Münster unter Fürstbischof Christoph Bernhard von Galen, 1650–1678. Ein Beitrag zur Geschichte der Katholischen Reform (Diss. theol., Münster 1975).

[2] BA Münster, Gen. Vik., Geistliche Verordnungen 1500–1710 (Drucke): Edictum de amovendis suspectis mulieribus und Decretum contra non residentes.

[3] W. *Kohl*, Christoph Bernhard von Galen. Politische Geschichte des Fürstbistums Münster 1650–1678 = Veröffentlichungen der Historischen Kommission Westfalens 18, Westfälische Biographien 3 (1964) 10ff. A. *Schröer*, Die Korrespondenz des Münsterer Fürstbischofs Christoph Bernhard v. Galen mit dem Heiligen Stuhl = WS 3 (1972) 10ff. 40ff.

III. Reform und Reformation

Zur Vorbereitung der Visitation ließ der Bischof durch die *pastores loci* Statusberichte erstellen, die ein möglichst umfassendes Bild der jeweiligen Pfarrei bieten sollten. Einen solchen Bericht sandte der Pastor von St. Georg, Frater Hugolinus Flegenius minorita, seiner Behörde am 20. Oktober 1651 ein, der außer den sachlichen Angaben über die Pfarrei auch eine Liste der 18 Vikarien und bemerkenswerte Notizen über deren Inhaber enthielt.[4] Zur eigentlichen Visitation kam es jedoch nicht.

Nachdem 1653 Pastor Flegen (Fleige?) durch Theodor Borsen abgelöst worden war, kündigte Galen im Jahre darauf in aller Form eine bischöfliche Visitation der Stadt Bocholt an und forderte Borsen auf, die in neun der *Intimatio* enthaltenen Fragen zu beantworten. Im Mittelpunkt dieses zweiten Statusberichts, der alle Kirchen, Kapellen und Hospitäler der Stadt erfaßte, standen die benefizialrechtlichen Verhältnisse.[5] Borsen erledigte den Auftrag des Bischofs mit großer Sorgfalt. Soweit ihm die jeweiligen Fundationsurkunden vorlagen, nahm er alle wesentlichen kirchenrechtlichen Elemente der einzelnen Bocholter Pfründen in seine Darstellung auf und lieferte einen bemerkenswerten Beitrag zur Geschichte des Benefizialwesens der Stadt Bocholt.

Die Stiftung von Altarpräbenden, die von Vikaren in Besitz genommen und betreut wurden, hatte im 15. Jahrhundert durch das vorherrschende juridische Verständnis der hl. Eucharistie mächtigen Auftrieb erhalten.[6] Der Blick des Kirchenvolkes richtete sich zunehmend auf die Früchte der Meßfeier. Dadurch wurde die Neigung, die Zahl der Messen und damit auch die Zahl der zelebrierenden Priester, der sogenannten Altaristen, ständig zu steigern, verstärkt. Es begann die Zeit der Stiftungsmessen und der Stiftungsaltäre. Die Votiv- und Privatmessen gewannen eine überhöhte Bedeutung, während der eigentliche Gemeindegottesdienst mehr und mehr zerfiel.

---

[4] BA Münster, Gen. Vik., Bocholt St. Georg A 132 I.
[5] Ebd.: A 132 VI: Designatio eorum, quae iuxta § nonum in intimatione visitationis episcopalis anno 1654 emanata, specificanda per pastorem in Bocholt Theodorum Borsen.
[6] Zu den rechtsgeschichtlichen Ausführungen vgl. E. *Feine*, Kirchliche Rechtsgeschichte. Die katholische Kirche (1964) 406ff. A. *Schröer*, Die Kirche in Westfalen vor der Reformation I (1967) 165ff.

Diese allgemeine Tendenz wurde in Bocholt durch den Neubau der gotischen St. Georgskirche nachhaltig gefördert.[7] Am 15. April 1415 fand die Grundsteinlegung der Kirche statt, jedoch schritten die Arbeiten nur langsam voran. Im Jahre 1455 konnte der münsterische Weihbischof Dr. Johannes Wenneker Chor und mehrere Altäre benedizieren. Das allmähliche Wachsen des prächtigen Bauwerks weckte in der wohlsituierten Bürgerschaft einen ganz ungewöhnlichen Stiftungseifer. Vor Beginn der Bauperiode gab es an St. Georg lediglich die im Jahre 1404 gestiftete Vikarie zum Hl. Kreuz. Die anderen 17 wurden bis auf eine Ausnahme während der Bauzeit oder kurz danach gegründet.

In der Wahl der Altarpatrone zeigte man sich ziemlich konservativ.[8] Die älteste Stiftung aus dem Jahre 1404 galt, wie erwähnt, dem Hl. Kreuz. Sie knüpfte damit an die lokale Verehrung des mirakulösen Bocholter Kreuzes an.[9] Die vier Apostel- und die beiden Marienpatrozinien entsprachen alter kirchlicher Tradition, während die beiden Nothelferinnen Katharina und Barbara – die letztere in der interessanten Gruppierung Helena, Barbara, Caecilia – ihre Wahl jüngeren orientalischen Kultströmungen verdankten. Ein Zugeständnis an die moderne Richtung des Heiligenkults stellte das Anna-Patrozinium dar.

Als Stifter der Vikarien traten in erster Linie Bocholter Bürger in Erscheinung.[10] Genannt werden die Familien Wiltinck, Tencking, Richter (Pfarrer in Haldern), Scrimp, Veninck, Anseminck, Duding, Stocking, Gebinck und v. Wecelo. Je eine Vikarie wurde von den Ortsplebanen Wilhelm Rabbe und Simon Kaele gestiftet. Der Gründungsakt erfolgte gewöhnlich kraft der Autorität des münsterischen Domdechanten, der seit 1230, als die Pfarrei der Domdechanei in Münster inkorporiert wurde, Archidiakon von St. Georg war. In drei Fällen amtierte der Bischof selbst als Grün-

---

[7] E. *Bröker*, Bocholter Stadtgeschichte in Jahreszahlen: 750 Jahre Stadt Bocholt 1222–1972, in: Unser Bocholt 23 (1972) 1/2 . 145.
[8] Die Liste der Vikarien: Anlage I.
[9] Vgl. dazu A. *Schmeddinghoff*, Das hl. Kreuz in der St. Georgskirche in Bocholt, in: Heimatkalender der Kreise Borken und Bocholt (1932) 81ff. *Schröer* (wie Anm. 6) 289.
[10] Die folgenden Angaben sind dem erwähnten Statusbericht von Pastor Borsen (wie Anm. 5) entnommen.

dungsautorität, und zwar unter Zustimmung des jeweiligen Domdechanten.
Sehr bemerkenswert ist die Tatsache, daß mit einer Ausnahme (Nr. 18) sämtliche Vikarien von St. Georg dem Patronat des Magistrats unterstellt wurden. Damit gelangte der Stadtrat, dessen Wahl übrigens in der Pfarrkirche durchgeführt und nicht selten mit einem Trinkgelage beschlossen wurde[11], sowohl in den Besitz des wichtigen Präsentationsrechtes als auch der Aufsichtskompetenz über die Verwaltung des Vermögens. Dieses bürgerliche Mitspracherecht weist auf eine wichtige Entwicklung in der spätmittelalterlichen Gesellschaft hin. Das Verhältnis des Bürgers zu den Amtsträgern und Institutionen der Kirche hatte sich im Laufe der Zeit gewandelt. Der Laie war selbstbewußter geworden. Die städtische Gemeinde empfand sich als Genossenschaft und nahm als solche ein Mitbestimmungsrecht auf den Gebieten des Schulwesens und der Gerichtsbarkeit in Anspruch. Sie wollte auch Mitwirkung bei der Wahl des Bischofs, bei der Anstellung der Pfarrer, bei der Aufsicht und Verwaltung des Kirchenvermögens, bei der Überwachung der religiös-sittlichen Führung der Gemeindemitglieder und nicht zuletzt bei der Besetzung der zahlreichen, aus ihren eigenen Reihen gestifteten niederen Pfründen, ein Recht, das ihr durch die Übernahme des Patronats gesichert wurde. Der bürgerliche Stifter wollte auf diese Weise sein Gründungsgut wohl auch vor einer Zweckentfremdung durch die Kirche bewahren. Man muß anerkennen, daß die städtische Behörde – abgesehen von den bewegten Zeiten der Reformation – den in sie gesetzten Erwartungen im allgemeinen gerecht geworden ist. Noch eine andere Eigenart der Bocholter Vikarienstiftungen verdient unsere Aufmerksamkeit. Zehn Altarpräbenden von St. Georg wurden in *sanguine* gegründet.[12] Diese sogenannten Blutsvikarien waren Familienbenefizien, die jeweils mit einem Mitglied der Stifterfamilie besetzt werden mußten. Sie hatten ihren Ursprung im Versorgungsdenken des mittelalterlichen Klerus, der mit Vorliebe das Kirchengut in den Dienst der Familie stellte.

[11] Vgl. Anlage II Generalia, resp. 22. Der Klerus empfand die Trinkerei in der Kirche als anstößig.
[12] Vgl. Anlage I Liste der Vikarien: Nr. 3. 4. 5. 7. 8. 10. 12. 14 und 15. Der Stiftungscharakter von Nr. 6 war zweifelhaft.

Aber es kam in ihnen wohl auch ein gewisser Heilsegoismus zum Ausdruck, der von der Zuversicht getragen war, daß die geistliche Fürbitte bei blutsverwandten Pfründeninhabern besser gewährleistet sei als bei fernstehenden.

Als Inhaber des Patronatsrechtes hatte der Magistrat, wie erwähnt, dem Archidiakon einen geeigneten Kandidaten – bei den Blutsvikarien aus der Familie des Stifters – vorzuschlagen, den dieser investieren mußte, wenn keine kanonischen Bedenken gegen den Präsentierten vorlagen. Dieses Recht, das im ausgehenden Mittelalter von manchen Patronen simonistisch mißbraucht wurde, hatte der Patronatsherr anders als zur Zeit des Eigenkirchenwesens kraft kirchlicher Delegation inne. Er durfte daher die Pfründe in ihrer Substanz und Zweckbestimmung nicht antasten. In der Frage der Besetzungspraxis hatte der Magistrat wie jeder Patron die bei weitem stärkste Position.

Demgegenüber war die dem Archidiakon zustehende Investitur oder Installation, in irreführendem Sprachgebrauch auch „Kollation" genannt, mehr oder minder eine Formsache. Sie war gleichbedeutend mit der kirchlichen Amtseinführung. Aber der Archidiakon war der nächste Vorgesetzte des Pfarrklerus, dem die Dienstaufsicht zustand.

Die Einkünfte des Pastors von Bocholt bewegten sich auf einer mittleren Linie, waren aber durch die Folgen des Dreißigjährigen Krieges sehr gemindert worden.[13] Borsen notierte, daß die Äcker des Wedemhofes teils von den Hessen, die 1633 bis 1650 Bocholt besetzt hielten, verwüstet, teils von seinem Vorgänger verpfändet worden seien. Die Geldeinkünfte der Pastorat, die vor dem Kriege 57 bis 58 Taler betragen hatten, waren auf 37 Taler zurückgegangen. Aus dem Gut Dekelinck erhielt der Pastor die dritte Garbe. Das *missaticum* (Meßkorn) konnten zahlreiche Bauern aus Armut nicht erbringen. Bei manchen fehlte der gute Wille. Auch der dem Pastor aus neun Höfen zustehende Blutige Zehnt überstieg die Leistungskraft der meisten Bauern. Einige von ihnen verweigerten ihm diese Abgabe auch ohne Not. Einschließlich der Pastoratseinkünfte der Neuen Kirche (Liebfrauenkirche) – sie war 1629 durch einen Vertrag den Minoriten als Klosterkirche zur Verfügung ge-

---

[13] Vgl. den Statusbericht 1654 von Pastor Borsen (wie Anm. 5).

stellt worden – belief sich das Gesamteinkommen von St. Georg im Rechnungsjahr 1653/54 auf 83 Taler. Die notwendigen Ausgaben überstiegen diese Summe um 25 Taler. Im einzelnen hatte Borsen für Braugerste 25, Brennholz 25, einen Schlachtochsen und Schweine 30 und für Butter 25 Taler aufzubringen.
Die Erträge aus den Stolgebühren waren minimal. Die Schuld an dem Rückgang dieser „Accidentalien" trugen nach Meinung des Kuraten die in Bocholt „lange Zeit vorherrschenden Häresien". Für die Spendung der Taufe erhielt der Pastor drei klevische Stüber, für eine Kopulation einschließlich der Proklamation je nach Vermögenslage des Paares einen oder einen halben Taler oder nichts, für die Einführung von Wöchnerinnen und für Beerdigungen fast nichts. Der Pastor fügte seinem Bericht den Vorschlag einer *melioratio accidentalium* bei, die von pastoralem Verantwortungsbewußtsein und bemerkenswertem sozialen Verständnis zeugt.[14]

Für dieses schmale *beneficium* hatte der Pastor ein schweres *officium* zu erfüllen: die gesamte Seelsorge der Pfarrei – Bocholt zählte rund 6000 Seelen und über 4000 Kommunikanten –, die Predigt an allen Sonn- und Feiertagen, die Krankenbesuche, die er auch bei weitester Entfernung stets zu Fuß unternahm, und schließlich den Chorgesang, „weil andere [die Vikare] nicht singen können oder wollen". An Sonn- und Feiertagen konnte er gewöhnlich von 8 Uhr bis Mittag die Kirche kaum verlassen. Sonntags fanden zwei Messen statt, die erste übernahm ein fremder Priester, der dafür jährlich ein Stipendium von neun Talern erhielt. Das Hochamt hatte stets der Pastor zu halten. „Ich glaube, dieser Brauch hat sich so eingeschlichen, weil die Vikare hier meistens die Vorherrschaft hatten und den Pastören Befehle erteilten."[15]

---

[14] Ebd.
[15] Ebd. – Die im Jahre 1618 vom Domdechant Heidenreich v. Lethmate für St. Georg, Bocholt, vorgeschriebene Gottesdienstordnung sah für den Sonntag unter Mitwirkung der Vikare fünf Messen vor. BA Münster, Gen. Vik., Bocholt St. Georg A 66: Ordinatio D. Decani a Lethmate Archidiaconi in Bucholtz quoad sacra ferialia ibidem a dominis Vicariis indies peragenda. De anno 1618.

Wie verhielt es sich nun mit diesen Präbendaren? Der Bewerber, der an einer Vikarie der beiden Bocholter Kirchen installiert werden wollte, mußte laut Fundationsurkunde wie die Dompräbendare die Priesterweihe empfangen haben bzw. die Absichtserklärung abgeben, sich diese spätestens innerhalb eines Jahres spenden zu lassen.[16] Nach dem Studienprogramm des Straßburger Dominikaners Ulrich Engelberti († 1277), das noch zu Beginn des 16. Jahrhunderts maßgebend war, hatte der Altarist hinreichende Kenntnisse in der lateinischen Sprache, aber nicht – wie der Seelsorger – in der Theologie nachzuweisen.[17] Das Tridentinum verlangte zwar von dem Bewerber um ein Benefizium „Würde und Eignung"[18], unterließ es aber, den Inhalt dieser Begriffe näher zu umschreiben.

Nach seiner Zulassung durch den Patron hatte der Altarist dem Pastor vor der Investitur das *iuramentum fidelitatis et oboedientiae* zu leisten. Er war zur Residenz und zur Zelebration der wöchentlichen Stiftungsmessen, und zwar an seinem Altar, verpflichtet. Gelegentlich waren mit der Zelebration auch besondere Auflagen verbunden. So hatte der Inhaber der Dreifaltigkeitsvikarie (Nr. 14) die erste der drei Messen jeweils am Mittwoch zu Ehren des Namens Jesu, die zweite für die Verstorbenen und die dritte entsprechend dem liturgischen Tagescharakter zu zelebrieren.[19] Nur in einem Fall (Nr. 18) schrieb die Stiftungsurkunde vor, daß sich der Vikar hinsichtlich des Zeitpunktes der Meßfeier nach den Wünschen des Pastors zu richten habe.[20] Diese seelsorgerische Rücksichtnahme erklärt sich aus der Tatsache, daß der Pastor selbst das Präsentationsrecht dieser Vikarie – es handelte sich um S. Spiritus – innehatte. Im übrigen gab es für die Vikare keine Verpflichtung zur Mitarbeit in der *cura animarum* oder im Pfarrgottesdienst.

Der Vikar war verantwortlich für den guten Erhaltungszustand der Vikarie. Allerdings besaßen nur sieben Vikare eine eigene Kurie, die übrigen wohnten zur Miete oder als Konviktoren bei

---

[16] Sess. XII c. 4 de ref.
[17] *Schröer* (wie Anm. 6) 172.
[18] Sess. VII c. 3 de ref.
[19] Vgl. den Statusbericht 1654 von Pastor Borsen (wie Anm. 5).
[20] Ebd.

einem Mitbruder oder im Elternhaus. Die Wohnungen befanden sich fast ausnahmslos in einem jammervollen Zustand. Die Katharinen- und die Sakramentskurie waren von den Hessen niedergerissen worden.[21] Blieb eine Stelle unbesetzt, devolvierte die Pfründe mit ihren Einkünften und Pflichten an den Pastor. So verwaltete Borsen die unbesetzte erste Vikarie Beatae Mariae Virginis.[22]

Wie sich die Bindung der Vikarien von St. Georg an die Bocholter Bürgerschaft in der Besetzungspraxis darstellte, zeigt die Reihe der Vikare von 1654/55.[23] Die Besitzer der zehn Blutsvikarien stammten ausnahmslos aus Bocholter Bürgerfamilien. Es waren dies Eberhard Mumme (Nr. 3 und 4), Ludwig Kloeck (Nr. 5), Lubert Enting (Nr. 7), Hermann Bruns (Nr. 8), Wilhelm Molitor (Nr. 13) und Wilhelm Elverfeld (Nr. 17). Die beiden Blutsvikarien B. Mariae Virginis (Nr. 9 und 10) hatten wegen einer schwebenden Kontroverse zwischen den Bewerbern keinen legitimen Besitzer.

Auch einige Inhaber der nichtfamiliengebundenen Vikarien waren aus Bocholter Familien hervorgegangen, so Johannes Enting (Nr. 1) und die bereits erwähnten Vikare Ludwig Kloeck (Nr. 11) und Wilhelm Elverfeld (Nr. 12), möglicherweise auch Wilhelm v. Sterneberg (Nr. 2), Studiosus Gerhard Steck (Nr. 16), P. Henricus Proninck (Nr. 17) und Johannes Bonnis (Nr. 18). Vikar Johannes Bruns (Nr. 6), Pastor in Dingden, stammte aus Schöppingen.

Unter den Kirchenangestellten hatte der Organist von St. Georg und der Schulrektor die besten Bezüge. Der erstere hatte stiftungsgemäß aus den Einkünften der Kreuz-Vikarie Anspruch auf 32 Taler. Der Rektor erhielt aus dem Stadtsäckel 30 Taler und einen kleinen Zuschuß aus der Kirchenkasse. Die Einkünfte des Küsters, Glöckners und des Sufflators hielten sich in den üblichen Grenzen. Da die Dienstwohnung des Sakristans von St. Georg von dem häretischen Custos des Hospitals bewohnt wurde, bean-

---

[21] Vgl. Anlage I Nr. 12 und 17. Inhaber waren Wilhelm Elverfeld und P. Henricus Proning. Vgl. Anlage II Specialia, Elverfeld resp. 9.
[22] Vgl. Anlage I Nr. 9.
[23] Ihre Namen vgl. Anlage I im Anschluß an die jeweiligen Vikarien.

tragte der Pfarrküster für sich und seine Nachfolger einen entsprechenden finanziellen Ausgleich.[24]

Der Pastor hatte an den Vikaren seiner Kirche manches auszusetzen. Seine Kritik richtete sich zunächst gegen die Institution der Vikarien als solche. Denn trotz der *abundantia presbyterorum* stand Borsen, da er keinen Kaplan hatte, in der drängenden Seelsorgarbeit und beim sonntäglichen Gottesdienst allein. Keiner der Vikare war laut Stiftungsurkunde zur Seelsorge verpflichtet. Nur einer, der achtzigjährige Vikar Wilhelm Molitor (Nr. 13 und 14), hatte überhaupt eine pastorale Ausbildung erhalten. Ganz im Sinne des Tridentinums und der Auffassung seines Bischofs Christoph Bernhard unterbreitete Borsen daher dem Archidiakon einen bemerkenswerten Reformplan, auf den wir unten näher eingehen werden.

Erschreckend war der Tiefstand der Sitten einiger Vikare. Es zeigten sich darin die Folgen der allgemeinen Verwilderung, die der Dreißigjährige Krieg mit sich gebracht hatte. Dies galt namentlich für die beiden Brüder Enting aus Bocholt. Der Inhaber der Heilig-Kreuz-Vikarie (Nr. 1), der 33jährige Johannes Enting, war bereits vor 1651 studienhalber von der Residenzpflicht beurlaubt worden, hatte aber offenbar gar nicht die Absicht, zurückzukehren und sich die Weihen erteilen zu lassen. Er trug laut Statusbericht 1651 weltliche Kleidung, erregte Aufsehen wegen seines Wandels, hatte mit einer gewissen Berta ein Kind und entsprach in keiner Weise den Voraussetzungen der Stiftungsurkunde. Enting weigerte sich, vor den Visitatoren zu erscheinen unter dem Vorwand, er reise nach Rom, hatte aber weder vom Bischof noch vom Archidiakon eine Erlaubnis dazu erbeten. Bischof Galen erklärte die Vikarie anläßlich der Visitation 1655 *ob non residentiam* als vakant.[25] Lubertus Enting, Vikar von St. Hieronymus (Nr. 7), der besten Pfründe mit einem geräumigen Haus und einem jährlichen Einkommen von 100 Talern, residierte laut Statusbericht 1651 an der Stiftskirche in Rees und unterließ es, dem mit der Vikarie verbundenen Hospital ein Drittel seiner Einkünfte zuzuwenden, wie es die Stiftungsurkunde vorschrieb. Lubertus, der wie sein Bruder

---

[24] Statusbericht 1654 von Pastor Borsen (wie Anm. 5). Auch zum folgenden.

[25] Vgl. Anlage III Nr. 5.

einen skandalösen Wandel führte, weigerte sich zunächst, den Visitatoren die Einkünfteregister vorzulegen. Infolge seiner ständigen Abwesenheit verfiel auch seine Vikarie. Wilhelm Elverfeld, Besitzer der Sakramentsvikarie, residierte zwar, aber ebenfalls *cum maximo scandalo*. Trotz mehrfacher Vorladung durch seine kirchlichen Vorgesetzten weigerte er sich, seine Qualifikation im Sinne der Fundationsurkunde nachzuweisen. Borsens Vorgänger Flegenius führte 1651 gegen den 44jährigen Inhaber der Heilig-Geist-Vikarie, Johannes Bonnis (Nr. 18), einen Beleidigungsprozeß, weil dieser ihn u. a. *in Domo dotis* geohrfeigt hatte.

Diese und andere Mißstände bewogen Borsen, die Gelegenheit der Visitation zu einigen Reformvorschlägen zu benutzen.[26] Am dringendsten erschien ihm eine Neuordnung der Meßzelebrationen. Kraft Fundation waren an den Stiftungsaltären von St. Georg wöchentlich 62 Messen zu feiern. Jedoch beruhten diese Verpflichtungen auf sehr unterschiedlichen Dotationsgrundlagen. Der jährliche Ertrag der einzelnen Präbenden schwankte zwischen 25 und 100 Talern. Dieses Soll war aber infolge des Krieges bei den meisten Stiftungen erheblich geschrumpft und wurde auch von den Abgabepflichtigen weithin nicht mehr anerkannt. Es kam hinzu, daß der Geldwert stark abgesunken war. Tatsächlich reichten die Einkünfte mancher Vikarien nicht mehr, um das Existenzminimum des jeweiligen Inhabers zu garantieren. Daher entschloß man sich schon frühzeitig, dem einzelnen Altaristen zwei oder mehrere Pfründen zu übertragen, wozu die Dispens des Bischofs und die Zustimmung des Archidiakons erforderlich waren. So hatten, wie unsere Liste zeigt[27], Vikar Molitor die beiden Dreifaltigkeitsvikarien, Herm. Bruns die Vikarien S. Martini und S. Dominici, Everhard Mumme S. Annae und Omnium Sanctorum und Ludwig Kloeck Duodecim Apostolorum und Simonis et Judae in Besitz.

In Anbetracht des Übelstandes, daß sich die Messen in der Woche häuften und an den Sonn- und Feiertagen fehlten, empfahl Borsen, fünf nicht familiengebundene Vikarien der Alten und der Neuen Kirche, bei denen dem Archidiakon bzw. dem jeweiligen

---

[26] Vgl. Anm. 5.
[27] Anlage I.

Pastor von St. Georg die Investitur zustand, in zwei Kaplaneien umzuwandeln. Da die Kapläne zur ständigen Verfügung des Pastors standen, hätte Borsen auf diese Weise Unterstützung in der Seelsorge und außerdem die Möglichkeit gewonnen, die Zahl der sonntäglichen Messen zu erhöhen. Der Kaplan vom Wochendienst hatte nach Borsens Plan in erster Linie die jeweils anfallenden Hochämter zu übernehmen. Die übrigen Vikarien sollten nach den Vorstellungen des Pastors entweder in ihren Fonds aufgewertet oder zu lebensfähigen Einheiten kombiniert werden.
Die bischöfliche Visitation der Pastorat und der 18 Vikarien von St. Georg fand am 31. Oktober und 1. November 1655 in Bocholt statt. Wir verweisen auf die beigefügten Protokolle[28], deren Inhalt wir im vorstehenden bereits weitgehend ausgewertet haben.
Drei Monate nach der Visitation reiste Borsen nach Münster, wo er am 26. und 27. Januar 1656 mit dem Generalvikar Johannes Vagedes in dessen Dechanei an St. Martini zu abschließenden Beratungen zusammentraf, die ebenfalls protokollarisch festgehalten wurden.[29] Borsen stellte fest, daß die große Bocholter Gemeinde von 6000 Seelen ohne Kapläne nicht zufriedenstellend betreut werden könne. Es sei zwar wünschenswert, die Pfarrei zu teilen, aber dies scheitere offensichtlich an den Mitteln. Er wolle sich daher einstweilen mit zwei Kaplänen zufriedengeben. Bezüglich der Dotierung dieser beiden Stellen verwies Borsen auf seine schriftlichen Vorschläge, die er dem Domdechanten v. Brabeck überreichte und die wir bereits mehrfach erwähnten.[30]
Es war das Ziel des 37jährigen, seelsorglich und liturgisch aufgeschlossenen Pastors, das Pfarrprinzip, das unter dem Einfluß der spätmittelalterlichen Theologie verkümmert war, in Bocholt wieder zur Geltung zu bringen und die Bedeutung des Gemeindegottesdienstes zu heben. Diesem Gedanken hatten sich auch die Vikare, wenngleich ohne pastorale Verpflichtungen, unterzuordnen. Borsen erstrebte eine dem verminderten Fundationsgut entsprechende Reduzierung der Zahl sowohl der Vikarien als auch der Stiftungsmessen. Da eine Zusammenlegung von Präbenden, die

---

[28] Anlage II.
[29] Anlage III.
[30] Vgl. Anm. 5.

zur Residenz verpflichteten, dem Tridentinum widersprach[31], bedurfte es dazu einer bischöflichen Dispens, die Bischof Galen jedoch zugunsten der Seelsorge bereitwillig zu erteilen pflegte. Um die Eucharistiefeier in den Mittelpunkt der Gemeinde zu rücken, empfahl Borsen, die wöchentlichen *sacra fundata* an den in der Nähe des Hochchores gelegenen Altären zu feiern.[32] Die von Borsen vorgeschlagene *ordinatio missarum* sah an den Sonn- und Feiertagen fünf und an den Wochentagen zwei Messen vor. Um die Vikare zu veranlassen, am Hauptgottesdienst der Sonn- und Feiertage im Chorgestühl teilzunehmen, regte er an, die Pfründeneinkünfte zum Teil in Präsenzgelder umzuwandeln.[33]
Diese Vorschläge fanden, wie es scheint, im wesentlichen die Zustimmung Galens. Am 27. Oktober 1656 wurde in Ahaus – vermutlich auf einer gemeinsamen Sitzung des Geistlichen Rates und des Domdechanten v. Brabeck – beschlossen, dem Bocholter Magistrat das von Bischof Galen bestätigte Unions-Instrument der Benefizien von St. Georg mit dem Bemerken zuzuleiten, daß das städtische Präsentationsrecht künftig *iuxta unionem beneficiorum* einzuschränken sei.[34] Man beschloß ferner, dem Pastor und den Vikaren von St. Georg eine Abschrift des Instruments zuzustellen und ihnen Gelegenheit zu geben, innerhalb eines Monats Bedenken anzumelden.
Dasselbe galt von der neuen *Ordinatio missarum*, die Zeit und Ort der Stiftungsmessen regelte. Um den Gemeindecharakter der Liturgie stärker ins Bewußtsein zu heben, verlangte man vor allem, daß die *missae praescriptae* künftig nicht mehr gleichzeitig, sondern *pro augenda devotione et populi commoditate* nacheinander gelesen und jeweils durch ein Glockenzeichen angekündigt würden. In Anbetracht der verminderten Zahl der Vikarien hielt man es für ratsam, gewisse nicht besonders dekorative Stiftungsaltäre, die den Blick zum Altar oder zur Kanzel behinderten, zu entfernen, jedoch nicht ohne vorhergehende Beratung mit dem Bischof oder dessen Generalvikar bzw. dem Archidiakon.

---

[31] Sess. XXIV c. 17 de ref.
[32] Vgl. Anm. 5.
[33] Ebd.
[34] BA Münster, Gen. Vik., Bocholt St. Georg A 132 X: De concludenda visitatione Bocholdiensi, Ahusiae 1656, 27. Octobris.

Nachdem die Zahl der Bocholter Osterkommunikanten auf 4000 gestiegen war, hielt der Bischof die Errichtung einer zweiten Pfarrei nicht nur für nützlich, sondern für höchst dringend. Pastor Borsen und der Rat der Stadt wurden aufgefordert, darüber zu beraten, wie man hierzu die erforderlichen Mittel aufbringen könne. Man empfahl, die nicht familiengebundenen Patronatsvikarien des Rates dafür zu verwenden.
Aber es geschah nichts. Der Stadtrat von Bocholt lehnte eine Kombinierung seiner Patronatsvikarien ab. Schon einige Jahrzehnte vorher hatte er sich bei ähnlichen Versuchen auf das kanonische Recht bezogen, das eine Zusammenlegung wirtschaftlich geschwächter Benefizien an die Zustimmung des Patrons knüpfte, die dieser aber *sine evidenti necessitate* nicht zu erteilen brauchte, wofern er die Verminderung der Einkünfte nicht selbst verschuldet hatte.[35] Die Ratsherren waren auch gewillt, die Vikarienpfründen für die Fundierung einer zweiten Pfarrstelle zu verwenden. Allerdings lebte die früher bereits vorhandene Stelle eines Kaplans wieder auf, wofür dem jeweiligen Inhaber zwei Vikarien verliehen wurden. Auch die neue *Ordinatio missarum* kam nicht zum Zuge. Statt dessen wurde die alte vom Domdechanten Lethmate festgesetzte Gottesdienstordnung von 1618[36] in ihren wesentlichen Bestandteilen wieder in Kraft gesetzt.
Ihre Neufassung[37] sah allerdings für den Sonntag nicht vier, sondern fünf Messen vor. Die erste wurde nach der Matutin 6 Uhr vom Pastor oder Kaplan, die zweite 7 Uhr von einem Vikar, die dritte 8 Uhr ebenfalls von einem Vikar zelebriert. Fast gleichzeitig mit der Acht-Uhr-Messe begann am Hochaltar – und darin liegt

---

[35] BA Münster, Gen. Vik., Bocholt St. Georg A 66: Consilium iuris in puncto beneficiorum in Bocholt (undatiert).
[36] Vgl. Anm. 15.
[37] Ebd.: Ordo divini officii in Bocholdiensi ecclesia 1663 (ordo sacrum). Vom ersten Adventssonntag bis Dreifaltigkeit wurden sonntags im Chor Matutin, beide Vespern und Complet gebetet. An den Sonntagen von Dreifaltigkeit bis Advent fiel die Matutin aus, *quoad in manuscriptis antiphonariis, quibus utimur a ducentis et amplius annis, nihil de matutinis dictarum dominicarum post trinitatis subinveniatur.* Auf Fronleichnam und in der Oktav wurden alle Horen gebetet, und zwar *propter indulgentias Urbani IV.* [1261–1264] *et Fraternitatem* mit Aussetzung des Allerheiligsten.

eine bemerkenswerte Neuerung – das vom Pastor oder Kaplan gesungene Hochamt. Wenn dieses bis zum Credo fortgeschritten war, hatte der Vikar am Nebenaltar die Messe beendet. Es folgte die Predigt. Nach ihrer Beendigung wurde zugleich mit der Fortsetzung des Hochamtes „für die Späterkommenden" eine fünfte Messe am Seitenaltar gelesen, die gleichzeitig mit dem Hochamt endete. Diese Lösung, die zwar das liturgisch fortschrittliche Denken des Geistlichen Rates vermissen ließ, bot aber den Besuchern der Neben-Messen die Möglichkeit, ohne den Zeitaufwand des länger dauernden Hochamtes die Sonntagspredigt zu hören. An den Wochentagen fanden von 6 Uhr an stündlich montags und donnerstags drei, an den übrigen Tagen vier Messen statt.

Alles in allem zeigt die Bocholter Visitation, wie schwer es noch im 17. Jahrhundert selbst für einen so energischen Bischof wie Christoph Bernhard v. Galen war, strukturelle Reformen auf dem Gebiet des Benefizialwesens und der Pfarrorganisation durchzuführen.

Anlage I

Designatio eorum, quae iuxta nonum in intimatione visitationis episcopalis anno 1654 emanata, specificanda per pastorem in Bocholt Theod. Borsen [Auszug]. BA Münster, Gen. Vik., Bocholt St. Georg A 132 VI (Or.)
Parochialis ecclesia S. Georgii in Bocholt praeter pastoratum habet 18 altaria dotata sive vicarias sive beneficia.
1. Sanctae Crucis patronatum absque resp. ad sang[uinem] fundatum anno 1404, feria 4 post Jac[obum].[38]
   [Gilt 1654 als vakant, da possessor Johannes Entinck nicht residiert. Johannes Entinck vagabundus, 1657: Hermann Bruns]

---

[38] Fundationsurkunde (FU) 1404 Juli 28: H. *Börsting,* Inventar des Bischöflichen Diözesanarchivs in Münster. Inventare der nichtstaatlichen Archive der Provinz Westfalen Beiband III (1937) 128. Die Daten der FU nach Börsting und den Angaben der Designatio stimmen nicht immer überein. – Die in eckiger Klammer stehenden Namen beziehen sich auf die Inhaber der Vikarie zur Zeit der Visitation im Jahre 1655. Vgl. Anlage II Nr. 6. Die Angaben über Exekutorien vgl. *Börsting* 131.

2. Joannis Evangelistae. Patronatum absque resp. ad sang. fundatum anno 1422, 7. Martii.[39]
[Johannes Wilhelm v. Sterneberg (executorium 1658)]
3. Omnium SS. patronatum in sang. fundatum 1438, 20. Septembris, in vigilia Mathaei.[40]
[Eberhard Mum (executorium 1668)]
4. S. Annae patronatum in sang. fundatum 1493, 13. Decembris, in festo Luciae.[41]
[Eberhard Mum]
5. SS. Simonis et Judae patronatum in sang. fundatum 1491, feria secunda post dominicam Laetare.[42]
[Ludwig Klocke (executorium 1667)]
6. SS. Helenae et Barbarae [et Caeciliae] [1513].[43] Nihil constat, quia fundatio non invenitur, praesumptione tamen pare et libere spectaret ad archidiaconum, quia semper praesumitur pro libertate ecclesiae, nisi contrarium evincatur.
[Johannes Bruns, Pastor in Dingden]
7. S. Hieronymi patronatum in sang. fundatum 1480, 22. Augusti.[44]
[Lubertus Enting, res. in Rees, 1657: Lothar v. Post]
8. S. Martini patronatum in sang. fundatum 1460, 13. Martii, postridie Gregorii papae.[45]
[Herm. Bruns (executorium 1663)]
9. Prima Beatissimae Virginis patronatum in sang. videtur aliquantisper fundata ante 1448, 27. Febr.[46]
[Ex iure devoluto institutus et possessionatus Theodorus Borsen pastor]
10. Secunda B.M.V. patronatum in sang. fundatum 1448.[47]

---

[39] FU 1422: ebd. 128.
[40] FU 1538: ebd.
[41] FU 1493: ebd. 130.
[42] FU 1491: ebd.
[43] FU 1513: ebd.
[44] FU 1480, 1486: ebd. 129.
[45] FU 1460: ebd.
[46] FU 1418: ebd. 128. Der Inhaber dieser und der folgenden Vikarie, Gerhard Asbeck, war 1654 gestorben. Die Possession war 1655 strittig zwischen den Bewerbern Berck, Asbeck und Blancke. Vgl. u. 113.
[47] FU 1448: ebd. 129.

[Legitimum possessorem non habet re controversa; 1657: Ludwig Klocke]
11. 12 Apostolorum absque resp. ad sang. fund. 1427 patronatum feria 4 post Egidii.[48]
[Ludwig Klocke]
12. Venerabilis Sacramenti patronatum fundatum 1446 in sang. usque ad octavum gradum descendendum inclusive, feria 4 post ascensionis, quae fuit prima Junii.[49]
[Wilh. Elverfeld (executorium 1673); Offiziant: Johannes Bonnis]
13. Prima Sanctissimae Trinitatis absque resp. [ad] sang. patronatum fundatum 1450 feria 4 post exaltationis S. Crucis.[50]
[Wilh. Molitor (executorium 1659)]
14. Secunda Trinitatis in sang. patronatum fundatum anno 1540, 10. Augusti in festo Laurentii.[51]
[Wilh. Molitor]
15. S. Dominici in sang. 1467 [1477?], 10. Septembris[!] pridie Martini.[52]
[Herm. Bruns]
16. S. Jacobi absque resp. [ad] sang. 1491, 27. Septembris in festo SS. Cosmae et Damiani.[53]
[Gerhard Steck, studiosus; Offiziant: Johannes Sterneberg]
17. S. Catharinae absque resp. [ad] sang. 1440 feria 3 post dominicam Laetare.[54]
[Ludwig Klocke; Offiziant: P. Henricus Proning]
18. S. Spiritus absque resp. [ad] sang. fund. 1447, iuxta fundationem pastor habet praesentationem, iuxta observationem, ut audio, liberam collationem, feria secunda post Reminiscere.[55]
[Johannes Bonnis (executorium 1658)]

---

[48] FU 1427: ebd. 128.
[49] FU 1446: ebd. 129.
[50] FU 1450: ebd. Identisch mit der Vikarie S. Dominici I.
[51] FU 1540: ebd. 130.
[52] FU 1477(!): ebd. 129.
[53] FU 1491: ebd. 130. Im Jahre 1707 erbittet Vikar Gerhard Steck Dispens von der Residenzpflicht, um in Holland als Missionar tätig sein zu können. Ebd. 129.
[54] FU 1440: ebd. 129.
[55] FU 1447: ebd.

Anlage II

Protocollum visitationis episcopalis pro solis beneficiatis in Bocholt de anno 1655, 31. Octobris [Auszug]. BA Münster, Gen. Vik., Bocholt St. Georg A 66 (Or.)

Generalia

Praesiderunt reverendissimus et praenobilis dominus decanus[56], reverendissimus thesaurarius Smisinck[57], dominus Joannes Vagedes vicarius in spiritualibus[58], dominus Theodorus Crater thesaurarius ad S. Martinum et commissarius archidiaconalis[59], et Joannes Weichmann[60] promotor. Ante interrogatoria requisitus dominus pastor[61], an non debite visitatio intimata sit omnibus et singulis. Respondit quod sic et alii confirmarunt. Comparuerunt in vim factae insinuationis in domo pastoris circa horam quartam pomeridianam infrascripti.[62]

1. Ad primum responderunt fecisse omnes [professionem fidei].
2. Ad secundum: matutinae cantatum per annum in adventu, quadragesima et pascha et in diebus festivis semper matutina, diebus dominicis cantantur duo sacra, unum per pastorem, alterum sacrum per conductum. Diebus ferialibus duplicibus chori summum sacrum cantat pastor et novem lectionum, in solemnibus octavis similiter, diebus trium lectionum habetur

---

[56] Domdechant Jodokus Edmund v. Brabeck (1655, resign. 1674) war nicht persönlich anwesend.
[57] Matthias v. Korff-Schmising (1655, † 1684).
[58] Dr. iur. utr. Johannes Vagedes (seit 1636 Dechant von St. Martini, Münster, † 1663).
[59] Kanonikus an St. Martini, Münster (1652–1689).
[60] Johann Ernst Weichmann. Vgl. u. 334.
[61] Theodor Borsen aus Othmarsen in der Twente, Tonsur 15. März 1645 (Weiheregister im BA Münster), 37 Jahre alt, vor seiner Investitur als Pastor von Bocholt (1653) Kaplan an St. Lamberti, Münster. BA Münster, Gen. Vik., Bocholt St. Georg A 132 I f. 3. Vgl. auch ebd. Gen. Vik., I Bischöfe 10, 30 (In die engere Wahl für Bocholt: 20. Febr. 1653). † vor 1666. *Börsting* (wie 320 Anm. 38) 127. Nachfolger: Heinrich Wichertz.
[62] Vgl. unten Nr. 6.

memoria iuxta ordinem, vesperae celebrantur in festivis diebus et dominicis primae et secundae, item per totam quadragesimam.
3. Ad tertium: memoriae generales respiciuntur quatuor vicibus in anno.
4. Ad quartum: memoriae speciales servantur. Bursa annuatim posset importare centum Florenos aureos, iam autem vix unusquisque potest habere 2 Imperiales, est autem, quod non velint solvere, medium autem suggeritur, quod debeat fieri reluctio.
5. Ad quintum an ab officiatis vel saeculari magistratu in immunitate turbentur: dicunt se non turbari excepto domino Mumme, qui in speciali gravamen dabit. Saeculares inhabitantes curiam onerantur oneribus civicis.
6. Ad sextum: omnes sunt residentes dominus pastor, Wilhelmus Molitor, Herm. Brunes, Everhardus Mumme, Joa. Bonus, Ludow. Klock, Hen. Proninck, Wilh. Sternebergh, Wilh. Elverfelt. Non residentes Joa. Brunes pastor in Dingden[63], Lubertus Entingh, Joan Entinck, Steck studiosus[64]. Secunda vicaria B. M. Virginis controvertitur inter Berck[65], Aßbecken[66] et Blancke[67].
7. Absentes an absint cum licentia superiorum: nullus absentium habet licentiam superiorum.

---

[63] Johannes Bruns stammte aus Schöppingen. Tonsur 27. Okt. 1638; Minores 23. Febr. 1646; Subdiakonat 24. Febr. 1646. Seine Meßverpflichtungen nahmen die Vikare von St. Georg wahr.
[64] Der Studierende Gerhard Steck behielt seine Pfründe. Er ging später in die holländische Mission. Vgl. o. 322 Anm. 53.
[65] Nicht zu identifizieren.
[66] Offenbar ein Anverwandter des Vorbesitzers der Pfründe, Gerhard Asbeck aus Ahaus; dessen Weihedaten: Tonsur 11. Sept. 1615; Minores 14. Juni 1631; Subdiakonat 20. Sept. 1631. Vikar an St. Georg, Bocholt. Diakonat 5. Juni 1632. Executorium an S. Georg 1654. *Börsting* (wie 320 Anm. 38) 131.
[67] Lukas Blancken aus Bocholt. Erhielt die Tonsur durch Bischof Galen am 12. Sept. 1654. Zu den übrigen hier genannten Namen s. unten die folgenden Spezialprotokolle.

8. Quis absentium onera respiciat: Domini absentis Steck onera respicit dominus Sternebergh, Joannes Entingh dominus Brunes.
9. An aliqua beneficia extincta: Nulla sunt de praesenti.
10. An unita et cuius auctoritate: dominus pastor habet unitum beneficium B.M.Virginis portionis primae. Auctoritate capituli cathedralis, sede vacante.[68] Dominus Mollitor habet duas vicarias Sanctissimae Trinitatis, cum consensu reverendissimi vicarii. Dominus Brunes habet duas, Martini et Dominici, dominus Mumme habet duas, Sanctae Annae et Omnium Sanctorum. Dominus Klocke habet duas, duodecim Apostolorum et Simonis et Judae.
11. An ratione fundationis aliquis vicariorum obligetur ad curam: Respondit nullus.
12. An aliquis vicariorum pro cura animarum examinatus: Dominus Wilhelmus Mollitor pro cura examinatus et fuit sacellanus in Rhede.
13. An sint fraternitates et sodalitates: Fraternitas est Calendarum[69], essentiales sunt tantum vicarii.
14. An saeculares invitantur: Invitantur tantum.
15. An omnes compareant in choro superpelliciis: Respondetur a pastore, quod subinde non fiat; deinceps omnibus diebus comparebunt in superpelliciis.
16. Quomodo incedant in sepulturis: iniunctum, quod semper debeant comparere cum thogis et byreto.
17. An in superioribus visitationibus sive episcopalibus huc praescriptus ordo missae servetur: Servandus ordo reverendissimi domini Lettmate[70].
18. Quibus sumptibus vinum et hostiae pro sacrificio ministretur.[71]

---

[68] Vom Tode Ferdinands v. Bayern (13. Sept. 1650) bis zur Wahl Christoph Bernhards v. Galen (14. Nov. 1650).
[69] Der „Kaland" (confraternitas venerabilis sacramenti) war aus der schon 1358 genannten Sakraments- oder Weingilde hervorgegangen; vgl. A. *Schmeddinghoff*, Geschichte der Stadt Bocholt, in: BKW Stadt Bocholt (1931) 19f.
[70] Archidiakon Domdechant Heidenreich v. Lethmate (1615, † 1625).
[71] Vgl. unten 331 Johannis Bonnis unter Nr. 4.

19. Quis ministret sacerdoti: Vix ullum habent ministrantem et sine superpelliciis ministrant.
20. An ministri ecclesiae servent officium suum: Respondebit pastor. NB. Custos S. Spiritus[72] est haereticus.
21. Quibus sumptibus paramenta laventur: Unusquisque debet sua curare lavari et parari.
22. An in ecclesia tractentur prophana: Magistratus[73] eligitur, quod abrogandum, in qua electione in ecclesia compotatur.
23. An in pulsandis campanis excessus fiat: Faciunt hoc propria auctoritate, non requisito pastore. Mane, meridie et vesperi pulsatur ad salutationem B. M. Virginis.
24. An funus subinde portetur ad celebrandas exequias: Respondetur, quod subinde fiat.
25. An magistrae puellarum sint: de quibus cum senatu communicandum.
26. Relatio sit ad exhibenda gravamina.
27. Designanda gravamina communia et specialia.
28. An curiae vicariorum sint in esse: Dabit inspectio ocularis.
29. An sint schismata, conspirationes, odia vel similia? Nulla esse responsum.

Sub finem omnibus iniunctum, ut originales litteras tradant crastino die, unusquisque autem autenticam copiam sibi servabit. Nomine dominorum commissariorum demandatum est omnibus et singulis, ut die crastino litteras originales proprium beneficium concernentes coram dominis commissariis praesentent in eum finem, ut uni cistae tribus ceris obseratae includantur.

Specialia

Bucholdiae anno 1655, 1. Novembris, in domo dotis comparuerunt subsequentes:

---

[72] Gemeint ist die Kirche des Heilig-Geist-Hospitals.
[73] Die Wahl bzw. teilweise Erneuerung des Schöffenkollegiums fand in jedem Jahr am Dienstag nach Dreikönige in der Georgskirche bzw. in der Sakristei dieser Kirche statt; vgl. Fr. *Reigers*, Beiträge zur Geschichte der Stadt Bocholt und ihrer Nachbarschaft (1891) 719ff.

1. Comparuit dominus Mollitor[74], vicarius S. Dominici.
2. Wilhelmus Mollitor, legitimo thoro natus, 80 annorum aetatis, anno [160]9 sacerdos factus, in visitationibus ante hac exhibuit ordinum documenta, Trinitatis et Dominici vicarius. Senatus praesentat, archidiaconus investit.
3. Ad tertium: registra reddituum pastor habet et fundationem. Originales litteras crastino exhibebit. Exhibebit etiam [inventarium] ornamentorum et paramentorum.
4. Ad quartum responditur Dominici ex fundatione requirit tria sacra uti fundatio S. Trinitatis, ministrat ex vicaria tres quadrantes Imperiales et ludimagistro et organedo.
5. Ad quintum respondit duo sacra legi per se, tertium curat legi per Klock[75] officiantem, servat ordinem praescriptam a domino decano Lettmate hora sexta die Lunae, Mercurii et Veneris.
6. Ad sextum, abalienata bona designavit domino pastori et simul conqueritur, quod in fundatione habeat pascua pro 18, iam vero vix medietatem.
7. Ad septimum habet cognatam apud se iam ab annis 26.
8. Ad octavum incedit talari consueto.
9. Ad nonum non habet curiam spectantem S. Dominici neque S. Trinitatis, area tamen exstat ad beneficium.
10. Ad 10. habet campum nominatum dat Knüfeken von 9 scheppel insaet Gerhardo Knüfeken[76] elocavit. NB. revocabilem tamen.
11. Nulla habet debita ratione vicariae.
12. Habet sub uno tecto duo beneficia Sancti Dominici et S. Trinitatis, de quibus dispensavit Hermannus Bispinck[77] cum consensu archidiaconi Bueren[78]. Ad suam vitam tertium benefi-

---

[74] Wilhelm Molitor [Molmann] aus Bocholt, Minores 8. Juni 1607; Subdiakonat 9. Juni 1607; Diakonat 31. Mai 1608. Cura-Examen. Kaplan in Rhede.
[75] Ludwig Kloeck vgl. o. 325.
[76] Bocholter Ackerbürger.
[77] Generalvikar.
[78] Domdechant Arnold v. Büren (1586, † 1614).

cium habet in ecclesiae S. Clarae[79] sub invocatione S. Margarethae, super quo non habet dispensationem.
13. Utitur Breviario Monasteriensi et Missali antiquo.
14. Utitur confessario P. Martino Minorita et pastore in Rhede.
15. Non habet processus ratione vicariae.
16. Fuit executor et dedit rationes.
17. Nullas habet querelas de pastore nec aliis vicariis de solo [Joanne] Enting[80] qui prolem suscitavit ex aliqua et dissoluta vita Elverfelt[81]. Domini Molitoris famula solum premit vicariis.
18. De conspirationibus nihil scitur.
19. Gravamina dedit domino pastori.

Admonitus dominus Molitor, quod imposterum non debeat famula vendere vinum adustum, quod appromisit.[82]

Secundus comparuit Hermannus Brunes[83].

1. Herm. legitimo thoro natus, 60 annorum, presbyter factus [16]15 titulus.
2. Beneficiatus Sancti Martini praesentat senatus, decanus investit.
3. Edidit registra reddituum ad manus pastoris, originales litteras S. Dominici concernentes dicit se restituisse ad cistam communem; litteras vero S. Martini habet apud se in custodia et offert se ad extradendas, inventarium ornamentorum cras exhibebit.
4. Obligatur ad missam ex obligatione S. Dominici quatuor onera administrationis sunt designata apud pastorem.

---

[79] Die Clarakirche war die Kapelle des Großen oder Weißen Klosters (domus sororum ordinis penitentium beati Francisci), das um die Wende zum 14. Jahrhundert gegründet war. Es wurde 1557 in ein freiweltliches Damenstift umgewandelt; vgl. *Schmeddinghoff* (wie 325 Anm. 69) 13f.
[80] Vgl. oben 321 Nr. 7
[81] Vgl. oben 322 Nr. 12.
[82] Ein fast gleichlautendes Protokoll über die Vernehmung Molitors findet sich BA Münster, Gen. Vik., Bocholt St. Georg A 132 IX.
[83] Hermann Bruns aus Bocholt, Tonsur 28. Jan. 1604, Subdiakonat 21. Sept. 1613, Diakonat 20. Sept. 1614; Presbyterat 19. Sept. 1615.

5. Diebus Jovis servat officium hora sexta, diebus Dominicis sub summo hora nona, quod legitur, singulis mensibus pro defunctis.
6. Nullam habet gravamen solum wegen drey Kohweide, de quibus pastor habet usum fructum, cum tamen ipse habeat litteras originales.
7. Bonae vitae et famae se esse putat.
8. Utitur talari, sed non corona.
9. Curiam habet sartam et tectam S. Martini, Dominici vero desoluta.
10. Ex agris habet decimam scilicet 3. manipulum. Non elocavit ad certos annos.
11. Nulla contraxit debita.
12. Habet duo beneficia sub eodem tecto S. Martini et S. Dominici, cum dispensatione domini vicarii Hertmanni[84].
13. Utitur Breviario Monasteriensi, Missali novo et ceremoniis rubricae.
14. Confitetur apud conventuales, ante octo dies confessus Domino guardiano.
15. Processus non habet.
16. Executor est Domini Aßbeck[85]. Rationes nondum factae apud cameram.
17. Non habet querelas de pastore.
18. Non scit esse dissensiones neque conspirationes, nisi ratione primi sacri diebus festivis, quod debet cantari a domino pastore; querela est de ludimagistro.
19. Gravamina dedit domino pastori.

Tertius Vicarius comparuit D. Everhardus Mumme[86].

---

[84] Generalvikar Johannes Hartmann.
[85] Gerhard Asbeck aus Ahaus, Besitzer der beiden Marienbenefizien. Tonsur 11. Sept. 1615; Minores 14. Juni 1631; Subdiakonat 20. Sept. 1631; Vicarius ecclesiae Bocholdiensis; Diakonat 5. Juni 1632.
[86] Eberhard Mumme, wahrscheinlich aus der gleichnamigen Bocholter Familie, aus der damals drei Kleriker hervorgegangen waren (Heinrich, Caspar und Nikolaus: vgl. Weiheprotokolle Nik. Arresdorf).

1. Legitimo thoro natus, 50 annorum, anno [16]12 possessor factus.
2. Omnium Sanctorum et Sanctae Annae vicarius, magistratus praesentat utrumque beneficium, archidiaconus investit.
3. Edidit registra reddituum et fundationis domino pastori originales litteras, quas habet, offert se ad extradendas, inventarium ornamentorum et paramentorum.
4. Ex beneficio Omnium Sanctorum obligatur ad quatuor missas. Ex beneficio S. Annae etiam ad quatuor sacra obligatur. Ex beneficio Omnium Sanctorum ministrat annue domino Legterbor 3 moldera sigilinis mensura Bocholdiensi cum decima minuta. Ratione vicariae S. Annae ministrantur per senatum 3 moldera sigilinis Bucholdiensia, ad quae possessor tenetur ministrare butyrum pro annona et necessitate insuper sumptibus possessoris ex praefato frumento pinsi debent, qui sumptus ad 6 Imperiales se extendunt.
5. Legit hebdomadatim ratione utriusque vicariae tria sacra circa septimam.
6. Refert se registra exhibuisse.
7. Cohabitat sorori vitae bonae.
8. Incedit clericaliter.
9. Nullam habet curiam utriusque vicariae, habitat cum parente.
10. Elocat agros annuatim recipiendo tertium manipulum.
11. Non habet debita ratione vicariae.
12. Habet duo beneficia sub dispensatione ad certos annos, si autem non possit retinere, competentia deficiet.
13. Utitur Breviario Monasteriensi et Missali antiquo.
14. Utitur confessario guardiano, ultimo confessus ante 14 dies.
15. Habet processum ratione vicariae S. Annae cum Rothauß et Brunes ad annum ventilatum.[87]
16. Executor domini Aßbeck. Rationes non factae.
17. Non habet querelas de pastore et vicariis, sed de ludimagistris, custodibus querela de non faciendo suum officium.
18. Conspirationes et coniurationes nullae sunt.

---

[87] Vgl. den Prozeß der Erben Herm. Bruns gegen Bernh. Bruns und Heinrich Mumme 1743: *Börsting* (wie 320 Anm. 38) 130.

19. Gravamina dedit domino pastori.

Quartus comparuit dominus Joannes Bonnis[88].

1. Legitimo thoro natus, 48 annorum, possedit 25 annis et viginti quatuor annorum presbyter.
2. S. Spiritus veteris possessor, S. Crucis novae ecclesiae. Beneficia veteris confert pastor, novi magistratus. Investitor dominus decanus.
3. Edidit registra ad manus pastoris, originalis litteras paratus extradere. Inventarium ornamentorum dabit.
4. Ratione beneficii S. Crucis legit unum sacrum. Item ratione S. Spiritus etiam unum, quamvis ratione S. Crucis obligetur ad tria et ratione S. Spiritus ad quatuor, ministrat vinum et hostias ad sacrificia per totum annum pro ecclesia veteri et nova.
5. Sabbatho in veteri et feria quarta in nova celebrat.
6. Minoritae incorporarunt fundum et bona ad vicariam S. Crucis.[89]
7. Non alit familiam. Cohabitat viduae.
8. Utitur veste clericali et tonsura naturali data.
9. Domum habet S. Spiritus sartam et tectam ex qua traxit multa debita.
10. Habet hotos duos ad utramque, quos elocat saecularibus.
11. Debita singularia nulla nisi a sorore 20 Imperiales.
12. Duo habet beneficia ut supra et officiatus domini Elverfelt.
13. Breviario utitur Monasteriensi et Missali Romano.
14. Confessarius guardinanus, confitetur bis in septimana pro gravamine conscientiae. ante 8 dies est confessus.

---

[88] Johannes Bonnis aus Bocholt, Tonsur 14 Okt. 1626; Minores 20. Sept. 1630; Subdiakonat 21. Sept. 1630; vicarius Bocholdiensis; Diakonat 5. März 1631; Presbyterat 20. Sept. 1631. Bonnis hatte auch die Heilig-Kreuz-Vikarie der Neuen Kirche inne und versah stellvertretend für Vikar Elberfeld die Verpflichtungen der Sakramentspräbende.

[89] Vgl. Fr. *Reigers*, Geschichtliche Nachrichten über die Kirche Unserer Lieben Frau und das Minoritenkloster in Bocholt (1885) 83: Für den Bau des Klosters (Grundsteinlegung 1628) erwarben die Minoriten das östlich von der Neuen Kirche und dem Kirchhof gelegene Haus der Kreuzvikarie und das dazu gehörige Grundstück.

15. Nullos habet processus.
16. Nullius executor.
17. Non habet de ullo querelas.
18. Non scit conspirationes nec discensiones.
19. Gravamina dabit.

Quintus comparuit dominus Klock[90], aeger, per Henr. Broninck[91].

1. Legitimo thoro natus, 54 annorum, 15 annis possessor beneficii.
2. S. Catharinae titulus[92] senatus confert, archidiaconus investit.
3. Registra edidit domino pastori, originalis litteras extradere paratus. Designabit ornamenta et paramenta.
4. Obligatur ad quatuor sacra vi fundationis, non habet ministrationes.
5. Legit unum sacrum die Martis hora octava iuxta ordinationem decani Lettmate.
6. Nulla bona hypoticata, putat aliqua abalienata.
7. Est pastor sororum S. Augustini[93].
8. Incedit clericaliter.
9. Curiam habet devastatem per Hassos, quam suis sumptibus curat restaurari.

---

[90] Ludwig Kloeck aus Bocholt, Minores 5. März 1632; Subdiakonat 6. März 1632 als Vicarius Bocholdiensis; Diakonat 5. Juni 1632; Presbyterat 5. Juni 1633. Konnte wegen Krankheit nicht zur Visitation erscheinen und wurde durch Vikar Proning vertreten.

[91] P. Henricus Proning, Tonsur und Minores 19. März 1627; Subdiakonat 20. März 1627; Diakonat 18. Sept. 1627; Presbyterat 18. Dez. 1627. Nach dem Bocholter Statusbericht 1651 war er unter den Vikaren „optimus cantor".

[92] Nach dem Statusbericht 1654 (vgl. oben 320) war Kloeck auch Besitzer der Vikarien Sanctorum Simonis et Judae (Nr. 5) und Duodecim Apostolorum (Nr. 11), seit 1657 auch der zweiten Marien-Vikarie (Nr. 10).

[93] Schwesternhaus Marienberg am Schonenberg, um 1440 gegründet. Die Schwestern lebten nach der Regel des hl. Augustinus, sie standen unter der Leitung einer „würdigen Mutter", und eines geistlichen Rektors. Zum Kloster gehörte die 1489 vollendete Agneskirche; vgl. *Schmeddinghoff* (wie 325 Anm. 69) 21.

10. Agros non habet, hortum elocat pro Imperiali, pascua 12 Imp.
11. Nulla habet debita.
12. Unum tantum habet beneficium.
13. Utitur Breviario Monasterienso et Missali Romano.
14. Utitur confessario guardiano.
15. Processus nullos habet.
16. Nullius executor.
17. Non habet querelas.
18. Non scit dissentiones et conspirationes.
19. Gravamina dabit. NB. Generalis querela vicariorum, quod aurei Floreni non pro valore solvantur.

Sextus comparuit dominus Wilhelmus Sternebergh[94].

1. Legitimo thoro natus, 45 annorum aetatis, 5 annis possessor.
2. Titulus beneficii S. Joannis. Senatus confert. Archidiaconus investit.
3. Registra edidit et fundationem domino pastori, litteras originales offert, dabit ornamentorum inventarium.
4. Obligatur ad tria sacra, ministrat ex praedio die Haußstedde 5 schep. siliginis principi auriaco et tenetur solvere quaestori in Brevordt, quae ministratio inter 20 annis non facta, insuper ministrat currentes contributiones cum duobus scipelineis avenae, dictae Diensthaver, principi Monasteriensi cum decem solidis et 7½ Denar. zu Dienstdelt, ad Calendas ministrat 1 Flor. et unum praesentias.[95]
5. Tenetur ad tria sacra legenda, hactenus celebravit unam die dominica circa octavam.
6. Exhibebit bona quaedam abalienata cum speciali specificatione.
7. Solus vivit non habens familiam.
8. Utitur veste clericali.

[94] Wilhelmus Sterneberg, Subdiakonat 25. Mai 1641 als vicarius Bocholdiensis.
[95] Bemerkenswert sind die „ministratio" für den Prinzen von Oranien (vgl. auch resp. 15) und der Diensthafer und das Dienstgeld für den Fürstbischof von Münster.

9. Curias duas ad beneficia spectantes, sed dirutae, inhabitat conductam domum pro 5 Imperialibus.
10. Elocat hortum ad certos annos, item agros 9 schep. ad 4 annos.
11. Nulla contraxit debita.
12. Habet duo beneficia, secundum in nova ecclesia sub invocatione S. Joannis Baptistae, sine dispensatione.
13. Utitur Breviario Monasteriensi, Missali novo.
14. Confessarius Anastasius vel procurator Minoritarum, in septimana bis, ultimo confessus ante sex dies.
15. Processum habet cum Henrico zum Hagen in Brevorde de 2 Florenis in termino paschae sub poena dupli solvendis. Item alium contra Sanderum Zur Bis, wegen 10 Jahr der einkombst Joannis Evangelistae.
16. Nullius executor.
17. Nihil habet contra pastorem vel alios.
18. Nullae contradictiones.
19. Gravamina edet.

Secunda Novembris dominus Joannes Ernestus Weichmann nomine dominorum commissariorum missus est ad dominam abbatissam saecularium nobilium monasterium[96], ut peteret scedulam originalem visitationis anno 1621 ibidem relictae[!] et cum auctoritate serenissimi publicatae[!]. Respondit abbatissa, sibi nihil de tali visitatione vel scedula constare, inquisitura tamen, an in archivio vel alibi reperiri possit, et tum libenter communicaturam.

Eodem die comparuit ad pridianam denunciationem. Comparuit in conventu Augustiniarum[97] dominus Wilhelmus Elverfelt[98], vicarius veteris ecclesiae in Bocholt.

1. Ad primum Wilhelmus Elverfelt legitimo thoro natus, 44 annorum aetatis, 25 possessionem accepit.

---

[96] Vgl. 323 Anm. 60.
[97] Vgl. 332 Anm. 93.
[98] Wilhelm Elverfeld hatte 1625 im Alter von 14 Jahren Possession der Blutsvikarie und am 25. Mai 1641 die Tonsur erhalten. Auf die höheren Weihen verzichtete er, nachdem er mehrmals in der Prüfung zurückgesetzt worden war. Seine Meßverpflichtungen nahm Vikar Bonnis wahr. Er wohnte als Tischgenosse bei Vikar Kloeck.

2. Titulus beneficii Venerabilis Sacramenti Magistratus confert Archidiaconus investit.
3. Edidit registra reddituum Domino pastori et litteras fundationis, originales litteras apud senatum, inventarium paramentorum et ornamentorum hodie exhibebit.
4. Ex fundatione obligatur ad quatuor missas. Dominus Bonius respicit, ipse non est sacerdos et aliquoties reiectus in examine.
5. Dominus Bonnies tantum unum sacrum legit, ut, putat, feria sexta et insinuat desuper esse dispensatum.
6. Bona nulla abalienata, nisi quod Hassi per pascuum pertinens ad vicariam pro quota fossam extenderint[99], ita ut tantum medietas locagii solvatur.
7. Cohabitat domino Klocke, nec alit familiam, sed est convictor.
8. Incedit ordinare talari, coronam non habet.
9. Habet curiam per Hassos destructam.
10. Habet praedium Geising pro corpore elocatum pro tertio manipulo singulis sex annis elocat, pro arra accepit 25 Imperiales.
11. Nulla contraxit debita, debita personalia extendunt ad 100 Imperiales.
12. Unum tantum beneficium habet.
13. Utitur Breviario Monasteriensi.
14. Confessarius guardianus Humperdingh. Confitetur in summis festis, ultimo confessus in festo visitationis B. M. V.
15. Nullos habet processus, obtinuit tamen per processum vicariam.
16. Nullius fuit executor.
17. Nullas habet querelas de pastore et aliis.
18. Non habet commercia saecularia.
19. Edidit gravamina, vix autem ulla habet de scandalo, quod dedit in processionibus binis vicibus, concidit in terram scilicet non ex vino adusto, sed ex infirmitate accidisse se se purgabit.

[99] Die Hessen, die Bocholt 1635–1650 besetzt hielten, führten 1642–1645 einen großzügigen Ausbau der Stadtbefestigung durch. Rings um die Stadt entstanden acht neue Außenwerke, die durch Seitenwälle verbunden und von breiten Gräben umgeben waren; vgl. *Schmeddinghoff* (wie 325 Anm. 69) 29ff.

III. Reform und Reformation

NB. omnes examinati ad requisitionem dominorum commissariorum, sicut moris est in visitatione, apposita manu ad pectus promiserunt in vim iuramenti et sub fide sacerdotali se dicturos ad interrogata veritatem. Cuius iuramenti vigore post absolutum speciale examen singulis impositum est silentium.

Eodem die et loco comparuit dominus Lubertus Entinck[100].

1. Lubertus Entinck, legitimo thoro natus, 34 annorum circiter, beneficiatus a sex annis.
2. Titulus beneficii S. Hieronymi. Confert senatus, archidiaconus investit.
3. Registrum reddituum et fundationem edidit ad manus pastoris. Litteras originales habet magistratus, sic putat. Copiam originalium litterarum intra 14 dies tradet pastori.
4. Ex fundatione tenetur ad duo sacra, possessor putat tantum teneri ad unum sacrum, habet onus hospitalitatis, quod non servatur.
5. Vicarii in communi deserviunt, cum non resideat. Sed Resae, ubi habet vicariam S. Catharinae. Nullam habet dispensationem super non resident[iam].
6. Bona nulla potest abalienata designare, inquirit tamen, ex quo registrum cum fundatione non respondeat. Inventarium mobilium pro hospitalitate deservientium non accepit ab executoribus praedecessoris domini Bungart[101], mobilium vero adhuc existentium paucorum una cum aliis, de quibus articulo tertio transmittet.

---

[100] Lubertus Enting aus Bocholt. Tonsur 30. Juli 1636 sub titulo Hieronymi. Seine Pfründe war die beste an St. Georg. Er hatte stiftungsgemäß den dritten Teil der Einkünfte dem mit der Vikarie verbundenen und für die Aufnahme armer fremder Priester, Religiosen und Laien bestimmten Hospital zuzuwenden, unterließ dies aber. Er residierte in Rees, wo er am dortigen Kollegiatstift die Katharinen-Vikarie besaß. Die Bocholter Vikare nahmen seine Meßverpflichtungen an St. Georg wahr. Über seinen Wandel s. oben. Christoph Bernhard v. Galen verlieh seine Pfründe 1657 auf Vorschlag des Magistrats dem Lothar v. Post. BA Münster, Generalvikariat, Bocholt, St. Georg A 39.

[101] Ruttger Bungert trat die Vikarie 1578 an. *Börsting* (wie 320 Anm. 38) 129f.

7. Ex quo habitat Resae, infra quindenam a decano et capitulo Resensi exhibebit in forma probanti testimonium vitae, morum et pietatis idque sub poena privationis huis beneficii.
8. Incedit talari, corona non utitur.
9. Curiam habet in huius finem, ut religiosos hospitio excipiat. Sed illa ruinosa propter absentiam, non servatur hospitalitas interim conqueruntur virgines[102] se hospitibus ex eo gravari.
10. Bona Holtwick elocavit Henrico Gerve ad 12 annos pro tertio manipulo. Praedium die Kottstedde in parochia Musen [Mussum] etiam elocavit Gerhard Knufeken, potest canon augeri.
11. Cuidam nuncio Metelensi debet circiter 60 Imperiales.
12. Unum tantum hoc in loco habet beneficium.
13. Utitur Breviario Coloniensi Resae non celebravit diu.
14. Confessarius decanus fuit Resensis in paschate.
15. Differentia est ratione restatium decimarum conventui S. Agnetis ex praedio Holtwich de superioribus annis cessarum, qua de re processus institutus, tentanda concordia.
16. Nullius executor.
17. Ex quo non residet, nullas habet querelas.
18. Ad 18. similiter.
19. Gravamina et alia ut supra edidit vel infra quindenam domino pastori ad protocollum referenda tradet. Requisitus an a fratre suo Joanne[103], vicario titulo S. Crucis, mandatum habeat excusandi absentiam. Respondit se non habere scriptis.

Commissarii fuere reverendissimus et perillustris D. a Schmisingh, thesaurarius cathedralis. Joannes Vagedes, vicarius in spiritualibus, Theodorus Crater, commissarius archidiaconalis, Joannes Weichmann, promotor.

---

[102] Mit den „virgines" dürften die Schwestern vom Kloster Marienberg am Schonenberg gemeint sein.
[103] Sein Bruder Johannes, Inhaber der Hl.-Kreuz-Vikarie (Nr. 1), war bereits 1651 „propter continuationem studiorum" abwesend. Er zeigte keine Neigung zum Klerikerstand. Seine „schöne Kurie" verfiel. Über seinen Wandel s. o. 320. Im Jahre 1657 nahm ihm Bischof Galen wegen Verstoßes gegen das Residenzdekret die Pfründe und verlieh auf Vorschlag des Magistrats dem Vikar Hermann Bruns. BA Münster, Generalvikariat, Bocholt St. Georg A 39.

Anlage III

Pro complendo actu visitationis. BA Münster, Gen. Vik., Bocholt St. Georg A 132 I

Anno 1656, 26. Januarii, Monasterii, in curia decanali ad Sanctum Martinum.

Dominus Theodorus Borsen, pastor in Bocholt, pro complendo actu visitationis anno superiori in festo Omnium Sanctorum ibidem per illustrissimum principem praesente etiam reverendissimo archidiacono institutam [!] cuius quidem visitationis finis in eo consisteret, ut media proponeretur, ut tam in ampla parochia circiter 6000 millia animarum cura animarum per dominum pastorem et sacellanos saeculares deinceps utiliter possit administrari. Sic requisitus est, ut talia media proponerentur.

1. Dixit sibi uni et soli incumbere onus curae.
2. Nullum habere sacellanum nec fundatum sacellanatum.
3. Utilius quidem esse parochiam dividi in duos, tamen quia id altiorem requirit indaginem, sufficiet, si duo ad interim sacellani ipsi adiungantur.[104]
4. Media, ex quibus, refert se ad informationem scriptam a se ex fundationibus vicariarum conceptam et hodie ad protocollum exhibitam.[105]
5. Vicaria S. Spiritus est collatio pastoris, cuius modo possessor est dominus Bonius. Onus haec habet vicaria ministrandi hostias et vinum pro celebrantibus. Joannis Baptistae vicaria in nova ecclesia, cuius collatio ad archidiaconum pro tempore, et possessor est dominus Wilhelmus Sternebergh. Vicaria S. Crucis in veteri ecclesia spectans ad magistratum ad liberam praesentationem, sine sanguine. Cuius possessor vagabundus Joannes Enting, quae modo posset applicari, quia per decretum episcopi ob non residentiam vacat. Joannis Evangelistae in veteri ecclesia, cuius collator magistratus extra san-

---

[104] S. Statusbericht Borsens über St. Georg, Bocholt, von 1654: BA Münster, Generalvikariat, Bocholt St. Georg A 132 VI.
[105] Die 10 Punkte enthaltenden Vorschläge im BA Münster, Generalvikariat, Bocholt St. Georg A 132 VIII (Pro concludenda visitatione Bocholdiensi).

guinem possessor dominus Wilhelmus Sternebergh. Item utramque vicariam posse applicari S. Trinitatis in ecclesia veteri, praesentantur independente a magistratu, quorum possessor dominus Mollerinck[106]. S. Crucis in nova ecclesia confertur per magistratum, fundata ad certam familiam, quae cessat, possessor dominus Joannes Bonnius, idem, qui habet alteram vicariam S. Spiritus in ecclesia veteri.

NB. Wegen der Zuschleger in den vermögensten Baurschafften: refert dominus pastor, quod pascua quaedam dicta Alte Wetzel[107] ante centum vel plures annos data sint a duabus sororibus in usum tenuiorum civium, ita ut medium Imperialem darent pro pascua unius vaccae, nunc distracta inquirendum et quota exinde pro sacellanorum sustentio detur. Dominus pastor ex consideratione praesentis vicariarum designabit, quomodo numerus missarum in fundatione impositarum minui et restringi possit, item quomodo missae per dies festivos et feriales ita distribui possint, ut diebus dominicis et festivis quinque, ferialibus duo habeantur. Item, quae pro decenti competentia commodius uniri possint.

1656, 27. Januarii. Ad specialia pastorum.

Theodorus Börssen ex Orthmarsem in Twentia, sacerdos, ex sacellano S. Lamberti Monasterii assumptus in pastorem, aetatis 37, collationem habet a capitulo cathedralis (ecclesiae) propter suspensionem domini decani, de vita, moribus, scientia notus. Investituram habet a seniore sive praesidente, est in quieta possessione, emisit professionem fidei, sacellanatum non habet fundatum.

De vicariis refert se ad designationem et informationem ad protocollum exhibitam. Concionatur per se diebus dominicis et festivis. Habetur lectio et catechistica per patres Societatis, olim Concentuales. Comparent diligenter diebus dominicis, non item festivis. Regularibus non utitur in cura animarum.

---

[106] Gemeint ist Wilhelm Molitor.
[107] Grundbesitz des ehemaligen Hofes Wecelo oder Wessel, im Südwesten vor der Stadt an der Aa gelegen, teils als Ackerland verpachtet, teils als städt. Weide benutzt.

18. Der Anteil der Frau an der Reformation in Westfalen*

In seinem Aufsatz „Die Frau in der Publizistik der Reformation"[1] macht Robert Stupperich darauf aufmerksam, daß in der reichen Literatur über die deutsche Reformation von dem Anteil der Frau an der Neugestaltung des kirchlichen Lebens kaum irgendwo die Rede ist. Selbst die großen Darstellungen bilden in dieser Hinsicht keine Ausnahme. Stupperich lenkt in seinem Beitrag zu dieser interessanten Frage den Blick auf die Sendbriefe der oberdeutschen Schriftstellerin Argula v. Grumbach, die sich bereits 1521 für Luther entschied, auf die gleichzeitige Korrespondenz der oberdeutschen Pfarrersfrau Katharina v. Zell, auf eine Streitschrift der Schösserin von Eisenberg, Ursula Weide, auf die Rechtfertigungsschrift der 1528 ausgetretenen Nonne des Magdalenenklosters in Freiberg, Ursula von Münsterberg, sowie die religiöspastoralen Aufrufe und Sendbriefe der Regentin Elisabeth von Münden-Calenberg (1538–1545).
Bei meinen Studien zur Reformationsgeschichte Westfalens[2] drängte sich mir ein anderer Aspekt dieses inhaltlich vielseitigen Themas förmlich auf: die in fast allen Territorien nachweisbare Einflußnahme der Landesgräfinnen auf die Konfessionspolitik ihrer regierenden Ehegatten zugunsten der reformatorischen Bewegung. Diese Feststellung bedarf jedoch sogleich der Eingrenzung. Nicht von ihr betroffen sind jene älteren westfälischen Landes-

---

* Reformatio Ecclesiae. Festgabe für E. Iserloh, hg. von R. Bäumer (Schöningh, Paderborn 1980) 641–660.
[1] In: Archiv für Kulturgeschichte 37 (1955) 204–233. Vgl. ferner H. *Finke*, Die Frau im Mittelalter (1913). M. *Heinsius*, Das unüberwindliche Wort. Frauen der Reformationszeit (1951). Lexikon der Frau, hg. v. G. Keckeis und B. Ch. Olschak, 2 Bde. (1953/54). H. *Rahner*, Ignatius v. Loyola und die Frauen (1956). EKL 1, 1346ff. RGG 2, 1069ff. H. *Rössler* und G. *Franz*, Sachwörterbuch zur Deutschen Geschichte (1958) 283ff.
[2] Soeben erschienen: A. *Schröer*, Die Reformation in Westfalen. Der Glaubenskampf einer Landschaft, Bd. 1 (1979). Soweit im folgenden keine besonderen Nachweise gegeben werden, verweise ich auf die jeweiligen Belege in diesem Buch. Zur Vorgeschichte der Reformation: *Ders.*, Die Kirche in Westfalen vor der Reformation, 2 Bde. (1967).

mütter, die sich bereits vor Beginn der Reformation in ihrer gräflichen Stellung befanden. Keine von diesen hat, soweit ich sehe, Zugeständnisse an die Neuerungen gemacht oder gar den Versuch unternommen, ihren Ehegatten in die lutherische Richtung zu drängen. Die traditionsgebundene, volksnahe, emotional geprägte Spiritualität der alten Kirche entsprach trotz aller Fehlentwicklungen doch in besonderer Weise dem bewahrenden, vornehmlich vom Gefühl bestimmten Grundzug des weiblichen Wesens. Missionarischen Eifer für die neue religiöse Bewegung beobachten wir erst bei jener jüngeren Generation der Frauen, die in reformatorischer Zeit, sei es in erster oder in zweiter Ehe, westfälische Landesgräfinnen wurden. Ihre ungewöhnliche Aktivität zugunsten des Luthertums steht im Mittelpunkt dieses Beitrages. Bevor ich aber darauf eingehe, will ich zum besseren Verständnis den Aufbau und die konfessionelle Gliederung der hier in Frage stehenden geschichtlichen Landschaft, das Grundverhältnis der westfälischen Landesherren zur Reformation sowie das ständische Milieu und die Erlebniswelt der Landesgräfinnen vor und nach ihrer Verehelichung skizzieren.

I.

Der Raum Westfalen umfaßte zu Beginn der Reformation die geistlichen Territorien Münster, Paderborn, Osnabrück, Minden und das kurkölnische Herzogtum Westfalen sowie die Grafschaften Hoya, Diepholz, Waldeck, Rietberg, Siegen, Lippe, Tecklenburg-Rheda, Lingen, Bentheim, Steinfurt, Wittgenstein, Mark und Ravensberg. Die weltlichen Territorien nahmen etwa ein Drittel der Gesamtfläche Westfalens ein. Bis auf Minden, das im Westfälischen Frieden (1648) säkularisiert wurde, verweigerten die geistlichen Territorien die Annahme der neuen Lehre, während die Grafschaften ausnahmslos, wenn auch in einigen Fällen nicht endgültig, die Reformation einführten. Außer in Mark und Ravensberg, wo sich eine führungslose Neuerungsbewegung unter weitgehender Toleranz des erasmisch beeinflußten klevischen Landesherrn ausbreiten konnte, vollzog sich die Neugestaltung des kirchlichen Lebens in den weltlichen Territorien, um die es in

diesem Beitrag geht, ausschließlich durch landesherrliche Anordnung. In der freien Reichsstadt Dortmund und in vier weiteren privilegierten Städten gelang es dem mittelständischen Bürgertum unter der Führung militanter Prediger, sich den Zugang zu den kirchlichen Neuerungen zu erkämpfen.
Die hier in Frage stehenden Grafschaften – die Städte lassen wir außer Betracht – waren wie die gesamte westfälische Landschaft durch ein starkes Traditionsbewußtsein, eine betonte Neigung ihrer Bewohner zur Beharrung und Bewahrung auf kirchlich-kulturellem Gebiet geprägt. Dies galt sowohl vom Volk aus als auch von den Angehörigen der regierenden Grafenhäuser. Diesem Bild entsprach es, daß die landständische Verfassung nur in den größeren Territorien voll ausgebildet war. In den kleineren Ländern herrschten noch weitgehend obrigkeitlich-patriarchalische Verhältnisse. So war es kaum überraschend, daß die älteren Grafen wie ihre Frauen zu den lutherischen Neuerungen kaum Zugang suchten. Aber auch ihre Söhne gingen keineswegs mit fliegenden Fahnen in das lutherische Lager über. Sechs junge westfälische Grafen und Erbgrafen nahmen 1521 an dem Reichstag zu Worms teil und wurden Zeugen der erregenden Vorgänge um den eigenwilligen Augustinermönch. Während der 17jährige Landgraf Philipp von Hessen, in dessen Begleitung sich mehrere von ihnen befanden, von Luther fasziniert war, kehrte keiner der westfälischen Jungaristokraten als begeisterter Lutheraner in sein Land zurück. Die trotzige Auflehnung des Wittenberger Augustiners gegen Papst und Kaiser und die Lehre der alten Kirche fand bei den konservativen, obrigkeitsbewußten Westfalen keine Resonanz. Erst die Reichstage von Speyer 1526 und Augsburg 1530 wurden für mehrere von ihnen Anlaß, sich im Interesse des Landes näher mit der reformatorischen Bewegung zu befassen.
In einem auffallenden Gegensatz zu der kirchlich-konservativen Grundhaltung der Landesherren steht die Tatsache, daß die jungen Grafen und Erbgrafen fast ausnahmslos Frauen aus lutherischen oder lutherfreundlichen Familien heirateten. Diese merkwürdige Erscheinung findet ihre Erklärung zum guten Teil in dem heute kaum noch abschätzbaren Einfluß, den der benachbarte Landgraf Philipp von Hessen in fast allen westfälischen Ländern und Städten sowohl auf politischem als auch auf kirchli-

chem Gebiet ausübte.³ Soweit die Grafschaften unter hessischer Lehnshoheit standen (Rietberg, Waldeck, Wittgenstein und halb Lippe), konnten sich ihre Besitzer den Heiratsplänen des Landgrafen nur schwer entziehen. In einigen Fällen läßt sich eine direkte Ehevermittlung durch Philipp von Hessen nachweisen. Man empfand eine solche bekenntnismäßige „Mischehe" im allgemeinen nicht als Untreue gegen die eigene Glaubensüberzeugung, da es ein voll entwickeltes, dogmatisch abgegrenztes Konfessionsbewußtsein bis zum Augsburger Religionsfrieden (1555) bzw. bis zum Abschluß des Trienter Konzils (1563), zum Teil sogar noch weit darüber hinaus, auch an den Höfen der gräflichen Landesherren nicht gab. Das öffentliche Bekenntnis zur lutherischen Glaubenspartei erschien den Landesherren, von einigen beachtlichen Ausnahmen abgesehen (Lippe, Wittgenstein), weniger als eine Frage des Gewissens als der Politik.

Es war daher kein Zufall, daß die Frauen der gräflichen Landesherren im Zeitalter der Reformation fast vollzählig außerwestfälischen Familien entstammten. Es befanden sich unter diesen namhafte Fürstenhöfe wie die von Kurpfalz, Hessen, Leuchtenberg, Jülich-Kleve, Holstein-Sonderborg, Henneberg-Schleusingen und Braunschweig-Lüneburg. Namentlich die Landesherren des Siegerlandes, die Grafen von Nassau-Dillenburg, die wegen ihrer niederländischen Machtposition schon bald zu europäischer Bedeutung aufstiegen, hatten ständischen Zugang zum Hochadel. Die große Mehrheit der westfälischen Landesmütter war gräflicher Herkunft. Sie entstammten u. a. den Grafengeschlechtern v. Mansfeld, v. Gleichen, v. Bronkhorst, v. Regenstein, v. Stolberg-Wernigerode, v. Ostfriesland, v. Esens, Wittmund und Stedesdorf (Ostfriesland), v. Pfalz-Zweibrücken, v. Isenburg-Grenzau und v. Brederode (Niederlande).

Die Erste Dame der Gesellschaft verfügte im allgemeinen über eine beachtliche Bildung. Ein Hauslehrer unterrichtete die adligen Töchter im Lesen, Schreiben und Rechnen, im Umgangsfranzösisch und vielfach auch, wenn die Voraussetzungen gegeben wa-

---

³ R. *Wolf*, Der Einfluß des Landgrafen Philipp des Großmütigen von Hessen auf die Einführung der Reformation in den westfälischen Grafschaften: Jahrbuch des Vereins für westfälische Kirchengeschichte 51/52 (1958/59) 27–149.

ren, in der praktischen Musik (Harfe, Laute). Zum Bildungsprogramm gehörte stets der Tanz. In der Regel kamen die jungen Gräfinnen früh an einen angesehenen Fürstenhof, wo sie als Hofdamen dem Gefolge einer Prinzessin zugeteilt wurden. Zusammen mit dieser wurden sie hier durch einen Geistlichen in die Grundlagen der Religion, Geschichte, Genealogie und Geographie eingeführt. Die beste geistige Ausbildung erhielt der weibliche Adelsnachwuchs in den Klöstern und Stiften. Zwei westfälische Landesgräfinnen hatten bis in die Jahre der Reformation hinein einem klösterlichen Konvent angehört und kannten sich in der Theologie besser aus als ihre Ehegatten.

Eheschließungen waren in regierenden Häusern nicht in erster Linie eine Frage der Zuneigung und Liebe, sondern der Staatsräson. Das Landesinteresse gab den Ausschlag. Im Hochadel heirateten die Töchter oft schon vor dem 14. Lebensjahr den Mann, den der Vater bestimmt hatte. Die Prinzessin von Navarra, Jeanne d'Albret (1528–1572), eine Nichte des Königs Franz I. von Frankreich und erste Partnerin des 24jährigen Herzogs Wilhelm v. Kleve (1539–1592) – die aus politischen Gründen geschlossene „Ehe" wurde später kirchenrechtlich einwandfrei von Rom annulliert – zählte bei ihrer Trauung (1540) 12, die Kaisernichte Maria v. Österreich, die spätere Frau Wilhelms (1546), 15 Jahre. Nicht alle Adelstöchter fügten sich der Staatsräson. Sehr bemerkenswert ist der Fall der Jungherzogin Anna von Kleve, die später in der westfälischen Reformation eine bedeutende Rolle spielte.[4] Die eigenwillige Prinzessin sollte auf Anordnung ihres Vaters aus politischen Gründen den 51jährigen Herzog Karl von Geldern (1467–1538) heiraten, auf dessen heftig umkämpftes Territorium sowohl Kleve als auch Habsburg Anspruch erhoben. Als die Eheverhandlungen kurz vor dem Abschluß standen, legte Kaiser Maximilian I. gegen die Verbindung ein Veto ein. Der Einspruch kam der jungen Prinzessin gerade recht, da sie sich in den 28jährigen Erbgrafen Philipp III. von Waldeck-Landau (1524–1539) verliebt hatte. Sie schloß 1518 mit Philipp eine klandestine Ehe. Als sie dies ihrer Familie anzeigte, schien sich eine Tragödie anzubahnen. Um die unebenbürtige Ehe zu verhindern – der Waldecker

---

[4] S. u. 349f.

Der Anteil der Frau an der Reformation 345

stand überdies als Statthalter von Ravensberg in den Diensten des klevischen Hofes – beschlossen Herzog und Jungherzog, Ritterschaft und Räte die lebenslange Internierung der Prinzessin, die jedoch durch Vermittlung des Kaisers und des spanischen Königs schließlich abgewendet werden konnte.[5]

Die Ehe der Territorialherren war in erster Linie dazu bestimmt, die Erbfolge zu sichern. Das Fehlen männlicher Erben war in lehnsabhängigen Grafschaften in der Regel gleichbedeutend mit dem Verlust des Territoriums. In den Familien der westfälischen Landesherren zählen wir durchweg 10 bis 12, gelegentlich sogar 20 bis 25 Kinder, die jedoch in der Regel aus mehreren Ehen hervorgegangen waren. Die Sterblichkeit der Frauen bei Entbindungen war infolge des Kindbettfiebers, dem man medizinisch hilflos gegenüberstand, ungeheuer. Dasselbe galt von der Kindersterblichkeit.

Geistig selbständige, politisch verantwortliche Frauengestalten begegnen in der Reformationszeit nur selten. Von einer echten Partnerschaft zwischen Mann und Frau konnte keine Rede sein. Nach den Vorstellungen der Zeit war das Wirkungsfeld der adligen Frau nicht die Öffentlichkeit, sondern das Haus, die Familie. Wie die Frauen aller Stände war auch sie Leiterin der Hauswirtschaft und Herrin des Gesindes. Als vorbildlich erschien den Adelsdamen die Gattin des Kurfürsten August von Sachsen (1553–1586), Anna (1531–1584), Tochter des Königs Christian von Dänemark, die die Führung der Küche und die Beschaffung von Vorräten persönlich überwachte, ihre Bediensteten und die jungen Damen ihres Hofstaates spinnen und weben lehrte und für sämtliche Mitglieder des Hauses Wäsche und Kleider, Seife, Kerzen und Arzneien herstellen ließ. Wie das Wohl des Leibes war bis zu einem gewissen Grade auch das Heil der Seele aller Mitglie-

---

[5] ADB 14, 212. Einen weniger glücklichen Ausgang nahm die Ehe der jüngeren Herzogin Anna v. Kleve (1515–1557), Tochter des Herzogs Johann III. v. Kleve (1521–1539), die am 6. Januar 1540 den König Heinrich VIII. von England heiratete, ohne diesem vorher begegnet zu sein. Der König war von dem Äußeren der „flandrischen Mähre" derart enttäuscht, daß er die Ehe bereits am 1. April 1540 durch ergebene Bischöfe trennen ließ. Er wies der Geschiedenen Schloß Richmond an, zahlte ihr eine Rente von 3000 Pfund und heiratete die nächste. A. *Wolters*, Konrad von Heresbach und der klevische Hof zu seiner Zeit (1867) 89ff.

der der gräflichen Hausgemeinschaft der Sorge der Landesmutter anvertraut.

II.

Die westfälischen Landesgräfinnen der jüngeren Generation fühlten sich fast ausnahmslos als Sendbotinnen des neuen Evangeliums. Am frühesten zeigte sich eine lutherfreundliche Aktivität der Landesherrin in der *Grafschaft Hoya*, obwohl es hier erst gegen Ende der dreißiger Jahre zur Gründung einer Landeskirche kam.[6] Graf Jobst II. von Hoya (1525–1545) war mit der *Gräfin Anna von Gleichen*, der Tochter des lutherfreundlichen thüringischen Grafen Wolfgang v. Gleichen vermählt. Er und seine beiden Brüder waren 1512 durch ihre welfischen Nachbarn aus ihrem Territorium vertrieben worden und erst 1522 durch Vermittlung Philipps von Hessen unter schweren finanziellen Opfern und nach Anerkennung der Lehnshoheit ihrer Vertreiber wieder in den Besitz der Grafschaft gelangt. Wegen der katastrophalen Verschuldung des Landes wurde Jobst II. „oft von Trauer und Sorge erdrückt"[7]. In dieser Zeit depressiver Ratlosigkeit lenkte die Gräfin die Aufmerksamkeit ihres Gatten auf Luther. Sie wandte sich mit seiner Zustimmung an ihren Vater, der seinem Schwiegersohn einige Trostschriften des Wittenberger Reformators sandte. Da Jobst in dieser neuen evangelischen Gedankenwelt wieder Lebensmut faßte, besorgte er sich auf den Rat seiner Frau auch die übrigen Schriften Luthers, die er zusammen mit seinem Hofkaplan Drudeken eifrig studierte.

Für die neue Lehre gewonnen, sandte der Graf 1525 Drudeken mit einem Handschreiben nach Wittenberg, in dem er Luther bat, ihm einen gelehrten, schriftkundigen Prediger zu schicken. Luther sandte ihm kurz darauf den wortgewaltigen Adrian Buxschot, einen ehemaligen Wittenberger Augustiner aus Antwerpen.

---

[6] *Schröer* 94ff.
[7] H. *Hamelmann*, Opera genealogico-historica de Westphalia et Saxonia inferiori, congesta ab E. C. Wasserbach (1711) 796. Zit.: *Hamelmann* (W). Hamelmann lebte 1526–1595. Die ausgezeichnete kritische Neuausgabe von K. Löffler lege ich nicht zugrunde, da sie einige der hier behandelten Grafschaften nicht enthält.

Auch in der Folgezeit blieb der Graf namentlich in Personalfragen in engem Kontakt mit Luther. Wie stark der Einfluß der Gräfin auf ihren Ehemann war, erfahren wir aus der beiläufigen Bemerkung, daß „wegen seines niederländischen Dialekts" nicht der verdiente Buxschot, sondern ein Geistlicher aus der Heimat der Gräfin, Cyprian Hesse, „der zur Freude der Gräfin thüringisch sprach",[8] Pfarrer von Nienburg und zugleich Hofprediger an der dortigen Residenz des Landesherrn wurde.

Auch in der *Grafschaft Diepholz* ging der Anstoß zur Einführung der Neulehre von der Landesgräfin aus.[9] *Gräfin Eva von Regenstein*, die bereits in ihrer Heimat „Geschmack am Evangelium" gefunden hatte,[10] war die Tochter des niedersächsischen Grafen Ulrich VI. von Regenstein, der zu den frühesten Anhängern Luthers gehörte.[11] Obgleich die Kanoniker und Vikare des Kollegiatstifts Mariendrebber der Absicht Evas heftigen Widerstand entgegensetzten, gelang es 1528 der Gräfin, ihren mit dem alten Glauben eng verbundenen Gatten Friedrich von Diepholz zu bewegen, den Osnabrücker Exminoriten Patroklus Römeling aus Soest mit der Predigt der neuen Lehre in seinem Land zu beauftragen und in den Kirchen deutsche Lieder singen zu lassen. Von einer Änderung der Meßliturgie war zu diesem Zeitpunkt noch nicht die Rede. Als der Edelherr kurz darauf (1529) seine Schwester Armgard († 1575) im Reichsstift Essen besuchte und dort dem „Englischen Schweiß" zum Opfer fiel, übernahm sein geistlicher Bruder, der Kölner Domherr Johann von Diepholz, die Regentschaft und brachte die von der Gräfin eingeleitete kirchliche Neuordnung zum Abschluß.[12]

In der kleinen *Grafschaft Rietberg* heiratete der Landesherr Graf Otto III. (1516–1535) nach dem Tode seiner altgläubigen ersten Frau, Gräfin Anna v. Sayn-Wittgenstein, 1524 das lutherische *Edelfräulein Anna von Esens, Wittmund und Stedesdorf* aus Ost-

---

[8] Ebd. 798.
[9] *Schröer* 104ff.
[10] *Hamelmann (W)* 789: . . . *quae perceperat gustum Evangelii in patria.*
[11] Ebd. 845: *Ulricus VI. et eius filius Ulricus VII., comites in Regenstein, semper Lutherum amaverunt ab initio, quando Lutherus inciperet Evangelium propagare.*
[12] Ebd. 789.

friesland.[13] Während der ältere Sohn aus erster Ehe, Otto (IV.), im alten Glauben aufwuchs, wurde sein jüngerer Halbbruder Johann unter dem Einfluß der Mutter seit 1529 durch den neugläubigen Hofprediger Hieronymus Gresten in lutherischem Geist erzogen und gebildet. Nach dem Tode des Vaters (1535) brach zwischen Otto und Johann ein erbitterter Erbstreit aus. Da eine Einigung zwischen den Halbbrüdern nicht erzielt werden konnte, übernahm die Gräfin 1541 mit Zustimmung des Landesgrafen unter Assistenz eines hessischen Beamten einstweilen die Regentschaft, wurde aber von der Rietberger Bevölkerung schärfstens bekämpft. In wiederholten Demonstrationen (1540/42) forderte man die Unterlassung der Teilung des Ländchens und das Recht der Primogenitur für Otto als den ältesten Agnaten.[14] Verbittert schloß sich dieser der politischen Gegenseite an und zog im Schmalkaldischen Krieg mit den Kaiserlichen gegen die elterliche Burg, die großenteils zerstört wurde. Die Rietberger erhoben sich gegen die verhaßte Gräfin, die, von Hessen im Stich gelassen, im Februar 1547 zur Kapitulation gezwungen wurde.[15]

Fast zur gleichen Zeit wie in Hoya, Diepholz und Rietberg – die drei Grafengeschlechter starben in der zweiten Hälfte des 16. Jahrhunderts im Mannesstamm aus – öffnete sich die geteilte *Grafschaft Waldeck* reformatorischen Einflüssen.[16] Beide Grafen, Philipp IV. von Waldeck-Wildungen (1513–1574) und Philipp III. von Waldeck-Landau (1524–1539), waren mit lutherfreundlichen Frauen vermählt. Der 28jährige Philipp IV. hatte seine spätere Ehefrau, *Gräfin Margarete von Ostfriesland*, 1521 in Worms kennengelernt und sich zwei Jahre später mit ihr zu Emden „in der hilligen ehe verstricket" (Eggerik Beninga). Margarete war eine Tochter des Grafen Edzard I. von Ostfriesland (1491–1528), der als der bedeutendste Regent des Landes gilt und von Anfang an

---

[13] *Schröer* 134ff.
[14] W. Heinemeyer (Hg.), Politisches Archiv des Landgrafen Philipp des Großmütigen von Hessen Bd. 3 = Veröffentlichungen der Historischen Kommission für Hessen und Waldeck 24, 1 (1954) 119 Nr. 2495.
[15] Ebd. 123 Nr. 2504. Chronik der Stadt Lünen von Georg Spormecker, aus dem Lateinischen übersetzt und neubearbeitet von H. Wember (1962) 74.
[16] *Schröer* 108ff.

ein Förderer der reformatorischen Bewegung war. Die Waldecker Neuerungen, die unter dem Einfluß des hessischen Landesherren standen,[17] trugen betont politische Züge. Daß die Gräfin die nach dem Speyerer Reichstag 1526 einsetzende, reformatorisch verbrämte Konfiskationspolitik beider Grafen mitgetragen hätte, läßt sich archivalisch nicht feststellen.

Um so deutlicher tritt die erwähnte *Herzogin Anna von Kleve*, seit 1518 zweite Gattin Philipps III. von Waldeck-Landau (1524–1539), in den zeitgeschichtlichen Quellen hervor.[18] Obwohl aus katholischem Haus, kämpfte die starke Frau mit männlicher Tatkraft für ihre lutherische Überzeugung. Nicht der Graf, sondern sie war es, die im Sommer 1526 den jungen Geistlichen Johann Hefentreger (Trygophorus) aus Fritzlar, der durch ihren ungeliebten Bruder, Herzog Johann III. von Kleve, *propter doctrinam Evangelii* seines Amtes im Frauenstift Nonnenherdecke in der Mark enthoben und aus der Grafschaft vertrieben worden war, nach Waldeck-Landau berief.[19] Hefentreger wurde der Reformator des Landes. Die lutherischen Geistlichen Westfalens und der benachbarten Länder wußten, an wen sie sich wenden konnten, wenn sie politisch bedrängt oder von eigenen Mitbrüdern in den Fragen der Lehre verdächtigt wurden. Zahlreiche verfolgte und vertriebene Prediger – außer Hefentreger seien nur Johannes Lycaula und Dietrich Rafflenbeul-Jacobi genannt – fanden in Waldeck dank der Vermittlung der Landesmutter Schutz und Wirkungsmöglichkeiten.

Der Rat der Gräfin war geschätzt. Selbst der Magistrat der „ehrenreichen" Stadt Soest erachtete es in den sechziger Jahren nicht unter seiner Würde, bei der Neubesetzung der Kirchen von Lohne und Sassendorf in der Börde die Meinung der Waldecker Seniorin einzuholen. Erst als *sie* den vorgeschlagenen Prediger Jost Kranen empfohlen hatte, erhielt dieser die Stelle.[20] Um so weniger Aner-

---

[17] *Hamelmann* (W) 851: *Hi* (Philipp III. und Philipp IV.) *ex mandato Illustrissimi Principis Philippi Lantgravii Hassiae susceperunt doctrinam Evangelii satis mature*... In Wirklichkeit besaß der Lehnsherr kein Weisungsrecht in konfessioneller Hinsicht.
[18] *Schröer* 112.
[19] *Hamelmann* (W) 851.
[20] *Schröer* 404.

kennung fand die Gräfin bei ihrem Stiefsohn Wolrad, einem Sohn Philipps III. aus erster Ehe, der 1539 die Nachfolge seines Vaters in Waldeck-Landau antrat. Der vielseitig gebildete, um seinen Glauben ringende junge Graf wurde, wie wir aus seinen eigenen Aufzeichnungen wissen, von einer tiefen Abneigung gegen seine selbstbewußte, emanzipierte Stiefmutter beherrscht, die ihm offenbar den Besitz der Grafschaft mißgönnte. „Wo Neid und Zank ist", so zitierte er Jac 3, 16, „da ist Unordnung und eitel böses Ding." Er fügte hinzu: „Vorzüglich wohnt dieser Geist in höfischen und heuchlerischen Stiefmüttern."[21]

Im *Siegerland* blieben die kirchlichen Verhältnisse zunächst in der Schwebe.[22] Obgleich der Landesherr Graf Wilhelm der Reiche von Nassau-Dillenburg (1516–1559) 1521 auf dem Reichstag von Worms Martin Luther erlebt hatte, vermied er jede Annäherung an die reformatorische Bewegung. Erste Anzeichen einer gewandelten Einstellung zeigten sich in den Jahren 1528/29. Als der Augsburger Reichstag 1530 das lutherische Bekenntnis anerkannte, nahm der Graf in seiner Religionspolitik eine deutliche konfessionelle Schwenkung vor.[23] Er fand wirksame Unterstützung durch seine zweite Frau, *Gräfin Juliane v. Stolberg-Werningerode* (1506–1580), die er 1531 heiratete. Juliane, die man übertreibend die „eigentliche Reformatorin des Nassau-Dillenburgischen Grafenhauses" genannt hat, war die Witwe des Grafen von Hanau, dessen Land 1528 die Reformation angenommen hatte. Ihre Eltern Graf Botho v. Stolberg-Werningerode (1467–1538) und dessen Ehefrau Anna, geb. Gräfin zu Königstein-Eppstein, hatten sich persönlich zwar der neuen Lehre versagt, aber ihren Kindern die Wahl des Bekenntnisses freigestellt. Wie ihre Brüder und Schwestern bekannte sich auch Juliane schon seit 1521 zur lutherischen Bewegung. Die Gräfin gewann die Liebe und Verehrung des Volkes. Als fast ein halbes Jahrhundert später ihr Sohn Johann VI. (1559–1606) das verhaßte reformierte Bekenntnis in Nassau-

---

[21] Ebd. 120.
[22] Ebd. 139ff.
[23] Es ging ihm u. a. darum, den vom Zerfall bedrohten Zusammenschluß der Wetterauer Grafen, dem Graf Wilhelm präsidierte, wieder zu festigen. Vgl. L. *Hatzfeld*: Archiv für Kulturgeschichte 36 (1954) 215 Anm. 23a.

Siegen-Dillenburg einführte, erhob sich im Volk ein Sturm der Empörung. Es wäre fast zu Tätlichkeiten gekommen, als der unbeliebte Pastor und Superintendent Gerhard Eoban Geldenhauer Weihnachten 1577 in seiner Kirche zu Herborn „das Brot brechen wollte". Drei Wochen blieb die Gemeinde dem Gottesdienst fern. Der Graf sah sich gezwungen, seinen Superintendenten abzurufen. Auch in der landesherrlichen Residenz Dillenburg flammte Widerstand auf. Eine Beruhigung der Gemüter trat erst ein, als auf Bitten des Herborner Pastors Christoph Pezel auch die vom Volk verehrte „Alte von Nassau", die Gräfin-Mutter Juliane von Stolberg, zum reformierten Gottesdienst erschien. Nichts hätte eindrucksvoller die moralische Autorität der vom Volk geliebten Aristokratin illustrieren können als dieser Vorgang.[24]

In der von Hessen lehnsabhängigen geteilten *Grafschaft Wittgenstein* stieß der weibliche Einfluß deutlich an seine Grenzen.[25] Graf Johann VII. von Wittgenstein-Berleburg (1517–1551) ging im Oktober 1534 mit der evangelischen *Gräfin Margarete von Henneberg-Schleusingen* († 1546) eine zweite Ehe ein. Die Gräfin entstammte einem gefürsteten, aber verarmten thüringischen Grafengeschlecht. Sie hatte als Nonne einem Kloster ihrer Heimat angehört, das ebenso wie das elterliche Stammschloß in den Stürmen des Bauernkrieges in Schutt und Asche gesunken war. Luther widerriet den Schwestern den Wiederaufbau des Klosters. Die junge 24jährige Gräfin, die sich bereits in der Heimat mit ihrer Familie Luther angeschlossen hatte, war mit echt weiblicher Zielstrebigkeit bemüht, ihren nach wie vor altgläubigen, konservativen Gatten für die neue Lehre zu gewinnen. „Mit freundlichen, lieblichen Worten", so schreibt der damalige Berleburger Amtsschultheiß Georg Cornelius, „lockte sie iren Herrn, daß ire Gnaden iren Herrn mit der Zeit und von Tage zu Tage gewan, daß ire Gnaden ein guter Christ ward und Gottes Wort liebgewann und ließ keine Meße mehr halten, weder lesen noch singen, sondern nach dem Evangelio."[26] In der Tat ließ Graf Johann noch im Jahre 1534

---

[24] *Schröer* 449.
[25] Ebd. 208ff.
[26] W. Hartnack (Hg.), Die Berleburger Chroniken des Georg Cornelius, Antonius Crawelius und Johann Daniel Scheffer: Wittgenstein. Blätter des Wittgensteiner Heimatvereins, Beiheft 2 (1964) 51.

in der Schloßkapelle zu Berleburg evangelischen Gottesdienst halten.
Aber damit gab sich die Gräfin nicht zufrieden. Sie wollte das ganze Berleburger Land für die Reformation gewinnen. Daher galt ihr missionarischer Eifer zunächst dem Ortspfarrer der Berleburger Residenz, Hermann Schmalz (1516–1568). Bei diesem hatte sie allerdings unerwartete Widerstände zu überwinden. Denn „der wolt in keinem Wege von der Papisterei abstehen, wolt Leib und Leben dabei lassen; und meine g. Frau, die von Henneberg, wandte großen Fleiß an den Pfaffen mit freundlichem Lokken, mit Unterrichtung göttl. Schrifft, legt ihm die Schrifft auß – aber er weiß es alles besser, wie er meinete". Als der Geistliche auf seine ungesicherte Zukunft verwies, erwiderte sie: „Ire Gnaden (der Graf) wolte i(h)n erhalten in seinen alten Tagen, er solte keinen Mangel haben, weder an essen, trinken oder Kleidunge. Ire Gnaden brachte mich (den Amtsschultheiß) auch darzu, ich mußte ab und zu gehn und Herrn Hermann zuwegen sagen, wie ire Gnaden mir deß Befehl that. Und wie er solt das Ja geben, weinete er wie ein Kindt und ward Herr Hermann noch mit der Zeit ein guter Lerer in seinen alten Tagen."[27]
Der Übertritt des Pfarrers von Berleburg hatte zweifellos eine ermunternde Signalwirkung auf die übrige Geistlichkeit. Graf Johann bereitete auch die kirchliche Neuordnung seines Landes vor, konnte sich aber trotz aller Bitten seiner Frau zur förmlichen Einführung der Reformation nicht entschließen.
Auch die Gattin des Grafen Wilhelm von Wittgenstein-Hohenstein (1517–1569), *Gräfin Johannetta von Isenburg-Grenzau* (1500–1563), seit 1522 Landesmutter in Hohenstein, drängte ihren Gatten zur kirchlichen Neuordnung.[28] Sie war die Tochter Salentins VI. von Isenburg-Grenzau und der Gräfin v. Hunoltstein, der Erbin von Neumagen, das auf diese Weise an Wittgenstein kam. Während der geistliche Bruder des Grafen, der erwähnte Kölner Domdechant Georg v. Sayn-Wittgenstein, zeitlebens besorgt war, lutherisches Gedankengut von Wilhelm fernzuhalten, suchte die Gräfin, unterstützt von ihren drei „gelehrten und trefflichen Söh-

---

[27] Ebd. 31.
[28] *Hamelmann* (W) 856.

nen", ihren Gatten „mit täglichen Bitten, frommen Mahnungen und endlosen Auftritten" zu bewegen, dem Wittgensteiner Land nicht länger die Segnungen der lutherischen Religion vorzuenthalten. Aber der Graf ließ sich nicht erweichen. Erst nach der Wiedervereinigung der beiden Landesteile, die durch den Tod des erbenlosen Grafen Johann (1551) mit Zustimmung der hessischen Regierung – der Landgraf befand sich in der Gefangenschaft des Kaisers – ermöglicht wurde, nahm Wilhelm die lutherische Reform der Grafschaft in Angriff, die er 1555, während in Augsburg über den Religionsfrieden verhandelt wurde, gleichsam in letzter Stunde durch eine Kirchenordnung besiegelte. Nicht die Rücksicht auf die Gräfin, sondern das landespolitische Interesse war für diesen fast überstürzten Beschluß maßgebend. Es ist bezeichnend, daß der tief in der kirchlichen Tradition wurzelnde Landesherr bereits 1558, elf Jahre vor seinem Tode, die Grafschaft seinem Sohn Ludwig übertrug, der damit einen wesentlichen Teil der Verantwortung für die kirchliche Neugestaltung des Landes übernahm.

Ähnlich wie in Wittgenstein lagen die Verhältnisse in der *Grafschaft Lippe*.[29] Zu Beginn der Reformation regierte hier Simon V. von der Lippe (1511–1536). Er war in erster kinderloser Ehe mit der Gräfin Walburga v. Bronkhorst († 1522), in zweiter Ehe mit der *Gräfin Magdalena v. Mansfeld* verheiratet. Magdalena war eine Tochter des sächsischen Grafen Gebhard VII. von Mansfeld (1478–1558) und der aus Thüringen stammenden Gräfin Margarete von Gleichen († 1567), einer Schwester der Gräfin Anna v. Hoya geb. v. Gleichen.[30] Wie sein Bruder Albrecht (1480–1560) zählte Graf Gebhard bereits zur Zeit des Wormser Reichstages (1521) zu den Gesinnungsfreunden Luthers. Auch Magdalena fühlte sich „dem Evangelium verpflichtet",[31] vermochte aber nicht ihren Gatten zur Neulehre herüberzuziehen. Noch auf dem Sterbebett 1536 ermahnte Graf Simon V. seine Kinder und das ganze Land, am alten Glauben festzuhalten. Als dann aber Philipp von Hessen als Lehnsherr und Vormund des unmündigen Erbgrafen

---

[29] *Schröer* 157ff.
[30] S. o. 346.
[31] *Hamelmann* (W) 1050: *Evangelio addicta*.

Bernhard das Land evangelisieren ließ, war sie endlich am Ziel ihrer Wünsche angelangt. Welche Autorität die lutherische Gräfin innerhalb und außerhalb der Grafschaft verkörperte, sollte sich 1532 in zwei kritischen Situationen der westfälischen Reformation zeigen, in denen sie sich als Retterin in höchster Not bewährte. Ihr Auftreten erscheint geradezu als ein klassisches Beispiel für die einflußreiche Stellung, die die fürstliche oder königliche Frau seit dem späten Mittelalter als Fürsprecherin einnahm. Die Fürsprache der Landesmutter wirkte wie ein Korrektiv gegen übertriebene Strenge oder als Bindung der Strafjustiz. Bitten frommer Edelfrauen sollten nicht unerhört bleiben. Dies war ein ungeschriebenes Gesetz. Dem straffällig gewordenen Untertan wurde das Recht eingeräumt, gewissermaßen unter den Mantel der fürstlichen Frau zu flüchten.[32] Unter diesem Gedanken standen auch die angedeuteten Ereignisse des Jahres 1532. Als das aufrührerische Lippstadt, das eigenmächtig und unter Verhöhnung der kirchlichen und weltlichen Obrigkeiten die neue Lehre eingeführt hatte, zu Beginn des Jahres 1532 durch eine militärische Blockade der beiden Stadtherren – des Grafen Simon V. und des Herzogs Johann v. Kleve – in äußerste Bedrängnis geriet, wandte sich der evangelische Stadtrat von Lippstadt mit der flehentlichen Bitte an die Gräfin Magdalena, sich bei ihrem Gemahl als gnädige „Middelersche" für die unglückliche Stadt zu verwenden. Die Gräfin kam diesem Wunsch nach und erreichte in der Tat, daß Graf Simon auf den zur äußersten Strenge entschlossenen Herzog von Kleve mäßigend einwirkte.[33]

Dramatischer verlief eine Rettungsaktion der Gräfin in Paderborn. Hier waren im September desselben Jahres in Anwesenheit des Paderborner Administrators Hermann v. Wied 17 Bürger im Zusammenhang mit der versuchten Einführung der Reformation des Landesverrats bezichtigt und zum Tode verurteilt worden. Vergeblich hatten die Frauen und Töchter der Beschuldigten, vom Klerus unterstützt, kniefällig den Administrator um Gnade gebeten. Das Blutgerüst war errichtet, die Särge standen bereit. In die-

[32] *Finke* 112f.
[33] *Schröer* 301.

ser Stunde der höchsten Not begab sich die Gräfin Magdalena, die man heimlich herbeigeholt hatte, von Fürsten, Grafen und Herren begleitet, auf das Rathaus, wo sie den Administrator beschwor, Gnade walten zu lassen. Tatsächlich hob Hermann v. Wied die Urteile auf und schenkte den Todgeweihten das Leben.[34]
Zu den wenigen Landesherren Westfalens, die einer Ermunterung zur Förderung der neuen Lehre nicht bedurften, gehörte der Landesherr der *Grafschaft Tecklenburg-Rheda,* Konrad v. Tecklenburg (1534–1557).[35] Unter dem Einfluß des hessischen Landgrafen hatte sich der „tolle Kord" bereits um die Mitte der zwanziger Jahre für Luther entschieden. Er heiratete 1527 die lutherische Cousine Philipps von Hessen, *Mechthild von Hessen.* Der Vater Mechthilds war der Landgraf Wilhelm I. von Hessen (1483–1515), ein Oheim Philipps, ihre Mutter Herzogin Anna von Braunschweig († 1520). Mechthild hatte von 1493 bis 1526 dem Konvent des hessischen Augustiner-Chorfrauenstifts in Weißenstein bei Kassel angehört.[36] Aus der Ehe ging als einziges Kind die Erbtochter Anna hervor, die sich 1553 mit dem Grafen Everwin III. von Bentheim und Steinfurt (1553–1562) vermählte und diesem nach dem Tode ihres Vaters (1557) auch Tecklenburg und Rheda zubrachte. Während Konrads Frau Mechthild im Zusammenhang mit der Protestantisierung der Herrschaft Rheda und der Grafschaften Tecklenburg und Lingen keine Erwähnung findet, spielte ihre Tochter Anna in den sechziger Jahren, wie wir sehen werden, als Regentin des ausgedehnten Bentheim-Tecklenburgischen Territoriums nicht zuletzt in konfessioneller Hinsicht eine bedeutende Rolle.

---

[34] Näheres in Bd. 2 meiner westfälischen Reformationsgeschichte.
[35] *Schröer* 184ff.
[36] Bruder Göbel aus dem regeltreuen, bürgerlichen Augustiner-Chorherrenstift Böddeken im Bistum Paderborn, der auf Weisung des Bischofs Erich am 18. Mai 1527 die Hochzeitsgäste mit 80 Reitern auf der Durchreise einquartieren und bewirten mußte, nennt in seinem Tagebuch die Braut „eine alte hochmütige Nonne". Keiner der Gäste habe ihm ein Wort des Dankes gegönnt. In dieser Notiz kommt sowohl die Kluft zwischen Bürgertum und Adel als auch die Verachtung zum Ausdruck, die regeltreue Konvente „verlaufenen" Mönchen und Nonnen gegenüber empfanden. *Schröer* 185 Anm. 36.

Kein westfälisches Territorium verdankt in der Tat seinen Landesgräfinnen in so hohem Maße die lutherische Neugestaltung des Kirchenwesens wie die *Grafschaft Bentheim-Steinfurt*. Der Vater Everwins III., Arnold I. von Bentheim-Steinfurt (1530–1553), war in seinen religiösen Auffassungen betont konservativ. Er hatte in zweiter Ehe die *Gräfin Walburg v. Brederode* († 1567) geheiratet, die einem angesehenen katholischen Adelsgeschlecht der Niederlande entstammte. Dennoch ist „die Grefin fürnemlich eine anfengerin gewesen der Kirchenreformation in der Graffschaft Bentheim".[37] Mit der religiösen Aktivität dieser Frau hatte es seine besondere Bewandtnis. Am Bentheimer Hof wirkte zu Beginn der vierziger Jahre „ein rhetorisch höchst begabter, geistvoller, sehr belesener und gebildeter" Kaplan namens Johannes van Loen. In den Jahren 1542/43, als auch die Oberhirten von Köln und Münster sich immer deutlicher der Reformation näherten, „begann van Loen am Hof mal versteckt mal offen für das neue Evangelium zu werben, die päpstliche Lehre anzugreifen und als erschreckende Ketzerei und krassen götzendienerischen Mißbrauch zu kennzeichnen und dies alles mit wirkungsvollen Worten derart pathetisch vorzutragen, daß viele am Hof durch seine Predigten tief beeindruckt wurden".[38]

Der Graf, „ein von Natur religiöser, der päpstlichen Religion eifrig und fromm ergebener Mann",[39] tolerierte zwar die Predigten, spendete ihnen aber kein Lob. Die Gräfin dagegen war von der neuen Lehre hellauf begeistert. „Sie folgte", wie Hamelmann schreibt,[40] „der Anregung des Kaplans und las aufmerksam die Texte der Evangelisten und des hl. Paulus über den Gebrauch der Eucharistie unter beiden Gestalten und erkannte bald den Irrtum der Papisten". Der Kaplan erläuterte seiner Herrin auch die Paulustexte über die Rechtfertigung des Menschen allein aus dem Glauben. Erst jetzt wurde der Gräfin bewußt, „in welchem Dunkel sie bislang gelebt hatte und in welchem Irrtum alle Päpstli-

---

[37] Vita Arnoldi in Bentheim ab Ao. 1554 ad Ann. 1606 = Das Leben des Grafen Arnold von Bentheim 1554–1606. Nach den Handschriften hg. von K. G. Döhmann (1903) 1.
[38] *Hamelmann (W)* 784.
[39] Ebd.
[40] Ebd. 785.

chen befangen sind". Schließlich las Walburga auch noch die Zeugnisse der Schrift „über unseren einen und einzigen Mittler und Fürsprecher beim Vater, Christus, und verwarf gänzlich die im Papsttum übliche Anrufung der Heiligen". Sie brach mit der römischen Kirche und nahm die Lehre Luthers an.
Von nun an kannte die Gräfin kein anderes Ziel, als ihren Ehegatten für die neue Lehre zu gewinnen. „Sie hörte nicht auf, ihren Herrn und Gemahl, ob gelegen oder ungelegen, bei Tag und bei Nacht, oft unter Tränen zu bitten, zu mahnen und zu beschwören", ihrem Beispiel zu folgen. „Sie wiederholte im Gespräch mit dem Grafen immer wieder die erwähnten Paulustexte, durch die sie selbst zur Konversion gelangt war. Sie ermunterte ihren Heroen und Herrn Arnold zur Lektüre der Schrift, damit er, gleichsam im Gewissen überwunden, endlich Ruhe finde." Dem missionarischen Trommelfeuer der Gräfin gelang es in der Tat, ihren Mann 1544 zur lutherischen Neugestaltung des Kirchenwesens in Bentheim-Steinfurt zu bewegen, zumal Graf Arnold sich überzeugen mußte, daß auch die meisten Seelsorger seiner Territorien, darunter solche, die sein uneingeschränktes Vertrauen besaßen, dem Werben van Loens bereits erlegen waren. Weder der Graf noch seine Söhne Everwin und Arnold scheinen in der neuen lutherischen Glaubenswelt eine religiöse Heimat gefunden zu haben. Die Gräfin dagegen überließ sich im Überschwang ihrer religiösen Gefühle gänzlich der Führung durch den zum Radikalismus neigenden Hofkaplan. Als van Loen eines Tages – wie die örtliche Tradition zu berichten weiß[41] – mit Zustimmung seiner Herrin ein Kreuz im Bentheimer Wald, das im gräflichen Hause seit alters hoch verehrt wurde, nach Art reformierter Bilderstürmer niederriß, erregte er durch diesen Frevel den heftigen Zorn des Grafen, der ihn davongejagt hätte, wenn nicht Gräfin Walburg für ihn eingetreten wäre.
Nach dem Tode des alten Grafen (1553) trat, wie erwähnt, dessen 17jähriger Sohn Everwin III. (1553–1562) die Nachfolge in der *Grafschaft Bentheim* an.[42] Im selben Jahre heiratete der noch tief

---

[41] J. C. *Möller*, Geschichte der vormaligen Grafschaft Bentheim (1879) 287. 233 Anm.
[42] *Schröer* 205.

im Glauben der Väter wurzelnde Everwin die Tochter Konrads v. Tecklenburg, die erwähnte *Gräfin Anna v. Tecklenburg-Rheda*, Erbin der Tecklenburger Territorien und überzeugte Anhängerin der neuen Lehre. Das allzu frühe Eheglück zerbrach jedoch nach wenigen Jahren angeblich an den krassen Gegensätzen in den Fragen der Religion. Der Ehestreit nahm solche dramatischen Formen an, daß Everwin sich entschloß, seine Frau aus seiner Umgebung zu verbannen und in der Tecklenburger Residenz zu internieren. Der Graf, der offenbar eine stille Rekatholisierung seiner Länder begünstigte, ließ es zu, daß Mönche und Nonnen in ihre Klöster und Stifte zurückkehrten. Er duldete es, daß der ehemals altgläubige Klerus des Tecklenburger Landes sich in Lehre und Kult wieder dem alten Glauben näherte und die lutherische Kirchenordnung zunehmend ignorierte. Die Tecklenburger Burgmänner erhoben gegen diese Tendenzen Einspruch und forderten 1561 die Einführung der maßvollen Brandenburg-Nürnbergischen Kirchenordnung von 1533.

Der an Tuberkulose erkrankte Graf starb 1562 im Alter von 26 Jahren. „Die gräfliche Witwe aber, Gräfin Anna, von Kaiserlicher Majestät zugelassene Vormünderin, hat das *Regiment* der beiden Grafschaften Bentheim und Tecklenburg samt der Herrschaft Rheda, in der Folgezeit nach dem Absterben des Herrn Arnold Graf zu Steinfurt auch die Grafschaft Steinfurt und die Herrlichkeit Wevelinckhoven gleichermaßen angenommen und bis zu ihres (achtjährigen) Sohnes Herrn Arnold mündigen Jahren behalten."[43] Anna beeilte sich, den Reformbeschluß der Tecklenburger Landstände von 1561 auszuführen und berief zu diesem Zweck den aus Utrecht stammenden Hermann Macharöpäus (Meßmacher) als Hofprediger. Binnen kurzem herrschte in fast allen Tecklenburger Gemeinden wieder ein aktives evangelisches Kirchenleben. Der Hofprediger verfaßte 1562 im Auftrage der Regentin eine (heute verschollene) Kirchenordnung. Als er im Einvernehmen mit der Gräfin öffentlich auf der Kanzel calvinistische Ideen vertrat, protestierte das Volk. Macharöpäus wurde 1565 auf Verlangen der Landstände entlassen. Aber die große von der Grä-

---

[43] Vita Arnoldi 9.

fin eingeleitete Wende vom lutherischen zum reformierten Bekenntnis war durch diese Maßnahme nicht mehr aufzuhalten.
In der *Grafschaft Bentheim* übernahm der zweite Sohn Arnolds I. von Bentheim, Graf Arnold III. von Steinfurt (1538–1566), die Nachfolge.[44] Er heiratete 1561 „die durchleuchtige Fürstin" *Magdalene von Braunschweig-Lüneburg*, eine Tochter des Herzogs Ernst des Bekenners von Braunschweig-Lüneburg (1497–1546). Gestützt auf die Macht des lutherischen Herrscherhauses konnte die kleine Grafschaft es jetzt wagen, letzte altgläubige Bastionen der Stadt zu stürzen. Der tolerante Graf Arnold I. hatte bei der Einführung der Reformation (1544) den Johannitern in Burgsteinfurt, die beim alten Glauben bleiben wollten, die dortige ihnen unterstehende Große Kirche belassen. Aber nun war die Stunde zum Handeln gekommen. Wiederum erwies sich die Landesherrin als die treibende Kraft. Die junge Gräfin „war durch ihren christlichen eiffer eine fürnehme ursach, das die Pfarrkirche zu Steinfurt auß der Johanniter handt gekommen, die Päbstliche religion und caeremonien abgeschaffet und die Lüneburgische Kirchencaeremonien eingeführt worden".[45] Auf Pauli Bekehrung am 25. Januar 1564 enthob der Graf den bisherigen Johanniterprior und Kirchherrn der Burgsteinfurter Pfarrkirche seines Amtes und ernannte den Prediger Mag. Johannes Bodenburg, den seine Gattin aus Celle mitgebracht hatte, zum Superintendenten und Pfarrer der Großen Kirche von Burgsteinfurt. Dieser von der Gräfin inspirierte Akt begründete das Steinfurter Reformationsfest, das noch heute alljährlich am 25. Januar von der lutherischen Bevölkerung Burgsteinfurts gefeiert wird.
Die Gräfin erntete jedoch für ihren reformatorischen Eifer wenig Dank. Als ihr Mann 1566 nach fünfjähriger Ehe ohne einen männlichen Erben starb, fiel Steinfurt wieder an Bentheim, wo die Witwe ihres Schwagers, die erwähnte Gräfin Anna von Bentheim-Tecklenburg, seit 1562 für ihren unmündigen Sohn Arnold das Regiment führte.[46] Gräfin Magdalene wurde 1567 auf Empfehlung der Landschaft mit einer Geldsumme von 20 000 Rtlrn abge-

---

[44] *Schröer* 206f.
[45] Vita Arnoldi 8 und Anm. 5.
[46] S. o. 357f.

funden. Sie kehrte in ihre Heimat zurück, obwohl „sie gerne im lande geplieben und (dort) ihr leben geendiget hette".[47]

III.

Als Ergebnis unserer Darstellung ist festzuhalten, daß in den weltlichen Territorien Westfalens zur Zeit der Reformation die jüngeren Landesgräfinnen, die durchweg evangelischen oder lutherfreundlichen Häusern außerhalb Westfalens entstammten, auf die konfessionelle Haltung ihrer regierenden Ehemänner in lutherischem Sinne Einfluß zu nehmen suchten. Von einigen Ausnahmen abgesehen, gelang es der unbeirrten Zielstrebigkeit der Ersten Dame des Landes, ihren religiös konservativen Ehegatten für die kirchlichen Neuerungen zu erwärmen, zur Berufung lutherischer Prediger zu bewegen und mit der Verkündigung des neuen Evangeliums in einigen Pfarrkirchen des Landes die Reformation einzuleiten. So ging in Westfalen der erste Anstoß zur lutherischen Ausrichtung des Grafenhauses und des Territoriums in der Regel von der Gattin des Landesherrn aus, wenn auch der förmliche Anschluß der Grafschaft an die Reformation vielfach noch lange auf sich warten ließ.

Außer in der Grafschaft Rietberg, wo die Gräfin gegen den wütenden Protest der Bürger und Bauern dem erstgeborenen Erbgrafen die alleinige Nachfolge im Territorium streitig machte, erfreuten sich die evangelischen Landesmütter der Zuneigung und Liebe des Volkes. Verfassungsrechtlich ohne politische Zuständigkeit, besaßen sie in der Regel eine starke *moralische Autorität*, die sie gegebenenfalls in religiösen und politischen Notlagen auf Wunsch ihrer Glaubensgenossen sowohl im eigenen Lande als auch jenseits der Grenzen zugunsten der reformatorischen Bewegung ein-

---

[47] Vita Arnoldi 9. Eine Parallele zu den hier genannten einflußreichen evangelischen Frauen stellt auf katholischer Seite Maria von Jülich-Berg, die Erbin von Jülich, Berg und Ravensberg dar, die den Herzog Johann von Kleve (1511–1539) heiratete und in ihren Erblanden Mitregentin wurde. Die von Nuntius Vergerio als „lebhaft und energisch" gekennzeichnete Dame bestärkte ihren Gatten im Widerstand gegen die „lutherische Häresie". Gemeinsam mit dem Herzog gebot sie 1524/25 dem Rat der Stadt Wesel in mehreren Mandaten, endlich „die falsche Ketzerei abzustellen." Schröer 492.

setzten. Manche evangelische Landesgräfin bewährte sich im Konfliktsfall als wirksame Vermittlerin zwischen Volk und Landesherrn. Diese wichtige Rolle setzte nicht nur menschliche Integrität, sondern auch geistige Reife und politische Einsicht und Urteilsfähigkeit voraus. Wenn diese Eigenschaften in hohem Maße gegeben waren, trugen die verantwortlichen Stellen keine Bedenken, verwitweten Landesgräfinnen bis zur Großjährigkeit des Erbgrafen auch das höchste Amt in der politischen Hierarchie, die Regentschaft, zu übertragen, wie wir es in Rietberg und Bentheim-Tecklenburg beobachten konnten.
Der Einsatz der westfälischen Landesmütter für die reformatorische Bewegung ist unbestreitbar. Wenn wir aber nach dem *Motiv* dieser Aktivität fragen, ist eine schlüssige Antwort nicht ganz leicht. Es wäre zu einfach, nur auf den weiterwirkenden Geist des lutherischen Elternhauses zu verweisen, da ja beispielsweise in Bentheim und Lippe auch die aus altgläubigen Familien stammenden Gräfinnen nach ihrem Übertritt zu leidenschaftlichen Verfechterinnen der Reformation wurden. Gräfin Anna von Lippe, die im klevischen Elternhaus unter Protest die Bitterkeit totaler Bevormundung und persönlicher Unfreiheit erfahren hatte, dürfte durch die Parole von der „Freiheit des Christenmenschen" in die lutherische Richtung gedrängt worden sein. In Bentheim scheint sich der lutherische Enthusiasmus der Gräfin Walburg an der Person des jungen Predigers van Loe entzündet zu haben. Da aber die Mehrzahl der westfälischen Landesgräfinnen bereits vor ihrer Vermählung lutherisch oder lutherfreundlich war, läßt sich über ihren individuellen Zugang zur Reformation nur spekulieren.
Vielleicht übte das von der Reformation entwickelte Frauenideal auf die Landesgräfinnen eine attraktive Wirkung aus. Man hat mit Recht darauf hingewiesen, daß Luther, indem er das Verhältnis von Glaube und Werk neu bestimmte, dem Wirken der Frau in allen Ständen und Berufen, von der Magd bis zur Königin, eine neue Würde gegeben habe. Aber darf man voraussetzen, daß die adlige Frau trotz guter Ausbildung schon damals fähig war, diese uns heute geläufigen theologischen Gedanken auf sich selbst anzuwenden? Es ist bekannt, daß Luther der fürstlichen Frau, die sich für das neue Evangelium einsetzte, seine besondere Reverenz erwies. Der verwitweten Herzogin Margarete von Braunschweig-Lüneburg († um 1533/35), Tochter des westfälischen Grafen Jo-

hann v. Rietberg (1472–1516) und Schwester des Bischofs Konrad von Osnabrück (1482–1508) und Münster (1497–1508), widmete Luther 1519 wegen ihrer „Andacht zu der heiligen Schrift" seine Sermones von der Buße, Taufe und Eucharistie.[48] Aber diese höfliche Geste sagt über Luthers grundsätzliche Einstellung zur Frauenfrage wenig.

Aufschlußreicher und konkreter sind die mehrfachen Äußerungen Luthers zu diesem Thema in seinen Tischgesprächen, die die Meinung des Reformators am unverblümtesten zum Ausdruck bringen.[49] Diesen Bemerkungen ist zu entnehmen, daß für Luther die *Einordnung der Frau in Ehe und Familie* schlechthin entscheidend war. Die Ehe ist der „Stand" der Frau, die Familie ihr Wirkungsfeld.[50] In dieser Bewertung, die der allgemeinen Auffassung der Zeit weitgehend entsprach, gibt es für Luther hinsichtlich der adligen und bürgerlichen Frau keinen Unterschied. Von einer Gleichberechtigung von Mann und Frau will Luther nichts wissen. Im Gegenteil, er schildert – zum Teil mit drastischen Worten und Bildern – die gottgewollte körperliche und geistige Unterlegenheit der Frau gegenüber dem Mann. Er verlangt von der verheirateten Frau Häuslichkeit und Zurückhaltung, spricht ihr das Recht ab, in der Öffentlichkeit aufzutreten und das Wort zu ergreifen, ironisiert die Geschwätzigkeit mancher Frauen einschließlich seiner eigenen Frau Käthe und bezeichnet es als die wichtigste Aufgabe des Weibes, „Kinder zu gebären und zu erziehen und die Hauswirtschaft zu betreuen. Denn dazu sind die Frauen von Gott erschaffen, daß sie ihren Männern untertan seien, sie erfreuen und durch ihr Mitgefühl unterstützen"[51].

---

[48] WA 2, 713–723. 727–737. 742–758. Vgl. auch *Stupperich* 206: W. *Leesch*, Die Grafen von Rietberg aus den Häusern Arnsberg und Ostfriesland, in: WZ 113 (1963) 21 und 25.

[49] WA Tr Nr. 3. 12. 55. 4081. 52. 10.

[50] Vgl. auch WA 43, 18ff. Luther lobt andererseits den „Gnadenstand" der Ehelosen: Ebd. 8, 302. 498. 575. S. auch Luthers Wohlwollen gegenüber den Herforder Fraterherren und den dortigen Schwestern vom gemeinsamen Leben: *Schröer* 327ff.

[51] WA Tr Nr. 12. Wie Melanchthon und Calvin, aber auch die alte Kirche, zweifelte Luther nicht im mindesten an der Dämonie des Hexenglaubens, der die Frau der tiefsten Erniedrigung und unmenschlichen Quälereien auslieferte. Vgl. WA Tr Nr. 3491. 3953. 3969. 3979. 5027. 5286.

Es ist schwer vorstellbar, daß dieses lutherische Bild von der Frau, sofern es überhaupt zur Kenntnis der Zeitgenossen gelangt ist, auf die westfälischen Landesgräfinnen, die in ihren Territorien eine angesehene Stellung einnahmen, besonders anziehend gewirkt hat.[52] Wie dem auch sei, dies eine dürfte feststehen, daß die Haltung der Landesmütter zur reformatorischen Bewegung kaum durch politische, um so mehr durch menschliche und religiöse Beweggründe bestimmt wurde. Die Gräfinnen betrachteten sich, aus welchen Gründen auch immer, als Sendbotinnen des neuen Evangeliums.

Wenn wir abschließend die Frage stellen, ob die Reformation ohne die beharrliche Initiative der Landesgräfinnen in den weltlichen Territorien Westfalens unterblieben wäre, so müssen wir mit einem eindeutigen Nein antworten. Auch in den Ländern jener Grafen, die sich zunächst aus religiösen Gründen dem reformatorischen Einfluß ihrer Frauen verschlossen – man denke an Wittgenstein –, siegte schließlich die Reformation und zwar aus Gründen der Landesräson. Kein westfälischer Territorialherr war nach 1555 noch bereit, seines ererbten Glaubens wegen auf die materiellen, politischen und verfassungsrechtlichen Vorteile zu verzichten, die ihm die lutherische Landeskirche bot,[53] wie überhaupt in den westfälischen Territorien für die Einführung der Reformation letztlich nicht das religiöse, sondern das politische Motiv entscheidend war. Diesem gewinn- und machtorientierten Denken der westfälischen Landesherren eine deutliche spirituelle Komponente beigefügt zu haben, ist ein Verdienst der lutherischen Landesgräfinnen – und gewiß nicht das geringste.

---

[52] Tiefergreifende Wandlungen des Frauenbildes im Sinne einer Partnerschaft von Mann und Frau sind erst im 17. Jh. vom Pietismus ausgegangen.
[53] Der Herzog von Kleve, der sich seit den siebziger Jahren wieder ohne Einschränkung dem alten Glauben zuwandte, war ohnehin „Papst in seinen Ländern", abgesehen davon, daß seine westfälischen Territorien längst zum lutherischen Bekenntnis übergegangen waren.

19. Der Erwerb der kirchlichen Jurisdiktion im Niederstift Münster durch Christoph Bernhard von Galen 1668*

In seinen grundlegenden Osnabrücker Studien und Vorarbeiten zum Historischen Atlas Niedersachsens weist Joseph Prinz, dem ich diesen Beitrag als bescheidene Geburtstagsgabe in herzlicher Verbundenheit widme, auf die einschneidende Bedeutung hin, die der 1667/68 zugunsten des Bistums Münster geleistete Verzicht des Osnabrücker Domkapitels auf die geistliche Jurisdiktion im Niederstift Münster für die pastorale Struktur des Bistums Osnabrück hatte.[1] In der Tat, was für Münster in kirchlicher Hinsicht einen großen Gewinn bedeutete, war für das kleinere Osnabrück zweifellos ein herber Substanzverlust.

Die Vorgeschichte dieses wichtigen Rechtsaktes, der dank der Initiative Galens und der Einsicht des Osnabrücker Domkapitels möglich wurde, bedarf noch in manchem der Aufhellung. Zwar sind in dem bisherigen Schrifttum zu dieser Frage die einschlägigen Bestände des Bistumsarchivs Münster und der Staatsarchive Münster, Osnabrück und Oldenburg herangezogen worden[2], aber man vermißt die Auswertung der vatikanischen Quellen, die um so weniger zu entbehren sind, als seit dem beginnenden 17. Jahrhundert allein fünf Päpste mit der pastoralen und rechtlichen Problematik des Niederstifts befaßt worden sind. Soweit diese Vorgänge in der Korrespondenz Christoph Bernhards von Galen mit der römischen Kurie ihren Niederschlag gefunden haben, soll ihr

---

* Westfalen 51 (1973) 254–260. (Festschrift Joseph Prinz.)

[1] J. *Prinz*, Das Territorium Osnabrück (Veröffentlichungen der historischen Kommission für Hannover, Oldenburg, Braunschweig, Schaumburg-Lippe und Bremen. Studien und Vorarbeiten zum Historischen Atlas Niedersachsens) 15 (1934) 61f.

[2] Ein umfassendes Literaturverzeichnis bringt W. *Schwegmann*, Die Visitationen im Niederstift Münster durch die Generalvikare Dr. Johannes Hartmann und Lic. theol. Petrus Nikolartius in den Jahren 1613–1631. Ein Beitrag zur Geschichte der Gegenreformation im Bistum Münster (Phil. Diss., Münster 1950, masch.) 131–134. Außerdem ist hinzuweisen auf P. *Berlage* u. a.: Handbuch des Bistums Osnabrück (1968) 52 (Beitrag von L. *Niehus*) und H. *Schlömer*, 300 Jahre beim Bistum Münster (1968).

Der Erwerb der kirchlichen Jurisdiktion

Inhalt hier als ein erster Beitrag zum Ausgleich des Quellendefizits mitgeteilt werden.³

Die Bischöfe des ausgehenden Mittelalters versahen ein Doppelamt. Sie waren Oberhirten des Bistums und Landesherren des Hochstifts. Dabei ist zu beachten, daß Bistum und Hochstift sich im allgemeinen räumlich nicht deckten. So amtierte der Bischof von Münster in Ostfriesland als Oberhirt, nicht aber als Landesfürst, während er umgekehrt im Niederstift Münster landesherrliche, nicht aber bischöfliche Rechte ausübte. Im Oberstift Münster war er Bischof und Landesherr zugleich. Die Bischöfe des Spätmittelalters verstanden sich in erster Linie als Landesherren. Sie betrachteten es als ihre vornehmste Pflicht, das ihnen anvertraute Territorium zu sichern und zu mehren. Das geistliche Amt trat dementsprechend zurück.

Dieses Bild änderte sich bereits in der zweiten Hälfte des 15. Jahrhunderts, besonders aber im Zeitalter der katholischen Reform und der Gegenreformation. Von nun an sehen wir auf vielen Bischofsstühlen wieder Männer, die, vom tridentinischen Geist geformt, auch ihre kirchlich-pastoralen Aufgaben ernst nehmen. Die mit dem Bischofsamt verbundene geistliche Jurisdiktion, die von den Ordinarien so lange vernachlässigt worden war, wurde wieder als kostbarer Besitz empfunden. Auf diesem Hintergrund wird die kirchengeschichtliche Bedeutung der langwierigen und zähen Auseinandersetzung der Reformbischöfe von Münster und Osnabrück um das *ius ecclesiasticum* im Niederstift erkennbar.

Das im heutigen Land Niedersachsen gelegene ehemalige Niederstift Münster, das durch eine schmale Landbrücke längs der Ems mit dem Oberstift verbunden war, gehörte seit 1252 bzw. 1400 politisch zum Hochstift Münster, kirchlich zum Bistum Osnabrück. Es bestand aus den Ämtern Meppen (Emsland), Cloppenburg und Vechta, die in den vierziger Jahren des 16. Jahrhunderts durch Franz von Waldeck protestantisiert wurden.⁴ Die kirchliche

---

³ Es sei jedoch ausdrücklich bemerkt, daß dieser Beitrag die vatikanischen Quellen keineswegs ausschöpft. Die hier zitierten Briefe finden sich in: A. Schröer (Hg.), Die Korrespondenz des Münsterer Fürstbischofs Christoph Bernhard v. Galen mit dem Heiligen Stuhl: WS 5 (1972).

⁴ Zeitweilig gehörten auch die Herrschaften Delmenhorst (1428–1547) und Wildeshausen (1523–1658) zum Niederstift. In den Gemeinden

Betreuung dieses Gebietes litt seit altersher unter der Gewaltenteilung. Die Ausübung der geistlichen Jurisdiktion lag vorwiegend bei den Osnabrücker Archidiakonen, die zur Durchsetzung ihrer Maßnahmen nicht selten des weltlichen Armes der münsterischen Beamten bedurften. Diese Abhängigkeit der geistlichen Gewalt von der weltlichen war eine der nie versiegenden Quellen des Streites.

Am einfachsten lösten sich die Schwierigkeiten, wenn beide Bistümer wie zur Zeit Bischof Franz von Waldecks (1532–1553) in einer Hand vereinigt waren. Als es 1553 wegen der Behandlung der causa mixti fori zu Auseinandersetzungen zwischen den beiden Hoheitsträgern des Niederstifts kam, erteilte Bischof Franz den münsterischen Beamten den gemessenen Befehl, künftig die Weisungen der größtenteils lutherischen Archidiakone zu respektieren.[5] Aber damit war das Problem nicht aus der Welt geschafft. Im Gegenteil: Die durch die Glaubenswirren hervorgerufene Verunsicherung der kirchlichen und politischen Führung beider Bistümer begünstigte in der Folgezeit geradezu gegenseitige Übergriffe und Provokationen. Die Klagen der Archidiakone nahmen kein Ende.

Eine völlig neue Lage entstand mit dem Regierungsantritt des Münsterer Reformbischofs Ferdinand von Bayern (1612–1650). Nachdem im Niederstift seit etwa 80 Jahren die Confessio Augustana gegolten hatte, benutzte Ferdinand 1613 die Gelegenheit seiner Huldigungsreise durch das „Emsländische Quartier", um dort kraft des Reformationsrechtes das katholische Bekenntnis zur Landesreligion zu erheben. Er kündigte eine allgemeine Visitation des Niederstifts an, deren Durchführung er seinem Generalvikar Dr. Hartmann übertrug. Einer Abordnung des Osnabrücker Domkapitels ließ er ausrichten, er beabsichtige nicht, die dem Bis-

---

Damme-Neuenkirchen und Goldenstedt-Twistringen waren die Grenzen lange Zeit umstritten. Die Pfarrei Twistringen im Bistum Minden, die politisch als Exklave des Niederstiftes zu Münster gehörte, wurde nach Auflösung des Bistums Minden (1648) Osnabrück zugeteilt und später zum Dekanat Vechta gerechnet. *Börsting-Schröer*, Handbuch des Bistums Münster I, 370f. Zur politischen Entwicklung des Niederstifts im einzelnen s. *Schwegmann* 1ff.
[5] BA Münster, Geistliche Verordnungen II A 1a. *Schwegmann* 36f.

tum Osnabrück zustehende geistliche Jurisdiktion anzutasten, er hoffe aber, daß das Domkapitel zu einer fruchtbaren Zusammenarbeit mit ihm bereit sei.[6]
In dieser Hoffnung sah sich der Fürstbischof jedoch getäuscht. Die Generalvisitation wurde durch immer neue Vorstellungen und Beschwerden des höheren Osnabrücker Klerus[7] in einem Maße gestört, daß er sich entschloß, den Heiligen Stuhl einzuschalten. Im Jahre 1616 bat Ferdinand ohne Wissen des münsterischen Domkapitels Paul V. (1605–1621), alle dem Osnabrücker Ordinarius *de iure vel consuetudine vel ex Concilii Tridentini decretis* zustehenden Rechte im Niederstift dem Bischof von Münster bzw. dessen Generalvikar zu übertragen, solange das Bistum Osnabrück ohne einen katholischen Bischof sei.[8] Rom entschied zwar in seinem Sinne, begrenzte aber die Dauer des gewünschten Indults auf drei Jahre.[9] Auf Empfehlung der münsterischen Räte und des Domkapitels sah Ferdinand jedoch von einer Veröffentlichung dieser ohnehin enttäuschenden römischen Entscheidung ab, da ihre Durchführung zwangsläufig neue größere Konflikte geschaffen hätte.[10] Wie sehr der Bischof darauf bedacht war, die ihm am Herzen liegende Rekatholisierung des Niederstifts nicht

---

[6] Visitationsprotokoll Niederstift: BA Münster, Hs. 28 Bl. 5 und 5a. *Schwegmann* 12ff. A. *Schröer*, Das Tridentinum und Münster = Das Weltkonzil von Trient. Sein Werden und Wirken, hg. von G. Schreiber, 2 (1950) 357ff.

[7] Kontroverse um die Jurisdiktion im Emsland um 1615: BA Münster, Geistliche Verordnungen II 2 A2.

[8] StA Münster, MLA 6 Nr. 4. BA Münster, Dom III A 1 a Nr. 13/1617. Die Supplik war inhaltlich von Generalvikar Hartmann vorgeschlagen worden. BA Münster, Geistliche Verordnungen II A 2. *Schwegmann* 14 und 138 Anm. 56. In Osnabrück regierte damals der lutherische Bischof Philipp Sigismund von Braunschweig-Wolfenbüttel (1591–1623).

[9] Das Original-Indult liegt nicht vor. Sein Inhalt ergibt sich aus dem Schreiben Hartmanns vom 6. 7. 1617 an Fürstbischof Ferdinand: BA Münster, Dom III 1 a Nr. 21/1617.

[10] Ebd. Nr. 24/1617; Nr. 39/1617; Nr. 40/1617. Das römische Schreiben hatte nicht nur den Osnabrücker Bischof, sondern auch sämtliche Domherren und Räte als Häretiker bezeichnet. Demgegenüber bemerkte Hartmann, daß nicht alle Archidiakone des Emslandes so genannt werden dürften. Einige wenige seien noch katholisch. *Schwegmann* 138 Anm. 60 u. 61.

III. Reform und Reformation

durch fortwährende Streitigkeiten gefährden zu lassen, zeigt die Tatsache, daß er noch 1627 in einem Schreiben an seine münsterischen Räte die Absicht äußerte, bei einer Fortdauer der Schwierigkeiten den Jurisdiktionsstreit durch neutrale Gelehrte oder das Votum einer Universität schlichten zu lassen.[11] Es kam jedoch nicht mehr dazu.

Fünf Jahre später erhielt Osnabrück in der Person des Kardinals Eitel Friedrich von Hohenzollern-Sigmaringen (1623–1625) einen neuen katholischen Bischof, der seinerseits im Hochstift Osnabrück eine grundlegende Reform ins Werk setzte.[12] Ihm folgte der verdienstreiche und hochangesehene Franz Wilhelm von Wartenberg (1625–1661), der die Erneuerungsbestrebungen seines Vorgängers entschlossen fortsetzte.[13] Diese Aufbauarbeit wurde 1633 durch den Einmarsch der Schweden in das Hochstift Osnabrück unterbrochen. Wartenberg begab sich wieder nach Köln, wo er 1621 am Hofe des Kurfürsten Ferdinand von Bayern als Obersthofmeister und Premierminister seine politische Laufbahn begonnen hatte.

Von hier aus berichtete Bischof Franz Wilhelm 1641 Urban VIII. (1623–1644) in einer Statusrelation auch über die Verhältnisse des Niederstifts. Der Bericht ist gekennzeichnet durch die trübe Stimmung des Exils. Die geistliche Jurisdiktion des Bischofs von Osnabrück sei in den Pfarreien des Niederstifts unter dem ständigen Druck der weltlichen Beamten des Hochstifts Münster nahezu erloschen und in der Landeshoheit aufgegangen. Diese Entwicklung habe ihren Anfang genommen unter Franz von Waldeck, der im Besitz beider Bistümer sich um die geistliche Seite seines Amtes kaum gekümmert habe. So sei das *ius ecclesiasticum* durch die münsterischen Beamten von Osnabrück auf Münster devolviert worden. Seine Bemühungen, die geistliche Jurisdiktion zurückzuerhalten, seien an dem Widerstand der münsterischen Landesverwaltung gescheitert. Fast alle Schuld treffe die Beamtenschaft. Er

---

[11] BA Münster, Geistliche Verordnungen II 2 A 2. Treibende Kraft dieser Bestrebungen war der Generalvikar Hartmann, der den Wiederaufbau des Niederstifts leitete.
[12] H. *Hoberg*, Das Konzil von Trient und die Osnabrücker Synodaldekrete des 17. Jahrhunderts, in: Das Weltkonzil von Trient II, 373.
[13] Ebd. 374ff. (Lit.).

bitte den Papst, dieserhalb an den Kölner Metropoliten zu schreiben oder den Nuntius mit der Regelung der Angelegenheit zu beauftragen.[14]
Der Bericht übertreibt. Dabei ist es nicht ohne Reiz zu beobachten, wie sorgfältig Wartenberg es vermeidet, den Metropoliten und Kurfürsten von Köln, dessen Gastrecht er genoß, durch seine Darstellung zu kränken. Denn in Wirklichkeit trugen nicht die münsterischen Beamten und erst recht nicht Franz von Waldeck die Verantwortung für das, was im Niederstift geschah, sondern einzig und allein der Fürstbischof von Münster in der Person des Kölner Metropoliten, der – gewiß mit guten Gründen – im Interesse einer geordneten Seelsorge auch in den Besitz der kirchlichen Hoheitsrechte über jene Pfarreien zu gelangen wünschte.
Ob die Kurie in der Jurisdiktionsfrage Schritte unternommen hat, entzieht sich unserer Kenntnis. Jedenfalls war zur Zeit Christoph Bernhards der Anspruch des Bischofs von Osnabrück auf die geistliche Jurisdiktion im Niederstift unumstritten. Galens Generalvikar Johannes von Alpen, der an den Überleitungsverhandlungen von 1667/68 führend beteiligt war, bemerkt, daß Christoph Bernhard wiederholt Franz Wilhelm in dieser Angelegenheit bedrängt habe. „Dieser aber zeigte sich in den Fragen der Jurisdiktion und der bischöflichen Rechte völlig unzugänglich. Er ließ sich nie zu dem Zugeständnis bewegen, daß seine Diözese, deren Grenzen unlängst durch den Westfälischen Frieden bereits eingeengt worden sind, noch mehr beschnitten würden."[15] Wartenberg

---

[14] Konzilskongregation Rom: Status Ecclesiarum Osnabrugensis, Mindensis et Verdensis 1641, Bl. 13f.: *Jurisdictio spiritualis extra Territorium Osnabrugense a Catholicorum Administratorum studio fere omnis evanuit et cum saeculari confusa est. Nam Franciscus primus [de Waldeck], de quo supra, cum simul Monasterium cum Osnabrugo teneret, neglecto iure ecclesiastico, quod Osnabrugum in Emslandia habebat, illud ad Monasteriensem Episcopatum devolvit, omnia per speculares istius Episcopatus officiales faciendo, neque hactenus eius restitutionem obtinere potui (quae fere officialium culpa est), ut necesse sit, a Sanctitate Vestra eadem ad Serenissimum Electorem Coloniensem scribi vel commissionem Nuncio suo dari.*
[15] J. *Alpen*, Decadis de vita et rebus gestis Christophori Bernardi ... II (1703) 61. Vgl. *Prinz* 62. Wartenberg hatte durch den Westfälischen Frieden außer Osnabrück alle Bistümer verloren.

370 III. Reform und Reformation

kannte – aus seiner Sicht durchaus verständlich – in der Jurisdiktionsfrage keinen Kompromiß.
Diese Haltung war um so belastender, als der Westfälische Frieden unterdessen zusätzliche Schwierigkeiten geschaffen hatte. Die capitulatio perpetua Osnabrugensis, die 1647 in Osnabrück beschlossen und in den folgenden Nürnberger Verhandlungen (1650) näher bestimmt worden war, sah nämlich im Hochstift Osnabrück u. a. die alternatio perpetua katholischer Bischöfe und weltlicher Fürsten aus dem lutherischen Hause Braunschweig-Lüneburg vor. Diese verfassungsrechtlich merkwürdige Konstruktion, die erstmals den Gedanken einer konfessionellen Parität verwirklichte, ging als Art. 13 in das Instrumentum pacis Osnabrugense ein. Unter den evangelischen Landesherren sollte die geistliche Jurisdiktion über die katholische Bevölkerung jeweils auf den Kölner Metropoliten übergehen.[16]
Galen erblickte in dieser Regelung eine Gefahr für die Osnabrükker Kirche und das Niederstift. Im Jahre 1653 schrieb er Innocenz X. (1644–1655): „Zwar blüht und gedeiht dort jetzt überall[17] dank der segensreichen Wirksamkeit meines hochverehrten Mitbruders, des Bischofs von Osnabrück (Franz Wilhelm von Wartenberg), der katholische Glaube, aber ich fürchte sehr, daß meine dortigen Untertanen in Zukunft durch die kürzlich ersonnene alternativa successio katholischer und nichtkatholischer (Bischöfe) der Gefahr des Abfalls und der Ansteckung ausgesetzt werden, dies um so mehr, als der ganze dortige Adel mit Ausnahme der einen oder anderen Familie noch der Irrlehre anhängt."[18]
Als Kardinal Wartenberg am 1. Dezember 1661 starb, erhielt Osnabrück erstmals in der Person des Herzogs Ernst August von

---

[16] K. *Zeumer*, Quellensammlung zur Geschichte der Deutschen Reichsverfassung in Mittelalter und Neuzeit (1904) 360ff. *Hoberg* 376 (Lit.).
[17] Gemeint sind die katholischen Gemeinden. Die Capitulatio sah nämlich eine Aufteilung der Pfarreien zwischen Katholiken und Lutheranern im ungefähren Verhältnis 2 : 1 vor. Von den 45 Kirchengemeinden wurden 17 den Protestanten zugesprochen, während acht neben katholischen einen lutherischen Pfarrer erhielten. *Hoberg* 376 (Lit.). Den 45 Pfarreien des Niederstifts standen 1660 etwa 170 Pfarreien des Oberstifts gegenüber. *Börsting-Schröer* 131.
[18] Konzilskongregation, Rom: Relatio Status Ecclesiae Monasteriensis Bl. 14.

Der Erwerb der kirchlichen Jurisdiktion

Braunschweig-Lüneburg (1662–1679) einen lutherischen Bischof im Sinne der capitulatio, der jedoch im Niederstift keinerlei Kompetenz besaß.

Die neue Situation der im Glauben kaum verwurzelten Osnabrücker Katholiken bereitete Alexander VII. ernste Sorge. Der Papst wandte sich daher an den Metropoliten von Köln, Max Heinrich von Bayern, *cui ea cura incumbit*[19], besonders aber an Christoph Bernhard von Galen mit der Bitte, sich der geprüften Kirche von Osnabrück anzunehmen, wann immer es notwendig sein werde.[20] Nuntius Marco Galli unterstrich in seinem Begleitschreiben die durch den Tod Bischof Wartenbergs erhöhte Gefährdung der Osnabrücker Katholiken, die den Papst beunruhige.[21]

Galen zeigte volles Verständnis für die Sorge des Papstes und benutzte die Gelegenheit seines Antwortschreibens, die in Osnabrück vorhandenen Schwierigkeiten näher zu erläutern.[22] Die Mehrheit der Osnabrücker Katholiken unterstehe territorial dem Hochstift Münster, kirchlich aber dem Bistum Osnabrück.[23] Von den früheren lutherischen Bischöfen nicht nur vernachlässigt, sondern in ihrem Glauben „bis zum Schiffbruch gefährdet"[24], seien sie durch den beispielhaften Eifer seiner Vorgänger aus dem Hause Bayern[25] gerettet und zum wahren Glauben zurückgeführt

---

[19] Alexander VII. an Galen, Rom 1662 Jan. 21: AV, Epistolae ad Principes 64 Bl. 229 (Kopie).
[20] S. Anm. 19.
[21] Marco Galli an Galen, Köln 1662 Febr. 10: StA Münster, MLA 542 g Bl. 23 (Or.).
[22] Galen an Alexander VII., Coesfeld [1622 März 7]: AV, Lettere di vescovi 46 Bl. 65–66 (Or.).
[23] S. Anm. 17.
[24] Gemeint sind die Osnabrücker Bischöfe Franz v. Waldeck (1532–1553), Heinrich v. Sachsen-Lauenburg (1575–1585), Bernhard v. Waldeck (1585–1591) und Philipp Sigismund v. Braunschweig-Wolfenbüttel (1591–1623). B. *Krusch*, Die Wahlen protestantischer Bischöfe von Osnabrück vor dem Westfälischen Frieden: MittVGOsnab 33 (1908) 217–274. In seiner Statusrelation 1653 (s. Anm. 18) nennt Galen diese Bischöfe, die den Glauben an den Rand des Untergangs gebracht hätten, *Pseudo-episcopi*.
[25] Ernst v. Bayern (1585–1612) und Ferdinand v. Bayern (1612–1650). Im Statusbericht 1653 nennt Galen mit Recht nur Ferdinand v. Bayern.

worden. Daß auch er ihnen hilfreich zur Seite stehe, verlange sowohl die Wichtigkeit der Sache als auch die pflichtgemäße Sorge für seine Untertanen. Dem Nuntius versicherte Galen, er hoffe in Osnabrück nicht minder erfolgreich zu sein wie kürzlich in der Grafschaft Lingen.[26] Dort habe der Seelsorgsklerus am letzten Weihnachtstag eine einsam gelegene Kapelle geöffnet, um in ihr mit den verängstigten Katholiken der Nachbarschaft Gottesdienst zu halten. Die Feier sei jedoch von der holländischen Besatzung aufgelöst, der Klerus aus seinen Verstecken aufgestöbert, verhaftet und in die Gefängnisse geworfen worden. Daraufhin habe er, Galen, die Behörden brieflich an die Reichsgesetze und den Westfälischen Frieden erinnert und sie derart in Schrecken versetzt, daß sie die polizeiliche Verfolgung der Katholiken einstellten und ihnen, wie er höre, bis zur Stunde die gewonnene Freiheit einräumten. Die fast ausnahmslos dem Bistum Münster angehörigen Geistlichen seien widerrechtlich und ohne Schuld aus ihren Gemeinden vertrieben und aller Einkünfte beraubt worden. Sie hielten aber dennoch bei ihren Gemeinden aus, wo sie dank seiner Unterstützung und Hilfe nicht nur die Katholiken betreuten, sondern auch durch ihr Beispiel und ihr Wissen verirrte Schafe zur Herde zurückführten. Aber nicht ihm gebühre dafür Ehre und Dank, sondern allein

---

[26] Galen an Marco Galli, Sassenberg 1622 März 7: StA Münster, MLA 542 g Bl. 26f. (Konz.). Die Grafschaft Lingen war 1633 von Spanien an die reformierten Oranier übergegangen, denen sie im Westfälischen Frieden endgültig zugesprochen wurde. Nach dem Reformationsedikt von 1649 wurde den katholischen Geistlichen der Aufenthalt in allen unter der Herrschaft der Oranier stehenden Gebieten unter strenger Strafe verboten. Sämtliche Kirchen samt ihren Besitzungen gingen in den Staatsbesitz über. Nachdem seit dem Tode des Prinzen Wilhelm II. im Jahre 1650 für ein Jahrzehnt der katholische Gottesdienst wieder geduldet worden war, setzte 1660 eine allgemeine Verfolgung der Geistlichen ein, die jedoch ihre pastorale Tätigkeit im Untergrund fortsetzte. Das hier erwähnte Eingreifen Galens ist in der Literatur unbekannt. A. *Hüsing*, Fürstbischof Christoph Bernhard von Galen (1887) 220ff. *Prinz* 61. W. *Cramer*, Geschichte der Grafschaft Lingen im 16. und 17. Jahrhundert = Veröffentlichungen des Provinzialinstituts für Landesplanung, Landes- und Volkskunde von Niedersachsen an der Universität Göttingen, RU II, Bd. 5 (1940). *Börsting-Schröer* 143.

Gott, dem Anfang, Fortschritt und Erfolg alles Guten vorbehalten sei.
Der Tod Wartenbergs hatte in Münster die Hoffnungen auf den Erwerb der geistlichen Hoheitsrechte über das Niederstift neu belebt. Galen nahm sogleich mit dem Osnabrücker Domkapitel Fühlung auf, wurde aber durch den Reichstag zu Regensburg (1663), die anschließende Ungarnexpedition (1664) und den ersten Hollandfeldzug (1665) an der weiteren Verfolgung seiner Pläne gehindert.[27]
Erst nach der Koadjutorwahl (1667) konnte er die Angelegenheit wieder aufgreifen. Unterdessen war Alexander VII., der große Förderer Galens, gestorben. Ihm folgte Clemens IX. (1667–1669). Galen sandte im September 1667 den Domthesaurar Matthias Korff-Schmising, den Bursar Goswin Droste zu Vischering und seinen Generalvikar Johannes von Alpen nach Osnabrück, wo diese mit einer Kommission des wieder in der Mehrheit katholischen Osnabrücker Kathedralkapitels, bestehend aus dem Propst Johann Werner von Leerodt, dem Dechanten Wilhelm von Winckelhausen und dem Senior Benedikt von Galen, zusammentrafen. Die Münsterer Delegation fand einen sehr aufgeschlossenen Verhandlungspartner vor. Man kam überein, daß alle Gebiete des Bistums Osnabrück, die politisch zu Münster gehörten, auch in die geistliche Zuständigkeit dieses Bistums übergehen sollten. Es waren dies die Ämter Meppen, Bevergern, Cloppenburg und Vechta. Die Zustimmung des derzeitigen Ordinarius, des Erzbischofs von Köln, sei einzuholen. Beide Verhandlungspartner sollten dem Heiligen Stuhl in Spezialsuppliken die Vorteile einer Jurisdiktionsübertragung erläutern. Der Bischof von Münster verpflichtete sich, Osnabrück für den entstehenden finanziellen Ausfall eine einmalige Summe von 10 000 Rtlrn zu zahlen. Beide Kommissionen unterzeichneten diesen Vorvertrag am 19. September 1667.[28]

---

[27] *Alpen* II 61 ss.
[28] Prior recessus inter deputatos Celsitudinis Suae [Christophori Bernardi] et capitulum cathedrale Osnabrugense erectus, Osnabrück, 1667 Sept. 19: BA Münster, Geistliche Verordnungen II 2 A 10 (Or.).

III. Reform und Reformation

Wie das Osnabrücker Domkapitel[29] verfaßte auch Galen einen Monat später eine Supplik an Clemens IX., in der er die Dringlichkeit der Jurisdiktionsübertragung begründete.[30] Aus der Teilung der Zuständigkeiten seien in der Vergangenheit immer wieder ungeklärte Fragen, Kontroversen, Meinungsverschiedenheiten, Zwietracht und Streit erwachsen, die oft zum Schaden der katholischen Sache und des Seelenheils viele Jahre andauerten. „Es nimmt nicht wunder, daß früher unter solchen Umständen die Irrlehre gestärkt, der wahre Glaube geschwächt, der kirchliche Kult und die Gotteshäuser vernachlässigt, die Benefizien und die kirchlichen Einkünfte zweckentfremdet und gelegentlich auch die sittliche Haltung kirchlicher Personen schwer in Mitleidenschaft gezogen worden sind."[31] Reformversuche hätten stets unter dieser Gewaltenkollision gelitten. Da gegenwärtig ein verheirateter lutherischer Bischof aus dem Hause Braunschweig-Lüneburg den Osnabrücker Stuhl innehabe und die alternatio perpetua kraft des Westfälischen Friedens in alle Zukunft andauere, sei nicht zu erkennen, wie sich in diesen Gebieten die Religion jemals wieder stabilisieren solle, wenn nicht die Frage der kirchlichen Zuständigkeit neu geregelt werde.

Der weitere Verlauf der Dinge ist bekannt. Im Juni des folgenden Jahres beauftragte Clemens IX. den Paderborner Offizial Hermann von Plettenberg gen. Herting mit der Dismembration. Plettenberg ließ sich durch den Bischof von Münster und die Osnabücker Domherren über das Vorhaben unterrichten, prüfte die dokumentarischen Unterlagen, ließ sich die Meinung der Landdechanten von Vechta und Cloppenburg sowie dreier Geistlichen aus dem Amt Meppen zur geplanten Änderung der Jurisdiktionsfrage vortragen und erklärte daraufhin die in Rom vorgelegten

---

[29] In dem Instrumentum dismembrationis vom 19.9.1668 (s. Anm. 34) heißt es: ... *praevio diligente examine invenimus argumentum supplicae a praedicto Capitulo Cathedralis Ecclesiae nuper Sanctae Sedi porrectae, non tantum quoad discordias, lites et scandalae ibi ex differentium iurisdictionum concursu enata, ita est ex illa spirituali iurisdictione plus incommodi et molestiarum, quam utilitatis et emolumenti Ecclesiae Osnabrugensi incumbat*...: Ebd. 82.

[30] Galen an Clemens IX., Münster, 1667 Okt. 28: AV, Lettere di vescovi 52 Bl. 482v–483v.

[31] S. Anm. 30.

Suppliken als wohlbegründet. Die vorgesehene Entschädigungssumme, die ausschließlich kirchlichen Zwecken dienen müsse, sei angemessen.³² Nachdem das Vertragsprojekt von Clemens IX. und dem Kölner Metropoliten Max Heinrich von Bayern genehmigt und dem Osnabrücker Domkapitel die Entschädigungssumme ausgehändigt worden war, unterzeichnete die Osnabrücker Verhandlungskommission am 9. September 1668 die Verzichtsurkunde.³³ Daraufhin stellte Plettenberg am 19. September 1668 als Delegat des Apostolischen Stuhles die Dismembratio apostolica aus.³⁴ Ein schlimmes

---

³² Clemens IX. an Hermann v. Plettenberg, Rom, 1668 Juni 8: BA Münster, Geistliche Verordnungen II 2 U 689. Zu den Vernehmungen Plettenbergs: *Extractus protocollaris in causa commissionis apostolicae super iurisdictione ... translata 1668*: BA Münster, Geistliche Verordnungen II 2 A 10. Vgl. auch H. *Schlömer*, 300 Jahre beim Bistum Münster (1968). Die Schrift enthält u. a. Faksimiledrucke von Vernehmungsprotokollen der Dechanten des Niederstifts sowie von dem Publikandum Galens an den Klerus des Niederstifts über die erfolgte Zuweisung der Jurisdiktion an Münster.

³³ Cessio Capituli Osnabrugensis, Osnabrück, 1668 Sept. 9: BA Münster, Geistliche Verordnungen II 2 U 690. Der Verzicht erstreckte sich auf *omne ius, iurisdictionem et potestatem qualemcunque et quocunque nomine insignantur aut insignari possent, quae et quas nos seu archidiaconi, praelati ac episcopi ecclesiae et dioecesis Osnabrugensis in loca, ecclesias, bona, beneficia et personas tam laicales quam ecclesiasticas utriusque cleri et sexus regularis et saecularis supradictorum Emslandiae, Bevergernensis, Cloppenburgensis ac Vechtensis aliorumque ad dioecesin, principatum seu territorium Monasteriense quomodolibet pertinentium locorum, etiam iura utriusque patronatus beneficiorum qualiacumque ad capitulum, archidiaconos seu alios praelatos aut personas ecclesiae nostrae cathedralis pertinentiae – salvo interim quoad patronatum et praesentationes iure tertii et in spe principis Osnabrugensis, si quod tale ius haberet – unquam habuerunt, praetenderunt, habere seu praetendere potuerunt vel possent, cum omnibus pertinentiis dependentibus, emergentibus et connexis.*

³⁴ Dismembratio apostolica, Paderborn, 1668 Sept. 19: Ebd. U 691. Die Gemeinden Damme und Neuenkirchen im Amt Vechta, deren politische Zugehörigkeit umstritten war, blieben kirchlich bei Osnabrück. Twistringen im Bistum Minden, eine Exklave des Niederstifts, kam 1667 zu Münster. Zum Amt Bevergern gehörten die Pfarreien Bevergern, Dreierwalde, Hopsten und Riesenbeck. *Börsting-Schröer* 131f. und 371. Am Feste der Apostel Simon und Judas (13. 10. 1668) ließ Bischof

Kapitel in der Geschichte der gegenseitigen Beziehungen zwischen Münster und Osnabrück war damit beendet. Unter den Verdiensten Christoph Bernhards von Galen, die nach barocker Art auf dessen Epitaph in der Josefskapelle des münsterischen Domes der Nachwelt überliefert werden, findet sich auch der Hinweis: *Jurisdictionem dioecesanam Satrapiarum Emslandiae, Vechtensis, Cloppenburgensis, Bevergernensis Monasteriensi Ecclesiae adiecit.* Das Monument in der Galenschen Kapelle rühmt auch die Waffentaten des Fürsten. Während aber die militärischen Erfolge Christoph Bernhards nur von kurzer Dauer waren und dem Lande ungeheure Lasten aufbürdeten, hatte der Erwerb der geistlichen Hoheitsrechte im Niederstift Münster jahrhundertelangen Bestand.[35] Es ist Galens unbestrittenes Verdienst, in diesem Gebiet die Voraussetzungen für einen geordneten Kult und eine fruchtbare Seelsorge geschaffen zu haben.

Galen der Bevölkerung des Niederstifts durch eine Kanzelpublikation die kirchliche Eingliederung des Niederstifts in das Bistum Münster bekanntgeben. Faksimiledruck des Schreibens bei *Schlömer* 12f.

[35] Die ehemaligen Ämter Cloppenburg und Vechta sowie die genannten Pfarreien des Amtes Bevergern gehören noch heute zum Bistum Münster. Die Pfarreien Damme und Neuenkirchen wurden nach der Säkularisation durch die Bulle *De salute animarum* Münster zugewiesen. Dagegen gelangte das ehemalige Amt Meppen (Emsland) einschließlich der Pfarrei Twistringen gemäß der Bulle *Impensa Romanorum pontificum* (1842) an das Bistum Osnabrück: *Börsting-Schröer* 132.

20. Das Priesterseminar in Münster*

Ein Querschnitt durch seine Geschichte

Die Domschule Liudgers

Das älteste Münsterer Priesterseminar war das von Liudger 793 zu Mimigernaford gegründete monasterium und die damit verbundene Domschule. Das Münster lag auf dem Horsteberg am rechten Ufer der Aa. Von Mauer und Graben umschlossen, war es die Heimstatt der geistlichen Mitarbeiter des Gründerbischofs. Die jungen Alumnen des Priestertums ordneten sich der Gemeinschaft ihrer priesterlichen Mitbrüder ein, deren Lebensordnung seit 816 durch die auf der Aachener Synode beschlossene kanonische Regel bestimmt wurde. Die Aachener Regel trug deutlicher als die Statuten Chrodegangs den Verhältnissen der Weltgeistlichkeit Rechnung und wurde von Karl d. Gr. für alle Stiftskapitel vorgeschrieben. Sie beruhte auf den Statuten Chrodegangs, den Werken der Väter und den einschlägigen Konzilsdekreten und betonte, daß der Kanoniker keine Professio ablegt, keine Kutte trägt und über Eigentum verfügen darf.[1]

In Verbindung mit der Domschule vermittelte das monasterium den jungen Menschen geistige Ausbildung und religiös-aszetische Formung. Wir wissen, daß Liudger selbst ein ausgezeichneter Lehrer und Erzieher war und sich mit hingebendem Eifer der Ausbildung seiner Alumnen widmete, sooft er im monasterium anwesend war. In der Geborgenheit dieser idealen Hausgemeinschaft, gewissermaßen in der Familie des Bischofs, wuchsen die jungen Priesteramtskandidaten heran.

Als in der zweiten Hälfte des 9. Jahrhunderts das bischöfliche Presbyterium sich zur Auflösung der vita communis entschloß und sich zu einer selbständigen Körperschaft, dem Domkapitel, entwickelte, gewannen auch die Domschule und das mit ihr verbundene Alumnat Eigenständigkeit. Der Bischof übertrug die Lei-

---

* Sacerdotium. Eine Festgabe zum 40jährigen Seminarjubiläum des Herrn Prälaten Regens A. Francken, hg. von L. Grimmelt (Münster 1948) 9–23.

[1] S. u. den Beitrag Nr. 22: Die Vita Canonica 422.

tung derselben dem magister scholarum, dem Domscholaster. Dieser führte zugleich die Aufsicht über die Stiftsschulen des Bistums, die ebenfalls, wenn auch nicht ausschließlich, der Priesterbildung dienten.

Der Landklerus

Monasterium und Domschule stellten nicht ein Seminar im heutigen Sinn dar. Sie sorgten vielmehr, wie die Stifts- und Klosterschulen in ihrem Bereich, für den geistlichen Nachwuchs der eigenen Bischofskirche, den clerus primarius. Die seelsorglichen Bedürfnisse verlangten jedoch, daß man auch für die Heranbildung des Landklerus Sorge trug. Daher verordnete das dritte Laterankonzil (1179), daß an jeder Domkirche ein Lehrer mit einem ausreichenden Benefizium versehen werde, der außer den jungen Kanonikern auch unbemittelten Schülern unentgeltlichen Unterricht erteile. Auch den Armen sollte der Zugang zum geistlichen Beruf offenstehen. Da das Domkapitel für den Unterhalt dieser Alumnen aufzukommen hatte, war jedoch ihre Zahl beschränkt. Die unbemittelten Schüler waren verpflichtet, am Chorgebet teilzunehmen und bei der Messe zu dienen. Sie erhielten dafür Präsenzgelder und Stipendien, die nach und nach von frommen Gläubigen gestiftet worden waren. Die Schule der jungen Kanoniker, scholasteria maior genannt, war gewöhnlich von der anderen öffentlichen getrennt. Die Masse des Landklerus rekrutierte sich aus den Pfarrgehilfen, die von den Pfarrern praktisch vorgebildet wurden.

Der Niedergang der Priesterausbildung

Mit der Entstehung der Universitäten im 13. und 14. Jahrhundert sank die Mehrzahl der Domschulen zu Bildungsstätten zweiten Ranges herab. Da die Universitäten ihren Lehrbetrieb nach unten nicht begrenzten und damit den Domschulen die ursprünglichen Ziele fortnahmen, konnten diese nicht mehr in vollem Umfang als Pflanzschule des geistlichen Nachwuchses wirken. Die Domschule blieb zwar Bildungsstätte des Klerus, aber nur noch für die niedere Weltgeistlichkeit. Aus diesem Grunde trat der Scholaster spätestens um 1200 von der persönlichen Leitung der Schule zurück. Er blieb aber ihr Kurator und beauftragte mit dem Rektorat

einen mäßig besoldeten Geistlichen. Der Unterricht beschränkte sich auf die humanistischen Fächer.
Zum großen Nachteil der kirchlichen Entwicklung fehlte der kanonischen Gesetzgebung der damaligen Zeit eine einheitliche Regelung der Klerikalerziehung. Die niedere Geistlichkeit ging in der Vorbereitung gewöhnlich eigene Wege. Der höhere Klerus studierte seit dem 13. Jahrhundert großenteils an den Universitäten, von denen die bis 1400 gegründeten nur zur Hälfte eine theologische Fakultät besaßen. Auch das Münsterer Domkapitel verlangte in dem Statut vom 27. März 1304 von seinen Kanonikern ein Universitätsstudium von einjähriger, später zweijähriger Dauer, aber eine strenge Durchführung des biennium wurde nie erreicht. Die Münsterer Domherren besuchten vorwiegend die Universitäten Paris, Bologna und Köln.
Was wir über den Bildungsstand des spätmittelalterlichen Klerus im einzelnen wissen, ist höchst lückenhaft. Die wenigen Nachrichten, die auf uns gekommen sind, deuten darauf hin, daß die Bildung der Geistlichen – der clerus primarius nicht ausgenommen – überaus dürftig war. Bezeichnend ist z. B. ein Bericht des Mindener Domkapitels an den Kölner Erzbischof über die Wahl des Bischofs Ludwig v. Braunschweig-Lüneburg (1324–1346), den von den 14 Domherren nur sechs unterschreiben konnten. Die übrigen, darunter der Scholaster Hermann v. Walkenberg, ließen durch ihre Beauftragten unterzeichnen, „quia usum scribendi non habuerunt". Zweifellos liegt hier einer der Gründe für das Versagen einer beträchtlichen Zahl der hohen und niederen Geistlichkeit in den Stürmen der Reformation.
Fürstbischof *Wilhelm v. Ketteler* (1553–1557) suchte den wissenschaftlichen Bildungsstand zu heben, indem er die Schlußprüfung der Domschule, die nach alter Gewohnheit im Paradies des Domes stattfand, verschärfte. Die Prüfung sollte künftig für alle Ordinanden des Bistums, auch die der Orden, verpflichtend sein und sich nicht nur auf die humanistischen Lehrfächer, sondern auch auf die theologischen Disziplinen erstrecken. Die Anordnung des Fürstbischofs sah vor, daß die Prüfung in Anwesenheit des Rektors, Succentors, Sieglers und vier der gelehrtesten Stadtgeistlichen erfolge. Wer die Weihekandidaten in der Theologie vorbereitete, ist nicht überliefert. Daß die Verordnung Kettelers jedoch

nicht viel fruchtete, geht daraus hervor, daß es noch 1570 im Bistum Münster Geistliche gab, die kein Latein verstanden.

Das tridentinische Seminardekret

Aus der Sicht dieser Tatsachen gewinnt das Zentralanliegen der Trienter Konzilsväter, die Hebung des Priesters und des Priesterstandes, seine besondere Bedeutung. In zahlreichen Dekreten wurde den Bischöfen die Heranbildung eines würdigen Klerus als ihre wichtigste Aufgabe vorgeschrieben. Man traf einschneidende Bestimmungen gegen die geistige Verwahrlosung und den moralischen Niedergang des Klerus sowie gegen die Mißstände im Pfründenwesen. Aber alle Reformdekrete mußten fruchtlos bleiben, wenn es nicht gelang, einen Klerus heranzubilden, der sich grundsätzlich auf den Boden der katholischen Reform stellte. Der Weg, den das Konzil am 15. Juli 1563 in seiner 23. Sitzung (Kap. 18) zu diesem Ziele wies, war ebenso einfach wie erfolgversprechend: Jede Dom- und Metropolitankirche soll ein seminarium gründen, in dem theologisch geschulte und moralisch-asketisch geformte Priester herangebildet werden. Die Alumnen, die wenigstens zwölf Jahre alt sein sollen, müssen nach Begabung und Anlage zu der Hoffnung berechtigen, daß sie Priester werden. Söhne unbemittelter Eltern haben bei der Aufnahme den Vorzug. Für ihren Unterhalt sorgt das Bistum, während vermögende Eltern für ihre Söhne selbst aufkommen. Der Bischof bestimmt den Lehrplan und die Einteilung des Seminars sowie die Dauer der Ausbildung. Das Studium erstreckt sich u. a. auf Grammatik, Gesang, kirchliche Zeitrechnung, die Heilige Schrift, die Homilien der Heiligen, die Sakramentenspendung, namentlich die Erfordernisse zum Beichthören, sowie auf die Riten und Zeremonien. Die Alumnen, die von Anfang an Tonsur und geistliche Kleidung tragen, besuchen täglich die heilige Messe, gehen einmal im Monat zur Beichte und dürfen zum Tische des Herrn hinzutreten, sooft der Beichtvater es ihnen erlaubt. An den Festtagen leisten die Seminaristen an der Domkirche und den anderen Kirchen des Ortes Dienst. Den größten Teil des Dekretes nehmen die Ausführungen über die finanzielle Fundierung des Seminars ein, der sich später in der Tat als der schwierigste erweisen sollte. Alle Benefizien und sonstigen kirchlichen Vermögen und Einkünfte werden zur Entrichtung des sogen. Seminaristicum herangezogen, angefangen von der mensa episcopalis bis zur geringsten Pfründe. Auch können einfache Benefizien dem Seminar zugeteilt werden. Zur Regelung dieser Finanzfragen soll der Bischof einen Ausschuß berufen, der aus je zwei Mitgliedern des Domkapitels und des Stadtklerus besteht.

Die Aufnahme des Dekrets in Münster

Die historische Bedeutung des Seminardekrets, das sich eng an entsprechende Beschlüsse einer englischen Reformsynode der Jahre 1555/56 unter dem Vorsitz des päpstlichen Legaten Reginald Pole anschließt, ist für den Wiederaufstieg der Kirche nicht hoch genug anzuschlagen. Wie in vielen anderen Bistümern stieß jedoch auch in Münster die Ausführung auf erhebliche Schwierigkeiten. Die Gründe lagen nicht nur in der finanziellen Unbeweglichkeit des Bistums, sondern auch in der mangelnden Tatkraft mancher Bischöfe, dem wiederholten stürmischen Wettbewerb der Parteien um die landesherrliche Macht, dem Gegensatz zwischen Kapitel und fürstbischöflicher Regierung, den inneren konfessionellen Spannungen des Kapitels sowie vor allem in der Tatsache, daß die reformwilligen Mitglieder des Klerus in den eigenen Reihen nur schwachen Widerhall fanden.

Der Münsterer Fürstbischof *Bernhard v. Raesfeld* (1557–1566), der im Kreise seiner Comprovinzialen eine kraftvolle Haltung gegenüber der moralischen Schwäche des Klerus gefordert hatte, war selbst zu weich, um in der Frage des Seminardekrets positive Aufbauarbeit zu leisten. Als er zu resignieren beabsichtigte, suchte das Kapitel ihn zu halten, bat den Bischof jedoch dringend, um die Heranbildung frommer und gelehrter Priester besorgt zu sein, damit „aller unchristlicher, ketzerischer Unrat" baldigst ausgeräumt werde. Das Ersuchen blieb ohne Erfolg.

Erst der hochgebildete und entschlußkräftige *Johann v. Hoya* (1566–1574), der durch die von ihm veranlaßte allgemeine Kirchenvisitation in die Geschichte des Bistums eingegangen ist, schenkte der Priestererziehung erhöhte Aufmerksamkeit. In der denkwürdigen Unterredung vom 20. Oktober 1573 mit dem päpstlichen Legaten *Kaspar Gropper* († 1594) gab der damals schon schwerkranke, aber noch willensstarke Oberhirt die Versicherung ab, in Münster und in seinen übrigen Bistümern Knabenseminare errichten zu wollen, in denen der priesterliche Nachwuchs des Bistums für die Studien im Collegium Germanicum zu Rom vorbereitet werden solle. Mit klarem Blick erkannte der Bischof die hohe Bedeutung des Deutschen Kollegs für die Heranbildung einer glaubensstarken und sittenreinen geistlichen Führerschicht in Deutschland. Der vorzeitige Tod des weitblickenden Oberhirten zerschlug jedoch alle Hoffnungen, die die katholische Erneuerungsbewegung auf ihn gesetzt hatte.

Kaspar Gropper nahm nunmehr Verhandlungen mit dem *Domkapitel* auf. In Übereinstimmung mit dem Tridentinum trat er für eine grundlegende Reform des Klerus ein. Allen Besserungsversuchen bleibe aber, so betonte er, nachhaltiger Erfolg versagt, wenn man sich nicht nach dem Beispiel anderer Bistümer entschließe, in der Stadt Münster ein Seminar oder Alumnat zu errichten. Wenn das Hohe Kathedralkapitel guten Willens sei, werde die Ausführung des Vorschlages kaum Schwierigkeiten bereiten. Papst Gregor XIII. (1572–1585) empfehle, mit der religiösen und wissenschaftlichen Leitung des Seminars die Väter der Gesellschaft Jesu zu betrauen, zumal diese nicht nur in Münster, sondern auch in den benachbarten Provinzen auf der Kanzel, im Beichtstuhl und in der sonstigen Seelsorge wertvolle Aushilfe leisten könnten. Er halte es für zweckmäßig, das Seminar innerhalb der Domfreiheit in Verbindung mit einer Kapelle, etwa der Margarethen- oder mit Rücksicht auf die benachbarte Schule, der Nicolaikapelle, zu errichten. Hinsichtlich des Unterhaltes solle man nach den Vorschriften des Trienter Konzils verfahren und vielleicht auch fromme Vermächtnisse und Beihilfen von kirchlicher und weltlicher Seite zu Hilfe nehmen.

In ihrer Erwiderung vom 26. April 1574 betonten auch die Domherren die Dringlichkeit einer Seminargründung. Aber die Sedisvakanz habe solche Stürme über das Bistum gebracht, daß das Kapitel dem Unternehmen bisher noch nicht habe nähertreten können. Die enge Domfreiheit komme für die Unterbringung des Seminars nicht in Frage, da sie den Domherren vorbehalten bleiben müsse. Die jüngeren Kanoniker könnten nicht einmal Residenz halten, da ihnen geeignete Wohnungen fehlten. Das Minoritenkloster oder das Haus der Fraterherren dürfe man nur mit Zustimmung des Magistrats und dem Einverständnis der Bewohner selbst dafür in Anspruch nehmen. Trotz allem würde, so führte das Kapitel weiter aus, die Bestreitung des Aufwandes für das geplante Seminar kaum Schwierigkeiten bereitet haben, wenn nicht der nun schon 16 Jahre sich hinziehende Schenkingprozeß (es handelte sich um den Kampf der Gleichberechtigung der Münsterer Erbmännerfamilien mit dem Landadel bei der Zulassung zum Domkapitel) an der Römischen Rota dem Domkapitel untragbare Lasten aufgebürdet hätte. Mit den für die Führung dieses Rechtsstreites ausgeworfenen jährlichen Mitteln könne man mit Leichtigkeit zwei großartige Seminarien einrichten und unterhalten. Man möge daher dafür Verständnis haben, daß das Kapitel solange in der Frage des Seminars nichts unternehmen könne, als der Prozeß andauere. (Glücklicherweise hielt das Kapitel nicht Wort; denn der Prozeß wurde erst 135 Jahre später, im Jahre 1709, entschieden, und zwar zugunsten der Erbmänner.) Sollte aber – und dahin zielte die Argumentation – der Papst sich einschalten und den Prozeß zugunsten des Kapitels beenden, so seien die Domherren bereit, die wirtschaftliche Existenz des Seminars durch jährliche Abgaben, letztwillige Verfügungen und aufgehobene Benefizien sicherzustellen.

Die Krithsche Stiftung

Der mit dem Tode Johanns v. Hoya im Jahre 1575 einsetzende Wettbewerb der katholischen und evangelischen Mächte um die Herrschaft in dem angesehenen und mächtigen Fürstbistum Münster lenkte die Aufmerksamkeit von den Seminarplänen ab. Fast unbemerkt von der Öffentlichkeit, schuf in dieser Zeit das Testament des Münsterer Weihbischofs Johannes Krith († 1577) die wichtigen wirtschaftlichen Voraussetzungen für den ersten Versuch einer Seminargründung. Der vielumstrittene Suffragan hatte den Armen in Christo ein beträchtliches Legat vermacht. Mit diesen Mitteln errichtete der Domdechant Gottfried v. Raesfeld, der zu den Testamentsvollstreckern und zugleich zu den eifrigsten Förderern des Seminargedankens gehörte, am 7. Juli 1581 im Sinne des Verstorbenen eine Seminarstiftung zu Münster und eine zweite zu Köln.

Je sechs armen Studenten wurde ein vierjähriger Besuch der Münsterer Domschule und ein sieben- bis achtjähriges Studium am Gymnasium Laurentianum in Köln gesichert. Die Stipendiaten sollten mit dem Magistergrad in den allgemeinen Wissenschaften bzw. dem Lizentiat in der Theologie oder im Kirchenrecht abschließen. Die Stiftungsurkunde sah vor, die Bewerber nach vollendetem Studium als Seelsorger oder als Lehrer und Erzieher bei der Heranbildung des Priesternachwuchses einzusetzen. Es stand für den Stiftungszweck ein Gesamtkapital von 2400 Reichstalern zur Verfügung, das jährlich etwa 120 Taler einbringen sollte. Das Münsterer Domkapitel erwarb aus den Mitteln der Stiftung in Köln ein eigenes Haus, in dem die Studenten unter Leitung eines Rektors Wohnung nahmen. Im Jahre 1582 bezogen die ersten sechs Stipendiaten das Kölner Seminar, dessen Leitung dem Regens Paul Kueckhove übertragen wurde. Die Einrichtung bewährte sich jedoch nicht. Eine vom Kapitel 1591 veranlaßte Visitation des Hauses ergab, daß die Leistungen der Stipendiaten in keiner Weise den sehr erheblichen finanziellen Aufwendungen entsprachen und daß es an Zucht und Ordnung mangelte. Man trug sich daher mit dem Plan, die Stiftung nach Münster zu verlegen, zumal hier inzwischen die Jesuiten ihre Lehrtätigkeit aufgenommen hatten. Auf Bitten des Bürgermeisters und des Rates der Stadt Köln nahm das Kapitel zunächst davon Abstand. Als auch nach einem Wechsel im Amte des Regens die Verhältnisse sich nicht besserten, wurde schließlich im Jahre 1612 die Kölner Stiftung geschlossen.

Die Wiederherstellung der Domschule als Pflanzstätte des Priesternachwuchses

Während der Kölner Versuch kaum einen Fortschritt im Sinne des Trienter Seminardekretes bedeutete, war die fast gleichzeitige Initiative, die der hochverdiente Domdechant *Gottfried von Raesfeld* (1569–1587) in seinem Testament ergriff, für die Heranbildung eines gediegenen Priesternachwuchses von weittragender Bedeutung. Der Domdechant hatte den Vätern der Gesellschaft Jesu, deren überragende Tätigkeit in der katholischen Erneuerungsbewegung trotz mancherlei Widerständen weithin Anerkennung fand, zur Errichtung eines Kollegs in Münster ein Kapital von 18 333

Talern und 2400 rheinischen Gulden hinterlassen, das eine jährliche Rente von 925½ Talern eintrug. Das Jesuitenkolleg war aber nur Mittel zum Zweck. Die Patres sollten nach dem Plan des Stifters ein in Münster zu errichtendes Knabenseminar übernehmen, wobei der Testator die Frage offenließ, ob das Seminar in Form eines Internates oder einer bloßen Schule errichtet werden solle. Fürstbischof *Ernst von Bayern* (1585–1612) glaubte, den letzten Willen des Domdechanten zunächst am besten zu vollstrecken, indem er den Jesuiten die von Liudger für die Heranbildung des priesterlichen Nachwuchses gegründete Domschule übertrug, die seit der Gründung der Universitäten mehr und mehr ihrem ursprünglichen Zweck entfremdet worden war. Mit dem Jesuitenkolleg wurden daher mehrere geistliche Benefizien vereinigt, wie es das Tridentinum zur Errichtung von Seminaren ausnahmsweise gestattet hatte. Unter der Leitung der Jesuiten sollte die Domschule aufs neue eine Pflanzstätte für den Klerus werden.

Darüber hinaus trug man sich mit dem Plan, ein internes Seminar oder Alumnat zu gründen, in dem die Väter der Gesellschaft Jesu ebenfalls die Leitung übernehmen sollten. Die Stiftungsurkunde des Jesuitenkollegs enthielt die Bestimmung, daß der Rektor geeignete Mitbrüder für die Leitung des Seminars zur Verfügung stellen müsse, sobald ein solches errichtet werde.

Am 19. Oktober 1588 übernahmen die Jesuiten die Leitung der alten Domschule, deren Schüler sich nach und nach aus ganz Nordwestdeutschland rekrutierten und deren Zahl im Jahre 1592 auf 1120 stieg. Außer den Gymnasiallehrern stellten die Patres auch einen Theologen zur Verfügung, der dreimal wöchentlich für die Theologiestudenten und älteren Schüler, die sich auf das Priestertum vorbereiteten, eine theologische Vorlesung hielt, der Prüfung der Ordinanden und der Kanoniker beiwohnte und zweimal im Jahr die Synodalrede hielt. Unter dem Einfluß der klugen und umsichtigen Unterrichts- und Erziehungsmethoden der Väter der Gesellschaft Jesu, deren vorbildliche religiöse Lebensweise den Schülern wie auch der gesamten Bürgerschaft zur Erbauung gereichte, wurde mancher Priesterberuf geweckt und gefördert. Auf Wunsch des Fürstbischofs und des Domkapitels verbanden die Patres im Jahre 1606 mit dem Gymnasium eine *Philosophisch-Theologische Lehranstalt*, in der der Priesternachwuchs auf seine verantwortungsvollen Aufgaben vorbereitet wurde. Aber noch fehlte ein Seminar.

Das Seminar in der Lütke Gasse (1613–1776)

Dem energischen Fürstbischof *Ferdinand von Bayern* (1612–1650) genügten die sehr beachtlichen Erfolge in der Frage der Priesterbildung keineswegs. Fünf Tage nach der Besitzergreifung des Bistums ließ er seine Regierung wissen, daß eine wirkliche Besserung der Verhältnisse nur zu erwarten sei, wenn Zucht und Ordnung im Klerus wiederkehrten. Das beste Mittel hierzu sei ein Seminar. In einem solchen Seminar, so stellte der Bischof in einer Instruktion für seine Räte fest, solle die Jugend in Lehre, Leben und Sitte auf den geistlichen und seelsorglichen Stand vorbereitet werden. Er müsse bemerken, daß alle bisherigen Gründungsversuche daran gescheitert seien, daß man von Anfang an zu hohe Erwartungen an den Begriff des tridentinischen Seminars geknüpft habe. Man solle überhaupt nicht soviel überlegen, sondern ans Werk gehen. Wenn man nur „den Fuß über den Dürpel setze", werde der Allmächtige zu diesem so hochnötigen, nützlichen und heilsamen Werk seinen Segen und seine Gnade verleihen und weitere Mittel an die Hand geben. Seines Ermessens könne die Fundation des seligen Weihbischofs Krith für den Anfang gute Dienste tun. Er habe gehört, daß man in Münster eine Universität errichten wolle. Der Plan verdiene Anerkennung, aber das Seminar sei wichtiger. Er setze in seine Räte das Vertrauen, daß sie sich mit Eifer und Fleiß der Frage annähmen. Er hoffe, daß bei seinem nächsten Besuch in Münster der Grund zu einem Seminar bereits gelegt sei.

Das Kapitel nahm die ihm zugedachte Rüge zur Kenntnis, betonte aber, daß es bisher an gutem Willen nicht gefehlt habe, wofür ja das in Köln mit viel Mühe und großem Aufwand errichtete Seminar zeuge. Man habe sehr bedauert, daß dieses Seminar so lange vernachlässigt und schlecht geleitet worden sei. Um so mehr sei es zu begrüßen, daß Ferdinand Befehl gegeben habe, die Seminarfrage erneut anzugreifen. Das Kapitel sei bereit, zunächst für einige Studenten und Portionisten ein Haus zu mieten und aus den Einkünften der Krithschen Stiftung und den Kontributionen des

Klerus zu unterhalten. Man müsse jedoch, nach den Erfahrungen von Köln, erwarten, daß in dem neuen Seminar von vornherein eine „beständige Ordnung" herrsche.

Noch im Jahre 1613 nahm der Plan greifbare Formen an. Der Generalvikar Dr. Hartmann richtete in einer Vikarienwohnung auf dem Horsteberg ein Seminar ein, in dem zunächst sieben Studenten Aufnahme fanden. Aber der Unterhalt dieses Hauses erwies sich als zu kostspielig. Auf Empfehlung des Fürstbischofs wandte man sich nun an die Nottulner Schwestern, um sie zum Verkauf ihres in Münster gelegenen Stifts zu bewegen, das sich wegen seiner günstigen Lage in der Nähe des Jesuitenkollegs für das Seminar besonders eigne. Aus diesem Plan wurde jedoch nichts; man erwarb vielmehr das Haus des Balthasar v. Büren, Lütke Gasse 5, eröffnete in ihm das Collegium Critinianum und brachte dort die Alumnen vom Horsteberg unter.

Die erste Jahresrechnung vom Jahre 1616 gewährt uns Einblick in die inneren Verhältnisse des Seminars. Das Amt des Regens versah Gerhard Ellerwick. Der Emonitor zahlte den Seminaristen, die zunächst das Jesuitengymnasium besuchten, alle sechs Wochen 40 Taler und 14 Schillinge, womit sie selbst den Haushalt bestreiten mußten. Hinzu kam eine bestimmte Summe für Kleidung, Wäsche und Bücher. Eine alte Frau war den Alumnen bei der Reinigung des Hauses und beim Kochen behilflich. Hinsichtlich der religiösen Übungen galten für die Stipendiaten die gleichen Vorschriften wie für die übrigen Schüler des Gymnasiums. Im Seminar selbst fand kein Unterricht statt. Während der Hauptmahlzeiten wurden in lateinischer und deutscher Sprache Predigtübungen gehalten. Gelegentlich wurden die Alumnen „ad evangelizandum" oder zur Unterstützung des Chorals auch in die Nachbarorte geschickt.

Auch im Collegium Critinianum ließ die Disziplin zu wünschen übrig, so daß man es für ratsam hielt, manche Alumnen bei Bürgern der Stadt unterzubringen, ohne ihnen die Stipendien zu entziehen. Der Pater Rektor des Gymnasiums hielt diesen Externen monatlich einen aszetischen Vortrag, ein anderer Pater unterwies sie an freien Tagen und jeden Samstag in der Liturgie und im Kirchengesang.

III. *Reform und Reformation*

Die Domus Mariana (1625 bis ca. 1639)

Im Jahre 1625 siedelten die Stipendiaten der Kritschen Stiftung in die Domus Mariana der Jesuiten, Krummer Timpen 6, über. Die Väter der Gesellschaft Jesu übernahmen von nun an die Leitung des Seminars, während das Bistum im Verein mit der Kritschen Stiftung für den wirtschaftlichen Unterhalt sorgte. Im Jahre 1626 wird in den Weiheprotokollen der Diözese zum ersten Mal ein Alumnus Seminarii Monasteriensis genannt. Die Statuten dieses Hauses entsprachen im wesentlichen denen der Jesuitenkollegien. Die Zahl der Seminaristen wurde auf 12 bis 18 festgesetzt. Die Ausbildung dauerte sechs Jahre. Mit Rücksicht auf die legitima aetas ordinationis wurde niemand vor dem 18. Lebensjahr aufgenommen. Nach einer Probezeit von vier Wochen legte der Alumne die professio fidei ab, erhielt die vestis talaris und galt als Seminarist des Bistums. Als Unterhaltungssprache im Seminar war das Lateinische streng vorgeschrieben. Außer den gewöhnlichen sonntäglichen Predigtübungen hatten die Schüler der obersten Gymnasialklasse und des philosophischen Lehrganges zweimal im Jahr eine Predigtübung zu halten, deren Thema drei Tage vorher vom Regens bestimmt wurde.

Nach Empfang der höheren Weihen waren die Alumnen gehalten, bei den Katechesen der Jesuiten in der Stadt zu hospitieren und gelegentlich selbst zu katechesieren. Im letzten Seminarjahr übernahmen die Seminaristen an allen Sonn- und Feiertagen in der Jesuitenkirche den liturgischen Gesang und die Assistenz beim Gottesdienst. Zur Priesterweihe erhielt jeder Primiziant 10 Taler und das Reisegeld zum Antritt der Stelle, die ihm vom Generalvikar und der tridentinischen Seminarkommission zugewiesen wurde.

Auch die Domus Mariana wurde nach mancherlei Krisen den Anforderungen der Zeit nicht mehr gerecht. Die katholische Aufklärung hatte in den Fragen der Erziehung und Bildung des geistlichen Nachwuchses neue Vorstellungen entwickelt. Das Jesuitenseminar wurde, wahrscheinlich 1639, wiederaufgehoben.

*Die Neugründung des Seminars aus dem
Fraterherrenvermögen 1776*
Nachdem man bereits in den Jahren 1573, 1606 und 1616 die Verlegung des Seminars in das Haus der Fraterherren ad *Fontem Salientem* (auf dem Gelände des Heerdekollegs und der Kardinal-von-Galen-Stiftung an der Neustraße) in Erwägung gezogen hatte, griff im Jahre 1650 der ehemalige Generalvikar Petrus Nikolartius in einem Vorschlag an den Fürstbischof *Christoph Bernhard v. Galen* (1650–1678) diesen Gedanken erneut auf. Es ist jedoch nicht feststellbar, ob der Bischof dem Vorschlag nähergetreten ist.
Obwohl Christoph Bernhard mit Nachdruck die Einrichtung eines neuen Seminars betrieb, gelangte er nicht zum Ziel, da der Klerus infolge des Dreißigjährigen Krieges fast völlig verarmt war. Das Vermögen der Krithschen Stiftung belief sich 1667 auf 8969 Taler, die Zinsrückstände dagegen betrugen 20 032 Taler. (Heute [1948], nach der Währungsreform, beläuft sich die Stiftung auf 11 256 DM.) Trotz der allgemeinen Notlage verfügte Christoph Bernhard in seiner berühmten Constitutio Bernardina, daß das vom Tridentinum vorgeschriebene Seminaristicum erhoben würde und daß ferner alle Geistlichen verpflichtet seien, in ihren Testamenten ein Legat für die Dotierung und den Unterhalt des Priesterseminars einzusetzen. Testamente ohne diese Bestimmung erklärte der Bischof als ungültig. In der Folgezeit erwarb man zu dem v. Bürenschen Haus auf der Lütke Gasse zwei Häuser hinzu, die man als Alumnat der Krithschen Stiftung in Benutzung nahm. Im Jahre 1712 vollendete das Kapitel dort einen Neubau, der als „Hansahof" noch bis in unsere Zeit hineinragt und erst im letzten Kriege ein Opfer der Bomben geworden ist.
Im Jahre 1759 ersuchte *Fürstbischof Clemens August v. Bayern* (1719–1761) das Domkapitel erneut, das Fraterherrenhaus für die Zwecke der Priesterausbildung zu erwerben. Unter Berufung auf das Tridentinum und das Vorgehen anderer Bischöfe unterbreitete er dem Kapitel den Vorschlag, das gesamte Vermögen der Fraterherren mit dem der Krithschen Stiftung zu vereinigen und daraus ein Seminarium pro educandis ad statum ecclesiasticum destinatis zu errichten. Das Domkapitel lehnte den Vorschlag ab mit der

Begründung, die Aufhebung des Fraterherrenhauses bedürfe der Zustimmung des Papstes, der Plan der Verschmelzung sei gegen die Stiftungsabsicht Kriths und werde nicht die Billigung des Kapitels finden.

Der Siebenjährige Krieg brachte das Bistum Münster erneut an den Rand des wirtschaftlichen Ruins. Auch das religiöse Leben hatte unter dem Einfluß der verrohenden Kriegssitten ernsten Schaden genommen. Der ältere Klerus war sehr mangelhaft ausgebildet und widmete sich vorwiegend der Landwirtschaft. Die Zahl der Theologen ging von Jahr zu Jahr zurück. Viele waren genötigt, aus finanzieller Not das Theologiestudium vorzeitig abzubrechen. Auf diese Zusammenhänge wies Fürstbischof *Maximilian Friedrich v. Königsegg-Rothenfels* (1762–1784) in einem Schreiben nach Rom hin und bat um die Ermächtigung, das Vermögen der Fraterherren mit der Krithschen Stiftung zu vereinigen und für die Neugründung eines Seminars verwenden zu dürfen. Er stellte ferner den Antrag, das adlige Benediktinerinnenstift Überwasser aufzuheben und aus der Vermögensmasse eine Universität zu gründen. Da in beiden Häusern die Disziplin verfallen war, bereitete die Begründung des Antrages keine Schwierigkeit. Gleichwohl kam es zu einem langwierigen Prozeß vor der Konsistorialkongregation, der schließlich im Sinne des Fürstbischofs entschieden wurde.

Im Jahre 1772 genehmigte der Heilige Stuhl die Aufhebung des Fraterhauses, 1773 auch die des Überwasserstifts. Das Vermögen der Fraterherren wurde gleichzeitig in einen Seminarfonds umgewandelt, jedoch nicht mit der Krithschen Stiftung vereinigt, deren Selbständigkeit das Kapitel bis auf den heutigen Tag zu wahren wußte. Auf Veranlassung des fürstbischöflichen Ministers Freiherrn *Franz v. Fürstenberg* († 1810) entschloß man sich im Oktober 1776, neben den Alumnen der mensa episcopalis auch die Kandidaten der Krithschen Stiftung im Seminar zuzulassen. Sogleich siedelten die Stipendiaten der Krithschen Stiftung in das ehemalige Überwasserstift über, das im November des gleichen Jahres als tridentinisches Priesterseminar mit 20 Alumnen eröffnet wurde. Die verwaltungsmäßige Zuständigkeit für das Seminar übertrug Fürstbischof Max Friedrich dem bischöflichen Administrator des Generalvikariats, Georg Heinrich v. Tautphäus, als

Das Priesterseminar in Münster

dem höchsten Kirchenbeamten des Bistums.[2] Das Seminargebäude genügte jedoch nicht den Anforderungen. Als 1787 die juristische Fakultät das Überwasserstift räumte, war die Voraussetzung für einen Umbau, der nach den Plänen des Hauptmanns Boner erfolgte, geschaffen. Das Seminar bot nunmehr 40 Alumnen Platz. Der gegenwärtige Seminarbau verdankt seine Entstehung einer Stiftung der Geistlichkeit des Bistums zum Jubiläum des Bischofs *Johann Georg Müller* (1847–1870). Er wurde in den Jahren 1866 bis 1870 und 1886 erbaut und vermochte bis zu seiner umfangreichen Zerstörung während des letzten Krieges über 100 Seminaristen aufzunehmen.

Das seminarium puerorum

Das Jahr 1849 brachte dem Bistum Münster einen bemerkenswerten Fortschritt in der weiteren Durchführung des tridentinischen Seminardekrets, das bekanntlich zunächst die Errichtung von Knabenseminaren vorsah. Aus Anlaß des Goldenen Bischofsjubiläums ihres Oberhirten *Kaspar Max Droste zu Vischering* (1825–1846) im September 1845 hatten Klerus und Volk eine beachtliche Summe zur Errichtung eines Seminarium puerorum gespendet. Der Nachfolger des Jubilars, Bischof *Johann Georg Müller*, mietete zu dem Stiftungszweck das am Domplatz gelegene Haus des Domfabrikfonds, wo am 18. April 1849 die ersten acht Alumnen Aufnahme fanden. Nach dem Münsterer Erstbischof wurde die neue Stiftung *Collegium Ludgerianum* genannt. Die stetig wachsende Schülerzahl machte 1890 einen Anbau erforderlich, der jedoch keine Lösung des Raumproblems brachte. Erst der von Bischof *Hermann Dingelstad* (1889–1911) im Jahre 1901 auf dem Gelände der alten Siegelkammer und einer Domherrenkurie errichtete Kollegbau genügte den an ihn gestellten Anforderungen. Das Kolleggebäude wurde während des Zweiten Weltkrieges durch Brandbomben bis zur Unbewohnbarkeit beschädigt. Nach seiner Wiederherstellung nahm der Bau nicht die Schüler des Ludgerianum, sondern Dienststellen des Generalvikariats auf. Das Collegium Ludgerianum siedelte am 17. April 1953 in einen

---

[2] Stiftsdechanten von St. Ludgeri s. u. 464ff.

großzügigen Neubau am Kardinal-von-Galen-Ring über, den Bischof Michael Keller am 19. April 1953 einweihte. Da in der Folgezeit Konvikte ohne Schule kaum Anklang fanden und die Zahl der Theologen unter den Abiturienten des Kollegs dramatisch sank, schloß das Collegium Ludgerianum am 3. Juni 1971 als seminarium puerorum nach 122 Jahren seine Pforten.

Den Zeitbedürfnissen gemäß hatte Bischof Michael Keller am 1. Oktober 1948 zu Wadersloh ein zweites Knabenseminar mit angeschlossenem Gymnasium, das *Collegium Johanneum*, eröffnet, das guten Zuspruch erfuhr. Da sich aber die räumlichen Verhältnisse in Wadersloh als ungeeignet erwiesen, wurde die Anstalt 1951 nach Haus Loburg bei Ostbevern verlegt. Am 27. September 1951 nahm Bischof Michael Keller die Weihe des neuen Collegium Johanneum vor.[3]

Als Hilfspriesterseminar im niederrheinischen Teil des Bistums hatte Bischof Johann Georg Müller am 16. Oktober 1849 das aus Schule und Internat bestehende *Collegium Augustinianum* in Gaesdonck eröffnet. Die noch blühende Schule wurde 1854 zur Vollanstalt ausgebaut.

Im Sinne seines Bischofs Johann Georg gründete Franz Witte, Pfarrer von St. Mauritz-Münster († 1882), 1866 in seiner Gemeinde zur Unterstützung der Missionen das *Collegium Americanum*, das bis zu seiner Aufhebung im Kulturkampf (1878) 68 Priester in die nordamerikanischen Missionen entsandte.

Als Bischof *Johann Georg* im Jahre 1854 für die Studenten der Theologie das *Collegium Borromäum* eröffnete, fand das tridentinische Seminardekret in Münster seine Erfüllung. Von 1857 bis 1860 wurde das alte Kolleggebäude hinter der Reichspost durch Aufstockung und Anbau neuer Flügel erheblich vergrößert. In den Jahren 1913 bis 1915, unter der Regierung des Bischofs *Johannes Poggenburg* (1913–1915), entstand der jetzige stattliche Neubau, der ebenfalls im letzten Krieg durch Sprengbomben hart mitgenommen wurde, aber dank der Tatkraft seines Direktors Dr. Johannes *Weinand* bereits im rüstigen Wiederaufbau steht.

---

[3] Ergänzt nach *Löffler*, Das Collegium Ludgerianum 63ff. Handbuch Bistum Münster 1, 136ff.

Die Regenten des Priesterseminars
Der ehemalige Präses des Krithschen Seminars, Kanonikus Adolf *Cordes* (1752–1835) von St. Ludgeri, war der erste kommissarische Regens des neuen Seminars (s. u.). Er wurde im Jahre 1793 von dem Pfarrer von Ennigerloh Josef Wilhelm *Bußmann* abgelöst, der bis zu seinem Tode im Jahre 1809 dieses verantwortungsvolle Amt führte. In der Person des großen Erziehers Bernhard *Overberg* (1809–1826) gewann der greise Fürstenberg einen Priesterbildner, der in den 17 Jahren seiner segensreichen Wirksamkeit das Münsterer Seminar zu einer idealen Pflegestätte wahren priesterlichen Geistes machte. Overbergs Sämannsarbeit trug in der Folgezeit ihre Früchte, als unter seinem Nachfolger Heinrich *Schmülling* (1826–1851), vormals Direktor in Braunsberg, ein neues Zeitalter eine neue rationale Geistesrichtung entwickelte, die von der staatskirchlich eingestellten preußischen Regierung gefördert wurde. Die gefährlichen Konsequenzen dieser Philosophie gelangten jedoch auf dem Gebiet der Theologie und der Priesterbildung in Münster kaum zur Auswirkung. Schmüllings Nachfolger wurde der damalige Subregens des Seminars, *Paulus Melchers* (1851), der aber bereits im folgenden Jahre Generalvikar, 1857 Bischof von Osnabrück und 1866 Erzbischof von Köln wurde.
In dem gleichen Maße, in dem das Bistum an Seelenzahl wuchs, wuchsen auch die Aufgaben der Seelsorge. Das Priesterseminar zeigte sich den vielfältigen Anforderungen der Zeit gewachsen und schenkte dem Bistum unter den Regenten Johann Wilhelm *Kres* (1856–1863), Wilhelm *Cramer* (1864–1886), seit 1884 Weihbischof in Münster, Peter *van de Loo* (1886–1891), Hubert *Voß* (1891–1899), dann Bischof von Osnabrück, Peter *Aengenvoort* (1899–1903), Everhard *Illigens* (1903–1909), danach Weihbischof in Münster, und Hugo *Greving* (1909–1933) einen gut geschulten und frommen Klerus.
Am 23. September 1908 trat Arnold *Francken*, dem diese Blätter gewidmet sind, als Subregens in den Vorstand des Priesterseminars ein, am 8. November 1933 übernahm er das Amt des Regens. Der weitaus größte Teil des Klerus ist durch seine Schule gegangen. Es ist nicht Aufgabe des Chronisten, die Verdienste des Jubilars zu würdigen. Er möchte sich aber in die unübersehbare Zahl

derer einreihen, die am heutigen Tage ihres einstigen Subregens und Regens in pietätvoller Dankbarkeit gedenken und sich in dem aufrichtigen Wunsch vereinen, daß der Geist Arnold Franckens lebendig sei in der Heranbildung auch der kommenden Priestergenerationen zum Segen für das Seminar, das Bistum Münster und das Reich Gottes auf Erden.

Conc. Trid., Sess. XXIII de ref. cap. XVIII: Forma erigendi seminariorum clericorum, praesertim tenuiorum; in cuius erectione plurima observanda; de educatione promovendorum in cathedralibus et maioribus ecclesiis. Eine Geschichte des Priesterseminars gibt es noch nicht. Einen zweckdienlichen kurzen Abriß – leider ohne Quellenangaben – schrieb C. F. *Krabbe* in der WZ Bd. 20 (1859) 141ff., der aber von Arnold *Francken* im Westfälischen Merkur (Münster 1926) Nr. 433 in mancher Hinsicht berichtigt und durch reizvolle, bisher unveröffentlichte Details zur internen Geschichte des Seminars, die auch kulturgeschichtlich interessieren, bereichert wurde. Über die segensreiche Tätigkeit Overbergs im Priesterseminar schrieb A. *Francken* in der Festschrift zum Hundertjahrgedächtnis von Overbergs Todestag (hg. von R. *Stapper*, Münster 1926). Im übrigen verweisen wir auf C. F. *Krabbe*, Geschichtliche Nachrichten über die höheren Lehranstalten in Münster (1852). H. *Börsting*, Das Priesterseminar und die münsterischen Schulen, in: *Börsting-Schröer*, Handbuch des Bistums Münster (1946) 136ff. R. *Schulze*, Das Gymnasium Paulinum zu Münster = Geschichte und Kultur. Schriften aus dem Bischöflichen Diözesanarchiv (1948) Heft 2 u. 3, sowie A. *Schröer*, Das Tridentinum und Münster, in: G. *Schreiber* (Hg.), Das Weltkonzil von Trient 2 (1951) 295–370. *Nachträge*: Fr. *Ostermann*, Die Theologenausbildung in den heute die Diözese Münster bildenden Gebieten vom Tridentinum bis zur Gründung des Collegium Borromaeum: 100 Jahre bischöfliches Collegium Borromaeum zu Münster 1854–1954. Als Manuskript gedruckt (Aschendorff 1954) 1–38. W. *Astrath*, Die Geschichte des Collegium Borromaeum von seiner Gründung 1854 bis zum Wiederaufbau nach dem 2. Weltkrieg: ebd. 39–106. P. *Löffler*, Collegium Ludgerianum in Münster 1849–1971. Geschichte einer bischöflichen Bildungsanstalt = Geschichte und Kultur 6 (Regensberg 1979).

IV. KLOSTER, STIFT, PFARREI

21. Die westfälischen Klöster und Stifte in der Reformationszeit*

I.

Zu den wichtigsten Lebensäußerungen der katholischen Kirche gehört seit jeher das Klosterwesen. Es erwuchs dem biblisch begründeten Streben des Menschen, unberührt von weltlichen Bedürfnissen und gestützt auf das dreifache Gelübde der evangelischen Räte in ausschließlicher Hingabe an Gott ein rein religiöses Leben zu führen. Die Ordensgeschichte gehört zu den wesentlichsten Kapiteln der Kirchengeschichte. Zu Beginn der Reformation war trotz der Selbstreform des ausgehenden 15. Jahrhunderts die Kraft vieler Klöster erlahmt. Die Konvente erregten die Kritik der Humanisten und Reformatoren.

Nach Luther verkörpern die Ordensleute am ausgeprägtesten die Werkgerechtigkeit.[1] Ihre Lebensform ist der Gegenpol der evan-

---

* Monastisches Westfalen. Klöster und Stifte 800–1800, hg. von Géza Jászai (Ausstellungskatalog Münster 1982) 217–224.

[1] De votis monasticis iudicium: WA 8, 573–669. N. *Heutger*, Evangelische und simultane Stifter in Westfalen (1968) 115ff. Zum Ganzen: L. *Schmitz-Kallenberg*, Monasticon Westfaliae (1909). H. *Hoogeweg*, Verz. der Stifter und Klöster Niedersachsens (1908). W. *Dersch*, Hessisches Klosterbuch (21940). A. *Schröer*, Die Vita Canonica und ihre Ausbreitung in Westfalen, in: Sanct-Stephanus Beckum. Stift und Kirche, hg. v. Fr. Helmert = Quellen und Forschungen zur Geschichte des Kreises Beckum 1 (1967) 21ff. H. *Börsting* und A. *Schröer* (Bearb.), Handbuch des Bistums Münster 1 (1946). A. *Schröer*, Die Kirche in Westfalen vor der Reformation, 2 Bde. (1967). *Ders.*, Die Reformation in Westfalen 1 (1979), Bd. 2 (1983). W. *Kohl*, Die Schwesternhäuser nach der Augustinerregel = Germania Sacra, hg. vom Max-Planck-Institut für Geschichte NF 3: Die Bistümer der Kirchenprovinz Köln. Das Bistum Münster 1 (1968). *Ders.*, Die Klöster der Augustiner-Chorherren, ebd. 2 (1971). *Ders.*, Das (Freiweltliche) Damenstift Freckenhorst, ebd. 3 (1975). W. Kohl u. a. (Hgg.), Monasticon Windeshemense, Teil 2: Deutsches Sprachgebiet (Kl. Scholz) = Archives et Bibliothèques de Belgique, Extranummer 16 (1977). W. Leesch u. a. (Hgg.), Monasticon Fratrum Vitae Communis = ebd. Extranummer 19 (1979). R. *Haacke* (Bearb.), Die Benediktinerklöster in Nordrhein-Westfalen = Germania Benedictina 8 (1980).

gelischen Rechtfertigungslehre, das *Widerspiel des Evangeliums*.[2] Klosterleben ist in Luthers Augen Leistungsreligion, der Versuch des Menschen, vor Gott auf dem Weg der Selbstheiligung und lohnsüchtiger Askese Verdienste zu erwerben, um Nachlaß der Sünden zu erlangen.[3] In den Klostergelübden sieht Luther eine Gefährdung der Gnade. Er räumt aber ein, daß es zur Stärkung des geschwächten Willens dienlich sein könne, sich in Freiheit zur Erfüllung einer allgemeinen Christenpflicht zu bekennen.

Unter den monastischen Erscheinungsformen der Askese verurteilte Luther namentlich das Gelübde der Ehelosigkeit. Nicht der zölibatäre Ordensstand, der der Schöpfungsordnung widerstreite, sondern der Ehestand sei von Gott gestiftet. Das Mönchtum dürfe daher nicht länger der Ehe als höhere Lebensform gegenübergestellt werden.[4] Man solle Klöster und Stifte öffnen und den Insassen die Verehelichung freistellen. Luther betrachtete jedoch, wie schon seine Korrespondenz mit den Herforder Fraterherren zeigt,[5] den Ehestand nicht etwa als ausschließliche Form gottgefälligen Lebens. Auch der Zölibat habe seinen Wert vor Gott. Aber er bedürfe zur Realisierung besonderer Gnade. Nur die wenigen *hohen reychen geyster, von Gottis gnaden auff getzeumet,*[6] seien zum zölibatären Leben berufen. Auch das klösterliche Gelübde der Armut fand Luthers Mißbilligung. Es sei in Wirklichkeit eine Lüge, denn die Mönche und Nonnen der besitzenden Orden hätten alles, was sie gebrauchten.[7] Besonders scharfe Kritik übte Luther an den *arbeitsscheuen*[8] Bettelbrüdern, die terminierend durch die Gemeinden zögen. Er geißelt *die Aussaugung aller Lande durch mönchische Heuschrecken, Raupen und Käfer.*[9] Was die Armut betreffe, so sei nicht die konkrete Eigentumslosigkeit vor Gott wichtig, sondern das geistliche Gelöstsein von den Gütern dieser Welt – ein Gesichtspunkt, der auch von der altgläubigen

---

[2] WA 32, 344.
[3] Ebd. 43, 607.
[4] Ebd. 30/1, 162.
[5] *Schröer*, Reformation in Westfalen Bd. 1, 329ff.
[6] WA 10/2, 279.
[7] Ebd. 10/3, 25.
[8] Ebd. 43, 199.
[9] Ebd. 19, 7.

Reformbewegung zur Begründung der *vota monastica* immer wieder ins Feld geführt wurde.
Obwohl Luther das Ordensleben grundsätzlich ablehnte, trat er keineswegs für eine wahllose Aufhebung der Klöster ein. Als der Abt des welfischen Benediktinerklosters Oldenstadt-Uelzen, Heino Gottschalk, ihn 1528 wegen der Verwendung seines Klosters um Rat fragte, empfahl er ihm die Fortführung des Konventslebens unter der Voraussetzung, daß die Gelübde abgeschafft würden, den Konventualen volle Freiheit gelassen, das geistliche Leben im Sinne des Evangeliums geordnet, das Chorgebet von allem Ungöttlichen gereinigt und das Kloster zu einer Stätte christlicher Bildung aufgebaut werde. Aber niemand solle das Klosterleben als einen besonders garantierten Weg zur Seligkeit betrachten.[10]
Am vollkommensten entsprachen den Vorstellungen Luthers wohl die Häuser – nicht „Klöster"! – der Fraterherren, die die Ordensgelübde für sich ablehnten, die Hl. Schrift in die Mitte ihres religiösen Lebens stellten, nach dem Vorbild der Urkirche auf eigenen Besitz verzichteten, ein zölibatäres Leben führten, in ihrer seelsorglichen Tätigkeit eine große Weltoffenheit bewiesen und unter Ablehnung des Bettelns von ihrer Hände Arbeit lebten. Luther hatte den Lebensstil der Fratres in seiner Jugend selbst kennengelernt. Mit den Herforder Fratres fühlte er sich freundschaftlich verbunden. Er verteidigte ihre Ideale und Privilegien bis an die Grenze des Möglichen gegen die Angriffe des Herforder Stadtrates und seiner eigenen Ordensbrüder.

II.

Im Vergleich zum deutschen Süden war die westfälische Klosterlandschaft dünn besiedelt. Die *weltlichen Territorien* Westfalens –

---

[10] Ebd. WA Br. IV, 390–391. *Hoogeweg* 102. *Heutger* 21. Der Abt befolgte jedoch nicht den Rat Luthers. Er übergab die Verwaltung des Klosters am 10. 7. 1529 dem Herzog Ernst von Braunschweig-Lüneburg mit der Begründung, er könne das Klosterleben nicht länger ohne Verlust der Seligkeit fortführen. *Heutger* 22.

IV. Kloster, Stift, Pfarrei

Hoya, Diepholz, Waldeck, Rietberg, Nassau-Siegen, Lippe, Tecklenburg-Rheda-Lingen, Bentheim-Steinfurt, Wittgenstein, Kleve, Mark und Ravensberg – wiesen zu Beginn der Reformation insgesamt 86 geistliche Kommunitäten auf, und zwar 68 Klöster und 18 Stifte. Von den 86 religiösen Gemeinschaften unterstanden in politischer Hinsicht 66 den Landesherren („territoriale Konvente") und 20 den privilegierten Städten („kommunale Konvente"). In Lemgo verfügte der Stadtrat jedoch nur über das Kanonissenstift. Die beiden Klöster waren territorial. Da die Reformationsgeschichte der westfälischen Klöster und Stifte noch auf weite Strecken im Dunkel liegt – die Klosterbücher von Schmitz-Kallenberg und Hoogeweg bedürfen dringend der Neubearbeitung* –, wollen wir die diesbezüglichen Ergebnisse unserer Darstellung hier zunächst in einem statistischen Rahmen vorlegen.

Unter den erwähnten 68 Ordenssiedlungen befanden sich 30 Klöster männlicher Orden, von denen je zwei den Benediktinern[11] und Zisterziensern,[12] je drei den Prämonstratensern[13] und Minoriten,[14] sieben den Franziskaner-Observanten,[15] je zwei den Dominikanern,[16] Augustiner-Eremiten[17] und Johannitern,[18] eins den Deutschordensrittern[19] und je drei den Kreuzherren[20] und Augu-

---

* Wurde im Hinblick auf das Monasticon Schmitz-Kallenbergs bereits durchgeführt: Westfälisches Klosterbuch. Lexikon der vor 1815 errichteten Stifte und Klöster von ihrer Gründung bis zur Aufhebung, hg. von Karl Hengst = Quellen und Forschungen zur Kirchen- und Religionsgeschichte Bd. 2, Teil 1 (1992); Teil 2 (1994).
[11] Flechtdorf (Waldeck) und Schinna (Hoya).
[12] Loccum (Hoya), reichsunmittelbar, und Vlotho (Ravensberg), Filiale von Loccum. Von diesem 1560 aufgehoben.
[13] Klarholz (Rheda), Scheda (Mark) und Heiligenberg (Hoya).
[14] Dortmund, Herford, Soest.
[15] Bielefeld (Ravensberg), Hamm (Mark), Siegen (Nassau-Siegen), Lemgo (Lippe), Korbach (Waldeck), Geseke (Mark-Lippe), Rietberg.
[16] Dortmund und Soest. Zur Konkurrenz zwischen Mendikanten und Jesuiten s. *Schröer*, Reformation in Westfalen Bd. 1, 77.
[17] Herford und Lippstadt.
[18] Herford, Nieder-Wildungen (Waldeck).
[19] Brackel-Dortmund.
[20] Höhnscheid (Waldeck), Falkenhagen (Lippe), Osterberg (Tecklenburg).

stinern[21] angehörten. Außer einem Fraterhaus,[22] das weder Kloster- noch Stiftscharakter trug, gab es in diesem Raum fünf Kollegiatstifte,[23] die außer St. Patroklus-Soest sämtlich der alten Kirche verlorengingen. Von den 30 Mönchsklöstern wurden 15 aufgehoben.[24] Die Reichsabtei Loccum war territorial unabhängig, nahm 1591 die Reformation und zugleich Stiftscharakter an. Ein weiteres Kloster[25] wurde vom Landesherrn in ein evangelisches Stift umgewandelt. In katholischem Besitz blieben elf Klöster: Die Prämonstratenser von Klarholz (Rheda) und Scheda (Mark), die Augustiner-Chorherren von Frenswegen (Bentheim), je ein Minoriten- und Dominikanerkloster in Dortmund und Soest, die Franziskaner-Observanten von Bielefeld (Ravensberg) und Hamm (Mark), die Johanniter von Herford und die Deutschordensritter von Brackel bei Dortmund, Geseke (Mark) und Rietberg (Mark). Außer den Klöstern und Stiften für Männer beherbergte der lutherische Gebietsanteil Westfalens zu Beginn der Reformation 51 religiöse Frauengemeinschaften, und zwar 38 Klöster und 13 Kanonissenstifte. Von den Klöstern gehörten fünf den Benediktinerinnen,[26] neun den Zisterzienserinnen,[27] drei den Prämonstraten-

---

[21] Frenswegen (Bentheim), Blomberg (Lippe), Volkhardinghausen (Waldeck).
[22] Herford.
[23] Bielefeld (Ravensberg), simultan (17. Jahrhundert); Herford, evang.; Soest, Mariendrebber (Diepholz), aufgehoben und Bücken (Hoya), aufgehoben.
[24] Eingezogene Mönchsklöster: Benediktiner von Flechtdorf (Waldeck) und Schinna (Hoya), Zisterzienser von Vlotho, Prämonstratenser von Heiligenberg (Hoya), Kreuzherren von Höhnscheid (Waldeck) und Osterberg (Tecklenburg), Augustiner-Chorherren von Blomberg (Lippe) und Volkhardinghausen (Waldeck), Minoriten von Herford, Augustiner-Eremiten von Herford und Lippstadt, Franziskaner-Observanten von Siegen (Nassau-Siegen), Lemgo (Lippe) und Korbach (Waldeck) sowie die Johanniter von Nieder-Wildungen (Waldeck).
[25] Falkenhagen (Lippe).
[26] Heiligenrode (Hoya), Herzebrock (Rheda), Burlage (Diepholz), Nenndorf (Hoya), Oberwerbe (Waldeck).
[27] Kentrup-Hamm (Mark), Leeden (Tecklenburg), Himmelpforten (Krs. Soest), Benninghausen (Krs. Lippstadt), Gravenhorst (Tecklenburg), Schale (Tecklenburg), Welver-Soest, Netze (Waldeck), Gevelsberg (Mark).

serinnen,[28] zwei den Dominikanerinnen,[29] 14 den devoten Augustinerinnen,[30] drei den Franziskaner-Tertiarierinnen[31] und zwei den Klarissen.[32] Sieben Klöster unterstanden politisch der kommunalen,[33] die übrigen der territorialen Obrigkeit.[34] Von den 38 Klöstern wurden 14 aufgehoben[35] und zehn in „Freiweltliche Damenstifte" umgewandelt.[36] Die restlichen 14 verblieben in katholischem Besitz. Es waren dies das Benediktiner-Frauenkloster Herzebrock (Rheda), die Zisterzienser-Frauenklöster Kentrop-Hamm (Mark), Himmelpforten (Krs. Soest), Benninghausen (Krs. Lippstadt), Gravenhorst (Tecklenburg) und Welver-Soest, die Augustiner-Frauenklöster Störmede (Mark-Lippe) und Frenswegen

---

[28] Dortmund, Keppel (Siegen), Cappel (Lippe).
[29] Soest-Paradiese, Lemgo (Lippe).
[30] Herford-Süsternhaus auf dem Hollande, Bielefeld (Ravensberg), Lemgo, Unna (Mark), Wiedenbrück (Rheda-Osnabrück), Arolsen (Waldeck), Berich (Waldeck), Mengeringhausen (Waldeck), Detmold (Lippe), Quernheim (Ravensberg), Lippstadt-St. Annen-Rosengarten, Schüttorf (Bentheim), Störmede (Mark-Lippe), Frenswegen (Bentheim).
[31] Kamen (Mark), Lütgendortmund (Mark), Rhynern (Mark).
[32] Herford, Clarenberg (Mark).
[33] Welver-Soest (Zisterzienser-Frauenkloster), Dortmund (Prämonstratenser-Frauenkloster), Herford und Lippstadt (Augustiner-Chorfrauen), Lippstadt-St. Annen-Rosengarten (Augustiner-Chorfrauen), Herford (Klarissen), Soest-Paradiese (Dominikaner-Frauenkloster).
[34] S. Anm. 26–32.
[35] Die Benediktiner-Frauenklöster Burlage (Diepholz) und Nenndorf (Hoya), das Zisterzienser-Frauenkloster Schale (Tecklenburg), die Augustiner-Frauenklöster Herford (Süsternhaus auf dem Hollande), Bielefeld (Ravensberg), Detmold (Lippe), Lemgo (St. Marien im Rampendal), Schüttorf (Bentheim) sowie das Klarissenkloster Herford. Die Grafen von Waldeck zogen allein fünf Frauenklöster ein: das Benediktinerinnenkloster Oberwerbe, das Zisterzienserinnenkloster Netze und die Siedlungen der Augustinerinnen in Arolsen, Berich und Mengeringhausen.
[36] Benediktiner-Frauenkloster Heiligenrode (Hoya); Zisterzienser-Frauenklöster Leeden (Tecklenburg, evangelisch mit 1 kath. Präbende) und Gevelsberg (Mark, für drei Konfessionen); Prämonstratenser-Frauenklöster Keppel (Siegen) und Cappel (Lippe); Augustiner-Frauenklöster Lemgo-St. Marien (im Rampendal), Hamm (Nordenstift), Unna und Quernheim (Ravensberg); Klarissen-Frauenkloster Clarenberg (Mark) und Dominikaner-Frauenklöster Soest-Paradiese (auch ein Dominikaner-Frauenkonvent blieb erhalten) und Lemgo-St. Marien (Lippe).

(Bentheim), das Prämonstratenser-Frauenkloster Dortmund, die Häuser der Franziskaner-Tertiarierinnen von Kamen, Lütgendortmund und Rhynern sowie das devote Süsternhaus St. Annae-Rosengarten-Lippstadt. In dem neuen Damenstift Paradiese-Soest blieb ein Dominikaner-Frauenkonvent erhalten.

Demnach wurden 43 % aller Klöster (68) eingezogen, 20 % in evangelische oder konfessionell gemischte Stifte umgewandelt und 37 % in katholischem Besitz gelassen. Diese für die alte Kirche verhältnismäßig günstige Bilanz hat ihren Grund vornehmlich in der klosterfreundlichen Politik der Herzöge von Kleve und der Kurfürsten von Brandenburg in den Grafschaften Mark und Ravensberg, der weitherzigen reformatorischen Praxis der Bentheimer Grafen, der inneren Verbundenheit der Städte Dortmund, Soest und Bielefeld mit ihren Mendikanten sowie in den umstrittenen Besitzverhältnissen einiger Klöster der Grafschaft Tecklenburg-Rheda. Die übrigen lutherischen Landesherren betrachteten die Klöster in erster Linie als Vermögensobjekte, die sie – vielfach ohne Rücksicht auf deren Stiftungszweck – zugunsten des Staates einzogen. Waldeck konfiszierte sämtliche zehn Klöster, Lippe und Hoya je drei, Tecklenburg zwei, Diepholz eins.

Offener als die Klöster dienten die Stifte dem Versorgungsgedanken. Diesem Umstand war es zuzuschreiben, daß sie in großer Mehrheit die Reformation überlebten. Die Landesherren hätten wohl auch diese durchweg begüterten kirchlichen Einrichtungen kaum geschont, wenn sie nicht dem Druck der Stifterfamilien und der seitherigen Nutznießer der Präbenden im niederen Adel ausgesetzt gewesen wären. So verfielen von den fünf Kollegiatstiften lediglich Mariendrebber-Diepholz und Brücken-Hoya der Einziehung zugunsten des Landes.

Die Kollegiatkirche zu Bielefeld war bis 1648 in den Händen der Katholiken. Dann wurde das Kirchenschiff für den evangelischen Gottesdienst freigegeben, während im Chor hinter dem Lettner der katholische Stiftsgottesdienst mit der täglichen Konventualmesse und dem regelmäßigen Offizium stattfand.[37] Simultaner Benutzung diente bis 1616 auch St. Patroklus-Soest, dessen Kirchenschiff Eigentum der Stadt war. Von den spanischen Truppen für

---

[37] *Nottarp* 68f.

den katholischen Gottesdienst freigegeben, blieb die Kollegiatkirche endgültig im Besitz der Altgläubigen. Sie wurde zur eigentlichen katholischen Pfarrkirche der Stadt.[38] Die Herforder Stiftskirche St. Johann und Dionys fiel den Lutheranern zu, aber noch in der zweiten Hälfte des 17. Jahrhunderts waren von insgesamt zwölf Stiftsherren vier katholisch.[39] Die zwölf Kanonissenstifte[40] entgingen mit Ausnahme von St. Marien-Lemgo *(tor Engelhus im Rampendal)* der Aufhebung. Wietmarschen in der Grafschaft Bentheim konnte sogar seine katholische Verfassung bewahren. Die übrigen wurden in „Freiweltliche Damenstifte" umgewandelt, deren Konvente vielfach konfessionell gemischt waren.

Luther mißbilligte, wie erwähnt, den Raubbau an den Klöstern. Er verurteilte jene evangelischen Territorialherren, die Kirchen- und Klostergut ihrem geistlichen Stiftungszweck entfremdeten und es rein weltlicher Verwendung zuführten. In den Kreisen der evangelischen Reichsstände war in der Tat die Auffassung weitverbreitet, daß der Territorialherr das eingezogene Kirchengut auch zur Aufbesserung der erschöpften Staatsfinanzen benutzen dürfe, da zu den „reformatorischen" Zwecken auch Leistungen für den „evangelischen Staat" oder die allgemeine Wohlfahrt gehörten. Die Säkularisierung von Kirchengut ließ sich rechtlich nicht aus dem *ius reformationis* der Reichsstände ableiten. Sie entsprang vielmehr der persönlichen Gewinnsucht der stets in Geldnot befindlichen Landesherren. Dabei spielte es im allgemeinen keine Rolle, ob der jeweilige Konvent bereit war, die neue Lehre anzunehmen oder nicht. Die Klöster der Grafschaft Hoya hatten sich vor ihrer Aufhebung ausnahmslos zur Reformation bekannt. Zahlreiche Territorialherren hatten bereits seit dem Spätmittelalter beachtliche Verleihungs- und Verfügungsrechte über das kirchliche Stiftungsgut erlangt. Nun benutzten sie die günstige Gelegenheit, um diese Entwicklung abzuschließen.

---

[38] *Schwartz*, Soest 303f.
[39] *Nottarp* 65.
[40] Hamm-Nordenstift, Herdecke-Mark, Herford-Reichsstift, Herford-Stift auf dem Berge, Schildesche (Mark), Wietmarschen (Bentheim), Schaaken (Waldeck), Fröndenberg (Mark), Bassum (Hoya), Soest-Walburgis, Lemgo-im Rampendal (Lippe) und Elsey (Mark).

Viele Klöster erwiesen sich als Zentren des Widerstandes gegen die Neuerungen. Es war daher nicht verwunderlich, daß Mönche und Nonnen schon aus diesem Grunde in manchen Kirchenordnungen heftig angegriffen wurden. Oemeken beschimpft die Klöster in der Soester Ordinanz (1532) als „Synagogen des höllischen Teufels". Dennoch untersagte die Soester Kirchenordnung offensichtlich auf ausdrückliche Weisung des Stadtrates der evangelischen Kirchenleitung, die Klöster ohne Einverständnis der Betroffenen einzuziehen. Nur wenn der Stadtrat ausdrücklich zustimme, könne den Konventen die Aufnahmegenehmigung entzogen werden. Scharf urteilt auch die sonst so maßvolle, von Luther und anderen Wittenberger Doktoren approbierte Detmolder Kirchenordnung (1538) über die Mönche. Sie diskriminierte sie als Pharisäer, die sich von den Menschen absondern, eigenartige Gewänder tragen, sich mit einem Heiligenschein umgeben, ihre Kloster- und Ordensgelübde dem Sakrament der Taufe gleichsetzen und die Verdienste Christi geringschätzen. Da sie mit der Schrift im Widerstreit stünden und keine wahren Diener seien, dürfe man ihnen nicht erlauben, in Stadt und Land zu predigen, zu betteln und sich mit Brot und Schweiß anderer zu nähren. Man solle den Klöstern Neuaufnahmen verbieten.

Die Animosität der Lutheraner wandte sich, wie man sieht, in erster Linie gegen die in Westfalen weitverbreiteten Bettelbrüder, die durch ihre volkstümliche Predigtweise und ihren engen Kontakt mit allen Kreisen der Bevölkerung die Ausbreitung des neuen Evangeliums zweifellos sehr behinderten. Luthers Aversion richtete sich vor allem gegen die Franziskaner. Der Reformator appellierte an den Kaiser, den Orden auszurotten und seine Bücher zu vernichten, *quia pestilentissima erat secta*.[41] In Wirklichkeit verkörperten die westfälischen Mendikanten, trotz menschlicher Gebrechen und Schwächen, unter allen Orden die Nachfolge Christi in Armut, Nächstenliebe und steter Dienstbereitschaft zweifellos am reinsten. Von den Franziskanern traten allein die Herforder Minoriten um 1530 zur Reformation über, während ihre Ordensbrüder in Soest und Dortmund allen diesbezüglichen Anfechtungen widerstanden. Auch die fünf Konvente der Franziskaner-Obser-

---

[41] WA TR 2, 578 Nr. 2651b.

vanten im lutherischen Westfalen, die in fast allen größeren Städten der Umgebung die sonntägliche Hauptpredigt zu übernehmen pflegten, standen fest im Glauben. Die Patres von Siegen (1534), Lemgo (1561) und Korbach (1566) wurden aus ihren Klöstern vertrieben und ihre Häuser zugunsten des Landes eingezogen, während ihre Glaubensbrüder in Hamm und Bielefeld dank der Toleranz der Brandenburger ihr Konventsleben bis in das 19. Jahrhundert ungestört fortsetzen und den kleinen katholischen Restgemeinden dieser Städte pastorale Betreuung gewähren konnten. Die volksnahen Bielefelder Observanten erfreuten sich sogar der Liebe und Verehrung der evangelischen Bürgerschaft. Auch die Dominikaner von Dortmund und Soest hielten dem Druck der Reformation stand und gewährten den wenigen katholischen Bürgern beider Städte vorzügliche pastorale Betreuung. Die Ordensbrüder Luthers, die Augustiner von Herford und Lippstadt, schlossen sich dagegen der Reformation an und übertrugen nach längerem Zögern in den dreißiger Jahren des 16. Jahrhunderts ihre Klostergebäude dem Stadtrat für schulische bzw. karitative Zwecke. Das Lippstädter Kloster befand sich von 1618 bis 1631 mit allen Gefällen in den Händen der Jesuiten,[42] was bei den verdienten Franziskaner-Observanten großes Mißfallen erregte.

Die beiden Benediktinerklöster im lutherischen Westfalen, Flechtdorf in Waldeck und Schinna in Hoya, wurden von ihren Landesherren säkularisiert. Auch die Prämonstratenser von Heiligenberg in Hoya verfielen der Aufhebung durch gräfliche Anordnung, während ihre Ordensbrüder in Klarholz (Rheda) und Scheda (Mark) sich behaupteten. Die Deutschordensritter in Brackel-Dortmund und die Johanniter von Herford konnten ebenfalls als katholisches Kapitel ihr Gemeinschaftsleben bis in das beginnende 19. Jahrhundert fortsetzen.

Die lutherische Seite pflegte die kanonischen Rechte der Konvente und Kapitel zu respektieren. Jeder Pfründeninhaber erhielt im Falle seines Ausscheidens aus der Stifts- oder Klostergemeinde eine angemessene Abfindung, im Falle des Verbleibens lebenslangen Unterhalt. Dagegen ignorierte man in vielen Fällen die alten Rechte adliger Patrone geistlichen und weltlichen Standes, von

---

[42] *Nottarp*, Ravensberg 79 Anm. 113.

der kirchlichen Jurisdiktion der Bischöfe ganz zu schweigen. Zu welchen Zugeständnissen allerdings weltliche Landesherren bereit waren, wenn es um territoriale Interessen ging, zeigt das Beispiel Lippe. Graf Bernhard VIII. beließ 1567 dem katholischen Propst des evangelischen Marienstifts von Lemgo im Rahmen eines politischen Tauschgeschäfts – es ging um den Besitz von Spiegelberg und Pyrmont – mit seinem Lehnsherrn, dem Bischof Rembert von Paderborn (1547–1568), das Sendgericht, so daß die evangelische Bevölkerung vor dem katholischen Sendrichter zu erscheinen hatte, eine Regelung, die in der kirchlichen Rechtsgeschichte einmalig sein dürfte.

Gelegentlich siegte sogar der Respekt vor der traditionsreichen Vergangenheit angesehener katholischer Gemeinschaften über evangelische Prinzipientreue. Die reichsfreie Zisterzienserabtei Loccum in der Obergrafschaft Hoya huldigte nach dem Aussterben des gräflichen Hauses 1585 dem Herzog Julius von Braunschweig-Wolfenbüttel (1568–1589) nur unter der Bedingung, daß an der Verfassung des Klosters nichts geändert und in der Religionsfrage kein Druck ausgeübt werde. Sechs Jahre später nahm der Konvent von sich aus die Reformation an, verpflichtete aber für alle Zukunft die eintretenden evangelischen Präbendare zum Zölibat und Chorgebet,[43] eine Bedingung, die grundsätzlich bis 1878 befolgt wurde. In ähnlicher Weise beobachteten seit 1570 die protestantischen Brüder des Herforder Fraterhauses, dessen Lebens- und Gemeinschaftsordnung Luther nicht nur gebilligt, sondern verteidigt hatte, bis zur Aufhebung ihres Hauses im Jahre 1801 den Zölibat in klösterlicher Gemeinschaft.

Die westfälischen *Frauenklöster* und *Kanonissenstifte* blieben weitgehend der Versorgung der weiblichen Adels- und Patrizierjugend erhalten. Die Kirchenordnungen stellten den Präbendaren, „um der Hurerei zu wehren" (Soest), in Übereinstimmung mit den Empfehlungen Luthers den Austritt frei. Man erbot sich, falls die Schwestern oder Jungfern ehelich zu werden wünschten, ihnen dabei in jeder Hinsicht behilflich zu sein. Wenn Frauenkonvente die lutherische Neuordnung ablehnten, was oft geschah, wurden

---

[43] Evangelisches Kirchenlexikon. Kirchlich-theologisches Handwörterbuch Bd. 2, 1149. *Hoogeweg* 80.

sie entweder sogleich oder nach einer von der Obrigkeit verhängten Aufnahmesperre „ausgehungert" und über kurz oder lang in evangelische Gemeinschaften umgewandelt. Wenn der Kreis der Interessenten bekenntnismäßig gemischt war, wurden die Präbenden der Klöster und Stifte unter den Anwärterinnen der berechtigten Familien nach dem konfessionellen Proporz aufgeteilt und sämtliche Präbendarinnen zu einer Gemeinschaft zusammengeschlossen. So entstand ein völlig neuer Stiftstyp, das erwähnte „Freiweltliche Damenstift", das katholische, evangelische und seit 1648 gelegentlich auch reformierte Präbendarinnen in einem Konvent unter Leitung einer Äbtissin vereinigte. Im ehemaligen Kanonissenstift Schildesche lebten 18 Damen, von denen sich je sechs zum Luthertum, zum Calvinismus und zum Katholizismus bekannten. Die Äbtissin wurde turnusgemäß von jeder Konfession gestellt. In diesen weltlichen Gemeinschaften entfielen natürlich die Ordensgelübde. Die Damen blieben im Besitz ihres Privatvermögens und führten in der Regel einen eigenen Haushalt. Im lutherischen Westfalen entstanden auf diese Weise mindestens 20 Damenstifte, die in der Mehrzahl konfessionell gemischt waren.[44] Sie wurden geradezu kennzeichnend für die nach Ausgleich strebende Kirchenpolitik der Brandenburger. Bereits 1609 hatten beide Prätendenten ihren Erblanden versprochen, „daß auch die Stifte, Klöster und alle anderen Collegien ebener Gestalt durch Landseßige besetzt, in esse gelassen, gehalten und Niemand in seinem Gewissen daselbst betrübt werden muge"[45]. Die gemischten „Freiweltlichen" wurden in den Religionsverträgen zwischen Brandenburg und Pfalz-Neuburg amtlich anerkannt und in der Mark und im Ravensberger Land förmlich institutionalisiert.

---

[44] Herdecke (Mark), Schildesche (Mark, für drei Konfessionen), Schaaken (Waldeck), Herford-St. Maria auf dem Stiftsberg, Fröndenberg (Mark), Bassum (Hoya), Soest-Walburgis, Lippstadt-Marienstift. Auch das Herforder Reichsstift nahm in der zweiten Hälfte des 15. Jahrhunderts die Reformation an und wurde evangelisches Damenstift.
[45] K. *Jaitner*, Die Konfessionspolitik des Pfalzgrafen Philipp Wilhelm von Neuburg in Jülich-Berg von 1647–1679, in: RST 107 (1973) 70. *Keller* 3 (1895) 143f. Nr. 59 und 140 Nr. 56.

Nicht alle Damenstifte brachen vollends mit der katholischen Tradition. So hielten die Insassen des ehemaligen Prämonstratenser-Frauenstifts Cappel in der Grafschaft Lippe an dem dort üblichen Habit fest. Dieser Beschluß ging offenbar auf die Einwirkung des konservativen lippischen Grafenhauses zurück. Es verdient besondere Hervorhebung, daß der reformierte Graf 1628 in Cappel, 1713 auch in dem zweiten freiweltlichen Damenstift des Lipper Landes, dem ehemaligen Dominikaner-Frauenstift St. Marien-Lemgo, jeweils das Amt der Äbtissin einem Mitglied seiner Familie reservierte.

Hinsichtlich der Verwendung der eingezogenen Kirchen- und Klostergüter unterschieden sich die westfälischen Ratskörperschaften vorteilhaft von manchen Landesherren, deren reformatorische Klosterpolitik – wie in Waldeck, Hoya und Tecklenburg – offen auf materiellen Gewinn abgestellt war. Am großzügigsten verfuhr die Freie Reichsstadt Dortmund mit ihren drei Klöstern, die ohne Beeinträchtigung ihres Bekenntnisses bis in das 19. Jahrhundert hinein ihrem religiösen Stiftungszweck dienen konnten. Die Detmolder Kirchenordnung von 1538 schrieb zwar vor, daß die Einkünfte der Klöster, soweit erforderlich, für die Bedürfnisse der Pfarrei, der Kirchendiener und der Schulen zu benutzen seien und nur der Rest für andere Zwecke zur Verfügung stehe, aber diese Formel ließ im Sinne der obigen Verwendungstheorie dem Ermessen der Landesregierungen weiten Spielraum. „Viele der neuen Kirchenherren ... mästeten sich nicht anders aus diesem Gut, als es die unwürdige hohe Prälatur zu Ende des Mittelalters getan hatte."[46]

III.

Die Klöster und Stifte der geistlichen Landesherrschaften gingen unter völlig anderen Bedingungen in die Reformationszeit hinein als die Konvente der weltlichen Territorien. Sie genossen durchweg die Gunst ihrer geistlichen und weltlichen Obrigkeit und brauchten im allgemeinen nicht um ihre Existenz zu fürchten, es sei denn, die Ordenssiedlungen häuften sich in einer Stadt derart,

---

[46] J. *Lortz*, Die Reformation in Deutschland Bd. 1 (⁴1962) 370.

IV. Kloster, Stift, Pfarrei

daß sie, wie in Osnabrück, wegen ihrer Steuerfreiheit den Stadtsäckel allzusehr belasteten oder, wie etwa in Münster, wegen ihrer handwerklichen Tätigkeit zu einer lästigen Konkurrenz für das gewerbetreibende Bürgertum wurden. Im übrigen waren die Klöster und Stifte in Stadt und Land sehr geschätzte Versorgungsinstitute sowohl für das städtische Bürgertum als auch für den westfälischen Landadel.

Auf dem Gesamtterritorium der fünf *geistlichen Landesherrschaften* Westfalens – Münster, Paderborn einschließlich Corvey, Herzogtum Westfalen und Vest Recklinghausen, Osnabrück und Minden – befanden sich zur Zeit der Reformation insgesamt 137 geistliche Gemeinschaften, von denen 75 von Männern, 62 von Frauen besiedelt waren. Unter den ersteren befanden sich 52 Klöster und 23 Dom- bzw. Kollegiatstifte. Von den 52 Klöstern entfielen neun auf die Benediktiner,[47] fünf auf die Zisterzienser,[48] vier auf die Prämonstratenser,[49] je eins auf die Kartäuser[50] und Augustiner-Eremiten,[51] vier auf die Minoriten,[52] acht auf die Franziskaner-Observanten (15. u. 17. Jh.),[53] drei auf die Dominikaner,[54] vier auf die Deutschordensritter,[55] sieben auf die Johanniter,[56] zwei auf die Kreuzherren,[57] drei auf die Windesheimer Augustiner-Chorher-

---

[47] Moritzkloster (Minden), Corvey (Paderborn), Marienmünster (Paderborn), Marsberg (Paderborn), Abdinghof (Paderborn), Rode (Paderborn), Grafschaft (Herzgtm. Westfalen), Liesborn (Münster) und Iburg (Osnabrück).
[48] Hardehausen (Paderborn), Bredelar (Herzgtm. Westfalen), Großburlo (Münster), Kleinburlo (Münster) und Marienfeld (Münster).
[49] Arnsberg (Herzgtm. Westfalen), Cappenberg (Münster), Varlar (Münster) und Klarholz (Osnabrück).
[50] Weddern (Münster).
[51] Osnabrück.
[52] Höxter (Paderborn), Paderborn, Münster und Osnabrück.
[53] Dorsten (Münster), Münster, Warendorf (Münster), Rheine (Münster), Vreden (Münster), Recklinghausen (Münster), Wiedenbrück (Osnabrück) und Paderborn.
[54] Minden, Warburg (Paderborn) und Osnabrück.
[55] Mülheim (Herzgtm. Westfalen), Welheim (Herzgtm. Westfalen), Münster und Osnabrück.
[56] Wietersheim (Minden), Horst (Herzgtm. Westfalen), Bokelesch (Münster), Borken (Münster), Burgsteinfurt (Münster), Münster und Lage (Osnabrück).
[57] Glindfeld (Herzgtm. Westfalen) und Bentlage (Münster).

ren[58] und eins auf die Brüder vom gemeinsamen Leben.[59] Von den Männerklöstern und -stiften der geistlichen Landesherrschaften Westfalens traten zwei vorübergehend zur Reformation über: Die Benediktiner von Iburg (1543–1548 sowie in der Schwedenzeit 1634–1645) und die Stiftsherren von Wildeshausen (1543–1547). Aufgehoben wurden die Klöster der Minoriten von Paderborn (1530) und Osnabrück (1542), der Augustiner-Eremiten von Osnabrück (1542), der Dominikaner von Minden (1529) sowie das Kollegiatstift in Quakenbrück (1650). Die Kollegiatkirche in Höxter ging in den Besitz der Protestanten über, während die von St. Martini-Minden in ein Simultaneum umgewandelt wurde. Die neun Benediktinerklöster der geistlichen Landesherrschaften Westfalens einschließlich des Moritzklosters im evangelischen Minden blieben katholisch. Alle Konvente hatten sich der Bursfelder Kongregation angeschlossen, die ihnen in den Anfangsjahren der Reformation einen starken Rückhalt gewährte. Die Bursfelder Kongregation, eine Vereinigung von Benediktinerklöstern unter dem Vorsitz des Abts von Bursfeld in Niedersachsen, hatte sich zum Ziel gesetzt, in ihren Gemeinschaften die Benediktsregel wieder mit Gewissenhaftigkeit und Strenge durchzuführen. Zu Beginn der Reformation umfaßte die Kongregation etwa 100 Abteien – vorwiegend im mittleren und westlichen Deutschland. Die durch die Glaubenskämpfe bedingten Verluste in Mitteldeutschland waren groß. Wenn auch keines der westfälischen Klöster seinen katholischen Charakter aufgab, so ging doch die Reformation an den Konventen nicht spurlos vorüber. Eine Reihe von Klöstern hatte eine erhebliche Zahl von Austritten zu beklagen.

Auch die fünf Siedlungen der Zisterzienser, die sich nach einer Periode des Verfalls im 15. Jahrhundert der Selbstreform ihres Ordens gestellt hatten, wahrten ihren katholischen Status. In den vier Prämonstratenserklöstern, namentlich in Cappenberg und Varlar, herrschte eine lockere Ordensdisziplin, dennoch gab kein Konvent die katholische Ordensverfassung auf. Die Kartäuser von

---

[58] Böddeken (Paderborn), Dalheim (Paderborn) und Ewig (Herzgtm. Westfalen).
[59] Münster.

Weddern überstanden wie der gesamte Orden die Krisenzeit der Reformation unversehrt.

Großer Popularität erfreuten sich die westfälischen Mendikanten, die ihren Nachwuchs aus allen Schichten der Bevölkerung bezogen. In Münster waren die Minoriten die ausgesprochenen Lieblinge des Volkes. Es ist bezeichnend, daß die Franziskaner-Observanten, obwohl durch Selbstreform geläutert, die Minderbrüder nirgendwo in Westfalen verdrängen konnten. Die Minoriten pflegten das theologische Studium, stellten Volksprediger für die Pfarrseelsorge und entsandten Terminarier in die entlegensten Gemeinden, in denen sie ebenfalls auf der Kanzel und im Beichtstuhl aushalfen. Eine Reihe ausgezeichneter Münsterer Weihbischöfe kam aus dem Konvent der Minderbrüder, ein Umstand, der im Hinblick auf die pastorale Untätigkeit der Fürstbischöfe von höchster Bedeutung war.

Der sozialen Ausrichtung ihres Ordens entsprechend waren die volksverbundenen „Barfüßer" seit jeher Sympathisanten der gesellschaftspolitischen Bestrebungen der mittelständischen Bevölkerung. Der Orden betrachtete sich als Verbündeten der sozial Schwachen und begünstigte daher vielfach die neue Lehre, die ebenfalls zunächst vornehmlich die nichtbesitzenden, sozial benachteiligten Volkskreise ansprach. Die Paderborner Minoriten, die unter ihren westfälischen Mitbrüdern eine Außenseiterstellung einnahmen, hatten seit langem durch ihre freie, unbefangene Lebensart peinliches Aufsehen erregt. Ihre Methode, in der heranwachsenden Generation praktische Solidarität zwischen arm und reich, hoch und nieder zu pflegen, stieß weitgehend auf Ablehnung. Dies galt namentlich für die ungewöhnliche Sitte, sonntags Bürgertöchter und Dienstmägde zu fröhlichen Reigen und Tänzen in das Kloster einzuladen. Dabei wurde der Minoritenkonvent zu einem Zentrum der reformatorischen Bewegung. Die Zahl der abtrünnigen Fratres wuchs von Tag zu Tag. Um 1530 verließen die letzten Minoriten das Kloster. Zwei Jahre später standen die ehemaligen Minoritenbrüder Johannes Polhenn und Jakob Müsing an der Spitze der 300 lutherischen Rebellen, die infolge des Ungeschicks ihrer Anführer die ganze reformatorische Bewegung in Paderborn in die Katastrophe führten. Das Minoritenkloster wurde 1577 dem Schulfonds zugeteilt und 1592 von Bischof Dietrich v. Fürstenberg den Jesuiten überwiesen.

Auch in Osnabrück verließ nach Einführung der Reformation 1542 die große Mehrheit des Minoritenkonvents den Orden. Bischof Franz v. Waldeck überließ die Güter der Stadt. Diese errichtete in dem Konventsgebäude eine evangelische Schule, die aber 1548 im Zuge der kaiserlichen Reform wieder erlosch. In ähnlicher Weise ging das Osnabrücker Kloster der Augustiner-Eremiten, das den Bistümern Osnabrück und Münster manchen tüchtigen Weihbischof geschenkt hatte, 1542 in den Besitz der Stadt über. Nach mehrfachem Wechsel gelangte das Kloster 1628 an die Jesuiten, deren Plan, hier eine Universität zu errichten, jedoch nicht zur Ausführung kam. Das dritte Osnabrücker Mendikantenkloster, der Dominikanerkonvent *beim Natroper Tor*, widersetzte sich der Einführung der Reformation mit Erfolg und überwand ebenso wie der Warburger Konvent der gelehrten Predigtbrüder in großer Mehrheit alle Glaubensanfechtungen der Zeit. Lediglich der Mindener Dominikanerkonvent wurde bereits 1529 aufgehoben und die Klostergebäude in ein Gymnasium umgewandelt.

Die Minoriten von Höxter, die sich im kirchenpolitischen Streit zurückhielten, hatten eine bewegte Geschichte, die beispielhaft ist für viele andere Klöster. Als sie sich nach 1555 in der Stadt nicht mehr halten konnten, übertrugen sie ihr Kloster samt Zubehör dem Abt von Corvey, nachdem Ausstattung und Besitz der Klosterkirche bereits 1542 gegen eine Summe von 380 Gulden an die Stadt übergegangen waren. Am 7. Mai 1573 kam es zu einem Vergleich, der den Protestanten die Klosterkirche und den anschließenden Kirchhof zusprach. Infolge des wechselnden Kriegsglücks gelangte das Gotteshaus während des Dreißigjährigen Krieges 1628 wieder in den Besitz der Minoriten, wurde aber 1649 erneut den Protestanten zugewiesen, bei denen es bis 1668 verblieb. Von 1674 bis 1812 gehörte die Kirche den Katholiken. Der katholisch gebliebene Konvent wurde 1657 durch den Bischof von Paderborn nach Herstelle umgesiedelt, wo die Patres die dortige Pfarrei übernahmen. Jedoch führte der Administrator von Corvey, Christoph Bernhard v. Galen, fünf Jahre später, 1662, einen Teil des Konvents wieder nach Höxter zurück.

IV. Kloster, Stift, Pfarrei

Das geistliche Leben der Minderbrüder bewegte sich im ausgehenden Mittelalter auf der Ebene der Mittelmäßigkeit. Die Klausur blieb nicht selten unbeachtet, die Armut wurde nicht mehr gepflegt. Diese Entwicklung führte dazu, daß seit dem 14. Jahrhundert ernster gesinnte Kreise das franziskanische Ideal in seiner ursprünglichen Strenge wiederherzustellen suchten. Die reformfreudigen Brüder wollten die Regel des hl. Franz dem Wortlaut gemäß beobachten (observare). Sie nannten sich daher *Fratres de observantia* oder kurz Observanten. Die Reformbewegung fand ein weites Echo. Um 1500 zählten die Observanten rund 30 000 Mitglieder. Da sich die westfälischen Minoriten der Observanzbewegung verschlossen, erfolgte hier die Ansiedlung nur zögernd. Noch im 15. Jahrhundert wurden die Klöster in Hamm (1455), Dorsten (1488), Siegen (1489) und Bielefeld (1498) gegründet, denen sich im 17. Jahrhundert neun weitere anschlossen.
Die Klöster der Augustiner-Chorherren von Böddeken, Dalheim und Ewig standen unter dem reformierenden Einfluß der Windesheimer Kongregation, einer klösterlichen Reformbewegung, die durch die *Devotio moderna* geprägt wurde. Die *Devotio moderna* betonte statt der objektiven, an äußere Formen gebundenen Frömmigkeit des Mittelalters die erbauliche Betrachtung und mystische Versenkung des einzelnen in das Leben Jesu. Das monastisch-klösterliche Frömmigkeitsideal wurde abgelöst durch ein praktisches Weltchristentum der aktiven Caritas, das sich unter anderem in der Krankenpflege, der Armenfürsorge und der Schule auswirkte. Die Neue Frömmigkeit wurde wesentlich getragen von den Brüdern vom gemeinsamen Leben, die in dem Münsterer Fraterhaus „Zum Springborn" eine ihrer bedeutendsten Niederlassungen besaßen. Die Windesheimer Reformkongregation verlor während der Reformation viele Häuser. Auch in den westfälischen Siedlungen gab es Erschütterungen und Krisen, aber keinen Bekenntniswechsel.
Das geistliche Westfalen zählte vier Dom- und 19 Kollegiatstifte. Während die Domkapitel zu Beginn der Reformation verfassungsrechtlich fast ebenbürtig neben dem Bischof standen, genossen die Kollegiatkapitel keine nennenswerte politische Bedeutung. Aber sowohl die Dom- als auch die Stiftskapitel dienten weithin

dem Landadel bzw. dem städtischen Patriziat als Versorgungsanstalten. Die vier westfälischen Domkapitel blieben samt ihren Kathedralen der alten Kirche erhalten. Trotz innerer Spaltungen und heftiger Auseinandersetzungen mit den Bischöfen konnten sie außer in Minden auch den Fortbestand ihrer Hochstifte sichern. Unter dem Einfluß des Landgrafen Philipp von Hessen wurde die Stiftskirche des Kollegiatkapitels von Höxter 1533 in ein Simultaneum umgewandelt, wie es 1530 auch mit der Stiftskirche von St. Martini-Minden geschehen war. Die Kanoniker von Wildeshausen und von Quakenbrück nahmen 1543 die Reformation an, kehrten aber einige Jahre später unter dem Eindruck des kaiserlichen Sieges über die Schmalkaldener wieder zur alten Kirche zurück. Während Wildeshausen fortan katholisch blieb, wandte sich Quakenbrück nach Änderung der machtpolitischen Verhältnisse im Reich wieder dem Protestantismus zu, wurde aber 1650 aufgehoben.

Die Verluste der katholischen Kirche in den geistlichen Landesherrschaften waren im Hinblick auf die Männerklöster und -stifte verhältnismäßig gering. Diese Tatsache ist keineswegs überraschend, wenn man berücksichtigt, daß außer in Minden in allen geistlichen Territorien Westfalens das katholische Bekenntnis, wenn auch hart angeschlagen und dezimiert, Landesreligion blieb. Sogar die Benediktiner des Moritzklosters in dem protestantischen und später säkularisierten Minden verteidigten mit Erfolg ihr katholisches Glaubensbekenntnis. Allerdings mußten fast alle Ordenssiedlungen unter dem Einfluß der reformatorischen Bewegung krisenhafte Entwicklungen und mehr oder minder tiefgreifende Einbußen im Mitgliederbestand hinnehmen.

Die 62 *Frauenkonvente* der geistlichen Landesherrschaften Westfalens bestanden aus 47 Klöstern und 15 Stiften. Von den Klöstern entfielen elf auf die Benediktinerinnen,[60] zehn auf die Zisterzien-

---

[60] Gehrden (Paderborn), Gaukirche (Paderborn), Willebadessen (Paderborn), Odacker (Herzgtm. Westfalen), Liebfrauen- oder Überwasserstift (Münster), St. Aegidii (Münster), Vinnenberg (Münster), Herzebrock (Osnabrück), Malgarten (Osnabrück), Oesede (Osnabrück) und Gertrudenberg-Osnabrück.

serinnen,[61] drei auf die Prämonstratenserinnen,[62] eins auf die Dominikanerinnen,[63] neun auf die Augustinerinnen,[64] acht auf die Schwestern vom gemeinsamen Leben[65] und fünf auf die Tertiarierinnen des hl. Franziskus.[66] Von den 62 Frauenklöstern und -stiften traten gegen Ende des 16. Jahrhunderts die Zisterzienserinnen von Börstel (Osnabrück) und im 17. Jahrhundert die von Levern (Minden) zur Reformation über. Beide Konvente wurden in evangelische Freiweltliche Damenstifte umgewandelt, jedoch mußte Börstel zwei Präbenden für katholische Bewerberinnen freihalten. Vorübergehend protestantisiert wurden das Benediktinerinnenkloster Oesede sowie die Zisterzienserinnenklöster Rulle und vermutlich Bersenbrück, sämtlich im Hochstift Osnabrück. Das Augustinerinnenkloster Vechta im Niederstift Münster verfiel 1557, das dem gleichen Orden angehörende Kloster Lüdge (Paderborn) 1621 der Aufhebung. Die Augustiner-Frauenklöster Hohenholte (1557) und Langenhorst (1576) sowie das Weiße Stift der franziskanischen Tertiarierinnen in Bocholt wurden unter Beibehaltung des katholischen Bekenntnisses in Freiweltliche Damenstifte umgewandelt. Von den westfälischen Kanonissenstiften wurde allein Oedingen 1533 aufgehoben und sein Besitz mit dem Kollegiatstift Meschede vereinigt. Das Marienstift Minden wurde nach 1530 in ein evangelisches Freiweltliches Damenstift mit 15 Präbenden umgewandelt.

---

[61] Levern (Minden), Brenkhausen (Paderborn), Holthausen (Paderborn), Wormeln (Paderborn), Drolshagen (Herzgtm. Westfalen), Coesfeld (Münster), Rengering (Münster), Bersenbrück (Osnabrück), Börstel (Osnabrück), Rulle (Osnabrück).
[62] Flaesheim (Vest Recklinghausen), Oelinghausen (Herzgtm. Westf.) und Rumbeck (Herzgtm. Westf.).
[63] Galiläa (Herzgtm. Westf.).
[64] Brakel (Paderborn), Lügde (Paderborn), Recklinghausen (Vest Recklinghausen), Rüthen (Herzgtm. Westf.), Hohenholte (Münster), Langenhorst (Münster), Vechta (Münster), Osnabrück, Wiedenbrück (Osnabrück).
[65] Ahlen (Münster), Beckum (Münster), Bocholt (Münster), Borken (Münster), Coesfeld (Münster), Dülmen (Münster), Niesing-Münster, Rosenthal-Münster.
[66] Bocholt (Münster), Coesfeld (Münster), Ringe-Münster, Hofringe-Münster und Rheine-Münster.

Klöster und Stifte in der Reformationszeit

Die Mehrzahl der Frauenklöster war von der spätmittelalterlichen Ordensreform nur oberflächlich berührt worden. Daher stand es in den Reformationsjahren mit der Innerlichkeit und Disziplin der Konvente nicht zum besten. Dies galt in erhöhtem Maß von den Kanonissenstiften und den Freiweltlichen Damenstiften. Allgemein herrschte in den Klöstern das Bestreben vor, sich der Ordensregel zu entledigen und Stiftscharakter anzunehmen. Diese Tendenz entsprach dem weitverbreiteten Versorgungsdenken der Zeit.

Am besten sah es noch in den Benediktiner-Frauenklöstern aus, die sich fast ausnahmslos der Bursfelder Kongregation unterworfen hatten. Es war der Reformkongregation sogar gelungen, die Konvente der Zisterzienser-Frauenklöster von St. Aegidii-Münster, Vinnenberg, Brenkhausen und St. Ulrich an der Gaukirche zu Paderborn sowie – unter Mitwirkung des Bischofs von Münster – das hochangesehene Kanonissenstift Überwasser-Münster (Liebfrauen) für die Kongregation zu gewinnen. Die ständische Zusammensetzung der Konvente war bei den Frauen noch exklusiver als bei den Mönchen. Die Klöster waren vielfach nichts anderes als ein erweitertes Familiengut bestimmter Adels- und Patrizierkreise. Dabei suchte man die Zahl der Nonnen möglichst niedrig zu halten. Zu einem eigentlichen moralischen Verfall der Klöster kam es jedoch nicht. Von größter Bedeutung für das Innenleben der Konvente war die Wahl der Äbtissin.

Das religiös-monastische Leben vieler Konvente wurde durch die Wirren der Reformation nachhaltig erschüttert. Es gab auch Austritte. Etliche Nonnen von St. Aegidii und Überwasser-Münster (Liebfrauen) gehörten zu den ersten Frauen, die zu den münsterischen Täufern übergingen. Aber sämtliche Konvente blieben der alten Kirche verbunden.

Am stärksten geprägt wurde die westfälische Klosterlandschaft durch die Zisterzienserklöster, die im gesamtwestfälischen Raum mit 25 Konventen die stärkste Klostergruppe darstellten. Den Frauenklöstern dieses Ordens war fast ausnahmslos wenigstens eine Pfarrkirche inkorporiert, deren Einkünfte gewöhnlich den Grundstock der Klostereinnahmen bildeten. Die Konvente befolgten durchweg die Gewohnheiten weltlicher Frauenstifte. Bevor St. Aegidii und Überwasser (Liebfrauen) sich Bursfeld anschlossen, galten ihre Klöster als „adlige Damenschlösser", in denen völlige Freiheit und ein aristokratischer Lebensstil herrschten. Es wäre jedoch verfehlt, von einer allgemeinen Verderbnis der Zisterzienserinnen zu sprechen. Die stärksten Impulse zu einer Reform dieser Klöster gingen von den Marienfelder Äbten aus. Die Verluste der Zisterzienserinnen durch Einwirkung der Reformation hielten sich in engem Rahmen. Die Klöster Rulle und Bersenbrück scheinen vorübergehend die neue Lehre angenommen zu haben. Das letztere wurde 1786 in ein katholisches Freiweltliches Damenstift umgewandelt und blieb auch in der Folgezeit als solches bestehen. Aber nur ein Kloster, Börstel-Osnabrück, nahm Ende des 16. Jahrhunderts die Reformation an. Im Westfälischen Frieden säkularisiert, blieb dieser Frauenkonvent allein von allen Klöstern des Hochstifts Osnabrück dem evangelischen Bekenntnis erhalten.

Obwohl die devote Schwesternbewegung von Anfang an sowohl für die Windesheimer Kongregation als auch für die Brüder vom gemeinsamen Leben nur untergeordnete Bedeutung hatte, übten Geist und Lebensform der *Devotio moderna* auf die Frauenwelt Westfalens, namentlich die Beginensammlungen, eine erstaunliche Anziehungskraft aus.

Die nach der Augustinerregel lebenden Schwestern vom gemeinsamen Leben befolgten seit 1467 die von der Neuen Frömmigkeit geprägten Statuten, die der Prior von Frenswegen und der Pater des Münsterer Fraterhauses als Visitatoren der Schwesternhäuser verfaßt hatten. Unter dem Einfluß dieser Ordnung entfaltete sich in den Jahrzehnten bis zur Reformation das Gemeinschaftsleben der Schwestern zu ungewöhnlicher Blüte. Die Reformation hatte jedoch einen starken Rückgang des internen religiösen Lebens zur Folge. Die Konvente, die sich größtenteils aus dem Bürgertum rekrutierten, zeigten sich den Auswirkungen der Reformation gegenüber anfälliger als die adligen Klöster und Stifte. Geradezu destruktiv wirkten namentlich in der ersten Hälfte des 17. Jahrhunderts auf die Schwestern der religiöse und disziplinäre Niedergang des Fraterhauses in Münster und die Vernachlässigung der Aufsicht durch den Prior von Frenswegen. Aber sämtliche Schwesternkonvente überlebten.

Die von Windesheim nicht erfaßten Augustiner-Frauenklöster erwiesen sich als sehr instabil. Lügde wurde 1621 aufgehoben und der Pfarrei inkorporiert, die Klöster Hohenholte (1557) und Langenhorst (1589) in adlige Freiweltliche Damenstifte umgewandelt. Vechta schloß nach der Protestantisierung des Niederstifts 1557 seine Pforten. In Wiedenbrück wurden 1669 die Augustinerinnen durch Coesfelder Annuntiaten, in Rüthen 1749 durch Dorstener Ursulinen ersetzt. Lediglich die Klöster Brakel, Osnabrück und Recklinghausen konnten sich als katholische Institute bis zur Säkularisation im beginnenden 19. Jahrhundert halten.
Die franziskanische Observanzbewegung förderte den regulierten Dritten Orden des hl. Franz, der seit der Mitte des 13. Jahrhunderts auch in Deutschland zahlreiche Frauenkonvente errichtet hatte. Die erste westfälische Gründung dieser Art war die *Domus sororum ordinis poenitentium beati Francisci* zu Bocholt, gewöhnlich das Weiße Stift oder das Große Kloster genannt. Ihr folgten in den geistlichen Territorien noch vier weitere Gründungen. Alle westfälischen Konvente – insgesamt acht – hielten den Stürmen der Reformation stand.
Wie die Kanoniker der Kollegiatstifte und die Beginen und Fraterherren befolgten die Mitglieder der Kanonissenstifte keine Ordensregel, trugen keine Ordenstracht und legten keine Gelübde ab. Beim Eintritt in das Stift gaben sie der Äbtissin lediglich ein Gehorsamsversprechen. Sie behielten ihr Privatvermögen, hatten gewöhnlich in der Stiftsimmunität eigene Kurien und eine eigene Dienerschaft. Sie durften jährlich mehrere Monate zu ihren Angehörigen auf Reise gehen und konnten, durch kein Gelübde gebunden, nach Entlassung aus der Stiftsgemeinschaft auch heiraten. Die geistlichen Territorien Westfalens zählten neun Kanonissenstifte, von denen das Marienstift Minden nach der Reformation in ein evangelisches Stift mit 15 Stiftsdamen umgewandelt und das Frauenstift Oedingen 1533 aufgehoben und mit Stift Meschede vereinigt wurde.
Insgesamt verlor die katholische Kirche infolge der Reformation von 223 Klöstern und Stiften 45 Konvente – zweifellos ein schweres Opfer. Aber nicht minder bedenklich als diese Verluste, die im Vergleich zu den übrigen deutschen Territorien sehr maßvoll erscheinen, waren die religiös-disziplinäre und theologische Verun-

sicherung und Erschütterung, denen zahlreiche Konvente in den Jahren der Reformation ausgesetzt waren. Diese gravierenden Folgeerscheinungen der Reformation konnten erst zur Zeit der Katholischen Reform durch das im Zeichen des Tridentinums stehende Wirken hervorragender Reformbischöfe und namentlich der Jesuiten und Kapuziner überwunden werden.

22. Die Vita Canonica und ihre Ausbreitung in Westfalen*

Die Siebenhundertjahrfeier des ehemaligen Kollegiatstifts St. Stephanus in Beckum führt unseren Blick über die örtliche und regionale Bedeutung der gefeierten Stiftskirche hinaus auf die weitgreifende kirchengeschichtliche Entwicklung, die durch die Idee des ordo canonicus in Bewegung gesetzt wurde. Als der Konsekrator des heutigen Münsterer Domes, Bischof Gerhard v. d. Mark, 1267 das St.-Stephanus-Stift errichtete, hatte diese Entwicklung nach fast tausendjähriger Geschichte ihren Höhepunkt bereits überschritten. Der Gedanke einer *vita communis clericorum* wurde im Abendland erstmals durch Eusebius von Vercelli († 371) verwirklicht.[1] Es ging dem Bischof darum, das monastische Ideal auch für seinen eigenen Klerus fruchtbar werden zu lassen. Das Gemeinschaftsleben mit dem Bischof sollte der Weltgeistlichkeit eine vertiefte Innerlichkeit vermitteln und einen verstärkten disziplinären Rückhalt gewähren. Auch Augustinus († 430) lebte als Bischof von Hippo in Hausgemeinschaft mit seinen Priestern. In zielstrebiger, wenn auch langsam fortschreitender Entwicklung bildete sich so neben dem ordo monasticus eine klerikale Lebensweise im engen Anschluß an die Kirchengesetze, der ordo canonicus. Das Leitbild dieser Gemeinschaft war das „apostolische Le-

---

* Sankt-Stephanus-Beckum. Stift und Kirche. Festschrift zum Gedenken an die Gründung des Kollegiatstiftes vor sieben Jahrhunderten = Quellen und Forschungen zur Geschichte des Kreises Beckum Bd. 1, hg. von Fr. Helmert (Beckum 1967) 21–29.

[1] H. *Schaefer*, Pfarrkirche und Stift im deutschen Mittelalter: Kirchenrechtliche Abhandlungen 3 (1903; Neudruck 1962). A. *Werminghoff*, Verfassungsgeschichte der deutschen Kirche im Mittelalter (²1913) 150ff. A. *Hauck*, Kirchengeschichte Deutschlands 4 (⁴1925) 355ff. W. M. *Plöchl*, Geschichte des Kirchenrechts 1 (1953) 319ff. H. E. *Feine*, Kirchliche Rechtsgeschichte. Die katholische Kirche (⁴1964) 196ff. 385ff. A. *Schröer*, Die Kirche in Westfalen vor der Reformation. Verfassung und geistliche Kultur, Niedergang und Reform 1 (1967) 139ff. LThK 2 (1958) 1083ff.; 5 (1960) Sp. 1287ff.; 6 (1961) Sp. 373; 9 (1964) Sp. 1073f. RGG 3 (1959) Sp. 1721f. Die vita canonica der westfälischen Kathedralkapitel bleibt hier unberücksichtigt. S. auch o. 108ff.: Domstift oder Domkloster.

ben" der Apostelgeschichte.² Das berühmteste Kollegiatstift dieser Art entstand im 5. Jh. am Grabe des hl. Martin von Tours († 397), das zum fränkischen Nationalheiligtum wurde und zeitweilig mehr als 250 Benefiziaten zählte. Durch Bonifatius und Karl d. Gr. gefördert, gewann das kanonische Leben in der Merowinger- und Karolingerzeit starken Auftrieb. An den Kathedralkirchen lebte der Klerus stets an der mensa canonica mit dem Bischof. Was jedoch diesen Kommunitäten fehlte, war ein Hausstatut, das eine verbindliche Ordnung festlegte. Der erste, der eine *regula canonicorum* für seinen Domklerus verfaßte, war Bischof Chrodegang von Metz (742–766). Das Statut sah ein gemeinsames Refektorium und Dormitorium für die *clerici canonici* vor und verpflichtete diese zur Beobachtung der Klausur. Mit besonderer Erlaubnis des Bischofs durften die Kanoniker innerhalb des Stiftsbereiches auch eigene Häuser bewohnen.

Die Chrodegangregel orientierte sich in vielem an der vita monastica. Sie entsprach daher nicht in vollkommener Weise den besonderen Verhältnissen der Weltgeistlichkeit. Diesen Erfordernissen wurde die 816 auf der Synode von *Aachen* beschlossene kanonische Regel besser gerecht. Sie beruhte auf der Chrodegangregel, den Werken der Väter und einschlägigen Konzilsbeschlüssen und wurde für alle Stiftskapitel des Frankenreiches verbindlich vorgeschrieben. Deutlicher als die Statuten Chrodegangs hebt sie die Kanoniker von den Mönchen ab. Es wird eigens betont, daß der *clericus canonicus* keine *professio* ablegt und keine Kutte trägt. Er darf, wiederum im Gegensatz zur Regel Chrodegangs, über Eigenbesitz verfügen und zugleich seinen Anteil an den Einkünften der Kirche beanspruchen. Es ist den Kanonikern nach can. 15 erlaubt, „sich in Leinen zu kleiden, Fleisch zu genießen, eigenes Gut zu geben und zu nehmen und Kirchengut in Demut und Gerechtigkeit zu besitzen.... Jedoch soll ihr Leben im Vermeiden der Laster und in der Liebe zu den Tugenden sich von dem der Mönche nicht unterscheiden."³ Die Regel mahnt die Verantwortlichen, die Zahl der Kanoniker der wirtschaftlichen Leistungsfähigkeit

---

² Apg 4, 32.
³ MG Conc. 2, 397.

der Stifte anzupassen. Um eine Vernachlässigung der geistlichen Pflichten und Ansprüche von weltlicher Seite zu verhindern, werden die Disziplinarvorschriften verschärft. Das erste westfälische Kollegiatstift, das unter der Ordnung der Aachener Regel stand, war das Paulsstift Nienkerken bei Höxter, das um 863 von Corvey gegründet und 1287 endgültig an die Peterskirche von Höxter verlegt wurde.[4] Außerhalb Westfalens zählen zu den bedeutendsten Gründungen des 9. Jahrhunderts die Stiftskapitel der fränkisch-karolingischen Pfalzkapellen Sta. Maria zu Aachen (vor 814) und Salvator St. Bartholomäus zu Frankfurt (852), die bekanntlich in der Folgezeit in engstem Zusammenhang mit der Königskrönung bzw. der Königswahl standen und als Eigenkirchen des Reiches zur Reichsunmittelbarkeit gelangten. Mit dem Frankfurter Stift, das zwölf Kanoniker zählte, war die einzige örtliche Pfarrei verbunden, die später von einem Pleban und drei Kaplänen betreut wurde.

Im 10. Jahrhundert begegnen wir erstmals der Bezeichnung „Kapitel" für das Kollegium der vollberechtigten Mitglieder, der sogenannten Kapitularkanoniker. Das Kapitel ist das Haupt (caput) des Stifts. Daher rührt nach Nottarp vielleicht auch der Name.[5] Die weitverbreitete Ableitung von der kapitelweisen Lesung der Regel kann nach ihm nicht befriedigen. Kanoniker wurde man durch Aufnahme, Kapitular durch Emanzipation. Seit dem 10. Jahrhundert wurden an nichtbischöflichen Kirchen in größerer Zahl Stifte eingerichtet. Sie unterstanden einem Propst oder Dechanten. Ihre Mitglieder hatten den Gottesdienst und die Pfarrseelsorge zu versehen, ohne indessen an der Diözesanregierung beteiligt zu sein. Jetzt traten auch in Westfalen weitere Kollegiatkapitel auf den Plan. Vor 947 stiftete Königin Mathilde, die Gemahlin König Heinrichs I., das Dionysius-Stift zu Enger, das 1414 an die St. Johanniskirche in Herford verlegt wurde.[6] Etwa einein-halb Jahrzehnte später gründete der Kölner Erzbischof Bruno (953–965), ein Bruder Ottos d. Gr., zu Soest ein Stiftskapitel, das

---

[4] *Schröer*, Kirche in Westfalen 140.
[5] LThK 9 (1964) Sp. 1073.
[6] *Schröer* 140.

er 964 mit Reliquien des hl. Patroklus ausstattete, die er aus Troyes hatte übertragen lassen.[7]
Die *regula canonica* von Aachen erfüllte nicht alle Erwartungen, die man auf sie gesetzt hatte. Es machten sich bald in den Stiften Verfallserscheinungen geltend, die vor allem darin begründet waren, daß man das Kapitelsvermögen in Präbenden aufteilte. Jeder Kanoniker erhielt einen bestimmten Anteil an den Natural- und Geldeinkünften des Stifts und eine eigene Wohnung, die Stiftskurie. Die Folge war, daß die Pfründe je länger desto mehr in den Blick ihrer Inhaber trat und die geistliche Amtspflicht zurücktreten ließ. Das Benefizium wurde schließlich zu einem Vermögensobjekt, das man beliebig in einer Hand häufte. Dechant Voß vom Alten Dom zu Münster hatte, wie die Bistumsvisitation von 1571/73 ergab, gleichzeitig die Pfarrstelle von Darup, der Stiftskustos Heinrich v. Raesfeld die zu Rorup in Besitz. Von den Stiftsvikaren war Johannes Pagenstecher Pfarrer zu Ostbevern, zwei andere waren Stiftsherren von St. Martini-Münster und St. Viktor-Dülmen.[8] Die dürftigen Einkünfte mancher Pfründen mögen solche Zusammenlegungen verständlich erscheinen lassen. Aber sie beeinträchtigten die Seelsorge und die Feier des Gottesdienstes.
Zu Beginn des 11. Jahrhunderts hatte man in den meisten Stiften bereits weitgehend auf die vita communis verzichtet. Das allmähliche Erlöschen des gemeinsamen Lebens war ein untrügliches Zeichen dafür, daß die asketische Grundhaltung, der die Kapitel ihre Entstehung verdankten, unter den Stiftsherren zu schwinden begann, wenn auch nicht zu verkennen ist, daß der Wandel von der Natural- zur Geldwirtschaft nicht wenig zu diesem Auflösungsprozeß beigetragen hat. Diesem Niedergang trat die gregorianische Reform des 11. und 12. Jahrhunderts kraftvoll entgegen. Sie erblickte in der Erneuerung der kanonikalen Lebensweise „nach der Regel der Väter" eine starke Hilfe zur Durchführung der allgemeinen Kirchenreform. Die Lateransynoden von 1059 und 1063 verlangten vom Stiftsklerus die Wiederaufnahme der vita communis und über die Aachener Regel hinaus den Verzicht auf jegliches Sondergut. Nach Gregor VII. (1073–1085) sollte je-

---

[7] Ebd. 142.
[8] MGQ 7, CVI.

der nach Vollkommenheit strebende Kanoniker dem Vorbild der Urkirche gemäß sein persönliches Hab und Gut unter die Armen verteilen oder seinen Verwandten oder der Kirche überlassen. Der Papst forderte eine radikale Erneuerung der bußfertigen Gesinnung in den Kapiteln.
In Deutschland wurde Gerhoh von Reichersberg († 1169), Scholaster und Domherr von Augsburg, zum leidenschaftlichen Vorkämpfer der Kirchenreform. Auf sein Drängen übernahmen zahlreiche Stiftskapitel unter Verzicht auf weltlichen Einzelbesitz die Augustinusregel samt den Gelübden und lebten als *canonici regulares*. Manche von ihnen gaben jedoch schon bald die monastische Lebensweise wieder auf, so daß die Mehrzahl der Stiftskapitel nach wie vor aus Säkularkanonikern bestand. Im Bistum Münster und in Westfalen faßten die *canonici regulares* in dieser Frühzeit noch nicht Fuß. Eine reife Frucht der Reform waren jedoch jene neuen Stifte, die sich unter der Augustinusregel der Seelsorge, besonders der Predigt widmeten, wie der von *Norbert von Xanten* gegründete Orden der *Prämonstratenser*.
Zu Beginn des 12. Jahrhunderts gab es in den Stiften nur noch Reste des gemeinsamen Lebens. Man beteiligte sich mehr oder weniger regelmäßig am Chorgebet und speiste an gewissen Festtagen gemeinsam im Refektorium. Im übrigen lebte jeder für sich von den Erträgnissen seiner Präbende. Wie die Domkapitel waren auch die Kollegiatstifte Versorgungsinstitute bestimmter Bevölkerungsschichten geworden.
In diese Zeit der allgemeinen Liberalisierung fällt die Gründung der meisten Stiftskapitel des *Bistums Münster*. Vor den Toren der Bischofsstadt entstanden St. Mauritz (um 1080) sowie innerhalb der Stadtmauern der Alte Dom (um 1100), St. Ludgeri (1178) und St. Martini (1187). Gründer dieser Kollegiatstifte war der Bischof. In der Folgezeit erwuchsen außerhalb der Bischofsstadt St. Stephanus-Beckum (1267), St. Viktor-Dülmen, St. Gertrudis-Horstmar (1325) und St. Remigius-Borken (1433).[9]
Einen Sonderstatus beanspruchte das von Bischof Burchard (1098–1118) gegründete Kapitel des Alten Domes, dessen Mitglieder vom Volk die „olden Doemers" genannt wurden. Sie bildeten

---

[9] Schröer 140ff.

nach ihrer eigenen Vorstellung (1570/71) mit dem Domkapitel eine Einheit. Beide Kapitel hatten Scholaster und Kantor, Schule und Emanzipationsfeier gemeinsam. Kellner und Bursar verwalteten ihr Amt nach den gleichen Statuten. Neuer und Alter Dom hatten denselben Archidiakon, dessen Amt nicht mit einer bestimmten Prälatur verbunden war, sondern vom Dompropst einem Kanoniker übertragen wurde. Ein Pfarrsprengel war mit dem Alten Dom nicht verbunden.[10]

Eine gewisse Verwandtschaft mit der inneren Ordnung des Alten Domes zeigten die Statuten des Borkener Kapitels, das nicht durch den Bischof, sondern durch Papst Eugen IV. (1431–1447) errichtet worden war und zwar auf Bitten des aus Borken stammenden päpstlichen Kaplans und Auditors Dr. Johann Walling.[11]

Nicht ganz so zahlreich wie im Bistum Münster verbreiteten sich die Kollegiatstifte im übrigen Westfalen. Das Bistum Minden besaß drei Stiftskapitel: St. Martini-Minden (vor 1029), St. Johannes Ev.-Minden (vor 1206) und St. Andreas-Lübbecke (1295). Paderborn hatte ebenfalls drei: St. Peter und St. Paul-Höxter (s. o.), St. Peter und St. Andreas-Busdorf in Paderborn (1014) und Sta. Maria und St. Gregor-Bielefeld (1293). Im Bistum Osnabrück gab es fünf Stiftskirchen: St. Dionysius-Enger (s. o.), St. Johannes d. T.-Osnabrück (1011), St. Sylvester-Quakenbrück (1235), St. Aegidius-Wiedenbrück (1259) und Sta. Maria und St. Pankratius-Mariendrebber (1281). Kurköln besaß in Südwestfalen drei Kollegiatstifte: St. Patroklus-Soest (s. o.), Sta. Walburgis-Meschede (1310) und St. Johannes d. T.-Attendorn (1396).[12]

Mit diesen Stiften war in der Regel eine *Schule* verbunden, die im Bildungswesen der Städte eine wichtige Rolle spielte. Sie unterstand formell dem Scholaster des Stiftskapitels, wurde aber, wie die Domschule, von einem Rektor geleitet, der die Hilfslehrer berief. Eine Stiftsschule von Rang besaß schon im 12. Jahrhundert das reiche Soest. In dem bildungsfreudigen Münster entstanden im 12. und 13. Jahrhundert gleich drei Schulen dieser Art: am St. Liudgeri-, St. Martini- und St. Mauritzstift. Angesehene Stifts-

---

[10] MGQ 7, 44 und 48ff.
[11] *Schröer* 141 Anm. 20.
[12] Ebd. 140ff.

schulen unterhielten auch das Busdorfstift in Paderborn, das St. Martinistift in Minden und das St. Johannesstift in Osnabrück. Sogar Städte zweiten oder dritten Ranges, wie Beckum, Bielefeld, Hameln, Höxter und Wiedenbrück, hatten beachtliche Stiftsschulen. Als 1323 in Dülmen und 1325 in Horstmar Kollegiatstifte gegründet wurden, richteten die Kanoniker auch hier Schulen ein. Die religiöse Bildung und Erziehung der Scholaren erfolgte in ähnlicher Weise wie an der Domschule.

Die Stiftsschule war zwar wie die Domschule eine kirchliche Gründung, stand aber entsprechend der ständischen Zusammensetzung der Stiftskapitel dem sozial und wirtschaftlich aufstrebenden Bürgertum näher als diese. Sie öffnete ihre Pforten nicht nur den angehenden Stiftsherren, sondern auch den Bürgersöhnen, die nach höherer Bildung strebten. Wie in ähnlicher Weise auch auf anderen Gebieten des städtischen Kulturlebens, verlangte der Rat vielfach ein Mitspracherecht bei der Berufung und Bestätigung der Rektoren, was nicht selten zu Kompetenzschwierigkeiten zwischen den kirchlichen und städtischen Behörden führte. Während an der Stiftsschule zu Horstmar der Scholaster, an der zu Beckum Scholaster und Kapitel die Lehrkräfte beriefen, hatte in Borken der Stadtrat das Recht der Wahl, das Kapitel das Recht der Bestätigung des Rektors inne. Die Dülmener Stiftsschule unterstand dem Stiftskapitel und dem Stadtrat gemeinsam.[13]

Wie die Domkapitel verpflichteten auch manche Kollegiatstifte ihre Mitglieder, vor der Emanzipation ein akademisches Studium abzuleisten. So schrieben die Statuten des Kapitels am Alten Dom zu Münster ein einjähriges Studium in Frankreich, England oder der Lombardei vor.[14] In Dülmen verlangte das Kapitelstatut von 1378, daß der emancipandus auf einer der Schulen zu Bremen, Magdeburg, Halberstadt und Hildesheim oder auf einer größeren Universität außerhalb der Kölner Kirchenprovinz (seit 1392 auch in Erfurt) studiert habe.[15] Aber wir wissen, daß man schon bald gegen eine bestimmte Gebühr von dieser Verpflichtung Dispens erteilte. Am Alten Dom zu Münster konnte sich im 16. Jahrhundert der Bewerber für 16 rheinische Goldgulden vom akademi-

[13] Ebd. 174f.
[14] MGQ 7, CX Anm. 3.
[15] A. *Weskamp*, Geschichte der Stadt Dülmen (1911) 19.

schen Studium loskaufen.[16] Hand in Hand mit diesem bildungsmäßigen Niedergang ging der Verfall der Zucht, wie die Visitation der Stifte 1571/73 erschreckend deutlich macht.[17] Im Sinne der alten Chrodegangregel richtete sich die Zahl der Präbenden an den Stiftskirchen nach dem Umfang der Ausstattung. Beliebt war aus symbolischen Gründen die Zwölfzahl der Apostel, die sich aus je vier Präbenden für Priester, Diakone und Subdiakone zusammensetzte. Der päpstliche Legat Kardinal Otto von St. Nikolaus ließ 1230 die Statuten des Mindener Martinistiftes festsetzen und bestimmte einleitend: *ut numerus duodecim canonicorum ibidem inviolabiliter observetur.*[18] Die Zwölfzahl findet sich auch in dem frühen Dionysiusstift zu Enger,[19] im Busdorfstift zu Paderborn,[20] im Marienstift zu Bielefeld[21] und in St. Liudger, Münster.[22] Gewöhnlich wurde eine höhere Präbendenzahl erst im Laufe der Zeit durch Erweiterung des Präbendalgutes erreicht. So hatte Beckum außer den beiden Dignitäten anfangs fünf, später sieben und schließlich (1570/71) zwölf Kanoniker.[23] Auch in Dülmen wuchs die Zahl der Stiftsherren innerhalb der ersten vier Jahrzehnte (1323 bis 1366) von fünf auf zwölf.[24] Nicht alle Kollegiatstifte erreichten diese Zahl. In Horstmar gab es ursprünglich sechs, später neun,[25] in Borken und am Alten Dom zehn, in St.

[16] S. Anm. 14.
[17] MGQ 7, CXVIf.
[18] WUB VI Nr. 211.
[19] G. H. *Griese*, Die Wittekindstadt Enger und die Dörfer und Bauernhöfe in den Kirchspielen Enger und Hiddenhausen (1934) 118.
[20] K. *Honselmann*, Geschichte des Busdorfstiftes bis zur Aufhebung: Festschrift zum 900. Jahrestag (1936) 13f.
[21] F. *Gerlach*, Der Archidiakonat Lemgo in der mittelalterlichen Diözese Paderborn (1932) 138.
[22] MGQ 7, 62. J. *Prinz*, Münsterisches Urkundenbuch. Das Stadtarchiv Münster, 1. Halbband (1176–1440) = Quellen und Forschungen zur Geschichte der Stadt Münster NF 1 (1960) Nr. 498 (1423).
[23] Diese Entwicklung war bereits in der Gründungsurkunde vorgezeichnet (WUB III Nr. 798, 411ff.). Vgl. auch MGQ 7, 170; A. *Plettenberg*, Beiträge zur Geschichte des Kollegiatstiftes Beckum (Phil. Diss. 1936) 3f. Die Stiftskirche hatte außerdem sechs Vikare.
[24] MGQ 7, 188; *Weskamp*, Dülmen 17f. Zur Kollegiatkirche gehörten ferner eine Vikarie *et una officiatio apud leprosos extra oppidum.*
[25] MGQ 7, 121; eine Vikarie.

Die Vita Canonica und ihre Ausbreitung 429

Mauritz elf Kanonikerpräbenden.[26] Meschede zählte 15, das gut dotierte Martinistift zu Münster 17 Kanoniker.[27] Die Kollegiatstifte sanken, ohne nennenswerten politischen Einfluß zu gewinnen, zu Versorgungsstätten des Patriziats und des niederen Landadels ab.[28] Nach altem Recht nahmen die Domkapitel bei der Mehrzahl der Kollegiatstifte die erste Pfründe, nämlich die des Propstes, für einen ihrer Kanoniker in Anspruch, ohne daß dieser dadurch zur Residenz an seiner Kollegiatkirche verpflichtet wurde. In Zeiten der Bedrängnis durfte das Stiftskapitel auf den Rat und die Hilfe seines Propstes und auf *defensio et assistentia* des ganzen Domkapitels rechnen.[29] Das Osnabrücker Domkapitel stellte die Pröpste von Mariendrebber und Wiedenbrück,[30] das Paderborner den von Busdorf,[31] das Münsterer die der vier städtischen Kollegiatstifte und der Kapitel von Beckum und Dülmen. Während die Stiftsherren vom Alten Dom und St. Mauritz sich ihren Propst aus den Reihen der Domherren selbst wählen durften, wurden die Propsteien von Beckum, Dülmen sowie von Liudgeri und Martini jeweils vom Bischof mit einem emanzipierten Mitglied des Domkapitels besetzt.[32] Nicht ohne Widerstreben ertrugen die Kollegiatstifte diese Einschränkung ihrer Selbständigkeit. Man setzte sich zur Wehr. St. Johann-Osnabrück

---

[26] Borken: MGQ 7, 113; 14 Vikare. Alter Dom: MGQ 7, 47; 10 Vikare. St. Mauritz: MGQ 7, 56; 10 Vikare. *Prinz*, Münsterisches UB Nr. 498.

[27] Ebd. 67; 10 Vikare, 1 Offiziant und zwei Knabenpräbenden. *Prinz*, ebd.

[28] Die Kanoniker der Stiftskapitel im Bistum Osnabrück entstammten seit dem beginnenden 16. Jahrhundert mit Ausnahme des Propstes, der wenigstens ritterbürtig sein mußte, dem angesehenen Bürgertum. Es war eine Aufnahmegebühr von 40 rhein. Gulden zu entrichten. Vgl. OGQ 4 Nr. 411, 263. W. *Berning*, Das Bistum Osnabrück vor Einführung der Reformation (1543) = Das Bistum Osnabrück, hg. von J. Vincke, 3 (1940) 46.

[29] MGQ 7, 46.

[30] *Honselmann*, Busdorfstift 20, 38f.

[31] J. *Vincke*, Der Klerus des Bistums Osnabrück im späten Mittelalter = Vorreformationsgeschichtliche Forschungen, hg. v. H. Finke (1928) 7 Anm. 4.

[32] MGQ 7, 47ff. 170. 189. WUB 3 Nr. 111 (vom Jahre 1217): *preposituram sancti Martini nulli prorsus esse porrigendam, nisi tali, qui prius canoniam et prebendam in maiori ecclesia fuerit adeptus.*

hatte damit Erfolg. Im Jahre 1487 erlangten die Stiftsherren vom Papst Innozenz VIII. (1484–1492) das Recht der freien Propstwahl.³³ Andere Kapitel wie die von Bielefeld, Borken und Horstmar verzichteten überhaupt auf die erste Prälatur, um sich nicht in die Abhängigkeit der Domkapitel zu begeben.
Auch sonst war das Verhältnis der Stiftskanoniker zu den Domherren nicht frei von Spannungen.³⁴ Um sich gegen eine Vergewaltigung seitens des Domkapitels zu schützen, gründeten die vier stadtmünsterischen Stiftskapitel nach dem Konstanzer Konzil eine Union, deren Sitz der Alte Dom war. Hier fanden regelmäßige Sitzungen der vier Stifter statt, auf denen diese ihre Interessen wahrnahmen.³⁵ Sprecher des Stiftsklerus der Diözese war der Dechant des Alten Domes, dem daher in der Rangordnung der erste Platz nach den Domherren zukam.³⁶
Auch in der Frage der Ergänzung der Kapitel unterdrückte man die legitimen Ansprüche der Stiftsherren. Das Wiener Konkordat (1448) hatte den Dom- und Stiftskapiteln das Kollationsrecht in den geraden, dem Apostolischen Stuhl in den ungeraden Monaten verbrieft.³⁷ Während man nun das Verleihungsrecht der Kurie nicht anzurühren wagte, ignorierte man auf der Bistumsebene das Recht der Selbstergänzung der Stiftsherren nahezu gänzlich. Das Patronatsrecht erwies sich stärker als konkordatäre Abmachungen. Da der Bischof als Gründer der meisten Kollegiatstifte auch deren Patron war, beanspruchte er in der Regel das Verleihungs-

---

³³ *Vincke*, Klerus 7 und 46.
³⁴ Die Stiftskapitel waren, ähnlich wie die Domkapitel, nicht selten gezwungen, sich gegen Übervorteilungen und Ausbeutung durch die mächtigen Pröpste zu wehren. Um eine Kontrolle seitens der Stiftsherren zu erschweren, hatte Propst Hermann von St. Mauritz, Münster, der zugleich Dompropst war, einen Laien mit der Verwaltung der Mauritzer Präbenden beauftragt. Das Domkapitel erhob Beschwerde bei Bischof Otto I. von Münster, der daraufhin den Stiftsherren im Jahre 1205 das Recht bestätigte, einen eigenen Kellner zur Verwaltung des Präbendalgutes zu bestellen. WUB 3 Nr. 33.
³⁵ J. *Hansen*, Westfalen und Rheinland im 15. Jahrhundert. Bd. 2 Die Münsterische Stiftsfehde = Publicationen aus den Preußischen Staatsarchiven 42 (1890) 32 und Anm. 2 (Einl.).
³⁶ MGQ 7, 58f. (Einl.).
³⁷ C. *Mirbt*, Quellen zur Geschichte des Papsttums und des römischen Katholizismus (1934⁵) 239.

recht. Lediglich am Alten Dom und an St. Mauritz, den beiden ältesten Stiftskapiteln des Bistums Münster, besetzten Papst und Kapitel (Turnar) *alternis mensibus* die zehn bzw. elf Kanonikate. In St. Liudger und St. Martin übten Papst und Bischof *alternis mensibus*, in Beckum der Papst *in suo mense*, im übrigen der Bischof bzw. Archidiakon, in Dülmen Bischof und Dompropst bzw. der Domkellner das Kollationsrecht aus. In Horstmar verlieh der Bischof alle Kanonikate. Die Präbenden von Borken wurden von der Patronatsfamilie besetzt.[38]

Alle diese Bestrebungen und Tendenzen zeigen deutlich genug, wie sehr die germanische Vorstellung vom Vorrang der Pfründe vor dem Amt das Denken beherrschte. Chorgebet und Konventualamt standen an zweiter Stelle. Die Residenzpflicht wurde in fast allen Stiften trotz gelegentlicher Mahnungen gröblich vernachlässigt. Das einzige wirksame Mittel, die Stiftsherren zur Teilnahme am *officium divinum* zu bewegen, war der partielle oder totale Entzug der Pfründeneinkünfte. Jedoch zeigte man sich in der Handhabung dieser ultima ratio im Laufe der Zeit sehr weitherzig und nachsichtig.[39] So ist es nicht verwunderlich, daß von den zwölf Kanonikern der Stiftskirche zu Beckum in der zweiten Hälfte des 16. Jahrhunderts vier, von den sechs Vikaren drei, von den zehn Kanonikern und den 14 Vikaren zu Borken je fünf zu residieren pflegten.[40] Es kam hinzu, daß die Präbenden vielfach an jugendliche Kandidaten verliehen wurden, die erst nach Jahren in ihr Stift eintraten. Dieser Zustand blieb allen Reformdekreten der Konzilien zum Trotz in der Regel bis zur Aufhebung der Kapitel unverändert bestehen.

Es gab auch Kollegiatkirchen, in denen der Verzicht auf das regelmäßige *opus Dei* legitimen Charakter trug. Die Stiftsherren vom Alten Dom zu Münster hielten sich 1570/71 nicht für verpflichtet, das tägliche Chorgebet zu halten. In ihren ältesten Büchern und Memorienregistern, so bekundeten sie vor den bischöflichen Visi-

---

[38] Collationes beneficiorum in civitate et Dioecesi Monasteriensi de annis 1571 et 1572: A. *Tibus*, Gründungsgeschichte der Stifter, Pfarrkirchen, Klöster und Kapellen im Bereiche des alten Bistums Münster mit Ausschluß des ehemaligen friesischen Theils (1885) 1301ff.
[39] Vgl. *Plettenberg*, Beckum 15 und 50ff.
[40] MGQ 7, CVII.

tatoren, seien die kirchlichen Feste angegeben, die sie gemeinsam mit ihren Mitbrüdern im Dom oder in ihrer eigenen Kirche zu singen hätten. Der Thesaurar, der Priester sein mußte, genügte seiner Pflicht, wenn er einmal im Jahr die Messe las.[41] Demgegenüber scheint man in den Kapiteln die seelsorgliche Betreuung der Pfarreingesessenen, für die der Dechant zuständig war, im allgemeinen ernst genommen zu haben,[42] wie überhaupt den spätmittelalterlichen Menschen bei aller Hinwendung zu den zeitlichen Gütern die Sorge um das ewige Heil zutiefst bewegte. Die Blüte der deutschen Kollegiatstifte fällt in die Zeit vor der Jahrtausendwende, als in den Kapiteln der Geist noch lebendig war, der aus der Regel Chrodegangs und dem Aachener Statut zu uns spricht. Im übrigen waren die Stifte wie alle kirchlichen Einrichtungen mit dem Aufstieg und Niedergang der Jahrhunderte eng verknüpft. Aber selbst in den dunkelsten Zeiten gab es in ihnen zahlreiche bedeutende Männer, die mit sittlichem Ernst und hohem Verantwortungsbewußtsein in Kirche, Pfarrei und Gesellschaft ihre Pflicht erfüllten. Es wäre ein Unrecht, sie übersehen zu wollen. „Ich kenne sowohl an Kathedralen als auch an Stiftskirchen", schreibt der elsässische Priesterhumanist Jakob Wimpfeling (1450–1528), „ausgezeichnete Prälaten, Kanoniker, Vikare, ich sage, nicht bloß wenige, sondern viele Männer des unbescholtensten Rufes, voll Frömmigkeit, Freigebigkeit und Demut gegen die Armen."[43]

Seit dem 16. Jahrhundert befanden sich die Kollegiatstifte im Absterben. Sie entsprachen nicht mehr den religiösen und sozialen Vorstellungen der Zeit und fielen mit ihrem gesamten Besitz wie eine reife Frucht der landesherrlichen Machtpolitik zum Opfer.

---

[41] Ebd. 50 ad 26 et 27.

[42] Ebd. unter den Kollegiatstiften ad 24. Dem Dechanten standen in der Pastoration seiner Pfarre einige Kanoniker sowie Kapläne und Vikare zur Seite. An manchen Stiftskirchen ließ sich der Dechant durch einen Pleban vertreten. Vgl. *Honselman,*Busdorfstift 44ff. *Plettenberg,* Beckum 57ff. Zur Frage der Stellvertretung im Stiftsgottesdienst von Bielefeld: H. *Nottarp,* Das katholische Kirchenwesen der Grafschaft Ravensberg im 17. und 18. Jahrhundert = Studien u. Quellen zur westfälischen Geschichte 2 (1961) 20.

[43] Zitiert nach R. *Lossen,* Staat und Kirche in der Pfalz im Ausgang des Mittelalters = Vorreformatorische Forschungen 3 (1907) 131f.

Die Vita Canonica und ihre Ausbreitung   433

Die Reformation, die Aufklärung, die Französische Revolution, die napoleonischen Kriege und schließlich die Säkularisation führten zum Untergang der meisten Kollegiatstifte.[44] Das große kirchengeschichtliche Thema der vita canonica gehörte der Vergangenheit an.

---

[44] Nottarp zählt im deutschen Sprachraum neun überlebende Kollegiatstifte, zu denen auch das Remigiusstift Borken gehört. H. *Nottarp*, Ein vergessenes deutsches Kollegiatstift (Borken): Zeitschrift der Savigny-Stiftung für Rechtsgeschichte, Kan. Abtl. 59 (1939) 319ff.

23. Die pastorale Wirksamkeit der westfälischen Prämonstratenser*

Anders als die Benediktiner und die Zisterzienser, deren Regel in erster Linie auf Laienbrüder ausgerichtet war, stellten die vom hl. Norbert gegründeten Prämonstratenser eine Priestergemeinschaft dar, „die in Liturgie und Chorgebet ‚das Menschliche' bittend und dankend vor Gott trägt und andererseits in Predigt, Unterricht und Pfarrseelsorge ‚das Göttliche' immer wieder neu den Mitmenschen vermittelt."[1] Norbert übernahm die Regel des hl. Augustinus, in der er den Geist Christi und der Urkirche am vollkommensten verwirklicht sah. Er empfahl mit besonderem Nachdruck den Verzicht auf Eigentum, d. h. die hl. Armut.

Das pastorale Anliegen der Prämonstratenser scheint den Wünschen der westfälischen Ortsordinarien von Anfang an sehr entsprochen zu haben. Der Bischof von Münster, Egbert (1127–1132), betonte bereits in der Bestätigungsurkunde des Stiftes Varlar von 1128 ausdrücklich die seelsorglichen Rechte der neuen Gründung: *bapticandi, predicandi, sepeliendi libera ibi, sicut iustum est, habeatur licentia.*[2] Egbert, der freundschaftliche Bezie-

---

* Clarholtensis Ecclesia, hg. von Joh. Meier (Bonifatius Verlag, Paderborn 1983) 34–42.

[1] L. *Horstkötter*, Die Prämonstratenser in Westfalen: G. Jászai (Hg.), Monastisches Westfalen. Klöster und Stifte 800–1800. Katalog der Ausstellung des Westfälischen Landesmuseums für Kunst- und Kulturgeschichte vom 26. 9. bis 21. 11. 1982 (Münster 1982) 73–85, hier 75. A. *Schröer*, Die Kirche in Westfalen vor der Reformation II (1967) 168, Anm. 1. L. *Horstkötter*, Zur Reform der Vita Canonica im Prämonstratenserorden: G. Melville (Hg.), Secundum regulam vivere. Festschrift für Norbert Backmund (1978) 407–425. A. *Schröer*, Die westfälischen Klöster und Stifte in der Reformationszeit: G. Jászai, Monastisches Westfalen (s. o.), 217–224.

[2] N. *Kindlinger*, Münsterische Beiträge zur Geschichte Deutschlands III 1 (Münster 1793) Urkunden-Anhang 14, Nr. 7. F. Darpe (Hg.), Güter- und Einkünfte-Verzeichnisse der Klöster Marienborn und Marienbrink in Coesfeld, des Klosters Varlar sowie der Stifter Asbeck und Nottuln: CTW VI (1907) 299. L. *Schmitz-Kallenberg*, Monasticon Westfaliae. Verzeichnis der im Gebiet der Provinz Westfalen bis zum Jahre 1815 gegründeten Stifter, Klöster und sonstigen Ordensniederlassungen (1909) 77.

hungen zu Norbert von Xanten pflegte, gehörte zu den reformfreudigsten Bischöfen seiner Zeit. Seinen Predigten in der Münsterer Domkirche verdankte der jüdische Makler Judas aus Köln den Zugang zum christlichen Glauben. Judas ließ sich taufen, nahm 1132 in Cappenberg den Habit des hl. Norbert und wurde später der dritte Propst des westfälischen Klosters Scheda.[3] Egberts Nachfolger, Bischof Werner (1132–1151), übertrug 1139 den Chorherren von Cappenberg die Kirchen von Ahlen und Werne nach Eigenkirchenrecht und verband damit zugleich den Archidiakonalbann über Werne.[4] Wiederum wurden den Kanonikern besonders die seelsorglichen Aufgaben empfohlen: zu predigen, Beichte zu hören, die hl. Messe zu feiern, zu taufen, die Kranken zu besuchen und die Toten zu begraben.[5] Wenn wir dem münsterischen Chronisten Corfey glauben dürfen, war Bischof Werner dem geistlichen Leben und Wirken der Chorherren so sehr verbunden, „daß er die meiste Zeit sich im Kloster Cappenberg aufhielt."[6] Hier fand er auch seine letzte Ruhestätte.

Schon in der ersten Phase seiner Amtszeit, im Jahre 1134, hatte Bischof Werner bestätigen können, daß der Edelherr Rudolf von Steinfurt die Kapellen in Clarholz und Lette samt etlichen Gütern im östlichen Münsterland und in Vollenhove (Overijssel) dem Orden des hl. Norbert geschenkt hatte.[7] Von Cappenberg aus besiedelt, entstanden das Prämonstratenserkloster Clarholz und das diesem unterstellte Prämonstratenserinnenkloster Lette. Die neue

---

[3] Hermanni Judaei opusculum de sua conversione: J. P. Migne (Hg.), Patrologiae cursus completus, Series latina 1–217 (1878–1891), hier 170, 803–836. A. *Schütte*, Handbuch der deutschen Heiligen (1941) 275. H. Börsting u. A. Schröer (Hgg.), Handbuch des Bistums Münster I (1946) 75f. J. *Torsy*, Lexikon der deutschen Heiligen (1959) 427. G. *Niemeyer*, Das Prämonstratenserstift Scheda im 12. Jahrhundert, in: WZ 112 (1962) 309–333, hier 321–329.

[4] M. *Petry*, Die ältesten Urkunden und die frühe Geschichte des Prämonstratenserstiftes Cappenberg in Westfalen (1122–1200) I–II: Archiv für Diplomatik, Schriftgeschichte, Siegel- und Wappenkunde 18 (1972) 143–289 u. 19 (1973) 29–150.

[5] WUB II 231.

[6] J. *Janssen*, Die Münsterischen Chroniken von Röchell, Stevermann und Corfey = MGQ 3 (1856) 299; auch: MGQ 1, 108.

[7] OUB I 255.

Siedlung erhielt als eigenkirchliche Mitgift außer den Gotteshäusern von Clarholz und Lette auch die Kapelle zu Beelen *cum omnibus pertinentiis suis*, wie Papst Eugen III. (1145–1153) am 23. Mai 1146 der jungen Propstei verbürgte.[8] Die Pröpste von Clarholz übten später über diese drei Kirchen die Rechte des Patrons und Archidiakons aus und besetzten die Pfarreien mit Angehörigen des eigenen Kapitels.

In Anerkennung ihrer Verdienste verlieh der Münsterer Bischof Friedrich II. (1151–1168) 1160 der Propstei Cappenberg auch den Archidiakonalbann über die Pfarrei Ahlen, die den Chorherren seelsorglich bereits seit 1139 anvertraut war. *Da der Bischof*, so heißt es in dem Dokument, *seine Hirtensorge allen Christgläubigen zuwenden muß, vornehmlich aber jenen, die der Welt entsagt und sich dem Dienst Gottes geweiht haben..., sind wir, Friedrich II., durch Gottes Erbarmen Bischof von Münster, von dem dringenden Wunsch beseelt, das in Christo geliebte Gotteshaus zu Cappenberg, dessen Mönche sich bekanntlich bisher mit Gottes Gnade durch Beobachtung der kanonischen Lebensweise ausgezeichnet haben, in allem zu fördern und den Dienern Gottes auch für die Zukunft behilflich zu sein. Daher übertragen wir ihnen für alle Zeiten den Archidiakonalbann der Ahlener Kirche.*[9] Das bischöfliche Lob war zweifellos berechtigt. Es wird bestätigt durch den Lebensweg des Cappenberger Kanonikers Isfried († 1204), der eben damals (1159) die Propstei verließ, Propst in Jerichow und 1180 Bischof von Ratzeburg wurde. Isfried, der *ab immemorabili* im Bistum Osnabrück und seit 1725 auch im Orden als Heiliger verehrt wird, wirkte bahnbrechend nicht nur für die Organisation seines Bistums, sondern auch für die deutsche Kolonisation im Wendenland. Er stand 1195 als Seelsorger am Sterbebett Heinrichs d. Löwen.[10]

---

[8] OUB I 273; J. P. Migne (wie Anm. 3) 180, 1139f.

[9] WUB II 319. Auch die Schenkung eines in Herbern gelegenen Hofes im Jahre 1161, mit der der Bischof in Cappenberg sein Jahresgedächtnis stiftete (WUB II 324) sowie die Verleihung eines Gutes in Alt-Methler (WUB II 356), eines Zehnten in Lenklar und die Bewilligung einer Zehntlöse zu Kohaus bei Lette und Holtrup bei Senden (WUB II 375) zeugen von der gleichen Fürsorge Friedrichs.

[10] *Schütte* (wie Anm. 3) 183. Börsting-Schröer, Handbuch (wie Anm. 3) I 278. *Torsy* (wie Anm. 3) 256.

Waren aber die Mittel, mit denen der Bischof pastoralen Eifer und vorbildliche Regeltreue belohnte, gut gewählt? Die Münsterer Oberhirten und nicht nur sie glaubten, diejenigen Klöster und Stifte, die ihren Erneuerungsplänen am vollkommensten entsprachen, durch Güterschenkungen und Verleihung von Benefizien belohnen zu müssen. Die Ideen eines Franziskus waren damals noch unbekannt. Es galten noch die gleichen Grundsätze, die auch die Aachener Reformsynode beherrscht hatten. Ohne es zu ahnen, leistete der Episkopat einer Verweltlichung der Klöster Vorschub.

Seit dem 3. Laterankonzil 1179 gelangten die Prämonstratenserklöster auch auf dem Wege der Inkorporation in den Besitz zahlreicher Pfarrbenefizien, die ihnen der Bischof oder der Heilige Stuhl durch einen kirchlichen Rechtsakt übereignet hatte.[11] Noch deutlicher als das Eigenkirchenrecht betonte die Inkorporation den Nutzungscharakter der übertragenen Kuratbenefizien. Die unvermeidliche Folge dieser Materialisierung des Präbendenwesens war eine zunehmende Abwertung der mit der Pfründe verbundenen geistlichen Amtspflicht und eine zunehmende ärgerniserregende Lockerung der klerikalen Disziplin.

Begünstigt wurde diese verhängnisvolle Entwicklung durch das von Rom geförderte Streben der Kapitel nach Selbständigkeit und Selbstverwaltung. Um sich der lästigen Kontrolle durch den Ordinarius zu entziehen, unterstellten sich die Orden im ausgehenden Mittelalter unmittelbar dem Apostolischen Stuhl. Auf Antrag des Generalabts Petrus Hermi (1392–1433) verlieh Alexander V. (1409–1410) den Prämonstratensern am 31. Juli 1409 die Exemtion, schränkte diese aber am 1. März 1410 insoweit ein, als die Ordensmitglieder, die im Besitz von Seelsorgestellen waren, in allen Fragen der *cura animarum* die Weisungen des *Ordinarius loci* zu befolgen hatten.[12] Die Exemtion wurde u. a. durch das Konzil von Basel 1436 bestätigt.

---

[11] H. E. *Feine*, Kirchliche Rechtsgeschichte. Die Katholische Kirche (³1972) 408–411.

[12] J. *Le Paige*, Bibliotheca Praemonstratensis Ordinis (Paris 1633) 705–707. J. B. *Valvekens*, De cura paroeciarum a Praemonstratensibus exercenda animadversiones historico-canonicae quaedam: Analecta Praemonstratensia 45 (1969) 46–55.

IV. Kloster, Stift, Pfarrei

Die Zahl der Kloster- und Stiftspfarreien stieg gegen Ende des Mittelalters immer höher. In den beiden letzten Jahrhunderten vor der Reformation finden wir Cappenberger Kanoniker ständig als Pfarrer in Werne und an der Alten Kirche in Ahlen, zeitweilig auch in Hamm, Mark, Bork, Methler, Wesel, Kamen, an beiden Kirchen in Ahlen und im Rektorat Coerde.[13] Schon das Konstanzer Konzil hatte dem Umsichgreifen der Inkorporation von Pfarrkirchen, die sich mehr und mehr zu einer Belastung für die Pfarrseelsorge entwickelte, zu steuern gesucht, indem es die nach der Zeit Gregors IX. (1378) ohne zwingende Notwendigkeit erfolgten Inkorporationen für widerruflich erklärte.[14] Das Trienter Konzil verbot generell die Inkorporationen von Pfarrkirchen[15], rührte aber nicht an den bestehenden, so daß die oft gerügten Mißstände ungestört wuchern konnten.

Der von Norbert so angelegentlich empfohlene Verzicht auf Eigentum war der betont kanonikalen Entwicklung des Prämonstratenserordens zum Opfer gefallen. Die gut dotierten Klöster erlagen schon bald der Versuchung des weitverbreiteten Versorgungsdenkens. Die Chorherren von Clarholz durften schon im ausgehenden 13. Jahrhundert ihr eingebrachtes Gut für sich persönlich behalten, wenn dieses auch scheinbar in der *mensa capituli* aufging.[16] Die Cappenberger Kanoniker bezogen spätestens seit dem beginnenden 14. Jahrhundert ihren Lebensunterhalt in der Form der Präbende. Es stand ihnen frei, Güter und Renten zu kaufen und zu verkaufen, wofern das Gut endgültig dem Kloster verblieb.[17] Dieser Niedergang ergab sich allerdings zum nicht geringen Teil aus der katastrophalen Wirtschaftslage der Grundherrschaften, die auch in den Klöstern der besitzenden Orden kaum noch das Existenzminimum erbrachten.

---

[13] Börsting–Schröer (wie Anm. 3) I 277f. MGQ 7, 127.
[14] Sessio XLIII De reformatione, c. 2 (De unionibus et incorporationibus).
[15] Sessio XXIV De reformatione, c. 13.
[16] R. *Schulze*, Beiträge zur Geschichte des Prämonstratenser-Klosters Klarholz (Kreis Wiedenbrück) 1133–1803, I, in: WZ 78 (1920) 25–64, hier 50.
[17] *Schröer*, Die Kirche in Westfalen (wie Anm. 1) II 174.

Der materielle Verfall des Klosterguts ging Hand in Hand mit dem angedeuteten Absinken der monastischen Spiritualität und der Klosterzucht. Das Bild des Chorherrn nahm in der Öffentlichkeit groteske Züge an. Manche Kanoniker blieben auch nach Ablegung der Gelübde fehdelustige Junker.[18] Nicht selten kam es zu Unbotmäßigkeiten gegenüber dem Propst oder Prior. Die Klausur und die Abstinenzgebote schienen wie aufgehoben. Die Abtei Wedinghausen wählte um die Mitte des 15. Jahrhunderts einen Mitbruder zum Prior, der jahrelang ein Vagabundenleben geführt und schließlich eine Weinschenke eröffnet hatte.[19]
Dennoch sollte man diese unerfreulichen Zustandsberichte nicht verallgemeinern. Stets gab es in den Konventen auch Kräfte, die sich dem Niedergang widersetzten, wie jener Propst Arnold v. Boenen (1407–1417) in Cappenberg, der Ordnung schaffen wollte, sich aber die Feindschaft seiner Mitbrüder zuzog und entmutigt abdankte.[20] Der Propst von Scheda, Rotger v. Laer (1475–1503), führte um 1500 mit Unterstützung des Chorherrn Adolf v. Haek eine Reform seines Klosters durch, die möglicherweise dazu beitrug, das Stift in der Reformation der Kirche zu erhalten.[21] Aber das alte Ideal Norberts wurde dadurch nicht wieder zum Leben erweckt. Auch die ernsten Reformbemühungen der Generaläbte um die Wende des 15. Jahrhunderts – 1515 gab sich der Orden neue Statuten – blieben ohne nennenswerte Frucht. Anders als die unter der Benediktregel stehenden Orden verhielten sich die westfälischen Prämonstratenser der klösterlichen Selbstreform gegenüber durchweg abweisend.
Gegen heftige Widerstände des Konventes hatte in Clarholz seit 1439 der Propst Johannes Lambertus von Steinheim, der zuvor Zellerar der Abtei Marienfeld gewesen war und mit Dispens des Basler Konzils das Ordenskleid gewechselt hatte, eine Reform durchgesetzt. Dabei hatte er den Steinfelder Abt Johann Buschelmann als Visitator der Westfälischen Zirkarie des Prämonstraten-

---

[18] Ebd. 175f.
[19] Ebd. 176f.
[20] St. *Schnieder*, Cappenberg 1149–1949. Eine Stätte der Kultur und Kunst in Westfalen (1949) 70.
[21] W. *Neuhaus*, Geschichtliche Nachrichten über das frühe Prämonstratenserkloster Scheda, in: WZ 76 (1918) II 78.

serordens und den Propst Johannes von Bloemhof/Wittewierum als Visitator der Friesischen Zirkarie eingeschaltet. Diese Reform scheint die innere Stabilität des adligen Konventes für einige Zeit wiederhergestellt zu haben. Der Clarholzer Propst Johannes Hundebeke stand mit den Herzebrocker Äbtissinnen Sophia von Stromberg und Sophia von Münster, die ihr Kloster der Bursfelder Kongregation zuführten, als *düssen Closter ser grot frunt* – so die Herzbrocker Klosterschreiberin Anna Roede – in Verbindung und wurde 1484 in Vertretung des Steinfelder Abtes zur Visitation des Klosters Heiligenberg gerufen.[22]

Auch bei der erfolgreichen Abwehr der Reformations- und Säkularisationsversuche des Grafen Konrad von Tecklenburg (1501–1557) zeigte der Clarholzer Prämonstratenserkonvent noch Disziplin. Als indessen dieser Konflikt durchstanden war, verfiel die Klosterzucht rasch. Der Propst Liborius von Sudholt (1567–1578) stürzte das Kloster wegen seiner aufwendigen Lebenshaltung in schwere Verschuldung. Er vernachlässigte den Kirchendienst und ließ Klostereinkünfte *in seines Weibes Haus* schaffen. Eine *vita communis* gab es in Clarholz nicht mehr. Die Chorherren, die selbst zum Teil in eheähnlichen Verbindungen wie Grundherren auf den Klostergütern lebten, führten zwar bei der Landesherrin, Gräfin Anna von Bentheim-Tecklenburg (1553–1573), gegen den Propst und dessen ungeistliche Lebensweise Klage, jedoch wußte jedermann, daß dies weniger aus moralischer Entrüstung als aus egoistischen Wirtschaftsinteressen geschah.

Nachdem Propst Sudholt 1578, mit einem ansehnlichen Ruhegehalt versehen, unter Druck auf sein Amt verzichtet hatte, verordnete der Bischof von Osnabrück, Heinrich von Sachsen-Lauenburg (1574–1585), im Einvernehmen mit dem reformierten Landesherrn, Graf Arnold II. von Bentheim-Tecklenburg (1573–1606), am 3. Dezember 1580 dem Kloster eine *Reformation und Ordnung*, die zwar deutliche Bestimmungen hinsichtlich der

---

[22] *Schulze*, Beiträge (wie Anm. 16) 51–55 u. 57–62. F. *Flaskamp*, Anna Roedes spätere Chronik von Herzebrock. Eine westfälisch-mundartliche Quelle der Osnabrücker Klostergeschichte: Jahrbuch der Gesellschaft für niedersächsische Kirchengeschichte 68 (1970) 75–146, hier 96. I. *Joester*, Urkundenbuch der Abtei Steinfeld (1976) 442f., Nr. 567.

sittlich-religiösen und wirtschaftlichen Verhältnisse des Klosters enthielt und die *vita communis* forderte, aber dem Propst und den Kanonikern das Recht auf Privateigentum zuerkannte. Das „Laster des *peculium*" bestand fort, aber der Konvent hielt am alten Glauben fest.[23] Tiefere Wirkungen erzielte die *Reformation und Ordnung* in Clarholz nicht, wie die am 10. Januar 1625 im Zuge der Gegenreformation von dem Osnabrücker Generalabt Albert Lucenius vorgenommene Visitation des Klosters ergab. Die Mönche gehörten nach Meinung des Visitators zu jenen Christen, *qui Deum non exquirunt corde et manibus*.[24]

Dies galt auch, wie die Münsterer Generalvisitation 1572 ergibt[25], von den Clarholzer Kanoniker-Pfarrern in Beelen und Lette. Der 40jährige Pastor Gerhard Horninck von Beelen lebte wie seine meisten Mitbrüder im Konkubinat, weigerte sich, Seelenmessen zu zelebrieren, erfüllte aber im übrigen seine persönlichen und amtlichen Kirchenpflichten einwandfrei. Der 70jährige Pfarrer von Lette, Heinrich Baekemann, beobachtete den Zölibat, fand sich aber wie sein Beelener Amtsbruder zur Feier von Seelenmessen nicht bereit.

Über ähnliche lutherische Einflüsse berichtet am 20. Februar 1609 das Protokoll des Geistlichen Rates von Münster[26], demzufolge der Kaplan von Beelen die Kommunion unter beiden Gestalten austeilte und deutsche Kirchenlieder singen ließ. Der Pfarrer Georg Walrave, ein Kanoniker aus Clarholz, feierte nur an den Hochfesten in Beelen die hl. Messe. Er lebte mit einer Frau aus Münster zusammen, von der er zwei Kinder hatte. *Er kann von seinem Pastorat nicht leben, aber er erhält jährlich aus Clarholz eine*

---

[23] R. *Schulze*, Die Schicksale des Prämonstratenserklosters Klarholz (Kreis Wiedenbrück) im Zeitalter der Reformation und Gegenreformation (1517–1648), in: WZ 81 (1923) 41–59, hier 45–50. Joh. *Meier*, Heinrich von Lauenburg als Fürstbischof von Osnabrück und Paderborn zwischen Reformation und katholischer Reform, in: P.W. Scheele (Hg.), Paderbornensis Ecclesia. Beiträge zur Geschichte des Erzbistums Paderborn. Festschrift für Lorenz Kardinal Jaeger zum 80. Geburtstag am 23. September 1972 (1972) 245–266, hier 256–262.
[24] F. *Flaskamp*, Die Kirchenvisitation des Albert Lucenius (1952) 54.
[25] MGQ 7, 157f.
[26] H. Immenkötter (Hg.), Die Protokolle des Geistlichen Rates in Münster (1601–1612): RST 104 (1972) 320f.

Summe von 300 Reichstalern, von der er seinem Kaplan 30 Taler abgibt. Der Pfarrer von Lette (bei Coesfeld), Gerhard Brockhoff, hatte, um diese Pfarrstelle zu gewinnen, dem Kollator Gerhard von Eschede, Propst von Varlar (1569–1590), 150 Taler zahlen müssen. Brockhoff, ein Münsteraner, der an der Domschule unter Kerssenbrock Cornelius Valerii gehört hatte, zeigte sich in der theologischen Begriffsbestimmung der Sakramente mangelhaft unterrichtet. Auch er lebte mit einer Frau zusammen, von der er drei Kinder hatte. Alle genannten Pfarrer wurden unter Geldstrafe zu Händen des Fiscals aufgefordert, die Frauen innerhalb von 15 Tagen zu entlassen. Mehrere Geistliche wurden ihres Amtes enthoben.

Das gleiche unerfreuliche Bild boten die Pfarrer, Kapläne und Vikare der Cappenberger Kirchen von Ahlen (Alte und Neue Pfarre)[27], Werne[28], Cappenberg[29], Bork[30] und Coerde[31], die der Vorladung des Bischofs Johann von Hoya zur Vernehmung 1572 nur unter Vorbehalt folgten. Der Pastor von Coerde, Gottfried von Velmede, gab zu Protokoll, *quod per hanc suam comparitionem privilegiis ordinis et capellae suae in Coirde derogatum nolit.*[32] Mit Ausnahme des Pfarrers der Neuen Kirche von Ahlen lebten alle *parochi* der genannten Pfarreien einschließlich der Mehrzahl ihrer Hilfsgeistlichen und Vikare im Konkubinat. Die Kanoniker-Seelsorger fielen jedoch insgesamt keineswegs aus dem üblichen Rahmen. Sie waren nicht besser oder schlechter als ihre Mitbrüder in den übrigen Pfarreien.

Nicht zum Schaden der Seelsorge wirkte sich übrigens ein ordensinternes Stellvertretersystem aus. Da es in den Adelsklöstern nicht selten an geeigneten Kuratkräften fehlte, beauftragte der klösterliche Kollator wohl auch einen Priester bürgerlicher Herkunft aus einem anderen Prämonstratenserkloster mit der Führung der Pfarrei, während ein adeliger Chorherr des eigenen Konvents den Titel des Pfarrers annahm und die Einkünfte einzog, aus denen der

---

[27] MGQ 7, 175–178.
[28] Ebd. 178–182.
[29] Ebd. 183.
[30] Ebd. 184.
[31] Ebd. 137.
[32] Ebd.

Stellvertreter besoldet wurde. Auf diese Weise kam auch der Steinfelder Prämonstratenser Leonhard Goffiné als Pastor nach Clarholz (1680–1685) und in die Varlar zugehörige Pfarrei St. Lamberti zu Coesfeld (1685–1691), der während dieser Jahre seine bekannte „Hand-Postill" (Mainz 1690, Coesfeld 1712) verfaßte.[33] In der Cappenberger Propstei herrschten 1572 keineswegs wilde Zustände. Der Konvent verrichtete zu den vorgeschriebenen Zeiten das Chorgebet, feierte Messen für Lebende und Verstorbene, hielt die üblichen Disziplinarkapitel, auf denen die Ordensregel verlesen wurde, nahm gemeinsam die Mahlzeiten ein – außer dem Propst, der gewohnheitsrechtlich eine eigene Tafel für sich in Anspruch nahm, – und ging an den hohen Festtagen unter Anführung des Propstes gemeinsam zur hl. Kommunion.[34] Daß die Cappenberger Chorherren stärker als die übrigen westfälischen Prämonstratenser zum Protestantismus tendiert hätten, wie F. Schöne und J. Ramackers annehmen, ist nach den vorliegenden Visitationsprotokollen nicht zu bestätigen.[35] Aber Propst und Kanoniker konnten auch in Cappenberg – die Chorherren nur mit Zustimmung des Propstes – Privateigentum erwerben und besitzen. Auch mit der Aufsicht seitens der Ordensoberen sah es nicht zum besten aus. Der Abt von Knechtsteden, der als *ordinarius visitator* amtierte, hatte den Konvent seit zehn Jahren nicht mehr visitiert.[36]

Vorteilhafter als die Adelsklöster stellte sich gegen Ende des 16. Jahrhunderts das bürgerliche Wedinghausen dar, wenngleich auch dort keineswegs eine vorbildliche Regeltreue und klösterliche Zucht herrschten. Zu den bemerkenswerten Chorherren gehörte der Pfarrer von Werl, Bernhard Tütel (1580–1611), ein Freund Christian Kleinsorgens, dem das Verdienst zukommt, die infolge der Truchsessischen Wirren weitgehend protestantisierte Ge-

---

[33] *Horstkötter*, Prämonstratenser (wie Anm. 1) 80f.
[34] MGQ 7, 183.
[35] *Immenkötter*, Protokolle des Geistlichen Rates (wie Anm. 26) 436 (Index). Vgl. auch: F. *Schöne*, Beiträge zur Geschichte des Prämonstratenserklosters Cappenberg, in: WZ 71 (1913) 105–218. J. *Ramackers*, Adlige Prämonstratenserstifte in Westfalen und am Niederrhein, in: Analecta Praemonstratensia 5 (1929) 200–238 und 320–343; 6 (1930) 281–332.
[36] MGQ 7, 183.

meinde Werl zum alten Glauben zurückgeführt zu haben. Von entscheidender Bedeutung für die Sicherung des katholischen Bekenntnisses im kurkölnischen Westfalen wurde 1643 die von Wedinghausen veranlaßte Gründung eines katholischen Gymnasiums in Arnsberg, das für die männliche Jugend im weiten Umkreis des Herzogtums zu einer führenden Bildungsstätte wurde.[37]
Der Nutzungs- und Versorgungscharakter des Präbendenwesens, das „Laster des *peculium*" ließ auch in der Folgezeit echtes monastisches Leben und Streben in den adligen Konventen nicht aufkommen – eine Erscheinung, die wir in gleicher Weise in den Dom- und Stiftskapiteln Westfalens beobachten. Dieser Mißstand wirkte sich auch in den von den Chorherren betreuten Pfarreien aus. Daher richtete sich der Erneuerungswille katholischer Bischöfe seit dem Trienter Konzil betont auch auf die Prämonstratenserkapitel.
Nachdem aber der Heilige Stuhl 1584 auch in Köln eine ständige Nuntiatur etabliert hatte, suchte er mit Energie den Episkopat von der Wahrnehmung dieser eng mit der Exemtion verbundenen Aufgabe fernzuhalten, um die Kompetenzen seiner Nuntien auszubauen. Rom war gewiß nicht ohne Grund besorgt, daß mancher deutsche Bischof kaum die geistlichen Voraussetzungen mitbrachte, die zu einer echten Klosterreform unerläßlich waren. Aber es spielten auch taktische Überlegungen eine Rolle. Nach einem Wort des Kölner Auditors Fini (1670) stellten die Exemten *die Hauptstütze der Autorität des Nuntius* dar.[38] Allerdings wagten die münsterischen Klosterpfarrer nicht, sich der von dem mächtigen Kölner Erzbischof Ernst von Bayern (1583–1612) angesetzten Vernehmung des gesamten Bistumsklerus durch den Geistlichen Rat, die im wesentlichen das Bild von 1572 bestätigte, zu widersetzen.[39]

---

[37] *Horstkötter*, Prämonstratenser (wie Anm. 1) 83.
[38] A. Schröer (Hg.), Die Korrespondenz des Münsterer Fürstbischofs Christoph Bernhard v. Galen mit dem Heiligen Stuhl (1650–1678) = WS 3 (1972) 21.
[39] *Immenkötter*, Protokolle des Geistlichen Rates (wie Anm. 26) 112 (Ahlen); 331 (Neue Kirche Ahlen); 436 Ind. (Cappenberg); 351 (Bork erscheint nicht); 203 (Werne); 331f. (Varlar).

Als jedoch Christoph Bernhard von Galen (1650–1678) zwei Jahre nach seinem Regierungsantritt ebenfalls eine Generalvisitation der münsterischen Geistlichkeit anordnete, führte die von ihm geplante Visitation der beiden Prämonstratenserpropsteien Cappenberg und Varlar zu einer lebhaften Kontroverse zwischen ihm und der Kölner Nuntiatur bzw. dem Heiligen Stuhl. Christoph Bernhard bestritt der Kurie keineswegs das vom Kölner Nuntius in Anspruch genommene Visitationsrecht in den exemten Klöstern, aber er bat den Nuntius in Anbetracht der besonderen Verhältnisse in den beiden Propsteien, ihm eine Sondergenehmigung zur bischöflichen Visitation zu beschaffen. Der Bischof sandte daher Mitte 1652 an den neuen Nuntius Joseph Maria Sanfelice eine Abordnung mit dem Auftrag, ihm eine Sondervollmacht zu beschaffen. Der noch unerfahrene päpstliche Beamte stellte Christoph Bernhard bereitwillig die gewünschte Lizenz in Aussicht. Daraufhin berief Galen eine Visitationskommission, der der Paderborner Weihbischof Bernhard Frick, der Münsterer Dompropst Otto Heinrich Korff-Schmiesing und der Stiftsdechant von St. Mauritz-Münster, Franz von Ascheberg, angehörten.

Am 6. September 1652 bat der Bischof den Nuntius erneut, ihm und den genannten Geistlichen trotz der Privilegien und Exemtionen, die die Prämonstratenser für ihren Orden beanspruchten, für dieses eine Mal die dringend notwendige apostolische Visitationslizenz zu gewähren.[40] Aber die Erteilung der Vollmacht ließ auf sich warten. Als sie Anfang Oktober noch immer nicht eingetroffen war, ersuchte Galen, der im Begriff stand, zum Reichstag nach Regensburg zu reisen, den Nuntius, ihm noch vor seiner Abreise das päpstliche Dokument zuzustellen, da eine längere Verzögerung der Visitation akute Gefahr in sich berge.[41]

Was der Bischof wohl schon vermutet hatte, trat nun ein. Am 17. Oktober 1652 teilte ihm Sanfelice mit, nach Abreise der münsterischen Delegation sei der Abt von Steinfeld mit schriftlichen Unterlagen seines Generals bei ihm erschienen und habe ihm dargelegt, daß er erst kürzlich die Klöster von Cappenberg und Varlar im Auftrage des Generals visitiert und eine Reihe von Reform-

---

[40] Galen an Sanfelice, Ahaus 1652 Sept. 6: *Schröer* (wie Anm. 38) Nr. 33.
[41] Galen an Sanfelice, 1652 vor Okt. 17: Ebd. Nr. 34.

dekreten zur Wiederherstellung der monastischen Disziplin erlassen habe. Er sehe daher keinen Anlaß, einen neuen Visitationsauftrag zu erteilen. Der Nuntius bat den Bischof, die Durchführung der beschlossenen Reformmaßnahmen durch seine Autorität zu unterstützen.[42]
Galen überging in seiner Korrespondenz mit dem Nuntius die Verweigerung der päpstlichen Visitationsvollmacht, kam aber in seiner ersten Statusrelation an Innocenz X. (1644–1655) vom 3. Mai 1653 auf sein Visitationsanliegen zurück. Er rühmte die von den beiden Grafenbrüdern in Cappenberg und Varlar ins Leben gerufenen großzügigen Stiftungen als *insignia monasteria*, die vom hl. Norbert selbst *habitum et ordinem* empfangen hätten, bedauerte aber, daß diese reiche Schenkung nur kärgliche Frucht bringe. Beide Klöster beherbergten nur wenige Bewohner. Die Ordensoberen seien nachlässig in der Erhaltung oder Wiederherstellung der klösterlichen Zucht. In den Klosterkirchen und Konventsräumen vermisse man Sauberkeit und Ordnung. Es gebe nur den einen oder anderen Priester unter den Ordensmitgliedern. Man habe den Eindruck, daß die Konventualen nicht für Gott und die Kirche, sondern für ihre eigenen Bequemlichkeiten, den Genuß, die Jagd und ähnliche Dinge lebten. Der Stiftungsurkunde gemäß unterständen die Klöster dem Ortsordinarius. Daher seien alle Visitationen bis vor einigen Jahren, wie sich die Menschen noch heute erinnerten, vom Bischof vorgenommen worden. Er selbst erbitte dringend *pro catholicae pietatis incremento*, zum Heil der Seelen und zum Besten des Prämonstratenserordens eine apostolische Sondervollmacht, die es ihm ermögliche, in beiden Klöstern den früheren Glanz und die religiöse Zucht wiederherzustellen, was die Ordensoberen, wie die Erfahrung lehre, bisher nicht vermocht hätten und wohl auch in Zukunft nicht vermöchten.[43]
Eine Antwort des Heiligen Stuhls auf die Bitte liegt nicht vor. Aber der Kölner Nuntius teilte dem Bischof am 26. August 1653 mit, er habe den Pater General der Prämonstratenser, der nach Deutschland gekommen sei, um die Klöster des Ordens zu visitieren, auf die dringenden Vorstellungen Galens bezüglich der Re-

---

[42] Sanfelice an Galen, Münster, Okt. 17: Ebd. Nr. 35.
[43] Galen an Innocenz X., Regensburg, 1653 Mai 3: Ebd. Nr. 43.

formbedürftigkeit Cappenbergs und Varlars hingewiesen. Der General habe ihm versprochen, sich mit allem Ernst der Erneuerung der beiden Klöster anzunehmen. Er halte es für sehr wichtig, daß der Bischof den Reformversuch durch seine Autorität stütze. Die Mönche seien derartig verstockt, daß sie sich unter Berufung auf ihre Adelsprivilegien weigerten, eine regeltreue Ordenskolonie anzunehmen. Es sei unerträglich, daß die für den kirchlichen Kult und den Unterhalt guter Ordensleute bestimmten Einkünfte von Elementen verbraucht würden, die nicht einmal den Namen eines Religiosen verdienten. *Ist das nicht eine Umkehrung der Ordnung und eine Zerstörung der klösterlichen Harmonie?* Der Pater General habe eine Reihe von Reformvorschriften erlassen, die, wenn sie erfolgreich sein sollten, der Mitwirkung des Bischofs bedürften. Der Heilige Vater werde ihm, Galen, dafür sehr dankbar sein.[44] Aber Christoph Bernhard scheint sich, offenbar verstimmt durch das Verhalten der Kurie, in die internen Angelegenheiten der Propsteien nicht eingemischt zu haben. Der Reformerfolg des Ordensgenerals in den beiden Klöstern war nicht durchgreifend. In seiner Statusrelation an Alexander VII. (1655–1667) vom 3. November 1660 räumt Galen zwar ein, daß sich die wirtschaftliche Lage der beiden Klöster gebessert habe, aber die Klosterzucht lasse nach wie vor zu wünschen übrig.[45]
Die westfälischen Prämonstratenser konnten sich auch in den folgenden Jahrhunderten nicht mehr zum ursprünglichen Gründungsideal Norberts erheben. Sie widerstanden zwar den Anfechtungen der Aufklärungszeit, vermieden Exzesse in der persönlichen Lebenshaltung und zeigten sich besorgt um eine gesunde Wirtschaft ihrer Häuser. Das bürgerliche Wedinghausen gewährte in den unruhigen neunziger Jahren des 18. Jahrhunderts dem Kölner Metropolitankapitel Aufnahme und dem Kölner Domschatz einschließlich des Dreikönigsschreins Sicherheit. Die Clarholzer Propstei bewährte sich als Zuflucht französischer Emigranten.[46] Aber kirchengeschichtliche Bedeutung gewann die Stiftung des hl. Norbert in Westfalen nicht mehr. Cappenberg, Varlar, Clarholz und Wedinghausen verfielen 1803, Scheda 1804/9 der Säkularisation.

[44] Sanfelice an Galen, Köln, 1653 Aug. 26: Ebd. Nr. 47.
[45] Galen an Alexander VII., Wolbeck, 1660 Nov. 3: Ebd. Nr. 109.
[46] *Horstkötter*, Prämonstratenser (wie Anm. 1) 81.

24. Stiftsdechanten von St. Ludgeri-Münster*

Mit einer Lebensskizze des Georg Heinrich Jacobi v. Tautphäus (1717–1793)

Wenn wir in diesem Jahr das 800jährige Jubiläum der Pfarr- und ehemaligen Stiftskirche St. Ludgeri-Münster feiern, gilt unser dankbares Gedenken in erster Linie dem Wirken jener Geistlichen, die in diesem Gotteshaus den Gläubigen das Evangelium gepredigt und die Heilsgnade vermittelt haben. Die Verantwortung für diese wichtigste Aufgabe trug bis zur Aufhebung der Kollegiatkirche im Jahre 1811 der Stiftsdechant. Ihm oblag außer der Leitung des Kapitels die Seelsorge der Pfarrgemeinde. Daher führte der Senior des Kapitels den Dechanten bei der Amtseinführung außer zum Chor auch zur Kanzel, zum Beichtstuhl und zum Taufbrunnen. In seinem Diensteid mußte der Decanus capituli geloben, seinen liturgischen und pastoralen Obliegenheiten stets gewissenhaft nachzukommen. Er war daher zu strenger Residenz verpflichtet. Zwei Kapläne leisteten ihm Unterstützung. Die Persönlichkeit des Stiftsdechanten bestimmte weitgehend den religiösen Geist und die Disziplin in Kapitel und Pfarrei. In dieser Hinsicht scheinen, wenn wir von der Reformationszeit absehen, die Voraussetzungen in St. Ludgeri nicht ungünstig gewesen zu sein.[1]

I.

In dem Zeitraum von 1185 bis 1811 lassen sich insgesamt 44 Stiftsdechanten von St. Ludgeri nachweisen.[2] Wenn der Historiker auch in den meisten Fällen das seelsorgliche Bemühen, das

---

* Sancti Ludgeri Parochia Monasteriensis 1173–1973. Beiträge zum 800-jährigen Bestehen der Pfarre St. Ludgeri in Münster (Münster 1973) 77–103.

[1] Fr. *Wertebach*, Geschichte des Kollegiatstiftes zum hl. Ludgerus zu Münster (Masch.-Ms. o. J. im BA Münster). Dort die Literatur bis 1926. Die Pfarrgemeinde zählte zur Zeit der Aufhebung 1600 Kommunikanten. In ihrem Bereich lagen die Oratorien der Schwestern von Ringe und Verspoel. Die Schwestern besuchten den öffentlichen Pfarrgottesdienst. Ebd. 89.

[2] Ebd. 104.

sich hinter diesen Namen verbirgt, im einzelnen nicht mehr fassen kann, so gibt es doch namentlich in der Zeit nach dem Trienter Konzil unter den Dechanten eine Reihe von Männern, die durch ihre geistliche Haltung, ihren pastoralen Einsatz und nicht zuletzt durch ihre ausgezeichnete Bildung ein ehrenvolles Andenken in Pfarrei und Bistum hinterlassen haben. Es ist bemerkenswert, daß es in der nachtridentinischen Zeit an St. Ludgeri allein fünf Stiftsdechanten gab, die im Collegium Germanicum zu Rom gebildet worden waren. Alle fünf werden in den Annalen des römischen Kollegs lobend erwähnt.[3]

Der erste unter den Germanikern, Dechant Gerhard Krane (1607–1622), zeichnete sich durch ein hohes Berufsethos und missionarischen Unternehmungsgeist aus.[4] Nach Beendigung seiner Studien in Rom (1576–1581) begleitete er den päpstlichen Legaten Antonio Possevino SJ, den großen Diplomaten und Unionstheologen der Kurie[5], auf dessen Reise nach Rußland. Er blieb zunächst in Wilna, der Hauptstadt des Großfürstentums Litauen, wo er in dem von Possevino errichteten Seminar für Livland die Lebensweise des Deutschen Kollegs einführte. Seit 1582 war Krane in der neuerrichteten Diözese Livland mit großem Erfolg als bischöflicher Kommissar und Propst von Dorpat um die von den Jesuiten eingeleitete Rekatholisierung des Landes bemüht. Als die Protestanten im Jahre 1600 mit Unterstützung der Schweden wieder die Oberhand gewannen und die junge Pflanzung vernichteten, kehrte der jugendliche Idealist nach Münster zurück. Hier wirkte er 16 Jahre als Stiftsdechant von St. Ludgeri. Seinen Bemühungen ist es zu danken, daß flandrische Kapuziner 1612 nach Münster kamen, wo sie zunächst in der Dechanei Unterkunft fanden. Es gelang Krane, den Ordensmännern gegen den Widerstand der münsterischen Gilden ein Kirchlein zu errichten, in dem am

---

[3] A. *Steinhuber*, Geschichte des Kollegium Germanikum Hungarikum in Rom, 2 Bde (²1906).

[4] Ebd. I, 254. 346.

[5] Geb. um 1533/34 Mantua, gest. 1611 Ferrara; vermittelte auf dieser Reise als päpstlicher Legat den Waffenstillstand von Jam Zapolski vom 15. 1. 1582 zwischen König Stephan Bathory von Polen und Iwan IV. von Rußland. LThK ²8, 640. Vgl. auch L. *Pastor*, Geschichte der Päpste, Bde. 9–11 (Reg.).

15. August 1621 der erste Gottesdienst gehalten wurde. Der Dechant hinterließ den Kapuzinern seine ganze Habe.[6]
Manche Schwierigkeiten im Stiftskapitel von St. Ludgeri ergaben sich aus der Residenzpflicht der Dechanten, da diese nicht selten auch Kuratbenefizien anderer Kirchen besaßen. Dechant Johann Heinrich Melchior v. Wydenbrück (1694–1717) aus Borken hatte von 1683 bis 1687 in Rom studiert und später außer dem Dekanat von St. Ludgeri Stiftspräbenden in seiner Heimatstadt und in Hildesheim erhalten.[7] Die durch die Residenz an den genannten Kirchen bedingte längere Abwesenheit von St. Ludgeri veranlaßte das Kapitel, Wydenbrück daran zu erinnern, daß die Seelsorge der Pfarrei „radicaliter in decanum diffunditur". Wenn der Dechant auch Kapläne habe, entbinde ihn dies nicht von der vollen Verantwortung für seine Gemeinde.[8]
Dechant Otto Matthias v. Mallinckrodt zu Küchen [bei Ahlen] (1750–1757), Alumne des Germanikums von 1721 bis 1747, war im Galen-Konvikt zu Münster erzogen und vom Rektor des Jesuitenkollegs für das Collegium Germanicum empfohlen worden.[9] Der begabte Alumne hielt am 10. Juli 1746 vor einem großen Auditorium „cum omnium admiratione et plausu" seine pflichtgemäße Disputation. Benedikt XIV. verlieh ihm kurz darauf ein Kanonikat am Dom zu Hildesheim. Nachdem Mallinckrodt fünf Jahre an St. Ludgeri gewirkt hatte, ernannte ihn der Bischof von Hildesheim zu seinem Generalvikar (1755–1761). Erst am 14. Dezember 1757 resignierte er auf Drängen des Kapitels auf das Dekanat.[10]
Hervorragende Leistungen hatte der aus Münster stammende Franz Theodor Detten, der 1758 nach einjähriger Wirksamkeit als Dechant von St. Ludgeri starb, in seiner römischen Zeit aufzuweisen.[11] Er hielt 1753 eine kirchenrechtliche Disputation, die mit der

---

[6] Auch in Paderborn stifteten zwei der römischen Kommilitonen Kranes, Arnold von der Horst und Joh. Wilh. v. Sintzig, den Kapuzinern eine Niederlassung. *Steinhuber* I, 254 Anm. 1.
[7] Ebd. 2, 70.
[8] *Wertebach* 92.
[9] *Steinhuber* 2, 239. 526.
[10] *Wertebach* 19.
[11] *Steinhuber* 2, 240.

Note summa cum laude bewertet wurde und die er Kardinal Alessandro Albani widmete.

Auch der einer Paderborner Patrizierfamilie entstammende Karl Heinrich v. Vogelius zeichnete sich als Alumne des Germanikums (1738–1742) durch ungewöhnliche Erfolge aus.[12] Er wurde 1748 Dechant am Frauenstift Überwasser[13], drei Jahre später Offizial in Osnabrück. Im Jahre 1758 ernannte ihn Fürstbischof Clemens August zum Stiftsdechanten von St. Ludgeri. Auf dringendes Ersuchen des dortigen Kapitels verzichtete Vogelius jedoch nach einjähriger Amtsführung auf das Dekanat, da die Kanoniker auf seiner ständigen Residenz bestanden.[14] Der Kölner Erzbischof Max Friedrich verlieh Vogelius 1764 ein Kanonikat an der Stiftskirche von St. Johann und ernannte ihn zum Generalvikar.[15]

Außer diesen ehemaligen Germanikern standen im Laufe der Zeit drei Weihbischöfe an der Spitze des Kapitels. Bei ihnen verfuhr das Kapitel hinsichtlich der Residenz großzügiger.[16] Der münsterische Weihbischof Dr. theol. Johannes Nikolaus Claessens, der 26 Jahre hindurch den in Köln residierenden Fürstbischof Ferdinand v. Bayern in dessen bischöflichen Amtshandlungen vertrat, betreute das Dekanat von 1623 bis 1648.[17] Er nannte sich beschei-

---

[12] Ebd. 2, 242. 525.
[13] R. *Schulze*, Das adelige Frauen-(Kanonissen-)Stift der Hl. Maria und die Pfarre Liebfrauen-Überwasser zu Münster Westfalen (1952) 315 u. 444 (Reg.).
[14] *Wertebach* 19.
[15] S. Anm. 12. Auf das Dekanat am Frauenstift Überwasser verzichtete Vogelius erst am 2. 6. 1759; er starb am 24.6. des gleichen Jahres. *Wertebach* 104. *Schulze* 315. S. auch M. Höhler (Hg.), Des kurtrierischen Geistlichen Rats Heinrich Aloys Arnoldi Tagebuch über die zu Ems gehaltene Zusammenkunft der vier Erzbischöflichen deutschen Herrn Deputirten, die Beschwerde der deutschen Natzion gegen den Römischen Stuhl und sonstige geistliche Gerechtsame betr. 1786 (Mainz 1915) 207. Da in Osnabrück der anglikanische Prinz Friedrich v. York im Alter von sechs Monaten Nachfolger des Fürstbischofs Clemens August von Bayern geworden war, fungierte der Kölner Erzbischof gemäß der Capitulatio perpetua als Ordinarius der Katholiken. Joh. C. *Möller*, Geschichte der Weihbischöfe von Osnabrück (1887) 200f.
[16] S. Anm. 14.
[17] A. *Tibus*, Geschichtliche Nachrichten über die Weihbischöfe von Münster (1862) 167–178.

den Curatus senior.[18] Sogleich nach Amtsantritt erbaute er ein neues Dekanatsgebäude.[19] Zu seiner Zeit wurde auch der sog. carcer dominorum durch einen Neubau ersetzt.[20]
Der berühmteste unter den Stiftsdechanten dürfte der gelehrte dänische Konvertit Weihbischof Niels Stensen (1680–1681) aus Kopenhagen sein, der durch seine bahnbrechenden Forschungen auf den Gebieten der Anatomie und Geologie europäische Bedeutung erlangte und durch seinen heiligmäßigen Wandel das Volk tief beeindruckte.[21] Da Stensen schon bald erkannte, daß eine gleichzeitige gewissenhafte Wahrnehmung beider Pflichtenkreise unmöglich sei, verzichtete er am 4. Oktober 1681 aus eigenem Antrieb auf das Dekanat.[22] Sein Nachfolger in St. Ludgeri wurde der spätere Generalvikar Johann Gottfried Höning, zu dem Stensen zeitlebens in einem echten Vertrauensverhältnis stand.[23]
Auch Lic. iur. utr. Johannes Bischopinck (1650–1657), der einer alten münsterischen Erbmännerfamilie entstammte, gehörte zu den bedeutenden Dechanten von St. Ludgeri.[24] Nach siebenjähriger Amtsführung wurde er von dem Osnabrücker Fürstbischof Franz Wilhelm v. Wartenberg zum Bischof geweiht und zum Weihbischof von Osnabrück ernannt. Als nach dem Tode Kardinal Wartenbergs (1661) der protestantische Herzog Ernst August von Hannover gemäß der Capitulatio perpetua die Regierung im Fürstbistum Osnabrück antrat, nahm Bischopinck im Auftrag des Kölner Metropoliten als Weihbischof und Generalvikar die Aufgaben des katholischen Bischofs wahr.
Schließlich nennen wir noch den aus Hildesheim gebürtigen Jesuiten Franz Albers, Professor der Homiletik und Pastoraltheologie an der Universität Münster, der nach der Aufhebung des Or-

---

[18] *Schulze* 429 Anm. 33. Die notwendige Abwesenheit der Weihbischöfe brachte es mit sich, daß die Kapläne de facto die cura primaria innehatten, die sie dann später auch ständig residierenden Dechanten gegenüber als Gewohnheitsrecht in Anspruch nahmen. *Wertebach* 93ff.
[19] Ebd. 75.
[20] Ebd. 45.
[21] *Schröer*, Niels Stensen s. u. 511f. Vgl. auch H. *Lahrkamp*, Weihbischof Niels Stensen und das Kloster Ringe, in: Westfalen 48 (1971).
[22] *Wertebach* 104.
[23] *Schröer* 34. *Wertebach* 104.
[24] Ebd. 104. *Möller*, Weihbischöfe 153–160.

dens von 1793 bis 1803 als Ex-Jesuit dem Kapitel von St. Ludgeri vorstand und durch seine Nekrologe auf Fürstbischof Max Friedrich (1784) und Kaiser Joseph II. (1790) einer größeren Öffentlichkeit bekannt wurde.[25] Solche Männer an der Spitze des Kollegiatkapitels und der Pfarrgemeinde von St. Ludgeri boten die Gewähr, daß das kirchlich-religiöse Leben in Stift und Pfarrei durchweg in geordneten Bahnen verlief.

II.

Auf der Liste der Stiftsdechanten von St. Ludgeri findet sich ein Name, der in Pfarrei und Bistum bis auf den heutigen Tag nahezu unbekannt geblieben ist, obwohl sich mit ihm bemerkenswerte Ereignisse in der Bistums- und Reichsgeschichte verbinden: Dr. iur. utr. Georg Heinrich Jacobi v. Tautphäus (1783–1793).[26] Es ist nicht ohne Reiz, dieser ungewöhnlichen Gestalt einmal nachzugehen. Da Tautphäus in der Öffentlichkeit kaum hervortrat, sondern ausschließlich – und zwar länger als ein halbes Jahrhundert – in der Abgeschiedenheit der bischöflichen Verwaltung tätig war, nahm die Umwelt wie auch die Nachwelt von ihm kaum Kenntnis. Er war jedoch keineswegs ein trockener Aktenmensch, sondern ein moderner, den Strömungen der Zeit geöffneter Geistlicher, der Gelegenheit hatte, im Auftrag seines Bischofs an wichtigen kirchenpolitischen Entscheidungen mitzuwirken. Tautphäus vermochte sich nach Herkunft und Bildung mit der konservativen Grundhaltung seiner münsterländischen Umgebung nicht zu identifizieren. Er neigte vielmehr der aufklärungsfreundlichen Mentalität seiner Bischöfe, der Kurfürsten von Köln, zu. Ich will versuchen, die Konturen dieser interessanten Persönlichkeit nachzuzeichnen, ohne damit einer wünschenswerten biographischen Darstellung vorzugreifen.[27]

---

[25] *Wertebach* 104. E. *Hegel*, Geschichte der katholisch-theologischen Fakultät Münster 1773–1964, 2 (1970) 3 u. 553 (Reg.).
[26] *Wertebach* 104.
[27] Quellenmaterial findet sich im Stadtarchiv Mergentheim, im Gräflich Schönbornschen Archiv in Wiesentheid (Unterfranken), in den Staatsarchiven Würzburg, Münster, Düsseldorf und Wien (Korrespondenz mit

IV. Kloster, Stift, Pfarrei

Georg Heinrich Jacobi v. Tautphäus wurde am 7. Mai 1717 in Mergentheim als Sohn der Eheleute Johann Jacobi v. Tautphäus und der Anna Philippine geb. Orpplin aus Neckarsulm geboren.[28] Wie der Name andeutet, stammte die Familie Jacobi aus Dautphe, Kreis Biedenkopf, Regierungsbezirk Wiesbaden. Georg Heinrichs Vater stand als Hofkammerrat im Dienst der Hochmeister des Deutschen Ordens Franz Ludwig Pfalzgraf v. Neuburg (1694–1732) und Clemens August von Bayern (1732–1761). Der letztere war seit 1719 Fürstbischof von Münster und seit 1723 Erzbischof von Köln. Die dienstlichen Beziehungen der Familie Tautphäus zum Hochmeister, der von 1527 bis 1806 seinen Sitz in Mergentheim hatte, bestanden auch in der Folgezeit fort.
Georg Heinrich erhielt seine erste Ausbildung in Würzburg. Er erwählte den geistlichen Stand und empfing am 6. Februar 1729 als Domizellar von Stift Haug im Alter von zwölf Jahren die Tonsur. Er besuchte das Gymnasium am Ort und schrieb sich am 11. Dezember 1730 in die Matrikel der Universität Würzburg ein, die bei ihrem zweihundertjährigen Jubiläum (1782) als die anerkannte Musterhochschule des katholischen Deutschland galt. Der begabte Student widmete sich besonders dem Studium des kanonischen Rechts, das er an der Salzburger Benediktiner-Universität fortsetzte. Dieses Zentrum der Aufklärungsphilosophie dürfte Tautphäus wesentlich geprägt haben.[29]
Fürstbischof Clemens August verlieh dem achtzehnjährigen Studenten der Kanonistik am 10. April 1735 von Mergentheim aus

---

Kurfürst Max Franz während des Emser Kongresses), in den Bistumsarchiven Köln und Münster sowie im Archiv des Grafen Droste zu Vischering im Schloß Darfeld i. W. (Nachlaß des Ministers und Generalvikars Franz v. Fürstenberg), das als Depositum im Bistumsarchiv Münster der Benutzung zugänglich ist. Unter den gedruckten Quellen sei besonders hingewiesen auf J. *Hansen*, Quellen zur Geschichte des Rheinlands im Zeitalter der französischen Revolution (1780–1801) I (1931).

[28] Zum folgenden die Beiträge von E. *Kuntze* zum Leben des Tautphäus: Unsere Heimat Jg. 4 (1929) 43–45, 73–75; Jg. 5 (1930) 14–15. Vgl. W. *v. Borell*, Die Familie Tautphäus im Dienst des Mainzer Kurstaates: Mainzer Zeitschrift 73/74 (1978/79) 157ff.

[29] Vgl. zur Salzburger Universität J. *Wodka*, Kirche in Österreich (1959) 282.

eine Kapitelspräbende des Kollegiatstiftes St. Martini-Münster, die dieser am 17. Mai des Jahres in Besitz nahm. Nachdem der junge Stiftsherr am 12. August 1737 seine Studien in Salzburg mit dem Doktor beider Rechte abgeschlossen und die höheren Weihen empfangen hatte, wurde er am 26. Februar 1738 durch den Stiftsdechanten von St. Martini, Ferdinand v. Stockhausen, emanzipiert. Er übernahm damit alle Rechte und Pflichten eines Kanonikers. Tautphäus schied nun mit Genehmigung seines Würzburger Ordinarius Friedrich Karl v. Schönberg (1729–1746) aus dem Bistum Würzburg aus. Seine neue Heimat war Münster. Clemens August ernannte den qualifizierten Kanonisten zum Assessor am Geistlichen Hofgericht, das von nun an dessen Wirkungsstätte blieb. Im September 1775 wurde er als Offizial mit der Leitung dieser wichtigen Gerichtsbehörde betraut. Zahlreiche Akten und Dokumente legen noch heute von seiner hervorragenden Sachkenntnis und seinem administrativen Geschick Zeugnis ab. Wie sehr Tautphäus an einer geistigen und fachlich-literarischen Vertiefung seiner Amtstätigkeit gelegen war, zeigt seine ständig wachsende Bücherei, die gegen Ende seines Lebens nach einem Wort des münsterischen Fürstbischofs Max Franz „für Geschichte, Diplomatik und Jurisprudenz besonders im geistlichen Fache viele wichtige Werke enthält".[30]

Am 19. April 1755 hatte der Fürstbischof Tautphäus zum Thesaurar des Stiftskapitels von St. Martini ernannt und ihn damit in den Rang eines Prälaten erhoben. Mit diesem Amt war das 19. Archidiakonat des Bistums Münster über die Kirchengemeinde Havixbeck verbunden. Durch seine Zugehörigkeit zu dem einflußreichen Kreis der Archidiakone rückte Tautphäus in den führenden Bistumsklerus auf.

---

[30] P. *Bahlmann*, Die Königliche Universitätsbibliothek zu Münster: Aus dem geistigen Leben und Schaffen in Westfalen (1906) 12. Das Promotionsdatum und die Ernennung zum Offizial: W. *Kohl*, Die Notariatsmatrikel des Fürstentums Münster: Beiträge zur westf. Familienforschung 20 (1962) 5. S. auch F.-L. *Knemeyer*, Das Notariat im Fürstbistum Münster, in: WZ 144 (1964) 60. 63. 66. 83 u. bes. 112 Anm. 15. Übrigens hatte auch ein früherer Vorgänger des Tautphäus im Dekanat von St. Ludgeri, Dr. iur. utr. Franz Goswin Klute (1658[?]–1680), von 1677 bis 1680 das Amt des Offizials inne. *Kohl* 4.

Als Bischof Max Friedrich im Jahre 1770 seinen um die Kulturpolitik des Hochstifts Münster hochverdienten Minister Franz v. Fürstenberg zum Generalvikar ernannte, betraute er den ihm gesinnungsmäßig nahestehenden Tautphäus unter gleichzeitiger Ernennung zum Geistlichen Geheimrat mit der Administration der bischöflichen Behörde. Damit nahm der Ernannte im kirchlichen Gerichtswesen und in der Verwaltung des Bistums eine Stellung ein, die es ihm erlaubte, dem mächtigen Einfluß des Generalvikars Fürstenberg, der die antikuriale Haltung seines Fürstbischofs nicht teilte, gewisse Grenzen zu setzen.

Ihren angemessenen Abschluß erfuhr diese geistliche Laufbahn, als Fürstbischof Max Friedrich am 13. Januar 1783 Tautphäus zum Stiftsdechanten von St. Ludgeri ernannte. Am 18. Februar erfolgte vorbehaltlich der päpstlichen Dispens von der Pfründenhäufung, die mit Rücksicht auf das zweite Kanonikat an St. Martini erforderlich war, die feierliche Amtseinführung. Tautphäus siedelte nun von St. Martini in die Dechanei von St. Ludgeri über. Die neue pastorale Aufgabe stellte eine sinnvolle Ergänzung der hauptamtlichen Verwaltungstätigkeit des Offizials und Administrators der bischöflichen Behörde dar.

Unter den Pflichten, die Tautphäus an St. Ludgeri übernahm, stand an erster Stelle die Sorge für den Gottesdienst.[31] Da die Stiftskirche zugleich Pfarrkirche war, mußte der Dienst am Altar so geordnet werden, daß sich keine gegenseitigen Störungen ergaben. Dies galt besonders für die Liturgie an den Sonn- und Feiertagen. Das Kapitel begann in der Frühe, wie alltäglich, um 4 Uhr mit der Matutin, der um 5 bzw. 5.30 Uhr die Frühmesse der Pfarrei mit Publikandum und Predigt folgte. Danach wurden im Chor die Prim und – möglicherweise – auch die übrigen Horen gebetet. Höhepunkt der Sonntagsliturgie war das Hochamt mit der anschließenden Predigt. Beides wurde an den Vierhochzeiten nach alter Gewohnheit vom Stiftsdechanten persönlich übernommen. Um 11 Uhr fand die letzte Pfarrmesse statt. In den Zwischenzeiten zelebrierten die Priesterkanoniker und Stiftsvikare am Hochaltar bzw. an den fünf Nebenaltären stille Messen, so daß den Pfarreingesessenen laufend Gelegenheit geboten wurde, ihre

---

[31] *Wertebach* 87ff.

Sonntagspflicht zu erfüllen. Um 14 oder 15 Uhr hielten die Jesuiten im Kirchenschiff eine Katechese für die Pfarrjugend. Danach betete das Kapitel im Chor Vesper und Komplet. Die Orgel spielte grundsätzlich nur an den gestifteten Festen während der ganzen Messe. An hohen Feiertagen erklang sie zum Hochamt. Im übrigen erschien der Organist lediglich zu den gottesdienstlichen Veranstaltungen, für die ein entsprechendes Entgelt vorgesehen war.

An gewissen Höhepunkten des Kirchenjahres bediente sich die Liturgie der Sprache des Symbols, die das Volk so sehr liebte, die aber eben damals durch die Aufklärung ernstlich bedroht war. Erwähnt sei hier nur das in St. Ludgeri übliche doppelte „Mandatum" des Gründonnerstag. Um 9 Uhr morgens fand in der Kirche eine Messe mit Predigt statt. Anschließend legten die Geistlichen Alben an, beteten eine Antiphon und begaben sich in geordnetem Zug zum Kapitelshaus. Hier nahmen der Dechant und Senior capituli an den übrigen Kanonikern die Fußwaschung vor. Dann ging man zur Kirche zurück, in deren Mitte der Dekan zwölf armen Scholaren der Stiftsschule die Hände(!) wusch und ein Geldopfer spendete.[32] Es folgte ein gemeinsames Frühstück, das offenbar als Liebesmahl (Agape) gedacht war. Zwei Kapitelsjunioren verteilten dabei Gerstenbrote. Nachmittags 4 Uhr waren die „Düsteren Metten".

Wie bereits angedeutet, brachte das Benefizialwesen es mit sich, daß die Mehrzahl der Hochämter, stillen Messen, Andachten, Betstunden und Prozessionen in St. Ludgeri von Mitgliedern des Kapitels oder von Pfarreingesessenen durch ein Stiftungskapital fundiert worden war, dessen Jahreszinsen größtenteils den ausführenden oder teilnehmenden Geistlichen als Teil ihres Einkommens zufielen. In St. Ludgeri gab es eine Fülle derartiger Stiftungen.[33] Allein 27 Feste des Herrn, der Mutter des Herrn und der Heiligen, ferner die Kirchspielsprozession am ersten Sonntag im

---

[32] Die zusätzliche Waschung der Hände ist auch sonst bezeugt. Siehe E. *Lengeling*, Agapefeier beim „Mandatum" des Gründonnerstages, in: M. Bierbaum (Hg.), Studia Westfalica = WS 4 (1973) 243.
[33] Verzeichnis der Stiftungen vom 27. Jan. 1806, zusammengestellt von A. Cordes, Canonicus, p. t. Bursarius capituli ad S. Ludgerum: Bistumsarchiv Münster GV IV 101 b.

August sowie die Brandprozession am Sonntag nach Mariä Geburt, ferner die an jedem Mittwoch und Donnerstag stattfindende Pest- und Brandmesse waren durch solche Fundationen dotiert. Tautphäus selbst war an einer Stiftung zu Ehren des hl. Liudger, des Kirchenpatrons von St. Ludgeri, beteiligt, die am Feste der Translation des Heiligen Distributionen in Höhe von 11 Rtlrn. 27 Sch. und 9 Den. für die Teilnehmer der Vesper des Vortages um 2 Uhr, der Mette morgens um 6 Uhr und des Hochamts um 9.15 Uhr vorsah. Am Gründonnerstag, Karfreitag und Karsamstag verrichteten Kanoniker und Vikare abwechselnd ein gestiftetes Stundengebet vor dem Heiligen Grab.

Der weitaus größte Teil der frommen Stiftungen, für deren Erfüllung der Dechant Sorge trug, bestand aus den Jahresämtern bzw. -messen für ehemalige Mitglieder des Kapitels, der Pfarrgemeinde und auswärtige Verstorbene. Jeder Kanoniker hatte statutengemäß seine Memorie zu stiften. Die Zahl dieser Jahresmessen, die regelmäßig morgens 8.15 Uhr in St. Ludgeri gefeiert wurden, belief sich auf 94. Hinzu kamen die Stiftungsmessen der Vikare an den fünf Nebenaltären.

Außer der Verantwortung für die Pfarrliturgie oblag Tautphäus auch die personale Seelsorge, die sich wegen der starken hauptberuflichen Inanspruchnahme des Dechanten jedoch im wesentlichen auf den Beichtstuhl beschränkt haben dürfte.

Mehr als das pastorale Wirken fand im Klerus der Einsatz des bischöflichen Behördenchefs für die Gründung und Einrichtung eines neuen Priesterseminars Beachtung. Das kleine Collegium Critinianum in der Domus Mariana, das aus der Stiftung des Weihbischofs Kridt hervorgegangen war, wurde den Anforderungen der Zeit nicht mehr gerecht. Die katholische Aufklärung hatte in der Frage der Erziehung und Bildung des geistlichen Nachwuchses neue Anstöße gegeben und zeitgerechte Vorstellungen entwickelt. Der neue Fürstbischof Max Friedrich von Königsegg-Rothenfels (1762–1784), ebenfalls Erzbischof von Köln, förderte diese Bestrebungen sowohl in Münster als auch in Bonn. Darüber hinaus sympathisierte er mit der antikurialen Bewegung des reichskirchlichen Episkopalismus, die in jüngster Zeit infolge der Publikationen des Trierer Weihbischofs Johann Nikolaus v. Hontheim („Febronius") Gegenstand heftiger Diskussionen geworden war.

Die Episkopalisten wünschten das Schwergewicht in der Regierung der Kirche namentlich auf jurisdiktionellem Gebiet vom Papst und den Kardinälen auf die Bischöfe zu verlagern.[34] Es hatte seinen Grund, wenn Max Friedrich sich durch diese Bewegung angesprochen fühlte. Seit Jahren gab es zwischen dem Kölner Offizialat und der päpstlichen Nuntiatur Jurisdiktionsschwierigkeiten.[35] Aber auch Münster hatte seine Schwierigkeiten mit Rom. In Übereinstimmung mit dem Fürstbischof verfolgte nämlich Minister Franz v. Fürstenberg mit neuer Energie den alten Plan einer Universitäts- und Seminargründung. Um das kostspielige Unternehmen finanziell zu ermöglichen, lenkten die Landstände 1764 das Augenmerk des Landesherrn auf das reichbegüterte Frauenstift Überwasser und das Fraterherrenhaus. Beide Häuser zählten nur noch wenige Insassen, ihre Disziplin war verfallen. Während die Fraterherren sich mit der geplanten sinnvollen Verwendung ihres Vermögens abfanden, erhob das Frauenstift in Rom gegen die beabsichtigte Aufhebung scharfen Einspruch. Tatsächlich kam Clemens XIII. den Schwestern durch ein Breve vom 21. April 1766 zu Hilfe. Er gestattete ihnen wunschgemäß, zur Aufbesserung ihres Mitgliederstandes auch nichtadlige Novizinnen aufzunehmen. An der römischen Konsistorialkongregation begann nun ein langwieriger Prozeß, der die münsterischen Gründungspläne einstweilen blockierte.

Diese und andere Differenzen mit Rom bestimmten Max Friedrich im Frühjahr 1768, den Kölner Domherrn Freiherrn von Droste mit dem Auftrag nach Trier und Mainz zu entsenden, seine erzbischöflichen Amtsbrüder für ein gemeinsames Vorgehen im Sinne der Hontheimischen Forderungen zu gewinnen. Zuvor beauftragte er aber das münsterische Generalvikariat mit einer gutachtlichen Äußerung zur Dringlichkeit der Universitätsfrage. Tautphäus, der diese Aufgabe übernahm, bezeichnete es als eine gebieterische Forderung der Zeit, katholische Universitäten mit Professoren aus dem Weltklerus und dem Laienstand zu errichten. Diese müßten den protestantischen Hochschulen, die von Scharen

---

[34] Vgl. hierzu den „Bericht des G. H. v. Tautphäus über die derzeitige päpstliche Politik" an Fürstenberg: Fürstenberg-Nachlaß im Bistumsarchiv Münster, Rep. Merveldt Nr. 175.
[35] H. *Schotte*, Zur Geschichte des Emser Kongresses: HJb 35 (1914) 87.

IV. Kloster, Stift, Pfarrei

katholischer Studenten nicht ohne Gefährdung ihres Glaubens besucht würden, ebenbürtig sein. Da es an öffentlichen Mitteln fehle, sei es unumgänglich, zu ihrer ökonomischen Fundierung auch Klostergüter heranzuziehen. Dies sei durchaus legitim, da die überhandnehmenden Klöster in der katholischen Öffentlichkeit einen unangemessenen Einfluß ausübten und in kaum vertretbarer Weise die Wohltätigkeit des Volkes für sich in Anspruch nähmen.[36]
Das in gewandtem Latein formulierte Gutachten entsprach in seinem Grundgedanken den Hontheimschen Ideen. Kanonikus Droste nahm es mit auf seine Reise zu den kurfürstlichen Höfen von Mainz und Trier. Aber die Initiative des Kölner Erzbischofs, die von den Kurfürsten von Mainz[37] und Trier[38] bereitwillig aufgegriffen wurde, fand weder durch Kaiser Joseph II. noch durch den Reichsepiskopat Unterstützung.
Dagegen nahm der römische Prozeß einen für Münster günstigen Verlauf. Im Jahre 1772 genehmigte der Heilige Stuhl die Aufhebung des Fraterhauses, 1773 auch die des Überwasserstiftes. Als kurz darauf auch das Vermögen des supprimierten Jesuitenkollegs dem Universitätsfonds zufiel, waren die geplanten Neugründungen wirtschaftlich gesichert. Max Friedrich berief am 16. September 1783 Tautphäus in den Vorstand des Studienfonds der Universität, in dem Fürstenberg als Staatsminister den Vorsitz führte.
Die Zuständigkeit für das Seminar, das aus dem Vermögen des Fraterhauses unterhalten wurde, übertrug der Fürstbischof seinem Administrator Tautphäus als dem faktisch höchsten Kirchenbeamten des Bistums.[39] Nach einjähriger Vorbereitung konnte das

---

[36] *Kuntze* 71. Fürstenberg hatte noch weitergehende Säkularisierungspläne, ließ diese aber später fallen, als er bemerkte, daß er damit der Aufklärung gefährlich in die Hände arbeitete.
[37] Friedrich Karl Joseph v. Erthal (1719–1802). Er setzte die episkopalistische Praxis seiner Vorgänger fort, die in ihrer Eigenschaft als Primas Germaniae und Erzkanzler des Reiches weitgehende kirchliche Freiheiten erstrebt hatten. LThK 2 3, 1055.
[38] Clemens Wenzel v. Sachsen (1739–1812). Er suchte in seinem Erzbistum einen gemäßigten Episkopalismus und eine kirchliche Aufklärung zu verwirklichen. LThK 2 2, 1231.
[39] Über die Reformtätigkeit des Tautphäus für das Priesterseminar berichten zahlreiche Korrespondenzen, Briefprotokolle, Denkschriften und

Priesterseminar am 1. November 1776 mit 20 Alumnen des aufgelösten Critinianum im ehemaligen Frauenstift Überwasser eröffnet werden.[40] Auf Vorschlag von Tautphäus berief Max Friedrich den ehemaligen Leiter des Kridtschen Seminars, den 24jährigen Kanoniker Adolf Cordes (1752–1835) von St. Ludgeri, zunächst als Repetenten, dann – mit Mißbilligung Fürstenbergs – als kommissarischen Regens des neuen Seminars. Der aus Doehmen i. M. stammende Cordes war Kanonist und lehrte auch an der Universität.[41] Er stand geistig dem lutherischen Kanonisten Justus Henning Böhmer in Halle[42] und dem österreichischen Josephinisten Paul Joseph v. Riegger[43] nahe. Da der junge Dozent von Fürstenberg wegen unzureichender Vorbildung abgelehnt wurde, erlangte er kein Ordinariat, behielt aber dank der Fürsprache des aufgeklärten Domdechanten Ferdinand August v. Spiegel[44] die *venia legendi*. Auch die Gunst des Fürstbischofs Max Franz konnte Cordes nicht gewinnen. Als Tautphäus 1793 starb, wurde dieser als komissarischer Seminarregens sogleich durch den Pfarrer von Ennigerloh, Josef Wilhelm Bußmann (1793–1809), abgelöst.[45] Bei

Statutenentwürfe im Fürstenberg-Nachlaß: Bistumsarchiv Münster, Rep. Merveldt 1081 A-L. Besonders sei hingewiesen auf die „Tagordnung, die jeder Seminarist aufs genaueste zu beobachten hat". Ebd. 108/ I H. E. *Trunz*, Franz Freiherr von Fürstenberg, in: Westfalen 39 (1961) 15 nimmt allzu pauschal die Verdienste um das Seminar für Fürstenberg in Anspruch. Außerdem übernahm Overberg als Regens die Leitung nicht 1795, sondern 1809.

[40] H. *Börsting* und A. *Schröer*, Handbuch des Bistums Münster I (1946) 137.
[41] *Hegel*, Theol. Fakultät 2, 555 (Reg.).
[42] Geb. 1674 Hannover, gest. 1749 Halle, wo er als Professor der Rechte lehrte. LThK ²2, 563.
[43] Geb. Freiburg 1705, gest. Wien 1775. 1773 Professor für Naturrecht, öff. deutsches Recht und deutsche Geschichte in Innsbruck. Engster Ratgeber Maria Theresias in geistlichen Angelegenheiten. Mitverantwortlich für die meisten staatskirchlichen Reformen. Wegbereiter des josephinistischen Staatskirchentums. LThK ²8, 1305f.
[44] Geb. 1764 Schloß Canstein, gest. 1835 Köln. Stand damals noch ganz unter dem Einfluß der Aufklärung. Verdient um den Ausbau der Münsterer Universität. Sympathisierte zeitweilig mit der nationalkirchlichen Bewegung Wessenbergs. Später wieder im vollen Vertrauensverhältnis mit Rom. Erzbischof von Köln 1821 (1824)–1835.
[45] *Schröer*, Das Münsterer Priesterseminar s. o. 393.

seiner späteren Bewerbung um das vakante Dekanat von St. Ludgeri (1803) unterlag Cordes dem Marienfelder Exkonventual Joseph Homann (1804–1811).[46]
Es ist kein Zweifel, daß die ersten Jahrzehnte der Seminarerziehung weitgehend durch das Bildungsziel der katholischen Aufklärung geprägt waren. Was dies für den münsterischen Bistumsklerus bedeutete, wird erkennbar, wenn man berücksichtigt, daß das neue *seminarium clericorum* zur ausschließlichen Stätte der Erziehung der angehenden Seelsorger erklärt wurde. Dies war in der Tat ein revolutionärer Vorgang in der Geschichte der Münsterer Kirche. Seit Jahrhunderten hatte der Priesternachwuchs gewiß nicht zum Besten der Kirche die Verantwortung für seine berufliche Ausbildung selbst getragen.[47] Nun mußte er sich den strengen Maßstäben stellen, die Tautphäus für die Eignung zum geistlichen Stand anlegte.[48] Auf breiter Front begann in Kirche und Welt neues geistiges und kulturelles Leben aufzubrechen. In seinem Bemühen um eine zeitgerechte und anspruchsvolle Bildung und Formung der Seminaristen wußte sich Tautphäus, wenngleich als katholischer Aufklärer aus einer anderen Welt kommend, weitgehend einig mit Fürstenberg, Overberg und anderen hervorragenden Mitgliedern des „Kreises von Münster".
Die Öffentlichkeit nahm diesen Aufbruch mit unverhohlener Bewunderung zur Kenntnis. Am 9. Januar 1786 – Tautphäus war seit drei Jahren Dechant von St. Ludgeri – schreibt der Sekretär des Kölner Erzbischofs, der kritische und aufklärungsfreundliche Karl Josef v. Wreden, nach einem Besuch in Münster an den Wormser Weihbischof Alexander Würdtwein: „... Münster gehöret mit unter die Zahl der glücklichen Länder, wo Wissenschaften, Kultur und wahre Aufklärung täglich zunehmen. Die Landschulen sowohl als die städtischen sind unverbesserlich. Die Normalschulen, welche die eigentlichen Pflanzschulen künftiger Lehrer sind, werden täglich zahlreicher und vollkommener. In das *seminarium clericorum*, welches unter der väterlichen Sorge des Herrn v. Taut-

---

[46] *Wertebach* 95f.
[47] A. *Schröer*, Die Kirche in Westfalen vor der Reformation I (1967) 172.
[48] Auch für den Ordensklerus und die Frauenstifte entwarf Tautphäus Reformvorschläge und „Geistliche Grundsätze". Fürstenberg-Nachlaß Nr. 173 A (Ecclesiastica) u. 175/5 A u. B.

phöus das geworden ist, was es wirklich ist, wird niemand aufgenommen, als der nach der strengsten Prüfung zum geistlichen Stand tauglich befunden worden ist. Und dieses Seminarium ist die einzige Türe, durch welche derjenige gehen muß, der zur Seelsorge gelangen will."[49]
Wie sein Vorgänger Max Friedrich förderte auch der Sohn Maria Theresias, Max Franz v. Österreich (1784–1801), „der zu den fähigsten und pflichtbewußtesten Erzbischöfen von Köln gehört"[50], in seinen Bistümern eine maßvolle Aufklärung.[51] Durch den bekannten Nuntiaturstreit verärgert, bejahte auch er einen begrenzten Episkopalismus. Daher erklärte er sich nach langem Zögern zur Teilnahme an dem auf den 24. Juli 1786 angesetzten Emser Kongreß bereit, auf dem die Bevollmächtigten der drei geistlichen Kurfürsten und des Erzbischofs von Salzburg[52] eine kirchenpolitische Reform im Sinne der febronianischen Forderungen beraten sollten.[53] Max Franz erstrebte unter Berufung auf die Konzilien[54] im wesentlichen nichts anderes als die Aufhebung der Jurisdik-

---

[49] *Hegel*, Theol. Fakultät 2, 423.
[50] LThK ²6, 393 (R. Haas).
[51] Max Franz war 1780 vom Domkapitel zu Münster als Koadjutor Max Friedrichs gewählt worden. M. *Braubach*, Max Franz von Österreich (1925) 45ff. Fr. *Keinemann*, Das Domkapitel zu Münster im 18. Jh. = Geschichtliche Arbeiten zur westfälischen Landesforschung 11 = Veröffentlichungen der Hist. Kommission Westfalens 12 (1967) 176ff.
[52] Erzbischof Hiernonymus Graf Colloredo (1772–1802). Er war ein Verfechter der katholischen Aufklärung. H. *Rössler* u. G. *Franz*, Sachwörterbuch zur deutschen Geschichte (1958) 1109.
[53] Deputierte der vier Erzbischöfe waren der überzeugte Febronianer Weihbischof Valentin Heimes (1749–1806) für Mainz, der aus Augsburg gebürtige Generalvikar J. L. Beck für Trier, der Konsistorialrat J. M. Boenicke für Salzburg und der Geistliche Rat Tautphäus für Köln. Zum folgenden: *Schotte* 88–109, 318–348. G. J. *Jansen*, Kurfürst-Erzbischof Max Franz von Köln und die episkopalistischen Bestrebungen seiner Zeit. Nuntiaturstreit und Emser Kongreß (Diss. Bonn 1933). E. *Hegel*, Febronianismus und Aufklärung im Erzbistum Köln, in: Annalen des Hist. Vereins für den Niederrhein 142/143 (1943) 147–206. H. *Raab*, Die Concordata nationis Germanicae in der kanonistischen Diskussion des 17. bis 19. Jahrhunderts. Ein Beitrag zur Geschichte der Reichskirche in der Neuzeit I (1956).
[54] Vgl. hierzu *Raab* 34 u. Anm. 47.

464 IV. Kloster, Stift, Pfarrei

tionsgewalt der Nuntien in den reichsdeutschen Bistümern[55], nicht aber einschneidende Disziplinarreformen, wie Mainz sie im engen Anschluß an Febronius forderte. Als seinen Delegierten mit dem Titel eines kurkölnischen Geistlichen Geheimrats ernannte der Kurfürst den münsterischen Offizial und Generalvikariatsverwalter Tautphäus.[56] Da dieser bereits im 70. Lebensjahr stand und als interner Verwaltungsbeamter nur

---

[55] Auf die Vorstellungen der Erzbischöfe von Mainz und Salzburg gegen die Errichtung einer päpstlichen Nuntiatur in München hatte Kaiser Joseph II. am 12. Oktober 1785 den vier deutschen Erzbischöfen geantwortet, „daß ich die päbstlichen Nuntien nur als päbstliche Abgesandten zu politischen und jenen Gegenständen geeignet erkenne, welche unmittelbar dem Pabste als Oberhaupt der Kirche zustehen; daß ich aber diesen Nunzien weder eine Jurisdiktions Ausübung in geistlichen Sachen noch eine Judicatur gestatten könne, weswegen auch solche ebensowenig dem im Kölnischen befindlichen als dem hier zu Wien stehenden noch einem anderen irgendwo in die Lande des deutschen Reiches fürohin Kommenden päbstlichen Nunzius zukommen noch zugelassen werden sollen." Anläßlich eines Besuches in Münster wies Max Franz am 18. Nov. 1785 Fürstenberg mit Beifügung des kaiserlichen Schreibens an, „daß ihr in dessen Gemäßheit künftig dem päbstlichen Nuntio keinen Eingriff in Unsere ursprüngliche, durch mehrere Jahrhunderte besessene Erzbischöfliche Gerechtsame gestattet, alle Appellationes an die Nuntiatur sorgfältig abhaltet, demselben in keinem Fall die geringste Art der Jurisdiktion in Unserem Hochstifte fernerhin einräumet und zu diesem End das erforderliche ungesäumt vorkehret." BA Münster GV Bischöfe A 11.

[56] Da Max Franz Hochmeister des Deutschen Ordens war, war ihm Tautphäus wohl schon seit langem bekannt. Am 16. Juli reiste Tautphäus von Münster ab. Tags zuvor beauftragte er „den hochwürdigsten Franz Albers, Professor für Pastoraltheologie und Synodalexaminator", für die Zeit seiner Abwesenheit mit seiner Stellvertretung am Generalvikariat. BA Münster GV IV 37. Der Kölner Professor Franz Carl Joseph v. Hillesheim, der im Auftrag von Erzbischof Max Friedrich an dem Zustandekommen der bekannten „Koblenzer Artikel" maßgebend beteiligt war, kam für den Emser Kongreß nicht mehr in Frage, da er sich unterdessen von Hontheim abgewandt hatte. Er fürchtete offenbar, daß die febronianischen Ideen zu einer romfreien deutschen Nationalkirche führen könnten. A. *Stelzmann*, Franz Carl Joseph v. Hillesheim, in: Annalen des Hist. Vereins für den Niederrhein 149/150 (1950/51) 212. 215.

geringe Verhandlungserfahrung besaß, da er zudem unter Schwerhörigkeit litt, war diese Ernennung trotz der Aufgeschlossenheit des alten Herrn für moderne Ideen eine gewagte Lösung. Der Kölner Minister Waldenfels, der Max Franz in kirchenpolitischen Fragen beriet, schrieb am 20. Juli 1786 an den trierischen Staatsminister Duminique, Tautphäus „ist ein siebenzigjähriger Mann, hat ein etwas hartes Gehör, sonst aber einen aufgeklärten Kopf. Der Canonicus Wreden, Lektor des Churfürsten, wird ihn als Secretär begleiten."[57] Wreden besaß das, was Tautphäus abging: eine geschickte Verhandlungstaktik.[58]

Die Konferenz begann am 24. Juli 1786 im Darmstädter Hof zu Ems. Am gleichen Abend berichtete der Begleiter des deputierten Generalvikars Beck von Trier, der 27jährige Offizialatsassessor und Kanonikus von St. Florian-Koblenz, Heinrich Aloys Arnoldi aus Elz bei Limburg, einem Bekannten über seine ersten Eindrücke und skizzierte in leicht karikierender Form die einzelnen Verhandlungspartner.[59] Tautphäus, über dessen Leistungen in Münster er viel Gutes gehört hatte, rief in dem jungen Mitbruder zwiespältige Eindrücke hervor. Nachdem Arnoldi das robuste Wesen und die unfeine, der „gemeinen Herkunft" entsprechenden Lebensart des Mainzer Weihbischofs Valentin Heimes geschildert, aber dessen wissenschaftliches Format und patriotische Einstellung gerühmt hat, fährt er fort: „Deutschland kann sich also von dessen Einsicht bei diesem Kongress viel versprechen, besonders, da er mutig, standhaft und frei ist. So wenig traue ich aber dem Kurkölnischen Deputierten zu. Er heißt Tautfäus und ist seit vielen Jahren Official und Vicarius generalis zu Münster, ohngefähr 70 Jahre alt, folglich, wie man sich leicht vorstellen kann,

---

[57] *Höhler* 57.
[58] „Dieser noch junge Herr", so kennzeichnet ihn Arnoldi, „verdient alle meine Hochachtung. Mit der Artigkeit seines Betragens im Umgang und mit feinen Sitten verbindet er eine ausgedehnte theoretische Gelehrtheit, viele Litteratur und patriotische Grundsätze. Wenn er einen geschickten Anführer in der praxi hätte, so könnte Bonn sich sehr vieles von seinen Einsichten, guten Willen und Thätigkeit versprechen." *Höhler* 66.
[59] *Höhler* 63ff.

altmodisch, allen Neuerungen gehässig und eigensinnig. Zum wenigsten läßt sein Alter dies vermuthen. Unterdessen scheint sein Herz gut zu sein; ich schließe dieses aus seinem Lachen, welches mit einer gütigen Miene schier allezeit begleitet ist. Übrigens da er wenig hört, so halte ich ihn für diesen Kongreß um so weniger tauglich, als er in seinem Betragen nicht allein, sondern auch in seiner Kleidung und ganzen Stellung einem Landpfarrer gleicht, und dahero bei den vielen Kurgästen, die sich dermalen hier aufhalten, ganz lächerlich erscheinen muß, weilen er seine Gestalt durch nichts annehmlich macht. Unterdessen hat Münster alle guten Einrichtungen im geistlichen Gefache demselben zu verdanken, welches mich nothwendigerweise denken läßt, daß er arbeitsam, thätig und vielleicht auch modisch ist. Die Erfahrung wird es zeigen, wie weit meine Muthmaßungen gegründet sind."[60] In ähnlicher Weise zeichnet er auch die übrigen Teilnehmer der Runde.

Die Konferenz, die in engster Fühlungnahme mit den vier Erzbischöfen arbeiten sollte, befaßte sich zunächst mit der von Febronius aufgeworfenen Frage nach dem Inhalt und den Grenzen der bischöflichen Gewalt. Sie billigte ohne Diskussion die Vorschläge, die Tautphäus ihr im Auftrage des Kurfürsten zur Aufhebung der Nuntiaturgerichtsbarkeit eingebracht hatte, überließ aber die Form der Handhabung den Metropoliten und deren Suffraganen.

Die beiden ersten Tage hatten bereits gezeigt, daß Tautphäus und sein Sekretär sich in den Verhandlungen gut ergänzten. Der Ältere war der Pragmatiker, der Jüngere der Theoretiker. „Wenn es auf das Praktische ankömmt", schrieb Wreden am 26. Juli 1786 an Waldenfels, „räumen die sämtliche Herren dem Herrn v. Tautphäus den Vorzug ein. Es ist ohnbeschreiblich, wie sehr derselbe den Gang der römischen Kurie, die italienischen Grundsätze und die Art und Weise wie sie seither gewöhnt waren, die Deutschen hinter das Licht zu führen, kennt. Er hat hierdurch dem Konvente schon die wesentlichsten Verdienste geleistet."[61] Tautphäus hatte

---

[60] Ebd. 65. Die Verdienste des Münsteraners werden, wie man sieht, von Arnoldi überschätzt.
[61] *Jansen* 52.

demnach mit seiner antikurialen Einstellung nicht hinter dem Berg gehalten.[62]
Das vergleichsweise harmlose Problem der Nuntiaturgerichtsbarkeit trat in den folgenden Verhandlungen gegenüber den radikalen, an Febronius orientierten Forderungen des Mainzer Weihbischofs völlig in den Hintergrund. Heimes verlangte nicht nur die Aufhebung aller päpstlichen Reservationen, sondern auch die uneingeschränkte Binde- und Lösegewalt der Reichsbischöfe. Erstaunlicherweise stimmte Tautphäus mit den anderen Delegierten diesen Vorschlägen ohne Widerspruch zu, obgleich ihm die Instruktion auferlegt hatte, vor der Annahme derart weitgehender Forderungen den Kurfürsten zu konsultieren. Schon nach vier Tagen war die Beratung der gesamten Rechtsmaterie abgeschlossen.
Die nun beginnenden Gespräche über die Disziplinarreform, die nach Mainzer Auffassung den eigentlichen Gegenstand der Emser Verhandlungen darstellten, lagen größtenteils außerhalb des Kölner Interesses. In ihrem Mittelpunkt stand die Forderung nach der vollen bischöflichen Dispensgewalt hinsichtlich des Abstinenzgebotes und des Zölibats. Nach langen Gesprächen mit den übrigen Kongreßteilnehmern, die ausnahmslos – einschließlich Wredens – den Mainzer Forderungen zustimmten, erklärte sich schließlich auch Tautphäus – wiederum ohne vorherige Rückfrage in Bonn – für ein bischöfliches Dispensrecht.
Als Wreden dem Kurfürsten über den Stand der Dinge in beiden Fragen persönlich Bericht erstattete, erklärte dieser erregt, er sei mit der Tätigkeit seiner beiden Delegierten höchst unzufrieden. Er verlange, daß Zölibat und Abstinenz nicht mehr zur Debatte gestellt würden. „Vergessen denn die Herren ganz, weswegen sie da beisammen sind? Die Mißbräuche des römischen Hofes abzustellen, nicht aber die Kirche und deren Universalgesetze zu refor-

---

[62] Die gemeinsame Instruktion für Tautphäus und den deputierten Generalvikar Beck (Trier) empfahl – offenbar auf persönliche Weisung des Kölner Kurfürsten – u. a. alles zu vermeiden, was als eine Verletzung der dem Hl. Stuhl gebührenden Ehrfurcht und der ursprünglichen oder durch Konkordat bestätigten Primitialrechte aufgefaßt und wodurch die Einheit zwischen Haupt und Gliedern der Kirche gestört werden könne. *Höhler* 59. *Schotte* 99. *Hegel*, Febron. 159.

mieren. Denn hierzu sind die vier Erzbischöfe nicht bevollmächtigt und zu schwach. Die deutsche Kirche seufzte bisher unter einem schwereren römischen Joch, als der französischen und anderen aufgebürdet war. Dieses unter kaiserlichem Schutz abzuwerfen, ist der Gegenstand dieser Versammlung, nicht aber allgemein von der Kirche durch saecula anerkannte Gesetze ohne Not umzuwerfen."[63] Er habe die von Tautphäus eingesandten Berichte gelesen und darin nicht das Mindeste gefunden, was zum Verhandlungsgegenstand der Konferenz gehöre. Eine solche „kontinuierte Abhandlung von dummem Zeug" habe er den vier Deputierten nicht zugemutet.[64]

Tautphäus stellte in seiner Antwort mit allem Respekt richtig, daß bisher noch kein Beschluß gefaßt, sondern lediglich ein Plan aufgestellt worden sei. Da die Konferenz sich gegenwärtig mit der Kirchendisziplin befasse, habe man zunächst von den vier Deputierten Berichte über die jeweilige Situation der einzelnen Bistümer hören müssen.[65]

Mainz und Salzburg vertraten in Ems die Auffassung, daß die allgemeinen kirchlichen Disziplinargesetze ihre Verbindlichkeit erst durch die Annahme oder Bestätigung der Teilkirchen erhielten. Daher müsse es den Bischöfen freistehen, von den diesen Gesetzen innewohnenden Verpflichtungen zeitweilig oder für immer zu dispensieren, wenn das Wohl der Diözesanen dies erfordere.[66]

Als Weihbischof Heimes in der Sitzung vom 7. August 1786 seinen Entschluß bekräftigte, in diesem Punkt nicht zurückzuweichen, sondern das ganze Reformwerk mit der Annahme der Mainzer Dispensforderung für Abstinenz und Zölibat zu verknüpfen, ließ Tautphäus sich bewegen, seinen Adlatus Wreden noch einmal nach Bonn zu entsenden, um eine definitive Ent-

---

[63] Max Franz an Waldenfels, 1786 Aug. 8: *Jansen* 59. Über Tautphäus schreibt Max Franz an Waldenfels: „Ich zweifle nicht, Tautphäus werde behutsam sein und sich nicht von die Mainzer irreführen lassen. Aber ich muß sagen, daß, wenn ich seine Berichte lese, ich schier glauben soll, er habe seine Instruktion nicht bei der Hand gehabt, oder wenn ich es nicht geschrieben lesen thäte, von dem kein Wort verstanden oder nicht gehört, was die anderen Deputati sagten." Ebd. 58.
[64] Ebd. 60.
[65] Ebd. 61.
[66] *Schotte* 97f.

scheidung des Kurfürsten herbeizuführen. Heimes reiste nach Mainz ab. Wenn Köln seine Meinung ändere, so erklärte er, werde er zurückkehren, anderenfalls nicht.
Nach achttägiger Abwesenheit traf Kanonikus Wreden am 16. August 1786 in Begleitung des Trierer Deputierten Beck wieder in Ems ein. Tags darauf kehrte auch Heimes wieder zurück. Beck hatte unterdessen die Weisung erhalten, sich in allem nach Köln zu richten. Max Franz erklärte sich zwar in einer neuen Instruktion mit dem grundsätzlichen Rechtsanspruch der deutschen Metropoliten, das Junktim zwischen Weihe und Ehelosigkeit lösen zu können, einverstanden, wollte aber dieses Prinzip nur bei Subdiakonen und Diakonen in dringenden Fällen angewendet wissen. Tautphäus wurde von ihm erneut angewiesen, ohne vorherige Rückfrage keine weitergehenden Zugeständnisse zu machen.[67]
Die Punktatoren schritten nun zur endgültigen Fassung der Artikel und bestimmten in der strittigen Zölibatsfrage, daß es auch zur Gewalt eines jeden Bischofs gehöre, „die Verbindlichkeiten, so aus den h. Weihen entspringen, aufzuheben, und werden die Erz- und Bischöfe diese Gewalt bei eintrettenden und dringenden Ursachen z. B. in Ansehung der Sub- und Diakonen gebrauchen."[68] Die Beschlüsse wurden am 25. August 1786 von den vier Deputierten unterzeichnet und noch am selben Tag mittels Staffetten nach Bonn und Schönbornslust (Trier) gebracht.
Max Franz fühlte sich hintergangen, als er in dem Zölibatsartikel durch den Einschub „zum Beispiel" die von ihm geforderte prinzipielle Begrenzung des bischöflichen Dispensrechtes auf Diakone und Subdiakone vereitelt sah. Tautphäus habe damit seine Instruktion erneut überschritten oder sei von den anderen Deputierten „überrascht" worden.[69] Kurzentschlossen ließ der Erzbischof eine Abschrift der Original-Punktation anfertigen und gab Befehl, in ihr die Worte „zum Beispiel" wie auch die auf die Dispens von Ehehindernissen bezüglichen Texte fortzulassen. Dann ließ er die abgeänderte Punktation dem Kurfürsten von Trier überreichen, der sie – nicht ohne Bedenken – ebenfalls unterzeich-

[67] *Höhler* 148.
[68] Ebd. 173.
[69] Ebd. 165.

nete und dem Mainzer Amtsbruder zuleitete. Dieser jedoch lehnte die Kölner Neufassung ab, fand sich aber schließlich bereit, sie als „Extrakt" der eigentlichen Emser Punktation dem von den Deputierten vereinbarten Originaltext anzufügen und mit diesem dem Kaiser zu überreichen.[70]
Anfang September 1786 sandte aber jeder Erzbischof für sich dem Kaiser die gemeinsam beschlossene bzw. die durch Köln modifizierte Punktation ein. Joseph II. verwies die Metropoliten in seinem Antwortschreiben vom 16. November 1786 auf nähere Verständigung mit ihren Suffraganen, die sich jedoch ebenso wie die weltlichen Fürsten aus politischen Gründen fast einmütig gegen die geplante Stärkung der Metropolitangewalt stellten.[71] Als Pius VI. im selben Jahr eine umfassende Widerlegung der Artikel veröffentlichen ließ, trat der Trierer Erzbischof Clemens Wenzel v. Sachsen als erster von dem Reformwerk zurück, was kurz darauf den Zusammenbruch des ganzen Vorstoßes zur Folge hatte.[72] Tautphäus war der überlegenen Verhandlungstaktik des Mainzer Weihbischofs Heimes, der letztlich die Gründung einer von Rom unabhängigen Nationalkirche unter dem Vorrang von Kurmainz anstrebte, nicht gewachsen. Insofern war seine Delegation in Ems für Max Franz, dessen antikuriale Einstellung auf jurisdiktionellem Gebiet er teilte, eine herbe Enttäuschung. Ob Tautphäus auch in der Abstinenz- und Zölibatsfrage mit seinem Bischof übereinstimmte, bleibt ungewiß. Fest steht jedoch, daß die Gesamt-Punktation in ihrer endgültigen Fassung nicht seinen Vorstellungen entsprach.[73]

---

[70] Ebd. 166f.
[71] Der Münsterer Professor Johann Hyacinth Kistemaker schrieb am 21. November 1814 an Franz Bernard v. Bucholtz: „Die Emser Punkte scheiterten nicht an dem damaligen Zeitgeist, wie behauptet wird, sondern weil die Punktatoren die Rechte und Vorteile des Römischen Stuhles ihren Erzbischöfen zuwenden und deren Macht die Bischöfe zu sehr unterwerfen wollten." *Hegel*, Theol. Fakultät 2, 448.
[72] M. *Braubach*, Josephinismus und Febronianismus: B. *Gebhardt*, Handbuch der deutschen Geschichte [8]2 (1955) 302.
[73] Kistemaker schreibt über ihn: „Unser Tautphäus war nicht mit den Punkt[ationen] zufrieden. Sie haben's nicht gemacht, wie ich riet und vorschlug, sagt er." *Hegel*, Theol. Fakultät 2, 448.

Tautphäus starb am 6. Mai 1793 in der Dechanei von St. Ludgeri. Als am 9. Juli 1793 die öffentliche Versteigerung der wertvollen Bibliothek des Verstorbenen angekündigt wurde, unterbreitete Fürstenberg tags darauf Fürstbischof Max Franz den Vorschlag, wenigstens die wichtigsten Werke der Büchersammlung für die sehr unzulänglich ausgestattete Universitätsbibliothek zu erwerben und aus den Mitteln des Garde-Fonds zu finanzieren.[74] Der Fürstbischof, der die Bücherei seines münsterischen Kirchenbeamten gut kannte, empfahl jedoch den Ankauf der gesamten Bibliothek und stellte dafür aus seiner Privatschatulle ein paar tausend Reichstaler in Aussicht. Die Forderung der Erben belief sich auf 3650 Rtlr., die Max Franz am 15. Juli 1793 bewilligte.
So dient die Bücherei des Stiftsdechanten von St. Ludgeri-Münster, Georg Heinrich Jacobi v. Tautphäus, die in ihrer spezifischen Zusammenstellung ein zeit- und geistesgeschichtliches Zeugnis ersten Ranges verkörpert, noch heute ganz im Sinne ihres einstigen Besitzers dem Studium der akademischen Jugend der Universität Münster.

---

[74] *Bahlmann* 12f. S. auch BA Münster, Fürstenberg-Nachlaß, Rep. v. Merveldt Nr. 188 (Litteraria).

25. Aus der Geschichte von St. Martini-Münster*

Hermann II. von Katzenelnbogen (1173–1203), einer der aktivsten und ideenreichsten münsterischen Fürstbischöfe des Hochmittelalters, ist der Gründer der *Pfarrei* St. Martini Münster. Da der wirtschaftliche Aufschwung der Bischofsstadt um die Mitte des 12. Jahrhunderts ein starkes Anwachsen der Bevölkerung mit sich gebracht hatte, entschloß er sich frühestens 1173, spätestens 1180, zu einer durchgreifenden Neuorganisierung der kirchlichen Verhältnisse in der Altstadt Münster. Der Fürstbischof entnahm dem weiten Pfarrgebiet von St. Lamberti drei ungefähr gleich große Bezirke, die er den neuen Pfarrkirchen St. Liudgeri, St. Aegidii und St. Martini zuwies. Der Sprengel von St. Martini umfaßte das Gebiet zwischen dem alten Aalauf, der Promenade vom Neubrückentor bis zum Mauritztor und der südlichen Linie Mauritzstraße, Bült, Totenstraße, Voßgasse, Neubrückenstraße, Bogenstraße und Spiekerhof. Diese Ausdehnung der Pfarrei blieb bis 1904 fast unverändert.

Vermutlich um 1187 inkorporierte Hermann II. der jungen Pfarrei St. Martini ein *Kollegiatkapitel* mit fünf Präbenden. Die Zahl erhöhte sich bis um die Mitte des 14. Jahrhunderts auf 17, wozu noch die Cratersche Familienpräbende und zwei Knabenpfründen für studierende Jungherren kamen. Dies war die Höchstzahl der Präbenden sämtlicher Kollegiatstifte des Bistums. Die erste und einträglichste Pfründe, nämlich die des Propstes, nahm – wie an den anderen stadtmünsterischen Stiftskirchen Alter Dom, St. Mauritz und St. Liudgeri – nach altem Recht das Domkapitel für einen seiner Kanoniker in Anspruch, ohne daß dieser dadurch zur Residenz an St. Martini verpflichtet wurde. Der Dechant, der Thesaurar („Küster") und der Scholaster des Stifts galten als Prälaten. Während die zehn Stellen der Domvikare und die eines Offizianten vom Stiftskapitel besetzt wurden, nahm der Fürstbischof als Gründer und Patron des Kollegiatkapitels das Verleihungsrecht der Kanonikate für sich in Anspruch. Eine Änderung dieser alten Zuständigkeit verfügte das Wiener Konkordat (1448), das

---
* 800 Jahre St. Martini Münster, hg. von W. Hülsbusch (Regensberg, Münster 1980).

den Dom- und Stiftskapiteln das Recht der Selbstergänzung in den geraden, dem Apostolischen Stuhl das Kollationsrecht in den ungeraden Monaten gewährte. Das Konkordat vermochte jedoch das in St. Martini geltende bischöfliche Patronatsrecht nicht zu brechen. Die in den geraden Monaten vakant gewordenen Kanonikate wurden auch nach 1448 vom Bischof verliehen.

Im Jahre 1193 verlieh Hermann II. dem Stiftspropst von St. Martini den *Archidiakonat* „Uffm Dreyn", dem die Pfarreien Bockum, Diestedde, Dolberg, Ennigerloh, Heeßen, Herzfeld, Hövel, Lippborg, Oelde, Ostenfelde, Sünninghausen, Vellern und Wadersloh angehörten. Mit dem Amt des Dechanten verband der Fürstbischof den Archidiakonat über Buldern und Hiddingsel. Sein dritter Nachfolger, Fürstbischof Ludolf v. Holte (1226–1247), bestimmte den Thesaurar des Stifts zum Archidiakon von Havixbeck. Der Archidiakon gehörte zu den einflußreichsten Amtsträgern des Bistums. Er hatte in den ihm unterstellten Pfarreien eine quasi-bischöfliche Stellung inne. Ihm oblag das Sendgericht, in späterer Zeit auch in wachsendem Maße die streitige und freiwillige Gerichtsbarkeit. Der Archidiakon führte die Aufsicht über die Kirchen und die Vermögensverwaltung, visitierte die Gemeinden, investierte die Pfarrer, Vikare und Kapläne, in jüngerer Zeit auch die Küster und Lehrer.

Als Hermann II. das Kollegiatstift St. Martini gründete, hatte die seit dem 4. Jahrhundert in der Kirche gepflegte *kanonikale Lebensweise* ihren Höhepunkt bereits überschritten. Die gregorianische Reform des 11. und 12. Jahrhunderts war zwar dem Niedergang der Kapitel energisch entgegengetreten, hatte aber in der Folgezeit der allgemeinen Liberalisierung des kirchlichen Lebens nicht zu wehren vermocht. Im Spätmittelalter gab es in den Stiften nur noch Reste der vita communis. Jeder Stiftsherr lebte für sich von den Erträgnissen seiner Pfründe. Die germanische Vorstellung vom Vorrang des Benefiziums vor dem Offizium beherrschte das Denken. Chorgebet und Konventualamt standen an zweiter Stelle. Demgegenüber scheint man die seelsorgliche Betreuung der Pfarreingesessenen, für die der Dechant mit seinen Kaplänen zuständig war, im allgemeinen ernst genommen zu haben, wie überhaupt den mittelalterlichen Menschen die Sorge um das ewige Heil zutiefst bewegte.

Stiftskreuz von St. Martini-Münster

Die Mitglieder des Kapitels von St. Martini, die überwiegend dem städtischen Patriziat, zum geringen Teil auch dem münsterländischen Landadel entstammten, zeichneten sich durch geistige Interessen und Offenheit für die kirchlichen und kulturellen Strömungen der Zeit aus. Im Zeitalter des *Humanismus* wies das Stift einige klangvolle Namen auf. Drei Humanisten, die Stiftsherren Johann von Elen d. Ä. (um 1503–1522), Heinrich Morlage (um

1499–1519) und Peter Gymnich (1500–1524) „zierten ehedem", wie Hamelmann schreibt, „in einzigartiger Weise das Collegium S. Martini". Johann von Elen war Kanzler des Fürstbischofs Konrad v. Rietberg (1497–1508) gewesen und später Rektor des Paulinums geworden. Er stand in brieflicher Verbindung mit dem angesehenen humanistischen Fraterherrn Jakob Montanus in Herford, der ihm eine Sammlung geistlicher Oden widmete. Heinrich Morlage, der sich um das Studium der griechischen Sprache hohe Verdienste erwarb, wurde von Hermann Buschius in einem Epigramm und von Murmellius durch mehrere ihm gewidmete Elegien gerühmt. Der aus Aachen gebürtige Gymnich, ein Schüler Alexander Hegius' und Rudolf Agricolas, war ein namhafter Philosoph und Mathematiker, der sich in platonischen und aristotelischen Gedankengängen ebenso sicher bewegte wie in der theologischen Welt der Kirchenväter. Murmellius widmete dem vielseitig gebildeten Stiftsherrn um 1507 zwei Elegien.

Aber Pfarre, Stift und Stiftsschule von St. Martini bildeten auch das erste Zentrum der *reformatorischen Bewegung* in Münster. Gymnich bekannte sich zu Luther, mit dem er schon 1520 im Briefverkehr stand. Der evangelische Schulrektor von Zwolle, Gerhard Listrius, dedizierte ihm 1523 eine Disputation über die Rechtfertigung allein aus dem Glauben, über Buße und Beichte, Papstwahl und Menschensatzungen. Während Gymnich es aber offenbar vermied, in lutherischem Geist auf das Kirchenvolk einzuwirken, ging der Konrektor der Martini-Stiftsschule, der Bauernsohn Mag. Adolf Clarenbach (Ende 15. Jh. bis 1529) aus Lüttringhausen bei Lennep, um 1523/24 kämpferisch vor. Er lehrte in der Schule, es sei unnütz, für die Verstorbenen zu beten, worauf seine Schüler den großen Leuchter auf dem Martinikirchhof zertrümmerten, den die Gläubigen benutzten, um Kerzen für die Toten zu opfern. Der offenbar durch Zwingli und die Täuferbewegung beeinflußte Konrektor verwarf auch die „Anbetung" der Heiligenbilder und forderte die Verantwortlichen auf, nach dem Vorbild des Propheten dem irregeleiteten Volk die Bilder fortzunehmen, um diese „Abgötterei" zu unterbinden. Auch das Kreuz Christi dürfe nicht Gegenstand der Anbetung sein. Es sei lediglich als Zeichen des Leidens Christi zu betrachten. Nun zerstörten seine Schüler auch die Bilder der Heiligen und die Kreuze auf den

Gräbern des Kirchhofs. Obwohl Clarenbach diesen Vandalismus der Jugend verurteilte, mußte er auf Geheiß des Magistrats als Unruhestifter die Stadt verlassen.
Wirksame Unterstützung fand Clarenbach durch den aus dem mittelständischen Bürgertum stammenden Kaplan der Martini-Pfarre *Lubbert Cansen*, der – wie seine Mitbrüder Johannes Tant von St. Lamberti, Gottfried Reininck von Überwasser und Johann Vincke von St. Liudgeri – auf der Kanzel gegen die Vorrechte der Kapitelsherren und das Patrizierregiment des Stadtrates wetterte. Der geistige Führer dieser Gruppe war Cansen, der offenbar mit Gymnich und Clarenbach eng zusammenwirkte. Die jungen Geistlichen beeindruckten durch ihr unerschrockenes Auftreten und ihre volksnahe Predigtweise. „Da sie die guten Werke verdammten", so erzählte der streng altgläubige Kerssenbrock, „und ihnen alle Verdienstlichkeit absprachen, da sie dem Volk eine evangelische Freiheit gestatteten, die leicht in Zügellosigkeit umschlägt, da sie hemmungslos gegen den (höheren) Klerus wüteten, konnte es nicht ausbleiben, daß der Pöbel, der sein Hab und Gut vergeudet hatte, glaubte gegen die Geistlichkeit unternehmen zu können, was er wollte." Wie Clarenbach war offenbar auch Cansen, der den deutschen Taufritus einführte und als Sakramentierer die Realpräsenz Christi in der Eucharistie leugnete, durch das Gedankengut Zwinglis und der Täufer beeinflußt. Seine Predigt blieb in der Stadt ohne tiefere Wirkung. Weder der Archidiakon noch Bischof Friedrich von Wied (1522–1532) sahen sich veranlaßt, gegen ihn einzuschreiten.
Aber es ist bemerkenswert, daß der in St. Martini schon früh zu beobachtende *zwinglisch-täuferische Einschlag* der evangelischen Verkündigung sich zu Beginn der dreißiger Jahre bei dem münsterischen Reformator Bernd Rothmann und einigen „Wassenberger Prädikanten" verstärkt fortsetzt. Nachdem sich die reformatorische Bewegung 1532 unter dem Druck der Gilden durchgesetzt hatte, sah sich der Stadtrat gezwungen, die altgläubigen Geistlichen aus den Pfarrkirchen auszuschließen. Am Laurentiustag, dem 10. August 1532, nahmen die lutherischen Prediger die Pfarrkirchen der Stadt in Besitz. Damit war Münster faktisch eine evangelische Stadt. Als der unter dem Druck des hessischen Landgrafen zustande gekommene Vertrag vom 14. Februar 1533 zwi-

schen dem Bischof und der Stadt sämtliche Pfarrkirchen den Evangelischen, den Dom und die Stifter den Altgläubigen zuwies, war sie es auch in rechtlicher Hinsicht.
Evangelischer Pfarrer von St. Martini wurde *Adam Brictius thon Norde*. Er stammte aus Schöppingen, hatte in Büderich im Sinne Luthers gepredigt und war 1531 durch Herzog Johann III. von Kleve des Landes verwiesen worden. Brictius war der erste Hilfsprädikant Rothmanns. Bereits im Mai 1532 forderte Bischof Franz v. Waldeck den Stadtrat auf, „einen gewissen Brictius thon Norde", der Rothmann in der Verbreitung der Neuerungen unterstützte, mit allen übrigen Predigern der Stadt auszuweisen. Gleichwohl beteiligte sich Brictius kurz darauf mit Rothmann, Glandorp und Cotius an einer großen Disputation gegen den Pfarrer von St. Lamberti, den Dechanten von St. Liudgeri, den Rektor der Domschule sowie die beiden Domprediger Heinrich Humbert aus dem Osnabrücker Dominikanerkonvent und Johann von Deventer, Provinzial der Minoriten in Köln. Das Streitgespräch, das sich auf die Eucharistie, das Fegefeuer, die Weihen, die Mittlerschaft Christi und die Anrufung der Heiligen erstreckte, endete, wenn man Hamelmann glauben darf, mit einem strahlenden Sieg der Neuerer.
Als Pfarrer von St. Martini unterstützte Brictius nach Kräften seinen Freund Rothmann, dessen Schwester er heiratete. Mit den übrigen Prädikanten unterzeichnete er am 15. August 1532 das von Rothmann zusammengestellte, katholischerseits nicht unwidersprochen gebliebene „Verzeichnis der Mißbräuche" der römischen Kirche, deren Bekämpfung der Stadtrat kraft seiner Autorität unterstützen sollte.
Ob Brictius in St. Martini großen Zulauf hatte, ist nicht überliefert. Immerhin mußte er schon bald erfahren, daß ihm keineswegs alle Herzen zuflogen. Als er am 25. November 1532 die bei sämtlichen Ständen und Schichten des Volkes beliebten *Minoriten* in ihrer Klosterkirche, die zum Pfarrgebiet von St. Martini gehörte, das Fest der hl. Katharina begingen und ein Pater auf der Kanzel den versammelten Frauen die Geschichte des brutalen Martyriums der jungen Blutzeugin schilderte, befand sich auch Brictius unter den Zuhörern. Während nach beendigter Predigt alter Gewohnheit gemäß die frommen Frauen ihr Scherflein für den Un-

terhalt der Minoriten zum Altar trugen, ließ sich, wie Kerssenbrock berichtet, Brictius hämisch lachend vernehmen, das soeben erzählte Märchen sei ausgedacht worden, um die papistische Habgier zu stillen. Die Wirkung seiner spöttischen Worte war erstaunlich: „Spontan umringten ihn", wie Kerssenbrock schmunzelnd erzählt, „die Frauen und schlugen mit ihren Fäusten, Sandalen, Holzschuhen und den Kirchenstühlen derart wütend auf ihn ein, daß er aus dieser Passionspredigt nichts als seine eigene Passionsgeschichte und blaue Flecken davontrug." Der Pastor beschwerte sich tags darauf beim Stadtrat über die ihm zugefügte Unbill und forderte unter Hinweis auf die körperlichen Spuren des Überfalls volle Genugtuung. Der Rat sah sich jedoch außerstande, die Täterinnen zu identifizieren und wies es von sich, die ganze weibliche Versammlung zur Rechenschaft zu ziehen.
Dieser tragikomische Zwischenfall, der bei Freund und Feind viel Heiterkeit erregte, darf jedoch nicht darüber hinwegtäuschen, daß der evangelische Pfarrer von St. Martini zu den theologisch selbständigen, orthodox lutherischen Köpfen der reformatorischen Bewegung in Münster zählte. Brictius war nicht gewillt, seinem geistig sprunghaften, unsteten Freund Rothmann auf dem Weg zum unheilbringenden Täufertum zu folgen. Bereits im Sommer 1533 bestanden zwischen beiden Männern in grundlegenden theologischen Fragen unüberwindliche Meinungsverschiedenheiten. Als Hermann Buschius und der münsterische Fraterherr Johannes Holtmann am 7. und 8. August 1533 auf dem Rathaus in öffentlicher Disputation mit Rothmann und seinen „Satelliten" über das Abendmahl und die Kindertaufe stritten, befand sich in ihrer Begleitung auch Brictius thon Norde, dem jegliche Form religiösen Schwärmertums zuwider war. Seine täuferfeindliche Einstellung wurde honoriert, als der Stadtrat im November 1533 für Rothmann und dessen Anhang alle Kirchen sperren ließ – „ausgenommen zu Sanct Martin, da her Brictius predigte" (H. Dorp). Brictius feierte am 15. Dezember 1533 mit seinen geistlichen Gesinnungsfreunden in offener Opposition zu den Täufern in St. Lamberti das Abendmahl nach evangelischem Ritus, wandte sich am 1. Februar 1534, während zugewanderte Täufer die Stadt bereits überfluteten, mit zwei gleichgesinnten Mitbrüdern um Hilfe und Asyl an den Landgrafen Philipp von Hessen und folgte An-

fang März 1534 einem Ruf nach Soest, wo er im September die Pfarre St. Petri und das Amt des Superintendenten übernahm. Damit war die eineinhalbjährige evangelische Episode der Pfarrgeschichte von St. Martini beendet.

Das *Täuferregiment* brachte schweres Unheil auch über die Martini-Pfarre. Fast alle Ausstattungsgegenstände der Kirche wurden geplündert oder zerschlagen. Exzentrisches Schwärmertum schien den Menschen den Verstand geraubt zu haben. Bezeichnend waren die Verzückungen des münsterischen Erbmannes Bernhard Knipperdolling, der später im Täuferreich das Amt des Scharfrichters versah und dessen Bruder Johann seit 1516 Kanoniker am Alten Dom war. „Von prophetischem Geist getrieben", so schreibt Kerssenbrock, verkündete der überspannte Täufer am 9. April 1534, der himmlische Vater habe ihm geboten, alles Hohe zu erniedrigen und alles Niedrige zu erhöhen. Daher müßten die Helme der Kirchtürme fallen. Die fest verankerte mit Kupfer gedeckte Turmspitze der Martinikirche trotzte indessen allen Versuchen, sie umzuwerfen. Daher ließ man die Arbeit zunächst einige Tage ruhen. Dann eröffnete der Zimmermann Dietrich Trutling dem staunenden Volk, Gott habe ihm im Traum offenbart, auf welche Weise er den Turmhelm herunterreißen solle. Er befestigte stählerne Sporen an Händen, Knien und Füßen und kletterte damit die Turmspitze hinauf. Aber ehe er sich versah, löste sich diese infolge seines Körpergewichts vom Fundament, senkte sich und stürzte mit lautem Getöse auf das Kirchendach, durchschlug die Gewölbe und begrub den Frevler unter dem Schutt, wo man dessen Gebeine nach der Einnahme der Stadt fand. Auch die Glocken wurden vom Turm heruntergestürzt und zerschlagen. Von dem ganzen Gotteshaus standen nur noch die vier Wände. Auch die hinter dem Chor liegende Schule samt Küsterei wurde zerstört.

Durch die furchtbaren Erlebnisse der Täuferherrschaft zutiefst erschüttert, wandte sich in der Folgezeit auch das Kirchenvolk der Martinipfarre von allen Neuerungen ab und kehrte zum Glauben der Väter zurück. Unter dem Einfluß der tridentinischen Reform nahm das kirchliche Gemeindeleben seit den siebziger Jahren des 16. Jahrhunderts einen stetigen Aufschwung. Hervorragende Dechanten wie der bischöfliche Visitator Everwin Droste

(1564–1604) und Hermann Brinck (1604–1631) sowie die vier Generalvikare des Bistums, Peter Nicolartius (1631–1635), Johann Vagedes (1636–1663), Johann v. Alpen (1663–1698) und Johann Caspar Bordewick (1699–1721), die fast ein ganzes Jahrhundert hindurch diese wichtige Position neben ihrer kirchenamtlichen Tätigkeit einnahmen, erwiesen sich als kluge und eifrige Diener der großen katholischen Reform ihrer Oberhirten.

Wenn wir aus Anlaß des 800jährigen Bestehens der Pfarrkirche St. Martini dieser Männer in Dankbarkeit gedenken, so geschieht dies zugleich im Namen der zahlreichen, hier nicht genannten Dechanten, Scholaster, Pfarrer, Vikare und Kapläne, die in diesem gewaltigen Zeitraum mit pastoralem Verständnis und hingebendem Eifer dem Seelenheil der ihnen anvertrauten Gläubigen gedient haben, ohne daß ihre geistlichen Verdienste in den Büchern der Geschichte aufgezeichnet wurden.

Quellen: H. *Hamelmann*, Geschichtliche Werke, Bd. 1: Schriften zur niedersächsisch-westfälischen Gelehrtengeschichte, bearb. von H. Detmer, K. Hosius und K. Löffler (1908). – *Ders.*, Bd. 2: Reformationsgeschichte Westfalens, hg. von K. Löffler (1913). – Wahrhaftige historie, wie das Evangelium zu Münster angefangen und darnach, durch die Widderteuffer verstöret, widder aufgehört hat. Darzu die gantze handlung der selbigen buben vom anfang bis zum ende, beides in geistlichen und weltlichen stücken, vleissig beschrieben durch Henricum *Dorpium* Monasteriensem. 1536. – Berichte der Augenzeugen über das münsterische Wiedertäuferreich, hg. von C. A. Cornelius = MGQ 2 (1853) 159f. – Hermanni a *Kerssenbroch* anabaptistici furoris Monasterium inclitam Westphalicae metropolim evertentis historica narratio, hg. von H. Detmer = ebd. 5 (1900) 68–71. – Die Akten der Visitation des Bistums Münster aus der Zeit Johanns von Hoya (1571–1573), hg. von W. E. Schwarz: ebd. 7 (1913) 66–70. – N. *Holtmann*, Historis sui temporis, hg. von D. Möhlmann (1844). – V. *Huyskens*, Everwin von Droste, Dechant an der Kollegiatkirche St. Martini zu Münster (1567–1604) und die Stiftsschule seiner Zeit. 1 (1907) (Progr. des Städt. Gymnasiums und Realgymnasiums Münster, Ostern 1907). – M. *Geisberg*, Die Stadt Münster. Sechster Teil: Die Kirchen und Kapellen der Stadt Münster außer dem Dom = BKW 41 (1941) 169–208. – A. *Binkhoff*, Dekane und Kanoniker der Kollegiatkirche St. Martini in Münster (Mskr.).

26. St. Lamberti-Münster unter der Leitung des Zwinglianers Bernd Rothmann (1532–1535)*

Am 23. Februar 1532, als die Wellen der reformatorischen Bewegung in Münster hochgingen, ereignete sich in der Lambertikirche etwas Merkwürdiges.[1] Eine Gruppe lutherischer Neuerer öffnete gewaltsam das Gotteshaus, ließ die randalierende Menge hinein und geleitete einen kleinen, gedrungenen, vierkantigen Geistlichen mit vollem braunen Haar zur Kanzel, wo dieser vor seinen lutherischen Gesinnungsfreunden eine begeisternde Predigt über die evangelische Freiheit und die Beseitigung der „Abgötterei" hielt. Der Geistliche war der 37jährige Kaplan und Pfarrprediger von St. Mauritz-Münster, Bernhard Rothmann aus Stadtlohn, der etliche Wochen zuvor von dem Fürstbischof Friedrich v. Wied (1522–1532) als Irrlehrer außer Landes gewiesen und von den münsterischen Gilden mit offenen Armen aufgenommen worden war. Pastor Kemener von St. Lamberti, ein früherer Lehrer Rothmanns, erhob Einspruch gegen die Gewalttat, stieg zur Kanzel hinauf und begann mit seinem ehemaligen Schüler ein lebhaftes Streitgespräch, das von der Menge mit Hohngelächter begleitet wurde. Kemener mußte schließlich als Verlierer das Feld räumen.

Diese tragikomische Szene war der Beginn eines harten Ringens der beiden Glaubensparteien nicht nur um den Besitz der Stadt- und Marktkirche von Münster, sondern um das Glaubensbekenntnis einer ganzen Stadt, ja eines Territoriums. Wir wollen diesen Kampf nur insoweit verfolgen, als er das Schicksal der *Lambertipfarre unter Rothmanns Leitung* berührt. Von aufständischen Bürgern erhoben, war Rothmann nun Pfarrer der angesehensten Pfarrkirche von Münster. Es war sein Bestreben, diese wichtige Stellung durch den Stadtrat legalisieren zu lassen.

---

* Auf Roter Erde, Jg. 43 (1987) Nr. 283 (Geschichte der Machtergreifung 1532).

[1] Vgl. zum folgenden A. *Schröer*, Die Reformation in Westfalen. Der Glaubenskampf einer Landschaft 2 (1983) 339ff.

Rothmann wohnte im Krameramtshaus. Der lutherische Geistliche Brictius thon Norde, den der Herzog von Kleve soeben aus Büderich vertrieben hatte, stand ihm als Hilfsprediger zur Seite. Um den Stadtrat für die evangelische Gemeindeprüfung zu gewinnen, hatte Rothmann bereits vor der gewaltsamen Besitzergreifung der Kirche dem Magistrat sein Glaubensbekenntnis (Epitome confessionis fidei) überreichen lassen, das die Rechtfertigungslehre mit ihren pastoralen Folgen in den Mittelpunkt stellte, aber Angriffe auf die römische Kirche und die Hierarchie wohlweislich vermied. Rothmann schaffte auch den katholischen Gottesdienst nicht gänzlich ab, sondern deutete ihn im lutherischen Sinne um. Er führte die Deutsche Messe ein und ließ statt der lateinischen Choräle deutsche Kirchenlieder singen. Taufe und Beichte blieben äußerlich fast unverändert.

Nachhaltige Unterstützung fand Rothmann durch die radikalen Kreise der münsterischen *Gilden*. Der junge lutherische Wantschneider und Gildemeister Johann Mennemann setzte sich im Einvernehmen mit einer Reihe von Gildebrüdern für eine friedliche Lösung des Problems ein. Hinter Rothmann standen auch der Ratsherr Johann Langermann, der Wantschneider Kaspar Jodefeld, der Stadtdirektor Arnold Belholt, dem Karlstadt schon 1522 eine seiner Schriften gewidmet hatte, die Bürger Bernhard Knipperdolling, Christian Kerkering und Hermann Tilbeck und nicht zuletzt der spätere Stadtsyndikus Dr. Johann von der Wieck, der ebenso wie einige der Genannten einer münsterischen Erbmännerfamilie angehörte.

Die Gegenseite blieb dem Gewaltakt gegenüber nicht untätig. Der nach dem Rücktritt Friedrichs v. Wied (24. März 1532) vom Domkapitel postulierte, aber von Rom noch nicht bestätigte neue *Bischof Herzog Erich von Braunschweig-Grubenhagen* (1532, März 27 – Mai 12), geistlicher Landesherr von Osnabrück und Paderborn, war ein energischer Verteidiger des alten Glaubens. Er forderte am 17. April 1532 den Magistrat und die Landstände in ernsten Schreiben auf, Rothmann unverzüglich zu entlassen, die religiösen Neuerungen abzustellen und für Ruhe und Ordnung zu sorgen. Er befehle ihnen dies im Guten. Sollte man sich seiner Mahnung verschließen, werde er mit der ganzen Strenge des Gesetzes gegen die Aufrührer vorgehen. „Überlegt dies alles wohl!

Wir erwarten von euch eine klare Antwort."[2] Aber der verängstigte Rat wagte es wegen der drohenden Haltung der Gilden nicht, Rothmann zu entlassen. Er erteilte ihm aber ein Predigtverbot.

Unterdessen suchte der neue Pfarrer in mehreren Briefen das Wohlwollen des Bischofs zu gewinnen. Er bat ihn mit höflichen Worten, ihm den Dienst am Wort solange zu gestatten, bis er in seiner religiösen Überzeugung von der Gegenseite eines besseren belehrt werde. Man müsse Gott mehr gehorchen als den Menschen.

Im Einvernehmen mit dem neuen Bischof wandte sich das *Domkapitel* am 30. April 1532 in einem für die münsterische Reformationsgeschichte sehr aufschlußreichen Schreiben an den päpstlichen Legaten Kardinal *Lorenzo Campeggio* (1474–1539), der den Heiligen Stuhl auf dem Augsburger Reichstag 1530 vertreten hatte und noch in Deutschland weilte. In diesem von mir im Vatikanischen Archiv entdeckten Brief richtete das Kapitel an den Legaten die Bitte, den Kaiser zu bewegen, die lutherischen Rebellen durch ein scharfes Mandat, auch militärisch, zum Gehorsam zu zwingen. Vielleicht gelinge es auf diese Weise, die Bürger Münsters vor der drohenden Tyrannei zu bewahren. „Wenn diese [Rebellen] das begonnene Werk fortsetzen, wird es um ganz Westfalen geschehen sein."[3] Der einzige, den man fürchte, sei der neue Bischof.

Die alarmierende Sorge des Kapitels hatte einen besonderen Grund, der namentlich den postulierten Bischof in helle Aufregung versetzte. „Dieser Windbeutel von Prediger", so heißt es nämlich in dem Brief, „beginnt allmählich in die *zwinglische Irrlehre* abzugleiten. Er behauptet ketzerisch, diejenigen, die unter einer Gestalt kommunizieren, empfingen die Kommunion zum Schaden ihrer Seele als Gericht. Er verachtet das Sakrament, indem er täglich vielen Kranken und einigen einfältigen Gesunden in den Häusern das Abendmahl unter beiden Gestalten von gesäu-

---

[2] Ebd. 341.
[3] Das Domkapitel von Münster an Campeggio, Münster, 1532 April 30: Arch. Vat., Principi 10 fol. 165–166ᵛ.

ertem Brot und Wein reicht."[4] Diese bemerkenswerte Feststellung des Kapitels zeigt, daß Rothmann nicht erst, wie Kerssenbrock im Anschluß an Dorp und mit ihm die gesamte münsterische Reformationsliteratur einschließlich Cornelius[5] annehmen, gegen Ende, sondern bereits zu Beginn des Jahres 1532 sich der zwinglischen Lehre zugewandt hat. Offenbar war er im Juni 1531 gelegentlich seines vierzehntägigen Aufenthaltes in Straßburg durch Wolfgang Capito für die Lehre des Schweizer Reformators gewonnen worden, die er ohne Verzug in Münster zur Durchführung brachte. Dieser Umstand gewann sowohl für Rothmanns pastorale Tätigkeit an St. Lamberti als auch für die radikale, der Wiedertäuferkatastrophe zutreibende Entwicklung der reformatorischen Bewegung in Münster nicht geringe Bedeutung.

Der Streit um Rothmann entwickelte sich mehr und mehr zu einem *Machtkampf* zwischen Bischof und Magistrat. Ungeduldig ließ Erich die hilflosen Stadtväter durch seinen Iburger Amtsdrosten auffordern, endlich Maßnahmen gegen den unrechtmäßigen Pfarrer von St. Lamberti und dessen Anhänger zu ergreifen. Der Rat stellte zwar einen baldigen Beschluß in Aussicht, begann aber in Wirklichkeit, die Kontrolle über die Entwicklung zu verlieren. Angesichts der drohenden Haltung des gefürchteten Bischofs gab er um den 10. Mai 1532 auf Betreiben der Gilden Befehl, die Stadt in Verteidigungsbereitschaft zu setzen. Wie ernst die Lage bereits war, geht aus einem weiteren Brief im Vatikanischen Archiv hervor, in dem Campeggio am 11. Mai 1532 Papst Clemens VII. (1523–1534) drängte, die Bestätigung des postulierten Bischofs Erich zu beschleunigen, „damit nicht die verwaiste Kirche [von Münster] durch die plebs, die nach dem Beispiel der Nachbarn nach Neuerungen lechzt, aufs Spiel gesetzt wird."[6]

Kurz darauf trat ein völlig unerwartetes, sensationelles Ereignis ein, das Rothmann vor der Absetzung und Vertreibung rettete: am 14. Mai 1532 starb der postulierte *Bischof von Münster*, Herzog Erich von Braunschweig-Grubenhagen, *eines plötzlichen Todes*. Ein Aufatmen ging durch die Reihen der evangelischen Partei. Jetzt schien für ganz Münster die Stunde der Reformation gekom-

---

[4] Ebd.
[5] C. A. *Cornelius*, Geschichte des münsterischen Aufruhrs 2 (1860) 144f.
[6] *Schröer* 345.

men zu sein, zumal die Neuerer auch in politischer Hinsicht Auftrieb hatten. Zum ersten Mal gewährte der „Nürnberger Anstand" (1532) den evangelischen Reichsständen das Gefühl der Sicherheit, weil die die Donau heraufrückenden Türken den Kaiser zwangen, mit dem Schmalkaldischen Bund ein Stillhalteabkommen zu schließen. Ohne sich um die Zustimmung des Magistrats zu kümmern, nahmen einige Amtsbrüder Rothmanns unter dem Schutz des linken Flügels der Gilden die „angesehensten Kirchen der Stadt" gewaltsam in Besitz, hinderten die Pfarrgeistlichen am Gottesdienst, predigten selbst die neue Lehre und führten den evangelischen Kult ein. Dies war offener Aufruhr gegen die Obrigkeit.

Aber noch hatte Rothmann den Sieg nicht in den Händen. Am 1. Juni 1532 wurde der Mindener Bischof Graf Franz v. Waldeck zum geistlichen Landesherrn von Münster postuliert. In einem Schreiben vom 28. Juni 1532 forderte er nicht weniger energisch als sein Vorgänger Erich den Stadtrat auf, gemäß den Beschlüssen des Augsburger Reichstages (1530) und dem ausdrücklichen Willen des Kaisers die Prediger aus den usurpierten Kirchen zu entfernen, die Neuerungen einzustellen und das Volk zu Eintracht, Frieden und Gehorsam zurückzuführen.

Die Reaktion war erstaunlich. Nicht der Rat, sondern die radikalen *Gilden* handelten. Offenbar unter Führung Rothmanns wählten sie am 1. Juli 1532 einen Reformationsausschuß von 36 Männern, der den Auftrag erhielt, beim Magistrat dahin zu wirken, „daß in der ganzen Stadt eine einzige, in allem übereinstimmende Religion gelehrt, diese gegen alle Feinde bis auf den letzten Blutstropfen verteidigt und jene falsche Lehre wie die Pest ausgerottet werde."[7] Nach zermürbenden Verhandlungen, in denen die Gildenvertreter den Rat mit einem drohenden Aufstand der „zuchtlosen, plebejischen Masse"[8] schreckten, erklärte sich der Magistrat am 15. Juli 1532 mit den Forderungen der Gilden solidarisch. Der Rat, der in seiner großen Mehrheit immer noch katholisch war, suchte zwar mäßigend auf die Beschlüsse der Sechsunddreißig einzuwirken, gab aber stets der Drohung und der Gewalt nach

[7] Ebd. 353.
[8] Ebd. 354.

und entschuldigte und verteidigte schließlich namens der Stadt das Werk der evangelischen Mitbürger gegen alle Angreifer.
Zur gleichen Zeit weilte Franz v. Waldeck auf dem Regensburger Reichstag, wo er den Kaiser über die gefährliche Entwicklung in Münster eingehend unterrichtete. Durch diesen Bericht und den obigen Brief Campeggios veranlaßt, forderte Karl V. am 12. Juli 1532 den Bischof von Münster brieflich zum strengen Einschreiten gegen die Neuerer auf, die das Volk in die Häresie führten und Haß, Feindschaft und Aufruhr erregten. Bischof Franz solle die Prediger vertreiben, die Rebellen bestrafen und Ruhe und Ordnung wiederherstellen. Aber dem Mandat des außenpolitisch bedrängten Kaisers fehlte die abschreckende Wirkung. Bischof Franz bediente sich des kaiserlichen Dokuments erst Ende August, als es zu spät war.
Rothmann dagegen bereitete den Schlußakt der lutherischen Reformation in Münster vor. Auf seine Bitte sandte der Marburger Professor Eberhard Schnepf die beiden hessischen Prädikanten Peter Wirtheim und Gottfried Stralen nach Münster. Sie sollten mitwirken, „die reiche Ernte" in die Scheuern zu holen. Fast gleichzeitig traf der ehemalige Haarlemer Karmelitermönch Heinrich Roll in Münster ein. Da Rothmann auch auf die vorübergehende Hilfe des Humanisten Johann Glandorp rechnen konnte, verfügte er über die erforderlichen Prediger, um die sechs münsterischen Pfarreien zu besetzen.
Am Laurentiustag, dem 10. August 1532, wurde *Münster eine evangelische Stadt*. Der Rat wies die neuen Männer in ihre Kirchen ein. *Rothmann* war nun *legitimierter Pfarrer von St. Lamberti*. Sein Kaplan Brictius thon Norde wurde Pfarrer von St. Martini. An seine Stelle trat der frühere Lippstädter Augustiner Hermann Koiten aus Beckum, der 1521/22 in Wittenberg zum Dr. theol. promoviert worden war. Roll und Glandorp übernahmen St. Aegidii, Stralen Überwasser, Wirtheim St. Ludgeri und im Herbst Theodoricus Lippiensis St. Servatii. Nach zwinglischer Manier wurden in den Kirchen Altäre und Bilder zerstört. Rothmann übergab dem Rat, obschon dieser sich abwechselnd als inkompetent bezeichnete, am 16. August 1532 ein Verzeichnis abzustellender kirchlicher Mißbräuche, das in 16 Artikeln, unter anderem die lateinische Messe, die Kommunion unter einer Gestalt, die Anbe-

tung Christi unter den Gestalten von Brot und Wein, Memorien und Vigilien, die Verwendung der lateinischen Sprache bei der Taufe, die Anrufung der Heiligen, die letzte Ölung, Weihungen und Segnungen aufführte.
Da die religiösen Vorstellungen Zwinglis und die Ideen der Täuferbewegung gegen Ende des Jahres 1532 in Predigt und Kult der Lambertipfarre und der übrigen Stadtkirchen immer unverhüllter hervortraten, nahm *Luther* Veranlassung, den münsterischen Magistrat mit dem Blick auf Rothmann und dessen Anhang ernstlich vor Zwinglianern und Schwärmern zu warnen, „die solches Gift ausblasen und die einfältigen Leute verwirren. Der Teufel ist ein Schalk und kann wohl feine, fromme und gelehrte Prediger verführen, welcher Exempel wir bis daher viel erfahren haben, welche vom reinen Wort sind abgefallen und zwinglisch, münzerisch oder wiedertäuferisch worden. Die sein auch aufrührisch worden und haben immer in das weltliche Regiment gegriffen, wie Zwingel selbst auch getan hat. Darum hütet Euch vor falschen Geistern!"[9] Diese prophetisch anmutenden Worte des Reformators sollten nur wenig später grausame Wirklichkeit werden. Sie vermochten das drohende Schicksal der Stadt Münster jedoch nicht mehr zu wenden. Am 14. Februar 1533 gewährte Fürstbischof Franz v. Waldeck nach fünfwöchigen Verhandlungen unter massivem Druck des Landgrafen von Hessen der Stadt Münster Religionsfreiheit. Es war eine Stunde des Triumphes für Rothmann und die evangelischen Gemeinden der Stadt.
Am 19. Februar 1533 heiratete Rothmann die Witwe des Stadtschreibers Johann Vigerius. Noch im gleichen Jahr verfaßte er eine leider verschollene Kirchenordnung, die der Stadtrat dem Landgrafen Philipp von Hessen zur Überprüfung einsandte. Nach einem Gutachten der Marburger Theologen boten die Ausführungen über Taufe und Abendmahl Anlaß zur Kritik.
Der intelligente, aber labile lutherische Pfarrer von St. Lamberti verband in der Folge sein Schicksal mit dem Schreckensregiment der münsterischen Wiedertäufer. Er ließ sich zum Hoftheologen des Schneiderkönigs Jan van Leyden machen, dessen Exzesse und

---

[9] Luther an den Magistrat von Münster, Wittenberg, 1532 Dez. 21: WA Br 6, 400. MGQ 5, 332ff. Am 23. Dez. 1532 wandte sich Luther mit ähnlichen Appellen an Rothmann selbst: WA Br 6, 403.

Verbrechen er in fünf Schriften biblisch zu rechtfertigen suchte. Bei der Eroberung Münsters am 25. Juni 1535 konnte Rothmann höchstwahrscheinlich entkommen.

Nach dreijähriger Unterbrechung war St. Lamberti wieder eine katholische Gemeinde und Münster eine katholische Stadt.

27. Die Gründung der Remigius-Kirche in Borken*

Die pfarrliche Gliederung der westfälischen Bistümer, die zu den größten Leistungen des Mittelalters zählt, reicht in ihren Anfängen in die Zeit der Sachsenkriege zurück.[1] Eines der Hauptziele der fränkischen Eroberungspolitik war seit 776 die Christianisierung des Landes. Auf dem Reichstag zu Paderborn 777 wurde u. a. die kirchliche Ordnung der besetzten Gebiete beraten und beschlossen. Allerdings war zu diesem Zeitpunkt an eine Einteilung des Landes in bischöfliche Sprengel noch nicht zu denken. Zur Erleichterung der missionarischen Arbeit ließ Karl d. Gr. vielmehr Missionsbezirke bilden, in die er fränkische Geistliche entsandte. Unterdessen gingen die Kämpfe im westlichen Münsterland weiter. Aber im Jahre 779 wurden die Westsachsen im Raum Bocholt-Dingden entscheidend geschlagen.

Die Lorscher Annalen berichten zum Jahre 780: „Der König verteilte das Land unter Bischöfe und Priester oder Äbte, damit sie darin tauften und predigten."[2] Als aber die christlichen Missionare die heidnischen Kultstätten zerstörten, kam es unter Führung Widukinds zu einem furchtbaren Rachefeldzug der Westsachsen, der sich namentlich gegen die christlichen Priester und ihre Kirchen richtete. Erst nach der Bekehrung und Taufe des Sachsenfürsten (785) und dem Erlaß der strengen *Capitulatio de partibus Saxoniae* konnte Karl d. Gr. die Missionierung des Münsterlandes wiederaufnehmen. Nun wurde auch der fränkische Abt Bernrad nach Mimigernaford (Münster) entsandt.[3] Er ist der einzige fränkische Missionar, der in den Quellen Erwähnung findet. Als er 792 starb, war das Münsterland äußerlich bereits für Christus gewonnen. Zum Nachfolger Bernrads berief Karl d. Gr. den Friesen

---

* 1200 Jahre St. Remigius Borken, hg. von H. Kerst (Propsteipfarre St. Remigius Borken 1983) 31–40.

[1] H. *Börsting* u. A. *Schröer*, Handbuch des Bistums Münster (1943) 8ff. A. *Schröer*, Chronologische Untersuchungen zum Leben Liudgers: WS 1 (1948) 85ff.

[2] Ann. Laureshamen.: MG SS 1, 31.

[3] MGQ 4, 62: „... devicto sive converso Widukindo."

490   *IV. Kloster, Stift, Pfarrei*

Liudger, der am 30. März 805 zum ersten Bischof von Münster geweiht wurde.[4]
Vor diesem zeitgeschichtlichen Hintergrund vollzog sich der Aufbau eines Pfarrsystems, das den äußeren Rahmen der kirchlichen Pastoration bis in die Gegenwart bestimmt hat. Gründer der Kirchen waren vornehmlich der König, der Bischof und der adlige Laie. Ihnen stand nach germanischer Anschauung das uneingeschränkte Eigentumsrecht über die auf ihrem Grund und Boden errichtete Kirche zu. Der Grundherr der Kirche, ob Kleriker oder Laie, übte die volle geistliche Leitungsgewalt aus. Er besetzte die kirchlichen Stellen und besoldete aus den Pfarreinkünften die Kirchendiener. Unter dem Einfluß der kirchlichen Reformbewegung des 11. und 12. Jahrhunderts wurde dieses Eigenkirchenrecht in ein Patronatsrecht umgewandelt, das die laikalen Einflüsse bei der Besetzung kirchlicher Stellen ausschaltete und dem Patron nur noch das Recht beließ, dem Bischof bzw. dem Archidiakon einen geeigneten Kandidaten vorzuschlagen.

Die Quellenlage

Während wir über die allgemeine Entwicklung der pfarrlichen Gliederung recht gut unterrichtet sind, lassen uns die geschichtlichen Quellen zur Frühgeschichte der St.-Remigius-Kirche in Borken völlig im Stich. Die ersten ortsgeschichtlichen Nachrichten entstammen einer Zeit, da der Gründungsprozeß der Kirche längst abgeschlossen war. Erst im Jahre 1142 wird ein Pfarrer der Borkener Kirche namens Ruotholphus als Zeuge in einer bischöflichen Urkunde erwähnt.[5] Es spricht für die Bedeutung der Remigius-Kirche, daß einige Nachfolger Ruotholphs aus dem 13. und 14. Jahrhundert Domherren in Münster waren.[6] In die gleiche Richtung weist das bekannte Registrum ecclesiarum aus dem Jahre 1313, demzufolge die Kirche von Borken Einkünfte in Höhe

---

[4] A. *Schröer*, Das Datum der Bischofsweihe Liudgers von Münster: HJb 76 (1957) 106ff. oder in: W. Lammers (Hg.), Die Eingliederung der Sachsen in das Frankenreich = Wege der Forschung 185 (1970) 347ff.
[5] WUB 2, Nr. 240: *Ruotholphus presbyter in Burcken.*
[6] A. *Tibus*, Gründungsgeschichte der Stifter, Pfarrkirchen, Klöster und Kapellen (1885) 1048f. Der Titel plebanus wird erst im folgenden Jahrhundert üblich.

Die Gründung der Remigius-Kirche in Borken

von 35 Mark bezog[7], also erheblich mehr als etwa die Lamberti-Kirche in Münster (20 Mark). Borken gehörte zum Archidiakonat auf dem Braem (Winterswijk), der seit 1433 von dem Propst des Borkener Stiftskapitels verwaltet wurde.[8]
Die geschichtlichen Angaben aus dem 12. und 13. Jahrhundert rechtfertigen demnach die Vermutung, daß die Kirche von Borken auch im Rahmen der karolingischen Kirchenorganisation eine außergewöhnliche Bedeutung eingenommen hat. Die Forschung hat sich seit der Mitte des vorigen Jahrhunderts bemüht, in der Frage der pfarrlichen Gliederung auch auf örtlicher Ebene zu konkreten Ergebnissen zu gelangen. Borken spielt in diesem Zusammenhang eine bemerkenswerte Rolle. Es zeigte sich, daß die Frühgeschichte der Remigius-Kirche nur durch Rückschlüsse aus den späteren Zuständen annähernd rekonstruiert werden kann. Die diesbezüglichen Untersuchungen und Erkenntnisse verdienen unsere ganze Aufmerksamkeit.

Widukind, Gründer der Kirche?

Bis um die Mitte des vorigen Jahrhunderts war man der Meinung, daß die Kirche von Borken ebenso wie die Stadt auf einem Haupthof des Bischofs von Münster gegründet worden sei. Der erste Autor, der diese allgemeine Überzeugung vorsichtig in Zweifel zog, war Friedrich v. Landsberg-Velen, der sich 1859 mit der Geschichte der Herrschaft Gemen befaßte.[9] In diesem Zusammenhang stellte er fest, daß Goswin v. Gemen nach der 1242 erfolgten Abpfarrung der Neugründung Burlo von der Borkener Pfarrei auf Wunsch des Bischofs (zugunsten des Archidiakons auf dem Braem) auf jegliches Recht Verzicht leistete, das er hinsichtlich der Kirche von Borken und deren Dotationsgütern für sich in Anspruch genommen hatte.[10] Unter dieser Voraussetzung zog Lands-

---

[7] Ebd. 1047f.
[8] Handbuch 140.
[9] Fr. *von Landsberg-Velen*, Geschichte der Herrschaft Gemen, ihren Herren und deren Geschlechter. Ein Beitrag zur Geschichte der westfälischen Dynasten- und Rittergüter: WZ 20 (1859) 333f. H. *Leenen*, Die Herrschaft Gemen in Bildern und Dokumenten (1981).
[10] KUW III Nr. 402. S. auch H. *Lübbering*, Kloster Burlo: Beiträge des Heimatvereins Vreden zur Landes- und Volkskunde 20 (1981) 13.

berg den Schluß, daß die Borkener Kirche nicht durch den Bischof von Münster, sondern aus den Familiengütern des Gemener Geschlechts errichtet und dotiert worden sei. Borken war also in der Sicht v. Landsbergs ursprünglich eine Eigenkirche der Edelherren von Gemen.
Acht Jahre später bekräftigte der münsterische Domkapitular Adolf Tibus in seiner „Gründungsgeschichte des Bistums Münster" (1867) die Vermutung v. Landsbergs.[11] Nach ihm waren die Edelherren von Gemen die Gründer der Pfarrei Borken. Aber anders als v. Landsberg, der die Remigius-Kirche der nachliudgerianischen Zeit zuordnete, rechnete Tibus Borken zu den von Liudger gegründeten Urpfarreien des Bistums. Zur Begründung seiner Annahme verwies der kombinationsfreudige Forscher darauf, daß die Edlen von Gemen offenbar Nachfahren Widukinds, eines Zeitgenossen Liudgers, seien. Das politische Ansehen der Herren von Gemen beruhte vornehmlich auf ihren Vogteirechten über das Stift Vreden. Weil dieses Stift von Wigbert, dem Sohn, oder von Waltbert, dem Enkel Widukinds, gegründet worden war[12], glaubte man im vorigen Jahrhundert aus dieser angesehenen Stellung den widukindschen Ursprung des Geschlechts Gemen folgern zu können.
Tibus hatte daher keine Bedenken, den Sachsenführer selbst als Gründer der Kirche von Borken zu bezeichnen.[13] Ja, er ging noch einen Schritt weiter: Er hielt es für denkbar, daß auch die Wahl des Borkener Kirchenpatrons, des heiligen Remigius, unmittelbar auf Widukind zurückgehe. Er wies darauf hin, daß der Sachsenführer 785 zu Attigny in der Champagne, wo die Frankenkönige eine Pfalz besaßen, getauft wurde. Karl d. Gr. selbst hob den Neubekehrten aus der Taufe und ehrte ihn „mit herrlichen Geschenken", was Tibus in dem Sinne verstand, daß dem Getauften jene Besitzungen restituiert wurden, die nach dem Paderborner Reichstag dem Fiskus verfallen waren. Nur wenige Stunden von Attigny entfernt liegt Reims, die Hauptstadt der Champagne. Reims war die Stadt des heiligen Remigius, des Patrons der Borkener Kirche. „Hat Widukind", so fragt Tibus, „vielleicht am

[11] *Tibus* 1048. 1050.
[12] KUW I 387ff. bes. 427ff.
[13] *Tibus* 1052f.

Grabe des heiligen Remigius, des ‚praesul nobilis genere, nobilior sanctitate, qui gentem barbaricam Francorum primus perduxit ad fidem catholicam', die Vorbereitung auf seine Taufe getroffen?"[14] Aber diese auf den ersten Blick ansprechenden Kombinationen erwiesen sich als zu kühn. Aus dem Besitz der Vredener Vogtei läßt sich für das Geschlecht der Herren von Gemen ebensowenig eine genealogische Verbindung zu Widukind herstellen wie im Falle der Grafen von Oldenburg, denen wegen des Besitzes der Vogtei Wildeshausen ein gleicher Ursprung zugeschrieben wurde. Sowohl Vreden als auch Wildeshausen waren, wie Albert Hömberg mit Recht feststellt[15], bereits im 10. und 11. Jahrhundert Reichsstifte. Den Charakter widukindscher Familienstiftungen haben beide nur kurze Zeit bewahrt, wie wir es in ähnlicher Weise auch bei der Vredener Familienstiftung Liudgers beobachten. Vreden blieb bis 1180 im Reichsbesitz. Als die Edelherren von Gemen 1092 in den Besitz der Vredener Stiftsvogtei gelangten, erhielten sie diese nicht von den Nachfahren Widukinds, sondern vom Reich oder als Unterlehnsträger von den Grafen von Kleve.

Die Edelherren von Gemen standen also außerhalb jeder verwandtschaftlichen Beziehung zu den Nachfahren Widukinds. Von einer Gründung der Borkener Kirche durch den Sachsenführer kann daher nicht die Rede sein. Hömberg weist zusätzlich noch darauf hin, daß die Herren von Gemen auch die Vogtei über die westfälischen Güter des Reichsstifts Nordhausen innehatten, das von der Königin Mathilde gegründet worden war.[16] Sie waren also Reichsvögte.

Die Phase der missionarischen Vorbereitung

Die Taufe Widukinds hatte demnach für die Gründung der Kirche von Borken keine unmittelbare Bedeutung, aber sie war das Signal zum allgemeinen Aufbruch der christlichen Mission im westlichen Sachsenland. Während Tibus die Verkündigung des Evangeliums im Münsterland mit dem heiligen Liudger (792) beginnen läßt, setzt Franz Jostes in seinen Untersuchungen zur

---

[14] Ebd. 1052.
[15] A. *Hömberg*, Studien zur Entstehung der mittelalterlichen Kirchenorganisation in Westfalen, in: Westfälische Forschungen 6 (1951/52) 84ff.
[16] Ebd. 85f.

münsterischen Kirche vor Liudger den Anfang der westfälischen Mission bereits einige Jahre früher an.[17] Er bezieht den erwähnten Bericht der Lorscher Annalen (780), demzufolge Karl d. Gr. das (sächsische) Land unter Bischöfe, Priester oder Äbte verteilte, soweit die Bischöfe in Frage stehen, nicht auf die sächsischen Bistümer, sondern auf Mainz, Würzburg und Köln, denen ebenfalls ein beträchtlicher Teil Sachsens kirchlich unterstellt worden war. Bei der Gliederung der von diesen Bistümern nicht erfaßten Gebiete bediente sich Karl d. Gr. zunächst eines Provisoriums, indem er kleinere, überschaubare Missionsbezirke bildete, an deren Spitze er Priester jener Art stellte, die damals „Äbte" genannt wurden. So entsandte der Frankenherrscher in das Kerngebiet des heutigen Münsterlandes den genannten Abt Bernrad, den Altfrid in seiner *Vita Liudgeri*, um den Ruhm seines Oheims nicht zu verdunkeln, offenbar bewußt übergeht, den aber die *Vita secunda Liudgeri* ausdrücklich als Vorgänger Liudgers bezeichnet.[18] Bernrad war nur einer von mehreren fränkischen Glaubensboten, die nach einem Generalplan des Königs seit 780 bzw. 785 auf Sachsen verteilt wurden. Jostes ist in Übereinstimmung mit Friedrich Philippi[19] der Meinung, daß jene vier Kirchen des Münsterlandes, die mit einer „Bischöflichen Kaplanei" verbunden waren, nämlich Stadtlohn, Billerbeck, Beckum und Warendorf, mit der Hauptkirche in Münster die ältesten Kirchen des Bistums bilden und bereits von Bernrad gegründet worden sind. Auch die Kirche von Rheine fällt nach Jostes in die Zeit Bernrads, aber nicht als Bestandteil der münsterländischen „Abbatie", sondern als Mittelpunkt eines selbständigen Missionsbezirks, der später mit den Kirchen Rheine, Wettringen und Schöppingen an das Kloster Herford gelangte.

[17] Fr. *Jostes*, Die münstersche Kirche vor Liudger und die Anfänge des Bistums Osnabrück, in: WZ 62 (1904) 98ff.
[18] S. o. Anm. 3.
[19] Fr. *Philippi*, Zur ältesten Entwicklung des Pfarrsystems in dem münsterischen Sprengel, in: Westfalen 10 (1919) 68ff. Kl. *Löffler*, Die Anfänge des Christentums im späteren Bistum Münster, in: Westfalen 9 (1917/18) 70ff. hielt in Übereinstimmung mit Nikolaus *Hilling*, Die Entstehungsgeschichte der Münsterschen Archidiakonate, in: WZ 60 (1902) 54ff. die sogenannten bischöflichen Kapläne für Titular- und Ehrenkapläne.

Die Gründung der Remigius-Kirche in Borken

Die Erkenntnis, daß der Konstituierung der sächsischen Bistümer eine Phase der missionarischen Vorbereitung vorausging, wurde in der Folgezeit historisches Gemeingut und gewann für die Datierung der Borkener Kirche grundlegende Bedeutung.

Der Missionsbezirk Borken

Es stellte sich die Frage, ob und auf welche Weise sich die fränkischen Missionsbezirke rekonstruieren lassen. Nach der in Norddeutschland bis in die jüngste Zeit vorherrschenden, jedoch nicht unangefochtenen Lehre[20] lehnte sich der Aufbau der Missionsbezirke und Bistümer an die ältere politische Einteilung des Landes in Gaue an. Die Missionierung erfolgte nach dieser Theorie in der Weise, daß den Glaubensboten jeweils mehrere Gaue als Wirkungsfeld zugewiesen wurden, in denen diese dann je eine Gaukirche errichteten. Dieser Betrachtungsweise gemäß vertrat Joseph Prinz in seinen Forschungen zu den räumlichen Grundfragen des Bistums Münster die Auffassung, daß der germanisch-sächsische Gerichtsbezirk und das christliche Urkirchspiel räumlich übereinstimmten.[21] Als Urpfarreien bezeichnete er daher jene, die am Hauptort der alten Gerichtssprengel lagen, also im Dreingau (Ahlen, Münster und Warendorf), in den kleineren Siedlungsräumen im Nordwesten des Bistums (Rheine, Schüttorf und Schöppingen), im sächsischen Hamaland (Winterswijk, Vreden, Borken und Bocholt) und im Stevergau (Billerbeck und vielleicht Ascheberg).

Diese Kirchen, die Tibus größtenteils als Liudgerianische Urpfarreien ansieht, wurden nach Prinz – außer Rheine – von dem Missionsabt Bernrad (innerhalb von sieben Jahren) gegründet – eine gigantische missionarische Leistung! War sie überhaupt in einem solchen Zeitraum möglich?

Albert Hömberg, der in seinen Studien zur Entstehung der mittelalterlichen Kirchenorganisation in Westfalen die Identität von politischen und kirchlichen Raumeinheiten nicht voll bestätigen

---

[20] So u. a. von *Hömberg* 55. A. *Wirtz*, Die Geschichte des Hamalandes, in: Annalen des. Hist. Ver. f. d. Niederrhein 173 (1971) 30. W. *Kohl*, Geschichte des Kreises Borken, in: Der Kreis Borken, hg. von K. Theiss (1974) 72.

[21] J. *Prinz*, Die Parochia des heiligen Liudger: WS 1 (1948) 1ff.

kann[22], bediente sich daher zur Rekonstruierung der Missionsbezirke anderer Kriterien, nämlich der Zehntverhältnisse, der Kirchenpatronatsrechte und der örtlichen Besitzverhältnisse. Auf dieser Grundlage ermittelte er im westsächsischen Münsterland fünf Missionsbezirke, die später zum Bistum Münster zusammenwuchsen. Drei dieser Teilsprengel wurden von Münster aus missioniert: der große Missionsbezirk von Münster im Drein- und Stevergau durch den Abt Bernrad, der Missionsbereich von Emsbüren durch den heiligen Liudger und das westliche Münsterland (sächsisches Hamaland) ebenfalls durch Liudger.

Rheine und Borken bildeten dagegen selbständige, von Mimigernaford unabhängige Missionsbezirke. Sie erwiesen sich im Licht der frühen Besitzverhältnisse als Fremdkörper im Bistum Münster. Alte bischöfliche und domkapitularische Haupthöfe und Kirchenpatronate fehlten, wie schon Landsberg und Tibus festgestellt hatten, im Borkener Raum fast ganz, ein Hinwies darauf, daß die Missionierung des Gebietes nicht von Münster aus vollzogen worden war. Der mit der Christianisierung des Borkener Missionsfeldes beauftragte fränkische Missionar wird in der Zeit von 780 bis 785 seine Bekehrungsarbeit aufgenommen haben. Ihm ist wohl auch das Remigius-Patrozinium der Borkener Kirche zuzuschreiben.

St. Remigius-Borken war die Mutterkirche des Teilsprengels. Von ihr wurde schon im Laufe des 9. Jahrhunderts Lembeck, die zweite Hauptkirche des Raumes, abgepfarrt. Obwohl die Kirche von Borken unter dem Patronat der Edelherren von Gemen stand, war sie nicht eine Eigenkirche dieser Familie. Die Gemener Herren beanspruchten vielmehr als Kirchenpatrone Rechte über die späten Borkener Tochterkirchen, die keinen Zweifel lassen, daß sie sich nicht als einfache Eigenkirchenherren, sondern als Rechtsnachfolger des Missionsträgers in diesem Raum, des Königs, betrachteten.[23]

---

[22] *Hömberg*, Studien 55. Vgl. auch: *Ders.*, Die Entstehung der westfälischen Freigrafschaften als Problem der mittelalterlichen Verfassungsgeschichte, in: WZ 101/102 (1953) 1ff.

[23] Die Herren von Gemen verzichteten 1242 gelegentlich der Abpfarrung Burlos auf ihre Rechte an der Kirche von Borken (s. o.). Ihnen wurde 1395 das Patronatsrecht über die neue Kirche in Weseke zuer-

Die Gründung der Remigius-Kirche in Borken

Die Borkener Königskirche

Die münsterische Urpfarrei Borken gehörte demnach zu den Königskirchen des westlichen Sachsenlandes. Diese unter der unmittelbaren Verfügungsgewalt des Frankenherrschers stehenden Missionskirchen verdankten ihre Entstehung den Sachsenkriegen. Sie wurden an den vier bedeutendsten Heerstraßen des westlichen Sachsenlandes errichtet. Einer dieser Straßenzüge führte von der Mündung der Lippe über Borken, Coesfeld, Schöppingen und Wettringen nach Rheine. Diese großen Heerstraßen wurden von den fränkischen Truppen in den siebziger Jahren des 8. Jahrhunderts als Anmarschlinien benutzt und dienten in der Folgezeit als Basis für die dauernde Beherrschung des Landes.

An diesen Heerstraßen errichteten die Franken Königshöfe und Burgen, für deren Besatzung man Kapellen erbaute, die ersten christlichen Gotteshäuser auf sächsischem Boden. Die Borkener Königskapelle einschließlich der gesamten Hofanlage konnte bei den sehr aufschlußreichen Grabungen des Jahres 1950 eindeutig nachgewiesen werden. Der mit einem Wall umgebene Hof – ob er nun durch Karl d. Gr. einem sächsischen Besitzer enteignet oder von den Franken selbst erbaut wurde, sei dahingestellt – lag auf einer Kuppe und hatte, soweit feststellbar, zwei Tore. Das Hauptgebäude war ein Fachwerkbau von 28 m Länge und 6,80 m Breite. Eine Vorhalle führte von Süden in das Innere des Hauses. In der Nähe des Hauptgebäudes befanden sich ein kleinerer Fachwerkbau, mehrere Wohngruppen und Vorratshäuser. Wie die Grabungen unter der Stiftskirche ergaben, hatte auch die Kapelle ihre deutlichen Spuren hinterlassen. Es konnte eine Flucht von sieben alten Pfostenspuren erfaßt werden, die auf eine 13 m lange Pfostenwand hinwiesen. Die nach Osten gerichtete Holzkirche war ein Teil der gesamten Hofanlage.[24]

Als nach der Bekehrung Widukinds (785) die Missionierung der Westsachsen auf breiter Grundlage in Angriff genommen wurde,

kannt. 1491 erscheinen sie als Patrone der Kirche von Heiden, obwohl diese eine Eigenkirche der Herren v. Heiden gewesen war. Vgl. *Hömberg* 85.

[24] A. *Heselhaus* u. B. *Siepe*, Der Raum Borken in der Vor- und Frühzeit (1972) 50ff. S. auch A. *Heselhaus*, Vor- und Frühgeschichte (des Kreises Borken): Der Kreis Borken, hg. von K. Theiss (1974) 67f.

St. Remigius Borken

Die Gründung der Remigius-Kirche in Borken

erhob Karl d. Gr. das Kirchlein zur Missionskirche und machte es zum Mittelpunkt des Borkener Missionsbezirks. Das Gotteshaus war von einem umzäunten Platz umgeben, der bis zur Abpfarrung der Tochtergemeinden um 1200 als einziger christlicher Friedhof des weiträumigen Kirchspiels diente. Erst im Jahre 1160 wurde die Holzkirche durch einen Steinbau ersetzt, dessen Fundamente noch heute vorhanden sind. Als Liudger im Jahre 805 die Bischofsweihe empfing, wurden sämtliche Missionsbezirke des Münsterlandes ungeachtet ihrer territorialen Zugehörigkeit in das neue Bistum integriert. Als ein wichtiger Bestandteil des bedeutendsten geistlichen Sprengels in Westfalen trat nunmehr die Kirche des heiligen Remigius ihren Weg in die Geschichte an.[25]

---

[25] S. o. 433 Anm. 44.

28. 1000 Jahre St. Pankratius-Gescher (985–1985)*

Die Gründung der Pfarrkirche St. Pankratius in Gescher, an der der Verfasser dieses Beitrages von 1933 bis 1937 als junger Vikar unvergeßlich schöne Jahre seelsorglichen Wirkens verbringen durfte, läßt sich durch unmittelbare Geschichtsquellen nicht belegen. Es gibt kein Gründungs- oder Stiftungsdokument, das ausdrücklich bezeugt, zu welchem Zeitpunkt und unter welchen Umständen die St.-Pankratius-Kirche in die Geschichte eingetreten ist. Diesen Mangel urkundlicher Beglaubigung teilt die Kirche von Gescher mit der großen Mehrzahl der Pfarrkirchen unseres Bistums. Dennoch sind wir in der Lage, auf Grund anderweitiger geschichtlicher Nachrichten auf indirektem Wege zu gesicherten Erkenntnissen über die Entstehung und die Frühzeit der Pfarrkirche von Gescher zu gelangen. In dieser Hinsicht stellt sich die Gescherer Kirchengründung geradezu als ein Schulbeispiel historischer Kombinationsmöglichkeiten dar.

Die im Westmünsterland (Hamaland) gelegene Siedlung Gescher gehörte zum fünften Missionsbezirk des Münsterlandes, der von Liudger betreut wurde (s. o. 496 u. 563 Anm. 21). Dieser sich westlich der Missionsbezirke Rheine und Borken erstreckende Raum umfaßte die Orte Bocholt, Winterswijk, Lon, Wessum und Heek. Allerdings unterstand auch diese Region nicht gänzlich der Leitung Liudgers. Ohne Mitwirkung des Heiligen entstand die Pfarrei Vreden. Das im Jahre 839 gegründete hochadlige Frauenstift gleichen Namens, dessen Kirche der Bevölkerung bis in das elfte Jahrhundert hinein als Pfarrkirche diente, verdankte seinen Ursprung einem Sohn oder Enkel Widukinds.

Unter den erwähnten Kirchen des Westmünsterlandes verlangt die Pfarrei Lon, die Mutterkirche von Gescher, unsere besondere Aufmerksamkeit. Die später als *Stadtlohn* bezeichnete Pfarrei hieß ursprünglich Nordlon und umfaßte auch das nahegelegene Südlon mit Oeding. Südlohn erhielt im 12. Jahrhundert eine Vitus-Kapelle, die Bischof Ludolf 1231 zur Pfarrkirche erhob und dem

---

* 1000 Jahre Christen in Gescher. Eine Festschrift zum Jubiläum der St.-Pankratius-Gemeinde im Jahre 1985, hg. von der Pfarrgemeinde St. Pankratius (1985) 9–17.

Patrozinium des hl. Pankratius unterstellte. Oeding, 1674 Missionsstation für die glaubensverfolgten Holländer, erlangte 1907 Pfarrechte. Der Haupthof Lon, auf dem um 800 eine Kirche erbaut und dem hl. Otger, dem Missionar der späteren Bistümer Utrecht und Lüttich, geweiht wurde, befand sich im bischöflichen Besitz. Die bedeutende Pfarrstelle gehörte später zu den vier bischöflichen Kaplaneien, die nur einem münsterischen Domherrn, gewöhnlich dem Domkellner, verliehen wurde. Der Bischöfliche Kaplan bezog als *verus pastor* die Einkünfte der Pfarrstelle und besoldete einen Vizekuraten, dem er die Pastorierung der Gemeinde übertrug. Der Domherr versah in seinem Sprengel gleichzeitig das Amt des Archidiakons.

Die Gründung der Pfarrei

Es stellt sich nun die Frage: Wie lange verblieb Gescher im Kirchspielsverband mit Stadtlohn? An allen Sonn- und Feiertagen pilgerten die christlichen Bewohner der Landgemeinde, die durch ihre Abgaben zum Unterhalt der Kirche und der Kirchendiener von St. Otger beitrugen, zu ihrer Pfarrkirche, um ihre religiöse Pflicht zu erfüllen. Sie hatten dabei weite Wegstrecken zurückzulegen. Zu welchem Zeitpunkt dieser in Anbetracht der schlechten Wegeverhältnisse ungewöhnlich beschwerliche Zustand durch die Errichtung einer eigenen Pfarrkirche beendet wurde, ist, wie erwähnt, quellenmäßig nicht zu ermitteln. Aber die örtlichen Besitzverhältnisse lassen Rückschlüsse auf den Gründungstermin zu.

Obere Zeitgrenze

Einen wichtigen Hinweis auf den frühestmöglichen Zeitpunkt der Pfarrgründung enthält die geschichtlich einwandfrei verbürgte Tatsache, daß die Pfarrkirche von Gescher nicht, wie etwa St. Otger-Stadtlohn, auf bischöflichem Grund und Boden, sondern auf dem Gelände des Hofes Schulze Gescher errichtet wurde. Der Schulzenhof gehörte dem adligen *Frauenstift Borghorst* (CTW 7, 118). Das reichdotierte Kanonissenstift besaß im Gebiet von Gescher ausgedehnten Grundbesitz, zu dem außer dem genannten Schulzenhof früher oder später auch die Erben Grimmelt, Wening, Ebbing, Remmelt, Schulze Bäing, Heeck, Ubbenhorst und Meyerink gehörten. Die Pfarrkirche von Gescher wurde demnach nicht durch den Bischof von Münster, sondern von dem genannten Stift als *Eigenkirche* gegründet. Für ihre Datierung ist daher das Gründungsjahr des Borghorster Kanonissenstifts als obere Zeitgrenze zu betrachten. Im 9. Jahrhundert wetteiferten die Adelsgeschlechter in der Errichtung von Frauenklöstern und -stiften (Freckenhorst, Herford, Gandersheim, Vreden, Essen). Das Borghorster Frauenstift wurde von einer Gräfin Bertha gestiftet, deren Familie zu Kaiser Otto dem Großen oder dem sächsischen Herzogshaus der Billunger in naher Beziehung gestanden haben soll. Über die Frühgeschichte des Stifts unterrichten namentlich drei Urkunden der Kaiser Otto I., Otto II. und des jungen Königs Otto III. von 968 (DO I 450), 974 (DO II 86) und 989 (DO III 52). Die erstgenannte Kaiserurkunde vom 23. Oktober 968, die sich als Gründungsurkunde ausgibt, aber nur in einer Abschrift des 16. Jahrhunderts vorliegt, ist bereits seit langem von der Forschung als tendenziöse Fälschung erkannt worden. Dennoch werden gegen den Inhalt des Falsifikats keine wesentlichen Bedenken erhoben, da dieser weitgehend durch die beiden anderen Urkunden gedeckt wird.

Dies gilt auch für das erwähnte Gründungsdatum, das man überdies in Borghorst im 16. Jahrhundert noch mit Sicherheit auch aus chronikalischen Aufzeichnungen kannte. Joseph *Prinz* hat den Text der echten Gründungsurkunde, die dem Fälscher als Vorlage gedient hat, glaubwürdig rekonstruiert.

Die Gründung der Borghorster Eigenkirche in Gescher kann demnach nicht vor dem Jahr 968 stattgefunden haben. Es entsprach dem Charakter der Eigenkirche, daß der Konvent bzw. die Äbtissin von Borghorst das uneingeschränkte Eigentumsrecht an der auf ihrem Grund und Boden errichteten Kirche behauptete. Das Stift hatte ein Anrecht auf sämtliche Einkünfte des Gotteshauses. Es bestimmte den für die Seelsorge verantwortlichen Geistlichen und verlieh diesem die Pfarrpfründe auf Lebenszeit. Als Papst Alexander III. (1159–1181) im Zuge der Reformbewegung des 11. und 12. Jahrhunderts das Eigenkirchenrecht zum Patronatsrecht umbildete, verblieb dem Kanonissenstift als Patron

nur noch das Recht, dem Bischof bzw. dem Archidiakon einen geeigneten Kandidaten für das Pfarramt vorzuschlagen, den dieser allerdings investieren mußte, wenn keine kanonischen Bedenken gegen den Präsentierten vorlagen. Dieses Recht hatte das Kanonissenstift in der Folgezeit nicht wie früher kraft Eigentums, sondern kraft kirchlicher Verleihung inne.
Das Stift Borghorst durfte daher seit dem Ende des 12. Jahrhunderts die Pfarrpfründe in ihrer Substanz und Zweckbestimmung nicht mehr antasten. Die Pfarrei war verhältnismäßig gut dotiert. Nach einer Zusammenstellung der jährlichen Einkünfte sämtlicher Pfründen des Bistums Münster aus dem Jahre 1313 erbrachten die Pfarrstelle Gescher 14 Mark, Ramsdorf zehn Mark und Südlohn vier Mark. Eine gleiche Schätzung aus dem Jahre 1427 nennt für Gescher 21 Mark, für Stadtlohn (Vizekurat) 17 Mark, für Ramsdorf 18 Mark und für Südlohn neun Mark.

Das Kanonissenstift Borghorst hat das Recht der Präsentation des Pfarrers von Gescher bis zu seiner Säkularisierung im Jahre 1811 ausgeübt. Dann ging das Patronatsrecht auf den neuen Eigentümer und Rechtsnachfolger des Borghorster Stifts, den Fürsten zu Salm-Horstmar, über, der erst vor wenigen Jahrzehnten darauf verzichtete.

Untere Zeitgrenze

Das Gründungsjahr des Borghorster Kanonissenstifts 968 ist für die Datierung der Pankratiuskirche von Gescher ein unumstößlicher terminus a quo. Mit gleicher Sicherheit läßt sich auch eine untere Zeitgrenze ermitteln. Sie ergibt sich im Zusammenhang mit dem im 11. Jahrhundert weitverbreiteten Wunsch der Laien, die seit Liudgers Zeiten unverändert gebliebene Pfarrorganisation in Anbetracht der weiten und beschwerlichen Kirchwege auszubauen. Dieses Anliegen wird auch die adlige Frau Reginmuod und deren Tochter Vrederune – offenbar nahe Verwandte Gottfrieds von Cappenberg – bestimmt haben, auf verschiedenen Höfen des Münsterlandes, die wir als Eigentum der Cappenberger Grafenfamilie nachweisen können, sieben Eigenkirchen und Seelsorgestellen zu stiften. Das diesbezügliche Stiftungsdokument (*Niesert*, US 2, Nr. 13) ist für die Ermittlung des Zeitraumes der Kirchengründung von Gescher sehr hilfreich.

Unter den von der adligen Frau projektierten Eigenkirchen befand sich auch Varlar bei Coesfeld. Nach erfolgter Stiftung legte Bischof Siegfried 1022/23 in einer Umschreibungsurkunde die Grenzen der Pfarrbezirke fest, die mit den sieben Kirchen verbunden werden sollten. Daß nur eine der Kirchen (Üntrop) das ihr zugedachte Gebiet wirklich erhielt, ist in unserem Zusammenhang unwichtig.

Der neuen Pfarrei Varlar wies der Bischof außer 30 Höfen des Kirchspiels Billerbeck (de Billarbeki) und 74 Höfen des Kirchspiels Coesfeld (de Cosvelda) auch 24 Höfe von Gescher-Büren (de Gasgari Burion) zu. Unter Gescher-Büren kann nur die Bauerschaft Büren in der Pfarrei Gescher verstanden werden, die diesen Doppelnamen zur Unterscheidung von Stadtlohn-Büren in der Pfarrei Stadtlohn trägt. Die Urkunde von 1022/23 setzt demnach Gescher ebenso wie Billerbeck und Coesfeld als bestehende Pfarrei voraus. Die seit der Pfarrgründung von Stadtlohn in ihrer vollen Ausdehnung zum Kirchspiel St. Otger gehörige Bauerschaft Büren war – wie übrigens in gleicher Weise die Bauerschaft Estern – bei der Grenzziehung der neuen Pankratius-Pfarrei in Gescher-Büren und Stadtlohn-Büren geteilt worden.

Die Urkunde von 1022/23 bestätigt demnach, daß Gescher zur Zeit ihrer Ausfertigung ebenso wie Billerbeck und Coesfeld Pfarrrechte besaß.

Das Gründungsjahr

Die Gründung der Pfarrei Gescher ist demnach innerhalb der Jahre 968 bis 1023 erfolgt. Aber die Zeitgrenzen lassen sich wohl noch enger ziehen, wenn wir unseren Blick auf das Kirchenpatrozinium richten. Zum Patron der neuen Pfarrkirche von Gescher bestimmte das Borghorster Stift offenbar aus besonderem Anlaß den hl. Pankratius, den jugendlichen Heiligen, der um das Jahr 304 Zeugnis für den christlichen Glauben abgelegt hatte. Nebenpatronin wurde die hl. Maria Magdalena. Beide Patrone standen in Borghorst in hohen Ehren.

Es ist nun für die Datierung der Pankratiuskirche in Gescher aufschlußreich, daß nach den Annalen der ehemaligen Benediktinerabtei St. Bavo in Gent, der Hauptstadt Flanderns, „im Jahre 985 Reliquien der Heiligen Pankratius und Barbara mit vielen Gebeinen anderer Heiligen von Rom durch den ehrwürdigen Erembold, damals Mönch, später Abt, zum Genter Kloster übertragen worden sind" (MG SS II 188). Es war üblich und entsprach den Absichten Roms, größere Reliquienschenkungen mit anderen Pfarrkirchen, Klöstern und Stiften zu teilen und mögliche Neugründungen dem jeweiligen Heiligen als Schutzpatron zu unterstellen.

Da zwischen Flandern und dem Münsterland enge Wechselbeziehungen bestanden, erscheint die Annahme gerechtfertigt, daß auch das junge Borghorster Frauenstift an dem Reliquienschatz der Genter Benediktiner Anteil erhielt. In der Tat birgt ein kostbares Reliquiarkreuz des Kanonissenstifts aus der ersten Hälfte des 11. Jahrhunderts, das den eigentlichen Schatz der Kommunität bildete, sowohl Reliquien des hl. Pankratius als auch der hl. Maria Magdalena. Das Kreuzreliquiar, das nach Adolf *Tibus* und Hans *Eickel* als Stiftung der ersten Äbtissin Bertha und als Ehrung des verstorbenen Kaisers Heinrich II. (1002-1024), nach Gerd *Althoff* als eine Stiftung Kaiser Heinrichs III. (1039-1056) und der ersten Äbtissin zu verstehen ist, nennt auf seiner Rückseite unter den Namen der Heiligen, deren Reliquienpartikel in der Kapsel des Kreuzes ruhen, auch die beiden Patrone der Kirche von Gescher. Die am unteren Längsbalken in vertikaler Richtung verlaufende Umschrift lautet:
HEC SVNT NOMINA ISTORVM SANCTORVM DE LIGNO DNI DE SPONDIA DNI DE LECTO MARIE MATRIS DNI DE CORPORE SCI PETRI APL S ANDREE APL SCI BARTHOLOMEI APL S STEPHANI M S NICOMEDIS S MAVRISII S PANCRACII S LAVRENTII S CRISTOFORI S CLEMENTIS S NICOLAI DE SCAPVLA SIMEONIS S MARIE MAGDAL S AGATHE V ISTI ET OMNES SCI INTERCEDANT PRO ME PECCATRICE ET PRO OMNIBVS ILLIS QVI ALIQVID BONI HOC SIGNACVLO FECERVNT.
In deutscher Übersetzung:
„Dies sind die Namen der Heiligen: Vom Holze des Herrn, vom Schwamme des Herrn, vom Bette Mariens, der Mutter des Herrn, vom Körper des hl. Apostels Petrus, des hl. Apostels Andreas, des hl. Apostels Bartholomeus, des hl. Märtyrers Stephanus, des hl. Nicomedes, des hl. Mauritius, des hl. *Pankratius*, des hl. Lauren-

tius, des hl. Christophorus, des hl. Clemens, des hl. Nikolaus, von der Schulter des hl. Simeon, (vom Körper) der hl. *Maria Magdalena,* der hl. Jungfrau Agatha. Diese und alle Heiligen mögen für mich Sünderin beten und für alle jene, die irgend etwas Gutes in diesem Zeichen getan haben." Die obere Zeitgrenze der Kirchengründung von St. Pankratius-Gescher wird demnach nicht durch das Stiftungsjahr des Borghorster Kanonissenkonvents (968), sondern durch die Genter Reliquienerwerbung (985) markiert. Zwar befand sich schon zur Zeit Ludwigs des Frommen (814–840) eine Pankratiusreliquie in der Kirche zu Corvey (Script. rer. Brunswig. I/1, 233/34), deren Einfluß Tibus, wenn auch nicht ohne Bedenken, das Emsdettener Pankratiuspatrozinium zuschreibt, aber alle übrigen Pankratiuskirchen des Bistums Münster (Anholt, Buldern, Dingden, Emsdetten, Handorf, Hövel, Rinkerode, Südkirchen, Vellern, Vorhelm) – es handelt sich wie im Fall Gescher ausnahmslos um Filialkirchen – wurden nach 985 gegründet.

Da Bischof Siegfried, wie erwähnt, 1022/23 beabsichtigte, die Bauerschaft Gescher-Büren aus dem Kirchspielverband Gescher zu lösen und der geplanten Kirche von Varlar anzugliedern, ist auszuschließen, daß diese Bauerschaft kurz vorher von der Mutterpfarrei Stadtlohn getrennt und der Tochtergründung Gescher zugewiesen wurde.

Es widerspräche den Gesetzen der mittelalterlichen Pfarrorganisation, die Bewohner eines Gebietes innerhalb weniger Jahre nacheinander drei verschiedenen Pfarreien zuzuordnen. Zwischen der Kirchengründung von Gescher und dem Varlarer Projekt lag mit Sicherheit ein Zeitraum von mehreren Jahrzehnten.

Es besteht demnach kein Zweifel, daß die Errichtung der St.-Pankratius-Kirche von Gescher zur Zeit der erwähnten Reliquienschenkung, d. h. um 985, erfolgt ist. Eben damals wurde die neue Eigenkirche von der Äbtissin des Kanonissenstifts Borghorst mit Reliquien des hl. Pankratius ausgestattet und dessen Patronat unterstellt. Noch im 18. Jahrhundert sind Pankratiusreliquien in der Pfarrkirche zu Gescher nachweisbar. Da die durch den Bischof von Münster vollzogene Trennung des neuen Kirchspiels Gescher von der Mutterpfarrei für den *verus pastor* von Stadtlohn erhebliche Einbußen an Gefällen zur Folge hatte, bezog dieser zum Ausgleich seiner Verluste noch im 14. Jahrhundert aus Gescher den Zehnten. Das um 985 errichtete Gotteshaus wurde – vermutlich in der zweiten Hälfte des 12. Jahrhunderts – durch einen Neubau ersetzt. Der aus Lichtbildern bekannte kraftvolle Bruchsteinbau mit dem Treppengiebel zeigte noch deutlich den mittelalterlichen Wehrcharakter des Bauwerks. Er wurde 1889 niedergelegt. An seine Stelle trat der heutige neugotische Turm.

Quellen: Münsterische Urkundensammlung, hg. von J. Niesert 2 (1827). MG DD O I. O II. O III. Annales S. Bavonis Gandensis A. 939–1003: MG SS II 185–191. Güter- und Einkünfte-Verzeichnisse der Stifte Langenhorst, Metelen, Borghorst, sowie der Klöster Groß- und Klein-Burlo, hg. von F. Darpe = CTW VII (1914). *Schrifttum*: A. *Tibus*, Gründungsgeschichte der Stifte, Pfarrkirchen, Klöster und Kapellen im Bereich des alten Bistums Münster (1869). H. *Samson*, Die Heiligen als Kirchenpatrone (1892) 325ff. A. *Hüsing*, Die Pfarrgemeinde Gescher (1895). H. *Börsting* – A. *Schröer*, Handbuch des Bistums Münster 1 (1946). *Sökeland* – H. *Hüer*, Geschichte der Stadt Coesfeld (1947). A. *Hömberg*, Studien zur Entstehung der mittelalterlichen Kirchenorganisation in Westfalen, in: WF 6 (1943–1952) 87–91. H. *Hüer*, Gescher in Vergangenheit und Gegenwart (1967). A. *Schröer*, Die Kirche in Westfalen vor der Reformation, 2 Bde. (1967). J. *Prinz*, Die gefälschte Gründungsurkunde Kaiser Otto I. für Borghorst von 968 und ihre echte Vorlage: 1000 Jahre Borghorst, hg. von der Stadt Borghorst (1968) 9–20. H. J. *Warnecke*, Studien zur frühen Geschichte von Borghorst: ebd. 21–34. H. *Eickel*, Das Borghorster Stiftskreuz: ebd. 45–56. G. *Althoff*, Das Necrolog von Borghorst. Edition und Untersuchung = Veröffentlichungen der Historischen Kommission für Westfalen 40 = Westfälische Gedenkbücher und Nekrologien 1 (1978). Basilius *Senger* OSB, Liudger, Leben und Werk (1984). Nachtrag: P. *Ilisch*, Chr. *Kösters* (Bearb.), Die Patrozinien Westfalens von den Anfängen bis zum Ende des Alten Reiches = WS 11 (1992) 564ff.

V. GEISTLICHE PERSÖNLICHKEITEN

29. Niels Stensen (1638–1686)*

„Herr Stenonius ist von Hannover nach Münster abgereist, wo er die Tätigkeit eines Suffragans oder Weihbischofs ausüben wird. Man hat ihn nicht zur Abreise gedrängt, im Gegenteil, man hat ihn mit großer Höflichkeit behandelt. Er ist ein verdienter Mann von hoher Gelehrsamkeit, von Glaubenseifer und Rechtschaffenheit" (Ep. I 69). Diese Worte schrieb am 27. Oktober 1680 Gottfried Wilhelm Leibniz von Hannover aus an den Landgrafen Ernst von Hessen-Rheinfels. Leibniz stand damals als Hofrat und Bibliothekar des Herzogs von Braunschweig-Lüneburg in hannoverschen Staatsdiensten.

Nach dem Tode des zur katholischen Kirche übergetretenen Herzogs Johann Friedrich (1679) hatte der Apostolische Vikar Niels Stensen die von ihm betreute kleine Hofgemeinde in der landesherrlichen Residenz verlassen, um seiner Berufung nach Münster zu folgen. Leibniz und Stensen standen am herzoglichen Hof in Fragen der Unionsbewegung in lebhaftem geistigen Austausch. So erwuchs das prägnante Zeugnis des größten deutschen Philosophen des 17. Jahrhunderts aus einer guten Kenntnis des hohen Geistlichen, der im Jahre 1680 in den westfälischen Lebensraum eintrat und während seiner dreijährigen Wirksamkeit als Suffragan von Münster mit Tatkraft in die religiösen und kirchenpolitischen Verhältnisse dieses Fürstbistums eingriff.

I.

Niels Stensen, am 11. Januar 1638 zu Kopenhagen als Sohn eines Goldschmieds geboren, entstammte einem angesehenen lutherischen Pastorengeschlecht. Der junge Niels war hochbegabt und religiös sehr interessiert. Als er achtzehnjährig die Universität seiner Heimatstadt bezog, hatte er bereits ungewöhnliche Kenntnisse in der Mathematik und in den Sprachen. Er sprach und schrieb später außer seiner Muttersprache fließend lateinisch, deutsch, holländisch, französisch, italienisch und englisch. Unter

* Westfälische Lebensbilder 6 (Aschendorff, Münster 1957) 14–36.

der Anleitung bedeutender Professoren, wie Oluf Borch, Thomas Bartholin und Simon Paulli, studierte der Wissenshungrige in Kopenhagen drei Jahre Sprachen, Mathematik und Anatomie. Seine Vorliebe galt der Anatomie.
Der 22jährige Student zog darauf zur weiteren Ausbildung nach Amsterdam und Leiden. Dort überflügelte der junge Anatom schon bald seine Lehrer Gerhard Blasius, Johannes van Horne und Franz Sylvius durch eine Fülle bahnbrechender Entdeckungen, die unter seinem Seziermesser nur so hervorzubrechen schienen. Stensen fand nicht nur den Ausführgang der Ohrenspeicheldrüse, der noch heute seinen Namen trägt *(Ductus Stenonianus)*, sondern auch das Drüsensystem des Mundes, der Nase und der Augen sowie den Tränenapparat. Er erforschte die Struktur der Muskulatur und bezeichnete zum Staunen der Fachwelt das Herz als einen wirklichen Muskel. Der junge Gelehrte trat, offenbar in seiner Leidener Zeit, während einer religiösen Krise in vertraute, freundschaftliche Beziehung zu Baruch Spinoza, mit dem er auch später gelegentlich in wissenschaftlicher Briefverbindung stand. In den folgenden Jahren überraschte Stensen die Welt mit zahlreichen weiteren neuen Erkenntnissen. In Paris hielt der 27jährige geniale Forscher vor der Akademie Thévenot ein berühmt gewordenes Referat über die Anatomie des Gehirns, das bewunderndes Aufsehen erregte und dem Cartesianismus gegenüber nüchtern das wirkliche Wissen der Zeit über das Gehirn feststellte. Der Vortrag erschien 1669 in Paris als *Discours sur l'anatomie du cerveau* im Druck.
Das Jahr 1666 brachte die große Wende in Stensens Leben. In diesem Jahr kam der Däne an den Hof des Großherzogs von Toskana, Ferdinands II. de'Medici († 1670), der den Gelehrten mit warmer Herzlichkeit aufnahm. Keinem fürstlichen Geschlecht fühlte Stensen sich zeitlebens so sehr verbunden wie dem Hause Medici, das ihm Toskana zum zweiten Vaterland machte. Am großherzoglichen Hof begegnete er einem Mäzenatentum edelster Art. Er schloß Freundschaft mit angesehenen Gelehrten, wie dem Dichterarzt Francesco Redi, dem Mathematiker und Physiker Vincenzio Viviani und dem Naturforscher Marcello Malphigi. Er wurde Mitglied der Cimento- und der Crusca-Akademie, von denen die erste eine Wissenschaftsakademie auf streng experimen-

Niels Stensen (1638–1686)

Niels Stensen (1638–1686)

teller Grundlage, die zweite eine Sprachakademie war. Unter den günstigsten Bedingungen setzte Stensen seine Forschertätigkeit fort und wurde in eben diesen Jahren zu einem der ersten Begründer der modernen Geologie, Paläontologie und Kristallographie. Während der Gelehrte auf der Höhe seines wissenschaftlichen Wirkens stand, zu der er in sieben kurzen Jahren aufgestiegen war, reifte in der Stille seiner Seele ein tiefgreifender Entschluß. Nach einer reichen inneren Entwicklung, nach heftigen geistigen Kämpfen und zahlreichen religiösen Aussprachen mit bedeutenden katholischen Theologen und führenden Laien hatte der ruhelose Wahrheitssucher den Weg zur katholischen Kirche gefunden. Am 7. November 1667 legte Niels Stensen in ruhiger Sicherheit das katholische Glaubensbekenntnis ab. Der Konvertit stellte seine wissenschaftliche Tätigkeit nunmehr keineswegs ein. Er unternahm im Gegenteil ausgedehnte Forschungsreisen nach Norditalien, in die Alpen, Karpaten, nach Böhmen, Deutschland und Holland und trieb eifrig geologische Studien. Diese zweieinhalb Jahre waren für den anerkannten Forscher zugleich eine glanzvolle gesellschaftliche Periode. Die Ergebnisse seiner Forschungen legte Stensen in dem Werk *Prodromus de solido intra solidum naturaliter contento* (Florenz 1669; 1671 ins Englische übersetzt) nieder. Seine Zeitgenossen feierten ihn, ohne ihn jedoch zu verstehen. Eineinhalb Jahrhundert war sein Werk so vergessen, daß z. B. Goethe den Ruhm für sich in Anspruch nehmen konnte, zuerst auf den Unterschied zwischen Erdschichten mit Versteinerungen und anderen ohne solche hingewiesen zu haben. Erst 1845 nennt Alexander von Humboldt Stensen den *Vater der Geologie*, und auch die Kristallographie sieht, wie erwähnt, in dem Erscheinen des Prodromus ihren Ursprung als moderne Wissenschaft.

In Amsterdam führten Stensens ehemalige Freunde den Konvertiten zu Religionsgesprächen mit dem reformierten Prediger Johannes Sylvius zusammen. Die angeregten Diskussionen, bei denen es namentlich um das Schrift- und Kirchenprinzip ging, dauerten bis in die Nächte hinein und wurden nach Stensens Abreise von Amsterdam schriftlich fortgesetzt. Sie entwickelten sich zu einem Bündel von Schriften, das ungefähr die Hälfte der gesamten theologischen Produktion Stensens ausmacht. Der Konvertit wurde zum Kontroverstheologen.

Stensens theologisch-religiöse Blickrichtung trat nun immer deutlicher hervor. In Kopenhagen, wo er 1672–74 als königlicher Anatom wirkte, sagte Niels Stensen zu Beginn einer Leichendemonstration im Theatrum Anatomicum, an seine Hörer gewandt, die denkwürdigen Worte: „... Wenn schon der kleinste Teil des menschlichen Körpers so schön ist und den Betrachter so sehr mit Bewunderung erfüllt, welche Schönheit bietet sich dann erst unserem Auge, welche Freude empfindet unser Herz, wenn wir das Wunderwerk des Leibes in seiner Unversehrtheit, wenn wir die Seele, der so viele kunstvolle Werkzeuge dienen, wenn wir die Abhängigkeit all dieser Dinge von der alleswirkenden Ursache, die wir nicht sehen, betrachten? Schön ist, was wir sehen, schöner, was wir erkennen, bei weitem am schönsten, was uns verborgen bleibt... Dies ist der wahre Zweck der Anatomie, die Zuschauer durch das wunderbare Kunstwerk des Leibes zur Würde der Seele und folgerichtig durch das Wundervolle in beiden zur Kenntnis und Liebe des Schöpfers emporzuheben" (Op. Phil. II 254).

Seit dem Übertritt Stensens zur katholischen Kirche waren acht Jahre verflossen. Auch in dieser Zeit war der Konvertit von Erkenntnis zu Erkenntnis, von Entdeckung zu Entdeckung geschritten. Es scheint indessen, daß ihn die großen Erfolge seines wissenschaftlichen Arbeitens innerlich nicht mehr berührten, daß die einstigen Bindungen an die gelehrte Welt mehr und mehr dem Streben nach dem Ewigen Platz machten. Stensen faßte den Entschluß, sein ferneres Leben ausschließlich dem Dienst Gottes und der Sorge für die Seelen zu weihen. Er bat um die Priesterweihe, die er im Jahre 1675 im Dom zu Florenz empfing. Am hohen Osterfest dieses Jahres feierte er am Altar der Sanctissima Annunziata das erste hl. Opfer.

Der Neugeweihte blieb vorerst in der Arnostadt und widmete sich apologetischen Arbeiten. Durch diese Tätigkeit lenkte er die Aufmerksamkeit des genannten Herzogs Johann Friedrich von Braunschweig-Lüneburg auf sich, der die römische Kurie bat, ihm Stensen als Hofbischof zu geben. Der heiligmäßige Innocenz XI. (1676–1689), der in Stensens Leben eine so bedeutende Rolle spielen sollte, erteilte bereitwillig seine Zustimmung und ernannte am

21. Februar 1677 Niels Stensen zum Bischof von Titiopolis und zum Apostolischen Vikar der Nordischen Missionen. Am 19. September 1677 empfing Stensen durch Kardinal Barbarigo in Rom die Bischofsweihe. Kurz darauf begab er sich nach Hannover. An den Toren der Stadt warteten eine sechsspännige Karosse und ein Ehrengeleit, um den Würdenträger feierlich einzuholen. Schon diese Geste ließ erkennen, was man in der herzoglichen Residenz von dem Hofbischof erwartete: nicht in erster Linie Seelsorge, sondern Repräsentation. In der Tat waren die seelsorglichen Möglichkeiten in Hannover sehr begrenzt.

Von geschichtlichem Interesse sind die zahlreichen Glaubensgespräche, die Stensen am herzoglichen Hof mit dem eingangs erwähnten Philosophen Gottfried Wilhelm Leibniz (1646–1716), einem gläubigen Protestanten, führte. Im Mittelpunkt dieser Gespräche stand die Wiedervereinigung der Kirchen, ein Anliegen, dem Leibniz Jahre hindurch in mühevollen Verhandlungen mit deutschen und außerdeutschen Höfen, Herrschern, Theologen und Kirchenvertretern diente. Ein lebhafter Meinungsstreit zwischen den beiden Gelehrten entzündete sich an der Schrift *Zweifel und Fragen*, die der Westfale *Freiherr von der Reck* nach seinem Übertritt zur katholischen Kirche herausgegeben hatte und die aktuelle Probleme des Synkretistenstreits vor die breite Öffentlichkeit brachte. Die evangelische Unionsbewegung des 17. Jahrhunderts suchte eine Wiedervereinigung der Kirchen auf der Grundlage der Fundamentalartikel, d. h. aller gemeinsamen Lehrsätze, die bei den Vätern der ersten fünf Jahrhunderte nachgewiesen werden könnten. Die Unterhaltung über diesen Fragenkreis verlief bei dem lebhaften Temperament der beiden Gesprächspartner nicht selten stürmisch, blieb aber leider ergebnislos.

Leibniz hat unter dem Titel *Conversatio cum domino episcopo Stenonio* die Unterhaltung über einige der erörterten Themen schriftlich niedergelegt, ein Zeichen, welchen Wert er diesen Gesprächen beilegte. In anderen Manuskripten berichtet der Philosoph ausführlich und kritisch über Stensens Konversion und dessen Beweggründe, andere zur Konversion zu führen. Stensen seinerseits hielt sein Gespräch mit Leibniz über die Schrift des Freiherrn von der Reck in einer umfangreichen Handschrift fest, die uns wertvollen Einblick in die Problematik des Synkretistenstreits gewährt.

II.

Als mit dem Tode des katholischen Herzogs Johann Friedrich auch die katholische Hofgemeinde erloschen war, bat der Fürstbischof von Münster und Paderborn Ferdinand von Fürstenberg (1678-1683), „bewogen vom Bedürfnis seiner Herde und von den würdigen Eigenschaften dieser vorbildlichen Persönlichkeit" (Ep. I 88), am 23. März 1680 in Rom um die Ernennung Stensens zum Weihbischof von Münster. Innocenz XI. entsprach diesem Wunsch. Schon Ende Juni 1680 reiste Stensen in seinen Wirkungskreis. Unterwegs verweilte er in Paderborn, wo er sich u. a. durch die achttägigen Übungen des hl. Ignatius auf sein verantwortungsvolles Amt vorbereitete.

Gemessen an seiner glanzvollen Gelehrtenlaufbahn und betrachtet mit den Augen der Welt, war die pastorale Aufgabe, die Stensen in Münster übernahm, anspruchslos. Der neue Suffragan sah sie anders. Ihm war die Arbeit an den Seelen und am Aufbau des Gottesreiches höchste Berufung. „Gott hat dir Gelegenheit gegeben", so notiert er einmal in seiner ersten Münsterer Zeit, „viele Menschen kennenzulernen, hochgestellte und niedere. Er hat dich vieles in der Natur entdecken lassen, um Irrtümer der Philosophen und Ärzte zu beheben. Er hat dir Einblick gewährt in viele Glaubensprobleme und dir Kenntnis einiger Sprachen gegeben. Wenn du in allem diesem nur dich selbst suchst, dein eigenes Glück, deinen eigenen Vorteil, deine eigene Ehre, so suchst du Vergängliches, die Eitelkeit der Eitelkeiten. Wenn du aber dadurch an der Verherrlichung Gottes arbeitest, erfüllst du den Willen des Allerhöchsten und dienst der ewigen Freude" (Op. Theol. II 489).

Ein Seelenhirt von solcher Tiefe und Weite tat dem Fürstbistum Münster not. Noch immer krankte hier das religiöse Leben an den Nachwirkungen der Religionswirren und des Dreißigjährigen Krieges. Gewiß hatten Männer, wie Domdechant Gottfried von Raesfeld (1569-1586), Fürstbischof Ferdinand von Bayern (1612-1650), Generalvikar Dr. Hartmann (1613-1621) und Fürstbischof Christoph Bernhard von Galen (1650-1678), hervorragende religiöse und organisatorische Reformarbeit geleistet. Aber die Mißstände wurzelten zu tief, und die reformfeindlichen Kräfte, wie das Domkapitel, die Archidiakone, die Patrone und Exemten, waren zu mächtig, als daß sich die tridentinischen Dekrete mit einem Schlage hätten durchführen lassen. Ferdinand von Fürstenberg, durch ein schweres Steinleiden geschwächt, fühlte sich persönlich in erster Linie dem Bistum Paderborn verpflichtet, wo er ständig residierte.

Mit Niels Stensen gewann der seit geraumer Zeit ruhende Reformgedanke im Fürstbistum Münster neuen Auftrieb und neue Prägung. Vorbild des Suffragans war der große Mailänder Reformbischof Kardinal Karl Borromäus († 1584), der „Lehrmeister der Bischöfe", dessen Reformschriften, namentlich die *Acta Ecclesiae Mediolanensis*, Stensen seit mehreren Jahren eifrig studiert hatte. Im Gegensatz zu den konfessionellen Gewaltmethoden absolutistischer Landesfürsten und im Einklang mit dem Mailänder Kardinal war der Weihbischof bestrebt, Klerus und Volk innerlich für die Reform zu gewinnen. Nur auf diese Weise, davon war Stensen überzeugt, konnte eine Besserung der Zustände von Dauer sein. „Die Furcht vor Strafe", so bemerkt der Suffragan kritisch zu dem Vorgehen früherer Münsterer Fürstbischöfe, „konnte beheben, was den Menschen in die Augen fiel. Eine geschärfte Weltklugheit lehrte aber, vorsichtiger zu sündigen. Die gedächtnismäßige Einprägung von Lehrsätzen förderte zwar die Übung des Verstandes, weckte aber nicht den Willen zum Streben nach Vollkommenheit" (Ep. II 594). Gerade dieses sollte jedoch nach Stensens Ansicht Ziel der Reform sein.

Um seinen neuen Weihbischof wirtschaftlich sicherzustellen, ernannte ihn Ferdinand von Fürstenberg zum Stiftsdechanten von St. Ludgeri in Münster. Stensen mußte jedoch schon bald erkennen, daß eine gleichzeitige gewissenhafte Wahrnehmung beider Pflichtenkreise unmöglich sei. Daher verzichtete er ohne Rücksicht auf wirtschaftliche Nachteile schon am 4. Oktober 1681 auf das Dekanat. Sein Nachfolger im Amt wurde der spätere Generalvikar Johann Gottfried Höning, zu dem der Weihbischof zeitlebens in einem aufrichtigen Vertrauensverhältnis stand. Stensen war nun frei für die pastorale Betreuung der weiten Diözese, die rund 230 Pfarreien zählte. Da das Bistum seit fast 30 Jahren keinen Weihbischof mehr gehabt hatte – Christoph Bernhard hatte 1652 seinen Suffragan in unbegreiflicher Überschätzung seiner eigenen Leistungsfähigkeit entlassen –, erschien die Spendung des Firmungssakramentes und die Visitation mancher Pfarreien vordringlich. Der Fürstbischof beauftragte daher seinen Suffragan zunächst mit der Bereisung des Bistums. Niels Stensen dürfte seine apostolischen Reisen Ende April 1681 mit dem Kreis Beckum begonnen haben. Die spärlichen auf uns gekommenen Nachrichten reichen nicht aus, den Reiseweg im einzelnen nachzuzeichnen. Im großen und ganzen scheint das Jahr 1681 dem Münsterland gegolten zu haben. Nachweisbar ist der Weihbischof in diesem Jahr in Velen, Heessen, Wolbeck, Schüttorf, Nottuln, Loburg, im Benediktinerinnenkloster Vinnenberg, in Schepsdorf i. Emsland, Diestedde, in der Benediktinerabtei Liesborn, im Zisterzienserkloster Marienfeld und im Frauenstift Freckenhorst. Im Jahre 1682 visitierte Stensen, außer der landesherrlichen Residenzstadt Ahaus (s. u.), offenbar vorwiegend das Emsland und die südoldenburgischen Pfarrgemeinden. Für das Jahr 1683 war eine Visitation des Dekanates Cloppenburg vorgesehen, die aber nicht mehr zur Ausführung gelangte. Eine im Frühjahr 1683 in der Herrlichkeit Lembeck begonnene Visitation, an der u. a. der Assessor am Geistlichen Gericht und spätere Generalvikar Dr. Johann Kaspar Bordewick teilnahm, fand nach einer nächtlichen Ausplünderung der kleinen Reisegesellschaft ein vorzeitiges tragikomisches Ende. Alles in allem hat Stensen nach seinen eigenen Angaben während seiner dreijährigen Münsterer Wirksamkeit in nahezu 200 Pfarreien, also in etwa vier Fünfteln des Bistums, das Sakrament der Firmung gespendet und in verschiedenen Gemeinden mit voller kirchlicher und weltlicher Rechtsgewalt förmliche Visitationen vorgenommen. Mit welcher Entschlußkraft und Festigkeit der sonst so gütige und bescheidene Suffragan auftreten konnte, wenn es um das Heil der Seelen ging, zeigt der Verlauf der bereits erwähnten Emsland-Visitation im Sommer 1682. Durch den Glaubenswechsel, den Franz von Waldeck (1532–1553) im Niederstift angeordnet und Ferdinand von Bayern 1613 wieder rückgängig gemacht hatte, war hier derartige Verwirrung entstanden, daß das religiöse Leben noch auf Jahrzehnte hinaus ohne gesunde Kraft blieb. So fand der Visitator das Emsland in einem Zustand ärgster geistlicher Not. Trotz heftiger Gegenwehr entschloß er sich, drei Pfarrer, die im öffentlichen Ärgernis standen, zu suspendieren, einen pflichtvergessenen Küster seines Amtes zu entheben und einige weitere schuldige Laien dem Arm der weltlichen Gerichtsbarkeit zu übergeben.

Die Unwissenheit in Glaubensfragen, eine der tiefsten Wurzeln des religiösen Niedergangs, war im Emsland – und wohl nicht nur dort – erschreckend. Da niemand aus dem Glauben leben kann, der die christliche Lehre nicht kennt, führte der Visitator im Emsland zusammen mit den Jesuiten, die die emsländische Mission betreuten, eine besondere Art der Christenlehre ein. Er ließ an den Sonn- und Feiertagen in den einzelnen Bauerschaften die Pfarreingesessenen aller Altersstufen auf einem Gehöft versammeln und an Hand des Katechismus in den Glaubenslehren unterweisen. Wie ehedem Karl Borromäus, verlangte auch Stensen von den Pfarrern, daß sie einen catalogus scientiae führten, aus dem der religiöse Bildungsstand eines jeden Pfarrkindes klar hervorgehe.

Niels Stensen brachte für sein apostolisches Amt eine wichtige Voraussetzung mit: die Gabe des Wortes. Es fiel ihm leicht, in seinen Ansprachen und Predigten den Zugang zur Seele des Volkes zu finden. Die Firmungs- und Visitationsreisen waren ja zugleich Predigtreisen. Nicht selten bestieg der Suffragan dreimal am Tage die Kanzel. Stensens literarischer Nachlaß enthält 45 Predigtskizzen, die wohl zum weitaus größten Teil während der predigtreichen Münsterer Zeit niedergelegt worden sind. Sie zeugen sowohl von der hohen Intelligenz des Gelehrten als auch von der tiefen Einsicht und Gemütswärme des sorgenden Seelenhirten.

Der Weihbischof stellte seine Predigten stets unter einen bestimmten Grundgedanken, den er in klarer Gliederung und in engster Anlehnung an die Hl. Schrift lebendig, phantasievoll und praktisch entwickelte. Es war das Bestreben des Predigers, den Willen seiner Zuhörer anzusprechen und für einen kräftigen Entschluß zu gewinnen. Stensens geistliche Rede war frei von hohlem Pathos, gesuchtem Wesen, geistreichen Spitzfindigkeiten und anderen homiletischen Verfallserscheinungen der Zeit. Der Weihbischof suchte in seinen Predigten nichts als die Ehre Gottes und das Heil der Seelen. Noch eindrucksvoller als durch sein Wort predigte der Weihbischof durch sein Beispiel, durch seine heiligmäßige Persönlichkeit. „Seine Worte überzeugten nicht allein durch das Gewicht der Vernunft", so schreibt ein Augen- und Ohrenzeuge, „sondern nicht minder durch die Güte, Milde und Demut, die in ihnen mitschwangen, und nicht zuletzt durch die ernste Würde und die außerordentliche Bescheidenheit, die aus seinem Antlitz, ja aus seiner ganzen Persönlichkeit sprachen" (Ep. II 971). In seiner Lebensführung verwirklichte Stensen mit unerbittlicher Konsequenz die Nachfolge Christi. Der Weihbischof war ein Mann des Gebetes. Sein Münsterer Kaplan Heinrich Holtrichter schreibt über ihn: *assiduus in meditationibus, totus spiritualis*, unermüdlich im Gebet! Mit diesem Geist der Innerlichkeit verband Stensen den Geist der Buße und steter Opferbereitschaft. In der Kleidung vermied er jeglichen Aufwand. Wie einst Karl Borromäus, schränkte er seinen Haushalt auf das Notwendigste ein. Seine Reisen durch das Bistum unternahm er gewöhnlich zu Fuß. Er legte an einem Tage Wegstrecken bis zu sieben Stunden zurück. Trotz dieser ungewöhnlichen Anstrengungen übte er in Speise und Trank strengste Enthaltsamkeit. Am Montag, Mittwoch und Freitag jeder Woche nahm der Suffragan lediglich gegen Abend eine Stärkung zu sich, die in trockenem Brot und einem Trunk bestand. Die für ihn bereiteten Speisen ließ er oft durch seinen Kaplan heimlich den Armen reichen. „Seine ganze Habe", so schreibt Kaspar E. Schmael, „teilte er an die Armen aus. Als nichts mehr übrig war, verkaufte er für die Notleidenden seinen silbernen Bischofsstab und seinen kostbaren Ring" (Ep. II 968). Der Bischof ruhte in der Nacht nicht länger als vier oder fünf Stunden. Schon seit Jahren benutzte er kein Bett. Er verbrachte die Nacht auf einem Stuhl oder, in den Mantel gehüllt, am Boden. *Omnibus benignus, in seipsum severus*, gegen alle gütig, gegen sich selbst streng (Ep. II 992), so kennzeichnet ihn Kaplan Holtrichter.

Das Opferleben des Weihbischofs blieb den Gläubigen nicht verborgen. Sie schauten in Ehrfurcht zu seiner heiligmäßigen Persönlichkeit auf. Sein Beispiel führte, wie der Hildesheimer Kapuziner-Chronist 1686 bemerkt, die geistlichen Mitbrüder zu heilsamer Ordnung, die Laien zur Gottesfurcht, die Guten zu höherem Vollkommenheitsstreben und die Sünder zur Buße (Ep. II 964). Mit welchen Augen das einfache Münsterländer Volk den unermüdlichen Seelenhirten sah, verrät eine Notiz des Ahauser Ratsprotokolls: „Anno 1682, den 5., 6. und 7. Juli, ist der neue Bischof, den Se. Hochfürstl. Gnaden Ferdinand II. angenommen hat, in Ahaus gewesen, wo er jeden Tag predigte, firmte und auch meistenteils zu Fuß von einem Ort zum andern reiste und so exemplariter und in Speise und Trank so sobrie [maßvoll] lebte, daß er einem Heiligen gleichgehalten wurde."

III.

Die Hirtensorge des Weihbischofs gehörte nicht nur dem gläubigen Volk, sondern auch den geistlichen Führern des Volkes und denen, die in den Klöstern nach höherer Vollkommenheit strebten oder doch streben sollten. Wir sehen Stensen bei den Benediktinern von Liesborn, Corvey, Abdinghof und Marienmünster und bei den Zisterziensern von Marienfeld, wo er jeweils den vom Konvent Erwählten die Abtsweihe erteilte. Besonders gern weilte der Weihbischof im Jesuitenkolleg zu Münster, das damals 73 Mitglieder zählte. In den beiden ersten Jahren seiner Münsterer Wirksamkeit feierte er hier am Fest des hl. Franz Xaver ein Pontifikalamt, an dem 1682 82 Priester teilnahmen, der Fürstbischof an der Spitze. Die Patres waren tief beeindruckt von dem ausgezeichneten Beispiel und der tiefen Frömmigkeit des Suffragans (Ep. I 92). Mit den Kapuzinern hatte der Bischof zwar in Hannover nach dem Zusammenbruch der dortigen Mission im Jahre 1680 einige Auseinandersetzungen gehabt, aber der ehrfürchtige Nachruf, den der schon erwähnte Hildesheimer Kapuziner-Chronist 1686 Stensen widmete, zeigt, daß die Patres sehr wohl zwischen Person und Sache zu unterscheiden wußten.

Der geistlichen Führung bedurften namentlich die Frauenstifte Münsters. Neben sonstigen weiblichen Konventen gab es zur Zeit Stensens in der Bischofsstadt zwei Frauenstifte, die aus alten vornehmen Beginenhäusern hervorgegangen waren: Ringe und Rosenthal. Beide hatten sich in ihrer Verfassung alte Freiheiten bewahrt und waren damals wie später Stätten für die Töchter des gehobenen Münsterer Bürgertums. Ringe war seit dem letzten Viertel des 15. Jahrhunderts Tertiarinnenstift des hl. Franz, unterstand aber zu Stensens Zeit nicht mehr unmittelbar der Ordensleitung, sondern dem Diözesanbischof. Rosenthal hatte sich im 15. Jahrhundert der Bewegung der Schwestern vom gemeinsamen Leben angeschlossen. Die besondere Fürsorge Stensens erfuhr das Frauenstift Ringe. In den uns erhaltenen 19 Briefen, die Stensen als Beichtvater bzw. als geistlicher Berater des Konventes an die Oberin und die Schwestern richtete, offenbart sich der tiefinnerliche Seelenführer, der echte Gemütswärme mit pastoraler Klugheit und männlicher Festigkeit glücklich zu verbinden wußte. Der Suffragan zelebrierte gern in der stillen Hauskapelle von Ringe die hl. Messe und ermahnte in seinen Ansprachen die Schwestern zu einem regeltreuen Gemeinschaftsleben.

Im Frühjahr 1683 unternahm Stensen im Auftrag des Fürstbischofs eine Visitation des Frauenstiftes Rosenthal. Die zwölf Schwestern unterstanden der geistlichen Leitung der Fraterherren. Der Weihbischof war jedoch genötigt, wegen eines anderweitigen fürstbischöflichen Auftrages die Visitation zu unterbrechen. Er hinterließ den Schwestern einige vorläufige Bestimmungen, aus denen hervorgeht, wie sehr in dieser Kommunität die Konventsdisziplin und das Einvernehmen der Schwestern untereinander zu wünschen übrig ließen. Ähnlich verlief eine Visitation der Lothringer Chorfrauen in Münster. Auch in diesem Konvent herrschte böser Unfriede, der das Gemeinschaftsleben nahezu völlig lähmte. Vergeblich forderte der Visitator die Präbendarinnen zur Beobachtung der Klausur auf, umsonst schärfte er der Oberin größere Liebe und den Schwestern Eintracht und Frieden ein. Nach dem Tode des Fürstbischofs verbot das Domkapitel dem unbequemen Suffragan die Fortführung der Visitation beider Konvente und hob dessen Verfügungen auf.

Zu dem freiweltlichen adeligen Kanonissenstift Nottuln hatte der Weihbischof keine unmittelbare Verbindung. Eine Stiftsfrau dieses Konventes, Franzellina Odilia von Galen, eine Tochter des

Erbkämmerers Franz Wilhelm Bernhard von Galen, stand aber mit ihm in Fragen des religiösen Innenlebens in regem Briefverkehr. Da es sich bei dem Stift nicht um ein Kloster handelte und die Kanonissen keine Gelübde ablegten, war der Lebensstil des Konventes freier, weltzugewandter. Stensen mußte also in seiner religiösen Beratung hier mit anderem Maß messen, als er es bei den weiblichen Kongregationen in Münster gewohnt war. Gleichwohl wies er die Ratsuchende auf die ernste Gewissensverpflichtung hin, die der kirchlich-religiöse Ursprung des Stiftes den Pfründeninhaberinnen auferlegte. Er verurteilte daher auf das nachdrücklichste eine Tanzveranstaltung der Stiftsfrauen, und zwar mit Worten und Bildern, die deutlich machen, wie meisterhaft der dänische Gelehrte die deutsche Sprache und die münsterländische Vorstellungswelt in den Dienst der Seelenführung zu stellen wußte.

Niels Stensen war von der inneren Zerrissenheit und dem Mangel ernsten Strebens nach Vollkommenheit in manchen Konventen tief berührt. Es übersah jedoch nicht, daß diese Dinge nur am Rande des Kernproblems lagen, ohne dessen Lösung weder in den Klöstern noch in der Welt eine Besserung zu erwarten stand, nämlich der Hebung des geistlichen Standes. Der Seelsorgsklerus vermied zwar grobe Ärgernisse – die erwähnten Vorgänge im Emsland waren Ausnahmen –, aber ihm fehlte das Feuer lebendigen Eifers. Die Seelsorge wurde vielerorts planlos, gleichgültig und ohne vernünftige Leitung ausgeübt. Der Mißbrauch des Pfründenwesens, der trotz der strengen Reformdekrete des Tridentinums andauerte, verhinderte eine echte Berufsauslese. Der Weihbischof, der regelmäßig die Weihen zu erteilen hatte, machte sich schwerste Gewissenssorge, weil er auf die Auswahl der Kandidaten nicht den entsprechenden Einfluß nehmen konnte. Seine Maßnahmen gegen Unberufene hatten derartige Widerstände seitens der Betroffenen und des Domkapitels zur Folge, daß er sich kaum zu behaupten vermochte. Stensen wurde vom Fürstbischof auch zur Abhaltung der Pfarrkonkursprüfungen delegiert. Hier gab es die gleichen Schwierigkeiten. Selbst die Diözesansynoden, auf die das Trienter Konzil ausdrücklich hingewiesen hatte und bei denen der Suffragan mehrere Male den Vorsitz führte, blieben für die Erneuerung des Klerus fruchtlos und verdienten, wie Stensen schreibt, nicht einmal den Namen. Wo immer sich eine Gelegenheit bot, war der Weihbischof bemüht, den priesterlichen Geist zu erneuern und Seeleneifer zu wecken. Welche Gesichtspunkte ihn dabei leiteten, zeigt uns das Mahnschreiben an die Pfarrer ‚Parochorum hoc age', das der Weihbischof sogleich in den ersten Monaten seiner Münsterer Zeit in Angriff nahm und 1682 vollendete. Das beste Seelsorgemittel sei die persönliche Heiligkeit des Hirten. Der rechte Seelsorger, so schreibt Stensen, ist das lebendige Buch, in dem die Gläubigen das Gesetz Christi lesen. Mit Nachdruck weist der Suffragan auf die Notwendigkeit der individuellen Seelsorge hin. Wie der leitende Arzt eines Spitals den Körper seines Patienten, so müsse der Seelenarzt den Zustand der Seele kennen, wenn er sie heilen wolle. Daher gehörten regelmäßige seelsorgliche Hausbesuche zu den wichtigsten Obliegenheiten des Pfarrers und seiner Gehilfen. Solange freilich die Mehrzahl der Pfarrstellen nach Gunst und Gabe verliehen oder gar durch simonistische Machenschaften erhandelt werde, bleibe es mit der pastoralen Betreuung des Volkes schlecht bestellt.

Während Niels Stensen bei den Seelsorgsgeistlichen im allgemeinen reformbereite Herzen fand, trat ihm das Domkapitel von vornherein mit kühler Reserve, ja mit Ablehnung gegenüber. Die Domherren hatten infolge des aktiven und passiven Fürstenwahlrechts und zahlreicher verfassungsmäßiger Privilegien eine politisch und wirtschaftlich überaus starke, unabhängige Stellung inne. Die Ahnenprobe öffnete seit alters nur einem verhältnismäßig kleinen Kreis des westfälischen und rheinischen Landadels den Zutritt zu diesem aristokratischen Gremium. Die Präbende hatte im Besitz dieser Junker nach und nach ihre ursprüngliche geistliche Bestimmung verloren und war zu einem politischen und wirtschaftlichen Machtmittel geworden. Gleichwohl hatte dieses Kapitel – wir dürfen es nicht übersehen – eine geschichtliche Sendung erfüllt. In seinem Schoß war wiederholt die Entscheidung für den Glauben der Väter gefallen, wenn der Landesherr oder schwankende Mitbrüder im Begriff standen, an ihrem Glauben Verrat zu üben. Viele seiner Mitglieder hatten in hervorragender Weise an der inneren Ausstattung der Kathedrale mitgewirkt und sich um die kirchliche Kultur des Landes große Verdienste erworben.

Die Vorrangstellung des Kapitels konnte nur so lange unerschüttert bleiben, als es den Domherren gelang, die Durchführung des Tridentinums, dessen einschneidende Reformbestimmungen die Stellung des Bischofs auf Kosten des Kapitels nachdrücklich gestärkt hatten, zu verhindern und die mittelalterliche Feudalverfassung mit ihrer dezentralisierenden Tendenz auch im kirchlichen Bereich aufrechtzuerhalten. In diesem unerschütterlichen Festhalten des Domkapitels an seiner traditionellen Machtposition, in der hartnäckigen Weigerung, dem Oberhirten des Bistums in der Wahlkapitulation die ihm gebührende zentrale Stellung innerhalb der Kirchenleitung einzuräumen, lag der tiefste Grund dafür, daß die tridentinischen Reformen in der Vergangenheit nicht entscheidend durchgedrungen waren. Stensen sah diese Zusammenhänge.

Die Domherren ihrerseits erkannten in dem gelehrten, reformeifrigen Weihbischof eine Gefahr für ihre Welt, die in ihrer Gültigkeit bisher kaum ernstlich in Frage gestellt worden war. Christoph Bernhard, in aristokratischen Vorurteilen befangen, hatte in einer Relatio an Innocenz X. (1644–1655) die Ahnenprobe gar eine „löbliche Gewohnheit Deutschlands" genannt und es, wenn auch gewiß nicht zustimmend, hingenommen, daß von den 40 Domherren, die durchweg ohne Frömmigkeit und theologische Bildung waren, nur acht überhaupt residierten. Im Gegensatz zu den Reformmethoden mancher geistlichen Landesfürsten bekämpfte Stensen nicht in erster Linie die Krankheitssymptome, sondern den Erreger: die Verweltlichung der kirchlichen Führung des Bistums. Er forderte eine reformatio in capite, der dann die reformatio in membris schon folgen werde. Es war der gleiche Weg, den Karl Borromäus an der Römischen Kurie und in Mailand mit so großem Erfolg beschritten hatte. Der Weihbischof war darüber empört, daß außer dem Domdechanten kaum je ein Kanoniker am Chorgebet, dem eigentlichen Dienst des Kapitels, teilnahm, daß die Herren aber vollzählig im Chor erschienen, wenn auf Martini und Jakobi im Kapitelsaal Präsenzen und Einkünfte zur Auszahlung gelangten.

Da der Suffragan sich nicht fremder Sünden schuldig machen wollte, weigerte er sich, denen die Hände aufzulegen, die sich durch simonistischen Pfründenerwerb befleckt hatten oder die die Weihen nur zu dem Zweck erstrebten, um Sitz und Stimme im Kapitel zu gewinnen oder die ein geistliches Amt wie ein Familienerbstück betrachteten. Stensen nahm schweren Anstoß daran, daß die Präbendare – auch die der Stiftskapitel – mit den Erträgnissen ihrer gehäuften Pfründen aufwendige Gastmähler hielten, während die Gotteshäuser leer standen. Die Kanoniker nannten ohne Gespür für echte seelische Not das Verhalten des Weihbischofs kleinlich, skrupulös. Sie suchten seine Stellung beim Fürstbischof zu schwächen. Ferdinand von Fürstenberg stand jedoch überzeugt zu den Reformideen seines Suffragans, wenn er auch gelegentlich als feingebildeter Humanist gewisse asketische Übertreibungen in der Kleidung und Lebensführung des Weihbischofs mit Rücksicht auf dessen Amtsstellung als unangebracht bemängelte.

Nach dem Tode des Fürstbischofs am 26. Juni 1683 hatte das Domkapitel Stensen gegenüber freie Hand. Es übertrug dem Domdechanten Rotger von Torck († 1686) das Amt des Kapitularvikars und berief einen Geistlichen Rat, in dem Torck ebenfalls den Vorsitz führte. Der Weihbischof blieb zwar im Amt, erhielt aber vom Domdechanten Weisung, seine Visitation in den Klöstern und Pfarreien ohne Verzug einzustellen, sich jeglicher Jurisdiktion zu enthalten und auf die bischöflichen Weihehandlungen zu beschränken. Das Kapitel sprach die Erwartung aus, daß der Suffragan bei der Prüfung der Weihekandidaten künftig großzügiger verfahre und sich in Zweifelsfällen dem Urteil des Geistlichen Rates unterwerfe. Das gelte namentlich für die Erteilung der Tonsur, die zur Erlangung einer Präbende Voraussetzung war.

Stensen erhob Einspruch gegen die Maßnahmen des Domdechanten. Er bestritt diesem das Recht, in die Visitationen einzugreifen, ohne zuvor eine Entscheidung der S. Congregatio Episcoporum et Regularium einzuholen. Torck habe durch sein Eingreifen namentlich in den Frauenklöstern bereits großes Unheil angerichtet. Hinsichtlich der Weihen sei ihm, Stensen, seine Haltung durch das Gewissen vorgeschrieben. Wenn er anders handele, fühle er sich beschwert. Er sei aber bereit, seine Grundsätze bei der Prü-

fung der Weihekandidaten schriftlich niederzulegen und gegebenenfalls durch Dritte prüfen zu lassen. Zur gleichen Zeit erstattete Stensen Innocenz XI. in einer Schrift über die Handauflegung Bericht über die unhaltbaren Weiheverhältnisse in Münster und klagte dem Papst die Gewissensnot, die ihn vor jeder Weihe bedrängte. Wohl in dem Gedanken an einen Erholungsaufenthalt in Italien bat er den Heiligen Vater, ihn wenigstens zeitweise aus seinem weihbischöflichen Amt zu entlassen.
Und nun eilte die Entwicklung mit Riesenschritten ihrem dramatischen Höhepunkt entgegen. Zum ersten und einzigen Mal in seiner bischöflichen Wirksamkeit sah Stensen sich genötigt, bestimmend in den Gang der deutschen Kirchengeschichte einzugreifen. Es ging um die Bischofswahl. Der Weihbischof hatte nur die eine Sorge, daß Münster einen Oberhirten erhielt, der im Sinne des Tridentinums ohne Belastung durch die Verantwortung für andere Bistümer inmitten seiner Herde residierte und zunächst und in erster Linie das ewige Heil der ihm anvertrauten Seelen suchte. Es zeigte sich jedoch bald, daß das Domkapitel gar nicht die Absicht hatte, eine kanonische Wahl durchzuführen. In dem Bestreben, sich selbst die Macht zu sichern, befürwortete eine Reihe einflußreicher Kanoniker, unter ihnen der Domdechant von Torck, die Kandidatur des Kölner Kurfürsten und Erzbischofs Max Heinrich von Bayern († 1688), eines alternden Fürsten, der sich melancholisch und mißtrauisch von der Welt abschloß und außer dem Erzbistum noch die Bistümer Lüttich und Hildesheim in seiner Hand vereinigte.
Da Stensen selbst dem Kapitel nicht angehörte, konnte er auf die Wahl nicht unmittelbar einwirken. Es blieb ihm daher nur der Weg über Rom. Der Weihbischof zögerte nicht, ihn zu beschreiten. In einem ausführlichen Bericht vom 20. Juli 1683, der für die Kenntnis der innerkirchlichen Verhältnisse des Bistums im 17. Jahrhundert von hohem Wert ist, unterrichtete er den Papst über den beklagenswerten Zustand der Diözese. Er habe es für seine Pflicht gehalten, so schreibt der Suffragan abschließend, die Mißstände schonungslos darzulegen, damit S. Heiligkeit klarsehe, wie sehr das Bistum eines Hirten bedürfe, der das Geistliche suche. Mit einem Bischof, der gezwungen sei, durch Stellvertreter zu regieren, werde nichts gewonnen. Die Macht gewisser Adelsfami-

lien sei so groß, daß kaum jemand den Mut und die Kraft aufbringe, sich ihnen gegenüber zu behaupten. Selbst die Bischöfe ließen sich in ihren Entschlüssen nicht selten von derartigen Rücksichten leiten. So bringe die schonende Rücksicht auf Menschenfamilien der Gottesfamilie unabsehbaren Schaden. Wie berechtigt Stensens Sorge um die Bischofswahl war, sollte der Verlauf der Wahlvorbereitungen zeigen. Der dänische Gesandte Marquard Gude, der bei der Wahl die Interessen seines Landes zu vertreten hatte, berichtete seiner Regierung bezeichnende Einzelheiten über den unwürdigen Schacher, der mit dem hohen Amt des Bischofs getrieben wurde. „Der güldine Angel, womit H. Ducker [ein kurkölnischer Rat] fischet, und woran unter anderen geistliche beneficia, feiste Prebenden, ansehnlich Praelaturen angehengt, locket zwar wünderlich der die darauff entflammete Gemüther, gleichwohl will niemand annoch recht anbeißen, viel weniger sich hierin verbindtlich machen" (Ep. I 103). Am 31. August 1683 war die Lage endlich geklärt. Der französische Gesandte hatte die Stimmen der Domherren *aureis catenis*, mit goldenen Ketten, an den Kurfürsten gebunden, und Max Heinrich unterzeichnete die Wahlkapitulation. Der förmliche Wahlakt wurde auf den folgenden Morgen festgesetzt. Max Heinrich von Bayern ging als einstimmig gewählter Bischof von Münster aus der Wahl hervor.

Weihbischof Stensen war keinen Augenblick über den simonistischen Charakter der Wahlhandlung im Zweifel. Alle seine Hoffnungen auf eine durchgreifende Reform des Bistums waren zusammengebrochen. Es entsprach alter Sitte, die offizielle Wahl des Oberhirten durch ein Hochamt zum Heiligen Geist, gefeiert vom Suffragan, einzuleiten. Der Domdechant ersuchte daher den Weihbischof auch in diesem Falle, das Amt zu zelebrieren. Stensen war jedoch nicht gewillt, der eindeutig simonistischen Wahl noch überdies den Segen der Kirche zu geben. Er beantwortete das Ersuchen damit, daß er in der Morgenfrühe des Wahltages mit seinen Dienern Münster verließ und dem Domdechanten ausrichten ließ, er könne den Beistand des Heiligen Geistes nicht zu einer Wahl anrufen, die bereits feststehe.

Stensens Abschied von Münster war nicht etwa Ausdruck müder Resignation. Der Weihbischof war im Gegenteil entschlossen, den

Kampf gegen die simonistische Wahl, die zu ihrer förmlichen Rechtsgültigkeit noch der päpstlichen Bestätigung bedurfte, mit allen Mitteln fortzusetzen. Der Suffragan begab sich von Münster nach Hamburg, dem Sitz des Apostolischen Vikariates. Das letztere unterstand infolge testamentarischer Anordnung des Fürstbischofs vorläufig wieder der vollen Verantwortung Stensens. Der Weg führte den Weihbischof über Iburg, Osnabrück, Minden, Hannover und Celle. Unterwegs berichtete Stensen dem Papst, der Propagandakongregation und dem Kölner Nuntius Ercole Visconti von den Vorgängen um die simonistische Wahl und bat um Entscheidung hinsichtlich seiner weiteren Verwendung. Der Sekretär der Propaganda sprach dem Weihbischof wegen der Kränkungen durch den Domdechanten seine Teilnahme aus und versprach gewissenhafte Untersuchung der Sache.

Domdechant und Kapitel hatten ihrerseits bereits am 5. September 1683 Innocenz XI. die Wahl, die *non sine singulari divini Numinis providentia*, nicht ohne besondere göttliche Fügung, erfolgt sei, gemeldet und um Bestätigung derselben gebeten. Der Nuntius unterstützte diese Bitte. Er führte freilich für die Wahl des Bayernherzogs Gründe ins Feld, die 70 bzw. 100 Jahre früher in ähnlicher Lage zweifellos ihr volles Gewicht gehabt hätten: die exponierte Lage des Bistums Münster innerhalb häretischer Nachbarn. Inzwischen wußte man aber auch in Rom, daß das Zeitalter der Religionskriege in Deutschland einer Periode ruhigerer politischer Entwicklung gewichen war.

Obgleich der Kölner Nuntius die Sache des Kurfürsten und des Münsterer Kapitels vertrat, fand Niels Stensen in Rom mehr Glauben als seine Gegner. Das Domkapitel verwahrte sich zwar in einem langen Brief an den Papst gegen Stensens „abscheuliche Verleumdungen", als ob die Wahl auf unerlaubten Abmachungen beruhe, drang aber nicht durch. Trotz wiederholter Versuche des Domdechanten, den Papst von der Rechtmäßigkeit und den großen Vorteilen der Bischofswahl zu überzeugen, ließ Innocenz XI. sich in seiner ablehnenden Haltung nicht beirren. Er verstand wie kein anderer die ehrlichen Erneuerungsabsichten Stensens und trat rückhaltlos auf dessen Seite. Immer wieder beauftragte der Papst seinen Kölner Nuntius, Max Heinrich zum Verzicht auf das angemaßte Bistum zu bewegen. Noch auf dem

Sterbebett sollte der Kurfürst die eindringlich mahnende Stimme des Papstes vernehmen. Max Heinrich von Bayern hat vom Münsterer Bischofsstuhl nie Besitz genommen. Er beschränkte sich darauf, das unrechtmäßig erworbene Bistum als Electus Monasteriensis von Köln aus zu regieren.

Laut und eindringlich hatte Niels Stensen die tridentinische Forderung nach einem wahren Diözesanbischof erhoben, der den Willen und die Macht hatte, sich die brennenden Reformanliegen des Bistums zu eigen zu machen. Sein Ruf fand damals in Münster taube Ohren. Fünf Jahre später, nachdem Stensen, Torck und Max Heinrich von Köln bereits das Zeitliche gesegnet hatten, wählte jedoch das Kapitel seinen Dechanten Friedrich Christian von Plettenberg (1688–1706) zum Bischof, dessen vornehmliche Hirtensorge der Ausbildung der Geistlichen, der kirchlich-religiösen Hebung des besonders gefährdeten Emslandes und der feierlichen Gestaltung des Gottesdienstes galt. Friedrich Christian berief den Dechanten von St. Ludgeri, Johann Gottfried Höning, und nach diesem den im Collegium Germanicum vorgebildeten Dr. Johann Kaspar Bordewick als Generalvikare, beides Männer, die das besondere Vertrauen Stensens genossen hatten.

IV.

Als Niels Stensen Mitte September 1683 in Hamburg eintraf, fand er die Gemeinde in einem Zustand großer Unruhe. Nicht nur führende Katholiken befehdeten einander, sondern auch zwischen den Jesuiten, die die Mission betreuten, und einigen Gemeindemitgliedern herrschte Zwietracht. In dem Bestreben, Frieden zu stiften, wurde Stensen selbst in den Konflikt hineingezogen. Da die Jesuiten von ihren eigenen Oberen unmittelbare Weisungen empfingen, fühlte der Bischof sich in seinem Vikariat überflüssig. Ein altes Nierenleiden setzte seiner Gesundheit zu. Stensen sehnte sich nach körperlicher und geistiger Erneuerung und erfreute sich bereits an dem Gedanken, in der Muße ein Buch gegen J. Brochmands scholastisches System schreiben zu können.
So reifte in dem Apostolischen Vikar der Wunsch, sich für einige Jahre nach Livorno zurückzuziehen, wo sein fürstlicher Freund

Cosimo III. ihm ein Refugium angeboten hatte. Der Papst erteilte seine Zustimmung, Cosimo III. sandte das Reisegeld, Stensen selbst machte noch einen letzten Abschiedsbesuch in seiner Heimat Kopenhagen und stand eben im Begriff, von Hamburg aus die ersehnte Reise über Paris nach Italien anzutreten. Da traf ein Brief des Herzogs von Mecklenburg-Schwerin ein und brachte ihm die Genehmigung zum Aufenthalt in der Landeshauptstadt Schwerin und zum Gottesdienst in der Schloßkapelle. Ohne zu zögern, betrachtete Stensen das Angebot des Herzogs als einen Wink der Vorsehung, seine italienische Reise zurückzustellen und zunächst die Mecklenburger Mission zu sichern. Er fand in der herzoglichen Hauptstadt eine sehr kleine katholische Gemeinde, die er allein betreute. Herzogin Isabella empfahl Stensen, mit Rücksicht auf die Andersgläubigen, nicht als Bischof, sondern als schlichter Pfarrer aufzutreten, ein Rat, den der demütige Prälat gern befolgte.

In seinem letzten Lebensjahr erfuhr Stensen eine unerwartete Ehrung. Der Erzbischof und Kurfürst von Trier bot ihm das Amt des Suffragans in seinem Erzbistum an. Merkwürdigerweise waren es jansenitische Kreise, die diese Ernennung besonders betrieben. Der rigoristisch gesinnte Apostolische Vikar des benachbarten Holland, Johannes Neercassel, der dem späteren jansenitischen Schisma den Weg bereitete, war auf Stensen aufmerksam geworden, als dieser nach seiner Reformarbeit in Münster mutig und kompromißlos gegen die Wahl des Kölner Kurfürsten auftrat. Obschon Neercassel Stensens ablehnende Haltung gegen den Jansenismus kannte, glaubte er ihn doch für das Amt empfehlen zu sollen. Am 23. November 1686 bat Stensen den Heiligen Vater brieflich um Entscheidung, ob er nach Italien oder nach Trier gehen solle.

Eine Antwort an Stensen erging nicht mehr. Wenige Tage später, am 1. Dezember 1686, erlitt der Bischof einen schweren Krankheitsrückfall. Am 3. Dezember sah der heroische Dulder sein Ende nahen. Ein letzter dankbarer Abschiedsgruß galt dem Großherzog von Toskana, dem er die Sorge für seine Hausgenossen anempfahl. In der Morgenfrühe des 5. Dezember 1686 verschied Niels Stensen, 48 Jahre alt. Sein heiligmäßiges Sterben war die Vollendung eines reichen Lebens.

Niels Stensen (1638–1686) 533

Der Leichnam wurde zunächst im Dom zu Schwerin, im folgenden Jahre auf Wunsch des Großherzogs von Toskana in der Krypta der Florentiner Hofkirche San Lorenzo, nahe den Mediceergräbern, beigesetzt. Im Jahre 1953 fanden die sterblichen Überreste Niels Stensens, dessen Beatifikation erstrebt wird, im Rahmen einer großen kirchlichen Feier (siehe den folgenden Beitrag) in einer Seitenkapelle der San Lorenzo-Basilika ihre endgültige Ruhestätte.

Das literarische Werk Stensens liegt in sechs stattlichen Quartbänden vor: Nicolai Stenonis opera philosophica, ed. V. Maar, I–II (264 + 367 pp.) (Copenhagen 1910). – Nicolai Stenonis opera theologica, ed. K. Larsen et G. Scherz, I–II (509 + 575 pp.) (Hafniae et Friburgi 1941/47). – Nicolai Stenonis Epistulae, ed. G. Scherz, I–II (1027 pp.) (Hafniae et Friburgi 1952). Die Epistulae, ebenso wie die Opera theologica, meisterhaft kommentiert, sind für Stensens Leben und Wirken in Westfalen und den Nordischen Missionen eine überaus ergiebige Quelle. Die Ausgabe bringt auf den Seiten XIII–XXXII einen Index librorum von europäischer Weite, auf den wir hier verweisen. Ergänzend nennen wir noch J. *Studtmann*, Nikolaus Steno, der größte Naturforscher seiner Zeit, ein Apostel der norddeutschen Diaspora (1934). Eine Besprechung der Epistulae von A. *Schröer*, in der Theologischen Revue Jg. 49 (1953) Sp. 59–61. Zeugnisse der Verehrung Stensens aus der Mit- und Nachwelt trägt G. *Scherz* zusammen in der Schrift: Im Rufe der Heiligkeit (1953). Weitere neue Beiträge dieses Autors zur Stensenbiographie s. Stenoniana Catholica, Jg. 1, 62. – Mehrere wertvolle Beiträge zum aszetischen und geistlichen Leben und Reformstreben Stensens aus der Feder von Max *Bierbaum* enthalten die Zeitschriften Sanctificatio nostra (18. Jg. [1953] 277–284), An Heiligen Quellen (29. Jg. [1953] 182–185 und Jg. 30 [1954] 5–9) und Stenoniana Catholica (Jg. 1 [1955] 49–52). Zu der Visitationsreise in der Herrlichkeit Lembeck s. A. *Schröer*, Eine gestörte Visitationsreise, in: Stenoniana Catholica Jg. 1 (1955) 57–59. – Ein volkstümliches Lebensbild Stensens zeichnet E. *v. Schmidt-Pauli*, Niels Stensen, Apostel der Nordischen Missionen (1952). – Stensens grundlegende Forschungen auf dem Gebiet der Kristallographie würdigt H. *Seifert*, Nicolaus Steno als Bahnbrecher der modernen Kristallographie, in: Sudhoffs Archiv für Geschichte der Medizin und der Naturwissenschaften Bd. 38, H. 1 (1954) 29–47. F. X. *Kiefl*, Leibniz und die religiöse Wiedervereinigung Deutschlands (^{2}1925). – Auf die Angabe fremdsprachiger Literatur wird hier verzichtet. – Der bistumsgeschichtliche Hintergrund des vorstehenden Lebensbildes im Hinblick auf die Durchführung der tridentinischen Reformdekrete sowie Stensens Sonderstellung innerhalb der Reformbewegung finden sich bei A. *Schröer*, Das Tridentinum und Münster, in: Das Weltkonzil von Trient, hg. von G. Schreiber, Bd. II (1951) 295–370. In ähnlicher Weise bieten die Untersuchungen von K. *Zuhorn*, Die Beginen in Münster, in: WZ 91 (1935) 1–149, den geschichtlichen Rahmen für die monastisch-religiöse Stellung und Einordnung der Münsterer Frauenstifte, denen Stensens Hirtensorge galt. Über die Statusrelationen Christoph Bernhards berichtet J. *Schmidlin*, Christoph Bernhard von Galen und die Diözese Münster nach seinen Romberichten, in: Westfalen 2 (1910) 1–7 und 65–80. Nachträge: H. *Wieh*, Niels Stensen in Dokumenten und Bildern (1988). G. *Scherz*, Niels Stensen. Eine Biographie, 2 Bde. (1988). W. *Schneider*, Niels Stensen als Bischof im heutigen Kreis Warendorf: An Ems und Lippe, Heimatkalender für den Kreis Warendorf (1986). W. *Schüller*, Niels Stensen in Freckenhorst: Heimatheft „Freckenhorst" (1992).

30. Die Niels-Stensen-Feierlichkeiten in Florenz am Christ-Königs-Fest 1953*

Ein langgehegter Wunsch aller Stensen-Freunde fand am vergangenen Christ-Königs-Fest Erfüllung, als in Florenz die sterblichen Überreste des großen Dänen aus der Gruft gehoben und in einer würdig ausgestatteten Grabkapelle der Florentiner Hofkirche ihre neue Ruhestätte fanden. Das Bistum Münster, vertreten durch Weihbischof Heinrich Baaken und den Verfasser dieses Berichts, Domvikar Dr. Alois Schröer, nahm an der Ehrung des gelehrten Konvertiten besonderen Anteil. Denn drei Jahre seines von Glaubenseifer und Heiligkeitsstreben reich erfüllten Lebens (1680/83) hatte Stensen als Weihbischof dem Bistum Münster geschenkt. Noch ist Niels Stensen nicht zur Ehre der Altäre erhoben. Aber die Translation in Florenz sollte den Weg zu seiner Seligsprechung öffnen.**

Die schöne Stadt am Arno mit dem wuchtigen Turm des Palazzo Vecchio, der gewaltigen Kuppel des leuchtenden Marmordomes und den zahllosen Herrlichkeiten der Renaissance-Kultur – und das alles eingebettet in immergrünende Steineichen, Pinien und Zypressen – bot für die Feier einen einzigartigen Rahmen.

Empfang im Palazzo Vecchio

Zahlreiche Gäste waren der Einladung des Florentiner Oberbürgermeisters Prof. La Pira gefolgt, dessen vorbildliche soziale, aus katholischem Geist genährte Haltung weit über die Grenzen seines Landes hinaus bekannt geworden ist. La Pira empfing seine Gäste im „Saal der Zweihundert" des Palazzo Vecchio, der in seiner reichen Ausstattung eine lebendige Vorstellung vom höfisch-festlichen Lebensstil der Renaissance vermittelt. Von den deut-

---

* Kirche und Leben 8. Jg. (1953) Nr. 49 vom 6. Dezember 1953.

** Die deutsche Kommission zur Vorbereitung des römischen Prozesses zur Seligsprechung Stensens wurde von dem Bischof von Osnabrück, Dr. Wilhelm Berning, in dessen Bistum Stensen gestorben war, einberufen und geleitet. Dieser Kommission gehörten als Vertreter des Bistums Münster Weihbischof Dr. theol. h. c. Heinrich Roleff und Domvikar Dr. Dr. Alois Schröer an.

schen Bischöfen sah man außer Weihbischof Heinrich Baaken, Münster, den Bischof von Hildesheim, Dr. Godehard Machens, und Weihbischof Johannes von Rudloff, Osnabrück. Auch der Erzbischof von Salzburg, Dr. Andreas Rohracher, war erschienen. Bischof Smid aus Rom nahm als Vertreter des holländischen Episkopates an den Feiern teil. Außerdem ehrten zwölf Erzbischöfe, Bischöfe und Generaläbte aus Italien durch ihre Anwesenheit das Andenken ihres heiligmäßigen Mitbruders. Aus der dänischen Heimat Stensens war der Bischof von Kopenhagen, Dr. Theodor Suhr, gekommen. Er hatte im Verein mit dem Herausgeber der Werke Stensens, P. Gustav Scherz, vierzig dänische Ärzte und Wissenschaftler mitgebracht, die einige Tage vorher unter Führung des dänischen Oberhirten von Papst Pius XII. empfangen worden waren. Auch aus Hildesheim waren 25 Gäste angereist. Die deutsche Botschaft in Rom hatte Generalkonsul Lindner, das Land Niedersachsen Staatssekretär Skiba, entsandt. Stensens wissenschaftliche Bedeutung wurde unterstrichen durch die Teilnahme von Abordnungen der Universitäten Florenz, Nijmegen und Kopenhagen.

Stadtwachen in historischen Uniformen traten unter Gewehr, als die Bischöfe in den Palazzo Vecchio einzogen. Oberbürgermeister La Pira fand warme Worte der Begrüßung. Er sprach von der christlich gegründeten humanitas, die unserer Zeit nottue und die Niels Stensen, dieser Apostel der Caritas, uns heroisch vorgelebt habe. Für Stensen habe es keine nationalen Schranken gegeben. Er habe vielmehr gezeigt – und das sei ein Geschenk an unsere Zeit –, wie man die soliden Fundamente für das Haus Europa legt. Die neue Grabstätte in San Lorenzo sei eine Mahnung der Stadt Florenz an die Welt, Frieden, Menschlichkeit und Einheit zu wahren. Der freudige Beifall, den der Redner fand, zeigte, welcher Sympathien sich dieser aufrechte christlich-soziale Demokrat und Gelehrte erfreut. P. Scherz überreichte La Pira die von ihm redigierte mehrbändige Ausgabe der Werke Stensens.

Godehard Machens, Bischof von Hildesheim, dankte namens der deutschen Delegation dem Oberhaupt der Stadt Florenz für den festlichen Empfang in der Arno-Stadt. Der Bischof wies auf die Hinwendung Stensens zum katholischen Glauben hin, die in dieser Stadt ihre letzte Ausreifung und ihren endgültigen Durchbruch erfahren habe. Gewiß sei Stensens wissenschaftliche Bedeutung überragend, aber ihre Krönung habe sie in Florenz gefunden, wo der Gelehrte letzte Konsequenzen aus der erkannten Wahrheit gezogen habe. Der romanische Sarkophag Stensens in der neuen Grabkapelle zeige in einem Relief Christus als Totenerwecker. Jetzt sei es an uns, das Andenken Stensens neu zu beleben und in die Welt zu tragen. Mehr denn je bedürfe heute die Welt, wie La Pira mit Recht hervorgehoben habe, seiner als eines Symbols der christlichen Einheit der Völker.

Staatssekretär Skiba, Hannover, sprach als Vertreter des Landes Niedersachsen und der Stadt Hannover und würdigte kurz Stensens Bedeutung für die Nordischen Missionen. In vollendetem Latein entboten der Rektor der Universität Nijmegen, P. Robbers SJ, und Prof. Gottfredsen von der medizinischen Fakultät der Universität Kopenhagen Grüße und Wünsche und gedachten der hohen wissenschaftlichen Leistungen ihres einstigen Kollegen. Prof. La Pira dankte allen Rednern und hob abschließend nochmals das besondere Anliegen hervor, das sich mit der Bitte um die Seligsprechung Niels Stensens für Europa und die gesamte christliche Welt verknüpfe: Einheit und Frieden!

Der liturgische Höhepunkt

Mit Besorgnis sahen die Florentiner und ihre Stensen-Gäste der kirchlichen Translationsfeier am Christ-Königs-Fest entgegen, als in der vorhergehenden Nacht ein heftiger Dauerregen niederging. Aber der helle Morgen siegte über das Unwetter, während sich im Kreuzgang von San Lorenzo, der Grabeskirche der Mediceer, Erzbischöfe, Bischöfe und Generaläbte, der übrige Klerus und die Repräsentanten der weltlichen Behörden und der Wissenschaft, zusammen mit Studenten und Pfadfindern, zum festlichen Zug durch die Stadt formierten. Junge Priesteraspiranten des Niels-Stensen-Kollegs in Hannover hatten die Ehre, im Wechsel mit dänischen und florentinischen Studenten den aus edelstem Kastanienholz gearbeiteten Sarg Stensens auf ihren Schultern durch die Straßen zu tragen. Der Sarg wurde von Carabinieri in Gala-Uniform eskortiert.

Unmittelbar vor dem Sarg schritt der Oberhirt aus Stensens dänischer Heimat, Bischof Dr. Theodor Suhr von Kopenhagen, Däne und Konvertit wie sein gefeierter Landsmann. Die Florentiner Stadtkapelle, die den Zug eröffnete, spielte festliche Weisen. Die Häuserfronten waren mit Teppichen geschmückt, von hohen Balkonen flogen Blumen auf den Sarg des einstigen großen Mitbürgers. Tausende von Menschen säumten die Straßen und ließen den Festzug in ehrfürchtigem Schweigen an sich vorüberziehen. Durch das girlandengeschmückte Portal von San Lorenzo, das Stensen in seinem Leben so oft durchschritten hatte, bewegte sich der Zug zum Hochchor der Kirche. Und nun gestaltete sich ein Bild von bunter Farbenpracht, das in einzigartiger Weise italienisches Wesen verkörperte.

Sechs mächtige Kerzen brannten auf dem Hochaltar, der ein mehrere Meter hohes Kreuz trägt. Auf hohem Thron assistierte, in Purpur gekleidet, der Erzbischof von Florenz, Elia Kardinal Dalla Costa, dem Pontifikalamt, das Bischof Suhr von Kopenhagen zelebrierte. Rote und weiße Banner, das Lilienwappen von Florenz, Hellebardiere in bunten altflorentiner Trachten, Stadtgardisten und Ordensritter mit mittelalterlichen Waffen und Emblemen, die Dozenten der Florentiner Universität im Hermelin und, als Ausdruck höchster liturgischer Festlichkeit, zu beiden Seiten des Chores vierzehn Kirchenfürsten im bischöflichen Ornat: Das ist in knappen Strichen die Kulisse, vor der sich das heilige Meßopfer des Altares vollzog.

Fanfarenstöße kündeten den Beginn des heiligen Geschehens. Akkorde des Orchesters klangen auf, in die der Chor, die fünfstimmige Messe „Tu gloria Jerusalem" von dem Florentiner Domkapellmeister Msgr. Bartolucci singend, jubelnd einfiel: Das alles verband sich zu einer Symphonie der Farben und der Töne, wie sie nur vom südlichen Menschen gestaltet werden kann. Unter den gewaltigen Klängen des Schlußchorals aus der Johannespassion von Johann Sebastian Bach begaben sich nach dem Amt Bischöfe, Äbte und die übrigen Gäste unter Führung des Kardinals von Florenz zur neuen Grabstätte Stensens, wo alle in stillem Gedenken verweilten. In ehrfürchtiger Verehrung berührten die Gläubigen mit Rosenkränzen, Blumen und Tüchern den kostbaren Schrein, der das Sterbliche des rastlosen Wahrheitssuchers und heiligmäßigen Bischofs birgt.

In der Mittagsstunde vereinte eine gemeinsame Mittagstafel im Florentiner Priesterseminar die italienischen Gastgeber und die ausländischen Gäste – eine willkommene Gelegenheit für die deutschen Teilnehmer, zu den italienischen und dänischen Freunden, mit denen sie sich durch das gleiche Anliegen verbunden wissen, persönliche Brücken zu schlagen.

Weihbischof Baaken spricht

Am Nachmittag fand im großen Festsaal des Palazzo Vecchio eine Gedenkfeier zu Ehren Stensens statt, in der der Schriftsteller Piero Bargellini in einem glänzenden Vortrag das Leben Stensens darbot und namentlich dessen Konversion nachzuzeichnen suchte. Italienische und dänische Wissenschaftler feierten in Kurzansprachen den hohen wissenschaftlichen Rang des gelehrten Forschers und Entdeckers Stensen.

Alsdann betrat Weihbischof Baaken, Münster, das Rednerpult und hob einen Zug aus dem Bild seines gefeierten Vorgängers heraus, der im Chor der Redner bisher kaum angeklungen war: Stensen, der *Seelsorger*. Als das Vorbild des hingebenden Seelsorgers, so führte der Weihbischof u. a. aus, sei Niels Stensen in die Geschichte der Münsterer Reformbewegung des ausgehenden 17. Jahrhunderts eingegangen. Zutiefst beunruhigt über den religiösen Niedergang im damaligen Fürstbistum Münster, habe Stensen immer wieder von der hohen Warte seiner durchgeistigten Innerlichkeit wie ein Prophet des Alten Bundes die geistlichen und weltlichen Großen warnend auf das drohende Verderben hingewiesen, dem sie entgegeneilten. Jüngste Forschungen hätten überzeugend dargetan, daß der heiligmäßige Weihbischof zu den wenigen Führern des damaligen kirchlichen Lebens gehört habe, die sich mit dem Einsatz ihrer ganzen Person bemüht hätten, die katholische Reformbewegung ihrem letzten entscheidenden Anliegen zuzuführen: Der Heiligung der Welt durch innerliche, heilige Priester. In allem sei es Stensen um den Menschen gegangen, um dessen Gottebenbildlichkeit. Diesem erhabenen Ziel hätten die unermüdlichen Visitationen und Firmungsreisen in den weitentlegenen Gauen des Münsterlandes, die Stensen unter harten persönlichen Opfern zu Fuß unternommen habe, ebenso gedient wie seine zitternde Sorge um den Priesternachwuchs und die Ordensleute. Weihbischof Baaken verwies auf eine Schrift des heiligmäßigen Seelenhirten aus der Münsterer Zeit (Parochorum hoc age), die man die Magna Charta pastoraltheologischer Weisheit nennen könne und deren Gedankengut gerade heute in unseren Priesterseminaren gelehrt und von unseren Seelsorgern studiert werden sollte. Weihbischof Baaken fand Worte der Anerkennung und des Dankes für den in der Festversammlung anwesenden verdienten Stensen-Forscher P. Gustav Scherz, der im vorigen Jahre die Briefe Stensens ediert hat. Rund ein Viertel der gesamten vorliegenden Korrespondenz entfalle auf die Münsterer Zeit. Die Briefe seien beredte Zeugen für das tiefe Verantwortungsgefühl, die peinliche Gewissenhaftigkeit und das starke Gottvertrauen, die den heiligmäßigen Seelenhirten bei der Erfüllung seiner pastoralen Pflichten geleitet hätten. „Möge", so schloß Weihbischof Baaken seine mit starkem Beifall aufgenommenen Ausführungen, „das Bild dieses Seelenhirten, der hoffentlich bald zur Ehre der Altäre erhoben wird, namentlich zu den Herzen unserer jungen Priestergeneration sprechen; dann mag es gelingen, eine verirrte Welt wieder heimzuholen zu Gott."

Botschaft des Heiligen Vaters

Einleitend hatte Weihbischof Baaken die Grüße und Segenswünsche des Bischofs von Münster, Dr. Michael Keller, für die Florentiner Stensen-Feier übermittelt. Auch der Erzbischof von Köln, Josef Kardinal Frings, sowie der Bischof von Osnabrück, Erzbischof Dr. Wilhelm Berning, ließen der Festversammlung telegraphisch ihre Grüße und Glückwünsche zum Ausdruck bringen.

Mit langanhaltendem, freudigen Beifall wurde ein Telegramm aus der Vatikanstadt aufgenommen, das eine Botschaft des Heiligen Vaters enthielt. Das Telegramm, an den Kardinal von Florenz gerichtet, und von Prostaatssekretär Montini gezeichnet, hatte folgenden Wortlaut: „S. Heiligkeit ist erfreut, daß sich in Florenz aus dem glücklichen Anlaß der Übertragung der Gebeine Niels Stensens von der Unterkirche in die Basilika selbst bedeutende Vertretungen aus Italien und den nördlichen Ländern eingefunden haben, um einem Manne Ehrung zu erweisen, der durch seine geistigen und moralischen Eigenschaften so sehr hervorragte. Der Heilige Vater ruft den Segen des Himmels, geistliche Freude und Frieden auf die Festversammlung herab und spendet Eurer Eminenz, dem Bürgermeister von Florenz sowie allen Autoritäten und sonstigen Teilnehmern der heiligen Handlung den Apostolischen Segen." Weihbischof Baaken und der Verfasser dieses Berichts hatten am Tage vor Allerheiligen das große Glück, zusammen mit der Osnabrücker Abordnung, Weihbischof Johannes v. Rudloff und Domvikar Nagel, und dem Münsterer Priesterstudenten der Gregoriana, Paul Helbernd, vom Heiligen Vater zu Castel Gandolfo in Audienz empfangen zu werden.

Gegen Ende der festlichen Stensen-Gedenkfeier im Palazzo Vecchio dankte Bischof Suhr von Dänemark für die hohen Ehrungen, die seinem großen Landsmann in diesen Tagen zuteil geworden seien. Er scheide in der Hoffnung, daß Stensen bald zur Ehre der Altäre gelangen werde. In diesem Sinne rief er der Festversammlung zu: Auf Wiedersehn in Florenz!
Silberfanfaren ließen den denkwürdigen Tag ausklingen.

Auf den Spuren Niels Stensens

Die Translationsfeier war vorüber. Aber so stark war das Erleben dieser Tage, daß uns Florenz vorerst noch nicht losließ. Wir entschlossen uns, noch zwei Tage in dieser Stadt, die Stensens geistige Heimat gewesen war, zu verweilen.
Und nun wanderten wir auf den Wegen, die Stensen gegangen war und besuchten jene Stätten, die in seinem Leben so entscheidend wurden: Das Hospital Santa Maria Nuova, wo er als Arzt tätig gewesen war; den Palazzo Pitti, die Residenz der Mediceer, der hohen Gönner Stensens; das Baptisterium, wo er (bedingungsweise) das Bad der Wiedergeburt empfangen hatte; den Dom, in dem er zum Priester geweiht worden war und nicht zuletzt Santissima Annunziata, wo er am Altar der Gottesmutter sein erstes heiliges Opfer feiern durfte.
Gern folgten wir der Einladung der dänischen Gäste, mit ihnen in die toskanische Landschaft zu fahren, die dem großen Geologen Stensen mannigfache Anregung zu seinen bahnbrechenden Erkenntnissen gegeben hatte.

V. Geistliche Persönlichkeiten

Und dann standen wir ein letztes Mal am Sarkophag Niels Stensens in der stillen Grabkapelle von San Lorenzo, hoffend, daß in nicht allzu ferner Zeit das Sterbliche des begnadeten Münsterer Weihbischofs wiederum aus der Gruft getragen und zu den Altären erhoben wird.*

---

* Die Seligsprechung Niels Stensens durch Papst Johannes Paul II. erfolgte am 23. Oktober 1988.

31. Johann Georg Müller, Bischof von Münster (1847–1870), und sein kirchenpolitischer Kampf im Jahre 1848*

Als am 1. Juli 1847 Domkapitular Dr. Krabbe um 11.45 Uhr den Apostelgang im Lettner der Domkirche bestieg, um in hergebrachter Weise der harrenden Volksmenge die soeben erfolgte Wahl des Weihbischofs und Generalvikars von Trier, Dr. Johann Georg Müller, zum Bischof von Münster zu verkünden, war dies ein Ereignis besonderer Art. Mit dem Erwählten bestieg erstmalig in der tausendjährigen Geschichte des Bistums ein Oberhirt den Stuhl Liudgers, der bürgerlicher Herkunft war.

Der neue Bischof war 1798 zu Koblenz als Sohn eines Juristen geboren. Er studierte in Trier, Würzburg, Bonn und München Philosophie, Theologie und kanonisches Recht und erwarb sich außerdem nicht unbedeutende Kenntnisse in den orientalischen Sprachen. Müller empfing 1821 zu Köln durch seinen Vorgänger auf dem Münsterer Bischofsstuhl, den damaligen Weihbischof Kaspar Max Freiherr Droste zu Vischering, die Priesterweihe. Sechs Jahre später wurde er in München zugleich mit seinem Bruder Johann Josef, dem späteren Professor der Exegese in Gießen und Breslau, auf Grund einer Untersuchung über die Echtheit der ersten beiden Kapitel des Matthäus-Evangeliums zum Doktor der Theologie promoviert. Anschließend reiste Johann Georg mit einem jüngeren Bruder, der später als Benediktiner eine höhere Lehranstalt in München leitete, nach Rom, wo seine archäologischen und kunstgeschichtlichen Neigungen vielfache Anregung fanden. Schon vor seiner Promotion hatte Müller mehrere Jahre in der Seelsorge und im Lehrfach gewirkt. Seit 1828 war er in Trier als bischöflicher Geheimsekretär, als Mitarbeiter in der Verwaltung des Ordinariats sowie als Professor der Kirchengeschichte und des Kirchenrechts tätig. Müller stand der katholischen Aufklärung nicht fern und wurde zeitweilig den gemäßigten Hermesianern zugerechnet. Er unterstützte seinen Bischof Joseph v. Hommer

---

* Aus Anlaß der Weihe und Einführung des Herrn Prof. Dr. Joseph Höffner, Bistum Trier, als Bischof von Münster: Unsere Seelsorge, 13. Jg. (1962) Nr. 5 (Sept. 1962).

(1824–1836), als dieser sich im Mischehenstreit für die Geheime Konvention des Kölner Erzbischofs F. A. Spiegel mit der preußischen Regierung (1834) gewinnen ließ. Es war aber auch der Initiative Müllers zuzuschreiben, daß v. Hommer am Vortag seines Todes die Konvention widerrief. Der Widerruf wurde der römischen Kurie zur Kenntnis gebracht. Im Jahre 1836 nahm das Trierer Domkapitel Müller in seine Reihen auf. Als Bischof Arnoldi 1842 den Trierer Stuhl bestieg, ernannte er Müller zu seinem Generalvikar. 1844 wurde Müller außerdem als Weihbischof von Trier berufen. Im Jahre darauf weilte Johann Georg zusammen mit Bischof Arnoldi anläßlich der Feiern zum fünfzigjährigen Bischofsjubiläum von Kaspar Max in Münster und trat bei dieser Gelegenheit in erstmalige Berührung mit dem Münsterer Domkapitel. Als am 3. Juli 1847 die Münsterer Domherren Dr. Krabbe und Dr. Muth dem Erwählten zu Trier das Ergebnis der Bischofswahl überbrachten und ihn um seine Zustimmung baten, wurde Müller die Annahme der schweren Bürde u. a. durch „den guten Eindruck, den Münster anläßlich der Feier des Bischofsjubiläums auf ihn gemacht" habe, erleichtert.

Der neue Bischof war ein Mann der Tat und der frischen Initiative. Seine weitgreifende Bildung, seine vielseitigen Erfahrungen in Seelsorge, Unterricht und Verwaltung schufen günstige Voraussetzungen für ein fruchtbares Wirken im Bischofsamt. In der Tat war die 22jährige Hirtentätigkeit dieses ersten bürgerlichen Bischofs aus Trier „in mehr als einer Beziehung geradezu schöpferisch und darf überhaupt als eine der segensreichsten unter allen bisherigen bezeichnet werden" (Franz Hülskamp). „Johann Georg, unvergeßlichen Andenkens, ergriff die Zügel der Münsterer Diözese und gab die Losung zu einem derartig frischen und freudigen kirchlichen Leben in der Diözese, wie sie kaum eine andere Zeit gesehen hat" (Dechant Kappen). Eben dieser kirchliche Aufbruch, an dem Müller entscheidend mitgewirkt hat, verleiht dem Wirken dieses tüchtigen Bischofs die besondere historische Note. Grundlegend für diesen Aufbau wurden die politischen Ereignisse des Jahres 1848, auf die wir uns in der folgenden Darstellung beschränken.

Die kirchenpolitischen Verhältnisse, die Johann Georg bei seiner Amtsübernahme vorfand, waren durch eine böse Tradition bela-

Johann Georg Müller (1847–1870)

stet. Im katholischen Münsterland, dessen Bevölkerung einst in Liebe und Treue zu seinem geistlichen Fürsten gestanden hatte, herrschte nach wie vor eine starke Abneigung gegen das preußische Regiment. Der Protestantismus erfreute sich einseitiger Begünstigung. Friedrich Wilhelm III. (1797–1840) zwang z. B. die katholischen Soldaten, einmal im Monat an dem protestantischen Militärgottesdienst teilzunehmen, damit sie „die nötige Achtung für die Hauptreligion des Landes lernen". Es war kein Wunder, daß angesichts einer solch engstirnigen Religionspolitik die Kluft zwischen Katholiken und Protestanten sich immer mehr vertiefte und im Kölner Kirchenstreit auch die ruhigen Münsterländer die Nerven zu verlieren drohten. Zwar mühte sich Friedrich Wilhelm IV. (1840–1861) aufrichtig um die Beseitigung der scharfen Gegensätze – im Jahre 1841 wurde dem Kultusministerium eine Katholische Abteilung angegliedert –, aber eine echte Parität vermochte sich auch unter ihm weder in der Verwaltung noch im Heer durchzusetzen.

Im Sturm der Revolution 1848

Kaum hatte Johann Georg den Stuhl des hl. Liudger bestiegen, als der Sturm der März-Revolution 1848 über Deutschland hinwegbrauste. Die Selbstsicherheit der preußischen Beamten erlitt einen empfindlichen Schock. Als die Ausläufer dieser Bewegung auch auf verschiedene Orte des Bistums Münster – wie Ibbenbüren, Dülmen, Bocholt, Gronau, Wettringen, Rheine, Beckum und Oelde – übergriffen und revoltierende Banden Gewalttätigkeiten und Eigentumsfrevel verübten – im Dülmener Schloß des Herzogs v. Croy hatten die Aufständischen am 22. März einen Schaden von 150 000 Talern angerichtet –, warnte der Bischof am 23. März 1848 die Gläubigen „väterlich vor aller Teilnahme an solchen Freveln" und bat: „Höret die Stimme eures Bischofs, die euch inständigst zur Ruhe, zur Gesetzlichkeit und Aufrechterhaltung der Ordnung im Herrn ermahnt. Bedenket, daß ihr Christen, Katholiken, Kinder Gottes seid, denen es vor allem geziemt, daß sie ein nüchternes, ehrbares und friedliches Leben führen und darin allen mit einem guten Beispiel vorangehen." Er ordnete Gebete und Gottesdienste um Erhaltung des Friedens an. Die

Johann Georg Müller (1847–1870)

preußische Regierung wußte die Loyalität des Bischofs wohl zu schätzen.

Die März-Revolution hatte, wie bekannt, die Einberufung der Frankfurter Nationalversammlung zur Folge. Dieses erste deutsche Parlament, das am 18. Mai 1848 in der Paulskirche zusammentrat, suchte als bleibendes Ergebnis der Märzbewegung für Deutschland eine Verfassung zu schaffen und das nationale Einheitsproblem zu lösen. Zu den prominenten Mitgliedern dieses „Honoratiorenparlaments" – es setzte sich zusammen aus 223 Juristen, 118 Beamten, 106 Professoren und 104 Vertretern der Wirtschaft – zählte auch der Bischof von Münster. Johann Georg sah voraus, daß antiklerikale und radikale Kreise der Paulskirche versuchen würden, der katholischen Kirche die neue Freiheit vorzuenthalten. Daher suchte er schon während der Wahlvorbereitungen das Volk von dem Grundsatz zu überzeugen: Wie die Religion der Freiheit bedarf, so bedarf die Freiheit der Religion. Im Sinne dieser Devise warnte der Bischof am 18. April 1848 in einem Hirtenbrief zur Wahl, der sich durch eine knappe, treffende Analyse der geistigen, sozialen und kirchenpolitischen Zeitlage auszeichnet, vor jener Schein-Freiheit, die in Wirklichkeit nur als Deckmantel für Gesetzlosigkeit, Willkür und Despotie namentlich gegenüber der katholischen Kirche dienen solle. Nicht minder eindringlich wandte sich Johann Georg – unter offensichtlicher Anspielung auf das im Februar 1848 vollendete Kommunistische Manifest, dessen Haupturheber Karl Marx aus Trier stammte und seit der März-Revolution in Köln lebte – gegen gewisse „in jüngster Zeit" propagierte Theorien, die „das Recht des Eigentums und so manche anderen Rechte, welche seit dem Bestehen des Menschengeschlechtes durch göttliche und menschliche Gesetze geheiligt sind", antasten. „Nur der lebendige Glaube des Christen ... und die daraus quellende christliche werktätige Liebe vermögen es, den schrecklichen Abgrund der so allgemein verbreiteten Armut wieder auszufüllen." Um dieser sozialen Aufgabe erfolgreich dienen zu können, müsse die Kirche frei und unabhängig sein. Sie könne nicht auf den ihr gebührenden Einfluß auf Unterricht und Erziehung der Jugend verzichten. Eben darum sei die Wahl jener Männer, „in deren Hände das Schicksal unseres deutschen Vaterlandes gelegt werden soll", von grundlegender Bedeutung. „Wählt mit Gewissenhaftigkeit als treue Bürger des Staates und des deutschen Vaterlandes, aber auch als wahre und aufrichtige Katholiken solche Männer, denen ihr die höchsten und heiligsten Interessen mit ruhigem Gewissen anvertrauen könnt, brave Männer, die sich nicht täuschen und beugen lassen durch das Geschrei der Menge, nicht durch schöne Worte oder durch Drohungen, sondern die mit Einsicht und Weisheit, mit Uneigennützigkeit und Standhaftigkeit die wahre Freiheit und das wahre Beste des Vaterlandes suchen und zu verteidigen wissen." Dieses erste Münsterer Hirtenwort zur Wahl schließt mit einem Aufruf zu inständigem Gebet um eine glückliche Wahl.

Der Erfolg, zu dem allerdings auch die katholischen Volksvereine wesentlich beigetragen hatten, überstieg alle Erwartungen. In den meisten Wahlbezirken wurden Vertreter der katholischen Forderungen gewählt. In zahlreichen Orten glich das Wahlergebnis einer religiösen Demonstration. Als Abgeordneter der Stadt und des Landkreises Münster sowie der Ämter Everswinkel, Hoetmar, Freckenhorst und Beelen ging Bischof Johann Georg aus der Wahl hervor. Außerdem wurden im Bistum Münster als geistliche Vertreter der Subregens des Priesterseminars, Paulus Melchers, und der Pfarrer von Hopsten, Wilhelm Emanuel v. Ketteler, in die Paulskirche gewählt.

Voraussetzung für eine planvolle Parlamentsarbeit war ein klares Verhandlungskonzept. Um ein solches zu gewinnen, begab sich Johann Georg am 10. Mai 1848 nach Köln, wo sich die Suffragane zu gemeinsamer Beratung mit dem Erzbischof zusammenfanden. v. Geissel wünschte im Einvernehmen mit den Bischöfen eine Marschroute festzulegen, die sowohl für Frankfurt als auch für Berlin richtungweisend sein konnte. Der Kölner Erzbischof und Bischof Drepper von Paderborn sowie vier Pfarrer aus dem Bistum Münster waren nämlich in die Berliner konstituierende Versammlung gewählt worden. Als Verhandlungsprinzip wurde vereinbart: nicht Trennung von Kirche und Staat – denn damit wäre der Staat auch von seiner Schutzpflicht entbunden worden – sondern Unabhängigkeit der Kirche vom Staat, Verzicht des Staates auf sein ius inspectionis. Die neue politische Freiheit muß auch zur kirchlichen Freiheit führen. Die kirchen- und schulpolitischen Einzelforderungen sollen jeweils aus diesem Grundsatz abgeleitet

Johann Georg Müller (1847–1870)

werden. In der Beurteilung der Schulfrage stimmte Bischof Johann Georg mit seinen Amtsbrüdern nicht völlig überein. Während die letzteren glaubten, die schulpolitischen Rechte der Kirche durch die 1841 eingerichtete Katholische Abteilung im preußischen Kultusministerium indirekt wahren zu können, forderte Müller uneingeschränkte Freiheit der Eltern und der Kirche auf dem Gebiet des Unterrichts und der Erziehung sowie die Herausgabe der beschlagnahmten Fonds durch den Staat. Geissel hielt dieses Verlangen für aussichtslos, und der Verlauf der Frankfurter und Berliner Schuldebatten hat ihm recht gegeben.

Das große politische Ereignis der Nationalversammlung stand unmittelbar bevor. Am Morgen des 16. Mai 1848 reiste Bischof Johann Georg in Begleitung von Subregens Melchers nach Frankfurt, wo er die Bischöfe Geritz von Ermland, Sedlag von Kulm und den aus Bocholt gebürtigen Breslauer Fürstbischof Melchior v. Diepenbrock bereits antraf. Der letztere war durch v. Geissel von den Kölner Abmachungen in Kenntnis gesetzt worden und schloß sich diesen an. Zum erstenmal in seiner Geschichte sah sich der deutsche Katholizismus zu Frankfurt in großem Stil vor die Aufgaben moderner Parlamentspolitik gestellt. Die Beratung der Grundrechte, von denen Artikel III die religiösen, Artikel IV die schulpolitischen Rechte der Staatsbürger zu bestimmen suchten, fiel in den Sommer und Herbst 1848. Es war vorauszusehen, daß sich an diesem Kernstück der Verhandlungen der Meinungsstreit lebhaft entzünden würde. Die katholischen Abgeordneten bildeten keine eigene Fraktion, sondern saßen in allen Parteien. Aber sie schufen auf Anregung der Bischöfe eine überfraktionelle Arbeitsgemeinschaft für kirchenpolitische Fragen, die von dem führenden Abgeordneten Radowitz geleitet wurde und der außer den bischöflichen Mitgliedern Männer wie Ritter v. Buß, Döllinger, A. Reichensperger und v. Ketteler angehörten. Insgesamt zählte der einflußreiche „Katholische Klub" 30 bis 40 prominente Mitglieder.

Johann Georg hatte die Stimmung in der Frankfurter Nationalversammlung richtig eingeschätzt. Es war bezeichnend für die unbekümmerte Natur des Bischofs, daß er, obwohl ihm der antiklerikale Geist der Paulskirche nicht unbekannt war, in der Eröffnungssitzung den Antrag stellte, die Parlamentsarbeit durch Gottesdienste aller Konfessionen einzuleiten. Sogleich stellte der Kölner Abgeordnete Raveaux den Gegenantrag, und der Antrag des Bischofs von Münster fiel durch. Mit großem Eifer wandte sich Johann Georg dem Studium der verschiedenen Verfassungsentwürfe zu. Schon am 25. Mai setzte er sich mit dem bekannten Vorschlag des Bonner Professors Bauerband für die kirchenpolitischen Artikel des Regierungsentwurfs vom 20. Mai auseinander, den der Bonner Jurist im Einvernehmen mit Erzbischof v. Geissel konzipiert hatte.

Verhältnis Staat – Kirche

Es würde hier zu weit führen, den heißen Kampf um die kirchen- und schulpolitischen Artikel der Grundrechte im einzelnen zu verfolgen. Bekanntlich gelang es den katholischen Volksvertretern mit bewundernswertem parlamentarischem Geschick, die gefährliche Alternative „Staatskirchenregiment oder völlige Trennung von Kirche und Staat" zu vermeiden und die erstrebte Unabhängigkeit der Kirchen vom Staat als privilegierter Körperschaften in Unterordnung unter die staatlichen Gesetze durchzubringen. Keine Religionsgesellschaft sollte künftig, so bestimmte die Frankfurter Verfassung von 1849, vor anderen Vorrechte durch den Staat genießen (Artikel III §§ 11–17). Dieser Erfolg wäre jedoch kaum erzielt worden, wenn nicht die Katholischen Volksvereine und Piusvereine – auch in Münster war am 13. März 1848 dank der Initiative des Bischofs ein solcher Laienverein mit zahlreichen Filialen ins Leben getreten – durch einen Petitionssturm von 300 000 Unterschriften, davon 13 000 aus dem Bistum Münster, die Forderungen ihrer Abgeordneten unterstützt hätten. Wenn man schon in der Paulskirche auf die Bischöfe nicht hören wollte – die machtvolle Stimme des katholischen Volkes, das sich in Einmütigkeit erhob, wagte man nicht zu überhören. Die geschichtliche Bedeutung dieses Erfolges leuchtet auf, wenn man bedenkt, daß die grundlegenden kirchenpolitischen Artikel, die in der preußischen Verfassung von 1850 (§§ 12–18) verankert wurden – ihre Aufnahme in die Verfassung des Norddeutschen Bundes von 1867 und die Deutsche Reichsverfassung von 1871 wurde katholischerseits vergeblich angestrebt – auch auf die Weimarer Verfassung von 1919 (Art. 137) und die späteren Verfassungs-

Johann Georg Müller (1847-1870)

werke entscheidend eingewirkt haben. In der Schulfrage blieben dagegen alle Anstrengungen vergeblich. Das gesamte Unterrichts- und Erziehungswesen wurde der Oberaufsicht des Staates unterstellt und ausdrücklich der Beaufsichtigung durch die Geistlichkeit enthoben (Art. IV §§ 18 u. 19). Die Schulartikel gingen ebenfalls in die Verfassung von 1850 über, blieben aber formell bis zum Inkrafttreten der Weimarer Verfassung suspendiert, da das in Aussicht genommene, in vielen Entwürfen versuchte Unterrichtsgesetz nicht zustande kam.

Wie die anderen bischöflichen Abgeordneten nahm auch der Bischof von Münster, der fundierte Kenntnisse im Kirchenrecht besaß, in den vorbereitenden Sitzungen der Katholischen Arbeitsgemeinschaft eine wichtige Rolle ein. Andererseits legte der antiklerikale Liberalismus der Paulskirche den Bischöfen in der Öffentlichkeit äußerste Zurückhaltung auf. Man sah sich gezwungen, die vordere Kampflinie den Laien und den weniger prominenten Geistlichen zu überlassen. Die große überragende Figur in Frankfurt wurde auf seiten des katholischen Klerus im Herbst 1848 der Pfarrer von Hopsten, Wilhelm Emanuel v. Ketteler, der durch seine berühmte Predigt anläßlich der Beisetzung der Opfer des Frankfurter September-Aufstandes und durch seine gediegenen Diskussionsbeiträge namentlich zur Schulfrage allgemeines Aufsehen erregte. Nicht nur für Johann Georg bedeutete der Verzicht auf unmittelbaren Kontakt mit den gegnerischen Parteien ein schweres Opfer. Auch der Fürstbischof von Breslau litt darunter. Am 3. Juni 1848 notierte v. Diepenbrock u. a.: „Unsere ganze Stellung ist eine falsche, das fühlen wir alle. Wir sind wie Eulen unter Raben, wie Krähen unter Elstern. Wirken können wir hier wenig, öffentlich gar nichts, das würde eher schaden. Das Auftreten des Bischofs von Münster in der 1. Sitzung hat es bewiesen. In die Clubs und vorbereitenden Versammlungen an öffentlichen Orten können wir auch nicht gehen; also ist unser Einfluß auf zufällige Berührung beschränkt."
Einige Wochen später wurde jedoch eine öffentliche Stellungnahme des Bischofs von Münster und seiner Amtsbrüder geradezu provoziert. Im hitzigen Kampf um die kirchliche Unabhängigkeit hatten nämlich die Gegner gefordert, die Katholiken sollten zunächst einmal im eigenen Hause nationale und demokratische

Grundsätze durchführen, bevor sie als Körperschaft von der Nationalversammlung Freiheit und Selbständigkeit verlangten. Dieses groteske Ansinnen benutzten die Radikalen, um ihrerseits sogleich die Demokratisierung der katholischen Kirche durch Parlamentsbeschluß herbeizuführen. Es lief eine Reihe von Einzelanträgen ein, die u. a. verlangten, daß die Pfarrer von den Gemeinden, die Bischöfe von den Geistlichen und Laien ihrer Diözese gewählt würden. Das Ungeheuerlichste leistete sich der radikale Wiener Abgeordnete Gritzner, der namens der Demokratie und mit den abgegriffenen Parolen der Aufklärung kurzerhand die erforderlichen Maßnahmen zur Aufhebung des Zölibats beantragte, um den Priester „als vollberechtigtes Mitglied" der staatsbürgerlichen Gesellschaft zurückzugeben.

Dieser von 111 Abgeordneten unterzeichnete Antrag trug auch die Unterschrift des Oberpräsidenten der Provinz Westfalen, des Geheimen Staatsministers v. Flottwell, in dessen Hand Bischof Johann Georg einige Monate vorher den staatlichen Treueid geschworen hatte. Erst als dem hohen Beamten, dessen Provinz zum weitaus größten Teil katholisch war, deutlich gemacht wurde, daß sein Schritt, milde gesagt, eine „Störung des konfessionellen Friedens" und einen „Eingriff in das Gebiet des Glaubens" darstellte, zog er zusammen mit zwanzig weiteren Unterzeichnern seine Unterschrift zurück. Bischof Johann Georg legte am 28. Juli 1848 zusammen mit den Bischöfen von Breslau und Ermland in einer Erklärung, die in der Paulskirche verteilt wurde, schärfste Verwahrung gegen den Antrag ein. Man erblicke in dem Vorgehen einen die Kompetenz der Nationalversammlung weit überschreitenden Eingriff in die inneren Verhältnisse der katholischen Kirche, der statt Einigung neue Spaltung bringe. Die Begründung des Antrages sei „eine schwere, gegen die sittliche Ehre eines ganzen Standes erhobene Beschuldigung, die wir mit Entrüstung zurückweisen". Das Vertrauen des katholischen Volkes in die Nationalversammlung werde im Falle der Annahme des Antrages zutiefst erschüttert. Man werde mit der Verantwortung für die Folgen dieses Schrittes jene belasten, die den Antrag angeregt und unterzeichnet hätten. Außer den drei Bischöfen hatten 66 Abgeordnete, unter ihnen v. Ketteler, A. Reichensperger und Döllinger, die Erklärung unterzeichnet.

Jedoch siegte die Vernunft. Die Mehrzahl der Abgeordneten lehnte diesen Eingriff in die inneren Verhältnisse der katholischen Kirche, der alles weit hinter sich gelassen hätte, was der Polizeistaat je unternommen hatte, ab. „Für die Geschichte Westfalens wurde dieser Antrag von Bedeutung, da der gesamte Klerus feierlich protestierte, die ganze katholische Bevölkerung aber nicht länger einen Oberpräsidenten dulden wollte, der diesen Antrag unterzeichnet hatte, deshalb energisch seine Entfernung forderte, die auch vom Ministerium zugesagt wurde." v. Flottwell, der sich durch seine Torheit auch den Unwillen Friedrich Wilhelms IV. zugezogen hatte, wurde kurz darauf nach Königsberg versetzt. An seine Stelle trat der katholische Oberpräsident v. Duesberg, dem allgemeines Vertrauen entgegengebracht wurde.

Maß und Richtung

Im Hinblick auf die nationalen Einigungsbestrebungen dachte Johann Georg großdeutsch. Als der Präsident der Paulskirche, Heinrich v. Gagern, nach langen verwirrenden Debatten am 24. Juni 1848 „mit kühnem Griff" den österreichischen Erzherzog Johann zum Reichsverweser ausrief, fand der katholische Habsburger bei seinen Glaubensgenossen und weit darüber hinaus ein begeistertes Echo. Das gleichzeitig eingesetzte Reichsministerium unterstand preußischem Einfluß. In einem Rundschreiben vom 29. Juli 1848 an die Pfarrer und Rektoren des Bistums verlieh Johann Georg seiner Freude Ausdruck, daß durch die Wahl des Erzherzogs „zu der glücklichen Zukunft des zum Bewußtsein seiner Einheit wiedererwachten deutschen Vaterlandes der erste Grundstein gelegt worden" sei. Daher sollten aus Anlaß der Wahl und zur Erflehung des göttlichen Segens für den Reichsverweser im ganzen Bistum feierliche Dankgottesdienste gehalten werden. Die Bürgerschaft veranstaltete auf Lütkenbeck bei Münster ein Volksfest, „wie es Münster noch nicht gesehen hatte." Am Abend hielt ein Akademiker auf dem Prinzipalmarkt die Festrede. Als eine Gruppe von Bürgern und Kavalleristen, so erzählt Dechant Kappen, mit mächtiger Stimme das Lied „Schleswig-Holstein meerumschlungen" anstimmte, entstand auf dem Markt, der von der Rothenburg bis zur Lambertikirche Kopf an Kopf mit Menschen gefüllt war, ein brausender Gesang, „wie ich ihn in meinem

Leben nicht gehört habe und vielleicht auch nie wieder hören werde." Das katholische Volk war erwacht. Das Verdienst, seiner patriotischen Anteilnahme und Begeisterung Maß und Richtung gegeben zu haben, gebührt neben den Katholischen Volksvereinen auch Bischof Johann Georg, ungeachtet der Tatsache, daß dieser erste von der Paulskirche unternommene Versuch der Schaffung einer nationalen Zentralgewalt fehlschlug.

Am 7. August 1848 beendete Johann Georg seine parlamentarische Tätigkeit in der Paulskirche. Nach fast dreimonatigem Aufenthalt in Frankfurt ließ er sich durch seinen Stellvertreter, den Berliner Geheimen Oberregierungsrat Matthias Aulike aus Münster, ablösen, da unaufschiebbare Hirtenpflichten ihn dringend zurückriefen. Bevor er in sein Bistum heimkehrte, nahm er Mitte August an den Feiern zur Kölner Domweihe teil, die durch die Anwesenheit des Reichsverwesers und des preußischen Königs eine hochpolitische Note erhielten. Und dann nahm Bischof Johann Georg Müller, die neugewonnenen Freiheiten der Paulskirche nutzend, mit tatenfrohem Elan jenes imponierende Werk des Aufbaus in Angriff, das seinen Namen mit leuchtenden Lettern in die Annalen des Bistums Münster eingetragen hat.

BA Münster I. Bischöfe: Wahl und Inthronisation des Bischofs Johann Georg 1846 A 24, 25. Facultates a Sede Apostolica concessae 1847. Or. Breve 966. Johann Georg *Müller*, Über die Aechtheit der zwei ersten Kapitel des Evangeliums nach Matthäus (Theol. Diss. 1830). – Der Katholik. Zeitschrift für katholische Wissenschaft und kirchliches Leben, redigiert von J. B. Heinrich und Chr. Moufang, Jg. 1847. Sonntagsblatt für katholische Christen unter Mitwirkung von Geistlichen der Diözesen Hildesheim, Münster, Osnabrück, Paderborn und Trier, redigiert und hg. von C. Theissing, Münster, Jge. 1847–1876. F. Wigard (Hg.), Stenographische Berichte über die Verhandlungen der deutschen konstituierenden Nationalversammlung, 9 Bde. (1848–1849). [H. J. *Kappen*], Erinnerungen aus alter und neuer Zeit von einem alten Münsteraner (1880). O. *Pfülf*, Cardinal von Geissel. Aus seinem handschriftlichen Nachlaß geschildert, 2 Bde. (1895/96). *Ders.*, Bischof von Ketteler, 3 Bde. (1899). W. *Struck*, Kardinal von Geissel und die kath. Bewegung: Preußische Jahrbücher, hg. von Hans Delbrück Bd. 111 (1903) 98ff. J. *Schuth*, Bischof Johann Georg Müller (1798–1870): Kurtrierisches Jahrbuch 6 (1906) 71–79. L. *Pastor*, August Reichensperger 1808–1895. Sein Leben und sein Wirken auf dem Gebiet der Politik, der Kunst und der Wissenschaft, 2 Bde. (1899). ADB 52 (1906) 513f. *(Philippi)*. W. *Hüttermann*, Parteipolitisches Leben in Westfalen vom Beginn der Märzbewegung im Jahre 1848 bis zum Einsetzen der Reaktion

Johann Georg Müller (1847-1870)

im Jahre 1849 (Phil. Diss., 1910). F. *Schnabel*, Der Zusammenschluß des politischen Katholizismus in Deutschland im Jahre 1848 (1910). *Ders.*, Deutsche Geschichte im 19. Jahrhundert, Bd. 4: Die religiösen Kräfte (1937). L. *Bergsträsser*, Studien zur Vorgeschichte der Zentrumspartei (1910) 115-188. *Ders.*, Der politische Katholizismus. Dokumente seiner Entwicklung, 2 Bde. (1921/23). *Ders.*, Geschichte der politischen Parteien in Deutschland (⁹1955) 95-104. G. *Huperz*, Die Anfänge katholisch-politischer Vereinsbildung in Westfalen. Ein Beitrag zur Geschichte der katholisch-politischen Bewegung in Deutschland in den Jahren 1848 und 1849 (Phil. Diss. 1927). H. *Schrörs*, Die Kölner Wirren (1837) (1927). A. *Nowack* (Hg.), Ungedruckte Briefe von und an Melchior v. Diepenbrock (1931). W. *Schulte*, Volk und Staat. Westfalen im Vormärz und in der Revolution 1848/49 (1934). H. *Bastgen*, Die Besetzung der Bischofssitze in Preußen in der ersten Hälfte des 19. Jahrhunderts, 2 Bde. (1941). H. *Börsting*, Geschichte des Bistums Münster (1951) 160f. M. *Braubach*, Von der Französischen Revolution bis zum Wiener Kongreß: Gebhardt, Handbuch der deutschen Geschichte, hg. von H. Grundmann, Bd. 3 (⁹1973). E. *Hegel*, Geschichte der katholisch-theologischen Fakultät Münster 1773-1964, Bd. 1 (1966) 250-254. *Ders.*, in: Die Bischöfe der deutschsprachigen Länder 1785/1803 bis 1945, hg. vom E. Gatz (1983) 522ff. L. G. *Kässens*, Bischof Dr. Johann Georg Müller und das Verhältnis von Kirche und Staat im 19. Jahrhundert (Phil. Staatsarbeit 1990). Bistum Münster 1, 270.

32. Adolf Tibus (1817–1894) und Wilhelm Eberhard Schwarz (1855–1923)*

Zwei bedeutende Historiker des münsterischen Domkapitels

Das Domkapitel ist die älteste und geschichtlich bedeutendste Korporation unseres Bistums. Seine tiefe Verwurzelung in einer ebenso reichen wie wechselvollen Tradition bewirkte, daß die adeligen Kanoniker in den vergangenen Jahrhunderten durchweg ein besonders enges Verhältnis zur Geschichte und Geschichtsschreibung hatten. Dieses gilt mit einer leichten Abschwächung auch von dem seit 1823 bestehenden Domkapitel neuer Ordnung, dem die im Titel dieses Beitrages genannten Kanoniker angehörten. Beide Forscher haben durch ihre grundlegenden Arbeiten auf dem Gebiet der Bistumsgeschichte wesentlich zur Bildung eines vertieften kirchlichen Geschichtsbewußtseins in Klerus und Gemeinde beigetragen. Kirchengeschichte ist das Selbstverständnis der Kirche aus ihrer Vergangenheit. „Wir können die kirchliche Gegenwart nicht verstehen, wenn wir nicht zuerst die ganze christliche Vergangenheit begriffen haben" (Möhler). Unter diesem Leitgedanken stand auch das wissenschaftliche Werk der beiden Männer, deren Lebensbilder im folgenden gezeichnet werden sollen.

I.

„Wer Tibus in seiner besseren Zeit in den achtziger Jahren gesehen hat, wird sich mit Freude der kleinen beweglichen Gestalt mit dem weißen Haar und den in jugendlichem Feuer glänzenden Augen erinnern, die für jeden ein herzliches Wort, oft einen harmlosen Scherz bereit hatte." Mit diesen wenigen Worten zeichnet Heinrich Finke[1] in einem Nachruf[2] anschaulich Erschei-

---

* Das Domkapitel zu Münster 1823–1973, hg. von A. Schröer (Aschendorff, Münster 1973) 297–329.

[1] 1855–1938. Geb. in Krechting bei Borken. Autodidakt und Journalist. 1887 Privatdozent, 1891 Prof. für Geschichte an der Akademie in Münster. Folgte 1898 einem Ruf nach Freiburg.

[2] H. *Finke*, + Adolf Tibus, in: WZ 53 (1895) 327–342.

Adolf Tibus (1817–1894)

nung und Naturell des Domherrn und Bistumshistorikers, dessen Name noch heute vielen Geistlichen und Laien des Münsterlandes ein Begriff ist. In den nahezu vier Jahrzehnten seines Wirkens in Münster hatte Tibus durch seine geschichtlichen Arbeiten, aber nicht minder durch seine schlichte, anziehende Persönlichkeit die Verehrung seiner Mitbrüder, Fachkollegen und weiter Volkskreise gewonnen.

Adolf Joseph Cornelius Tibus wurde am 21. März 1817 als Sohn der Eheleute Johannes Tibus und Franziska van Rohsum in Emmerich geboren.[3] Sein Vater, ein Schreinermeister, gehörte einer

---

[3] Siehe Fr. *Helmert*, Die Domkapitulare seit 1823, in: Das Domkapitel zu Münster 1823–1973, hg. von A. Schröer = WS 5 (1976) 379f. – E. *Raß*-

alten weitverzweigten Kaufmannsfamilie an. Johann Tibus war zu Beginn des 19. Jahrhunderts von Rheinberg nach Emmerich übergesiedelt, wo er am Geistmarkt ein altes Patrizierhaus erwarb[4] und eine große Schreinerwerkstatt mit einer Dampfsägerei errichtete. Nach seiner Entlassung aus der Volksschule trat Adolf als Lehrling in eine Emmericher Speditionsfirma ein, besuchte nach dreijähriger Lehrzeit das am Ort befindliche humanistische Gymnasium und bestand 1842 die Reifeprüfung. Seiner Vaterstadt fühlte er sich zeitlebens eng verbunden.[5] Tibus studierte an der Königlichen Akademie zu Münster acht Semester Philosophie und Theologie[6] und empfing am 6. Juni 1846 durch den damaligen Kapitularvikar Weihbischof Franz Arnold Melchers[7] die Priesterweihe.

Das erste Wirkungsfeld des Neupriesters war die Pfarrgemeinde St. Mariä-Himmelfahrt in Kleve. In dankbarer Erinnerung an die dort verbrachten zehn Jahre der Seelsorge schrieb Tibus später

---

mann, Nachrichten von dem Leben und den Schriften münsterländischer Schriftsteller des 18. und 19. Jahrhunderts (1866 und 1881). Westfälischer Merkur vom 21. Mai 1894. Münsterischer Anzeiger vom 21. Mai 1894. L. *Schmitz-Kallenberg*, Rückblick auf die Geschichte des Vereins für Geschichte und Altertumskunde Westfalens während der ersten hundert Jahre seines Bestehens, in: WZ 82 (1924) X–XXXIX. Bürgerblatt Emmerich vom 31. Mai 1934. *Becker*, Adolf Tibus, Leben und Werk (Masch. o. J.). Im Besitz der Familie Heinrich Tibus, Emmerich.

[4] Es wurde während des Zweiten Weltkrieges durch Bomben zerstört.

[5] Er widmete ihr drei Schriften: Alter der Kirchen zum hl. Martinus und zur hl. Aldegundis in Emmerich. Vier offene Sendschreiben an einen Freund in seiner Vaterstadt (1875). Der Gau Leomerike und der Archidiakonat von Emmerich in seiner ursprünglichen Ausdehnung und kirchlichen Einrichtung (1877). Zur Geschichte der Stadt Emmerich. Eine bedeutsame alte Urkunde (1882).

[6] Er hörte Kirchengeschichte bei Adolf Cappenberg, einem Schüler Döllingers. Auch die übrigen Professoren waren anerkannte Vertreter ihres Fachs: Berlage (Dogmatik), Dieckhoff (Moraltheologie); Reinke (altt. Exegese), Bisping (ntl. Exegese) und Kellermann (Pastoraltheologie). E. *Hegel*, Geschichte der Katholisch-Theologischen Fakultät Münster 1773–1964, 1 (1966) 213ff. Näheres über Reinke 281ff. u. 369f.; über Kellermann 250ff. u. 364f.

[7] Siehe *Helmert*, Domkapitulare 357f.

eine Teilgeschichte dieser Pfarrei.[8] Vermutlich auf Anregung seines Pfarrers, des Landdechanten Alois Bauer, der 1861 in das münsterische Domkapitel eintrat[9], wurde der beliebte Kaplan im Herbst 1856 von Bischof Johann Georg Müller[10] (1847-1870) als zweiter Seelsorger an die Strafanstalt in Münster versetzt, wo er 1857 seine literarische Erstlingsarbeit veröffentlichte. Die Schrift war durch ihr kämpferisches Eintreten für die Wahrheit kennzeichnend für manche Publikationen des späteren Historikers. Der Anlaß ihrer Abfassung ergab sich aus dem innerpolitischen Kurswechsel, der sich damals in Preußen anbahnte.

Ein Beauftragter der preußischen Justizverwaltung hatte nämlich eine Schwurgerichtsstatistik der fünfziger Jahre veröffentlicht und daraus unsinnige Schlußfolgerungen im Hinblick auf die Moralität der beiden Konfessionen gezogen. Tibus empfand den diffamierenden Kommentar des Justizministeriums als eine Herausforderung der Katholiken. Er antwortete sogleich. In einer anonymen Schrift mit dem Titel: „Verhältnis der Katholiken zur evangelischen Konfession in Beziehung auf die in den letztverflossenen Jahren vor den Schwurgerichten des preußischen Staates verhandelten Verbrechen" rückte er die Dinge zurecht und erbrachte seinerseits einen „Beitrag zur Criminalstatistik, beachtenswerth für Katholiken und Evangelische" (1857). Die kluge, gewandte, sachgerechte Darstellung erregte die Aufmerksamkeit der bischöflichen Behörde. Kurzentschlossen berief Bischof Georg, dem das Bistum Münster so manche glückliche Initiative verdankt, am 14. Februar 1857 Tibus als Sekretär an das Generalvikariat. Er verlieh ihm die Vikarie des Armenhauses St. Elisabeth und ernannte ihn 1858 außerdem zum Kaplan des neuen Weihbischofs Dr. Johannes Boßmann (1858-1875).[11]

---

[8] Die Pfarre Cleve von ihrer Gründung an bis nach Errichtung der Collegiatkirche daselbst (1878).
[9] Siehe *Helmert*, Domkapitulare 374.
[10] 1798-1870. Geb. in Koblenz. 1821 Priesterweihe, 1836 Domkapitular, 1842 Generalvikar, 1845 Weihbischof in Trier, 1847 Bischof in Münster. Gest. am 19. 1. 1870, im Dom beigesetzt.
[11] Schematismus der Diözese Münster 1860, hg. von Gen.-Vic.-Sekretär Tibus, 7 u. 44. Zu Weihbischof und Domkapitular Boßmann s. *Helmert*, Domkapitulare 371.

Im Generalvikariat öffnete sich dem vierzigjährigen Geistlichen eine neue Welt. Sie sollte ihm zur Wende des Lebens werden. In den nüchternen Räumen dieser Behörde, wo man in historischen Kategorien und Dimensionen zu denken und zu urteilen pflegte, brach das verborgene Geschichtstalent des neuen Secretarius mit Gewalt hervor. Der dort aufgehäufte reiche Bestand an Urkunden und Akten, der von den kirchlichen Landeshistorikern bislang kaum benutzt worden war, übte auf den Neuling eine fast magische Anziehungskraft aus. Ohne seine Verwaltungsarbeiten zu vernachlässigen[12], benutzte Tibus jede freie Minute, um sich in die „alten Scharteken", wie er die Urkunden scherzhaft nannte, zu versenken. Der Erfolg war erstaunlich. Innerhalb von zwei Jahrzehnten erschienen aus seiner Feder zwölf selbständige Schriften, darunter ein dickleibiger Band von fast 1400 Seiten, außerdem zahlreiche Untersuchungen, Abhandlungen und Rezensionen in den Blättern und Zeitschriften zur münsterischen und westfälischen Kirchen- und Landesgeschichte.

Tibus hatte keine historische Fachausbildung genossen. Dennoch werden seine Arbeiten wissenschaftlichen Ansprüchen durchaus gerecht. Sein Hauptarbeitsgebiet war das mittelalterliche Oberstift Münster. Um hier zu neuen Erkenntnissen zu gelangen, war er gezwungen, sich in erster Linie der Urkunden zu bedienen. Auf diese Weise gelangte Tibus als Autodidakt zu einer Forschungsmethode, die ein hohes Maß an Zuverlässigkeit gewährleistet. Es kam hinzu, daß er ein bemerkenswertes Gespür für strukturelle Zusammenhänge der kirchlichen Welt des Mittelalters besaß. Dies wiederum befähigte ihn, seine ausgeprägte, wenn auch nicht immer genügend gezügelte Kombinationsgabe in Anwendung zu bringen.

Tibus liebte es, mit der Kombination zu spielen. Es ist in der Tat ein Genuß, seinen scharfsinnigen Deduktionen zu folgen. Eine der interessantesten Kombinationen, die der Forscher entwickelt hat, ist die über das Grab des Bischofs Dietrich von Isenburg

---

[12] Tibus wurde später Kanzleidirektor und Geistlicher Rat.

(1218–1226) im Dom zu Münster.[13] Im Jahre 1886 hatte man beim Durchbrechen des östlichen Portals an der Nordwand des Ostquerschiffs (Stephanuschor) ein Grab mit menschlichen Gebeinen aufgefunden, dessen Maße keinen Zweifel ließen, daß es sich hier nicht um eine ursprüngliche Bestattung, sondern um eine spätere Überführung handelte. Das die Grabstätte nach außen verschließende Steinrelief zeigt die von den Wiedertäufern stark beschädigte Halbfigur eines mit der Kasel bekleideten Bischofs.[14] Nach dem Urteil der Sachverständigen war das Grab gleichzeitig mit der Giebelwand, d. h. vor der Mitte des 13. Jahrhunderts, entstanden.

An einem Sommerabend des Jahres 1886, so erzählt Heinrich Finke, suchte Tibus vor dem Verein für Geschichte und Altertumskunde aus diesen Tatsachen und einigen anderen Indizien per combinationem den Nachweis zu erbringen, daß die in dem neuentdeckten Grab aufgefundenen Gebeine nur die des Bischofs Dietrich von Isenburg sein könnten. Dietrich, ein Bruder des Mörders des Kölner Erzbischofs Engelbert v. Isenburg, war wegen vermuteter Mittäterschaft nach Rom zitiert worden und auf der Heimreise gestorben. Etwa drei Jahrzehnte später wurde er, so kombinierte Tibus, von seinem Nachfolger Otto von der Lippe (1248–1259), einem nahen Verwandten Dietrichs, rehabilitiert, sein Leichnam nach Münster überführt und in dem erwähnten Grab beigesetzt. „Die ganze Versammlung stand unter dem Banne der geistreichen Deduktion. Man gab zu, daß eine Möglichkeit vorliege, Sicherheit jedoch nicht."[15]
Nirgends konnte Tibus seiner „Verknüpfungsgabe" so weiten Spielraum gewähren wie in der Frühgeschichte des Bistums Münster, die, wie erwähnt, sein bevorzugtes Forschungsgebiet war.

---

[13] A. *Tibus*, Das Grab Bischof Dietrichs III., geb. Grafen von Isenburg im Dom zu Münster (1886). Ergänzungen in WZ 51 (1893) S. 181–189. Bischof Dietrich legte am 22. 7. 1225 den Grundstein des Langhauses der heutigen Domkirche.
[14] Das Relief befindet sich heute über der östlichen Tür, die zur Sakristei und zum Ausgang führt.
[15] *Finke* 334f. Bruno *Thomas*, Die westfälischen Figurenportale in Münster, Paderborn und Minden, in: Westfalen 19 (1934) 46, schließt sich der Kombination von Tibus an.

Auf diesem Arbeitsfeld erwuchs seine „Gründungsgeschichte der Stifter, Pfarrkirchen, Klöster und Kapellen im Bereich des alten Bistums Münster"[16], die seinen Ruhm begründete. Über den Stand und die Ergebnisse seiner Forschungen hielt Tibus in den Jahren 1865 bis 1870 vor den Mitgliedern des Vereins für Geschichte und Altertumskunde, dem er am 24. September 1860 beigetreten war, eine Reihe von Vorträgen.[17] Ohne zu ahnen, welcher Vielzahl von Problemen er sich im Laufe seiner Untersuchungen gegenübersehen würde, entschloß sich Tibus, das großangelegte Werk fortlaufend in Einzelheften zu veröffentlichen, eine Methode, die gewiß keine Empfehlung verdient. So entstand denn auch – unbeschadet seines wissenschaftlichen Wertes – ein formloses Werk, dessen gedanklicher Aufbau immer wieder durch neue thematische Einschübe sowie durch Nachträge, Ergänzungen und Korrekturen früherer Feststellungen unterbrochen wird.

In einem Vorwort zum ersten Heft schrieb Tibus am 12. September 1867, er glaube, mit dieser Publikation „einem wirklichen Bedürfnis zu begegnen und vertraue deshalb, daß dieselbe allen Freunden der Geschichte unseres Bistums und insbesondere auch dem hochw. Klerus desselben willkommen sein werde". Bischof Georg, dem er das Buch widmete, wünschte nach Einsicht in die Druckbogen, „dem interessanten Werke den besten und erfolgreichsten Fortgang." Tibus kündigte an, das Buch werde in zwei Teilen zu je drei Heften erscheinen. Er bat seine Leser, „mit Rücksicht auf die wenigen Mußestunden, die meine Amts- und Standespflichten mich täglich erübrigen lassen, das Erscheinen der einzelnen Hefte in nicht gar zu rascher Zeitfolge erwarten zu wollen." Aber er hoffe, mit Gottes Hilfe das Gesamtwerk im Verlauf von höchstens drei Jahren fertigstellen zu können. Aber Tibus täuschte sich. Der Stoff und die Probleme nahmen solche Ausmaße an, daß er nicht drei, sondern zwölf Jahre gebrauchte, um sein Vorhaben zu verwirklichen. Als er 1879 das abgeschlossene Werk[18] der Öffentlichkeit vorlegte, sah er sich genö-

---

[16] Erschienen bei Regensberg, Münster 1867/85.
[17] S. die Jahresberichte des Vereins in WZ 21 sowie die Bde. 26–30.
[18] Es behandelt drei große Themenbereiche: 1. Die Gründung Münsters zu Mimigernaford (1–150), 2. Umfang und politische Einteilung des Bis-

tigt, ein siebtes Heft anzukündigen, das Zusätze, Verbesserungen und Erläuterungen zum Inhalt der früheren Hefte enthalten sollte. Er bat zugleich seine Leser, mit der Kritik nicht zurückzuhalten, sondern sie ihm baldmöglichst öffentlich oder privat zur Kenntnis zu bringen. Das siebte Heft, das er 1885 veröffentlichte, brachte auf 78 Seiten eine Fülle ortsgeschichtlicher Ergänzungen und Korrekturen.

Trotz seiner formalen Schwächen fand das „für seine Zeit einzigartige Werk" (Hömberg) im Klerus und in der geschichtlich interessierten Öffentlichkeit des Münsterlandes freudige Aufnahme. Noch heute ist es in allen Klosterbibliotheken und zahlreichen Büchereien der Pfarrhäuser zu finden. Über die eigentliche Thematik hinaus enthält das Buch wertvolle Mitteilungen zur Vorgeschichte, Gaugeschichte[19], Kulturgeschichte und Rechtsgeschichte des Münsterlandes.

Von der Vorstellung geleitet, daß der organisatorische Aufbau des Bistums Münster im wesentlichen das Werk Liudgers sein müsse, suchte Tibus möglichst viele Pfarreien als liudgerische Gründungen auszuweisen. Indessen blieb seine allzu mechanistische Methode der Urpfarreien-Rekonstruktion[20] in der Fachwelt nicht unwidersprochen.[21] Dennoch „verbleibt Adolf Tibus das Verdienst,

---

tums Mimigernaford zur Zeit Liudgers (152–376), 3. Das Pfarrsystem im Bistum Mimigernaford zur Zeit Liudgers im Dreingau, Stevergau und dessen Untergau Bursibant sowie im sächsischen Hamaland (379–1219).

[19] Weitergeführt und berichtigt u. a. durch J. *Prinz*, Die parochia des hl. Liudger: WS I (1948) 23ff.

[20] Vgl. hierzu A. *Hömberg*, Studien zur Entstehung der mittelalterlichen Kirchenorganisation in Westfalen: Westfälische Forschungen 6 (1953) 80 Anm. 169.

[21] Viele der von Tibus ermittelten Urpfarreien bestanden schon vor Liudger, andere gehörten zu fremden Missionssprengeln, wieder andere wurden erst nach Liudgers Tod errichtet. Nach dem heutigen Stand der Forschung ergibt sich etwa folgendes Bild: Die *frühesten* Kirchen des Oberstifts sind St. Dionysius, Rheine, St. Remigius, Borken, St. Mauritius und Gefährten, Ibbenbüren, vermutlich auch St. Lambertus, Coesfeld und St. Stephanus, Beckum. Sie sind aus den Kapellen fränkischer Königshöfe hervorgegangen. Ihre Anfänge fallen in die Zeit 775–785. Im Missionsbezirk von Rheine folgten bald die Neugründungen St. Petronella, Wettringen und St. Brictius, Schöppingen, im Ibbenbürener

der historischen Landesforschung neue Möglichkeiten gezeigt zu haben, und dieses Verdienst ist wahrlich nicht gering anzuschlagen."[22] Der noch heute gültige hohe Wert der „Gründungsgeschichte" liegt in der Fülle des ortsgeschichtlichen Materials, das in ihr verarbeitet wurde. Dies gilt in entsprechend abgeschwächtem Sinne auch von dem historischen Erstlingswerk, das Tibus 1862 vermutlich auf Anregung des Weihbischofs Boßmann, dem er es widmete, herausgab: „Geschichtliche Nachrichten über die Weihbischöfe von Münster"[23]. Da der Vicarius in pontificalibus als Stellvertreter des geistlichen Landesherrn wesentliche Aufgaben des bischöflichen Hirtenamtes wahrnahm, geben die von Tibus in diesem Buch zusammengetragenen Nachrichten auch über das innerkirchliche Leben des Bistums und das pastorale Verantwortungsbewußtsein der Bischöfe Aufschluß. Wie sehr das Anliegen dieses Buches dem Verfasser am Herzen lag, zeigen die Nachträge, durch die er es in der Folgezeit ergänzte.[24] Das Buch führt 32 Weihbischöfe auf.

> Bezirk in der ersten Hälfte des 9. Jahrhunderts St. Lucia, Lengerich und St. Jakobus, Lienen. Von der Mutterpfarre Borken wurde wohl im Laufe des 9. Jh.s St. Laurentius, Lembeck abgepfarrt. In eine *zweite* Gründungsperiode fallen St. Laurentius, Warendorf, St. Bartholomäus, Ahlen, St. Viktor, Dülmen, St. Johannes d. T., Billerbeck und vielleicht St. Johannes d. T. und St. Christophorus, Werne. Sie wurden von dem Missionsabt Bernrad (785–791) auf Hauptabteien gegründet, die Karl d. Gr. der christlichen Mission nach der Unterwerfung des Landes zu eigen gegeben hatte. Münster wurde Zentrum des kirchlichen Aufbaus. Die *dritte* Gründungsperiode reicht von 791 bis 850 und umfaßt die Amtszeit der Bischöfe Liudger, Gerfrid und Altfrid. In diesem Zeitraum dürften im inneren Münsterland die Pfarrkirchen von Greven, Telgte, Albersloh, Ascheberg, Lüdinghausen, Nottuln und Altenberge entstanden sein. Haltern und Oelde wurden, wie es scheint, noch zur Zeit Liudgers, Osterwick, Harsewinkel und Wadersloh im 9. Jh. errichtet. Herzfeld und Liesborn entstanden im ersten Viertel des 9. Jh.s, Freckenhorst um die Mitte und Metelen in der zweiten Hälfte des 9. Jh.s, Borghorst in der zweiten Hälfte des 10. Jh.s Im *westlichen* Münsterland wird Liudger kurz vor 800 Bocholt und nicht viel später Stadtlohn, vielleicht auch Wessum und Heek errichtet haben. Das Kanonissenstift Vreden entstand wohl im Jahre 830 ohne Mitwirkung Liudgers. *Hömberg 78–91.*

[22] Ebd. 80, Anm. 169.
[23] Erschienen bei Regensberg, Münster 1862.
[24] WZ 40 (1882) 173–189.

Als Kaplan des Weihbischofs Boßmann wirkte Tibus regelmäßig an dessen Pontifikalgottesdiensten im Dom mit. Der unvergleichliche westfälische Kultbau wurde ihm mehr und mehr zur geistlichen Heimat. Tibus empfand daher aufrichtige Freude, als Bischof Johann Bernhard Brinkmann[25] ihn am 9. Januar 1871 in das Domkapitel berief.[26] Von seinem freundlichen Studierzimmer in der Domkurie am Horsteberg[27] ging sein Blick hinüber zum traditionsreichsten Gotteshaus des Bistums. „Ein schöneres Leben und Sterben als im Schatten des Domes gibt es für mich nicht", bekannte er einmal seinem Freund Heinrich Finke.[28] In aller Frühe feierte Tibus im Dom die hl. Messe und verrichtete seine priesterlichen Andachtsübungen, um noch vor Antritt des Dienstes einige Stunden für seine historischen Arbeiten zu gewinnen. Nach dem Tode des Domkapitulars Schlun[29] am 4. August 1880 übernahm er das Amt des Dompfarrers, mit dem die Verantwortung für den Pfarrgottesdienst der Domkirche sowie pastorale Pflichten auf der Kanzel und im Beichtstuhl verbunden waren.[30] Tibus wird die Seelsorge in der kleinen Domgemeinde nicht nur als willkommenen Ausgleich zu seiner wissenschaftlichen Tätigkeit, sondern auch und erst recht als Erfüllung seiner priesterlichen Berufung begrüßt haben.

[25] Siehe *Helmert*, Domkapitulare 372f. D. *Graf v. Merveldt*, Der erste Bischof von Münster nach der Neuordnung, Caspar Maximilian Droste zu Vischering (1825–1846) und der Bekennerbischof Johann Bernard Brinkmann (1870–1889), in: Das Domkapitel zu Münster 1823–1973, hg. von A. Schröer = WS 5 (1976) 226ff.
[26] Der Bischof verlieh ihm das von ihm verwaltete Kanonikat.
[27] Es handelt sich um die 1864 vom Kapitel erworbene Domkurie Horsteberg 15/16, die 1875 durch einen Neubau ersetzt wurde (*Geisberg* II 214), der am 10. Okt. 1943 den Bomben zum Opfer fiel. Der 1958 errichtete Neubau ist als Doppelkurie eingerichtet und dient z. Zt. (1974) Herrn Domkapitular Dr. Hellbernd und dem Verfasser dieses Aufsatzes als Wohnung.
[28] *Finke* 339.
[29] Siehe *Helmert*, Domkapitulare 380f.
[30] Er war auch Direktor des Gebetsapostolates für das Bistum Münster, der Priester-Konfraternität Bonae voluntatis, Begründer und mehrjähriger Vorsitzender des Bonifatius-Sammelvereins und Vorsitzender der „Katholischen Kleinkinder-Bewahranstalt zu Münster", die Dompfarrer Dr. Nik. Püngel (s. *Helmert*, Domkapitulare 367f.) 1870 gegründet hatte. Tibus erhöhte die Zahl der Kindergärten von zwei auf fünf. *Becker* 9.

Wo immer sich eine Gelegenheit bot, suchte Tibus die mit der Domkirche zusammenhängenden geschichtlichen Probleme aufzuhellen. Im Jahre 1864 begann er mit dem Archivrat Roger Wilmans eine Kontroverse über das Weihedatum des heutigen Dombaues. „Mit einiger Wahrscheinlichkeit" hatte Wilmans im Jahre 1861 den 30. September 1265 als den Tag der Dedikation ermittelt.[31] Tibus erhob gegen die Wilmansche These eine Reihe von Einwänden und gelangte auf Grund eigener Überlegungen zu der Annahme, daß die Weihe spätestens am 23. September 1262 stattgefunden haben müsse.[32] Als der Archivrat 13 Jahre später seine Datierung durch zwei bisher unbekannte Urkunden glaubte stützen zu können[33], stimmte Tibus 1883 in seiner Schrift über den letzten Dombau zu Münster dem von Wilmans angenommenen Weihetermin ohne Umstände zu.[34]

Im Winter 1881 – es war die Zeit des Kulturkampfes, der Bischof befand sich noch immer im selbstgewählten holländischen Exil, mehr als 150 Pfarreien des Bistums waren verwaist[35] – hielt Tibus vor den Mitgliedern des Vereins für Geschichte und Altertumskunde mehrere Vorträge über die Entstehung und die Frühgeschichte der Stadt Münster. Er wurde daraufhin von verschiedenen Seiten gebeten, die Vorträge, die großen Anklang gefunden hatten, in erweiterter Form zu veröffentlichen. Er kam diesem Wunsch um so lieber nach, als er damit Gelegenheit hatte, einige in seiner „Gründungsgeschichte" vertretene Auffassungen zu erhärten bzw. richtigzustellen.[36] So entstand „ein klassisches Büchlein, das in leicht lesbarer Sprache die Resultate einer Fülle von Detailforschungen bringt."[37] Wenn auch das Bild von der Frühentwicklung Münsters, das Tibus und mit ihm alle späteren Sied-

---

[31] WUB III 393f. Anm. 2.
[32] A. *Tibus*, Wann ist der Dom zu Münster durch den Bischof Gerhard von der Mark consecrirt worden?, in: WZ 24 (1864) 337ff.
[33] WUB Additamenta Nr. 110. Ebd. VI Nr. 813.
[34] A. *Tibus*, Der letzte Dombau zu Münster (1883) 44f. Aber auch diese Datierung war irrig. S. u. A. *Schröer*, Die Münsterer Domweihe (1264): 141ff.
[35] S. u. Anm. 41.
[36] A. *Tibus*, Die Stadt Münster. Ihre Entstehung und Entwicklung bis auf die neuere Zeit (1882).
[37] *Finke* 339.

lungsgeschichtler der Stadt bis auf Max Geisberg zeichnen, durch jüngste Untersuchungen revidiert worden ist[38], bleibt dennoch das Bändchen wiederum wegen seiner reichen Materialien ein kostbarer Gewinn. Eine weit über das Bistum hinausgehende Bedeutung gewann der von Tibus im Jahre 1885 herausgegebene und sorgfältig kommentierte Liber ordinarius (1508–1523) der früheren dem Dom inkorporierten Jakobipfarre.[39] Diese zuverlässige Quelle aus einer Zeit, deren religiös-sittliches Niveau in den geschichtlichen Darstellungen heftig umstritten war, berichtet von einem gesunden, frisch pulsierenden Leben in der kleinen Pfarrei auf der Domimmunität. Aus den Aufzeichnungen spricht ein eifriger und verständiger Seelsorger, der mit Frömmigkeit und Pflichttreue sein Amt versieht. Der Liber ordinarius beleuchtet das kirchliche Leben einer Stadtpfarrei am Vorabend der Reformation und macht deutlich, wie sehr der Historiker sich vor Verallgemeinerungen sowohl in der positiven als auch in der negativen Richtung hüten sollte.

Tibus war kein Stubengelehrter in dem Sinne, daß er sich ängstlich vom Treiben der Welt zurückgezogen und nur im Reich der Geschichte gelebt hätte. Er gehörte im Gegenteil während des Kulturkampfes zu den aktivsten Männern des Domkapitels, wenn es galt, die Rechte und Freiheiten der Kirche zu verteidigen. Er stand mit dem gesamten Domkapitel an der Seite des Bischofs, als dieser am 11. März 1875 zum Antritt einer vierzehntägigen Gefängnisstrafe nach Warendorf abgeführt wurde.[40] Er trat in dem großen Prozeß vor dem Kreisgericht in Münster am 7. Dezember 1876 als Zeuge mit sachlichen und präzisen Aussagen für den angeklagten Bischof und dessen Generalvikar ein.[41] Er leistete vor

[38] J. *Prinz*, Mimigernaford-Münster. Die Entstehungsgeschichte einer Stadt = Veröffentlichungen der Historischen Kommission Westfalens XXII (1960).
[39] A. *Tibus*, Die Jakobipfarre in Münster von 1508–1523. Ein Beitrag zur Sittengeschichte Münsters (1885).
[40] O. *Hellinghaus* (Hg.), Der Kulturkampf in Münster. Aufzeichnungen des Kreisgerichtsrates a. D. Stadtrat Ludwig Ficker = Veröffentlichungen der Historischen Kommission für die Provinz Westfalen. Quellen und Forschungen zur Geschichte der Stadt Münster Bd. 5 (1928) 127ff.
[41] „Es ist das erste Mal in Preußen." Prozeß-Verhandlungen vom 7. Dezember 1876 gegen den hochwürdigsten Bischof Dr. Johann Bernhard,

allem energischen Widerstand, als der königl. Kommissar für die bischöfliche Vermögensverwaltung, Gedike[42], im Sommer 1878 die Verwaltungsakten der Seppelerschen Stiftung[43] beschlagnahmen wollte. Aus diesem Anlaß entwickelte sich zwischen Kirche und Staat ein Machtkampf im kleinen, der sich in einem bemerkenswerten Briefwechsel niederschlug.[44] Durch ein Schreiben vom 23. Juni 1878 hatte Gedike über Tibus eine Exekutivstrafe von 100 Mark verhängt, falls dieser ihm nicht binnen drei Wochen die Unterlagen der Stiftung aushändige. In seiner Antwort vom 30. Juni 1878 bestritt Tibus dem Kommissar das Recht, gegen ihn strafweise vorzugehen. Seine Mitgliedschaft im Stiftungskuratorium sei, wie Gedike selbst feststellte, bereits vor dem 23. Juni 1878 satzungsgemäß erloschen. Es bestehe demnach zwischen ihm und dem Staatskommissar kein amtliches Verhältnis mehr, das ihm, Gedike, das Recht zu einer Strafverfügung gebe. Das in der Stiftungsurkunde umschriebene bischöfliche Aufsichtsrecht, das jetzt der Staat widerrechtlich in Anspruch nehme, erstrecke sich überhaupt nicht auf die Verwaltung. Er halte sich daher nicht für berechtigt, Gedike die Papiere auszuhändigen, solange dieser sich nicht legitimiere. Im übrigen gelte der alte Grundsatz: Voluntas fundatoris sit sancta! „Ich kann Ihnen die bestimmte Versicherung geben, daß nichts mehr den Intentionen des Stifters entgegenläuft, als wenn Sie die Verwaltung

Prälat und Dom-Capitular Dr. Giese und die Herren Fièvez, Haversath, v. Noël, Dr. Richters und Schürmann (Münster 1876) 89ff. *Hellinghaus*, Kulturkampf 170ff.
[42] Gedike stammte aus Breslau. Er war Oberbergrat, später Regierungsrat. Nachdem Bischof Johann Bernhard am 8. 5. 1876 durch den K. Gerichtshof für kirchliche Angelegenheiten aus dem Amt entlassen und das bischöfliche Generalvikariat aufgelöst worden war, wurde er mit der Verwaltung des kirchlichen Vermögens beauftragt. Am 1. 9. 1876 nahm er im bischöflichen Hof Wohnung. *Hellinghaus* 157, 501. J. B. *Kißling*, Geschichte des Kulturkampfes im Deutschen Reich 3 (1916) 97.
[43] Sie war 1867 von dem wohlhabenden münsterischen Bürger Richard Wilhelm Seppeler zugunsten armer Pfarr-, Missions- und Schulstellen ins Leben gerufen worden. Der Stifter hatte Tibus gebeten, ihn bei der Abfassung der Stiftungsstatuten zu beraten und später für die rechte Verwendung der Stiftungseinkünfte Sorge zu tragen. Ebd. 178.
[44] Ebd. 176ff.

der Stiftung übernehmen, zumal da Sie Ihrer Konfession und akatholischen Gesinnung nach für die Zwecke der Stiftung, wie sie dem Stifter am Herzen lagen, absolut kein Interesse haben können."[45] Er sei daher entschlossen, die Stiftung niemals freiwillig auszuliefern. Er betrachte es als seine Pflicht, diesen Brief auch der Öffentlichkeit zur Kenntnis zu bringen.
Der Kommissar beharrte in seiner Erwiderung vom 5. Juli 1878 auf seiner Forderung einschließlich der Strafandrohung und suchte sein Recht zur Beschlagnahme der Stiftungsakten aus den Gesetzen zu begründen.[46] Er fand jedoch energischen Widerspruch bei Tibus, der am 11. Juli 1878 u. a. schrieb: „Ich kann Ihre Ansicht nur zu den zahlreichen subjektiven Gesetzesinterpretationen rechnen, durch welche Sie während Ihres Hierseins die für uns ohnehin so harten Kulturkampfgesetze noch unsäglich härter gemacht haben, wenngleich ein großer Teil dieser Interpretationen in den nach und nach erfolgten Erkenntnissen der richterlichen Instanzen ihre Rektitifikation erhalten hat."[47]
Ohne diesen Brief zu beantworten, ließ Gedike am 19. Juli 1878 das Stiftungsarchiv durch Polizeibeamte in der Kurie des Domkapitulars beschlagnahmen. Sechs Jahre später, am 29. Januar 1884, nachdem sich die Wogen des Kulturkampfes wieder geglättet hatten, gelangte es mit den übrigen Verwaltungsunterlagen in den Besitz der bischöflichen Behörde zurück. Der dreiköpfigen Kommission, die das beschlagnahmte Aktenmaterial entgegennahm, gehörte auch Tibus an.
Der Kulturkampf hatte die konfessionellen Gegensätze nicht zuletzt auf dem Gebiet der Kirchengeschichtsschreibung sehr verschärft. Namentlich auf der Provinzebene wurde es üblich, sich die Sünden der Vergangenheit gegenseitig vorzuhalten. Tibus hat sich an diesem unwürdigen Treiben niemals beteiligt. Es schmerzte ihn, wenn von konfessionellen Gegnern mit unverhohlener Freude geschichtliche Erscheinungen des Niedergangs oder menschliches Versagen auf katholischer Seite offengelegt wurden. Aus diesem Grunde unterließ er es auch, die ihm vorliegenden Visitationsprotokolle der Reformationszeit, obwohl sie einen emi-

---
[45] Ebd. 178.
[46] Ebd. 179. Leider fehlt bei Hellinghaus der Wortlaut des Briefes.
[47] Ebd. 179.

nenten Geschichtswert verkörpern, im Wortlaut zu veröffentlichen. Der Gedanke, der Gegenseite Waffen zum Kampf gegen die eigene Kirche zu liefern, war Tibus unerträglich. Sein Verhältnis zur Geschichte war jedoch nicht durch religiöse Enge belastet. Auch wenn ein Aufsatz nicht seinen persönlichen Anschauungen entsprach, veröffentlichte er ihn selbstverständlich in der von ihm betreuten Westfälischen Zeitschrift.
Tibus verabscheute jede Art von bewußter Geschichtsfälschung. Wenn die Tatsachen eine eindeutige Sprache redeten, lehnte er es ab, die Dinge zu vertuschen. Andererseits bereitete es ihm große Freude, wenn er eine finstere Darstellung der Vergangenheit in Wort oder Schrift als ungeschichtlich nachweisen konnte. Dann wurde seine sonst so ruhige, sachliche Darstellungsweise lebhaft. „Schlag folgte auf Schlag, nicht persönlich, sondern rein sachlich, und der Hieb blieb meist sitzen. Denn auf seinem Arbeitsgebiet war er der Herr: er beherrschte das gedruckte und ungedruckte Material, erzählende und urkundliche Quellen, wobei ihn ein vortreffliches Gedächtnis unterstützte."[48]
Namentlich fühlte sich Tibus als Anwalt aufgerufen, wenn historische Persönlichkeiten der münsterischen Kirche, soweit sie wegen ihrer Verdienste seine besondere Verehrung genossen, von ihren Zeitgenossen oder Späteren vermeintlich zu Unrecht diffamiert worden waren. Dies geschah beispielsweise in einer damals noch unbekannten, zeitgeschichtlich außerordentlich wertvollen Sammlung von Briefen, in denen sich der spätere Domdechant Johann Rotger Torck († 1686) bei seinem ehemaligen Mitkanoniker und Freund, dem Paderborner Bischof Ferdinand von Fürstenberg (1661–1683), laufend aus den verschiedensten Anlässen über die selbstherrliche Art Christoph Bernhards von Galen (1650–1678) lebhaft beklagte. Als Walter Ribbeck diese Briefsammlung in der Westfälischen Zeitschrift veröffentlichte[49], bemerkte er einleitend: „Die stark subjektive Färbung seiner

---

[48] *Finke* 336.
[49] W. *Ribbeck*, Briefe Rotger Torcks an Ferdinand von Fürstenberg, in: WZ 52 (1894) 12ff. *Ders.*, Die auswärtige Politik Christoph Bernhards von Galen in den Jahren 1665 bis 1678 vornehmlich nach den Briefen des Johann Rodger Torck an Ferdinand v. Fürstenberg, Bischof von Paderborn: ebd. 36ff.

[Torcks] Berichte – er stand als Freund des präsumptiven Nachfolgers [Ferdinand v. Fürstenberg] dem ihm persönlich nicht sympathischen Bischof Christoph Bernhard sehr skeptisch gegenüber – wird man freilich keinen Augenblick außer Acht lassen dürfen."[50] Aber Tibus hielt diese Bemerkung für zu schwach. Als Herausgeber der Westfälischen Zeitschrift ließ er daher den von Ribbeck edierten Briefen in der gleichen Nummer einen eigenen Aufsatz von 24 Seiten folgen, der die totale Unglaubwürdigkeit Torcks, „dessen Herz voll von Groll und Haß gegen Galen war", erweisen sollte.[51] Mit jugendlich-kämpferischem Elan zog er – allerdings weit über das Ziel hinausschießend – gegen Torck zu Felde, um das Bild des von ihm hochverehrten Bischofs von jedem Makel rein zu halten. Nicht Galen, sondern der hinterhältige Torck verdiene strenge Rüge.[52]

Dieser Aufsatz zur Ehrenrettung Christoph Bernhards war der letzte Beitrag, den Tibus zur Bistumsgeschichte geschrieben hat. Wer ihn las, hatte gewiß nicht den Eindruck, daß sein Verfasser ein von der Bürde des Alters gebeugter Greis war.

Wir dürfen dieses Leitbild nicht beschließen, ohne der verdienstvollen Wirksamkeit zu gedenken, die Adolf Tibus in dem bereits erwähnten Verein für vaterländische Geschichte und Altertumskunde Westfalens entfaltet hat. Tibus empfand es mit Recht als ein Zeugnis hohen Vertrauens, daß er, der Autodidakt, von den Mitgliedern am 13. Mai 1880 mitten im Kulturkampf in voller Einmütigkeit zum Vereinsdirektor gewählt wurde. Das Vereinsleben hatte im voraufgehenden Jahrzehnt unter internen Konflikten und dem häufigen Wechsel der Vereinsspitze gelitten. In dieser Lage war der unternehmungsfreudige Tibus in seiner frohen ausgleichenden Natur zweifellos der richtige Mann. „Sein Alter, seine hohe Stellung, sein makelloser Charakter, sein sympathisches Wesen brachten ihm alles auch zu seiner schwierigen Lei-

---

[50] Ebd. 37.
[51] A. *Tibus*, Johann Rodger Torck, Domdechant zu Münster, Dompropst zu Minden und Domkapitular zu Paderborn, in: WZ 52 (1894) 202ff.
[52] Zur Bewertung der Torckschen Briefe s. A. *Schröer* (Hg.), Die Korrespondenz des Münsterer Fürstbischofs Christoph Bernhard v. Galen mit dem Heiligen Stuhl (1650–1678) (1972) 126.

tung Nötige: Autorität und volles Vertrauen."⁵³ In der Tat nahm das Vereinsleben in der Folgezeit neuen Aufschwung. Die Versammlungen und namentlich die Vortragsabende des Vereins wurden wieder gut besucht. In den Jahren 1880 bis 1894 hielt der Vereinsdirektor selbst 24 Vorträge, die sich vorwiegend mit Fragen der münsterischen Stadt- und Bistumsgeschichte, aber auch mit der Namenskunde westfälischer Städte, Dörfer, Flüsse und Bäche befaßten. Wenn Tibus hinter dem Vortragspult stand, war er in seinem Element. Jeder spürte, wie sehr die Liebe zur Kirche und zur heimatlichen Welt ihm das Wort führte.

Auch die wissenschaftlichen Projekte des Vereins erfuhren durch die tatkräftige Initiative des Direktors neue Belebung. Der hochbegabte junge Diplomatiker Dr. Wilhelm Diekamp, ein Bruder des bekannten münsterischen Dogmatikers Franz Diekamp, wurde vom Vorstand mit der Fortsetzung und Ergänzung des Westfälischen Urkundenbuches betraut. Leider wurden die großen Hoffnungen, die Tibus auf den jungen Privatdozenten setzte, jäh vernichtet.⁵⁴ Heinrich Finke setzte die Edition des Westfälischen Urkundenbuches fort.

Auch auf anderen Gebieten gab Tibus wichtige Anstöße. Das große westfälische Siegelwerk des Mittelalters⁵⁵, die Reihe der Codices traditionum Westfalicarum⁵⁶, die Geschichtsquellen des Bis-

---

⁵³ *Schmitz-Kallenberg* XLIIIf.
⁵⁴ 1854–1885. Am 25. Dezember 1885 fiel der einunddreißigjährige Privatdozent in Rom, wo er in den vatikanischen Archiven Forschungen betrieb, dem Typhus zum Opfer. Er fand auf dem Campo Santo im Schatten von St. Peter seine letzte Ruhestätte. WZ 44 (1886) 200. W. *Schulte*, Westfälische Köpfe (1963) 54f.
⁵⁵ Im zweiten Amtsjahr von Tibus wurde die Siegelkommission unter dem Vorsitz des Grafen v. Landsberg-Velen und Gemen gegründet, die das prächtige Werk ermöglichte. WZ 39 (1881) 201. Mit der Bearbeitung des Werkes, das in Heftform in kurzen Abständen erschien, waren F. Philippi, G. Tumbült und Ilgen beauftragt.
⁵⁶ Zur Zeit von Tibus erschienen drei Bände des Codex traditionum Westfalicarum: Domkapitel zu Münster (1886), Kloster Überwasser und Stift St. Mauritz (1888) und Fürstabtei Herford und Stift auf dem Berge bei Herford (1892). Träger des Unternehmens war das K. Staatsarchiv.

tums Münster[57], die neue Reihe Quellen und Untersuchungen zur Geschichte, Kultur und Literatur Westfalens[58] erfuhren seine und seiner Vorstandskollegen nachdrückliche Förderung.[59] Als diese und ähnliche wissenschaftliche Unternehmungen die finanzielle Leistungskraft des Vereins überforderten, stiftete Tibus, der persönlich ein bescheidenes Leben führte, dem Verein die erhebliche Summe von 5000 Mark.[60] In seinem letzten Lebensjahr empfahl er seinen Vorstandskollegen angelegentlich, die umfangreichen Sammlungen des Vereins dem neu zu errichtenden Museum zugunsten der Öffentlichkeit zur Verfügung zu stellen, obgleich die Ansichten über diesen Schritt in den Kreisen seiner Freunde weit auseinandergingen.[61]
Die letzten 14 Jahre seines Lebens hat Tibus als Vorsitzender dem Verein gedient. „Es unterliegt keinem Zweifel", schreibt L. Schmitz-Kallenberg[62], „daß Tibus ein Vereinsdirektor war, wie er kaum besser sein konnte ... Er besaß die nötige Autorität und genoß weithin volles Vertrauen, und, was nicht in letzter Linie seinen Einfluß hob und seine Stellung stärkte, er war erfüllt von einer begeisterten Liebe zur heimatlichen Geschichte, die er auch anderen zu vermitteln wußte." Viermal stellte sich Tibus der Wiederwahl als Vereinsdirektor. „Rührend war es zu sehen, wie der allgemein beliebte und so hoch verehrte Greis sich jedesmal mit Herzklopfen einer Neuwahl unterzog, und, wenn seine Wiederwahl mit gewohnter Einstimmigkeit erfolgt war, für die Wahl seiner Kollegen im Vorstand bangte. Mit kindlicher Freude und fri-

---

[57] Tibus stellte Diekamp für die kritische Neuausgabe der Vitae Sancti Liudgeri die wertvolle Handschrift der Vita rhytmica des Bistumsarchivs zur Verfügung. MGQ 4, VIf. Auch H. *Detmer*, Hermanni a Kerssenbrock anabaptistici furoris: MGQ 5 (1900) VII dankt dem verstorbenen Domkapitular A. Tibus, „der den Plan der Ausgabe aufs wirksamste begünstigte." Vgl. auch WZ 44 201.
[58] Es erschienen: Fr. *Jostes*, Daniel v. Soest (1888). W. *Effmann*, Die karolingisch-ottonische Baukunst in Werden und Korvey (1890).
[59] *Finke* 330. Einzelheiten in den Jahresberichten des Vereins: WZ 38 (1880) –52 (1894).
[60] *Finke* 330f.
[61] Ebd. 331.
[62] *Schmitz-Kallenberg*, Rückblick XLIIIf.

schem Jünglingseifer übernahm er nach jeder der vier Neuwahlen wieder die Leitung der Geschäfte."[63] Adolf Tibus starb am 19. Mai 1894.[64] Noch am 19. Januar und 25. März hatte er im Verein Vorträge über das Wirken des hl. Liudger in dem ihm überwiesenen Sprengel sowie über den damaligen Zustand des Bistums, über Grenzen, Bewohner und deren soziale Klassen gehalten.[65] Sein Tod löste über den Kreis seiner engeren Freunde hinaus aufrichtige Trauer aus, die in der Tagespresse und den kirchlichen Blättern ihren Niederschlag fand. Professor Heinrich Finke, der Tibus als Vorsitzender des Vereins für Geschichte und Altertumskunde folgte, nannte ihn in der erwähnten warmherzigen Gedenkrede vor den Mitgliedern des Vereins den „Nestor der westfälischen Geschichtsforschung"[66].

Münster hatte einen bedeutenden Historiker, das Domkapitel einen liebenswerten Mitbruder, das Bistum einen vorbildlichen Geistlichen verloren.

II.

Als Tibus 1894 starb, war der 39jährige Berliner Kuratus und Religionslehrer Wilhelm Eberhard Schwarz[67] bereits mit mehreren historischen Quellensammlungen und Untersuchungen hervorgetreten, die in der Reichs- und Kirchengeschichte starke Beachtung gefunden hatten. Niemand konnte zu diesem Zeitpunkt ahnen, daß der Berliner Geistliche, der durch seine publizistische Tätigkeit und sein soziales Engagement in der Reichshauptstadt sehr erfolgreich tätig war, zwölf Jahre später die bistumsgeschichtlichen Arbeiten des beliebten münsterischen Domkapitulars fort-

---

[63] *Finke* 329.
[64] Siehe *Helmert*, Domkapitulare 379f. Er wurde auf dem Zentralfriedhof beigesetzt. Ebd.
[65] WZ 52 (1894) 236.
[66] *Finke* 331.
[67] Siehe *Helmert*, Domkapitulare 389ff. Münsterischer Anzeiger Jg. 64 (1915) Nr. 295 (Würdigung aus Anlaß des 60. Geburtstages). L. *Schmitz-Kallenberg*, Domkapitular Msgr. Dr. W. E. Schwarz †, in: WZ 81 (1923) 60–65. *Ders.*, Rückblick auf die Geschichte des Vereins für Geschichte und Altertumskunde Westfalens während der ersten hundert Jahre seines Bestehens, in: WZ 82 (1924) X–XXXIX. LThK 9 (1937) 367f.

setzen würde. Schwarz teilte mit Tibus nach dem übereinstimmenden Urteil einiger seiner noch lebenden Mitbrüder und Fachkollegen[68] das offene, zuvorkommende Wesen. Er fand leicht Zugang zu den Menschen und machte sich ihre Sorgen und Anliegen zu eigen. Er suchte zu raten und zu helfen, wo immer ihm Not und Ratlosigkeit begegneten. Wilhelm Eberhard hat in jungen Jahren ein Tagebuch geführt, das bis zum Vorabend seiner Priesterweihe reicht und interessante und aufschlußreiche Notizen über seinen Werdegang enthält.[69] Das Büchlein eignet sich vorzüglich, den Zugang zur Persönlichkeit und zum Lebenswerk dieses Wissenschaftlers und Seelsorgers zu öffnen.

Wilhelm Eberhard Schwarz wurde am 20. April 1855 zu Nordkirchen im Bistum Münster als ältester Sohn des Lehrers Bernhard Schwarz aus Beckum und seiner Frau Maria geb. Mersmann aus Warendorf geboren. Seit seinem vierten Lebensjahr besuchte er die Schule seines Vaters. Im Alter von neun Jahren erhielt er den ersten Lateinunterricht von dem Nordkirchener Vikar Johann Martin Terfloth.[70] Der Vierzehnjährige bestand im Herbst 1869 am Gymnasium Paulinum in Münster die Aufnahmeprüfung für die Obertertia. Da er Priester werden wollte, trat er in das Collegium Ludgerianum ein. Das Kolleg wurde von dem Präses Köm-

---

[68] U. a. Domkapitular Prof. Dr. Max Biebaum, Münster, und die früheren Stadtarchiv-Direktoren Dr. Eduard Schulte, Hiltrup, und Dr. Ernst Hövel, Münster.

[69] Das Tagebuch befindet sich im Besitz von Frau Rengsthausen, Nordkirchen, einer Nichte von Schwarz. Es handelt sich um ein kartoniertes Büchlein im Oktavformat mit 38 beschriebenen und paginierten Seiten, das auf der vorderen Außenseite die Aufschrift trägt: „Vita nostra brevis est. Horatius" und auf der ersten Innenseite den Titel: „Mein Lebensgang", unten: „Fiat voluntas tua sicut in coelo et in terra. Eichstätt 10. 5. 78. W. Schwarz." Aus dem Inhalt geht hervor, daß Schwarz zwischen Diakonats- und Priesterweihe seine früheren tagebuchartigen Notizen in diesem Büchlein unter Verzicht auf Stilistik z. T. stichwortartig zusammengetragen hat. Ich habe Frau Rengsthausen wie auch Herrn Rechtsanwalt Dr. Führer, Lüdinghausen, einem Großneffen von W. E. Schwarz zu danken, daß sie mir das Tagebuch wie auch ein Lichtbild Wilhelm Eberhards für dieses Lebensbild zur Verfügung gestellt haben.

[70] 1831–1879. Geb. in Greven, 17. 5. 1856 geweiht, 1856 Kooperator in Greven, 1864 Vikar in Nordkirchen, 1875 Pfarrer ebd.

V. Geistliche Persönlichkeiten

Wilhelm Eberhard Schwarz (1855–1923)

stedt geleitet, der in früheren Jahren Vikar in Nordkirchen und Religionslehrer Wilhelm Eberhards gewesen war.[71] Im Herbst 1874 bestand Schwarz das Abitur.[72] Der Abschied vom Ludgerianum wurde ihm nicht leicht. Mit den beiden Herren der Konviktsleitung hielt er auch später engen Kontakt.[73]

[71] 9. 1. 1831 geb. in Münster, 2. 6. 1855 in Rom geweiht, 14. 9. 1855 Vikar in Nordkirchen, 1865 Präses im Collegium Ludgerianum.
[72] Sein Reifezeugnis wies in Religion und Deutsch die Note „Vorzüglich", in den übrigen Fächern ein „Gut" auf. Die mündliche Prüfung wurde ihm erlassen. Tagebuch 9f.
[73] Präfekt des Ludgerianums war 1868–1875 Joseph Bautz (1843–1917), der seit 1877 als Privatdozent für Dogmatik, seit 1892 als a. o. Prof. für allgem. Moral und Apologetik an der Akademie Münster lehrte.

Einige Wochen nach der Reifeprüfung führte den Neunzehnjährigen „ein günstiges Loos in die Mauern des theologischen Convicts, des Collegium Borromaeum".[74] Die Leitung des Hauses lag in den Händen des Direktors Dr. theol. Bernhard Richters[75], dem der Repetent Dr. theol. et phil. Friedrich Hense[76] zur Seite stand. Das philosophische Studium an der Akademie entsprach wenig den Neigungen des jungen Theologen. Statt der Vorlesungen des sonst hochverehrten Professors Georg Hagemann[77] besuchte Wilhelm Eberhard oft pflichtwidrig das akademische Lesezimmer oder den Leseraum der Bibliothek, wie er überhaupt nach eigenem Eingeständnis schon auf dem Paulinum dazu neigte, „alles andere, nur nicht das Verlangte zu studieren"[78]. Seine persönlichen Interessen lagen auf dem Gebiet der Geschichte und der politischen Zeitgeschichte. Die Lieblingslektüre des Tertianers und Sekundaners waren die historischen Romane und die zeitgeschichtlichen Bilder des flämischen Schriftstellers Hendrik Conscience (1812–1883). Der Primaner befaßte sich bereits mit dem Studium der westfälischen Geschichte und der Lektüre der Historisch-Politischen Blätter.[79]

Nach dem Examen Philosophicum Ende SS 1875 unternahm der zwanzigjährige Theologe die ersten kühnen Schritte auf dem Gebiet der Journalistik. Er wandte sich an die Redaktion der Berliner Germania mit der Anfrage, ob ihr aus Anlaß des 100. Geburtstages Daniel O'Connels (1775–1847) am 6. August 1875 ein Gedenkartikel über den großen irischen Politiker und erfolgreichen Vorkämpfer der Katholikenemanzipation erwünscht sei. Kurz darauf

---

[74] Tagebuch 11.
[75] 1828–1910. Geb. in Münster, 2. 6. 1855 Priesterweihe in Rom. 1864–1910 Direktor des Colleg. Borromäum.
[76] 1837–1891. Geb. in Münster, 21. 12. 1861 Priesterweihe, 1863–1889 Repetent im Colleg. Borromäum, 1889 Pfarrer in Drensteinfurt.
[77] 1832–1903. Geb. in Beckum, 17. 5. 1856 Priesterweihe, 1862 Privatdozent, 1883 ao. Professor, 1884 o. Professor für Philosophie zu Münster.
[78] Tagebuch 11.
[79] Ebd. 9.

erhielt er von Legationsrat a. D. Friedrich v. Kehler[80] eine zustimmende Antwort. „Am 6. August [1875] hatte ich die Freude, den Anfang der Scizze als Feuilleton zu lesen. Diese Arbeit hatte mir nicht weniger als 77 Mark eingetragen, für meine Verhältnisse ein kleines Kapital – das erste Honorar."[81] Auch die theologischen Studien Wilhelm Eberhards standen im Schatten seiner Vorliebe für das Pressewesen, die durch die theologischen und kirchenpolitischen Spannungen der siebziger Jahre nachhaltig gefördert wurde. Es kam hinzu, daß das Professoren-Kollegium überaltert war und die junge Theologengeneration nicht mehr recht ansprach. Zwei seiner Mitglieder, der Kirchenhistoriker Adolf Cappenberg[82], ein Schüler Döllingers, und der ntl. Exeget August Bisping[83], hatten sich im Januar 1870 zusammen mit zwölf Kollegen aus der philosophischen Fakultät und zahlreichen anderen Gelehrten der scharfen Stellungnahme Döllingers gegen die geplante Definierung der päpstlichen Unfehlbarkeit angeschlossen. Auch der Dogmatiker Berlage[84] war ein Gegner der Infallibilitätserklärung, enthielt sich aber jeglicher Agitation und trug später durch seinen sachlichen Vortrag wesentlich zur Beruhigung der Lage bei. Cappenberg ließ sich bereits 1873 pensionieren. An seine Stelle trat der Privatdozent Lic. theol. Bernhard Carl

---

[80] v. Kehler, geb. 1. 10. 1820 in Berlin, Konvertit, widmete sich nach seinem Ausscheiden aus dem Staatsdienst ausschließlich dem kath. Leben. 1870 Mitglied des preuß. Abgeordnetenhauses, seit 1873 auch des Reichstages.
[81] Tagebuch 12.
[82] 1808–1880. Geb. in Münster, 28. 10. 1832 Priesterweihe, 1831/32 Studium in Tübingen und München, 1834 Dr. theol. München (bei Döllinger), 1835 ao. Prof., 1844 o. Professor für Kirchengeschichte und Kirchenrecht in Münster.
[83] 1811–1884. Geb. in Albersloh, 24. 9. 1836 Priesterweihe, 1834–1850 Präses im Heerdekolleg, 1844 Privatdozent, 1855 o. Professor an der Akademie zu Münster.
[84] 1805–1881. Geb. in Münster, 1824–1831 Studium in Münster, Bonn, Tübingen und München, 1831 Dr. theol. in München, 17. 3. 1832 Priesterweihe, 1832 Privatdozent, 1835 ao. Professor für Apologetik, Dogmengeschichte und Symbolik in Münster, 1836 o. Prof. für Moraltheologie, 1843 o. Prof. für Dogmatik ebd.

Fechtrup[85], dessen kirchengeschichtliche Vorlesungen auf Schwarz kaum Anziehungskraft ausübten. In seinem Tagebuch hat Wilhelm Eberhard die Lehrpraxis einiger Professoren beleuchtet.[86] Zu Beginn des WS 1875/76 wurde Schwarz als Vertreter des Borromäums in den Vorstand des akademischen Lesevereins gewählt, der über die Zulassung bzw. Abbestellung von Zeitungen und Zeitschriften im Leseraum der Akademie zu befinden hatte, eine Zuständigkeit, die im Hinblick auf die Beherrschung der Presse durch den Kulturkampf gewiß nicht unwichtig war. Die katholische Studentenverbindung Germania, der Schwarz später selbst beitrat, entsandte den Studierenden Brüll. Diesen beiden entschiedenen Gegnern der preußischen Kulturkampfpolitik standen außer Prof. Bisping die Professoren der philosophischen Fakultät Wilhelm Storck[87] und August Hosius[88], engagierte Anhänger Bis-

[85] 1844–1898. Geb. in Münster, 31. 7. 1869 Priesterweihe, 1871–1876 Domvikar in Münster, 1873 Privatdozent, 1884 ao. Professor für Kirchengeschichte und Patrologie in Münster, 1886 ao. Prof. für theol. Enzyklopädie, Patristik, Symbolik und Liturgie in Bonn.

[86] „Beerlage, der ‚Einleitung' in die Dogmatik las, setzte häufig aus, so daß er im ganzen Jahr nur eben über die Einleitung hinauskam. Bisping las regelmäßig ‚Einleitung ins Neue Testament' und ‚Mathäus'. Die Methode des immer sehr ernst ausblickenden Professors, aus seinem im Druck erschienenen Handbuch (Münster, Aschendorff) [Exegetisches Handbuch zum Neuen Testament, 9 Bde. (1854/76, z. T. in 2. und 3. Aufl.)] vorzulesen, gefiel den Zuhörern wenig, zumal wenn sie das Buch vor sich hatten. So wurden denn manche Allotrien getrieben. Vergessen will ich nicht, daß Bisping bis 1875, also fünf Jahre nach Entscheidung des Vatikanums, bei seinen exegetischen Vorlesungen nie auf dieselbe Bezug genommen oder dasselbe auch nur mit einem Worte erwähnt hatte. Bei der Erklärung von Matth. 16,18 erhob sich aus der großen Zahl seiner Zuhörer ein ziemlich laut auftretendes Verlangen, die klassische Erklärung dieser Stelle durch das Vatikanum erwähnt zu hören; allein der Professor, welcher ohne allen Zweifel die Provokation fühlen mußte, las einfach, was in seinem vor dem Concil gedruckten Buche stand und ging dann ungeniert weiter. Die Vorlesungen der übrigen Dozenten, welche im allgemeinen langweilig waren – Reinke, alttestamentliche Exegese [s. o. S. 281ff. u. S. 369f.]; Fechtrup, Kirchengeschichte – wurden mehrfach ‚geschwänzt' und die gewonnene Zeit auf dem Lesezimmer zugebracht". Tagebuch 15f.

[87] *Hegel* 1, 569 (Reg.).
[88] Ebd. 560 (Reg.).

marcks, gegenüber, die sich in den anstehenden Fragen gewöhnlich behaupteten. Nur in einem Fall, „als wir den Antrag mit energischen Worten motivierten", habe sich Bisping nach längerem Weigern[89] schließlich auf ihre Seite gestellt.[90] Es handelte sich um die Abbestellung der „Lindau'schen Gegenwart", die kurz vorher einen schmählichen Artikel über Münster und seinen Klerus gebracht hatte. Vier Semester blieb Wilhelm Eberhard im Vorstand des Lesevereins.

Die Journalistik gewann in der Folgezeit immer breiteren Raum im Alltag des jungen Theologen. Seit 1876 war Schwarz neben seinem Studium als Korrespondent der „Schlesischen Volkszeitung", der „Deutschen Reichszeitung" (Bonn) und der am 1. Januar 1876 von Heinrich und Lambert Lensing gegründeten Dortmunder „Tremonia" tätig. Besonders eng gestalteten sich seine Beziehungen zur „Tremonia".[91] Auf Bitten des Redakteurs E. D. Rittweger übernahm Schwarz im Sommer 1877 zusammen mit Lambert Lensing[92], ebenso wie er ein Neuling in der Journalistik, für die Dauer von 14 Tagen die Schriftleitung der Zeitung. Er schloß Freundschaft mit dem jungen Verleger und war seither während der akademischen Ferien im Hause Lensing ein stets gerngesehener Gast. Er beteiligte sich am gesellschaftlichen Leben

---

[89] „... man müsse bisweilen etwas liberal sein." Tagebuch 16f.
[90] Mit den Worten: „Wenn die Herren Studierenden dagegen sind, bin ich auch dagegen." Ebd. 17.
[91] Tagebuch 17ff.
[92] 1851–1928. Geb. zu Emmerich. Bedeutender Presseapostel und Vorkämpfer des deutschen Zentrums. Schon als Primaner warb er in Rede und Schrift für die Anerkennung des Unfehlbarkeitsdogmas und kämpfte unerschrocken gegen die preußische Kulturkampfpolitik. Tremonia vom 19. 12. 1928. Kölnische Volkszeitung vom 18. 12. 1928. Pressekunde vom 1. 2. 1929. K. *Bachem*, Vorgeschichte, Geschichte und Politik der deutschen Zentrumspartei 5 (1929) S. 23 u. 6 (1929) S. 346. LThK 6 (1934) Sp. 487. Pfingsten 1877 war Wilhelm Eberhard in Dortmund, um am 22. Mai die Hochzeit Lamberts mit der „allerliebsten" Schwester Rittwegers, einem zwanzigjährigen Mädchen „mit zu verherrlichen". Auf dem Polterabend hielt er eine Rede und feierte am Hochzeitstag bis 1 Uhr nachts. Tagebuch 21 u. 25.

der Stadt und wurde auf diese Weise bald mit den „katholischen Celebritäten" Dortmunds bekannt.[93] An Nachrichtenstoff für seine Korrespondententätigkeit gebrach es Wilhelm Eberhard nicht. So trat am 3. Juni 1876 ein Ereignis ein, das man schon lange befürchtet hatte: das Collegium Borromaeum wurde staatlicherseits geschlossen. Begleitet vom Kommissar Gedike[94] begab sich der Münsterer Oberbürgermeister Offenberg selbst mittags um 2 Uhr unter dem Schutz mehrerer Polizisten und vor den Augen zahlreicher Bürger zum Borromaeum. Da sich niemand fand, der öffnete, wurde das Eingangstor durch einen Schlosser erbrochen und die Schließung durchgeführt.[95] Weit sensationeller gestaltete sich im Dezember 1876 der Monster-Prozeß gegen Bischof Johann Bernhard Brinkmann und dessen Generalvikar Dr. Giese[96], die vor dem Kreisgericht in Münster wegen „Unterschlagung" angeklagt waren.[97] Bei diesem hochpolitischen Ereignis, das in der deutschen und ausländischen Presse Schlagzeilen machte, war Wilhelm Eberhard als Korrespondent der drei genannten Zeitungen anwesend. „Von morgens 9–11 Uhr und von nachmittags 3 bis nachts 1 Uhr hielt ich getreulich aus, ohne das Lokal zu verlassen. Zu Hause angekommen, diktierte ich meinem Bruder und einem Freunde (C. Schlathoelter), während ich selbst das dritte Referat schrieb. Nach mehrstündigem Schreiben legten wir uns zur Ruhe und setzten gegen Mittag die

---

[93] Tagebuch 19ff. 22.
[94] Siehe D. *Graf v. Merveldt*, Caspar Maximilian Droste zu Vischering – Johann Bernard Brinkmann: Das Domkapitel zu Münster 1823–1973, hg. von A. Schröer (1976) 231 Anm. 21.
[95] Schwarz notiert dazu: „Mit schmerzerfülltem Herzen hatte sich Direktor Richters am Abend vor unserm definitiven Scheiden aus der liebgewordenen Anstalt nach St. Mauritz ins Franziskus-Hospital zurückgezogen. Nur Dr. Hense war im Hause nebst dem Personal zurückgeblieben, um gegen die Aufhebung zu protestieren." Tagebuch S. 19. Wie die übrigen Theologen bezog auch Schwarz mit seinem Bruder Heinrich (später Sanitätsrat in Dülmen), der das ebenfalls geschlossene Ludgerianum verlassen mußte, ein Privatquartier.
[96] S. *Helmert*, Domkapitulare 378f.
[97] Gedike hatte bei Übernahme der Verwaltung des Generalvikariates nur einen kleinen Teil der Akten und kaum bares Geld vorgefunden. *Kißling* 3, 97.

V. Geistliche Persönlichkeiten

Sache fort. Mit den Mittagszügen gingen die Correspondenzen an die Zeitungen ab."[98] Nach einer Vorbereitung, der nach den eigenen Worten des Prüflings die Gründlichkeit fehlte[99], bestand Schwarz im August 1877 zusammen mit 13 Kursusgenossen das Abschlußexamen pro introitu. Die unmittelbare Vorbereitung auf den Empfang der Weihen stand nun bevor. Da der Bischof, wie erwähnt, im holländischen Exil weilte, das Priesterseminar geschlossen und Weihbischof Boßmann[100] am 4. August 1875 gestorben war, hatte sich der Bischof von Eichstätt, Franz Leopold von Leonrad[101], auf Wunsch Johann Bernhards bereit erklärt, die münsterischen Weihekandidaten in sein Priesterseminar aufzunehmen. Am 10. Oktober 1877 traf Wilhelm Eberhard dort ein.[102]

Nach der Unrast der Münsterer Studienjahre benutzte Schwarz die nun folgenden neun Monate der Stille und Abschiedenheit zu einer ernsten, gewissenhaften Ausrichtung seines Priesterberufes. Die in Eichstätt notierten Gedanken, auf die wir aus Gründen der Diskretion nicht näher eingehen können, sind unstreitig die tiefsten und schönsten des Tagebuches. Eingangs schreibt Wilhelm Eberhard: „Die in den Tagen vom 11.–15. Oktober einfallenden Exercitien gaben dem bisher nur zu oft planlos umhergeschweiften Geiste die nötige Direction. Noch größeren Eindruck machten auf mich die hl. Übungen vor Empfang der Tonsur und der Minores am 30. November und des Subdiakonats am 2. Dezember

---

[98] Tagebuch 24.
[99] Tagebuch 26. Zusammen mit seinem „lieben Freund" Franz Strumann aus Herzfeld (1855–1920; am 26. Juli 1878 in Eichstätt geweiht, † als Pfarrer zu St. Laurentius, Warendorf) repetierte er Kirchengeschichte und Dogmatik, während Dr. Hense mit den Examenskandidaten die Moraltheologie wiederholte. Ebd. 24.
[100] S. *Helmert*, Domkapitulare 371.
[101] 1827–1905. Geb. in Ansbach, Studium in Eichstätt und Rom, 1850 Priesterweihe, 1867 Bischofsweihe. Verfechter der Opportunität des Unfehlbarkeits-Dogmas. Weihte in Eichstätt während des preußischen Kulturkampfes über 400 norddeutsche Theologen.
[102] Er reiste zusammen mit Franz Strumann (s. o. Anm. 99), Bernhard Freise aus Warendorf (1855–1908; am 26. Juli 1878 in Eichstätt geweiht, † als Missionar in Brasilien) und Ferdinand Dahlhoff gen. Waterhues aus Werne (1854–1920; am 26. Juli 1878 in Eichstätt geweiht, † als Pfarrer zu Ottmarsbocholt). Tagebuch 26.

[1877]."[103] Jeweils am Vorabend der Weihen legte Schwarz seine Meditationen über das bevorstehende geistliche Erlebnis mit all seinen Hoffnungen, Sorgen und Vorsätzen in Gebetsform schriftlich nieder. Am 16. März empfing er die Diakonatsweihe und am 26. Juli 1878 im Alter von 23 Jahren die Priesterweihe. Während der letzten Exerzitien vom 23. bis 26. Juli 1878 notierte er u. a. sein geistliches Lebensprogramm, das eine anspruchsvolle Berufsauffassung erkennen läßt. Mit diesen Aufzeichnungen schließt das Tagebuch.

Da die kirchenpolitische Lage eine Anstellung in der Seelsorge nicht zuließ, kehrte der Neupriester mit Zustimmung seiner Behörde vorerst zu seinen Dortmunder Freunden zurück, die ihn gern in die Schriftleitung der „Tremonia" aufnahmen.[104] Seine Korrespondententätigkeit, jetzt auch am Paderborner „Liboriusboten", nahm Schwarz wieder auf. Aber schon bald geriet er mit den Kulturkampfgesetzen in Konflikt.[105] Um der Vollstreckung einer Gefängnisstrafe zu entgehen, sah er sich 1880 gezwungen, aus Preußen zu emigrieren. Schwarz ging nach Mühlhausen bei Prag, wo er am Institut der Schwestern der christlichen Liebe die Stelle eines Religionslehrers übernahm.

Da an eine berufliche Tätigkeit im kirchlichen Pressewesen einstweilen nicht mehr zu denken war, faßte Schwarz in Mühlhausen den Entschluß, sich der kirchengeschichtlichen Forschung zuzuwenden. Den Anstoß dazu gab ein Ereignis von epochaler Bedeutung: die im Jahre 1881 durch Leo XIII. vorgenommene Öffnung des Vatikanischen Geheimarchivs. Diese Großtat des Papstes weckte in dem jungen Religionslehrer das Verlangen, sich der römischen Quellenforschung zu widmen. Schwarz wandte sich an seine geistliche Behörde in Münster und durfte im Jahre 1883 nach Rom in den Campo Santo übersiedeln, wo er die Studienstelle eines Kaplans erhielt. Außer ihm wohnten in dieser alten deutschen Nationalstiftung u. a. die jungen Historiker Dr. Adolf

---

[103] Ebd. 27.
[104] Zum folgenden die oben Anm. 1 angegebene Literatur.
[105] *Schmitz-Kallenberg*, WZ 81, 60f. Auch sein Freund Lambert Lensing wurde im Kulturkampf wiederholt bestraft. S. Anm. 26.

V. Geistliche Persönlichkeiten

Gottlob[106], Dr. Stephan Ehses[107], August Sauer[108] und seit Anfang Februar 1884 auch Prof. Ludwig v. Pastor[109], der eben damals mit den vatikanischen Forschungen für den ersten, bereits weitgehend fertiggestellten Band seiner Papstgeschichte begann. Pastor empfand, wie er in seinem Tagebuch bemerkt, das Zusammenleben mit den vier jungen Kollegen als „sehr angenehm"[110]. Wie Tibus hatte auch Schwarz keine historische Fachausbildung genossen. Selbst der planmäßige Unterricht in Geschichte und Kirchengeschichte auf der Schule und an der Universität war nach seinem eigenen Urteil ausgesprochen dürftig.[111] Aber stets hatten geschichtliche Stoffe sein privates Interesse erregt, so daß er auf historischem Gebiet kein Neuling war. Dennoch ist es erstaunlich, mit welcher Sicherheit Schwarz seine Quellenforschungen in Rom aufnahm und später in Wien ergänzte. Sein Arbeitsfeld war die Zeit der Gegenreformation. Unter dem Gesamttitel „Briefe und Akten zur Geschichte Maximilians II." edierte er später ein Quellenwerk, dessen erster Teil den „Briefwechsel des Kaisers Maximilian II. mit Papst Pius V." (1889), der zweite Teil „Zehn Gutachten über die Lage der katholischen Kirche in Deutschland

---

[106] 1857–1930. Gottlob hatte in Göttingen promoviert und habilitierte sich 1893 in Fribourg (Schweiz), das er 1898 verließ. Er war zuletzt Honorarprofessor in Münster.

[107] 1855–1926. Ehses hatte 1880 in Würzburg promoviert, wurde 1883 zum Priester geweiht. 1895 Leiter des Historischen Instituts der Görresgesellschaft in Rom. Veröffentlichte vier Bände der Akten des Trienter Konzils.

[108] 1855–1914. Seit 1891 Pfarrer in Heinrichsau (Schlesien).

[109] 1854–1928. Pastor durfte bereits 1879 für seine Geschichte der Päpste das päpstliche Geheimarchiv benutzen. Er gab den Anstoß zu dessen Öffnung für die internationale Forschung. 1887 Professor der Geschichte in Innsbruck. 1901 Direktor des Österreichischen Historischen Instituts in Rom.

[110] W. *Wühr* (Hg.), Ludwig Freiherr von Pastor 1854–1928. Tagebücher, Briefe, Erinnerungen (1950) 177.

[111] „Unser Ordinarius [auf den beiden Primen des Paulinums, Prof. Dr. Middendorf] hatte Geschichte, Latein und Griechisch. Die beiden Sprachen beherrschte er völlig, wie er denn auch im Verein mit seinem Schwager Dr. Grüter eine mit Beifall aufgenommene ‚Lateinische Sprachlehre' geschrieben hat. Seine Geschichtskenntnisse waren antiquiert, die neueren Forschungen ihm fast ganz unbekannt." Tagebuch 9. Bzgl. Prof. Fechtrup s. o. Anm. 19.

1573–1576 nebst dem Protokoll der deutschen Kongregation" (1891) enthielt.
Der erste Teil bringt 158 Briefe, von denen 91 vom Kaiser, 67 vom Papst ausgehen. Die Originalbriefe des Papstes fand Schwarz im K. K. Haus-, Hof- und Staatsarchiv zu Wien. Die aufschlußreiche Korrespondenz gehört heute zum festen Quellenbestand der Reichs- und Kirchengeschichte der zweiten Hälfte des 16. Jahrhunderts. Ausgezeichnete Informationen über die religiösen und kirchenpolitischen Zustände, die um die Mitte des 16. Jahrhunderts in Deutschland herrschten, enthalten die zehn Reform-Gutachten. Sie waren für die von Gregor XIII. gegründete Deutsche Kongregation bestimmt und verbreiten sich ausführlich über Mittel und Wege zur kirchlichen Erneuerung der deutschen Nation. Pastor hat das düstere Bild, das diese Berichte von den Zuständen im Reich zeichnen, in seiner Papstgeschichte ausführlich dargestellt.[112]
Von kaum geringerer Bedeutung als diese Gutachten waren für die deutsche Kirchengeschichte die von Schwarz veröffentlichten Protokolle der erwähnten Congregatio Germanica aus den Jahren 1573 bis 1578. Die von Gregor XIII. auf Anregung des Bischofs von Augsburg gegründete Deutsche Kongregation, die für die Ausrichtung und Durchführung der kurialen Reformbestrebungen im Reich eine entscheidende Bedeutung gewann, war bis zu diesem Zeitpunkt den Kirchenhistorikern nahezu unbekannt geblieben.[113] Seit der Edition der Protokolle durch Schwarz fand sie in den Darstellungen der Katholischen Reform und der Gegenre-

---

[112] Geschichte der Päpste 9, 427ff.
[113] Über den Zeitpunkt der Gründung der Kongregation führte Schwarz in seiner Berliner Zeit mit dem Herausgeber der Nuntiaturberichte III/3, Karl Schellhaß, eine Kontroverse, in der er seinen Ansatz, nämlich Anfang des Jahres 1573, erfolgreich verteidigte. *Schellhaß*, NB III/3, XV. Rezension der NB von *Schwarz*: HJ 18 (1897) 404. Neuerdings hat J. *Krasenbrink*, Die Congregatio Germanica und die katholische Reform in Deutschland nach dem Tridentinum: RST 105 (1972) 75 den Nachweis erbracht, daß die Congregatio Germanica bereits Ende 1572 durch Gregor XIII. gegründet worden ist.

formation zunehmend, wenn auch keineswegs ausreichend, Berücksichtigung.[114] Hohe Verdienste um die Vertretung der deutschen Reformbestrebungen an der römischen Kurie erwarb sich der erwähnte Bischof von Augsburg, Otto Kardinal Truchseß v. Waldburg (1514–1573), der in engster Verbindung mit Peter Canisius stand. Es gelang Schwarz, ein „außerordentlich reichhaltiges Material"[115] zur Geschichte dieses hervorragenden Kirchenmannes zusammenzutragen, das er später laufend aus deutschen und ausländischen Archiven ergänzte. Schwarz beabsichtigte, diese umfangreiche Sammlung in einem großen Beitrag zur Geschichte der Katholischen Reform zu verarbeiten. Aber leider setzte der Tod diesem wie manchem anderen Plan, den er noch auszuführen gedachte, eine Grenze. Schwarz trug in seinem Testament Vorsorge, daß die aus „vielen tausend Stücken" bestehende Sammlung der Wissenschaft nicht verlorenging. Sein Neffe sollte dieses Quellenmaterial, namentlich den Briefwechsel des Kardinals Truchseß, der Öffentlichkeit zugänglich machen.[116]
Die beiden erwähnten Publikationen, die ihren Urheber ehrenvoll in die Welt der Geschichtsforschung einführten, erschienen erst, nachdem Schwarz nach Deutschland zurückgekehrt war. Während seines Romaufenthaltes veröffentlichte er, soweit ich sehe, lediglich im Jahre 1886 einen Beitrag zum Leben und Wirken des Kölner Theologen und Kirchenpolitikers *Johannes Gropper* (1503–1559)[117]. Schwarz lenkte damit die Aufmerksamkeit der Kirchenhistoriker verstärkt auf die überragenden Verdienste dieses Soester Westfalen um die innerkirchliche Reform in Köln und in ganz Deutschland. Erst 21 Jahre später schrieb W. van Gulik seine bekannte Gropper-Monographie[118].

[114] Krasenbrink (s. Anm. 47) untersucht Ursprung und Geschichte der Congregatio Germanica und würdigt dabei auch die Verdienste unseres Autors, nennt ihn aber leider ständig *Eduard* Schwarz.
[115] *Schmitz-Kallenberg*, Domkapitular Schwarz †, 61.
[116] Der geistliche Neffe von Schwarz, Dr. Dr. Bernhard Schwarz, der Ende November 1974 gestorben ist und in Dülmen beigesetzt wurde, hat diesen Auftrag nicht ausgeführt.
[117] W. E. *Schwarz*, Römische Beiträge zu Johann Groppers Leben und Wirken, in: HJb 7 (1886) 392ff.
[118] Freiburg 1907.

Zu den nachhaltigen Eindrücken, die Schwarz in der Ewigen Stadt aufnahm, dürften die Audienzen gehört haben, die Leo XIII., der große Förderer der Geschichtsforschung, in gewissen Zeitabständen den jungen Historikern des Campo Santo gewährte. Pastor berichtet von einer Sonderaudienz, die am 24. Februar 1884 stattfand und an der auch Schwarz teilnahm.[119] Der Papst äußerte ich bei dieser Gelegenheit sehr anerkennend über den geistlichen Geschichtsschreiber Johannes Janssen[120] aus dem Bistum Münster, dessen „Geschichte des deutschen Volkes seit dem Ausgang des Mittelalters" (1878/94) eben damals von protestantischer Seite heftig angegriffen wurde.[121] Dann fuhr Leo XIII. fort: „Die Geschichte muß aus den Quellen gearbeitet werden, und daher habe ich die Schätze des Vatikanischen Archivs der Forschung offengestellt. Jeder Papst hat, der eine mehr, der andere weniger, und oft unter den schwierigsten Umständen, für die Ausbreitung des Reiches Gottes auf Erden gewirkt, und diese Wirksamkeit erstreckt sich auf alle Völker. Die Kirche ist ja die gemeinsame Mutter aller Nationen; allen spendet sie ihre Segnungen, den Italienern und Österreichern, den Deutschen und den Franzosen, dem Abendland und dem Morgenland. Und diese Bestrebungen sind zum Heil der Völker nicht ohne Erfolg geblieben. Arbeiten Sie mit Mut und Ausdauer, frisch und freudig, nicht sowohl um irdischen Lohn und menschliche Ehre, sondern vor allem aus Liebe zu Gott, zu seiner Verherrlichung, für ihn, der Ihre Arbeiten mit himmlischem und ewigem Lohn vergelten wird."[122]
Dieser väterlichen Ermunterung des Papstes bedurfte es bei Schwarz gewiß nicht. Außer den Briefen und Akten zur Ge-

[119] *Wühr* (Hg.), L. v. Pastor 179f.
[120] 1829–1891. Geboren in Xanten, studierte seit 1849 in Münster, Löwen und Bonn Philosophie und Theologie, Priesterweihe, 1854 Habilitation in der phil. Fakultät der Akademie Münster, Herbst 1854 Lehrer am Städtischen Gymnasium in Frankfurt, lehnte 1873 – vermutlich wegen des preußischen Kulturkampfes – eine Bewerbung um den freigewordenen Lehrstuhl Cappenbergs in Münster ab. *Hegel* 1, 321f.
[121] Zu den Kritikern gehörten namentlich M. Lenz, J. Köstlin, G. Bossert und W. Walther. Janssens Beurteilung der Reformation gilt heute auf katholischer Seite als überholt.
[122] *Wühr* (Hg.), L. v. Pastor 180.

schichte Maximilians II. kopierte der unermüdliche Forscher die umfangreiche „Nuntiaturkorrespondenz Kaspar Groppers nebst verwandten Aktenstücken (1573–1576)", die er 1908 edierte und durch einen gediegenen Kommentar erläuterte.[123] Die verstreute Lage der Archivalien bereitete Schwarz bei seiner Sammlertätigkeit ungewöhnliche Schwierigkeiten. Dennoch gelang es ihm, nahezu lückenlos Berichte über die wichtige Visitationsreise Groppers zusammenzutragen, die u. a. auf die kirchlich-religiösen Verhältnisse in den westfälischen Bistümern neues Licht werfen, im besonderen auf die Verhandlungen über die von dem Münsterer Bischof Johann v. Hoya betriebene Koadjutorwahl des Jungherzogs Johann Wilhelm von Kleve, die von Rom nicht ohne begründetes Mißtrauen verfolgt wurden.

Im Jahre 1886 beendete Schwarz seine römischen Forschungen. Nachdem Leo XIII. am 23. Mai 1887 seinerseits den Kulturkampf für beendet erklärt hatte, erließ Kaiser Friedrich III. im Jahre darauf eine Amnestie für alle politischen Vergehen, die es Wilhelm Eberhard ermöglichte, in die Heimat zurückzukehren. Schwarz war 33 Jahre, als Bischof Johann Bernhard Brinkmann (1870–1889) ihn 1888 zum Kaplan in St. Matthias, Berlin, und zum Religionslehrer an verschiedenen höheren Lehranstalten der Reichshauptstadt ernannte. Er erwies sich in der Schule nicht nur als guter Lehrer, sondern auch als lebensnaher Seelsorger. Mit manchen ehemaligen Schülern, die später als Katholiken in Kirche und Staat bedeutende Stellungen einnahmen, blieb er zeitlebens in Verbindung. Auch im katholischen Vereinswesen, namentlich im Gesellenverein, entfaltete er eine vielseitige und erfolgreiche Tätigkeit. In den Berliner Jahren gab Schwarz, wie erwähnt, die römischen Quellensammlungen heraus, die seinem Namen in der historischen Fachwelt einen guten Klang verliehen. Ob er in Rom

---

[123] Der um 16 Jahre jüngere Bruder des erwähnten Johannes Gropper war 1519 zu Soest geboren, ging 1558 nach Rom und wurde dort zwei Jahre später Auditor der Rota. Im Jahre 1573 entsandte ihn Gregor XIII. als päpstlichen Nuntius mit Nikolaus Elgard SJ nach Deutschland, wo Gropper u. a. die Kirchen von Augsburg, Bamberg, Würzburg, Mainz, Speyer, Worms, Trier, Köln, Paderborn und Münster visitierte und die tridentinischen Reformen in diesen Bistümern durchzusetzen suchte. Die Sendung verlief nicht ohne erhebliche äußere und innere Spannungen.

oder Berlin jemals dem Gedanken nähergetreten ist, etwa den theologischen oder philosophischen Doktorgrad zu erwerben oder gar die akademische Laufbahn einzuschlagen, läßt sich nicht feststellen. Die von ihm veröffentlichten Arbeiten hätten zweifellos für ein solches Ziel eine gute Voraussetzung geboten. Als 1896 die Pfarre St. Matthias zur Hohenstaufenstraße verlegt wurde, blieb Schwarz als Kuratus der Filiale an der bisherigen Stelle zurück.

In den Berliner Jahren erwachte wieder seine alte Liebe zur Publizistik. Als engagierter Zentrumsmann trat Schwarz 1898 in die Schriftleitung der „Germania" ein, wurde später deren geschäftsführender Redakteur und schließlich Direktor der angesehenen Zeitung. Die „Wissenschaftliche Beilage" der Germania, die in den intellektuellen Kreisen des Zentrums sehr geschätzt wurde, verdankt ihre Gründung seiner Initiative. Zu den ständigen Mitarbeitern der Germania gehörten zahlreiche prominente Mitglieder der Zentrumspartei, mit denen Schwarz persönliche Verbindung pflegte. Auch mit Abgeordneten anderer Parteien, mit Staatsmännern und Beamten und nicht zuletzt mit dem Breslauer Fürstbischof Georg Kardinal Kopp stand er in geistigem Austausch. In Anbetracht dieser erlauchten Beziehungen konnte es nicht überraschen, daß die Verdienste des Wissenschaftlers und Publizisten um Kirche und Staat durch den Titel eines päpstlichen Geheimkämmerers und den Preußischen Adlerorden 4. Klasse honoriert wurden.

Zu den einflußreichsten Staatsbeamten, denen Schwarz nahestand, gehörte auch der Ministerialdirektor im Kultusministerium Friedrich Althoff. Dieser niederrheinische Bauerssohn bestimmte fast drei Jahrzehnte hindurch die preußische Kulturpolitik. Seinem Einfluß ist es zuzuschreiben, daß Schwarz Mitglied des münsterischen Domkapitels wurde. Am 25. Juli 1905 war Domkapitular Menden gestorben.[124] Da sein Tod in einen ungeraden Monat fiel, stand dem König von Preußen das Recht der Präsentation des Nachfolgers zu. Diese erfolgte am 3. Januar 1906. Am 12. März traf die päpstliche Zustimmung in Berlin ein und am 2. April 1906 wurde der 51jährige Berliner Kuratus im Dom zu Münster als

[124] Siehe *Schröer*, Domkapitel 386.

Domkapitular installiert. Damit trat Schwarz, der bislang in seiner Heimatdiözese ein Fremder geblieben war, in seinen letzten Lebensabschnitt ein.

Wie in Berlin widmete sich der neue Domkapitular auch in Münster der politischen Tätigkeit und der Arbeit in verschiedenen sozialen Organisationen. Aber im ganzen scheint sein Leben in der geruhsamen Atmosphäre der Bischofsstadt einen eher provinziellen Zuschnitt angenommen zu haben. Bezeichnend ist in dieser Hinsicht, daß der Domkapitular, der keineswegs dem Alkohol zuneigte, sich regelmäßig abends zu festgesetzter Uhrzeit mit seinem Freund und Landsmann, dem Domchordirektor Cortner[125], im Gasthof Beiderlinden in der Klemensstraße zum Dämmerschoppen einfand.

Dieser äußeren Angleichung an die münsterischen Verhältnisse entsprach auch die geistig-wissenschaftliche. Schwarz widmete sich von nun an der Bistumsgeschichte. Er trat sogleich in den Verein für Geschichte und Altertumskunde ein[126], besuchte regelmäßig die Versammlungen, beteiligte sich lebhaft an den Aussprachen und fand sich gern zu Vorträgen bereit. Am 5. März 1908 referierte er erstmalig über die Visitation des Bistums Münster 1571/73 durch Bischof Johann v. Hoya. Seitdem hielt er jährlich einen Vortrag vor den Mitgliedern des Vereins. Die Themen behandelten fast ausnahmslos die münsterische Kirchengeschichte des 16. Jahrhunderts mit besonderer Berücksichtigung der katholischen Reform.[127] Hand in Hand mit diesen Vorträgen ging eine rege schriftstellerische Tätigkeit, die in der Westfälischen Zeitschrift und anderen landesgeschichtlichen Organen ihren Niederschlag fand. Besondere Hervorhebung verdienen auch hier die Untersuchungen über den erwähnten päpstlichen Nuntius Kaspar Gropper und die katholische Reform im Bistum Münster sowie den ersten nachtridentinischen Reformbischof von Münster, Jo-

---

[125] 1856–1931. Geb. in Borken, 1878/82 Studium der Theologie und der Kirchenmusik in Münster und Eichstätt, 23. 7. 1882 Priesterweihe in Eichstätt, 1882/84 und Domchordirektor in Münster, 1900 Lektor für Choral und Kirchenmusik an der theol. Fakultät der Akademie Münster.
[126] WZ 64 (1906) 277.
[127] S. die Jahresberichte in der WZ 66 (1908)ff.

hann v. Hoya, dessen hohe Verdienste um die Durchführung der Generalvisitation und die Reform des Bischöflichen Offizialats der neue Bistumshistoriker in mehreren Abhandlungen würdigte.

Schwarz krönte seine Forschungen im Jahre 1913 durch die Veröffentlichung der Akten der erwähnten Bistumsvisitation 1571/73.[128] Die wertvolle Handschrift berichtet eingehend über das religiöse Leben der Gemeinden, den Einfluß der Neulehre auf den Gottesdienst und die Sakramentenspendung sowie über die Berufsauffassung und Lebensführung des Klerus und der Kirchenangestellten. Die bischöfliche Behörde hatte in der Vergangenheit ernste Bedenken getragen, den ominösen Kodex zur Veröffentlichung freizugeben. Tibus hatte ihm zwar für einige seiner Werke wichtige Angaben entnommen[129], aber eine Herausgabe der Handschrift nicht für opportun gehalten. Die Lage änderte sich, als Leo XIII. 1881 die Archive öffnete und im selben Jahr bekannt wurde, daß die Kgl. Bibliothek in Berlin noch ein zweites Exemplar der Protokolle, und zwar das Originalmanuskript, hütete.[130]

Schwarz legte seiner Ausgabe sowohl die Berliner als auch die Münsterer Handschrift zugrunde und veröffentlichte sie als siebten Band der Geschichtsquellen des Bistums Münster. Es ist hier nicht der Ort, auf den Verlauf der Visitation, die fast alle Pfarrgemeinden des Oberstifts Münster erfaßte, näher einzugehen. Die in den Protokollen enthaltenen Aussagen, die Schwarz in einem mu-

---

[128] Die Akten der Visitation des Bistums Münster aus der Zeit Johanns von Hoya (1571–1573). Im Auftrag des Vereins für vaterländische Geschichte und Altertumskunde hg. und erläutert von Wilh. Eberhard Schwarz = MGQ 7 (1913).
[129] So namentlich in seinem Buch über die münsterischen Weihbischöfe (1862) 93ff.
[130] Die Handschrift wurde von L. *Keller,* Die Gegenreformation in Westfalen und am Niederrhein 1 (1881) 287 entdeckt. Bereits im Jahre 1884 bezeichnete Wilhelm Diekamp die ungekürzte Veröffentlichung des Manuskripts als eine unabweisbare „Pflicht". (WZ 42, 172) Tatsächlich erklärte sich Heinrich Detmer 1898 zur Edition bereit (WZ 56, 149), wandte sich dann aber nach der meisterhaften Herausgabe der Wiedertäufergeschichte Kerssenbrocks zunächst der kritischen Bearbeitung der geschichtlichen Werke Hamelmanns zu, die durch seinen jähen Tod 1904 abgebrochen wurde. MGQ 7, VII.

stergültigen Kommentar von 170 Seiten zusammenfaßt, sind für die Geschichte der Katholischen Reform von unschätzbarer Bedeutung. Auf Grund dieser Publikation erwarb der inzwischen 58jährige Domkapitular an der Universität Freiburg endlich den theologischen Doktorgrad.[131]

Wie L. Schmitz-Kallenberg mitteilt[132], trug sich Schwarz mit der Absicht, seine Vorträge und Aufsätze in einem mehrbändigen Werk zusammenzufassen, das eine aktenmäßige Darstellung der gesamten kirchlichen Entwicklung im Hochstift Münster von den Zeiten der Wiedertäufer bis zum Regierungsantritt des Bischofs Christoph Bernhard v. Galen, also den Zeitraum von 1535 bis 1650, enthalten sollte. Leider ist er über Vorarbeiten nicht hinausgekommen. Der Tod nahm dem Unermüdlichen die Feder allzu früh aus der Hand.

Schwarz zeichnete sich, wie bemerkt, im Verein für vaterländische Geschichte und Altertumskunde durch aktive Mitarbeit aus. Als der Direktor der münsterischen Abteilung, der Kirchenhistoriker Prof. Anton Pieper[133] am 24. Dezember 1908 starb, wählte der Verein ihn, den Konabiturienten und Freund des Verstorbenen, zu seinem Nachfolger. Schmitz-Kallenberg schreibt dazu in dem Nachruf für Schwarz: „Wenn diese Wahl auch nicht ohne – teilweise sogar sehr kräftigen – Widerspruch erfolgte und den Altertumsverein vorübergehend in eine schwere Krise brachte – über die Einzelheiten sich zu äußern, ist hier nicht der Ort –, so muß man aber doch, wenn man objektiv bleiben will, zugestehen, daß der neue Direktor es verstanden hat, nicht nur den Verein auf seiner bisherigen Höhe zu erhalten, sondern ihm sogar einen Aufschwung und eine Blüte zu verschaffen, wie es unter den gegebenen Verhältnissen überhaupt nur möglich war."[134]

---

[131] *Schmitz-Kallenberg*, Domkapitular Schwarz † 63.
[132] Ebd. 63f.
[133] 1854–1908. Geb. in Lüdinghausen, 1874 Abitur am Paulinum, 1874/78 Studium in Münster und Innsbruck, 28. 7. 1878 Priesterweihe in Innsbruck, 1878 u. 1886 Studienaufenthalt in Rom, 1896 ao. Prof., 1899 o. Prof. für Kirchengeschichte in Münster, 1898/1908 Direktor des Vereins für Geschichte und Altertumskunde.
[134] *Schmitz-Kallenberg* 64.

Die Opposition gegen Schwarz richtete sich nicht unmittelbar gegen seine Person. Wohl aber wurde von gegnerischer Seite nicht gerade überzeugend auf die fehlende fachliche Legitimation – Schwarz war trotz weithin anerkannter geschichtswissenschaftlicher Veröffentlichungen[135] damals noch ohne Doktorgrad – und die Unbekanntheit des Bewerbers, der kaum zwei Jahre in Münster ansässig war, hingewiesen. Der eigentliche Grund der Ablehnung lag aber, wie mir zuverlässig mitgeteilt wird[136], in konfessionellen Gegensätzen innerhalb des Vereins. Nach dem Tode des katholischen Kirchenhistorikers Pieper erhoben die evangelischen Vereinsmitglieder Anspruch auf den Vorsitz und präsentierten als ihren Kandidaten einen liberalen Protestanten, den angesehenen münsterischen Profanhistoriker Prof. Karl Spannagel. Es kam zu einer Kampfabstimmung, in der sich Schwarz behauptete. Diese bedauerlichen Spannungen[137] waren für den neuen Vereinsdirektor zweifellos eine nicht unerhebliche Belastung, aber es gelang ihm, das volle Vertrauen der Vereinsmitglieder zu gewinnen. Dies beweist nicht nur seine dreimalige Wiederwahl, sondern auch das stetige Anwachsen der Mitgliederzahl, die sich in den 15 Jahren seiner Leitung von 484 auf rund 1000 erhöhte. Zu einer wirksamen Werbung für den Verein wurden auch die von Schwarz eingeführten jährlichen Ausflüge zu geschichtlich bemerkenswerten Punkten des Vereinsgebietes.[138]

Die 14 Bände der Westfälischen Zeitschrift, für die Schwarz namens der münsterischen Abteilung als Herausgeber verantwortlich zeichnete, wurden der wissenschaftlichen Tradition des Ver-

---

[135] *Dahlmann-Waitz*, Quellenkunde zur deutschen Geschichte, hg. von H. Haering u. a. (⁹1931), führt von ihm nicht weniger als 13 Titel auf.
[136] Von Stadtarchivdirektor a. D. Dr. Eduard Schulte, Hiltrup, und Staatsarchivdirektor a. D. Prof. Dr. Joh. Bauermann („vom Hörensagen"). Angeblich hatte Schwarz bei der Ernennung des Katholiken Schmitz-Kallenberg zum Staatsarchivdirektor (1921) seine Hand im Spiel. Immerhin scheint sicher zu sein, daß er zum Generaldirektor der preußischen Staatsarchive, Paul Kehr, gute Kontakte hatte.
[137] Der langjährige Schriftführer des Altertumsvereins, Prof. Spannagel, legte sein Amt nieder. An seine Stelle trat der katholische Profanhistoriker Prof. Alois Meister.
[138] *Schmitz-Kallenberg* 64f.

eins in vollem Umfang gerecht. Allerdings traten die wissenschaftlichen Bestrebungen des Altertumsvereins in den vier Jahren des ersten Weltkrieges vor den großen nationalen Sorgen des deutschen Volkes zurück. Schwarz nahm an dem Kriegsgeschehen an der Front und in der Heimat lebhaften Anteil. Es wird berichtet[139], daß er gern die in Münster stationierten Kriegsverwundeten, die sich regelmäßig auf den Rundbänken unter den Linden des Domplatzes niederließen, aufsuchte und mit ihnen plauderte.[140] Als 1918 infolge der Großoffensive der Entente alle Fronten der Mittelmächte wankten und die Reichsregierung auf Drängen der obersten Heeresleitung am 5. Oktober 1918 Wilson um Waffenstillstand und Frieden ersuchte, brachte Schwarz am 24. Oktober 1918 im Altertumsverein eine Entschließung zur einstimmigen Annahme, in der die anwesenden Mitglieder als „Anhänger des Königtums aus tiefinnerster Überzeugung ihre unerschütterliche Treue zu Kaiser und Reich" zum Ausdruck brachten und – offenbar in Unkenntnis der wirklichen militärischen Lage – mit pathetischen Worten von der Regierung die Ablehnung eines Friedens verlangten, der die Ehre des deutschen Namens in den Staub ziehe und die Lebensinteressen der Nation verletze.[141]

Die harten Tatsachen redeten eine andere Sprache. Zwei Wochen später, am 9. November 1918 wurde die Republik ausgerufen, am 11. November mit den Alliierten der Waffenstillstand geschlossen. Kaiser und Kronprinz flohen nach Holland. In Münster regierte der Arbeiter- und Soldatenrat. Wieder fühlte sich Schwarz zum Handeln aufgerufen. Von der Einsicht geleitet, daß Arbeit und Verdienst die öffentliche Ordnung am sichersten gewährleisten, richtete er für die heimkehrenden Soldaten auf dem Verspoel eine interkonfessionelle Arbeitsvermittlungsstelle ein. Bereits am 15. November 1918 erließ Schwarz in den münsterischen Zeitungen einen Aufruf an die Arbeitgeber in Stadt und Land, etwaigen Bedarf an Arbeitskräften – männlichen wie weiblichen, da auch

---

[139] Von Dr. Eduard Schulte.
[140] Vgl. E. *Schulte*, Kriegschronik der Stadt Münster 1914/18, im Auftrage des Magistrats geführt von Dr. Eduard Schulte = Veröffentlichungen der Historischen Kommission 6 (1930) Bildanhang 53.
[141] Ebd. 361.

für letztere Arbeitsgelegenheit beschafft werden müsse – unverzüglich beim Hauptarbeitsnachweis Münster, Verspoel 6, anzumelden. Dann heißt es wörtlich: „Viele Tausende demobilisierter Soldaten heischen Arbeit und ersehnen den Augenblick, wo sie den Werken des Friedens sich wieder widmen können. Je schneller die Millionen Heerespflichtiger der Zivilbevölkerung wieder eingegliedert zu werden vermögen und alle Stockungen des gewerblichen Lebens auszugleichen sind, um so sicherer dürfen wir die Erwartungen hegen, daß Ruhe und Ordnung aufrecht erhalten, Mangel an Lebensmitteln vermieden, die Sicherheit der Person und des Eigentums gewährleistet werden; hierzu aus allen Kräften mitzuwirken sind alle Bürger ohne Ausnahme, vor allem aber die Arbeitgeber berufen und verpflichtet. Der Hauptarbeitsnachweis wird allen, die sich an ihn wenden, unentgeltlich Arbeit vermitteln. Tue daher jeder seine Pflicht!"[142]

Diese spontane, großartige Hilfsaktion für den Mitbürger in der Stunde nationaler Not und Gefahr ist bezeichnend sowohl für den kurzentschlossenen Einsatzwillen als auch für das christliche Verantwortungsbewußtsein ihres Urhebers.

In den zwanziger Jahren wandte sich Schwarz wieder verstärkt der Geschichtsforschung und seinen Aufgaben im Altertumsverein zu. Der letztere konnte 1924 auf ein hundertjähriges Bestehen zurückschauen. Bereits Ende 1923 widmete sich Schwarz mit großem Eifer der Vorbereitung der Jahrhundertfeier, die für den Herbst 1924 in Aussicht genommen war und die nach seinen Plänen unter Beteiligung auswärtiger Geschichtsvereine in festlichem Rahmen begangen werden sollte. Aber die Feier fand ohne ihn statt. „Unerwartet warf eine tückische Krankheit den äußerlich so rüstigen und anscheinend so kräftigen Mann, der bis zuletzt immer auf seine Gesundheit gepocht hatte und, wie er mit Stolz zu sagen pflegte, bisher während seiner fast 70 Lebensjahre nie ernstlich krank gewesen war, auf das Krankenlager, von dem er sich nicht wieder erholen konnte."[143]

---

[142] Ebd. 7 (1936) 109.
[143] *Schmitz-Kallenberg* 65.

Wilhelm Eberhard Schwarz starb am 20. Dezember 1923 im Alter von 68 Jahren. Am Morgen des Heiligen Abends fand er auf dem Herrenfriedhof im Schatten der Domtürme seine letzte Ruhestätte. Der schlichte Grabstein mit den Lebensdaten des Verstorbenen zeigt symbolhaft zwei aus einem Brunnen trinkende Vögel – ein sinniger Hinweis auf den Forscher, dem das Schöpfen aus den geschichtlichen Quellen nicht nur schöner und reicher Lebensinhalt, sondern Dienst an der Kirche geworden war.

VI. RELIGIÖSES VOLKSTUM

33. Heiligenkult und Volksfrömmigkeit*

Gedanken zur Reduktion des römischen Calendarium Sanctorum

Als Papst Paul VI. am 14. Februar 1969 durch ein Motuproprio dem neuen liturgischen Generalkalender seine Zustimmung erteilte[1], rückte die Heiligenverehrung unversehens in den Vordergrund kirchlich-religiösen Interesses. Der päpstliche Erlaß kam keineswegs überraschend. Die Liturgiekonstitution des Zweiten Vatikanischen Konzils verlangt nämlich den Primat der Heilsfeste vor den *Festa Sanctorum* und fährt dann fort: „Eine beträchtliche Anzahl [der Heiligenfeste] möge der Feier in den einzelnen Teilkirchen, Nationen und Ordensgemeinschaften überlassen bleiben, und nur jene sollen auf die ganze Kirche ausgedehnt werden, die das Gedächtnis solcher Heiligen feiern, die wirklich von allgemeiner Bedeutung sind."[2]

Der Papst übertrug die Durchführung dieses Beschlusses dem römischen Liturgierat. Da Methode und Ergebnis der Beratungen dieses internationalen Gremiums von der Presse fast überall verzerrt und fehlerhaft wiedergegeben worden sind, sollen sie hier in aller Kürze erläutert werden. Der Liturgierat ließ sich von dem Grundsatz der Universalität leiten, d. h. die Heiligen sollten so ausgewählt werden, daß nach Möglichkeit jede Religion der Erde, jeder christliche Lebensstand, jede Ausdrucksform der Heiligkeit und jedes Jahrhundert im Generalkalender Berücksichtigung fänden. Die Frage nach der Geschichtlichkeit spielte bei der Auswahl keine entscheidende Rolle, wenn auch zahlreiche Heilige, deren Existenz nicht mehr nachweisbar ist, der Reduktion zum Opfer

---

* Vortrag auf der Tagung der Görresgesellschaft in Münster 1969. Druck: Die Kirche im Wandel der Gesellschaft, hg. von Josef Schreiner (Echter Verlag Würzburg 1970) 225–239.

[1] Calendarium Romanum et decreto sacrosancti oecumenici concilii Vaticani II instauratum auctoritate Pauli PP. VI promulgatum, typis polyglottis Vaticanis (1969) 177. Dort auch das päpstliche Motuproprio.

[2] *Konstitution über die heilige Liturgie* Kap. V., Art. 111: Ausgabe LThK I, 95. Vgl. auch Art. 108, 91f.

fielen. Endlich sollten Heilige, deren Kult im Volk keine Resonanz mehr findet, modernen Heiligen Platz machen. Inwieweit diese Grundsätze im neuen Generalkalender im einzelnen Gestalt angenommen haben, soll hier nicht untersucht werden. Man erkennt aber auf den ersten Blick, daß die erstrebte Repräsentanz in regionaler Hinsicht nicht annähernd erreicht wurde und auch nicht erreicht werden konnte, da es in den von katholischen Christen nur dünn besiedelten Ländern sowie in manchen neueren Staaten an kanonisierten Heiligen mangelt. Die Vereinigten Staaten, die bislang nur drei oder vier kanonisierte Heilige zählen, sind beispielsweise im Kalendarium noch nicht vertreten. Je einen Heiligen bzw. eine Heiligengruppe stellen Belgien, die Tschechoslowakei, Griechenland, Japan, Kanada, Ozeanien, Rußland, Schweden, die Schweiz, Uganda und Ungarn. Irland, Polen und Südamerika sind mit je zwei, England einschließlich Schottland mit sieben, Deutschland mit neun (Albert der Große, Bruno, Bonifatius, Elisabeth von Thüringen, Fidelis von Sigmaringen, Hedwig, Kaiser Heinrich II., Norbert und Petrus Canisius), Spanien und Portugal mit insgesamt elf, Frankreich mit 15, der Orient mit 42 (einschließlich der Apostel) und Italien mit 61 Heiligen bzw. Heiligengruppen vertreten. Diese Zahlen machen deutlich, in welchen Ländern das geschichtliche Schwergewicht der Kirche liegt.

Das Arbeitsergebnis des Liturgierates läßt sich wie folgt zusammenfassen: Von den 232 Heiligenfesten des alten Kalenders wurden 147 gestrichen und in das Martyrologium Romanum verwiesen. Neu eingeführt wurden zwei verpflichtende Feste japanischer bzw. kongolesischer Provenienz sowie einige fakultative Feste von Heiligen aus Ländern bzw. Kontinenten, die bisher nicht oder nur schwach vertreten waren.

Die einschneidende Reduktion des Heiligenkalenders ist ein liturgiegeschichtliches Ereignis von erheblicher Tragweite. Sie ist etwa der nachtridentinischen Reduktion des römischen Kalendariums durch Pius V. vergleichbar. Die päpstliche Maßnahme soll uns Anlaß sein, auf den Heiligenkult in seiner Bedeutung und Problematik für die Volksfrömmigkeit in Vergangenheit und Gegenwart näher einzugehen. Die Verehrung der Gottesmutter bleibt hier außer Betracht (s. Beitrag Nr. 34).

I.

Der Bonner Volkskundler Karl Meisen hat 1954 in einem Aufsatz über die Probleme der religiösen Volkskunde im Rheinland bemerkt, der Heiligenkult habe in der fast zweitausendjährigen Geschichte des Christentums auf das Volkstum, d. h. auf das Leben der christlichen Welt in allen seinen Äußerungen, einen derart umfassenden Einfluß ausgeübt wie keine andere Erscheinung des menschlichen Daseins.[3] Dieses Wort eines hervorragenden Sachkenners zeigt die Bedeutung und Spannweite der Frage, die uns hier beschäftigt.

Jede gesunde menschliche Gemeinschaft ehrt das Gedächtnis ihrer Verstorbenen, namentlich ihrer bedeutenden, verdienstvollen Glieder. So hielt es nachweislich seit dem Ende des zweiten Jahrhunderts auch die Kirche in Rom. Besonders verehrungswürdig waren ihr die Märtyrer und alle jene, die das Evangelium in Armut und Jungfräulichkeit verwirklicht hatten. Dieser Gedächtniskult fand am Grabe des Heiligen statt und war örtlich begrenzt. Mit dem Vordringen der römischen Liturgie ging nach und nach die Verehrung der römischen Heiligen auch auf die abendländischen Teilkirchen über, wie andererseits lokale Kulte zunehmend gesamtkirchliche Geltung erlangten. Zu den Märtyrern rechnete man im Laufe der Zeit mit Ausnahme des Evangelisten Johannes auch die Apostel, obschon über deren spätere Lebensschicksale keine geschichtlichen Nachrichten vorlagen. Man stützte die Annahme ihres Blutzeugnisses auf die apokryphen Apostelgeschichten, die die dürftigen Nachrichten des Neuen Testaments über die Zwölf ergänzen sollten.[4]

Hier stoßen wir erstmals auf ein Element der Heiligenverehrung, das für die Volksfrömmigkeit von schlechthin entscheidender Bedeutung werden sollte, nämlich die Legende. Was ist eine Legende? A. Harnack hat 1890 in seinem Vortrag zu der Frage „Legenden als Geschichtsquellen" die Legende treffend mit der

---

[3] Rheinisch-westfälische Zeitschrift für Volkskunde, hg. von K. Meisen und B. Schier, 1 (1954) 214f.
[4] B. *Kötting*, Heiligenverehrung: HthG 1 (1962) 633–641. *Ders.*, Entwicklung der Heiligenverehrung und Geschichte der Heiligsprechung, in: Die Heiligen in ihrer Zeit, hg. von P. Manns, 1 ([3]1967) 27ff. (Lit.).

Schlingpflanze verglichen, die aufwächst, wo nur immer Geschichte entsteht.[5] Die Legende umrankt und umklammert das große geschichtliche Ereignis ebenso wie die überragende Persönlichkeit. Sie sendet ihre Ranken gleichsam von Baum zu Baum, bis der ganze Wald überdeckt ist. Ein Stamm nach dem anderen verdorrt – was übrigbleibt, ist das Rankenwerk. Nur das unbedeutende Gestrüpp am Waldboden bleibt verschont. Dies ist das Bild, das die von der Legende umsponnene Geschichte der Heiligen bietet. Die Legende ist demnach eine volkstümliche Heiligenerzählung, die zwar als solche keinen Anspruch auf Geschichtlichkeit erhebt, aber die geschichtliche Existenz des betreffenden Heiligen voraussetzt. Wenn wir sagen, daß die Legende ungeschichtlich sei, soll damit zum Ausdruck gebracht werden, daß sie bemerkenswerte Eigentümlichkeiten des Heiligen in ungeschichtlicher Weise übertreibt.

Die Legende liebt nämlich die Übertreibung. Sie will durch Wort und Bild den spezifischen Eindruck der Vorbildlichkeit verstärkt hervorrufen, den einst der Heilige selbst erweckt hat. An der Art der übertreibenden Schilderung läßt sich die Provenienz der Legende ablesen. Die Romanen erzählen ihre Heiligenlegenden anders als die Germanen. Die anziehenden Wunderberichte über den heiligen Franz, unübertrefflich gemalt von Giotto, oder die Sibyllen Michelangelos konnten in dieser Gestalt nur in Italien entstehen.

Ganz anders stellt sich die germanisch-sächsische Legende dar. Sie ist herber, asketischer. Treffliche Beispiele dafür enthalten die mittelalterlichen Viten des heiligen Liudger, die um so reicher an legendarischen Zügen werden, je weiter sie sich zeitlich von ihrem Heiligen entfernen.[6] In der ersten, geschichtlich glaubwürdigen *Vita Liudgeri auctore Altfridi* wird u. a. die Gebetshaltung Liudgers gerühmt. In der *Vita secunda* (vor 864) aus der Feder eines Werdener Mönches wird sie zum Zwecke der Erbauung und Erziehung der jungen Novizen legendarisch illustriert und überhöht.

---

[5] A. *Harnack*, Reden und Aufsätze 1 (1906) 1ff.
[6] Die Vitae sancti Liudgeri, hg. von W. Diekamp = MGQ 4 (1881).

Auf einer seiner vielen Reisen, die Liudger zusammen mit den angehenden jungen Geistlichen durch seinen Sprengel unternahm, hatte sich, so erzählt die Legende, die kleine Reisegesellschaft in einer Herberge des Münsterlandes einquartiert und zu nächtlicher Stunde am Herdfeuer versammelt, um die Matutin zu singen. Während des Gesanges drang dem Meister ständig der scharfe Rauch des Feuers, das unter der Asche glimmte, in die Augen. „Er aber stand ungebeugt an Geist und Körper, als ob er nichts bemerke." Einer der jungen Kleriker wurde auf den Übelstand aufmerksam. Er kniete am Herd nieder, entfernte die Asche, blies in die Kohlen und entfachte das Feuer. Die Belästigung war damit behoben. Aber am nächsten Morgen versammelte Liudger seine Schüler und mißbilligte das Vorgehen des jungen Klerikers mit ernsten Worten und nahm den Vorfall zum Anlaß, die jungen Theologen insgesamt zu ermahnen, beim *opus divinum* jede Ablenkung zu vermeiden und, soweit menschenmöglich, zerstreuende Gedanken abzuwehren.[7]

Diese hübsche Erzählung zeigt beispielhaft, wie lebendig und pointiert die Legende einen Wesenszug des Heiligen zu malen versteht und durch die Farben und Formen, derer sie sich bedient, ihre eigene Herkunft verrät. Sie macht aber auch deutlich, daß die Legende stets von der Ehrfurcht vor der Gestalt ihres Heiligen bestimmt wird. Sie vermeidet es, das Kleinliche und Erbärmliche, das sich ja schließlich in jedem Menschenleben findet, der Nachwelt zu überliefern. Indem sie sich dem Anruf, der von dem Heiligen ausgeht, öffnet, dient sie der religiösen Erbauung und Volkserziehung.

Was demnach ein Heiliger dem Volk und der Kirche bedeutet, das bringt unübertrefflich die Legende zum Ausdruck, freilich im Sinne der jeweiligen religiös-ethischen Wertvorstellungen der Zeit. Wie der Prophet deutet und wägt die Legende die Großen dieser Welt.

In welch erstaunlichem Ausmaß die mittelalterliche Frömmigkeit aus der Legende lebte, zeigen die zahlreichen Sammlungen von Heiligenleben. Zu den bedeutendsten gehören die acht Bücher der

---

[7] Ebd. 80f.

Wundererzählungen des heiligen Gregor (538–594)[8], Bischof von Tours, der zu den gebildetsten und politisch einflußreichsten Männern des Frankenreiches zählte. Die Sammlung enthält Berichte über Wunder des Herrn, der Gottesmutter, der Apostel und der gallischen Märtyrer sowie neben einem Lobpreis auf das Tugendleben des heiligen Martin von Tours auch eine geschichtlich bedeutsame Zusammenstellung von Viten gallisch-fränkischer Gottesmänner, die als *Vitae patrum* weite Verbreitung erlangte. „Diese Wunderbücher sind eine unerschöpfliche Quelle für die Geschichte der oft schon verwucherten merowingischen Frömmigkeit im Heiligen- und Reliquienkult, in Liturgie und Volksbrauch."[9] Die *Vitae patrum* wurden bereits in der Benediktinerregel (Kap. 42) den Mönchen zur Lektüre empfohlen.

Eine noch größere Breiten- und Tiefenwirkung als die Wunderbücher erlangte die 600 Jahre später erschienene *Legenda aurea* des Dominikaner-Bischofs von Genua, Jacobus a Voragine († 1298), die vor 1264 geschrieben wurde.[10] Die berühmte Kompilation, die vor allem der tiefverwurzelten Wundersucht des Volkes Rechnung trägt, bringt in volksnaher Darstellung die Legenden der Heiligen des Kirchenjahres. Jacobus ist bestrebt, das Wesentliche vom Unwesentlichen zu scheiden, was beim Symbolgehalt viel wichtiger ist als die Trennung des geschichtlich Glaubwürdigen vom Unglaubwürdigen. Die Sammlung wurde in alle Sprachen des Abendlandes übersetzt und dabei stets inhaltlich erweitert. R. Benz vergleicht die Goldene Legende mit der Farbenmystik der Glasfenster mittelalterlicher Dome. Wie sehr die Zeit und die Menschen an der Gestaltung der Legende mitwirken, beleuchtet die Tatsache, daß die älteste Handschrift der *Legenda aurea* aus dem Jahre 1288 182 Kapitel, der erste Druck um 1470 aber 448 Kapitel umfaßt.

Nur wenige Jahrzehnte nach dem Erscheinen der *Legenda aurea* entstand innerhalb des Deutschen Ordens unter dem Namen *Passional* das umfangreichste und künstlerisch bedeutendste Legendenstück des Mittelalters. Die dreibändige metrische Sammlung,

---

[8] MG SS rer. Mer. I/2.
[9] H. *Rahner*, Gregor v. Tours: LThK IV (1960) Sp. 1193f.
[10] Lat. Ausgabe von Theodor Graesse (³1891), deutsch von R. Benz, 2 Bde. (²1955).

Heiligenkult und Volksfrömmigkeit

die weitgehend aus der *Legenda aurea* schöpft, wurde um 1300 vollendet und umfaßt 110 000 Verse.[11] Das erste Buch erzählt das Leben Jesu einschließlich der Kindheitswunder, umrahmt vom Marienleben und 25 köstlichen Marienlegenden. Das zweite Buch handelt von den Aposteln, von Johannes dem Täufer, vom Erzengel Michael, von Maria Magdalena und von der Zerstörung Jerusalems. Das dritte Buch ist der Heiligenverehrung im engeren Sinn gewidmet und wurde auch als Sonderband verbreitet. Es bringt Legenden und Mirakel von 75 Heiligen in der Ordnung des Kirchenjahres von Nikolaus bis Katharina. Die lebenswarme, künstlerisch geschlossene Erzählform des *Passionals* hatte eine sehr starke Wirkung, ohne allerdings die volkstümliche *Legenda aurea* verdrängen zu können.

Die große Zeit der Legende und der volksfrommen Heiligenverehrung war das späte Mittelalter.[12] Sie ist für uns insofern von besonderem Interesse, als die damals entwickelten Vorstellungen von den Heiligen bis in die Gegenwart fortwirken. Die klösterliche Mystik hatte der Frömmigkeit im Gegensatz zur objektiven Orientierung der vorhergehenden romanischen Periode – man denke an die monumentalen Apostelzyklen in den Vorhallen der Domkirchen von Münster und Paderborn – eine betont subjektive Richtung gegeben und einen völlig neuen Heiligentyp geschaffen. Während die Volksseele zu den Aposteln als den Fürsten des Gottesreiches trotz der lebhaften Wallfahrtsbewegung zu den Apostelgräbern in Rom, Compostela, Trier, Konstantinopel und Ephesus im Grunde ehrfürchtige Distanz wahrte, trat sie zu dem neuen Heiligentyp in ein echtes Partnerschaftsverhältnis. Diese Heiligen gehörten zum Alltagsleben. Sie waren gekleidet und ausgerüstet wie das Volk selbst. Man kannte ihre „Geschichte" bis in die Einzelheiten, man stand mit ihnen gewissermaßen auf du. Sie wurden die unentbehrlichen Helfer der Menschen in den vielfach extremen Notsituationen des Daseins.

Die Volkstheologie des neuen Heiligenkultes war merkwürdig genug. In Übereinstimmung mit der landläufigen Homiletik und

---

[11] Buch I–II, hg. von C. A. Hahn (1845); Buch III, hg. von F. K. Köpke (1852).
[12] Zum folgenden: A. *Schröer*, Die Kirche in Westfalen vor der Reformation 1 (1967) 308ff.

der Denkweise der volkstümlichen Kanonistik war man der Meinung, Gott habe bestimmten Heiligen ein *privilegium dignitatis*, eine besondere Schutzgewalt, verliehen.[13] Oft gab ein Zug aus der Legende oder ein Attribut des Bildes den Anlaß zu dieser Differenzierung. Die Heiligen waren gleichsam die Prokuristen Gottes geworden. „Die Erfahrung lehrt", schreibt der Kreuzherr Heinrich von Millingen in den zwanziger Jahren des 16. Jahrhunderts, „daß man gewisse Wohltaten und Gnaden erlangt, wenn man sich an einen bestimmten Heiligen wendet, daß man sie aber nicht erhält, wenn man zu einem anderen, wenn auch weit höheren Heiligen betet. Es ist anzunehmen, daß dies deshalb geschieht, weil der große Gott alle Heiligen ehren will, die kleinen und die großen."[14] Das Volk lebte in der Vorstellung, daß der Heilige in seinem Bild gegenwärtig sei. Man kniete betend davor nieder, berührte und küßte es, opferte ihm Geld, Kerzen und Votivgaben. Man scheute sich aber auch nicht, das Bild zu schelten oder gar zu zerstören, wenn sich der Heilige als harthörig erwiesen hatte. Besondere Fürsorge erwartete man naturgemäß von den Kirchen- und Gemeindepatronen. Dabei kam es nicht selten zwischen benachbarten Kirchen zur Rivalität. M. Bringemeier berichtet von einem heiligen Wetteifer dieser Art zwischen den münsterländischen Kirchspielen Riesenbeck und Bevergern, von denen das erste den heiligen Kalixt, das zweite Antonius den Einsiedler zum Patron hatte. In Bevergern pflegt man noch heute zu sagen:

„Kalix, dat is nicks,
män Anton, dat is'n Mann,
de us helpen kann!"[15]

Repräsentativ für diesen Heiligentyp war die im 14. Jahrhundert im süddeutschen Raum entstandene Gruppe der Vierzehn Nothelfer, deren Verehrung nicht aus der amtlichen Liturgie, sondern

---

[13] G. *Schreiber*, Privilegia sanctorum. Volkstümliche Kanonistik und Hagiographie: Zeitschrift der Savigny-Stiftung für Rechtsgeschichte, Kan. Abt. 43 (1957) 327ff.
[14] *Schröer*, Kirche vor der Reformation I, 312. Theologisch begründete man die Patronate mit 1 Kor. 12,18–30.
[15] M. *Bringemeier*, Gemeinschaft und Volkslied (Phil. Diss. Münster 1931) 15, Anm. 17.

aus der Volksfrömmigkeit erwachsen war.[16] Ihre Verehrung verbreitete sich schnell im ganzen deutschen Sprachraum, wo mehr als 830 Kultstätten nachweisbar sind. In ihrer Kollektivbildung trat der genossenschaftliche Zug der spätmittelalterlichen Frömmigkeit hervor. Außer dem heiligen Georg, der sich internationaler Verehrung erfreut, hat keiner der Nothelfer im neuen römischen Generalkalender Berücksichtigung gefunden.[17] Tatsächlich begrenzte sich der Nothelferkult im wesentlichen auf den deutschen Sprachraum, wo zweifellos manche von ihnen in den neuen Eigenkalendern wieder auftauchen werden. Das westfälische Volk nahm mit Vorliebe seine Zuflucht zu den Nothelfern Christophorus, Vitus, Georg, Katharina, Margaretha und Barbara.

In diesem Zusammenhang ist auch auf den Reliquienkult als typisch mittelalterliche Form der Heiligenverehrung hinzuweisen, der wesentlich dazu beigetragen hat, die germanischen Stämme, vor allem die Sachsen, in der Treue zum christlichen Evangelium zu festigen.[18] Die zahlreichen feierlichen Reliquientranslationen, die wir seit dem frühen Mittelalter überall in Deutschland beobachten, dienten diesem Ziel. Die örtlichen Flurumgänge, bei denen man die Reliquien der Heiligen mitführte, fanden bei den neubekehrten Germanen wohl auch deshalb großen Anklang, weil sie an gleichartige vorchristliche Umzüge erinnerten, bei denen man Bilder der heidnischen Gottheiten mitzutragen pflegte. Es ist aber religionsgeschichtlich abwegig, wenn F. Pfister im Hinblick auf den volkstümlichen Heiligenkult geradezu von einem polytheistischen Protest des Volkes gegen den strengen Monotheismus des Christentums spricht, den eine Volksreligion

---

[16] G. *Schreiber*, Die Vierzehn Nothelfer in Volksfrömmigkeit und Sakralkultur. Symbolkraft und Herrschaftsbereich der Wallfahrtskapelle vorab in Franken und Tirol (1959). H. *Schauerte*, Die Vierzehn Nothelfer: ThGl 50 (1960). *Schröer*, Kirche vor der Reformation I, 311ff.
[17] Nikolaus gehört nicht zu den Nothelfern, wie gelegentlich angenommen wird.
[18] H. *Fichtenau*, Zum Reliquienwesen im frühen Mittelalter, in: Mitteilungen des Instituts für österreichische Geschichtsforschung 60 (1952) 60-89. B. *Kötting*, Reliquienverehrung, ihre Entstehung und ihre Formen: TThZ 67 (1958) 321-334. *Schröer*, Kirche vor der Reformation I, 325ff. (Lit.).

nie und nirgends ertrage.¹⁹ Richtig daran ist, daß die mittelalterliche Frömmigkeit, speziell die germanisch-deutsche, nach konkreten Ausdrucksformen suchte. Sie fand sie vorab im Heiligenkult, der am tiefsten im profanen Bereich Wurzeln schlagen konnte und beide Welten, die diesseitige und die jenseitige, verklammerte. Hier liegen die Wurzeln des religiösen Realismus, der in volkskundlicher Hinsicht zweifellos interessante, reizvolle Blüten getrieben, aber eine ungute spirituelle Entwicklung eingeleitet hat. Denn mit der angedeuteten Verdinglichung der Heiligenverehrung rückte die Volksfrömmigkeit mehr und mehr in die Randzonen des christlichen Glaubensbewußtseins, wo sie dem Bereich des Magischen und des Aberglaubens vielfach mehr verhaftet war als dem Religiösen. Es war nicht von ungefähr, daß Nikolaus von Kues auf seiner deutschen Legationsreise 1451/52 die magischen und abergläubischen Entartungserscheinungen auf dem Gebiet der Heiligenverehrung mit so viel Eifer und Leidenschaft bekämpfte.

In massiver Form begegnete man diesem Niedergang u. a. in manchen ländlichen „Umdrachten", die ihre heidnische Herkunft kaum verbergen konnten und nach altem Herkommen dem Pfarrklerus Leitung und Teilnahme versagten. Zu diesen oft nur notdürftig verchristlichten Flurumgängen, auf deren undurchsichtige Entstehungsgeschichte hier nicht näher eingegangen werden soll, gehörte die uralte sogenannte Katharinen-Jacht der Dorfgemeinde Ascheberg im südlichen Münsterland. Sie fand am Sonntag nach Jakobi (25. Juli) statt und durchzog bis zur Mitte des 17. Jahrhunderts sieben Kirchspiele. Die Katharinen-Jacht führte ihren Namen nach der Nebenpatronin der etwa um 800 errichteten Kirche, deren Standbild von vier starken Männern mitgeführt wurde. Tausende von Menschen aus Ascheberg und den Nachbargemeinden nahmen zu Pferde und zu Fuß an dieser „Umdracht" teil. Um Mitternacht zog die Prozession nach einer kurzen Predigt aus. „Ohne Präsenz eines Pastors, ohne christliches Gebet, ohne Kreuz und Fahnen und ohne Schein christlichen Wesens" glich nach den

---

¹⁹ Handwörterbuch des deutschen Aberglaubens, hg. von H. Bächtold-Stäubli 3 (1930/31) Sp. 1668ff.

Worten des Pastors W. Uhrwerker (1649) „die ganze Prozessionshandlung mehr einer abgöttischen heidnischen Gottlosigkeit als christlicher Andacht". Die Bauern opferten Wachsbilder, die Haustiere darstellten, in der abergläubischen Meinung, daß ihre unfruchtbaren Haustiere durch die Wachsspende im künftigen Jahr fruchtbar würden. Die Anrufung der heiligen Katharina vollzog sich in merkwürdiger Form. Vor dem Katharinenbild hingen nämlich an einem Bügel fünf Schellen, die von den Teilnehmern, soweit diese in einem bestimmten Anliegen etwas gelobt hatten, angeschlagen wurden. Man glaubte, die Heilige höre nicht und nehme das Gelübde nicht an, wenn man sie nicht durch dieses Schellenzeichen aufmerksam mache. Beim Einzug ins Dorf „rennen die Träger mit Gewalt dreimal mit dem Bild umb einen Eichbaum zur abergläubischen Danksagung für die vollzogene Prozession; gleichfalls tun auch die Reuter mit ihren Pferden". Der Pastor holte die Prozession mit dem Sanctissimum ein. Ein feierliches Tedeum beschloß diese eigenartige, aus heidnischem und christlichem Brauch gemischte Laienprozession, die 1653 in einem Übereinkommen zwischen dem Pastor von Ascheberg, dem Archidiakon und dem Herrn zu Davensberg von den heidnischen Elementen gereinigt und in eine sechsstündige Sakramentsprozession umgewandelt wurde.[20]

Dieses volkskundlich interessante, in christlich-religiöser Hinsicht aber dekadente Brauchtum kennzeichnet die Lage. Das Christentum als vergeistigte Hochreligion war in ihm zu einem ungeistigen Kult mit magischem Einschlag abgesunken.[21] Hier trat die Gefahr unverhüllt hervor, auf der Kusaner warnend hingewiesen hatte.

II.

Von hier aus wird es verständlich, daß intellektuelle Kreise der spätmittelalterlichen Kirche, namentlich die jüngere Humanisten-

---

[20] *Schröer*, Kirche vor der Reformation I, 372f.
[21] Solche Verirrungen waren jedoch keineswegs allgemein. Es gab noch viel echtes Volkstum im Heiligenkult, das der kirchlichen Lehre entsprach. Ich erinnere nur an die dörflichen Patronatsfeste oder etwa an die Leonhardifahrt in Tölz.

generation, sich von gewissen Entartungserscheinungen in der Heiligenverehrung abwandten, teilweise gar in extremer Reaktion die hierarchische und sakramentale Struktur der Kirche in Frage stellten und einer *ecclesia spiritualis* das Wort redeten. Eher als man wohl erwartet hatte, wurde dieser Traum Wirklichkeit. Die Reformatoren entfernten nämlich die Heiligenbilder aus den Kirchen, nahmen die Reliquien aus den Altären und wandten sich gegen den Nothelferkult, weil er von Christus, der Glaubensmitte, wegführte. Was die Reformation begonnen hatte, setzte die Aufklärung des 18. Jahrhunderts verschärft fort. Sie wollte die Menschheit von dem Ballast der Tradition des Mittelalters, das man jetzt pauschal als finster oder barbarisch schmähte, befreien. Aber sie überschritt dabei weit die Grenzen des Gebotenen. Gewiß bedurfte, wie wir zeigten, mancher Wildwuchs im Heiligenkult der Schere des Gärtners, aber die Aufklärung war von dem Licht ihrer Vernunft so besessen, daß sie gar nicht fähig war, guten von wildem Wuchs zu unterscheiden und etwa hinter der Legende, die man jetzt als schlichten Priesterbetrug abtat, tiefere Werte zu erkennen.[22] So mancher sinnvolle Brauch, so manches ansprechende Volksfest, aus der Welt der Heiligenlegende erwachsen, galt jetzt als Sünde wider die Vernunft und verfiel dem Polizeiverbot. Aber Verbote hätten kaum gefruchtet, wenn sie nicht Ausdruck einer Atmosphäre gewesen wären. Die Literaten, die Presse, die „fortschrittlichen" Prediger auf den Kanzeln überboten sich geradezu im Eifer, den staatlichen Behörden Beifall zu spenden. Seit dem Beginn unseres Jahrhunderts ließ auch eine innerkirchliche Tendenz den Heiligenkult in der religiösen Welt unseres Volkes mehr und mehr zurücktreten. Ich meine die Liturgische Bewegung, die zwar die Heiligenverehrung nicht ausschließt, aber doch eine betont liturgische Christozentrik vertritt. Namen wie Ildefons Herwegen, Odo Casel, Pius Parsch, Romano Guardini verbinden sich mit ihrem Programm. Diese überaus verdienstvolle Bewegung, die sich besonders unter der nationalsozialistischen

---

[22] Mit Recht schreibt Harnack: „Die Geschichtsschreibung des 18. Jahrhunderts ist dadurch so dürftig und ungenügend gewesen, weil sie die Bedeutung der Legende verkannt hat. Die Kritik allein vermag so wenig Geschichte zu schreiben wie die Romantik." Reden und Aufsätze 25.

Heiligenkult und Volksfrömmigkeit   611

Diktatur, in der Not des Zweiten Weltkrieges und im Flüchtlingselend der Nachkriegszeit als gemeinschaftsbildende Kraft im Bereich der Kirche hervorragend bewährte, hat unterdessen nicht nur ganze Priestergenerationen, sondern auch weite Kreise des Kirchenvolkes geprägt. Sie findet Ausdruck in den zahlreichen modernen Kirchen mit ihren bilderlosen, weißgetünchten Wänden, die namentlich in den Städten von den Gläubigen durchweg widerspruchslos hingenommen werden. Die sonst üblichen Statuen und Bilder werden hier offenbar gar nicht vermißt. Einigermaßen zuverlässig läßt sich der Popularitätsgrad bestimmter religiöser Übungen und Strömungen an den einschlägigen Verlagserfolgen ablesen. Das bekannte Volksbuch von H. Hümmler, *Helden und Heilige* (seit 1933), erreichte unterdessen eine Gesamtauflage von 560 000, W. Hünermanns *Endloser Chor* (seit 1948) von 130 000 Exemplaren. In jüngster Zeit erschienen auf dem Büchermarkt mehrere neue Ausgaben der Heiligenleben, die noch um ihren Platz in der Lesergemeinde kämpfen. Ich nenne das nüchtern, aber ehrfurchtsvoll geschriebene Buch von E. Melchers, *Das Jahr der Heiligen* (1965), das in beispielhafter Weise Geschichte und Legende, soweit überhaupt möglich, zu trennen sucht und mit uns „Legende" als christliche Sinndeutung des Heiligen versteht. Das von P. Manns herausgegebene Sammelwerk *Die Heiligen in ihrer Zeit* erstrebt unter strengem Ausschluß der Legende eine rein historische Darstellung der Heiligenleben.[23] Weithin bekannt sind die hagiographischen Arbeiten des reformierten Schweizer Schriftstellers W. Nigg, die, wie die beachtlichen Auflagen zeigen, im Volk guten Anklang finden.[24] Nigg versucht, den Kern der alten Legenden offenzulegen und deutlich zu machen, daß eine Legende nie dieser Welt gehört, daß ihr Glanz vielmehr aus einer Wahrheit stammt, die „über alle Vernunft ist". Die im Verlag Aurel Bongers, Recklinghausen, erscheinende Reihe *Heilige in Bild und Legende*[25] bringt in vorbildlicher Kombi-

---

[23] Das 1966 im Matthias-Grünewald-Verlag erschienene Werk erreichte 1967 bereits die dritte Auflage. In welcher Höhe es aufgelegt wurde, ist nicht angegeben.
[24] Ich nenne nur *Große Heilige* (1946; bisher 7 Auflagen) und *Glanz der Legende. Eine Aufforderung, die Einfalt wieder zu lieben* (1964).
[25] In der Zeit von 1964 bis 1969 sind 27 Bändchen erschienen.

nation Geschichte (im Abriß), Legende und Symbolik der einzelnen Heiligenleben, die durch hervorragendes Bildmaterial illustriert werden. Die sehr anziehend gestalteten Bändchen von je 70 bis 80 Seiten haben bisher in der Öffentlichkeit nicht den erwarteten Anklang gefunden.

So erstaunlich der Gesamteindruck der derzeitigen Heiligen- und Legendenliteratur zunächst auch sein mag, einen tiefen und prägenden Einfluß auf die Spiritualität der Massen bewirkt sie wohl kaum. Nur ein verhältnismäßig geringer Teil des katholischen Volkes wird überhaupt von ihr erreicht. Bestseller finden sich unter diesen Büchern nicht. Wenn nicht alles täuscht, steht die heutige Generation der katholischen Christen, von wenigen Ausnahmen abgesehen[26], zu den Heiligen früherer Jahrhunderte nur noch in einem schwachen Kontakt. Was in dieser Beziehung nach außen in Erscheinung tritt, ist nur ein Nachklang des gewaltigen, die Massen des Volkes zutiefst bewegenden Kultes der vorreformatorischen Zeit. Es verwundert daher auch nicht, daß die päpstliche Reduktion hierzulande im allgemeinen ohne allzu heftige Erregung hingenommen wurde. Die Bekanntgabe dieser einschneidenden Maßnahme rief zwar in Deutschland zunächst eine nicht geringe Bestürzung hervor. Als man aber erfuhr, daß die genannten Heiligen im Martyrologium Romanum verbleiben und auch künftig als Taufpatrone gewählt werden können, glätteten sich die Wogen überraschend schnell.[27] Demgegenüber gab es in Italien Stürme des Protestes gegen die Entfernung gewisser Heiliger (S. Gennaro in Neapel!) aus ihrer liturgisch privilegierten Stellung.

Alles in allem kann kein Zweifel daran sein, daß der volksfromme Heiligenkult geschichtlicher Prägung in den Ländern diesseits der Alpen seine Sonderstellung längst verloren hat.[28]

[26] Etwa dem Schweizer Nationalheiligen Nikolaus von der Flüe († 1487), der 1947 heiliggesprochen wurde.
[27] Ein so katholisch orientiertes Magazin wie *Weltbild* konnte in seinen Spalten nur sechs ziemlich belanglose Leserbriefe veröffentlichen, während es vergleichsweise zur Enzyklika *Humanae vitae* oder zum *Sexualkundeatlas* je 50, 60 und mehr waren.
[28] Damit ist natürlich nicht gesagt, daß es die Heiligenverehrung im katholischen Volk nicht mehr gebe. Die brennenden Kerzen vor den Bildern der Heiligen, die wir gottlob noch in zahlreichen Kirchen finden,

III.

Allerdings bedarf diese Feststellung einer wichtigen Ergänzung, die bei der Beurteilung der heutigen Frömmigkeitslage fast stets übersehen wird. Ich meine das Verhältnis breiter Kreise des katholischen Volkes zu den Heiligen der Gegenwart, deren mutiges Glaubenszeugnis noch in lebendiger Erinnerung steht. Der hier erkennbare Kult erscheint geläutert, von jedem Überschwang und allen Symptomen der Veräußerlichung frei. Zu diesen nichtkanonisierten Heiligen zählen u. a. der Berliner Dompropst Bernhard Lichtenberg († 1943), der Münchner Jesuitenpater Rupert Mayer († 1945), der schlichte Kapuzinerbruder Konrad von Parzham († 1894 in Altötting) und nicht zuletzt die große Nothelferin des Münsterlandes, die bescheidene, fromme Klemensschwester Maria Euthymia († 1955 zu Münster). An ihren mit Kerzen und Blumen geschmückten Gräbern findet man ständig Beter aller Stände und Schichten.

Diese Volksheiligen hatten zeitlebens eine Tugend gemeinsam: die opferbereite Liebe zu den Armen und Einsamen, den Hilflosen und Verfolgten. Ihr ganzes Leben war und ist ein Anruf zur Nächstenliebe um Christi willen. Ihre Nachfolge findet Ausdruck im Sinne der Mahnung des Zweiten Vatikanischen Konzils, „daß echte Heiligenverehrung nicht so sehr in der Vielfalt äußerer Akte, als vielmehr in der Stärke unserer tätigen Liebe besteht, durch die wir zum größeren Wohl für uns und die Kirche ‚im Wandel das Beispiel, in der Gemeinschaft die Teilnahme, in der Fürbitte die Hilfe'[29] der Heiligen suchen".[30] Das Konzil wollte mit diesen Worten nicht nur der Gefahr der Paganisierung und Veräu-

beweisen es ebenso wie die Novenen, Andachten und Wallfahrten, die zu Ehren der Heiligen gehalten werden. Aber der von Brauch und Sitte getragene Heiligenkult bestimmt nicht mehr das Bild der Volksfrömmigkeit.

[29] Aus der Präfation, die einigen Bistümern gestattet worden ist.
[30] *Dogmatische Konstitution über die Kirche*, Kap. 7, Art. 51: Ausg. LThK I, 325. Es verdient in diesem Zusammenhang hervorgehoben zu werden, daß das Konzil ursprünglich keine formelle Erklärung zur Heiligenverehrung geplant hatte, dann aber auf *persönliche* Intervention Johannes XXIII. dem Lehrdekret über die Kirche ein siebtes Kapitel über die Heiligen und deren Verehrung anfügte.

ßerlichung, der die Volksfrömmigkeit stets ausgesetzt ist, wehren, sondern vor allem das Wesen des Heiligenkultes, der in der Liebe gipfelt, hervorheben. K. Rahner ist diesem Gedanken nachgegangen.[31] An jene Christen gewandt, die der Lehre von der *communio sanctorum* mit Zurückhaltung gegenüberstehen, weist er darauf hin, daß einerseits der Akt der Nächstenliebe formell mit der Gottesliebe gleichzusetzen ist und andererseits die Heiligen Teil des mystischen Leibes Christi sind. Wenn wir also die Heiligen lieben, so folgert Rahner, lieben wir, wie in jedem Akt der Nächstenliebe, Gott selbst.[32] Der Zugang zur Heiligenverehrung öffne sich dem Christen ohne größere Schwierigkeiten in der Überlegung, daß die Liebe zu den Menschen unserer Umwelt, wie etwa den Eltern, Ehegatten, Kindern, wenn sie über den Tod hinaus fortdauert, sich in das Wesen der Heiligenverehrung wandelt, wofern wir uns zu der Annahme berechtigt wissen, daß die Verstorbenen zu den durch Gottes Gnade Geretteten gehören.

Dieses Grundverständnis der Heiligenverehrung teilen die Katholiken mit den Protestanten. Den Christen beider Konfessionen gelten die Heiligen als Vorbilder des geistlichen Lebens, als geschichtliche Zeugen für Gottes Kraft und Gnade.

In jüngster Zeit sind innerhalb des Protestantismus Bestrebungen erkennbar, das Gedächtnis der Heiligen auch liturgisch stärker bewußtzumachen, und zwar in einer Weise, die den Reformatoren selbst als möglich und nützlich erschienen war. Als eine Frucht dieser Bemühungen hat die amtliche „Agende für evangelisch-lutherische Kirchen und Gemeinden" je ein liturgisches Proprium für die Aposteltage, die alten Marientage, den Gedenktag Allerheiligen sowie eines Märtyrers und eines Kirchenlehrers aufgenommen, damit dort, wo solche Feste begangen werden, in

---

[31] Die Kirche der Heiligen, in: Schriften zur Theologie 3 (1961) 111ff. *Ders.*, Vom Geheimnis der Heiligkeit, der Heiligen und ihrer Verehrung, in: Die Heiligen in ihrer Zeit, hg. von P. Manns ([3]1967) 9ff.
[32] Daraus ergibt sich für Rahner die Feststellung, daß die Heiligenverehrung an sich für den katholischen Christen keinen verpflichtenden Charakter hat, weil sie bereits im Akt der Nächstenliebe mitvollzogen wird.

schriftgemäßer Weise verkündigt und zugleich der Ansatz für eine einheitliche Tradition geschaffen werden könne.[33] Der katholische Christ erblickt überdies in dem Heiligen den *intercessor*.[34] Das Zweite Vatikanum empfiehlt ihm, „diese Freunde und Miterben Christi, unsere Brüder und besonderen Wohltäter... hilfesuchend anzurufen und zu ihrem Gebet, zu ihrer mächtigen Hilfe Zuflucht zu nehmen, um Wohltaten zu erflehen von Gott durch seinen Sohn Jesus Christus, der allein unser Erlöser und Retter ist".[35] Diese Konzilserklärung schließt zwar die vulgäre Vorstellung eines *privilegium dignitatis* oder gar einer Prokuratur der Heiligen eindeutig aus, läßt aber die theologische Frage nach dem Wie der *intercessio* offen. K. Rahner versucht eine Deutung. Der Glaube an die Fürbitte sei gleichbedeutend mit dem Mut der Liebe, du zu sagen über allen Tod hinaus. Das Vertrauen auf die *intercessio* stimme mit dem Glaubensbewußtsein überein, daß keiner allein lebt, sondern jedes Leben in Christus für alle gültig ist vor Gott.[36]
Die Heiligenverehrung ist in der Heiligen Schrift und der Lehre der Kirche verankert.[37] Aber sie kommt mit ihrer brauchtumsfreudigen Tendenz auch dem natürlichen unabweisbaren Verlangen des Menschen nach sinnfälliger, symbolischer Darstellung des Abstrakt-Metaphysischen entgegen und bildet so eine Schutzwehr gegen Glaubensschwund und Aberglauben.[38] Hier liegt nicht zuletzt die Bedeutung des gesunden religiösen Volkstums einschließlich der Legende.

[33] M. *Lackmann*, Verehrung der Heiligen (1958) (Lit.). RGG 3 (1959) 171ff.
[34] Dem evangelischen Christen ist eine individuelle Anrufung der Heiligen fremd.
[35] *Dogmatische Konstitution über die Kirche*, Kap. 7, Art. 50: Ausgabe LThK I, 323.Wiederholung der Formulierung des Konzils von Trient, sess. 25, de invocatione... sanctorum: Denz. 984 (1821).
[36] Vom Geheimnis der Heiligkeit 26. Zu den Schwierigkeiten über das Wie der intercessio s. ebd. 17ff.
[37] Zur Theologie der Heiligenverehrung s. o. Anm. 31.
[38] Umfragen haben ergeben, daß allein in der Bundesrepublik etwa 20 Millionen Menschen regelmäßig Horoskope lesen, von denen 15 Millionen zugestandenermaßen daran glauben. Acht Millionen richten sich in ihrem Leben danach. U. *Beer*, Geheime Miterzieher der Jugend (1960) 10. Vgl. auch P. *Bauer*, Horoskop und Talisman (1963).

VI. Religiöses Volkstum

Allerdings befindet sich der volksfromme Brauch heute in einer Krise. Seine Ausprägung geht großenteils auf das späte Mittelalter oder die Barockzeit zurück und entspricht daher vielfach dem Lebensgefühl der heutigen Gesellschaft nicht mehr.[39] Wenn das religiöse Volkstum zu einer leeren Hülle wird und keine religiöse Aussagekraft mehr besitzt, verliert es seine Existenzberechtigung. Solange es aber in seiner Substanz symbolkräftig und lebensnah ist, sollten wir es pflegen und sinnvoll weiterentwickeln.

---

[39] Vgl. Vatic. II, *Pastoralkonstitution über die Kirche in der Welt von heute*: Ausg. LThK III, 241ff.

34. Die westfälischen Bruderschaften*

Ein historisch-volkskundliches Kapitel aus der religiösen Laienbewegung des Spätmittelalters

Die spätmittelalterliche Frömmigkeit fand ihre klassische Organisationsform in den Bruderschaften.[1] Diese verdankten ihre Entstehung nicht der Amtskirche, sondern der religiösen Initiative des Gildenbürgertums und des Ortsklerus. Sosehr die Fraternitäten ihrem Ursprung nach den religiösen und sozialen Vorstellungen ihrer Zeit verhaftet waren, enthielten sie dennoch beachtliche Elemente, die in die Zukunft wiesen. Sie waren gekennzeichnet durch die Bereitschaft ihrer Mitglieder zum genossenschaftlichen Zusammenstehen in geistlichen und weltlichen Dingen. Diese ständische Solidarität erwuchs aus der christlichen Lehre von der Gemeinschaft der Heiligen. In den Arengen der Stiftungsurkunden klingt das Wissen um das enge Miteinander der streitenden, leidenden und triumphierenden Kirche immer wieder wie ein frohes Bekenntnis an. In besonderem Maße der Hilfe bedürftig erschienen in dieser heiligen Gemeinschaft der darbende und leidende Bruder in dieser und die büßende Seele in der anderen Welt. Daher nahmen in den Statuten der Bruderschaften die Sorge für die Armen und Kranken sowie Grabgeleit und Totengedenken stets den ersten Platz ein. Manche Fraternitäten stellten sich in den Dienst der Elenden und Leprosenhäuser. Durch Eintragung in das Mitgliederverzeichnis und das Memorienbuch der Bruderschaft sowie durch Stiftung von Anniversarien erstrebte man die genossenschaftliche Sicherung der Fürbitte für das eigene Seelenheil.[2] In den Fraternitäten hatte auch der kleine Bürger, der nicht

---

* Unsere Seelsorge Jg. 14 (1963) Nr. 5, 6–10.
[1] Th. *Kolde*, Die kirchlichen Bruderschaften (1895). A. *Hauck*, Kirchengeschichte Deutschlands 5 ([8]1954). G. *Schreiber*, Gemeinschaften des Mittelalters. Recht und Verfassung, Kult und Frömmigkeit (1948). W. *Andreas*, Deutschland vor der Reformation ([6]1959). A. *Schröer*, Die Kirche in Westfalen vor der Reformation 2 (1967).
[2] In Korbach, wo es sechs Fraternitäten gab, betrachtete die Bruderschaft der Memorienherren die Pflege des Totengedächtnisses als ihre eigent-

wie der adlige Grundherr oder der reiche Patrizier große Stiftungen an die Kirche machen konnte, die Möglichkeit, über seinen Tod hinaus für sein Seelenheil zu sorgen. Es war bezeichnend für das örtliche Verhältnis der Bürgerschaft zu den Trägern der Seelsorge, welcher Kirche oder welchem Kloster sich die Bruderschaften anschlossen. In Osnabrück genossen die Mendikanten das besondere Vertrauen der Bürger. Von den rund 30 Fraternitäten der Stadt waren allein 14 den drei Bettelorden angegliedert.[3] Die Gildenbruderschaft der Lakenweber und der Schuhmacher hielten ihren Gottesdienst im Dom, die Zwölf-Apostel-Gesellschaft der vornehmen Tuchhändler in der Stadtkirche St. Marien. Als die Münsterer Minoriten, die während der Stiftsfehde und auch später rückhaltlos zur handwerklichen Bürgerschaft gehalten hatten, um 1510 eine Anna-Bruderschaft errichteten, strömte ihnen das Volk in solchen Scharen zu, daß die seit 1482 an der Jakobipfarre des Domes bestehende Anna-Bruderschaft in eine ernste Existenzkrise geriet, ein deutliches Zeichen, wer im Stadtklerus die größeren Sympathien des Volkes besaß.[4] Vor dieser Zeit schlossen sich in Münster die Fraternitäten vorzugsweise den Pfarrkirchen[5], in Minden dem Kollegiatstift St. Martini an.[6]

Wie die Gilden, hatten auch die Gildenbruderschaften ihren *Patron*. Man verehrte ihn als Vorbild und Fürsprecher, man führte sein Bild auf Prozessionen und Umgängen mit, man kam an seinem Festtag am eigenen Altar in der Bruderschaftskirche zur gottesdienstlichen Feier zusammen. Die Gründe für die Wahl des Patrons sind nicht immer klar erkennbar. In Warendorf hatte die Wandmachergilde, neben der Kramergilde die vornehmste, Christus den Herrn selbst als Patron erwählt. Die Schuhmacher und die ihnen verwandten Loher und Weißgerber unterstanden der hl.

liche Aufgabe. Th. *Holscher*, Die ältere Diözese Paderborn, in: WZ 42 (1884) 109.

[3] W. *Berning*, Das Bistum Osnabrück vor Einführung der Reformation (1543) = Das Bistum Osnabrück 3 (1940) 250f.

[4] A. *Tibus*, Die Jakobipfarre in Münster von 1508–1523. Ein Beispiel zur Sittengeschichte Münsters (1885) 6f. und 55f.

[5] A. *Hüsing*, Die alten Bruderschaften in der Stadt Münster, in: WZ 61 (1903) 95ff.

[6] MindGQ 2, 115 (Jodocus-Bruderschaft).

Jungfrau, die Kramer dem hl. Stephanus, die Leinenweber und Bäcker dem hl. Nikolaus, die Schneider dem hl. Jakobus.[7]

Die gemischten Fraternitäten

Anders als die alten Laienbruderschaften, die als ständische Vereinigungen ausschließlich den Gildegenossen vorbehalten waren, zeigten die gemischten Fraternitäten des 14. und 15. Jahrhunderts, denen auch Geistliche beitraten, ein bemerkenswert fortschrittliches Element. Der Gedanke, Priester und Laien in einer geistlichen Genossenschaft zu vereinigen und zu gemeinsamer Arbeit auf religiös-karitativem Gebiet zusammenzuführen, war nämlich, von der Kirche her gesehen, ein erster bedeutungsvoller Schritt in Richtung auf eine stärkere Betonung der apostolischen Mitverantwortung des Christen in der Welt. Was die Kommune dem Bürger in politischer Hinsicht nur widerstrebend zugestand, gaben ihm kirchliche Kreise in freier Entscheidung. Dabei blieb allerdings das geistliche Element innerhalb der Bruderschaften nicht nur zahlenmäßig, sondern auch im Hinblick auf die religiöse Struktur in unbestrittener Führung.[8] Der Priester war, der hierarchischen Ordnung gemäß, nach wie vor der Gebende. Er war es, der das eigentliche Ziel der Bruderschaft, die Gewinnung des Heils, für alle Brüder verwirklichte. Dem entsprach, daß der Laie durch die Statuten nicht in gleichem Maße gebunden wurde wie der Geistliche. Waren die Kleriker, wie in Billerbeck[9], unter Strafe zur Teilnahme an den Zusammenkünften der Kalandsbruderschaft verpflichtet, so stand den Laien die Teilnahme frei. Es liegt daher auch nichts Auffallendes darin, daß manche Stiftungsurkunden und Reformstatuten gemischter Bruderschaften der fratres laici keine Erwähnung tun[10] und daß die Memorien sich durchweg an die fratres sacerdotes, seltener an die fratres laici

---

[7] W. *Zuhorn*, Kirchengeschichte der Stadt Warendorf 1 (1918) 326f.
[8] Im Großen Domkaland zu Münster hatten z. B. stets nur die Domherren über Neuaufnahmen zu entscheiden.
[9] W. *Averesch*, Der Große Kaland in Billerbeck (Diss. Münster 1942) 16.
[10] So etwa die Stiftungsurkunde des Billerbecker Großen Kalands (*Averesch* 16, Anm. 5) oder die Statuten des Lübecker Kalands (UB des Bistums Lübeck 1, 484, Nr. 406) oder die Reformstatuten des Osnabrücker Domkalands (OM 10, 17ff.) oder auch die Statuten des Osnabrücker Kalands an St. Johann (OM 35, 174ff.).

richteten.[11] Soweit auch Frauen den Bruderschaften beitreten konnten – in Westfalen war dies weitgehend der Fall – wurden sie diesen nur äußerlich angegliedert. Für die Festsetzung der *Mitgliederzahl* gab es keine verbindliche Norm. Die Mindener Bruderschaft der Bäckergilde zählte um die Mitte des 15. Jahrhunderts 30, die der Knechte von der Schustergilde gut 60, die der Leineweber etwa 90 Mitglieder, und zwar Brüder, Schwestern und Kleriker.[12] Die im Jahre 1330 gegründete, noch heute blühende Katharinenbruderschaft an St. Lamberti Münster nahm satzungsgemäß bis zu 100 Mitglieder geistlichen und weltlichen Standes, Brüder und Schwestern auf.[13] Der Lemgoer „Kaland" zum hl. Leichnam zählte 1442 einschließlich der Schwestern sogar über 300 Mitglieder.[14] Oft sprach sich in der zahlenmäßigen Begrenzung und Gliederung der Bruderschaftsmitglieder die im Mittelalter sehr beliebte Symbolik der Zahl aus. Die von Weihbischof Johannes Fabri unterzeichnete Gründungsurkunde der Bruderschaft Unserer lieben Frau an St. Aegidii-Münster setzte die Höchstzahl der Mitglieder auf 72, die Zahl der Jünger des Herrn, fest, davon 48 innerhalb, die übrigen außerhalb der Pfarrei. Die Zahl der Priesterbrüder wurde im Hinblick auf die Zahl der Apostel auf zwölf begrenzt. Jeder Bruder hatte ein Eintrittsgeld von wenigstens einem Goldgulden, jede Schwester ein halbes Pfund Wachs zu geben.[15] Eine ähnliche Marienbruderschaft mit ebenfalls 72 Mitgliedern entstand in Überwasser-Münster.[16]

Das innere Leben der Bruderschaften

Die Bruderschaft vom Heiligen Geist, die 1398 an der letztgenannten Kirche ins Leben trat, gewährt uns Einblick in das Innen-

---

[11] *Averesch* 16, Anm. 5.
[12] MindGQ 2, 98 und 115.
[13] *Hüsing* 100, Anm. 2. Neuerdings: G. *Ketteler*, Die Catharinen-Bruderschaft an St. Lamberti in Münster von 1330. Geschichte, Statuten, Daten der Mitglieder seit 1500 (1993).
[14] WZ 38 (1880) 25f.
[15] *Hüsing* 103, Anm. 1. In den Jahren 1468, 1484, 1506, 1516, 1521 und 1530 fiel die Bruderschaftsfeier propter pestilentiam aus. Ebd. 132f.
[16] Ebd. 105.

leben dieser geistlichen Genossenschaft.[17] „Unse leve Here Godt", so deutet die Stiftungsurkunde Sinn und Ziel der Fraternität, „mochte unns allen gunnen und gevenn, dath wy dusse Broderschopp unnd unnse leven also bewaren, dath wy, wannehr wy sterven, mogenn wesenn brodere und Süstere van dem ewigenn levenn. Amen." So stand denn auch der Totendienst an der Spitze aller Pflichten. Starb ein Mitglied der Bruderschaft, so wurden die Brüder durch den Küster davon benachrichtigt. Dieser und der Unterküster hatten den Verstorbenen zu „verläuten". Alle Bruderschaftsmitglieder beteten zum Trost der armen Seele eine Vigilie oder 50 „Vaterunser" und „Ave Maria". Einmal im Jahr versammelten sich die Brüder in der Bruderschaftskirche vor der von vier Kerzen flankierten Tumba, um ihrer Toten zu gedenken. Tags darauf fand ein feierliches Hochamt zu Ehren des Heiligen Geistes statt, bei dem die Bruderschaftsmitglieder eine Opfergabe auf den Altar legten. Der Vorstand der Bruderschaft – der „Husher" und die beiden Scheffer – hatten unterdessen das Mittagsmahl vorbereiten lassen, an dem auch die beiden Kapläne von Überwasser teilnahmen. Es wurden drei Gerichte aufgetragen. „Das erste Gericht soll man in die Schüsseln schneiden und den Armen um Gott nebst zwei Vierteln Weins geben." Nach dem Mahl begab man sich paarweise in die Kirche, „um sich den Ablaß zu holen". Alsdann schritt man zur Neuwahl des Vorstandes. Am folgenden Montag versammelten sich die Brüder zu einer Seelenmesse in der Bruderschaftskirche. Dabei wurde wiederum ein Opfergang gehalten, bei dem man ein Achtel Weins, einen Harst, ein Sechs-Pfund-Weißbrot und eine Wachskerze von einem Viertelpfund spendete.

Die Kalandsbruderschaften

Alle diese genannten Bruderschaften waren bürgerliche Vereinigungen. Bei der scharfen Trennung der Stände war es den Ange-

---

[17] Ebd. 101 (Fundationsurkunde). R. *Schulze*, Das adlige Frauen-(Kanonissen-)Stift der Hl. Maria (1040–1773) und die Pfarre Liebfrauen-Überwasser zu Münster in Westfalen (1952) 102f.

hörigen des Land- und Stadtadels verwehrt, ihnen beizutreten.[18] Auch das gehobene Bürgertum der Kleinstädte pflegte sich von dem Handwerkerstand gesellschaftlich abzusondern. Da diese Kreise jedoch der geistlichen und weltlichen Vorteile des Bruderschaftswesens nicht verlustig gehen wollten, schritt man zur Gründung der Kalandsbruderschaften.[19] In ihrer Zielsetzung wichen diese exklusiven Zirkel, die später auch den Männern der Wissenschaft und hohen Beamten offenstanden, von den bürgerlichen Bruderschaften kaum ab. Man gelobte sich gegenseitig Solidarität in politischen, wirtschaftlichen und rechtlichen Fragen, pflegte untereinander Freundschaft und frohe Geselligkeit, war wohltätig gegen die Armen und ehrte den verstorbenen Frater durch Grabgeleit und Totengedächtnis. Die Kalande waren vornehme Klubs, in denen geistlicher und weltlicher Individualismus nach echt mittelalterlicher Manier friedlich miteinander wetteiferten.

Als älteste westfälische Gründung dieser Art erscheint der *Nienberger Kaland* zu Ehren der allerseligsten Jungfrau Maria.[20] Ihm gehörten, unabhängig von Pfarr- und Archidiakonatsgrenzen, Pfarrer und Stiftsherren der näheren, hier und da auch der weiteren Umgebung an. Die Laien fanden weder in den Memorienver-

---

[18] Zur ständisch ausgerichteten Frömmigkeit und Bruderschaftsbildung: G. *Schreiber*, Monasterium und Frömmigkeit: Zeitschrift für Aszese und Mystik 16 (1941) 27.
[19] J. *Rautenstrauch*, Die Kalandsbruderschaften des Mittelalters (1903). F. *Flaskamp*, Die deutschen Kalande: Forschungen und Fortschritte 36 (1962) 187–189. A. *Bieling*, Die Kalandsbruderschaften, insbesondere diejenigen, welche in der alten Diözese Paderborn teils bestanden haben, teils noch bestehen, in: WZ 30 (1872) 175–237. A. *Sellmann*, Von westfälischen Kalanden, in: Jahrbuch des Vereins für westfälische Kirchengeschichte 22 (1932) 48–62. H. E. *Feine*, Kirchliche Rechtsgeschichte, Bd. 1: Die katholische Kirche (1964) 363 (Lit.). 423.
[20] F. *Darpe*, Der Nienberger Kaland, in: WZ 49 (1891) 147ff. Er ist nach meiner Meinung identisch mit jenem sagenhaften „Laerer Kaland", dessen Siegel der Pleban Robert von Laer, der damals offenbar Kalandsdechant war, im Jahre 1279 unter die Urkunde WUB 3 Nr. 1090 setzte. Vgl. die abweichende Meinung von A. *Tibus*, Gründungsgeschichte der Stifter, Pfarrkirchen, Klöster und Kapellen im Bereiche des alten Bistums Münster mit Ausschluß des ehemaligen friesischen Theils (1885) 940 und in Anlehnung an ihn *Averesch* 2 und 7.

zeichnissen noch in den Mitgliederlisten Erwähnung. Auch Schwestern wurden aufgenommen. Große Verdienste um den Nienberger Kaland erwarb sich der um die Wende des 13. Jahrhunderts lebende Pleban von Nienberge Richard v. Byssendorpe, der bei der Gründung mehrerer Kalandsbruderschaften innerhalb und außerhalb des Bistums führend beteiligt war.[21] Der bedeutendste Kaland Westfalens war der im Jahre 1300 gegründete *Große Kaland am Dom zu Münster*.[22] Er stand ebenfalls unter dem Schutz Unserer lieben Frau. Zu seinen Mitgliedern zählten Münsterer Dom- und Stiftsherren, Mitglieder des Landadels, Patrizier und Honoratioren, sowie im Laufe der Zeit hohe Beamte der Stadtverwaltung und der fürstbischöflichen Landesregierung. Die bischöflichen Landesherren selbst pflegten der Bruderschaft nicht beizutreten. Lediglich Ottto IV. Graf von Hoya (1392–1424), der vor seiner Wahl Dompropst des Münsterer Kapitels gewesen war und als solcher dem Kaland angehört hatte, machte eine Ausnahme. Der erste Münsterer Weihbischof, der in den Großen Kaland aufgenommen wurde, war – erstaunlicherweise – der Minorit Johannes Fabri, Bischof von Athyra (1433–1455). Mit dem Eindringen des Humanismus und dem

[21] Er entstammt offenbar der Familie v. Bissendorps, die bis 1442 das Haus Nienberge von den Grafen v. Tecklenburg zu Lehen trugen. Mit dem Nienberger Lehen waren außer der Jagd- und Landtagsgerechtigkeit das Patronatsrecht über die Pfarrstelle von Nienberge verbunden. Die Familie scheint in Bissendorf bei Osnabrück beheimatet zu sein. Beziehungen zwischen Osnabrück und Nienberge bestanden noch im 15. Jahrhundert. BKW Kreis Münster Land 120 und 118. *Berning* 73, Anm. 7.
[22] R. *Stapper*, Der Große Kaland am Dom zu Münster, in: WZ 86 (1929) 82ff. Die nur verkürzt erhaltene Satzung bringt J. *Niesert* (Hg.), Münsterische Urkundensammlung 7 (1837) 294ff. Zu den ersten Kalandsbrüdern, die wohl mit den Stiftern gleichzusetzen sind, gehörten zwei Mitglieder des Domkapitels, je ein Vertreter des Landadels und der Münsterer Erbmänner sowie der erwähnte Nienberger Pleban, der offenbar das Domkapitel beraten hatte. Auch der Kaland zu Ehren des Allerheiligsten Altarsakramentes und der Gottesmutter zu St. Marien-Osnabrück zeigt auffallende Ähnlichkeit mit dem Nienberger Kaland, so daß *Berning* 72 und Anm. 6 und 7 mit Recht auch hier den Einfluß Richards v. Byssendorf vermutet. Vgl. Anm. 16. Nachträge: M. *Bierbaum*, Der Große Kaland am Dom zu Münster (Münster 1974). Th. *Helmert*, Der Große Kaland am Dom zu Münster vom 14. bis 16. Jahrhundert (Diss. Münster 1978).

wachsenden Einfluß des Bürgertums erscheinen in den Mitgliederlisten auch die Namen angesehener Münsterer Schulmänner, Juristen und Ärzte.

Die Errichtung von Kalandsbruderschaften war kein ausschließliches Vorrecht der Stadt. Der Kaland wurde auch in manchen Landpfarreien heimisch, zumal der Adel nach wie vor auf seinen ländlichen Burgen lebte. Unter den an einer ländlichen Pfarrkirche gegründeten Kalanden des Bistums Münster gewann der Große Kaland des Heiligen Geistes zu *Billerbeck* bei weitem die höchste Bedeutung.[23] Er wurde um 1314 von dem Münsterer Bischof Ludwig II. von Hessen (1310–1357) als Landkaland, offenbar ohne festen Mittelpunkt, gebildet. Er führte das ständische Prinzip bei den Laien mit aller Strenge durch. In seinen Reihen fanden sich auch Äbtissinnen und Konventualinnen münsterländischer Frauenstifte. Die weitgehende Ähnlichkeit, ja Übereinstimmung der Billerbecker und Nienberger Statuten macht deutlich, daß auch hier der Nienberger Pleban Richard von Byssendorpe seine Hand im Spiel hatte.

Was die persönliche Initiative in der Kalandsbewegung bedeutete, zeigt noch überzeugender der Gründungseifer des tatkräftigen Wiedenbrücker Münzmeistersohns Wilbrand Bante, der als Stiftsherr und späterer Stiftspropst an der St.-Marien-Kirche zu Bielefeld dem dortigen Kaland angehörte.[24] Von der Nützlichkeit der Bruderschaft durchdrungen, wirkte er 1343 bei der Gründung des *Wiedenbrücker Kalands* mit, dessen Ordnung er drei Jahre später auch in dem eigenen *Bielefelder Kaland* einführte. Besonders schön zeigte sich in der Wiedenbrücker Bruderschaft die Verpflichtung zur gegenseitigen Hilfe. War ein Bruder in Not geraten, so hatte jedes Mitglied ihn acht Tage lang zu unterhalten oder ihm eine entsprechende Geldsumme zu geben. Jeder war verpflichtet, seinen zu Unrecht angegriffenen Kalandsbruder zu ver-

---

[23] *Averesch* a.a.O. Dem Billerbecker Kaland gehörten außer dem Gründerbischof noch folgende Münsterer Oberhirten an: Otto v. Hoya (1392–1424), Heinrich v. Schwarzburg (1466–1496) und Erich v. Sachsen-Lauenburg (1508–1522). In den Mitgliederverzeichnissen werden die Geistlichen des alten Dekanates Ahaus fast geschlossen, die des alten Dekanates Coesfeld etwa zu einem Drittel erwähnt.
[24] F. *Flaskamp*, Wilbrand Bante, in: WZ 108 (1958) 221–238.

teidigen und bei Streitigkeiten innerhalb der Fraternität zu vermitteln.[25] Das beste Werk des Bielefelder Stiftspropstes war zweifellos der *Lippstädter Priesterkaland*, den Bante 1349 zusammen mit neun anderen Lippstädter Geistlichen errichtete „in der Erkenntnis, daß es gut und heilsam ist, wenn Mitbrüder sich einig wissen in der Liebe zum lebendigen, barmherzigen und heiligen Gott, wenn sie füreinander beten, auf daß sie gerettet werden, da auf die eigenen Verdienste kein Verlaß ist".[26] Es scheint, daß Bante sich auch um den jungen Lemgoer Kaland bemüht hat, wie er später zu Osnabrück als Domherr und schließlich als Domdechant auch dem dortigen Kalandswesen neuen Auftrieb gab.[27] Üppig gediehen die Kalandsbruderschaften im *Bistum Paderborn*.[28] Wir finden sie u. a. in der Bischofsstadt selbst, ferner in Büren, Brakel, Neuenheerse, Nieheim, Warburg, Corbach und Lemgo. Im Warburger Kaland erschien der graduelle Unterschied zwischen Priestern und Laien besonders ausgeprägt. Die Laien wurden zu den Verhandlungen der fratres sacerdotes nicht zugelassen, durften aber bei der Feier des Bruderschaftsgottesdienstes, der jährlich viermal stattfand, dem zelebrierenden Priester dienen. In Nieheim, wo nach dem Bruderschaftsgottesdienst eine Sakramentsprozession durch die Kirche gehalten wurde, trat anläßlich der Mahlfeier der karitative Zug der Fraternität in schöner Symbolik hervor. Bevor die Brüder zu Tisch gingen, wurden an der Festtafel zwölf Arme gespeist und mit je einem Pfennig beschenkt. Die bewirteten Armen versinnbildlichten die Apostel. In der Mitte der Tafel, an der sie speisten, brannte eine Kerze, die Christus, den eigentlichen Gastgeber, darstellte. Diese kleine Szene macht deutlich, mit welchem Feingefühl manche Fraternitäten das Gebot der Liebe zu verwirklichen wußten. Man hat mit Recht darauf hingewiesen, daß es nicht zuletzt die Kalandsbruderschaften gewesen sind, die zur Ausbildung einer

---

[25] *Ders.*, Die Kalandsbruderschaft zu Wiedenbrück 1 (1959) 16f. (Lateinische Satzungen).
[26] Ebd. 232.
[27] Ebd. 221ff. und *ders.*, Die deutschen Kalande: Forschungen und Fortschritte 36 (1962) 187ff.
[28] *Bieling* a.a.O.

christlichen Festkultur beigetragen haben.[29] Ein Prüfstein vornehmer Gesittung war die Mahlfeier, die allerdings stets in Gefahr war, auf die Ebene des Genießens abzusinken. Fast alle Statuten enthalten daher eindringliche Mahnungen, bei der Gestaltung des Mahles das geistliche Ziel nicht aus dem Auge zu lassen. In Billerbeck nahmen die Brüder, nach Alter und Würde geordnet, an der Festtafel Platz, an der der Kalandsdekan den Vorsitz führte.[30] Dieser eröffnete das Mahl mit dem Psalm De profundis und beendete es mit der commendatio defunctorum. Der frater ministrator übernahm mit Unterstützung mehrerer Brüder die Aufwartung. Gäste und Aufwärter begegneten einander „debite et honorate". Es war untersagt, während der Mahlfeier zu scherzen oder zu lärmen. Alles, was der asketisch-geistlichen Haltung eines Christen zuwiderlief, namentlich Musik und Possenreißerei, hatte zu unterbleiben. Statt dessen las der frater lector während des Essens aus der Bibel oder einem religiösen Erbauungsbuch vor. Das Mahl selbst bestand aus drei Gerichten. Als Tischgetränk war nur Wein zugelassen. Gegen Ausschreitungen schritt man streng ein. Aus dieser zuchtvollen Ordnung des Mahles spricht sowohl das mittelalterliche Gefühl für Form und Stil als auch der ernste, eschatologisch gerichtete Grundzug des Bruderschaftswesens.

Die Kultbruderschaften

Man sieht, die westfälischen Fraternitäten des ausgehenden Mittelalters bieten sich in einer bunten Fülle von Formen und religiösen Motiven dar, die letztlich alle um das Unum necessarium kreisen. Eine farbige Komponente dieses Bildes stellen auch die Kultbruderschaften dar, die in Westfalen reich vertreten waren. Gemeint sind damit jene geistlichen Genossenschaften, die ein Glaubensgeheimnis oder einen Heiligen zum Gegenstand ihrer Verehrung erhoben. Die Sakramentsbruderschaft in Brakel[31], die Her-

---

[29] *Schreiber*, Gemeinschaften des Mittelalters Vf. Vgl. auch die Hinweise Schreibers zur Problematik dieses Fragengebietes: Religiöse Verbände in mittelalterlicher Wertung: HJb 62–69 (1949) 358.
[30] *Averesch* 37ff.
[31] WZ 24 (1864) 277.

ren-Leichnam-Gilde in Coefeld[32] und Dülmen[33] oder die Heilig-Leichnam-Gesellschaft in Osnabrück St. Marien[34] stellten das Zentralgeheimnis des Glaubens in den Mittelpunkt ihrer religiösen Bestrebungen. Die Fraternitas Corporis Christi zu Minden vereinigte die Ackerbürger am Kuhtor. Man hielt Pfingsten sein Fest, verzehrte anschließend das selbstgebraute Bier, zahlte seinen Beitrag für das Lichtergut und die Gräber der Toten und wählte die Rektoren der Fraternität.[35]

Die Heilig-Kreuz-Bruderschaften[36] richteten die Andacht ihrer Mitglieder auf die Passion des Herrn. Sie zählten zu den ältesten Bruderschaften Westfalens und kennzeichneten zugleich den Wandel, der sich seit dem ausgehenden 13. Jahrhundert in Auffassung und Stil der Christusfrömmigkeit vollzogen hatte. Sie erwuchsen vorwiegend dort, wo das Kreuz Christi besondere Verehrung genoß, so in Coesfeld, Freckenhorst, Stromberg, Meschede, Altenrüthen, Osnabrück, Elspe, Warendorf und Telgte. Die eifrigen Kreuzbrüder in Meschede hatten nach ihrer Satzung wöchentlich zweimal, am Montag und Donnerstag, an der Feier der Bruderschaftsmesse sowie an dem jeweiligen Seelenamt für die verstorbenen Brüder teilzunehmen. Bei dem Seelenamt wurden Totenlichter und Kerzen angezündet.[37] Hauptfeste der Bruderschaft waren Kreuzauffindung und Christi Himmelfahrt. Ein jeder brachte an diesen Tagen zum Gottesdienst eine Brotspende

---

[32] H. *Börsting* (Bearb.), Inventar des Bischöflichen Diözesanarchivs in Münster = Inventare der nichtstaatlichen Archive Beibd. III (Münster 1937) 470.

[33] A. *Weskamp*, Geschichte der Stadt Dülmen (1911) 26.

[34] *Berning* 246, Anm. 23 und 251, Anm. 8. Die Bruderschaft unterhielt das Ewige Licht der Kirche.

[35] MindGQ 2, 115.

[36] G. *Wagner*, Volksfromme Kreuzverehrung in Westfalen von den Anfängen bis zum Bruch der mittelalterlichen Glaubenseinheit = Schriften der volkskundlichen Kommission des Landschaftsverbandes Westfalen-Lippe, hg. von B. Schier und M. Bringemeier, 11 (1960) 158ff.

[37] Vgl. zum Kerzenopfer, das ebenso wie die Wachslieferungen im westfälischen Bruderschaftswesen immer wieder begegnet, *Schreiber*, Gemeinschaften 266ff. und H. *Tüchle*, Kirchengeschichte Schwabens 2 (1954) 277. Man glaubte, den Seelen der Verstorbenen durch das Licht der Kerzen, das Sinnbild der lux aeterna, eine besondere Hilfe zu leisten. Es gab wie in Minden (s. u. 629) eigene Kerzen- oder Lichtbruderschaften.

im Wert von einem Pfennig mit in das Gotteshaus, die anschließend durch den Vorsteher der Bruderschaft und den Bürgermeister von Meschede auf dem Marktplatz mit einem Trunk Bier als „Letzung" den Armen gereicht wurde.[38] Einer breiten Verehrung seitens der Fraternitäten erfreute sich Unsere liebe Frau. Wir lernten bereits einige *Marienbruderschaften* in Münster kennen und sahen, daß man auch den Kaland mit Vorliebe der heiligen Jungfrau weihte. In Osnabrück lassen sich sieben Marien-Gilden nachweisen.[39] Die Obernkirchener Fraternitas beatae Mariae Virginis wurde auf Dreifaltigkeit 1458 in der „schönen Marienkapelle an der (Weser-)Brücke" zu Minden neugegründet. Die Brückenkapelle barg ein mit Gold, Silber und kostbaren Steinen und Ringen geziertes Marienbild, das täglich von vielen Menschen besucht wurde, die dort Wachs, Leinen und andere Gaben opferten. Der Ertrag diente offenbar zur Unterhaltung der Brücke.[40]

Sosehr die Marienbruderschaften auch das religiöse Feld zu beherrschen schienen, die zentrale Stellung des Gekreuzigten berührten sie nicht. Die Marienverehrung stand, wie namentlich das damals aufblühende Rosenkranzgebet zeigt, im Dienst der Christusfrömmigkeit. Wir erwähnten die Gründung einer Rosenkranzbruderschaft auf dem Friedenskongreß zu Hamm im Jahre 1393.[41] Nahmen hier verfehdete Dynasten zu Maria als Friedensmittlerin ihre Zuflucht, so schloß sich der schlichte Bürger gern einer Rosenkranzbruderschaft an, um der Mutter des Herrn in seinen Alltagssorgen nahe zu sein. Nachdem die Osnabrücker Dominikaner schon vor 1492 für die Bevölkerung eine Rosenkranzbruderschaft begründet hatten[42], traten in diesem Jahr die Gildemeister des Schmiedeamtes mit sämtlichen Brüdern der Rosenkranzbruderschaft zusammen, um über die Gründung einer

---

[38] *Wagner* 159f.
[39] *Berning* 250ff.
[40] MindGQ 2, 12f. und 115.
[41] Siehe A. *Schröer*, Die Kirche in Westfalen vor der Reformation, Bd. 1 (1967) 300. Die Errettung von Neuß war Anlaß zur Gründung der berühmten Kölner Rosenkranzbruderschaft, der ersten auf deutschem Boden. *Andreas* 155.
[42] *Berning* 250ff.

zweiten Fraternität dieser Art zu beraten, die dann noch im gleichen Jahr an der Dominikanerkirche erfolgte.[43] Die alten Bruderschaften wandten ihre Verehrung oft den *Aposteln* zu, so in Osnabrück die erwähnte Zwölf-Apostel-Gesellschaft der Tuchhändler an St. Marien, die Petersbruderschaft am Dom, die Johannes-Gesellschaft oder der Große Busbom an St. Johann[44] oder die St.-Johannes-Gilde in Dülmen.[45] Die Bruderschaft vom hl. Johannes Evangelista an der Stiftskirche St. Martini, Minden, bestritt zum größten Teil den Aufwand für die Lichter dieser Kollegiatkirche.[46] In dem bruderschaftsfreudigen Osnabrück gab es an der Minoritenkirche eine „sunte Jacobs sellschup"[47] und an St. Katharinen eine Jakobsgilde.[48] Auch in Iserlohn und Lemgo hatte man sich zur Verehrung dieses im abendländischen Kulturkreis besonders beliebten Apostels, dessen Gebeine im spanischen Compostella auf den mittelalterlichen Pilger eine faszinierende Anziehungskraft ausübten, in Jakobusbruderschaften zusammengeschlossen.[49] Allerdings befand sich die Verehrung, die der Heilige seit dem 12. Jahrhundert auch in Westfalen genoß, im ausgehenden Mittelalter bereits im Abklingen. Demgegenüber sind die vereinzelten Anna-Bruderschaften dieser Zeit – es sei hingewiesen auf Osnabrück[50] und Münster[51] – als

---

[43] Ebd. Anm. 11. Die Bruderschaft ließ jeden Montag bei den Dominikanern eine Seelenmesse lesen. Die Gottesdienste fanden am Altar „vor dem belde Marien manck den Rosen in capellen sancti Thome" statt. Ebd. 253, Anm. 29 und 33. Die Rosenkranzbruderschaften umgaben ihr Andachtsbild stets mit einem Strahlenkranz. D. *Kluge*, Gotische Wandmalerei in Westfalen 1290–1530: Westfalen 12. Sonderheft (1959) 128.
[44] Ebd. 250f.
[45] *Weskamp* 26.
[46] MindGQ 2, 115.
[47] *Berning* 255, Anm. 45.
[48] Ebd. 251. Der Pleban von St. Katharinen hatte wöchentlich zwei Messen für die verstorbenen Gildebrüder zu lesen: OM 14, 200 (Urk. vom 29. 10. 1361).
[49] WZ 82 (1924) 116ff.; WZ 38 (1880) 26.
[50] *Berning* 251. 255, Anm. 45. Die dort erwähnten, den Dominikanern und Augustiner-Eremiten angeschlossenen Anna-Bruderschaften werden um 1530/31 als bestehend erwähnt.
[51] Siehe *Schröer*, Kirche 1, 355. S. auch die „kopluide broderschop" bei J. *Prinz*, Mimigernaford – Münster. Die Entstehungsgeschichte einer

Vorboten einer Blütezeit des Anna-Kultes im 16. Jahrhundert zu werten. Als wahrhaft volkstümlich erwiesen sich auch die Antoniusbruderschaften, die sich vielfach mit sozial-karitativen Einrichtungen verbanden. Sie fanden sich u. a. in Warendorf[52], Coesfeld[53], Warburg[54] und Dorsten[55].

Wer den Lebensäußerungen der spätmittelalterlichen Bruderschaften auf westfälischem Boden nachgeht, ist überrascht von der Echtheit der religiösen Haltung, die ihm dort begegnet. Die Fraternitäten zeigten sich den Forderungen der Zeit gegenüber aufgeschlossen, indem sie Priester und Weltchristen zu gemeinsamer Sorge um das Reich Gottes zusammenführten. Nirgends bemerkt man Symptome einer krankhaften Heilsangst oder überspannter Werkheiligkeit. Die vorgeschriebenen religiösen Übungen hielten sich in angemessenem Rahmen. Die Laienbrüder des Großen Domkalands zu Münster hatten täglich fünf „Pater noster" und „Ave Maria" zu verrichten.[56] An erster Stelle stand bei den Mitgliedern die Sicherung des persönlichen Heils. Der Weg zu diesem Ziel führte im Sinne der Bergpredigt über die gewissenhafte Erfüllung des Hauptgebotes, das wiederum gestützt wurde durch den Gedanken der communio sanctorum. Diese religiöse Grundeinstellung der Brüder fand großartigen Ausdruck in dem Versprechen der genossenschaftlichen Hilfsverpflichtung und Brudertreue.

Drohender Individualismus

Allerdings war diese Frömmigkeit zeitbedingten Schwankungen unterworfen. Seit den turbulenten Zeiten des Großen Schismas

---

Stadt = Veröffentlichungen der Hist. Kommission Westfalens 22, Geschichtliche Arbeiten zur westfälischen Landesforschung 4 (1960) 162.

[52] W. *Zuhorn,* Kirchengeschichte der Stadt Warendorf, Bd. 2 (1920) 67f. (wahrscheinlich).

[53] Festschrift zur fünfhundertjährigen Jubelfeier der St. Antoniusbruderschaft Coesfeld i.W., hg. von L. Bernard (1930). BKW Dülmen 37.

[54] J. *Evelt,* Die Verehrung des hl. Antonius Abbas im Mittelalter mit besonderer Rücksicht auf Westfalen, in: WZ 33 (1875) II.

[55] Ebd. 19.

[56] Die Satzung des Großen Kalands am Hohen Dom zu Münster, hg. von C. Echelmeyer (1956) 7ff.

breitete sich in manchen Bruderschaften der Geist der Verweltlichung aus. Die Mahlfeiern, deren schöne religiöse Symbolik man zu vergessen begann, drängten in den Vordergrund. Jedoch empfand der mittelalterliche Mensch religiösen Ernst und frohe, ja ausgelassene Feierstimmung keineswegs als gegensätzlich. Es ist bezeichnend, daß der sonst so streng urteilende Mindener Chronist, Domherr Heinrich Tribbe (um 1460), die örtlichen Fraternitäten, über deren weltliche Feiern er interessante Einzelheiten berichtet, mit keinem Wort tadelt.[57]
Viel bedenklicher als diese im Grunde peripheren Erscheinungen war in der Tat der individualistische Grundzug der Bruderschaftsfrömmigkeit, der namentlich das Verhältnis der Fraternitäten zur Pfarrei belastete. Denn diese Vereinigungen, die dem genossenschaftlichen Denken ihren Ursprung verdankten, drohten schließlich selbst die übergeordnete kirchliche Gemeinschaft der Pfarrei zu spalten, aufzusplittern, in ihrer Funktion zu lähmen, sie möglicherweise in der Vorstellung ihrer Mitglieder sogar als überflüssig erscheinen zu lassen. Eine Gruppe nach der anderen schloß sich um einen religiösen Kern zusammen und führte innerhalb der Pfarrei ihr Eigenleben. Man hatte seinen eigenen Geistlichen, seinen eigenen Altar, seinen eigenen Schutzpatron, seine eigenen Lichter, sein eigenes Bruderschaftsfest, seine eigenen Mahlgemeinschaften, nicht selten sogar seine eigene Kapelle. So zerfiel das kirchliche Gemeindeleben mancher Städte in fünfzehn, zwanzig oder gar dreißig private religiöse Zirkel, die in vielfacher Hinsicht ihre eigenen Wege gingen. Gewiß waren diese Gefahren nicht überall gleich bedrohlich, aber es ist nicht zu leugnen, daß sich in diesen Andachtsformen ein gewisser Individualismus regte, ein Streben nach Absonderung von der kanonischen Kirchengemeinschaft, das nicht ungefährlich war.
Die Kirche verfolgte diese Entwicklung nicht ohne Sorge. In erster Linie war es Kardinal Nikolaus von Kues, der auf der Provinzialsynode von Köln 1452 unter dem Eindruck der reichen Erfahrungen seiner westfälischen Legationsreise statuieren ließ, daß künftig keine Bruderschaften mehr errichtet werden dürften.[58]

---

[57] MindGQ 2, 98.
[58] J. *Hartzheim* (Hg.), Concilia Germaniae, Bd. 5, 414, s. o. 272f.

Der feinfühlige Kusaner spürte, daß hier nicht nur die ordentliche Seelsorge, sondern Höheres, Wichtigeres, nämlich der Glaube an die Kirche als Heilsanstalt, in Gefahr geriet. Aber der Warnruf verhallte. Die Zeitströmung war, wie zahlreiche spätere Neugründungen zeigten, nicht mehr aufzuhalten. Nach einer Blüte von etwa 150 Jahren begann das alte Bruderschaftsideal zu verblassen. Das wirtschaftliche Denken gewann das Feld.[59] Kirchliche Gleichgültigkeit breitete sich aus. Die von der Bruderschaft den Mitgliedern auferlegten Gebete und Opfer wurden vernachlässigt. Sogar das Gedächtnis der heimgegangenen Brüder, einst ein Hauptanliegen der Fraternität, geriet nicht selten in Vergessenheit. Dieser Niedergang löste zwar seit der Mitte des 15. Jahrhunderts mannigfache Reformversuche aus; diese wurden aber dem genossenschaftlichen Denken, das einmal die Stärke der Bruderschaft gewesen war, nicht mehr gerecht. Die Mitglieder übertrugen vielfach, wie etwa 1520 im Großen Kaland zu Münster[60], ihre religiösen Verpflichtungen gegen Entgelt einem geistlichen Bruder und glaubten, auf diese Weise dem eigenen Heil und der Seelenruhe der verstorbenen Brüder Genüge getan zu haben. Die große Zeit der Bruderschaften war vorüber.

---

[59] Die Heilig-Geist-Bruderschaft in Minden, die vor 1460 unterging, besaß etwa 150 Grundstücke. MindGQ 2, 63.
[60] Satzung des Gr. Kalands 14ff.

35. Die Wallfahrt zur Schmerzhaften Mutter von Telgte und die Galen-Bischöfe*

Als ich vor einiger Zeit von Euch gebeten wurde, im Anschluß an unsere heutige Wallfahrt zur Schmerzhaften Mutter von Telgte einen Vortrag über das Gnadenbild und das mit ihm verbundene Pilger- und Wallfahrtswesen zu halten, habe ich gern zugesagt. Ich werde aber nicht die Geschichte des Gnadenbildes in ihrer ganzen Breite behandeln. Ich möchte vielmehr nach einem kurzen Überblick über die Anfänge der Wallfahrt vor allem die Bedeutung aufzeigen, die die Schmerzhafte Mutter von Telgte im Leben der drei Münsterer Galenbischöfe eingenommen hat. Was meine eigene Person betrifft, so trat die Mater dolorosa von Telgte schon früh in mein Leben, da ich die ersten fünf Gymnasialjahre, 1919 bis 1924, in Telgte verbracht habe. In dem vielbesuchten Wallfahrtsort herrschte damals der durch Tradition geheiligte Brauch, daß die Gläubigen nach dem Besuch der hl. Messe in der Propsteikirche regelmäßig anschließend der Schmerzhaften Mutter in der nahegelegenen Gnadenkapelle einen kurzen Gebetsbesuch abstatteten. Wie viele meiner Mitschüler habe auch ich diesen ehrwürdigen Brauch treu befolgt. So bildete sich von selbst ein persönliches Verhältnis der jungen Scholaren zur Mutter des Herrn.
Natürlich hörten auch wir von den undurchdringlichen Geheimnissen, Sagen und Legenden, die dieses ehrwürdige Andachtsbild umgeben. Am interessantesten erschien uns die fromme Sage, daß das Bildwerk aus der jahrhundertealten „Dicken Linde" vor dem Münstertor zu Telgte herausgewachsen sei, weshalb die Linde noch heute „Marienlinde" genannt werde. Obwohl man „zum Beweis" auf die große Höhlung in dem mächtigen Stamm der Linde hinwies, vermochte uns diese volkstümliche Deutung nicht zu überzeugen. Aber wo und wann ist denn das eindrucksvolle Gnadenbild Maria Telgte wirklich entstanden? Diese Frage ist wegen des Fehlens urkundlicher Zeugnisse nach wie vor offen. Der Münsterer Kunsthistoriker Hans Eickel vom Westfälischen

* Vortrag vor den Mitbrüdern der Priestervereinigung Unio Apostolica nach einer Wallfahrt zur Schmerzhaften Mutter in Telgte am 4. Mai 1993.

VI. Religiöses Volkstum

Gnadenbild Telgte

Landesmuseum verlegte 1954 auf Grund des stilistischen Befundes und vergleichender kunstgeschichtlicher Forschungen die Entstehung des Gnadenbildes in die Zeit um 1370. Um der Verehrung eines dargestellten Heiligen „objektiven" Charakter zu geben, fügten fromme Künstler dem von ihnen geschaffenen Standbild vielfach Reliquien ein, die oft unbemerkt blieben. So kamen in jüngster Zeit (1991) anläßlich einer Reparatur der Krone Mariens im Kopf des Telgter Gnadenbildes fünf religiös-volkskundlich bemerkenswerte Reliquienpäckchen zum Vorschein, die nach der anliegenden Authentik neben gegenständlichen Heiltümern – Öl von einem Marienbild aus Sardana und ein Stück der bei der Geißelung des Herrn verwendeten Rute – körperliche Reliquien der hll. Märtyrer Apollonia (1. Hälfte des 3. Jhs.) und des Pachomius († 311), Bischofs von Alexandrien, enthalten.

Nach Eickel zeichnet sich das Telgter Vesperbild* gegenüber späteren Abwandlungen durch *Größe der Auffassung, Strenge der Form* und *Stärke des Ausdrucks* aus.

Im Jahre 1455, also über 80 Jahre später, wird die Schmerzhafte Mutter mit ihrem vom Kreuz abgenommenen Sohn erstmals in einer Urkunde des Pfarrarchivs von Telgte erwähnt. Der Telgter Bürger Gerd Walgarding stiftete diesem Dokument zufolge sechs Mark *to dem geluchte* Unserer Lieben Frau auf dem Kirchhof zu Telgte. Vor dem Standbild der Schmerzhaften Mutter mit dem Gekreuzigten brannte demnach ein Ewiges Licht. Elf Jahre später, 1466, stiftete ein gewisser Heinrich to Laer 24 Mark für ein kleines Dach vor dem Bild der Mutter Gottes, das den davor knienden Pilgern Schutz vor den Unbilden der Witterung gewähren sollte. Hier ist erstmals die Rede von auswärtigen Pilgern, die das Bild besuchten und davor beteten. Diese Pilger kamen einzeln oder in kleinen Gruppen, aber noch nicht prozessionsweise nach Telgte.

Diese Nachrichten machen deutlich, daß das Vesperbild schon damals vom gläubigen Volk verehrt und von Pilgern besucht wurde. Die Besuche setzten sich auch im 16. Jahrhundert fort, ka-

---

* Als Vesperbild bezeichnet man die Darstellung der Kreuzabnahme am Abend des Karfreitags: Maria unter dem Kreuz.

men aber im 17. Jahrhundert infolge des Dreißigjährigen Krieges fast völlig zum Erliegen. Erst nach Abschluß des Westfälischen Friedens 1648 brach für die Telgter Marienwallfahrt eine Blütezeit an, die von *Fürstbischof Christoph Bernhard v. Galen* grundgelegt wurde. Sogleich im ersten Jahr seiner Regierung beauftragte der Bischof durch ein Schreiben vom 27. Juni 1651 die Franziskaner in Warendorf und Münster, „gegen anstehenden Sonntag, den 2. Juli (Fest Mariä Heimsuchung), aus unseren beyden Städten Münster und Warendorf nach Telgte eine *Prozession* zu halten, in Telgte Beichte zu hören und das officium divinum zu zelebrieren". Die Patres sollten den Ortspfarrern bei diesem „gottseligen christlichen Werk" Vorschub und Förderung leisten. Mit dieser Anordnung Christoph Bernhards v. Galen beginnt die eigentliche Geschichte der Wallfahrt zur Schmerzhaften Mutter von Telgte. Die Prozessionswallfahrten von Münster und Warendorf zogen seit 1651 alljährlich nach Telgte. Aber schon bald mußte der Fürstbischof erkennen, daß das armselige Stationshäuschen, in dem das Vesperbild stand, den berechtigten Erwartungen der Pilger nicht mehr entsprach. Galen entschloß sich daher, dem Gnadenbild eine würdige, dem Zeitstil entsprechende Kapelle zu errichten.

Die *Baugeschichte der Kapelle* ist bemerkenswert. Unter mehreren Entwürfen entschied sich Galen zunächst für den Plan des Guardians des Franziskanerobservantenklosters in Warendorf, Jodocus Lücke aus Freckenhorst, der mit der Ausführung des Baues beauftragt wurde. Am 1. Juni 1654 legte Christoph Bernhard den Grundstein für die neue Kapelle zur Ehre der Schmerzhaften Jungfrau Maria. Anschließend bestätigte er diesen Akt durch eine Feier in der Pfarrkirche. Die Ausführung des Planes wurde jedoch eingestellt, als der Architekt *Peter Pictorius d. Ä.* (1626–1685) 1655 in die Dienste des Fürstbischofs trat. Christoph Bernhard übertrug nun Pictorius den Kapellenbau. Nach dreijähriger Bauzeit *weihte* der Fürstbischof, wie in den Weiheregistern berichtet, am 2. Juli 1657, auf Mariä Heimsuchung, die Kapelle zur Ehre der hl. Jungfrau Maria einschließlich des Altares, der Reliquien des hl. Martin barg. Nach vollzogener Weihe wurde das Standbild der Schmerzhaften Jungfrau in einer Prozession von der Pfarrkirche in die Kapelle überführt, wo der Fürstbischof die hl. Messe vom

Christoph Bernhard v. Galen

Fest Mariä Heimsuchung feierte, die der Klerus mit dem Tedeum beschloß. Anschließend sang der Generalvikar (Alpen) mit Diakon und Subdiakon, „von geziemender Musik begleitet", ein Hochamt vom Kirchweihfest.

Die Telgter Kapelle ist, wie der frühere Landeskonservator Dr. Rensing es ausdrückt, „ein reizender Octogonbau", ein Achteckbau aus Baumberger Stein. An den Ecken des Baues stehen Säulen mit korinthischen Kapitälen, auf denen Konsolen mit Engelsköpfen angebracht sind. Diese Säulen verleihen dem Bau in Verbindung mit der Dachkuppel ein barockes Gepräge. Mit der inneren Gestaltung der Kapelle beauftragte Christoph Bernhard den Minoritenbruder *Andreas Oxel*, dessen künstlerische Leistung in der Vergoldung des Altares und der Ausmalung der Kuppel bestand. Diese Gemälde, die noch auf der Jubiläumsfeier 1754 erwähnt werden, wurden in der Folgezeit durch andere ersetzt.

Durch die Errichtung der Kapelle schuf Galen eine würdige Kultstätte zur Verehrung der Schmerzhaften Mutter und günstige Voraussetzungen für eine breite Wallfahrtsbewegung. Nach der Kapellenweihe 1657 entsandte außer Münster und Warendorf auf Einladung des Bischofs auch eine Reihe von Orten aus dem Münsterland Prozessionswallfahrten nach Telgte. Zu den frühesten gehören u. a. Ahaus, Amelsbüren, Billerbeck, Borken, Buldern, Coesfeld, Darup, Dülmen, Epe, Gronau, Heiden, Horstmar, Laer, Metelen, Nienborg, Nottuln, Ottenstein, Rheine, Schöppingen, Vreden, Weseke, Wessum, Wettringen, Wolbeck und Wüllen. Natürlich beschränkte sich Galens Förderung der Wallfahrt nicht auf die Mater dolorosa von Telgte. In seinen Romberichten lobt er auch die Wallfahrten nach Vinnenberg, Annaberg, Eggerode und Bethen in Oldenburg und vor allem die großartigen Kreuztrachten in Coesfeld und Stromberg. Wallfahrt war für Christoph Bernhard ein religiöses Gemeinschaftserlebnis, das den Glauben froh bewußt macht und festigt.

In den Jahren 1659/60 ließ Galen, ähnlich wie für die Kreuztracht in Coesfeld, an der Nordseite des Landweges von Münster nach Telgte zwischen den heutigen Bahnhöfen Handorf und Jägerhaus nach Plänen des Jesuitenpaters Blankenfort einen *Prozessionsweg* anlegen und mit fünf Doppelstationen versehen, die beiderseits Darstellungen nach den Geheimnissen des Schmerzhaften und

Glorreichen Rosenkranzes aufweisen. Kurz darauf, am 3. November 1660, berichtete Christoph Bernhard in seinem lateinischen Rombericht Papst Alexander VII.: „Telgte, eine deutsche Meile von Münster entfernt, wird wegen eines wundertätigen Bildes der Gottesmutter alljährlich von vielen Prozessionen besucht. Ich habe dort, wo das Bild gewöhnlich untergebracht war, eine achteckige Kapelle zur Ehre der Hohen Mutter errichtet, mit einem Altar versehen und mit kunstvollen Gemälden schmücken lassen. In diesem und im vergangenen Jahr (1659/60) habe ich auf dem Landweg von Münster nach Telgte Stationsbilder mit Darstellungen vom Leiden und von der Herrlichkeit Christi und der Gottesmutter errichten lassen, die täglich die Frömmigkeit der Pilger in erstaunlicher Weise anregen. Zwar wird die Wallfahrtsbewegung gegenwärtig durch den Aufstand der Stadt Münster (1660) vorübergehend unterbrochen, ich hoffe aber, daß die Wirren in Kürze beendet und die Wallfahrten mit um so größerem Eifer wiederaufgenommen werden." (Galenkorrespondenz Nr. 109) Der *zweite Galen-Bischof* in Münster, Weihbischof *Maximilian Gereon Graf v. Galen* (1895–1908), geboren am 10. Oktober 1832 in Münster, hatte in Löwen und Bonn Jura und im Priesterseminar Mainz Theologie studiert. Maximilian Gereon wurde am 26. Juli 1856 von seinem Oheim, dem Mainzer Bischof Wilhelm Emmanuel v. Ketteler, in der Domkirche zu Mainz zum Priester geweiht, promovierte in Rom zum Dr. theol. und übernahm 1859 die Professur für Liturgik und Moraltheologie am Priesterseminar in Mainz. Maximilian Gereon wurde 1872 Pfarrer an St. Christoph zu Mainz. Im Jahre 1884 kehrte der Pfarrer nach Münster zurück und wurde Domkapitular und Geistlicher Rat am Generalvikariat. Leo XIII. ernannte Maximilian Gereon v. Galen zum Titularbischof von Myrina. Am 25. Juli 1895 empfing der Ernannte in der Kirche des Collegium Germanicum in Rom von Kardinal Seraphin Vanutelli die Bischofsweihe. Kaplan des Weihbischofs wurde 1904 dessen Neffe, der Neupriester Clemens August Graf v. Galen. Der Galenschen Familientradition gemäß unternahm der Weihbischof in gewissen Zeitabständen eine *Fußwallfahrt* zur Schmerzhaften Mutter nach Telgte. Von 1904 bis 1906 ließ er sich bei diesen Wallfahrten von seinem Neffen Cle-

Maximilian Gereon v. Galen

mens August begleiten. 1906 wurde Clemens August nach Berlin versetzt.

In die Zeit des Weihbischofs Maximilian Gereon fällt ein bemerkenswertes Ereignis, das deutlich macht, wie hoch das Andenken Christoph Bernhards v. Galen in der Telgter Bürgerschaft in Ehren stand. Im Jahre 1902 bereitete nämlich die Kirchengemeinde Telgte dem Erbauer der Kapelle, Christoph Bernhard v. Galen, durch die Errichtung eines *Denkmals* eine hohe Ehrung. Nachdem ein Denkmalkomitee durch die Sammlung von Spenden in Stadt und Land die notwendigen Mittel beschafft hatte, wurde der Bildhauer Professor August Schmiemann in Münster mit der Ausführung des Denkmals beauftragt. Am 16. Oktober 1902 konnte der Pfarrer von Telgte, Anton Hovestadt, am Münstertor in Telgte das Kunstwerk enthüllen. Als geladene Ehrengäste der Familie Galen waren bei diesem Festakt Weihbischof Maximilian Gereon und der Erbkämmerer Graf Ferdinand v. Galen anwesend.

Das in Erz gegossene Brustbild des Fürstbischofs steht auf einem Sockel von geschliffenem Granit. Ein in den Sockel eingelassenes Bildrelief zeigt das Telgter Gnadenbild unter einem strohgedeckten Obdach, dem der Fürstbischof kniend das Modell der neuen Kapelle darbietet.

Zwei Jahre später, am 3. Juli 1904, am Fest Mariä Heimsuchung, nahm Weihbischof Maximilian Gereon als Nachfahre Christoph Bernhards v. Galen an der großartigen 250jährigen *Säkularfeier* der Telgter Gnadenkapelle teil, auf der der Kölner Erzbischof Kardinal Fischer im Auftrage Pius' X. unter Assistenz der Bischöfe Hermann Dingelstad-Münster, Hubert Voß-Osnabrück, Wilhelm Schneider-Paderborn und des Weihbischofs Maximilian Gereon das Gnadenbild *krönte* und es damit unter die von Rom anerkannten und feierlich beglaubigten Gnadenbilder der Welt einreihte.

In tiefer Verehrung der Gottesmutter vermachte Maximilian Gereon testamentarisch dem Gnadenbild in Telgte seinen *Bischofsstab* mit der Bestimmung, daß für den Fall, daß einer aus der Galenschen Familie zur bischöflichen Würde gelangen sollte, diesem der Stab auf Lebenszeit zur Verfügung stehe. Kaum 25 Jahre später hat Clemens August v. Galen von diesem Recht Gebrauch gemacht. Leider ist der kunstvolle Stab durch den Luftangriff am 10. Oktober 1943 vernichtet worden.

Der *dritte Galen-Bischof*, in dessen Leben die Verehrung der Gottesmutter einen hohen Rang einnahm, war, wie erwähnt, *Clemens August Graf v. Galen* (1933–1946). Die Schmerzhafte Mutter von Telgte sollte für sein Leben geradezu schicksalhafte Bedeutung gewinnen. Die übrigen Wallfahrtsstätten des Bistums – namentlich Kevelaer – bleiben in diesem Zusammenhang unberücksichtigt. Schon als Schüler des Jesuitenkollegs „Stella matutina" in Feldkirch pilgerte Clemens August in den Ferien von Münster aus mit seinem Vater und seinem Bruder Franz – die Mutter war krank – nach Telgte und wieder zurück. „Auf dem Hinweg betete Vater", wie Franz v. Galen berichtet, „drei Rosenkränze vor und ging in tiefer Sammlung zwischen uns." Der Vater besuchte, wenn er in Münster war, oft allein die Schmerzhafte Mutter in Telgte.

Nach seiner Priesterweihe am 28. Mai 1904 im Hohen Dom zu Münster begleitete Clemens August, wie erwähnt, wiederholt seinen Oheim Maximilian Gereon zur Telgter Gnadenkapelle. Er wurde aber bereits 1906 zum Kaplan an St. Matthias-Berlin ernannt, wo er 1919 Pfarrer wurde. Im Jahre 1929 kehrte er nach Münster zurück und wurde Pfarrer von St. Lamberti-Münster. Sogleich nahm er die über zwei Jahrzehnte unterbrochene Gewohnheit wieder auf und pilgerte auf gewohnten Wegen nach Telgte. Vor seiner *Bischofsweihe* am 28. Oktober 1933 ging Clemens August nach Telgte, empfahl sein bischöfliches Wirken der Gottesmutter und stiftete ihr einen goldenen Wappenring, den er am Tag seiner Erstkommunion von den Eltern als Geschenk erhalten hatte (Engelmeier 26). In der Folgezeit unternahm Clemens August fast alle zwei Monate eine *Fußwallfahrt* nach Telgte, wo er in der Gnadenkapelle die hl. Messe feierte. Er ging allein in frühester Morgenstunde, ohne vorher seiner Umgebung davon Mitteilung zu machen. Auf der Kniebank in der Bischofskapelle lag ein Zettel: „Bin nach Telgte gegangen, komme acht Uhr zurück."

Der alljährliche Höhepunkt seiner Besuche in Telgte war die Teilnahme an der von seinem Vorfahr Christoph Bernhard v. Galen eingeführten, am ersten Sonntag im Juli stattfindenden *Mariä-Heimsuchung-Wallfahrt* der Stadt Münster, an der er schon als Pfarrer von St. Lamberti inmitten seiner Gemeinde regelmäßig teilgenommen hatte. Der Bischof feierte, wie seine Vorgänger, auf dem großen Kirchplatz das Pontifikalamt und hielt – anders als seine Vorgänger – aus zeitbedingten Gründen regelmäßig eine Predigt und ermunterte und tröstete die Gläubigen unter Hinweis auf die Schmerzhafte Mutter im Kampf gegen die Verfolger des Christentums und der Kirche. Getreu seinem Wahlspruch „Nec laudibus, nec timore" entwickelte sich Galen zum entschlossenen Verfechter von Freiheit, Gerechtigkeit und Menschenwürde gegenüber der Rassenideologie und dem Totalitätsanspruch des Nationalsozialismus.

Den Höhepunkt der Verteidigung von Grund- und Menschenrechten bildeten die *drei weltbekannten Predigten* vom Sommer 1941, in denen Galen, der „Löwe von Münster", mit beispiellosem Mut die als Euthanasiemaßnahmen getarnten Mordaktionen des Hitler-Regimes in aller Öffentlichkeit brandmarkte. Wir wissen, daß Galen in diesen Wochen *drei Fußwallfahrten* zur Schmerzhaften Mutter in Telgte unternommen hat, um sich Erleuchtung und Kraft für das offene, gefahrvolle Wort zu holen.
Auf dem *Kirchplatz in Telgte* verlas Galen am 5. Juli 1941, eine Woche vor der ersten seiner drei großen Predigten, den Hirtenbrief der deutschen Bischöfe gegen die Euthanasiemaßnahmen an Geisteskranken. Der Hirtenbrief bildete den Auftakt zu der dritten großen Predigt über das 5. Gebot: „Du sollst nicht töten!", die Clemens August vier Wochen später, am 3. August 1941, in der Lambertikirche zu Münster – ich war dabei anwesend – unter ostentativem Beifall der Zuhörer hielt. Am 4. Juli 1943 wandte sich Galen auf der *Kanzel in Telgte* gegen die deutschen Haß- und Vergeltungstiraden im Luftkrieg. „Ist das wirklich", so fragte er, „wirklich ein Trost für eine Mutter, deren Kind einem Bombenangriff zum Opfer fiel, wenn man ihr versichert, demnächst werden wir auch einer englischen Mutter ihr Kind töten?" (Löffler II Nr. 382 S. 984) Er appellierte an die Fairneß und Ritterlichkeit der deutschen Heeresführer.*

Den abschließenden Höhepunkt seiner irdischen Laufbahn erlebte Clemens August Anfang 1946, als er zusammen mit dem

---

* Zu Bischof Galens gleichzeitigen Hilfsmaßnahmen für das bedrängte Marienheiligtum Kevelaer s. J. *Heckens* und R. *Schulte Staade* (Hgg.), Consolatrix Afflictorum 430ff. – Nach Beendigung des Krieges weilte Galen vom 15.–20. Oktober 1945 zur Firmung im Dekanat Bottrop. Es war seine letzte Firmungsreise. Da Dr. Portmann wegen der schlechten Verkehrsverhältnisse nicht rechtzeitig von einer Reise zurückgekehrt war, ließ der Bischof mir ausrichten, ich möchte ihn begleiten. Am Sonntag, dem letzten Tag der Bottroper Woche, hielt der Bischof eine bemerkenswerte Predigt, in der er nach den geistigen und gesellschaftlichen Verwüstungen der vergangenen Jahre seine Vorstellungen von einer künftigen sozialen Ordnung entwickelte, die im wesentlichen den Forderungen der beiden Sozial-Enzykliken entsprachen. (*Löffler* II Nr. 508) Mehr als alle übrigen Begegnungen mit dem Bischof hat mir diese Bottroper Woche das Bild Galens in seiner menschlichen Lauterkeit und priesterlichen Frömmigkeit nahegebracht.

VI. Religiöses Volkstum

Clemens August Graf v. Galen

Kölner Erzbischof Frings und dem Berliner Bischof v. Preising von Papst Pius XII. wegen seines heroischen Einsatzes für die Gottes- und Menschenrechte unter der Nazidiktatur zum *Kardinal der römischen Kirche* ernannt wurde. Bevor Clemens August und der Kölner Erzbischof zur Entgegennahme der kirchlichen Insignien die Reise nach Rom antraten, knieten beide – unbemerkt von der Öffentlichkeit – betend vor der Schmerzensmutter in Telgte.
Die denkwürdige Feier in Rom und die persönliche Ehrung des Kardinals durch Pius XII. und die Gläubigen in der Peterskirche können wir hier übergehen.
Fünf Wochen später, am Samstag, dem 16. März 1946, am 68. Geburtstag des Kardinals, fand der große *triumphale Empfang in Münster* statt. Bevor der Bischof in Münster einfuhr, besuchte er wiederum die Gnadenmutter in Telgte. Die Stadt war in ein Flaggenmeer getaucht. Clemens August feierte in der überfüllten Propsteikirche, in der das Gnadenbild aufgestellt war, die hl. Messe und teilte selbst die hl. Kommunion aus.
Als der Kardinal die Pfarrkirche verließ, umgab ihn der Jubel der Menge, der ihn bis zur Propstei begleitete. Gegen 14 Uhr erschienen Vertreter des Domkapitels und der Stadtdechant von Münster, um den Kardinal in einem Vierergespann nach Münster zu begleiten. Unter dem erneuten Jubel der Menge fuhr der festlich bekränzte Wagen durch die Straßen von Telgte nach Münster. Im Wagen aufrecht stehend winkte der Kardinal den Menschen und damit zugleich der Schmerzensmutter von Telgte. Es war sein letzter Gruß.
Und nun begann die via triumphalis eines Kardinals, die in der Geschichte der Kirche von Münster nicht ihresgleichen hat. Fünf Tage später verkündeten die Totenglocken den Heimgang des Kardinals. Das Andenken an den mutigen Bekennerbischof von Münster, Clemens August Kardinal v. Galen, wird auf Jahrhunderte fortleben. Namentlich die Schmerzensmutter von Telgte wird mit seinem Namen verbunden bleiben. Aus Anlaß des 300jährigen Wallfahrtsjubiläums in Telgte 1951 hat die ganze Gemeinde, Stadt und Land, dem Bischof eine *Gedenktafel* gewidmet, die von dem Bildhauer H. G. Bücker in Vellern gestaltet wurde. Auf dieser Tafel aus Dolomit ist in der Mitte das Bildnis des Kar-

dinals als Bronzerelief angebracht. Oben zeigt sie den Wahlspruch des Kardinals „Nec laudibus, nec timore" und das Kardinalswappen. Als Inschrift trägt die Tafel außer den Lebensdaten ein Wort des Bischofs aus seinem ersten Hirtenbrief nach dem Kriege vom 18. April 1945:

„Kommt zur Schmerzhaften Mutter, lernt von ihr, das eigene Leid mit dem Leiden Jesu Christi zu vereinigen."

Diese Gedenktafel hat ihren Platz in einer Nische an der Südwand der Propsteikirche an jenem Ort, wo Galen oft Mittelpunkt herzlicher Ovationen der Tausende war, die seinen Worten gelauscht hatten.

Die Namen der drei Galen-Bischöfe sind mit der Schmerzhaften Mutter von Telgte verbunden. Aber auch die übrigen Bischöfe von Münster waren eifrige Förderer der Wallfahrt zu den Gnadenstätten des Bistums. Ich nenne nur die Bischöfe *Johannes Poggenburg* (1913–1933), *Michael Keller* (1947–1961), *Joseph Höffner* (1962–1969) und *Heinrich Tenhumberg* (1969–1979). Der Bekennerbischof *Johann Bernhard Brinkmann* (1870–1889) dankte am 12. Februar 1884 gegen Ende des Kulturkampfes nach seiner Heimkehr aus Holland auf dem Domplatz zu Münster vor einer riesigen Menschenmenge der Gottesmutter und bekannte: „Durch die Hilfe der Gottesmutter stehe ich heute in eurer Mitte."

Nach einer vorübergehenden Stagnation in den sechziger und siebziger Jahren erlebt gegenwärtig die Wallfahrt zu den Gnadenstätten namentlich aus den Kreisen der jungen Generation einen wahren Frühling. Bei aller berechtigten Sorge um die christliche Zukunft unseres Volkes ist diese Erscheinung Grund zur Hoffnung.

P. Engelmeier (Hg.), Maria Telgte (1954). – T. *Rensing*, Zur Baugeschichte der Wallfahrtskapelle in Telgte: ebd. 15–20. – H. *Eickel*, Das Bildwerk der Schmerzhaften Mutter zu Telgte: ebd. 11–14. – H. *Portmann*, Der Lieblingsweg des Kardinals: ebd. 51–56. – P. *Engelmeier*, Christoph Bernhard v. Galen (1650–1678) und die Telgter Wallfahrt: Marienbote 18 (1935) 271–272. – H. *Portmann*, Kardinal von Galen. Ein Gottesmann seiner Zeit (⁴1957) 306. – A. *Schröer* (Hg.), Die Korrespondenz des Münsterer Fürstbischofs Christoph Bernhard von Galen mit dem Heiligen Stuhl (1650–1678) = WS 3 (1972). – *Ders.*, Die Bischöfe von Münster. Biogramme der Weihbischöfe und Generalvikare: Das Bistum Münster, hg.

von W. Thissen (1993). – M. *Becker-Huberti*, Die tridentinische Reform im Bistum Münster unter Fürstbischof Christoph Bernhard v. Galen 1650–1678. Ein Beitrag zur Geschichte der Katholischen Reform = WS 5 (1978). – E. Ahlmer (Hg.), Marienwallfahrt Telgte. Beiträge zur Geschichte und Verehrung = Quellen und Forschungen zur Geschichte des Kreises Warendorf 10 (1980). – G. *Wagner*, Marienwallfahrten in Westfalen: ebd. 8-15. – W. *Freitag*, Volks- und Elitenfrömmigkeit in der frühen Neuzeit. Marienwallfahrten im Fürstbistum Münster = Veröffentlichungen des Provinzialinstituts für westfälische Landes- und Volksforschung des Landschaftsverbandes Westfalen-Lippe, Bd. 29 (1991) 109–163. – P. *Löffler*, Bischof Clemens August Graf von Galen. Akten, Briefe und Predigten 1933–1946 = Veröffentlichungen der Kommission für Zeitgeschichte, 2 Bde. (1988). Westfälische Nachrichten Nr. 101 (1. Mai 1991) (Karl-Heinz *Engemann*). P. *Ilisch* u. Chr. *Kösters* (Bearb.), Die Patrozinien Westfalens von den Anfängen bis zum Ende des Alten Reiches (1992) 456.

Personen-, Orts- und Sachregister

Aachen, 261, ₆₅
–, Btm. (gegr. 1930), 90
–, Hoflager, 75
–, Pfalzkapelle Sta. Maria, 423
–, Synode (802), 61
–, Synode (816), 163; 377; 422; 437
–, regula canonica (816), 165; 188; 424; 432
Aberglaube, 40; 608
Ablaß, 243; 261; 269; 273; 278
Absolution, 274
Abstinenzgebot 16; 26; 52f.; 467f.; 470
Achtermann, Wilhelm, Bildhauer († 1884), 105
Adalbert, Erzbischof von Mainz (1109/11–37), 218
Adalram von Salzburg (821), 68, ₄₄
Adalwig, Abt von Werden (1066–81), 75
Adam, Chorvikar in Münster (um 1330), 173, ₃₄
Addula, Großmutter Gregors von Utrecht, 50f.
Adventius von Metz (858), 68, ₄₄
Aegidius, hl., 126
Aengenvoort, Peter, Regens des münst. Priesterseminars (1899–1903), 393
Agatha, hl., 506
Agricola, Rudolf, 475
Ahaus, 318; 519
–, Dekanat, 624, ₂₃
–, Kreis, 226
–, Telgte-Wallfahrt, 638

–, Heinrich von, 261, ₆₁
–, Jutta von, 261, ₆₁
Ahlen, Alte Kirche, St. Bartholomäus, 435f.; 438; 442; 495; 564, ₂₁
–, Neue Kirche, 438; 442
–, Schwestern vom gemeinsamen Leben, 279, ₁₁₈; 416, ₆₅
Albani, Alessandro, Kardinal, 451
Alberich, Neffe Gregors, Abt v. Utrecht, 5; 14, ₄₁; 45, ₁₀
Albers, Gustav, Domvikar in Münster (1928–57), 229
–, Franz SJ, Prof. für Pastoraltheol. in Münster, Dechant von St. Ludgeri-Münster (1793–1803), 452f.; 464, ₅₆
Albersloh, Pfarrei, 192; 564, ₂₁
Albert der Große, hl., 600
Albewinistein, Schloß im Nordgau, 129, ₄₈
Albret, Jeanne d', Prinzessin von Navarra (1528–72), 344
Alexander III., Papst (1159–81), 502
Alexander V., Gegenpapst (1409–10), 241, ₁; 437
Alexander VII., Papst (1655–67), 371; 373; 447; 639
Alkuin, 5; 9ff.; 14, ₄₁; 45
Allkemper, 235
Alpen, Johannes von, Generalvikar in Münster, Stiftsdechant von St. Martini-Münster (1663–98), 78; 369; 373; 480; 638
Altaristen, 196; 308; 313; 316

Altarpräbenden, 308ff.
Alte Wetzel, Grundbesitz des Hofes Wessel, 339
Altenberge, Pfarrei, 564, $_{21}$
–, Kirche von (um 1350), 187, $_{92}$
Altenrüthen, Heilig-Kreuz-Bruderschaft, 627
Altfrid, Bischof von Münster, Biograph Liudgers, XI; 4; 6; 10; 13; 16; 21; 29; 39; 41; 58ff.; 63, $_{30}$; 95; 108; 110f.; 494; 564, $_{21}$
Althoff, Friedrich, Preuß. Ministerialdirektor, 589
–, Gerd, 505
Alt-Lünen, 190, $_{107}$
Amalar von Trier-Metz († um 855), Liturgiker, 12
Amelsbüren, Telgte-Wallfahrt, 638
Amsterdam, Universität, 512
Andreas, hl., Apostel, 68, $_{45}$; 505
Angelmodde, Vikarie (um 1350), 187, $_{92}$
Angers, Kathedrale, 101
Angilram von Metz (768), 68, $_{44}$
Anholt, St. Pankratius, 506
Annaberg, Wallfahrtsort, 638
Anniversarien, 617
Anno, hl., Erzbischof von Köln († 1075), 118
Anseminck, Bocholter Familie, 309
Antonius der Einsiedler, hl., 606
Antwerpen, 346
Apollonia, hl., 635
Apostel, 601; 604f.
Arbeitsgemeinschaft, Katholische, 551
Archidiakone, 206; 213; 311; 316; 436; 473
Ardinghello, Giuliano, Kardinal, 286f.; 301
Armut, 398; 414; 434; 601
Arn, Erzbischof von Salzburg (785–821), 68, $_{45}$; 69
Arno von Würzburg (855), 68, $_{44}$

Arnoldi, Wilhelm, Bischof von Trier (1842–64), 544
–, Heinrich Aloys, Kanoniker von St. Florian-Koblenz, 465
Arnsberg, Gymnasium, 444
–, Prämonstratenser, 410, $_{49}$
Arolsen (Waldeck), Augustiner-Chorfrauen, 402, $_{30. 35}$
Artes liberales, 9, $_{17}$
Asbeck, Gerhard, aus Ahaus († 1654), Vikar in Bocholt, 321, $_{46}$; 324; 329f.
Ascheberg, Pfarrei, 187, $_{29}$; 495; 564, $_{21}$
–, Katharinen-Jacht, 608
–, Franz von, Stiftsdechant von St. Mauritz-Münster, 445
Askese, 15; 398
Asylrecht, 153
Attendorn, St. Johannes d. T., 426
Attigny, 492
Aufklärung, 86; 89; 433; 447; 457f.; 462f.; 543; 552; 610
Augsburg, Btm., 585; 588, $_{123}$
–, Reichstag (1530), 342; 350; 483; 485
–, Religionsfrieden (1555), 302; 343; 353
–, Konfession, s. Confessio Augustana.
Augustiner, 400
Augustiner-Eremiten, 262; 265; 400
Augustinus, hl., Bischof von Hippo († 430), 9; 12, $_{31}$; 421; 434
–, Enchiridion (ad Laurentium), 12; 14; 23, $_{94}$; 35; 45
Augustinusregel, 218; 276; 425
Aulike, Matthias, Berliner Geheimer Oberregierungsrat, 554
Avignon, 185

Baaken, Heinrich, Titularbischof von Gordus, Weihbischof in Münster (1952–76), 535; 539ff.

Personen-, Orts- und Sachregister 651

Bach, Johann Sebastian, 538
Baekemann, Heinrich, Pfarrer von Lette, 441
Baldus de Ubaldis (um 1327–1400), Jurist, 291
Bamberg, 245; 277, $_{112}$
–, Btm., 148; 588, $_{123}$
–, Dom, Marienaltar, 149
Bante, Wilbrand, Stiftspropst an St. Marien-Bielefeld, 624
Barbara, hl., 504; 607
Barbarigo, Kardinal, 516
Bargellini, Piero, Schriftsteller, 539
Barnabas, hl., 68, $_{45}$
Bartholin, Thomas, Prof., 512
Bartholomäus, hl., 505
Bartholo von Sassoferato (1313–57), Jurist, 291
Bartolucci, Msgr., Florentiner Domkapellmeister, 538
Basel, Konzil (1431–37 bzw. 1448), 168; 178; 198; 209; 211; 242, $_3$; 243; 248, $_{21}$; 250; 273; 437; 439
Bassum (Hoya), Kanonissenstift, 404, $_{40}$; 408, $_{44}$
Bathory, Stephan, König von Polen, 449, $_5$
Bauer, Alois, Domkapitular in Münster, 559
Bauerband, Prof. in Bonn, 550
Bauermann, Joh., Prof., Staatsarchivdirektor in Münster, 593, $_{136}$
Bauernkrieg, 351
Bautz, Joseph, Prof. für allgem. Moral u. Apologetik in Münster, 576, $_{73}$
Bayern, Clemens August v., Bischof von Münster (1719–61), 389; 451; 454f.
–, Ernst v., Bischof von Münster (1585–1612), 86; 88; 371, $_{25}$; 385; 444
–, Ferdinand v., Bischof von Münster (1612–50), 86; 88; 366; 368; 371, $_{25}$; 386; 451; 517; 519

–, Johann v., Bischof von Münster (1457–64), 279, $_{115}$
–, Max Heinrich von, Erzbischof von Köln, Electus Monasteriensis († 1688), 371; 375; 528ff.
Beck, J. L., Trierer Generalvikar, Deputierter auf dem Emser Kongreß, 463, $_{53}$; 465; 469
Beckum, 546
–, Bischöfliche Kaplanei, 136; 176; 190, $_{107}$; 205; 494
–, Kollegiatstift St. Stephanus, 87; 175; 421; 425; 428f.; 431; 563, $_{21}$
–, Kreis, 519
–, Schwestern vom gemeinsamen Leben, 416, $_{65}$
–, Stiftsschule, 427
Beelen, Amt, 548
–, Kapelle, 436
–, Pfarrei, 441
Beichte, 250; 263; 266; 273; 380; 482
Beldensnider, Johann, 103f.
Belholt, Arnold, Stadtdirektor von Münster, 482
Benedikt XII., Papst (1334–42), 174, $_{35}$
Benedikt XIII., Gegenpapst (1394–1417), 241, $_1$
Benedikt XIV., Papst (1740–58), 450
Benedikt, hl., 18, $_{74}$
Benediktiner, 255f.; 280; 400; 434
Benediktsregel, 7, $_{12}$; 13, $_{36}$; 17, $_{51}$; 276
Benefizialwesen, 272; 307f.; 318; 320; 457
Beninga, Eggerik, 348
Bennen, Johannes, 257, $_{46}$
Benninghausen (Krs. Lippstadt), Zisterzienser-Frauenkloster, 401, $_{27}$; 402
Bentheim, Grafschaft, 341; 357ff.; 404

–, Grafen v., 85; 403
–, Bernd Graf zu, 184
–, Christian von, Domgraf im Kölner Metropolitankapitel, 185
–, Otto v., Dompropst in Münster (1356–59), 184
–, Walburg v., Gräfin, 361
–, Waldkreuz, 357
Bentheim-Steinfurt, Grafschaft, 356f.; 400
–, Arnold I., Graf v. (1530–53), 356; 359
–, Everwin III., Graf v. (1553–62), 355ff.
Bentheim-Tecklenburg, Grafschaft, 361
–, Anna v., Gräfin (1553–73), 359; 440
–, Arnold II. v., Graf (1573–1606), 440
–, Arnold von, Graf, Sohn Annas v. B., 359
Bentlage, Kreuzherrenkloster, 410, $_{57}$
Benz, R., 604
Berck, Vikar in Bocholt, 324
Berg, Konrad von, Gegenbischof in Münster (1306–10), 214
–, Wilhelm v., Paderborner Elekt (1401–15), 241, $_{1, 2}$
Berge, Bursfelder Kloster, 256, $_{42}$
Berghaus, Karl, Stadtdechant und Domkapitular in Münster (1940–72), 237
Berich (Waldeck), Augustiner-Chorfrauen, 402, $_{30, 35}$
Berlage, Anton (1805–81), Prof., Dogmatiker, 558, $_{6}$; 578
Berleburg, Schloßkapelle, 352
Berlin, 548; 589; 640
–, Königliche Bibliothek, 591
–, St. Matthias, 588; 641
Berner, Rudolf, Chorvikar am Dom in Münster, 197, $_{138}$
Bernhard von Clairvaux (1090–1153), hl., 128, $_{44}$

Berning, Wilhelm, Dr., Bischof von Osnabrück, 535; 540
Bernrad, fränkischer Abt (787–ca. 791), 39; 95; 489; 494; 496; 564, $_{21}$
Bersenbrück, Zisterzienserinnenkloster, 416; 418
Bertha, erste Äbtissin des Borghorster Frauenstifts, 505
Bethen (Oldenburg), Wallfahrtsort, 638
Beuse, Friedrich, Abt von St. Moritz-Minden, 257
Bevergern, Amt, 373; 375, $_{34}$; 376
–, Kirchspiel, 606
Bielefeld, Augustiner-Chorfrauen, 402, $_{30, 35}$
–, Franziskaner-Observanten, 266, $_{72}$; 400, $_{15}$; 401; 403; 426; 428
–, Kaland, 624
–, Kollegiatstift St. Maria und St. Gregor, 257; 401, $_{23}$; 403; 426; 428
–, Stiftskapitel, 430
–, Stiftsschule, 427
Bierbaum, Max, Prof., Domkapitular in Münster, 229; 234; 238; 575, $_{68}$
Billerbeck, 5; 21, $_{92}$; 75; 78; 190, $_{107}$; 619; 626
–, Bischöfl. Kaplanei, 136; 176; 205; 494
–, Großer Kaland des Heiligen Geistes, 619; 624
–, St. Johannes d. T., 77; 564, $_{21}$
–, Kirchspiel, 504
–, Pfarrei, 495
–, Reliquienschrein, 78
–, Telgte-Wallfahrt, 638
Billunger, sächsisches Herzogshaus, 502
Bischofskonferenz, Deutsche, 227
Bischofswahl, 84f.; 89f.; 222; 227
Bischofsweihe, 66, $_{37}$; 68ff.; 74; 83f.

Bischopinck, Johann, Titularbischof von Accon, Weihbischof in Münster (1536–43), 138
–, Johannes, Dechant von St. Ludgeri-Münster (1650–57), 452
Bismarck, 579
Bispinck, Hermann, Generalvikar in Münster (1597–1607), 327
Bisping, August, ntl. Exeget, 558, ₆; 578
Bissendorf (bei Osnabrück), 623, ₂₁
Blancken, Lukas, Vikar in Bocholt, 324
Blankenfort, Jesuitenpater, 638
Blankenheim, Arnold von, 175
Blasius, Gerhard, Anatom, 512
Bloemhof/Wittewierum, Johannes von, Propst, 440
Blomberg, Augustiner-Chorherrenstift, 260, ₆₀; 279; 401, ₂₁. ₂₄
Bluthostien, 266; 268, ₉₁; 274
Blutsvikarien, 310f.; 314
Bocholt, Stadt, 279, ₁₁₈; 308f.; 500; 546; 549
–, Stadtrat, 310; 318f.
–, Pfarrei, 188; 495; 564, ₂₁
–, Agneskirche, 332, ₉₃
–, Clarakirche, 328
–, Domus sororum ordinis poenitentium beati Francisci, 416, ₆₆; 419
–, Glöckner, 314
–, Großes Kloster, 419
–, Heilig-Geist-Hospital, 314f.; 326
–, Kalandsbruderschaft, 325
–, Katharinenkurie, 314
–, Kreuz, 309
–, Marienberg, Kloster am Schonenberg, 332; 334; 337, ₁₀₂
–, Minoriten, 311
–, Neue Kirche (Liebfrauenkirche), 311
–, Sakramentskurie, 314
–, Schöffenkollegium, 326, ₇₃

–, Schulrektor, 314
–, Schwestern vom gemeinsamen Leben, 416, ₆₅
–, Sufflator, 314
–, Weißes Stift, 416; 419
–, St. Georg, 307–339
–, St. Georg, Vikarien:
– –, Vikarie Beatae Mariae Virginis, 314; 321; 324f.; 330
– –, Vikarie Duodecim Apostolorum, 316; 322; 325
– –, Vikarie S. Annae, 309; 316; 321; 325; 330
– –, Vikarie S. Barbarae, 309
– –, Vikarie S. Caeciliae, 309
– –, Vikarie S. Catharinae, 309; 322; 332
– –, Vikarie S. Crucis, 309f.; 314; 320; 331; 337ff.
– –, Vikarie S. Dominici, 316; 322; 325; 329
– –, Vikarie S. Helenae, 309
– –, Vikarie SS. Helenae et Barbarae [et Caeciliae], 321
– –, Vikarie S. Hieronymi, 321; 336
– –, Vikarie S. Jacobi, 322
– –, Vikarie, Johannis Baptistae, 333; 338
– –, Vikarie Johannis Evangelistae, 321; 338
– –, Vikarie S. Martini, 316; 321; 325; 328f.
– –, Vikarie Omnium Sanctorum, 316; 321; 325; 330
– –, Vikarie SS. Simonis et Judae, 316; 321; 325
– –, Vikarie S. Spiritus, 313; 322; 331; 338f.
– – , Vikarie S. Trinitatis, 313; 316; 322; 325; 339
– –, Vikarie Venerabilis Sacramenti, 322; 335
Bocholt-Dingden, 489

Bockenau, Barthold, Archidiakon in Lohe und Stiftsdechant von St. Johann-Minden, 251
Bockum, Pfarrei, 473
Böddeken, Augustiner-Chorherren, 258ff.; 411, ₅₈; 414
Bodenburg, Johannes, Mag., ev. Prediger, 359
Boenen, Arnold von, Propst in Cappenberg (1407–17), 439
Boenicke, J. M., Konsistorialrat in Salzburg, 463, ₅₃
Börstel (Osnabrück), Zisterzienserinnen, 416, ₆₁
Boethius († 524), Enzyklopädist, 9
Bogart, Adrian van den, 138
Böhmen, 514
Böhmer, Justus Henning, luth. Kanonist, 461
Bösensell, Kirche (um 1350), 187, ₉₂
Bokelesch, Johanniter, 410, ₅₆
Bollandisten, 60, ₁₅; 61, ₁₆
Bologna, Universität, 199; 379
Boner, Hauptmann, 391
Bonifatius, hl., 4; 6f.; 11, ₂₈; 12, ₃₂; 13, ₃₆; 14, ₃₆; 17, ₅₁; 22ff.; 26, ₁₁₀. ₁₁₁; 30, ₁₁₉; 31; 32, ₁₃₇. ₁₃₉; 33ff.; 39; 44; 47; 49ff.; 68, ₄₅; 109, ₉; 422; 600
–, Bischofsweihe, 34
Bonifaz VIII., Papst (1295–1303), 273
Bonifaz IX., Papst (1389–1404), 166, ₉
Bonn, 284; 291; 469
–, Münster, 284
–, Universität, 225; 543; 639
Bonnis, Johannes, Vikar in Bocholt, 314; 316; 322; 324; 325, ₇₁; 331; 335, ₃₃
Borch, Oluf, Prof., 512
Borchers, Städt. Oberbaurat, 159
Börde, Soester, 349

Bordewick, Johann Kaspar, Dr., Generalvikar in Münster (1693–1705), 480; 519; 531
Borghorst, Pfarrei, 564, ₂₁
–, Kanonissenstift, 501ff.; 505f.
Bork, Pfarrei, 438; 442
Borken, Friedhof, 499
–, Johanniter, 410, ₅₆
–, Kollegiatstift St. Remigius, 87; 425; 428; 430f.; 433, ₄₄; 489–499; 563, ₂₁
–, Königskapelle, 497
–, Missionsbezirk, 495f.; 500
–, Pfarrei, 495; 497; 564, ₂₁
–, Schwestern vom gemeinsamen Leben, 416, ₆₅
–, Telgte-Wallfahrt, 638
Borromäus, Karl, Bischof von Mailand († 1584), 518; 520; 526
Borsen, Theodor, Pfr. von St. Georg-Bocholt, 308; 309, ₁₀; 311f.; 314–321; 323, ₆₁; 338f.
Börstel (Osnabrück), Zisterzienserinnen, 416; 418
Bottrop, Dekanat, 643
Boßmann, Johannes, Dr., Titularbischof von Dioclea, Weihbischof in Münster (1858–75), 79; 559; 564; 582
Brabeck, Jodokus Edmund v., Domdechant (resign. 1674), 317f.; 323
Brabender, gen. Beldensnider, Henrik, 102
Brackel (bei Dortmund), Deutschordensritter, 400, ₁₉; 401; 406
Braem, auf dem, Archidiakonat, 491
Brakel, Augustinerinnenkloster, 279, ₁₁₈; 416, ₆₄; 419
–, Kaland, 625
–, Sakramentsbruderschaft, 626
Brandenburg, 408
–, Kurfürsten von, 403
–, Albrecht von, Erzbischof von Mainz, 286

Personen-, Orts- und Sachregister

Braunisch, R., 291f.
Braunschweig, Anna v., Herzogin († 1520), 355
Braunschweig-Grubenhagen, Erich v., Bischof von Münster (1532, März 27–Mai 12), 482; 484
Braunschweig-Lüneburg, Hzgtm., 343; 370
–, Ernst v., Herzog (1497–1546), 359; 399, $_{10}$
–, Ernst August v., Herzog, ev. Bischof von Osnabrück (1662–79), 371
–, Johann Friedrich v., Herzog, 515; 517
–, Ludwig v., Bischof von Minden (1324–26), 200, $_{148}$; 379
–, Magdalene v., Herzogin, 359
–, Margarete v., Herzogin († um 1533/35), 361
Braunschweig-Wolfenbüttel, Julius, Herzog v. (1568–89), 407
–, Philipp Sigismund v., luth. Bischof von Osnabrück (1591–1623), 367, $_8$; 371, $_{24}$
Bredelar, Zisterzienserkloster, 410, $_{48}$
Brederode, Grafen von, 343
–, Walburg v., Gräfin († 1567), 356
Bremen, Domschule, 21; 427
Brenkhausen, Zisterzienserinnenkloster, 416, $_{61}$; 417
Breslau, Btm., 224; 551f.
–, Universität, 225
Bresslau, H., 62–65
Brevier, Kölner, 337
–, Münsterer, 328ff.; 333ff.
Brictius thon Norde, Adam, ev. Pfarrer von St. Martini-Münster, 477f.; 482; 486
Brinck, Hermann, Stiftsdechant von St. Martini-Münster (1604–31), 480
Bringemeier, Martha, 606

Brinkmann, Johann Bernhard, Bischof von Münster (1870–89), 79ff.; 225; 565; 568, $_{42}$; 581; 588; 646
Brixen, Btm., 244
Brochmand, J., 531
Brockhoff, Gerhard, Pfarrer von Lette (bei Coesfeld), 442
Brockmann, Pastoraltheologe, 224
Bronkhorst, Grafen von, 343
–, Walburga v., Gräfin († 1522), 353
Brower, Chr. SJ, Historiker, 60
Brücken (Hoya), Kollegiatstift, 403
Bruderschaften, 249; 273; 617–632
Brüll, Student, 579
Brune, Everhard, Domherr in Münster (um 1339/42), 174, $_{35}$
Bruno, hl., Erzbischof von Köln (953–965), 423; 600
Bruns, Bernhard, 330, $_{87}$
–, Hermann, Vikar in Bocholt, 314; 316; 320ff.; 324f.; 328; 330
–, Johannes, Vikar in Bocholt, Pastor in Dingden, 314; 321; 324
Brüssel, 285
Bucholtz, Franz Bernard v., 470, $_{71}$
Bücken (Hoya), Kollegiatstift, 401, $_{23}$
Bücker, H. G., Bildhauer aus Vellern, 645
Büderich, 477; 482
Buldern, Pfarrei St. Pankratius, 473; 506
–, Telgte-Wallfahrt, 638
Bund, Norddeutscher (1867), 550
–, Schmalkaldischer, 284f.
Bungert, Ruttger, Vikar, 336
Burchard der Rote, Bischof von Münster (1098–1118), 84; 97; 99; 117; 128f.; 130, $_{50}$; 153; 218; 425
Burchard von Bremen, Propst, 176

Burchard von Würzburg (810), 68, ₄₄
Büren, 625
–, Arnold v. († 1614), Domdechant, 327
–, Balthasar v., 387
–, Bauerschaft, 504
Burgsteinfurt, Große Kirche, 359
–, Johanniter, 359; 410, ₅₆
Burlage (Diepholz), Benediktinerinnenkloster, 401, ₂₆; 402, ₃₅
Burlo, 491
–, Groß- u. Klein-B., Zisterzienserkloster, 410, ₄₈
Bursar, 194; 426
Bursfelde, Benediktinerkongregation, 255f.; 262; 280; 411; 417; 440
Busch, B. H., Landdechant von Tecklenburg, 225
Buschelmann, Johann, Abt von Steinfeld, 439
Buschius, Hermann, 475; 478
Buß, Ritter v., 549
Bußmann, Josef Wilhelm, Regens des münst. Priesterseminars (1793–1809), 393; 461
Butzer, Martin, 284; 291
Buxschot, Adrian, luth. Prediger, 346
Byssendorpe, Richard von, Pleban von Nienberge, 623f.

Calendarium Romanum, 599, ₁
Calendarium Sanctorum, 599
Calixtus II., Papst (1119–24), 84
Calvin, 362, ₅₁
Calvinismus, 358; 408
Campeggio, Lorenzo, Kardinal, päpstl. Legat (1474–1539), 483f.
Canisius, Peter, hl., 586; 600
Canonici domicellares, 198
Canonici in pulvere, 198
Canonici regulares, 425
Cansen, Lubbert, Kaplan an St. Martini-Münster, 476

Capestrano, Johannes von († 1456), Minorit, 268, ₉₁
Capito, Wolfgang, 484
Capitulatio de partibus Saxoniae, 489
Capitulatio perpetua, 370; 452
Cappel, Freiweltliches Damenstift, 409
–, Prämonstratenserinnen, 402, ₂₈. ₃₆
Cappenberg, Pfarrei, 442
–, Prämonstratenser, 132, ₅₆; 207, ₁₇₃; 410, ₄₉; 411; 435f.; 438; 443; 445; 447
–, Adolf, Prof., Kirchenhistoriker, 558, ₆; 578
Caritas, 28; 55; 90; 414; 512
Cartularium Werthinense, 61
Carvajal, J. de, päpstl. Legat, 85
Casel, Odo, 600
Cassiodor († um 583), Enzyklopädist, 9
Casyn († 1461), Abt von St. Moritz-Minden, 257
Catalogus scientiae, 520
Celle, 359; 530
Choralgesang, 201
Chorgebet, 196; 378; 407; 431; 473
Chorgesang, 312
Chorvikare, 196
Christ-Königs-Fest, 537
Christenlehre, 520
Christian, Abt von St. Peter-Erfurt, 256
Christian, König von Dänemark, 345
Christophorus, hl., 506; 607
Chrodegang, Bischof von Metz († um 766), 13, ₃₆; 108; 163; 377; 422
Chrodegangregel, 109; 194; 377; 428; 432
Cimento-Akademie, 512
Cismar, Bursfelder Kloster, 256, ₄₂
Claessens, Johannes Nikolaus, Dr. theol., Titularbischof von Ac-

Personen-, Orts- und Sachregister

con, Weihbischof in Münster (1623–47), 451f.
Clarenbach, Adolf, Mag. (Ende 15. Jh. bis 1529), 475f.
Clarenberg (Mark), Klarissenkonvent, 402, $_{32, 36}$
Clarholz, Kapelle, 435
–, Prämonstratenserkloster, 400, $_{13}$; 401; 406; 410, $_{49}$; 435f.; 438ff.; 447
Clemens II., Papst (1046–47), 83
Clemens IV., Papst (1265–68), 143; 179, $_{60}$
Clemens VI., Papst (1342–52), 174, $_{35}$
Clemens VII., Papst (1523–34), 484
Clemens IX., Papst (1667–69), 373ff.
Clemens XIII., Papst (1758–69), 459
Clemens, hl., 506
Cloppenburg, Amt, 365; 373f.; 376
–, Dekanat, 519
Coerde, Pfarrei, 442
–, Rektorat, 438
Coesfeld, 497
–, Dekanat, 624, $_{23}$
–, Annuntiaten, 419
–, Antoniusbruderschaft, 630
–, Heilig-Kreuz-Bruderschaft, 627
–, Herren-Leichnam-Gilde, 627
–, Kirchspiel, 504
–, Kreuztracht, 638
–, Schwestern vom gemeinsamen Leben, 416, $_{65}$
–, St. Lamberti, 443; 563, $_{21}$
–, Tertiarierinnen des hl. Franziskus, 416, $_{66}$
–, Telgte-Wallfahrt, 621
–, Zisterzienserinnenkloster, 416, $_{61}$
Cölestin III., Papst (1191–98), 132
Collegium Americanum s. Münster.
Collegium Augustinianum in Gaesdonck, 392
Collegium Borromäum s. Münster.
Collegium Critinianum s. Münster.
Collegium Germanicum s. Rom.
Collegium Johanneum, 392
Collegium Ludgerianum s. Münster.
Colloredo, Hieronymus Graf, Erzbischof von Salzburg (1772–1802), 463, $_{52}$
Communio sanctorum, 614; 630
Compostela, 605; 629
Confessio Augustana, 366
Conscience, Hendrik, flämischer Schriftsteller (1812–83), 577
Constitutio Bernardina von Christoph Bernhard v. Galen, 389
Corbach, 625
Cordes, Adolf (1752–1835), Kanoniker an St. Ludgeri-Münster, 393; 461f.
Corfey, münst. Chronist, 435
Cornelius, Georg, Amtsschultheiß von Berleburg, 351
Cortner, Domchordirektor in Münster, 590
Corvey, Benediktinerabtei, 246; 280, $_{119}$; 410; 413; 423; 522
–, Kirche, 506
Cosimo III., 532
Cotius, 477
Cramer, Wilhelm, Regens des Priesterseminars (1864–84), Titularbischof von Lykopolis, Weihbischof in Münster (1884–1903), 225; 393
Crater, Theodor, Kanoniker an St. Martini-Münster (1652–89), 323; 337
Cratersche Familienpräbende, 472
Credo, 247; 320
Crescenzi, Marcello Kardinal, 286f.; 301

Crispinus und Crispinianus, hll., 139, ₁₃; 150
Crusca-Akademie, 512
Dalheim, Augustiner-Chorherren, 260, ₆₀; 279, ₁₁₇; 411, ₅₈; 414
Dahlhoff gen. Waterhues, Ferdinand (1854–1920), Pfarrer zu Ottmarsbocholt, 582, ₁₀₂
Dalla Costa, Elia, Kardinal, Erzbischof von Florenz, 538
Damme-Neuenkirchen, 365, ₄; 375, ₃₄; 376, ₃₅
Dandino, Girolamo Kardinal, 302
Darup, 424
–, Telgte-Wallfahrt, 638
Dautphe, Kreis Biedenkopf, 454
Davensberg, Herr zu, 609
De salute animarum, Zirkumskriptionsbulle (1821), 89f.; 219; 222; 224; 376, ₃₅
Dechant, 188; 192; 195; 199f.; 202; 204; 220; 432; 472f.
Decretum Gratiani (1140/42), 148, ₄₄
Dekelinck, 311
Delmenhorst, Herrschaft des Niederstifts, 365, ₄
Detmold, Kirchenordnung (1538), 405; 409
–, Augustiner-Chorfrauen, 402, ₃₀. ₃₅
Detten, Franz Theodor, Dechant von St. Ludgeri-Münster (1758), 450f.
Deutschordensritter, 400; 454; 604
Deventer, 5; 45, ₁₀; 254; 259f.
–, Fraterherren, 243; 260
–, Johann, Provinzial der Kölner Minoriten, 477
Devotio moderna, 260; 279; 414; 418
Dieckhoff, Prof. für Moraltheologie, 558, ₆
Diekamp, Franz, Prof., Münsterer Dogmatiker, 224; 237; 572

–, Wilhelm, Dr., Diplomatiker, 61f.; 64; 572
Diepenbrock, Melchior von, Fürstbischof von Breslau, 549; 551
Diepenveen, Windesheimer Kanonissen, 260f.; 261, ₆₁
Diepholz, Grafschaft, 341; 347f.; 400; 403
–, Armgard v. († 1575), 347
–, Friedrich v., Graf, 347
–, Johann v., Domherr in Köln, 347
–, Konrad III. v., Bischof von Osnabrück (1455–82), 279, ₁₁₅
–, Rudolf v., Bischof von Utrecht (1433–56), 270
Diestedde, Pfarrei, 473; 519
Dillenburg, landesherrliche Residenz, 351
Dingden, St. Pankratius, 324; 506
Dingelstad, Hermann, Bischof von Münster (1889–1911), 391; 641
Dinnendahl, 81
Diözesansynoden, 272
Dodo, Bischof von Münster (972. 993 †), 97; 113, ₁
Dokkum, 82; 96
Dolberg, Pfarrei, 473
Döllinger, 549; 552; 578
Domchordirektor, 223
Dominikaner, 262; 265; 400
Domkapitel, 84; 280; 377; 429
–, Wahlrecht, 89
Domkellner, 186; 192; 195; 431; 501
Domprediger, 223
Dompropst, 181; 220; 426; 431
Domscholaster, 378
Domschule, 9; 281; 377f.; 426f.
Domstift, 108
Domtheologe, 220
Domvikar, 223
Domus Mariana s. Münster.

Donders, Adolf, Prof., Dompropst in Münster († 1944), 159; 224; 238
Dorp, 484
Dorpat, 449
Dorsten, Antoniusbruderschaft, 630
–, Franziskaner-Observanten, 262, $_{72}$; 410, $_{53}$; 414
–, Ursulinen, 419
Dortmund, 210, $_{185}$; 266; 269; 342; 409; 581
–, Beginen, 272, $_{102}$
–, Dominikanerkloster, 262, $_{69}$; 400, $_{16}$; 401; 406
–, Minoriten, 262, $_{68}$; 400, $_{14}$; 401; 403; 405
–, Prämonstratenser-Frauenkloster, 402, $_{28.33}$; 403
Drei Könige, hll., 99
Dreierwald, Bernhard, Pfarrer der Jakobipfarre am Dom zu Münster, 135, $_1$
Dreierwalde, Pfarrei, 375, $_{34}$
Dreißigjähriger Krieg, s. Krieg.
Drepper, Bischof von Paderborn, 548
Drogo von Metz (823), 69, $_{48}$
Drogo von Minden (887), 69, $_{48}$
Drolshagen (Hzgtm. Westfalen), Zisterzienserinnenkloster, 416, $_{61}$
Droste zu Senden, Freiherr von, 156
Droste zu Vischering, Caspar Max, Bischof von Münster (1825–46), 89; 221; 225; 391; 543
–, Goswin, Dombursar in Münster (1641–80), 373
Droste, Dietrich, Dompropst (seit 1429), 174, $_{35}$
–, Everwin, Stiftsdechant von St. Martini-Münster (1564–1604), 479
–, Frh. von, Kölner Domherr, 459f.

Drudeken, 346
Duchesne, L., 70
Ducker, kurkölnischer Rat, 529
Ductus Stenonianus, 512
Duding, Bocholter Familie, 309
Duesberg, von, kath. Oberpräsident, 553
Dülken, Dekanat, 90
Dülmen, 546
–, Herren-Leichnam-Gilde, 627
–, Kollegiatstift St. Viktor, 87; 175f.; 190, $_{107}$; 205; 424f.; 428f.; 564, $_{21}$
–, Propstei, 429
–, Schloß des Herzogs von Croy, 546
–, Schwestern vom gemeinsamen Leben, 416, $_{65}$
–, Stiftskapitel, 431
–, Stiftsschule, 427
–, St.-Johannes-Gilde, 629
–, Telgte-Wallfahrt, 638
Duminique, Trierer Staatsminster, 465

Ebbing, 502
Echelmeyer, Clemens, Dompropst in Münster († 1968), 229
Eckard, Bischof von Merseburg (1216–40), 149
Edzard I., Graf von Ostfriesland (1491–1528), 348
Egbert, Bischof von Münster (1127–32), 99; 128; 131; 434; 436, $_9$
Eger, Goldbulle von, 210
Eggerode, Wallfahrtsort, 638
Egilwald von Würzburg (804), 69, $_{47}$
Ehrendoktorwürde, 224f.
Ehses, Stephan, Prof., Historiker, 584
Eichmann, Eduard, Prof., Kirchenrechtler, 70
Eichstätt, 582

Eickel, Hans, Münsterer Kunsthistoriker, 505; 633
Eigenkirchenrecht, 435; 437; 490; 496; 502; 504; 506
Einhard († 840), Historiograph, 12
Ekkehard von Aura († 1125), Benediktinerabt, 99; 117, $_{17}$
Elen, Johann von, d. Ä., Humanist (um 1503–22), 474
Elgard, Nikolaus SJ, 588, $_{123}$
Elisabeth von Thüringen, hl., 600
Ellerwick, Gerhard, Regens des münst. Seminars (1616), 387
Elsey (Mark), Kanonissenstift, 404, $_{40}$
Elspe, Heilig-Kreuz-Bruderschaft, 627
Elte bei Rheine, Kreuzverehrung, 77
Elverfeld, Wilhelm, Vikar in Bocholt, 314; 316; 322; 324; 328; 331; 334f.
Emanzipation, 194f.; 199f.; 202ff.; 423; 426f.
Emden, 348
Emmerich, 557f.
–, humanistisches Gymnasium, 558
–, Prof., Domkapitular in Münster, 229; 237
–, Elisabeth, 237
Ems, Fluß, 365
Ems, Ort, 469
–, Darmstädter Hof, 465
Emsbüren, fränkischer Missionsbereich, 496
Emsdetten, St. Pankratius, 187, $_{92}$; 506
Emser Kongreß, 463; 464, $_{56}$; 468
Emser Punktation, 469f.
Emsland, 519; 524; 531
–, Amt, 376
Engelbert II., Erzbischof von Köln (1261–74), 146; 147, $_{39}$
Engelhard, Bischof von Naumburg (1207–44), 149

Enger, Dionysstift, 257; 423; 426; 428
England, 305; 427; 600
Ennigerloh, Pfarrei, 473
Enschede, Friedrich von, Domscholaster in Münster, 185
Enting (Entinck), Johannes, Vikar in Bocholt, 314f.; 320; 324f.; 328; 337f.
–, Lubert, Vikar in Bocholt, 314ff.; 321; 324; 336
Epe, Telgte-Wallfahrt, 638
Ephesus, 605
Episkopalismus, 458f.; 463
Erasmus von Rotterdam, 341
Erembold, 505
Erfurt, 149; 246, $_{16}$; 256
–, Btm., 227
–, Reichssynode (932), 67, $_{41}$
–, St. Peter, Benediktinerabtei, 256
–, Universität, 427
Erkenbald, 129
Ermland, 552
Erpho, Bischof von Münster (1085–97), 84; 86; 99; 101; 113; 121; 128
Erthal, Friedrich Karl Joseph v. (1719–1802), Kurfürst von Mainz, 460, $_{37}$
Ertmann, Ertwin, Stadtchronist und Bürgermeister von Osnabrück, 210; 248, $_{20}$
Eschede, Gerhard von, Propst von Varlar (1569–90), 442
Esens, Grafen von, 343
Esens, Wittmund und Stedesdorf, Anna v., Edelfräulein, 347
Essen, Reichsstift, 347; 502
Essen-Werden s. Werden.
Eucharistie, 18; 249; 274; 291; 308; 318; 477f.; 483; 486f.
Eugen III., Papst (1145–53), 436
Eugen IV., Papst (1431–47), 244; 426
Eusebius von Vercelli († 371), 421

Everswinkel, 186; 187, [92]; 198
–, Amt, 548
Ewalde, hll., 117; 118, [19]
Ewig, Augustiner-Chorherren, 260, [60]; 411, [58]; 414

Fabri, Johannes, Titularbischof von Athyra, Weihbischof in Münster (1430–51), 620; 623
Falkenhagen, Kreuzherrenkloster, 400, [20]; 401, [25]
Farnese, Alessandro, Kardinalnepot, 286f.; 301
Febronianismus, 458f.; 463f.; 466f.
Fechtrup, Bernhard Carl, Prof. für Kirchengeschichte, 579
Feldkirch, Jesuitenkolleg Stella matutina, 641
Felix V., Gegenpapst (1440–49), 241
Ferdinand I., Kaiser (1531–64), 286
Ferdinand II. de'Medici, Großherzog von Toskana († 1670), 512
Festkalender, 119; 626
Fidelis von Sigmaringen, hl., 600
Fini, Kölner Auditor, 444
Finke, Heinrich, Prof. für Geschichte in Münster, 556; 561; 565; 572; 574
–, Domrentmeister in Münster, 238
Fischer, Kölner Erzbischof u. Kardinal, 641
Flaesheim, Prämonstratenserinnenkloster, 416, [62]
Flandern, 504f.
Flechtdorf (Waldeck), Benediktiner, 280; 400, [11]; 401, [24]; 406
Flechtenkunde (Lichenologie), 226
Flegen (Flegenius), Hugolinus, Pfr. von St. Georg-Bocholt, 308; 316
Florenz, 535ff.
–, Baptisterium, 541
–, Dom, 515; 541
–, Dom-Kuppel, 535
–, Hofkirche San Lorenzo, 533; 535ff.; 542
–, Hospital Santa Maria Nuova, 541
–, Palazzo Pitti, 541
–, Palazzo Vecchio, 535; 539; 541
–, Priesterseminar, 539
–, Santissima Annunziata, 541
–, Universität, 536; 538
Flottwell, von, Geheimer Staatsminister in Preußen, 552f.
Flurumgänge, 274; 607
Forst, von der, Münster, 141, [16]
Francken, Arnold, Regens des Münsterer Priesterseminars (1933–54), 225; 229; 393f.
Frankfurt, 549; 551
–, Nationalversammlung (Paulskirche), 226; 547ff.; 552
–, Pfalzkapelle Salvator St. Bartholomäus, 423
–, Verfassung (1849), 550
Fränkische Kapitularien, 61
Franz I., König von Frankreich (1515–47), 344
Franz, hl., 414; 437; 602
Franziskaner, 262; 400; 405; 414
Fraterherren, 279; 399
Freckenhorst, Abteikirche, 77
–, Amt, 548
–, Pfarrei, 564, [21]
–, Frauenstift, 113, [2]; 502; 519
–, Heilig-Kreuz-Bruderschaft, 627
Freiberg, Magdalenenkloster, 340
Freiburg, Universität, 592
–, Universitätsbibliothek, 291
Freise, Bernhard (1855–1908), Missionar in Brasilien, 582, [102]
Frenswegen, Augustiner-Chorherren, 184; 258; 260; 401
–, Prior von, 418
–, Augustiner-Frauenkloster, 402

Frick, Bernhard, Weihbischof in Paderborn, 445
Friede, Westfälischer (1648), 341; 369; 372; 374; 418; 636
Friedrich Barbarossa, dt. König (1152–90), 99; 117; 131
Friedrich I., Graf von Wettin, Bischof von Münster (1064–84), 83f.; 117; 127, $_{41}$
Friedrich II., Graf v. Ahr, Bischof von Münster (1151–68), 72, $_{60}$; 103; 116f.; 124; 436
Friedrich II., dt. Kaiser (1220–50), 164; 207; 210
Friedrich III., dt. Kaiser (1440–93), 85; 588
Friedrich Wilhelm III., preuß. König (1797–1840), 546
Friedrich Wilhelm IV., preuß. König (1840–61), 546; 553
Friesland, 5ff.; 11; 21; 23; 38; 45, $_{10}$; 47; 72
–, Propst von, 190, $_{107}$
Frings, Josef Kardinal, Erzbischof von Köln, 81; 540; 645
Fritzlar, 175
Fröndenberg (Mark), Kanonissenstift, 404, $_{40}$; 408, $_{44}$
Frutolf von Michelsberg, Chronist, 99
Fulda, Klosterschule, 12
Fürstenberg, 393; 460ff.; 471
–, Dietrich von, Bischof von Paderborn (1585–1618), 413
–, Ferdinand v., Bischof von Münster (1678–83) und Paderborn (1661–83), 137, $_6$; 517ff.; 527; 570
–, Franz v., Freiherr († 1810), 86; 390; 456; 459

Gaesdonck s. Collegium Augustinianum.
Gagern, Heinrich von, Präsident der Paulskirche, 553
Galen, Benedikt von, Senior des Domkapitels in Osnabrück, 373
–, Christoph Bernhard v., Bischof von Münster (1650–78), 77f.; 86; 88; 104f.; 307f.; 315; 318; 320; 337, $_{103}$; 364; 369; 371; 372, $_{26}$; 373, $_{28}$; 375, $_{32}$; 376; 389; 413; 445; 518; 526; 570; 592; 636; 640
–, Clemens August Graf v., Bischof von Münster (1933–46), 90; 225; 231; 235; 639; 641; 643
–, Ferdinand, Graf von, Erbkämmerer, 641
–, Franz Wilhelm Bernhard von, Erbkämmerer, 524
–, Franzellina Odilia von, 523
–, Maximilian Gereon Graf von, Dr. theol., Titularbischof von Myrina, Weihbischof in Münster (1895–1908), 639
Galiläa (Hzgtm. Westfalen), Dominikanerinnen, 416, $_{63}$
Galli, Marco, Nuntius, 371
Gandersheim, 502
Gebinck, Bocholter Familie, 309
Gedike, Preuß. Regierungsrat, 568f.; 581
Gehrden, Benediktinerinnenkloster, 415, $_{60}$
Geisberg, Max, 159; 567
Geissel, Johannes von, Kardinal, Erzbischof von Köln (1845–64), 548ff.
Geldenhauer, Gerhard Eoban, Superintendent in Herborn, 351
Geldern, Karl von, Herzog (1467–1538), 344
Gemen, Herrschaft, 491
–, Edelherren v., 85; 492f.; 496
–, Goswin v., 491
Generalvikar, 175; 206; 222f.
Generalvisitation, 367; 445; 591
Gennaro, hl., 612
Gent, St. Bavo, Benediktinerabtei, 504f.

Personen-, Orts- und Sachregister 663

Georg, hl., 126; 607
Gerbert, gen. Castus, 21, $_{89}$
Gerfrid, Bischof von Münster
  (816. 839 †), 564, $_{21}$
Gerhard, Antonius, Luftwaffenhelfer, 231
–, Domküster in Münster, 230; 238
Gerhard, Dompropst in Münster
  (1260–61), 179
Geritz, Bischof von Ermland, 549
Germanen, 30; 33
Germania, kath. Studentenverbindung, 579
Gertrudenberg (Osnabrück), Benediktinerinnenkloster, 415, $_{60}$
Gerve, Henricus, 337
Gescher, Kirchspiel, 506
–, Pfarrei St. Pankratius, 500–507
–, Schulze, Hof, 501
Gescher-Büren, Bauerschaft, 504; 506
Geseke (Mark), Deutschordensritter, 401
–, Franziskaner-Observanten, 400, $_{15}$
Gevelsberg (Mark), Zisterzienserinnenkloster, 401, $_{27}$; 402, $_{36}$
Giese, Dr., Generalvikar in Münster, 581
Gilden, 209; 618
Gildenbruderschaften, 617f.
Gimbte, 186
Giotto, 602
Glandorp, Johann, Humanist, 477; 486
Gleichen, Grafen v., 343
–, Anna v., Gräfin, 346
–, Margarete v., Gräfin († 1567), 353
–, Wolfgang v., Graf, 346
Glindfeld (Hzgtm. Westfalen), Kreuzherrenkloster, 410, $_{57}$
Goethe, 514

Goffiné, Leonhard, Pastor von Clarholz (1680–85), 443
Görlitz, Btm., 227
Gottesdienst, 248; 252; 257; 308; 316ff.; 319; 456; 482; 486
Gottfredsen, Prof., Universität Kopenhagen, 537
Gottfried v. Cappenberg, 503
Gottlob, Adolf, Dr., Historiker, 584
Gottschalk, Heino, Benediktinerabt, 399
Grafschaft, Benediktinerkloster, 280, $_{119}$; 410, $_{47}$
Gravenhorst (Tecklenburg), Zisterzienser-Frauenkloster, 401, $_{27}$; 402
Gregor d. Gr., Papst (590–604), 18, $_{74}$; 24; 48;
Gregor, Abt von Utrecht († 775), 4f.; 7f.; 12; 13, $_{36}$; 17; 22–29; 34f.; 44–56
Gregor, hl. (538–594), Bischof von Tours, 604
Gregor VII., Papst (1073–85), 83f.; 113; 424
Gregor IX., Papst (1227–41), 164; 438
Gregor XII., Papst (1406–15), 241, $_{1.2}$
Gregor XIII., Papst (1572–85), 382; 585
Gresten, Hieronymus, ev. Prediger, 348
Greven, Pfarrei, 564, $_{21}$
Greving, Hugo, Regens des münst. Priesterseminars (1909–33), 225; 393
Grimmelt, 501
Gritzner, Abgeordneter der Nationalversammlung, 552
Gronau, 546
–, Telgte-Wallfahrt, 638
Gröninger, Künstlerfamilie, 104
–, Gerhard, 104; 138

–, Johann Leonhard Mauritz, Ingenieur († 1773), 155
–, Johann Mauritz, 104
–, Johann Wilhelm, 104
Groote, 260
Groperdorf, Hartwich, Dompropst in Minden (1441–68), 254, $_{32}$
Gropper, Johannes (1503–59), Dr. iur., Scholaster an St. Gereon-Köln, 283–306; 586
–, Kaspar († 1594), päpstl. Legat, 381f.; 588; 590
Grothues, J. G., Philosophieprofessor, 225
Grumbach, Argula von, oberdeutsche Schriftstellerin, 340
Gruna, Klaus, cand. phil., 238
Gründonnerstag, liturgisch, 457f.
Grut, 152
Guardini, Romano, 610
Gude, Marquard, dänischer Gesandter, 529
Gulik, W. van, 586
Gundulf von Metz (816), 69, $_{47}$
Gunther von Köln (850), 68, $_{44}$
Gymnich, Peter, Humanist (1500–24), 475

Hadebald, Erzbischof von Köln (819–841), 83
Haek, Adolf von, Chorherr, 439
Hagemann, Georg, Prof., 577
Hagen, Johann v., Bursfelder Abt, 256f.; 259
–, Johannes Ludwig von, Erzbischof von Trier (1540–47), 287
Haitewiggen, 40, $_7$
Halberstadt, 167, $_{11}$; 266
–, Kathedrale, 77
–, Schule, 427
–, Stephanskirche, 77
Haldern, 309
Hallermund, Wilbrand v., Bischof von Minden (1406–36), 241, $_1$; 248, $_{26}$

Haltern, Pfarrei, 564, $_{21}$
Hamaland, 495f.; 500
Hamburg, 167, $_{10}$; 531
–, Btm., 227
–, Sitz des Apostolischen Vikariates, 530
Hamelmann, 356; 591, $_{130}$; 475; 477
Hameln, Stiftsschule, 427
Hamm, 438
–, Franziskaner-Observanten, 262, $_{72}$; 400, $_{15}$; 401; 406; 414
–, Nordenstift, Augustinerinnenkloster, 402, $_{36}$; 404, $_{40}$
–, Rosenkranzbruderschaft, 628
Hanau, Graf von, 350
Handorf, 638
–, St. Pankratius, 187, $_{92}$; 506
Hannover, 246; 511; 516; 530; 537
–, Ernst August, Hzg. von, 452
–, Johann Friedrich, Herzog v. († 1679), 511
–, Kapuziner, 522
–, Niels-Stensen-Kolleg, 537
Hardehausen, Zisterzienserkloster, 410, $_{48}$
Harnack, A., Theologe, 601
Harsewinkel, Pfarrei, 564, $_{21}$
Hartmann, Felix von, Bischof von Münster (1911–12), 225
–, Johannes, Dr., Generalvikar in Münster (1613–21), 329; 365, $_{4.10}$; 366; 368, $_{11}$; 387; 517
–, Johann Philipp, Kirchenrechtler in Münster, Domkapitular (1884–1911) 224
Haug, Stift, 454
Havelberg, Btm., 268
Havixbeck, Pfarrei, 455; 473
Hedwig, hl., 600
Heek, 500; 564, $_{21}$
Heerdekolleg s. Münster.
Heessen, Pfarrei, 473; 519
Hefentreger (Trygophorus), Johann, ev. Geistlicher aus Fritzlar, 349

Hegius, Alexander, 475
Heidelberg, Universität, 243
Heiden, Telgte-Wallfahrt, 638
Heilig-Kreuz-Bruderschaften, 627
Heiligenberg, Prämonstratenser, 400, $_{13}$; 401, $_{24}$; 406; 440
Heiligenrode, Benediktinerinnenkloster, 401, $_{26}$; 402, $_{36}$
Heiligenverehrung, 19; 477; 487; 599; 609, $_{21}$; 612, $_{28}$; 613, $_{30}$; 614, $_{32}$; 615, $_{34}$
Heimes, Valentin, Weihbischof in Mainz (1749–1806), 463, $_{53}$; 465; 467ff.
Heinrich I., dt. König (919–936), 423
Heinrich II., dt. Kaiser (1002–24), 505; 600
Heinrich III., dt. Kaiser (1039–56), 83; 505
Heinrich IV., dt. Kaiser (1056–1106), 83; 113; 129
Heinrich V., dt. Kaiser (1106–25), 84; 129f.; 218
Heinrich VI., dt. Kaiser (1190–97), 132
Heinrich III., Bischof von Eichstätt (1233–37), 149
Heinrich, Bischof von Lüttich (1075–91), 114
Heinrich der Löwe, 84; 436
Heinrich to Laer, 635
Heinrich von Ahaus, Domvikar in Münster, 259
Heinsberg, 40, $_5$
Helgoland, 5; 46, $_{10}$
Heliand, 42
Hellbernd, Paul, Student der Gregoriana in Rom, 541; 565, $_{27}$
Hellweg, 111
Helmarshausen, Benediktinerkloster, 280, $_{119}$
Henneberg, Godewald v., Bischof von Würzburg (842), 68, $_{44}$
Henneberg-Schleusingen, 343

–, Margarete v., Gräfin († 1546), 351
Henricus zum Hagen, 334
Henschen, G. SJ, 60
Hense, Friedrich, Dr. theol. et phil., 577; 581, $_{95}$; 582, $_{99}$
Herbern, 189
Herdecke (Mark), Kanonissenstift, 404, $_{40}$; 408, $_{44}$
Herford, 63, $_{30}$; 502
–, Augustiner-Chorfrauen, 63; 279, $_{118}$; 402, $_{30.\,33.\,35}$
–, Augustiner-Eremiten, 262, $_{71}$; 400, $_{17}$; 401, $_{24}$; 406
–, Fraterherren, 362, $_{50}$; 398; 401; 407
–, Johanniter, 400, $_{18}$; 401; 406
–, Klarissen, 402, $_{32.\,33.\,35}$
–, Kollegiatstift St. Johann und Dionys, 257; 401, $_{23}$; 404; 408, $_{44}$; 423
–, Minoriten, 262, $_{68}$; 265, $_{83}$; 400, $_{14}$; 401, $_{24}$; 405
–, Schwestern vom gemeinsamen Leben, 362, $_{50}$
–, Stadtrat, 399
Heriburg, hl., 87
Herimann, Erzbischof von Köln (1089–99), 114
Hermann v. Cappenberg, Sel., 87
Hermann v. Walkenberg, Scholaster in Minden, 379
Hermann von Köln, Bischof von Samland († 1303), 150
Hermann von Scheda, Propst, 128
Hermann, Bischof von Würzburg (1225–54), 149
Hermann, Graf von Winzenburg, 130
Hermann, Titularbischof von Belovil in Palästina, Weihbischof in Münster (1278. 1333), 172
Hermann, Dompropst zu Münster, 124, $_{35}$
Hermannus de Schonebecke, Laie, 147, $_{39}$

Hermesianer, 543
Hermi, Petrus, Generalabt (1392–1433), 437
Hernheim, Theophil, päpstlicher Gesandter, 290; 303ff.
Herstelle, 413
Hertel, Baumeister, 103
Herwegen, Ildefons, 610
Herzebrock (Rheda), Benediktiner-Frauenkloster, 401, $_{26}$; 402; 415, $_{60}$
Herzfeld, Pfarrei, 473; 564, $_{21}$
Hesse, Cyprian, Pfarrer von Nienburg, 347
Hessen, 286; 332; 335; 343; 348; 351
–, Ludwig von, Fürstbischof von Münster (1309–49), 183; 211, $_{187}$; 624
–, Mechthild v., Gräfin, 355
–, Philipp von, Landgraf (1518–67), 342f.; 346; 349; 353; 355; 415; 476; 478; 487
–, Wilhelm I., Landgraf v. (1483–1515), 355
Hessen-Rheinfels, Ernst von, Landgraf, 511
Hethi (815), 23, $_{98}$; 47, $_{16}$
Heusenstamm, Sebastian von, Erzbischof von Mainz (1545–55), 286
Hezelin, Domherr zu Münster (1138–84), 123
Hiddingsel, Pfarrei, 473
Hieronymus, hl., 139; 140, $_{13}$; 152
Hildebold, Erzbischof von Bremen (1258–73), 144; 150; 152
Hildesheim, Btm., 167, $_{11}$; 179; 241, $_1$; 247; 450; 528; 536
–, Dom, 450
–, Benediktinerkloster St. Michael, 245; 256
–, Museum, 247, $_{18}$
–, Schule, 427
Hildibald, Erzbischof von Köln († 819), 15; 58; 61; 74

Hildigrim, Bischof von Chalons sur Marne, Bruder Liudgers, 21, $_{89}$; 75; 111
Hillesheim, Franz Carl Joseph v., Prof. in Köln, 464, $_{56}$
Himmelpforten (Krs. Soest), Zisterzienser-Frauenkloster, 401, $_{27}$; 402
Hittorp, M., 67
Hochstaden, Konrad v., Erzbischof von Köln (1238–61), 276
Hoetfilter, Jodokus, 285
Hoetmar, Amt, 548
Höffner, Joseph, Bischof von Münster (1962–69), 543; 646
Höhnscheid (Waldeck), Kreuzherrenkloster, 400, $_{20}$; 401, $_{24}$
Hövel, Ernst, Dr., Stadtarchivdirektor in Münster, 575, $_{68}$
Hofringe s. Münster.
Hohenholte, Augustinerinnenkloster, 416; 419
Hohenzollern-Sigmaringen, Eitel Friedrich Kardinal von, Bischof von Osnabrück (1623–25), 368
Holland, 514; 532; 594; 646
Holländer, 372; 501
Hollandfeldzug, erster (1665), 373
Hollen, Gottschalk, Augustiner († 1481), 263, $_{73}$
Hölling, J. H., Subregens des Priesterseminars, 225
Holstein-Sonderborg, 343
Holt, Arnold, Prior von Böddeken, 258f.
Holte, Ludolf von, Bischof von Münster (1226–47), 147, $_{37}$; 188; 192; 473; 500
–, Wigbold von, Domherr in Münster (1246–1304), Stiftspropst von St. Mauritz-Münster (1265–93), 174
–, Wilhelm von, Dompropst in Münster (1241–57), Bischof von Münster (1259–60), 170

Holthausen (Paderborn), Zisterzienserinnenkloster, 416, [61]
Holtmann, Johannes, münsterischer Fraterherr, 478
Holtrichter, Heinrich, Kaplan in Münster, 521
Holtwick, 337
Homann, Joseph, Dechant von St. Ludgeri-Münster (1804–11), 462
Homburg, Bursfelder Kloster, 256, [42]
Hommer, Joseph von, Bischof von Trier (1824–36), 543
Höning, Johann Gottfried, Dechant von St. Ludgeri-Münster, 452; 518; 531
Hontheim, Johann Nikolaus v., Weihbischof in Trier, 458; 464, [56]
Hoogeweg, Hermann, 144f.; 400
Hopsten, 375, [34]
Horaz, röm. Dichter, 291
Horne, Johannes van, Anatom, 512
Horninck, Gerhard, Pastor in Beelen, 441
Horst, Arnold von der, Germaniker, 450, [6]
Horst (Hzgtm. Westfalen), Johanniterorden, 410, [56]
Horstmar, 428
–, Kollegiatstift St. Gertrudis, 87; 425; 431
–, Stiftskapitel, 430
–, Stiftsschule, 427
–, Telgte-Wallfahrt, 638
Hosius, August, Prof., 579
Hövel, Pfarrei St. Pankratius, 473; 506
Hovestadt, Anton, Pfarrer von Telgte, 641
Höxter, Kollegiatkirche St. Peter und St. Paul, 411; 415; 423; 426
–, Minoriten, 262, [68]; 265, [83]; 410, [52]; 413

–, Stiftsschule, 427
Hoya, Grafschaft, 341; 346; 348; 400; 403f.; 407; 409
–, Albert v., Bischof von Minden (1436–73), Elekt von Osnabrück (1450–53), 248, [20]; 250, [24]; 269f.
–, Anna v., Gräfin, 353
–, Erich v., Gegenbischof in Münster (1450), 85
–, Jobst II., Graf v. (1525–45), 346
–, Johann v., Bischof von Münster (1566–74), 88; 381; 383; 442; 588; 590
–, Johann von (1450), Graf, Verweser des Hochstifts Münster, 209; 242
–, Otto IV., Graf v., Bischof von Münster (1392–1424), 241, [1]; 623; 624, [23]
Hoyer, Kaspar, Stiftspropst in Lübeck, 289; 301
Hrabanus Maurus († 856), Benediktiner, Erzbischof von Mainz, 12; 68, [44]
Hüls, Domprediger in Münster u. Pastoraltheologe, 224
Hülskamp, Franz, 544
Humanismus, 201; 397; 474; 609; 623
Humbert von Würzburg (832), 69, [47]
Humbert, Heinrich, Domprediger in Münster, 477
Humboldt, Alexander von, 514
Humperdingh, Guardian, 335
Hundebeke, Johannes, Abt in Clarholz, 440
Hunder, Hermann, Gograf, 269
Hunoltstein, Gräfin von, 352
Husher, 621
Hussiten, 243
Huysburg, Bursfelder Kloster, 256, [42]

Ibbenbüren, 546; 563, 21
Iburg, 530
–, Amtsdroste, 484
–, Benediktiner, 280, 119; 410, 47; 411
Ida, hl., 87
Idolatrie, 274
Ignatius, hl., 517
Ilgen, 527, 55
Illigens, Everhard, Regens des Priesterseminars (1903–09), Titularbischof von Germanicia, Weihbischof in Münster (1909–14), 393
Imma, Nonne, 65
Immunität, 153; 157; 160; 188; 193
Infirmar, 193
Inkorporation, 275; 437f.
Innozenz III., Papst (1198–1216), 208; 210, 186
Innozenz IV., Papst (1243–54), 196
Innozenz VI., Papst (1352–63), 178, 53; 185
Innozenz VIII., Papst (1484–92), 430
Innozenz X., Papst (1644–55), 370; 446; 526
Innozenz XI., Papst (1676–89), 515; 517; 528; 530
Innsbruck, Universität, 225
Interdikt, 251ff.; 281
Investitur, 83f.; 311; 313; 503
Investiturstreit, 99; 113; 218
Irland, 600
Isenburg, Dietrich III. von, Bischof von Münster (1218–26), 101f.; 133; 196; 560; 561, 13
–, Engelbert von, 561
–, Johann von, Erzbischof von Trier (1547–56), 287
Isenburg-Grenzau, Grafen von, 343
–, Johannetta v., Gräfin (1500–63), 352
–, Salentin VI., Graf v., 352

Iserlohn, 629
Isfried, hl. († 1204), 87; 436
Isidor von Sevilla († 636), Enzyklopädist, 9
Italien, 129; 528; 532; 536; 540; 600; 602
Iuramentum fidelitatis et oboedientiae, 313
Ius inspectionis, 548
Ius reformationis, 404
Iwan IV. von Rußland, 449, 5

Jägerhaus, 638
Jakobus, hl., 619
Jan van Leyden, Wiedertäufer, 87; 154; 487
Jansenismus, 532
Janssen, Johannes, geistlicher Geschichtsschreiber, 587
Japan, 600
Jerusalem, 114; 121; 612
Jesuiten, 60f.; 339; 382; 384f.; 400, 16; 406; 413; 420; 449; 520; 531
Jodefeld, Kaspar, Wantschneider in Münster, 482
Johannes der Täufer, hl., 100; 125; 605
Johannes, Evangelist, 601
Johannes XXIII., Gegenpapst (1410–15), 241, 2
Johannes XXIII., Papst (1958–63), 613, 30
Johannes Paul II., Papst (seit 1978), 89f.; 542
Johanniter, 400
Joseph II., dt. Kaiser (1765–90), 453; 460; 464, 55; 470
Joseph, Schüler Alkuins, 11; 16
Jostes, Franz, Prof. in Münster, 493
Jubiläumsablaß, 244; 246; 259; 261ff.; 266; 269
Judas aus Köln, jüdischer Makler, 118; 435
Judenfrage, 252f.; 272

Jülich, Walram v., Erzbischof von Köln (1332–49), 183, $_{75}$
Jülich-Kleve, 343
Jülicher, A., 69

Kaele, Simon, Pfarrer von Bocholt, 309
Kalandsbruderschaften, 325, $_{69}$; 621
Kalendar, Mailänder, 64
Kalenderreform, 243
Kalixt, hl., 606
Kalixt III., Papst (1455–58), 212
Kamen, 438
–, Franziskaner-Tertiarierinnen, 402, $_{31}$; 403
Kameralen, 192; 197; 205
Kämmerer, 181; 192
Kantor, 181; 189; 191; 200; 202f.; 426
Kappen, Dechant, 544; 553
Kapuziner, 420; 449f.
Karfreitag, 458
Karl d. Gr., XI; 5; 15; 20; 39; 43; 46, $_{10}$; 49; 57; 71, $_{55}$; 72; 75; 82; 377; 422; 489; 492; 494; 497; 564, $_{21}$
Karl Martell, Frankenherrscher, 25; 48
Karl II., dt. Kaiser (876–880), 71, $_{55}$
Karl V., dt. Kaiser (1519–56), 284; 286; 486
Karl von Mainz (856), 68, $_{44}$; 70, $_{52}$; 72, $_{44.\,60}$
Karlstadt, 482
Karmeliter, 262
Karolinger, 82; 422
Katechese, 247; 388; 457
Katerkamp, Kirchenhistoriker, 224
Katharina, hl., 202, $_{156}$; 477; 605; 607; 609
Katzenelnbogen, Hermann II. v., Bischof von Münster (1174–1203), 85; 87; 98; 100; 123; 210, $_{184}$; 472

Kehler, Friedrich von, Legationsrat a. D., 578
Kehr, Paul, Generaldirektor der preuß. Staatsarchive, 593, $_{136}$
Keller, Johann Josef, Prof. der Exegese in Gießen und Breslau, 543
–, Michael, Dr., Bischof von Münster (1947–61), 92; 229; 392; 540; 646
Kellermann, Pastoraltheologe in Münster (1837–46), erwählter Bischof von Münster (1846/47), 224; 558, $_6$
Kellner, 181; 426
Kemener, Pastor von St. Lamberti-Münster, 481
Kempen, Dekanat, 90
Kentrup-Hamm (Mark), Zisterzienser-Frauenkloster, 401, $_{27}$; 402
Keppel (Siegen), Prämonstratenserinnenkloster, 402, $_{28.\,36}$
Kerkering, Christian, 482
Kerssenbrock (1519–85), 100; 124; 138; 154; 201; 442; 476; 478f.; 484; 591, $_{130}$
–, Rembert v., Bischof von Paderborn (1547–68), 407
Kessel, Walram von, Propst in Münster (1265–95), 182
Ketteler, Wilhelm Emmanuel von, Bischof von Mainz, 548f.; 551f.; 639
–, Wilhelm v., Bischof von Münster (1553–57), 379
Kevelaer, Wallfahrtsort, 641; 643
Kieser, 235
Kirchenlieder, deutsche, 347; 387
Kirchenordnung, Brandenburg-Nürnbergische (1533), 358
Kirchenreform, gregorianische, 218
Kistemaker, Johann Hyacinth, Prof., Exeget, 224; 470, $_{71}$
Kleidung, geistliche, 272; 315; 380

Kleinsorgen, Christian, 443
Klerusbildung, 8; 272; 380
Kleve, 344
–, Grafen von, 493
–, Otto v. (1309), 211, [187]
Kleve, Herzogtum, 341; 400
–, Herzöge von, 403; 482
–, Anna v., Herzogin, 344; 349
–, Johann III. v., Herzog, 349; 354; 477
–, Johann Wilhelm von, Jungherzog, Administrator von Münster (1579–85), 155; 588
–, Wilhelm von, Herzog (1539–92), 344
–, St. Mariä-Himmelfahrt, 558
Kloeck, Ludwig, Vikar in Bocholt, 314; 316; 321f.; 324f.; 327; 332; 335
Klöster, 39; 87; 255; 270; 279; 397–420; 439
Klosterschulen, 9; 378
Klus, Bursfelder Kloster, 256, [42]
Klute, Franz Goswin, Dr. iur. utr., Dechant von St. Ludgeri (um 1658–86), 455, [30]
Knabenpräbende, 198
Knabenseminare, 382; 391
Knechtsteden, Prämonstratenserkonvent, 443
Knipperdolling, Bernhard, Wiedertäufer, 87; 479; 482
–, Johann, Kanoniker am Alten Dom, 479
Knüfeken, Bocholter Kamp, 327
–, Gerhard, Bocholter Ackerbürger, 327; 337
Koblenz, 543
–, St. Florian, 243
–, Friedensvertrag (860), 83
Koerber, G. W., 226
Koiten, Hermann, Dr. theol., 486
Kollationsrecht, 311; 430f.; 473
Köln, 74; 99; 129; 261, [65]; 262ff.; 278; 286; 301f.; 305; 368; 444; 543; 547f.; 586

–, Erzbtm., 175; 194; 219; 224; 284; 287; 302; 356; 369f.; 373; 494; 588, [123]
–, Kirchenprovinz, 68; 427
–, Domkapitel, 284; 447
–, Domschatz, 447
–, Domweihe, 554
–, Dreikönigsschrein, 124; 447
–, Gymnasium Laurentianum, 384
–, Provinzialsynode (1452), 254, [34]; 259, [56]; 263, [76]; 265; 269; 271ff.; 278; 631
–, Rosenkranzbruderschaft, 628, [41]
–, Seminar, 383; 386f.
–, St. Gereon, 293; 295
–, St. Kunibert, 118, [19]
–, Stadtrat, 284; 289; 305
–, Stiftskirche St. Johann, 451
–, Universität, 243; 264; 284; 379
Kolde, Dietrich († 1515), 265, [82]
Kömstedt, Präses des Collegium Ludgerianum, 575; 576, [71]
Konfirmationsrecht, 211; 213
Kongregation, Deutsche, 585
Königsberg, 553
Königsegg-Rothenfels, Maximilian Friedrich v., Bischof von Münster (1762–84) u. Erzbischof von Köln (1761–84), 86; 390; 451; 453; 456; 458ff.; 461; 463
Königstein-Eppstein, Anna Gräfin zu, 350
Königsweihe, 70; 71, [55]
Kösters, Erasmus, Münsterer Minorit, 210, [185]
Konkordat, Preußisches (14. Juni 1929), 89f.; 222; 224
Konkubinat, 250f.; 273; 281; 441f.
Kono, Bischof von Minden, 143; 145f.; 151f.
Konrad von Parzham, Kapuzinerbruder († 1894 in Altötting), 613
Konstantinische Schenkung, 244

Personen-, Orts- und Sachregister

Konstantinopel, 605
Konstanz, Btm., 148
–, Konzil, 178; 209; 430; 438
Konventualamt, 165; 431; 473
Konzentor, 201
Konzil, Zweites Vatikanisches, 227; 599; 613; 615
Konziliarismus, 242, $_3$; 244
Kopenhagen, 511; 515; 532
–, Theatrum Anatomicum, 515
–, Universität, 511; 536
Kopp, Georg Kardinal, Fürstbischof von Breslau, 589
Korbach, Franziskaner-Observanten, 400, $_{15}$; 401, $_{24}$; 406
–, Bruderschaft, 617, $_2$
Korff-Schmising, Matthias v. († 1684), Domthesaurar in Münster, 323; 373
–, Otto Heinrich, Dompropst in Münster, 445
Krabbe, Caspar Franz, Dr., Domherr zu Münster (1844–66), 543f.
Krabbe, E. F., Münst. Ortsgeschichtler, 61
Krane, Gerhard, Dechant von St. Ludgeri-Münster (1607–22), 449f.
Kranen, Jost, ev. Prediger, 349
Krankenmeister, 192f.
Kranz, Albert, hansischer Staatsmann und Geschichtsschreiber (1448–1517), 167
Krapp, Joseph, Domkapitular in Münster (1923–53), 229
Krasenbrink, 586, $_{114}$
Krebs, Henne, Vater von Nikolaus v. Kues, 243
Kres, Johann Wilhelm, Regens des Priesterseminars (1856–63), 393
Kreuzherren, 400
Kreuzreliquien, 505
Krith, Johannes, Titularbischof von Accon, Weihbischof in Münster (1549–77), 383; 458

Krithsche Stiftung, 383; 386; 388ff.
Krieg, Dreißigjähriger 315; 389; 413; 517; 636
–, Schmalkaldischer, 348
–, Siebenjähriger, 390
Kriege, napoleonische, 433
Kueckhove, Paul, Regens des Kölner Seminars (1582), 384
Kues an der Mosel, 243
Kulturkampf, 89; 392; 566f.; 569; 571; 579; 580, $_{92}$; 583; 587, $_{120}$; 646
Kumulationsindult, 285
Kustos, 181

Laach, Kloster, 129, $_{48}$
La Pira, Prof., Oberbürgermeister von Florenz, 535f.
Laer, Robert von, Pleban, 622, $_{20}$
–, Rotger von, Propst von Scheda (1475–1503), 439
Laer, Kaland, 622, $_{20}$
–, Telgte-Wallfahrt, 638
Lage (Osnabrück), Johanniterorden, 410, $_{56}$
Lahm, Gottlieb, Regierungs- und Schulrat in Münster (1866–88), 225f.
Landois, H., 226
Landsberg-Velen, Graf von, 572, $_{55}$
–, Friedrich von, 491
Langen, Hermann von, Domdechant in Münster (1448–84), 198; 200f.
–, Rudolf von († 1519), Humanist, 201
Langenhorst, Augustinerinnenkloster, 416; 419
Langermann, Johann, Ratsherr in Münster, 482
Laspeyres, 65
Laterankonzil, II. (1139), 207
Laterankonzil, III. (1179), 177; 378
Laterankonzil, IV. (1215), 177; 207; 253, $_{30}$

Laterankonzil V. (1514), 178, ₅₃
Lateransynode (1059), 424
Lateransynode (1063), 424
Lauder, Thomas, Benediktinerbischof, 261, ₆₁
Laurentius, hl., 102; 486; 505
Laymann, Moraltheologe, 224
Le Mans, Abteikirche Notre-Dame de la Couture, 101
Lebuin, 15, ₄₁
Leeden, Zisterzienserinnenkloster, 401, ₂₇; 402, ₃₆
Leerodt, Johann Werner von, Dompropst in Osnabrück, 373
Legenda aurea, 604f.
Legende, 601; 603; 610, ₂₂
Leibniz, Gottfried Wilhelm, Philosoph (1646–1716), 61; 511; 516
Leiden, Universität, 512
Leiwering, Hubert, Domvikar in Münster, 238ff.
Lembeck, Herrlichkeit, 519
–, Pfarrei, 496; 564, ₂₁
Lemgo, 625; 629
–, Augustiner-Chorfrauen, 402, ₃₀. ₃₅. ₃₆
–, Beginen, 272, ₁₀₂
–, Dominikanerinnenkloster, 402, ₂₉. ₃₆
–, Franziskaner-Observanten, 400, ₁₅; 401, ₂₄; 406
–, Kaland zum hl. Leichnam, 620; 625
–, St. Marien (tor Engelhus im Rampendal), Kanonissenstift, 400; 404; 407; 409
–, Stadtrat, 252, ₂₈; 400
Lengerich, St. Lucia, 564, ₂₁
Lensing, Heinrich, 580
–, Lambert, 580; 583, ₁₀₅
Leo XIII., Papst (1878–1903), 583; 587f.; 591; 639
Leonrad, Franz Leopold von, Bischof von Eichstätt, 582

Lethmate, Heidenreich v. († 1625), Domdechant, 104; 312, ₁₅; 319; 325; 327; 332
Lette, Pfarrei, 441
–, Kapelle, 435
–, Prämonstratenserinnenkloster, 435
Lettmann, Reinhard, Bischof von Münster, 225
Leuchtenberg, 343
Leuchterich von Würzburg (801), 69, ₄₈
Levern (Minden), Zisterzienserinnen, 416
Liafburg, Mutter Liudgers, 6
Lichtenberg, Bernhard, Dompropst in Berlin († 1943), 613
Lienen, St. Jakobus, 564, ₂₁
Liesborn, Benediktinerabtei, 280, ₁₁₉; 410, ₄₇; 519; 522
–, Pfarrei, 564, ₂₁
Lilie, Domvikar in Münster, 229
Lindner, deutscher Generalkonsul in Rom, 536
Lingen, Grafschaft, 341; 355; 372
Lippborg, Pfarrei, 473
–, Ludgeri-Kapelle über dem Borne, 79
Lippe, Grafschaft, 341; 343; 353; 361; 400; 403; 407; 409
–, Anna von der, Gräfin, 361
–, Bernhard VIII., Graf von der, 353; 407
–, Bernhard zur, Graf, 267, ₈₇
–, Otto von der, Bischof von Münster (1248–59), 146, ₃₇; 561
–, Simon V., Graf von der (1511–36), 353f.
–, Simon von der, Bischof von Paderborn (1463–98), 267, ₈₇; 279, ₁₁₅
Lippstadt, 259; 354
–, Augustiner-Eremiten, 262, ₇₁; 401, ₂₄; 402, ₁₇; 406
–, devotes Süsternhaus St. Annae-Rosengarten, 402, ₃₀. ₃₃; 403

–, Freiweltliches Damenstift, 408, ₄₄
–, Priesterkaland, 625
–, Stadtrat, 354
Listrius, Gerhard, Schulrektor von Zwolle, 475
Litauen, Großfürstentum, 449
Liturgie, 257; 318; 387; 457
Liturgische Bewegung, 610
Liudbert, Bischof von Münster (852. † 870), 83
Liudbert von Mainz (863), 68, ₄₅
Liudger, erster Bischof von Münster (805–809), XI; 3–92 passim; 98; 109ff.; 127; 153; 163; 220; 377; 385; 458; 490; 492f.; 496; 499f.; 503; 543; 546; 563; 564, ₂₁; 574; 602
–, Bibliothek, 11
–, Bischofsweihe, 5; 15; 57–73
–, Priesterweihe, 5
–, Reliquien, 75–81
–, Reliquienfest (1880), 79
–, Reliquienschrein, 38; 76; 78ff.
–, Reliquientranslation, 38, ₁; 79
–, Reliquienverehrung, 33
–, Todestag, 64f.
–, Visitationsreisen, 18
–, Viten, 59; 62; 71; 73; 494; 573, ₅₇
–, Jubeljahr (1859/60), 79
–, Biographen, 57; 59
–, Kult, 77
–, Quellen, 60
Livland, 449
Livorno, 531
Lobberich, Dekanat, 90
Loburg bei Ostbevern, 392; 519
Loccum, Zisterzienserabtei, 400, ₁₂; 401; 407
Loder, Heinrich, Prior von Frenswegen (1416–36), 258
Loe, van, ev. Prediger, 361
Loen, Johannes van, Kaplan am Bentheimer Hof, 356

Lohne, Pfarrei, 349
Lombardei, 199; 427
Lon, Haupthof, 500f.
–, Pfarrei, 500
Loo, Peter van de, Regens des Münsterer Priesterseminars (1886–91), 393
Lorsch, Annalen (780), 489; 494
Lothar von Sachsen, Hzg., 84; 130
Lothusa, 5; 46, ₁₀
Löwen, Universität, 639
Lübbecke, St. Andreas, 426
Lübeck, Kaland, 619, ₁₀
Lucenius, Albert, Generalabt der Prämonstratenser, 441
Lücke, Jodocus, Guardian des Franziskanerobservantenklosters in Warendorf, 636
Lüdinghausen, 75; 564, ₂₁
Ludolphus de Asbech, Laie, 147, ₃₉
Ludwig der Fromme, dt. Kaiser (814–840), 506
Lügde, Augustinerinnenkloster, 279, ₁₁₈; 416; 419
Lütgendortmund, Franziskaner-Tertiarierinnen, 402, ₃₁; 403
Lul, Bonifatiusschüler, 36, ₁₅₁
Luther, Käthe, Frau des Reformators, 362
Luther, Martin, 340; 342; 346f.; 350f.; 353; 355; 357; 361f.; 398f.; 404; 407; 475; 477; 481; 487
Luthertum, 284; 301; 341f.; 353; 408
Lütkenbeck (bei Münster), 553
Lüttich, 99; 129
–, Btm., 175; 501; 528
–, Propstei, 175
Lüttringhausen (bei Lennep), 475
Lycaula, Johannes, ev. Prediger, 349
Lyon, 2. Konzil von (1274), 178, ₅₃

Macharöpäus (Meßmacher), Hermann, ev. Prediger, 358

Machens, Godehard, Dr., Bischof von Hildesheim, 536
Magdeburg, 78; 105; 167, $_{11}$; 277, $_{112}$
–, Btm., 175; 227
–, Provinzialsynode, 245
–, Schule, 427
Mailand, 99; 117; 526
–, Ambrosiana, 62
Mailänder Kalendar, 74
Mainz, 129; 252, $_{28}$; 262, $_{65}$; 277, $_{112}$; 293f.
–, Erzbtm., 175; 286f.; 293f.; 459f.; 468; 494; 588, $_{123}$
–, Kirchenprovinz, 68
–, Dom, 639
–, Domkapitel, 286f.; 294; 297f.; 300
–, Priesterseminar, 639
–, St. Christoph, 639
Mainz-Bamberg, Benediktinerprovinz, 256
Malgarten (Osnabrück), Benediktinerinnen, 415, $_{60}$
Mallinckrodt, Bernhard v., Domdechant in Münster, 307
Mallinckrodt zu Küchen [bei Ahlen], Otto Matthäus v., Dechant von St. Ludgeri-Münster (1750–57), 450
Malphigi, Marcello, Naturforscher, 512
Manderscheid, Graf v., 243
–, Ulrich v., Erzbischof von Trier, 243
Manifest, Kommunistisches (1848), 547
Männer- und Frauenkongregationen, 272
Mansfeld, Grafen v., 343
–, Albrecht v., Graf (1480–1560), 353
–, Gebhard VII. v., Graf (1478–1558), 353
–, Magdalena v., Gräfin, 353
Marburg, 487

Margaretha, hl., 607
Maria, Mutter des Herrn, 19; 34; 95; 102; 505
Maria Euthymia, Ordensschwester († 1955 zu Münster), 613
Maria Magdalena, hl., 101f.; 126; 504ff.; 605
Maria Theresia, 463
Mariä Heimsuchung, 636; 641
Marienbruderschaften, 628
Mariendrebber (Diepholz), Kollegiatstift St. Maria und St. Pankratius, 347; 401, $_{23}$; 403; 426; 429
Marienfeld, Zisterzienserabtei, 410, $_{48}$; 418; 439; 519; 522
Marienmünster, Benediktinerabtei, 280, $_{119}$; 410, $_{47}$; 522
Mark, 438
–, Grafschaft, 341; 349; 400; 403; 408
–, Grafen v. d., 85
–, Gerhard von der, Bischof von Münster (1261–72), 85; 102; 140f.; 146f.; 151f.; 179; 183; 195, $_{133}$; 421
Marsberg (Paderborn), Benediktinerabtei, 259; 410, $_{47}$
Martin IV., Papst (1281–85), 211
Martin von Tours, hl., († 397), 7, $_{12}$; 422; 604; 636
Martinus, P., Minorit, 328
Martyrologium Romanum, 600; 612
Marx, Karl, 547
März-Revolution 1848, 546
Mathilde, Königin, 423; 493
Mauritius, hl., 505
Mausbach, Joseph, Münst. Theologe († 1931), Dompropst, 90; 158; 224; 226
Maximilian I., dt. Kaiser (1508–19), 344
Maximilian II., dt. Kaiser (1564–76), 588

Mayer, Rupert, Münchner Jesuitenpater († 1945), 613
Mecheln, 122, $_{30}$
Mecklenburg-Schwerin, Herzog von, 532
–, Isabella, Herzogin v., 532
Medici, Giovanni Angelo de', Kardinal, 302
Meis, Franz, Dr. theol. h.c., Generalvikar in Münster (1923–46), 225
Meisen, Karl, Prof. in Bonn, Volkskundler, 601
Meister, Alois, Prof., Historiker in Münster, 593, $_{137}$
Melanchthon, 291; 362, $_{51}$
Melchers, Franz Arnold, Dr. theol. h.c., Titularbischof von Hebron, Weihbischof in Münster (1837–51), 225; 558
–, Paul, Kardinal, Generalvikar in Münster (1852–57), Erzbischof von Köln (1866–95), 225f.; 393; 548
Menden, Heinrich, Domkapitular in Münster (1894–1905), 589
Mengeringhausen (Waldeck), Augustiner-Chorfrauen, 402, $_{30.\,35}$
Mennemann, Johann, luth. Wantschneider und Gildemeister in Münster, 482
Mensa canonica, 422
Mensa capituli, 164; 438
Mensa episcopalis, 164; 381; 390
Meppen (Emsland), Amt, 365; 373f.
–, Festungswerke, 86
Meran, Ekbert v., Bischof von Bamberg (1203–37), 149
Mergentheim, 454
Merowinger, 422
Meschede, 429; 628
–, Heilig-Kreuz-Bruderschaft, 627
–, Kollegiatstift St. Walburgis, 416; 419; 426

–, Marktplatz, 628
Metelen, Pfarrei, 564, $_{21}$
–, Telgte-Wallfahrt, 638
Methler, 438
Meyerink, 502
Michael, Erzengel, 139; 605
Michelangelo, Sibyllen, 602
Millingen, Heinrich von, Kreuzherr, 606
Minden, 102; 144f.; 167, $_{11}$; 194, $_{132}$; 246; 248, $_{20}$; 266; 273; 274, $_{104}$; 530; 628
–, Btm., 187, $_{93}$; 191; 202; 248ff.; 254; 257f.; 279; 281; 341; 365, $_{4}$; 410; 415; 426
–, Dom, 116, $_{13}$; 201; 251
–, Domkapitel, 178; 251f.; 379
–, Domkirche, 246
–, Bäckergilde, 620
–, Beginen, 272, $_{102}$
–, Brückenkapelle, 628
–, Bürgermeister, 255
–, Dominikaner, 262, $_{69}$; 265, $_{83}$; 410, $_{54}$; 411; 413
–, Fraternitas Corporis Christi, 627
–, Heilig-Geist-Bruderschaft, 632, $_{59}$
–, Kerzen- bzw. Lichtbruderschaft, 627, $_{37}$
–, Leinewebergilde, 620
–, Marienstift, 416; 419
–, Offizialat, 252
–, Schustergilde, 620
–, St. Johannes Ev., 426
–, St. Martini, Bruderschaft vom hl. Johannes Evangelista, 629
–, St. Martini, Kollegiatstift, 411; 415; 426; 428; 618
–, St. Martini, Stiftsschule, 427
–, St. Moritz, Benediktinerabtei, 255ff.; 280, $_{119}$; 410, $_{47}$; 411; 415
–, St. Simeon, Pfarrkirche, 255
–, Stadt, 251; 255; 257

Minoriten, 262ff.; 265; 273; 400; 414
Mischehenstreit, 544
Missale, 328ff.
Missaticum, 311
Mission, 5; 29; 39; 82; 392
–, angelsächsische, 4; 6; 20; 32; 37f.; 44; 47
–, emsländische, 520
–, fränkische, 47
–, friesische, 45
–, friesisch-sächsische, 4
–, nordische, 537
Möllenbeck, Windesheimer Kloster, 260, $_{60}$
Mörs, Dietrich II. v., Erzbischof von Köln (1414–63), 214; 260, $_{148}$; 271
Moers, Heinrich von, Bischof von Münster (1424–50), 214
–, Walram v., Bischof von Münster (1450–56), 85; 209; 210, $_{183.\ 184}$; 245; 269; 270, $_{97}$
Möhler, 556
Molitor (Molmann), Wilhelm, Kaplan in Rhede, Vikar in Bocholt, 314ff.; 322; 324f.; 327; 328, $_{82}$; 339
Möllenbeck, Windesheimer Chorherren, 259
Montanus, Jakob, Herforder Fraterherr, 475
Monte Cassino, 5; 12; 13, $_{36}$; 21; 37; 45, $_{10}$; 110
Montini, Prostaatssekretär, 540
Morlage, Heinrich, Humanist (um 1499–1519), 474f.
Morone, Giovanni, Kardinal, 302
Mühlhausen (bei Prag), Institut der Schwestern der christlichen Liebe, 583
Mülheim (Hzgtm. Westfalen), Deutschorden, 410, $_{55}$
Müller, Johann Georg, Bischof von Münster (1847–70), 79; 226; 391f.; 543–555; 559

Mumme, Everhard, Vikar in Bocholt, 314; 316; 321; 324f.; 329f.
–, Heinrich, Bocholt, 330, $_{87}$
München, 245
–, Universität, 543
Münden-Calenberg, Elisabeth von (1538–1545), 340
Münster, Bistum, 15; 38; 74f.; 82; 89; 148; 164; 166; 175; 184; 191; 212; 219; 222; 224; 227; 245; 284; 341; 356; 364f.; 372; 374; 410; 413; 417; 425f.; 431; 490; 495f.; 503; 506; 517f.; 528ff.; 535; 539; 546; 548; 550; 554; 559; 561; 574f.; 588, $_{123}$; 590; 624
–, Btm., Urpfarreien, 492; 495; 563
–, Hochstift, 209; 214; 365; 368; 371; 592
–, Niederstift, 88; 364–376; 416; 419; 519
–, Oberstift, 221; 365; 560; 563, $_{21}$; 591
–, Mimigernaford, 82; 95; 107f.; 110; 112; 163; 377; 489; 496
–, Bistumsgründung, 57
–, Dom, 75; 95–238 passim; 435; 477; 561; 565f.; 589; 642
–, Dom, Alter Chor, 149; 233ff.
–, Dom, Armenhaus, 125, $_{39}$
–, Dom, astronomische Uhr, 105
–, Dom, Beldensnyder-Kreuz, 235
–, Dom, Domschatz, 77f.; 103
–, Dom, Elisabethaltar, 192, $_{114}$
–, Dom, Figurenportal, 202, $_{154}$
–, Dom, Galensche Kapellen, 78
–, Dom, Grabungen im Dombereich 1987/89, XI
–, Dom, Gregoraltar, 193, $_{126}$
–, Dom, Großer Kaland, 619, $_{8}$; 623; 630; 632
–, Dom, Hochaltar, 79; 138; 150; 202; 229

–, Dom, Hochchor, 233ff.
–, Dom, Johannesaltar, 114; 121
–, Dom, Josefskapelle, Epitaph Christoph Bernhards von Galen, 376
–, Dom, Kanzel, 233
–, Dom, Katharinenaltar, 124
–, Dom, Kirchweihfest, 135, $_3$; 139, $_{11}$
–, Dom, Kreuzaltar, 114, $_5$; 121
–, Dom, Kriegszerstörungen, 229–238
–, Dom, Langschiff, 234
–, Dom, Lettner, 121; 543
–, Dom, Liudgeraltar, 77; 79
–, Dom, Ludgerus-Kapelle, 78f.;
–, Dom, Margarethenkapelle, 197, $_{138}$; 382
–, Dom, Marienaltar, 124
–, Dom, Marienkapelle, 104; 197, $_{138}$
–, Dom, Marienstatue, 77; 79
–, Dom, Michaeliskapelle, 197, $_{138}$
–, Dom, Nicolaikapelle, 197, $_{138}$; 382
–, Dom, Nordportal, 234
–, Dom, Nordturm, 230f.; 233; 235
–, Dom, Orgel, 120, $_{24}$
–, Dom, Paradies, 101; 103; 122; 149, $_{48}$; 154; 379
–, Dom, Paulusaltar, 196
–, Dom, Paulusnapf, 126
–, Dom, Peterskapelle, 124
–, Dom, Pietà, 233
–, Dom, Primaltar, 121, $_{27}$
–, Dom, Querschiff, westliches, 230
–, Dom, Reliquienmonstranz, 77
–, Dom, Reliquienschrein Liudgers, 78
–, Dom, Remter, 165; 197
–, Dom, Sakristei, 229; 237
–, Dom, Salzmagazin, 126, $_{40}$

–, Dom, Schatzkammer, 103; 190; 230f.; 233
–, Dom, Seitenschiff, nördliches, 231
–, Dom, Stephanusaltar, 120
–, Dom, Stephanuschor, 114; 561
–, Dom, Stephanuschor, Pestkreuz, 235
–, Dom, Südturm, 231
–, Dom, Taufbecken, 231
–, Dom, Taufkapelle, 230
–, Dom, Vierung, 230f.; 234
–, Dom, Vorhalle, 605
–, Dom, Weihe (1264), 134–152
–, Dom, Wiedereröffnung (1956), 81
–, Dritter Paulus-Dom, 134
–, Erpho-Dom, 98f.; 113–133
–, Domburg, Kapelle, 197, $_{138}$
–, Domdechant, 155; 234; 309
–, Domfabrik, 391
–, Domherrenfriedhof, 97; 238; 596
–, Domhof, 100; 115, $_7$; 125; 153–162; 164
–, Domimmunität, 567
–, Domkapitel, XI; 78f.; 88; 90; 96ff.; 103; 130f.; 135; 141; 152f.; 155; 157; 159; 163–228; 242; 307; 367; 379; 382f.; 386; 389f.; 426; 429f.; 472; 482f.; 518; 523–528; 530f.; 544; 556; 565; 567; 574; 589; 623; 645
–, Domkellner, 171
–, Domkloster, 110, $_9$
–, Domkurien, 158; 180; 234
–, Domplatz, 157; 234f.; 594; 646
–, Dompropstei, 156; 158; 171; 234
–, Domschule, 21; 23; 44; 46f.; 52; 56; 57, $_1$; 189; 197f.; 200; 205; 384f.; 442; 477
–, Domstift, 110, $_9$; 164; 175; 188; 195; 206

–, Stadt 99; 110; 118; 129f.; 140; 144; 156; 165; 199; 208; 242; 317; 382; 410; 483; 486; 488; 511; 517; 524; 550; 557; 561; 583; 639
–, Aa, 82; 153; 163; 377; 472
–, Alter Dom, Kollegiatstift, 87; 97; 123; 139; 155; 189; 195; 205; 231; 425; 427ff.; 472
–, Anna-Bruderschaft, 618; 629
–, Armenhaus St. Elisabeth, 559
–, Beginen, 272, $_{102}$
–, Bischöfl. Hof, 230; 234f.
–, Bistumsarchiv, 364
–, Bonae voluntatis, Priester-Konfraternität, 565, $_{30}$
–, Bonifatiusverein, 565, $_{30}$
–, Brüder vom gemeinsamen Leben, 411, $_{59}$; 414
–, Collegium Americanum, 392
–, Collegium Borromäum (gegr. 1854), 392; 577; 579; 581
–, Collegium Critinianum, 387; 458; 461
–, Collegium Ludgerianum, 224; 237; 391f.; 575; 581, $_{95}$
–, Deutschorden, 410, $_{55}$
–, Domus Mariana (1625–ca. 1639), 388
–, Erbmänner, 383
–, Festungswerke, 86
–, Franziskaner, 636
–, Franziskaner-Observanten, 410, $_{53}$
–, Franziskus-Hospital, 581, $_{95}$
–, Fraterhaus „Zum Springborn", 259; 382; 389f.; 414; 418; 459f.
–, Galen-Konvikt, 450
–, Geistlicher Rat, 223; 318; 320; 441; 444; 527
–, Geistliches Gericht, 455; 519
–, Generalvikariat, 559; 568, $_{42}$; 581, $_{97}$; 639
–, Gilden, 449; 476; 481ff.
–, Gymnasium Paulinum, 224; 475; 575

–, Heerdekolleg, 389
–, Hofringe, Tertiarierinnen des hl. Franz, 416, $_{66}$
–, Horsteberg, 153; 377; 387; 565
–, Jakobikirche, 98; 154; 187, $_{92}$; 188; 197, $_{138}$
–, Jesuiten, 388; 457
–, Jesuitenkolleg, 384f.; 387; 450; 460; 522
–, Johanniterorden, 410, $_{56}$
–, Kanonengraben, 237
–, Kardinal-von-Galen-Stiftung, 389
–, Klemenskapelle, 98
–, Knabenseminar, 385
–, Königliche Akademie, 558
–, Kollegiatstifte, 87; 175
–, Krameramtshaus, 482
–, Kreis von Münster, 462
–, Kreisgericht, 567; 581
–, Kreuztracht, 100
–, Landesmuseum, 158; 633
–, Liebfrauen-Überwasser, 83; 98; 100; 125; 127, $_{42}$; 132; 195; 390f.; 415, $_{60}$; 417; 451; 459ff.; 486
–, Liebfrauen-Überwasser, Bruderschaft vom Heiligen Geist, 620
–, Liebfrauen-Überwasser, Marienbruderschaft, 620
–, Lindenkampf und Olfers, Bankhaus, 126, $_{40}$
–, Lothringer Chorfrauen, 523
–, Ludgerikirche, 77; 79; 132; 190, $_{107}$; 238
–, Luftangriff (10. Oktober 1943), 229
–, Mariä-Heimsuchung-Wallfahrt nach Telgte, 642
–, Marienkapelle, 98
–, Minoriten, 262, $_{68}$; 382; 410, $_{52}$; 412
–, Minoritenkirche, 477

–, Niesing, Schwestern vom gemeinsamen Leben, 416, $_{65}$
–, Philosophisch-Theologische Lehranstalt, 385
–, Priesterseminar, 377–394; 458; 461
–, Prinzipalmarkt, 153; 159; 553
–, Prozessionsweg, 638
–, Reine, Tertiarierinnen des hl. Franz, 416, $_{66}$
–, Ringe, Tertiarierinnen des hl. Franz, 416, $_{66}$; 448, $_1$; 523
–, Rosenthal, Frauenstift, 279, $_{118}$; 416, $_{65}$; 523
–, Send, 101; 158
–, Siegelkammer, 391
–, St. Aegidii, Bruderschaft Unserer lieben Frau, 620
–, St. Aegidii, Zisterzienserinnen, 195; 415, $_{60}$; 417; 472; 486
–, St. Jakobi, Kirche der Dompfarrei, 567; 618
–, St. Lamberti, Pfarrkirche, 100; 155; 229; 339; 472; 477f.; 481–488; 491; 553; 642f.
–, St. Lamberti, Katharinenbruderschaft, 620
–, St. Liudgeri, Kollegiatstift, 87; 100; 205; 425; 428f.; 431; 448–471; 477; 486
–, St. Liudgeri, Stiftsschule, 426
–, St. Martini, Kollegiatstift, 87; 190, $_{107}$; 195; 205; 317; 424f.; 429; 431; 455f.; 472–480; 486
–, St. Martini, Propstei, 429
–, St. Martini, Stiftsschule, 426; 475; 479
–, St. Mauritz, Kollegiatstift, 87; 98; 195; 205; 425; 428f.; 431; 472
–, St. Mauritz, Stiftsschule, 426
–, St. Servatii, Pfarrkirche, 132; 486
–, Staatsarchiv, 364
–, Stadtrat, 476; 478; 483; 485ff.

–, Stiftsfehde (1449–57), 85; 242; 245; 261, $_{65}$; 270
–, Strafanstalt, 559
–, Universität, 158; 223; 225; 386; 390; 459f.; 471
–, Weiheprotokolle, 388
–, Wiedertäufer, 87
–, Wochenmarkt, 158; 553
–, Zwölfmännerhaus, 100; 125
Münster, Sophia von, Äbtissin in Herzebrock, 440
Münsterberg, Ursula von, Nonne des Magdalenenklosters Freiberg, 340
Münsterland, 5; 38; 57; 59; 62; 72; 82; 85ff.; 435; 489; 493f.; 496; 499; 503; 505; 519; 539; 546; 557; 563; 603
Münzer, 487
Müsing, Jakob, 412
Mussinghoff, Heinz, Dr., Dompropst, 161
Muth, P.A., Dr., Domkapitular zu Münster († 1860), 125, $_{40}$; 225; 544
Myrina, 639

Nadermann, H. L., Direktor des Paulinums, 225
Nagel, Domvikar in Osnabrück, 541
Napoleon, 86; 88f.; 105
Nassau-Beilstein, Heinrich v., Dompropst in Münster (bis 1429), 174, $_{35}$
Nassau-Dillenburg, Grafschaft, 343
–, Wilhelm (der Reiche) von, Graf (1516–59), 350
Nassau-Siegen, Grafschaft, 400
Nassau-Siegen-Dillenburg, Johann VI., Graf v. (1559–1606), 350
Neckarsulm, 454
Neercassel, Johannes, Apostolischer Vikar in Holland, 532

Negingod, Schüler des Bonifatius, 17, [51]
Nenndorf (Hoya), Benediktinerinnenkloster, 401, [26]; 402, [35]
Netze (Waldeck), Zisterzienserinnenkloster, 401, [27]; 402, [35]
Neuburg, Franz Ludwig Pfalzgraf v. (1694–1732), 454
Neuenheerse, 625
Neumagen, 352
Neuß, 628, [41]
Nicolartius, Peter, Generalvikar, Stiftsdechant von St. Martini-Münster (1631–35), 389; 480
Nicomedes, hl., 505
Nieder-Wildungen (Waldeck), Johanniter, 400, [18]; 401, [24]
Nieheim, 625
Nienberge, Haus, 623, [21]
–, Pfarre, 623, [21]
–, Kaland, 622; 623, [22]
Nienborg, Telgte-Wallfahrt, 638
Nienkerken (bei Höxter), Paulsstift, 423
Nigg, W., 611
Nijmegen, Universität, 536
Nikolaus, hl., 126; 506; 607, [17]; 612; 619
Nikolaus von der Flüe, hl. († 1487), 612, [26]
Nikolaus von Kues (1401–64), Kardinal, 241–282; 608; 631
Nikolaus V., Papst (1447–55), 242; 244ff.; 261; 268, [91]; 271; 275
Nonnenherdecke, Frauenstift, 349
Norbert von Xanten (ca. 1080–1134), Bischof von Magdeburg, 128, [44]; 425; 434f.; 438f.; 446f.; 600
Nordhausen, Reichsstift, 493
Nordkirchen, 575
Nordlon, Pfarrei, 500
Nordwalde, Kirche (um 1350), 187, [92]
Nothelfer, Vierzehn, 606; 610
Nothgrim, Sohn Wurssings, 6

Nottuln, 519
–, Pfarrei, 564, [21]
–, freiweltliches adliges Kanonissenstift, 5; 387; 523
–, Telgte-Wallfahrt, 638
„Nürnberger Anstand" (1532), 485
Nuntiaturstreit, 463

O'Connell, Daniel, irischer Politiker (1775–1847), 577
Obernkirchen, Fraternitas beatae Mariae Virginis, 628
Oberwerbe (Waldeck), Benediktinerinnenkloster, 401, [26]; 402, [35]
Odacker (Hzgtm. Westfalen), Benediktinerinnenkloster, 415, [60]
Oeding, 500
Oedingen, Frauenstift, 419
Oelde, 546
–, Pfarrei, 473; 564, [21]
Oelinghausen (Hzgtm. Westfalen), Prämonstratenserinnenkloster, 416, [62]
Oemeken, 405
Oesede, Benediktinerinnenkloster, 415, [60]; 416
Österreich, Johann, Erzherzog von, 553
–, Maria von, Kaisernichte, 344
–, Max Franz v., Bischof von Münster (1784–1801), 455; 461; 463; 465; 469ff.
Offenberg, Oberbürgermeister von Münster, 581
Offizialat, 175; 206; 222f.; 591
Oldenburg, 223
–, Grafen von, 493
–, Otto von, Bischof von Münster (1203–18), 207; 430, [34]
Oldenstadt-Uelzen, Benediktinerabtei, 399
Olfen, Kirche (um 1350), 187, [92]
Olpe, 40, [5]
Oranien, Wilhelm II. von († 1650), 372, [26]
–, Prinz von, 333, [95]

Ordensreform, 262; 264f.; 275ff.
Ordinandenprüfung, 379; 385
Ordo canonicus, 421
Ordo monasticus, 421
Ordo Romanus antiquus, 67; 69
Orléans, 122, $_{30}$
Orpplin, Anna Philippine, 454
Orsini, Giordano, Kard., 243
Orthmarsen, 339
Osnabrück, 167, $_{11}$; 215, $_{199}$; 241, $_1$; 269; 410; 482; 530
–, Hochstift, 368; 416; 418
–, Btm., 88; 148; 177, $_{50}$; 202; 341; 364f.; 367f.; 370f.; 373; 410; 413; 426; 436; 452
–, Dom, 116, $_8$; 149; 618
–, Dom, Petersbruderschaft, 629
–, Dom, Kaland, 619, $_{10}$
–, Domkapitel, 364; 366; 373ff.; 429
–, Anna-Bruderschaft, 629
–, Archidiakone, 366
–, Augustiner-Eremiten, 262, $_{71}$; 265; 410, $_{51}$; 411; 413
–, Augustinerinnenkloster, 416, $_{64}$; 419
–, Beginen, 272, $_{102}$
–, Deutschorden, 410, $_{55}$
–, Dominikaner,„beim Natroper Tor", 262, $_{69}$; 410, $_{54}$; 413; 477; 628
–, Gildenbruderschaft der Lakenweber, 618; 629
–, Gildenbruderschaft der Schuhmacher, 618
–, Heilig-Kreuz-Bruderschaft, 627
–, Heilig-Leichnam-Gesellschaft, 627
–, Marien-Gilden, 628
–, Minoriten, 262, $_{68}$; 265, $_{83}$; 347; 410, $_{52}$; 411; 413; 618
–, Minoritenkirche, sunte Jacobs sellschup, 629
–, Stiftskirche St. Johannes d. T., 426; 429
–, St. Johann, Kaland, 619, $_{10}$
–, St. Johann, Johannes-Gesellschaft (Große Busbom), 629
–, St. Johannes, Stiftsschule, 427
–, St. Katharinen, 629, $_{48}$
–, St. Katharinen, Jakobsgilde, 629
–, Staatsarchiv, 364
–, Stadtkirche St. Marien, 618
–, St. Marien, Kaland, 623, $_{22}$
Ostbevern, 424
–, Vikarie (um 1350), 187, $_{92}$
Ostenfelde, Pfarrei, 473
Osterberg (Tecklenburg), Kreuzherrenkloster, 400, $_{20}$; 401, $_{24}$
Ostergau, friesischer, 5; 21; 45, $_{10}$
Osterstil, 144
Osterwick, Kirche (um 1350), 187, $_{92}$
–, Pfarrei, 564, $_{21}$
Ostfriesland, 5; 72; 348; 365
–, Grafen v., 343
–, Margarete v., Gräfin, 348
Ottenstein, Telgte-Wallfahrt, 638
Otto der Große, dt. Kaiser (936–973), 423; 502
Otto II., dt. Kaiser (967–983), 502
Otto III., dt. König (983–1002), 502
Otto IV., dt. König (1198–1218), 210
Otto von St. Nikolaus, päpstlicher Kardinallegat (1231), 164; 190, $_{107}$; 428
Overberg, Bernhard (1809–26), 393; 462
Overham, Gregor (1619–87), Subprior in Werden, Historiograph, 78
Oxel, Andreas, Minoritenbruder, 638

Pachomius, hl., Bischof von Alexandrien († 311), 635
Paderborn, 57, $_1$; 167, $_{11}$; 190, $_{107}$; 354; 482; 517

–, Btm., 148; 184; 187, $_{93}$; 190; 220; 258f.; 341; 410; 413; 426; 518; 588, $_{123}$; 625
–, Dom, 201
–, Dom, Vorhalle, 605
–, Abdinghof, Benediktinerabtei, 259, $_{55}$; 280, $_{119}$; 410, $_{47}$; 522
–, Beginen, 272, $_{102}$
–, Busdorfstift, 426; 428f.
–, Busdorf, Stiftsschule, 427
–, Franziskaner-Observanten, 410, $_{53}$
–, Gaukirche, St. Ulrich, Zisterzienser-Frauenkloster, 415, $_{60}$; 417
–, Minoriten, 262, $_{68}$; 265, $_{83}$; 410, $_{52}$; 411; 412
–, Rathaus, 355
–, Reichstag zu (777), 489; 492
Padua, Universität, 243
Pagenstecher, Johannes, Stiftsvikar, 424
Pankratius, hl., 501; 504ff.
Papebroch, D. SJ, 60
Paris, 532
–, Akademie Thévenot, 512
–, Nationalkonzil (1811), 89
–, Universität, 199; 379
Parsch, Pius, 610
Paschalis II., Papst (1099–1118), 218
Passional, 604
Pastor, Ludwig von, Prof., Kirchenhistoriker, 584
Patroklus, hl., 424
Patronat, 310; 618
Patronatsrecht, 311; 430; 473; 490; 496; 502f.
Patrozinienforschung, 134, $_4$
Paul II., Papst (1464–71), 267, $_{87}$
Paul III., Papst (1534–49), 283ff.; 288, $_{17}$; 293
Paul IV., Papst (1555–59), 288ff.; 290, $_{24}$; 302; 304ff.
Paul V., Papst (1605–21), 367
Paul VI., Papst (1963–78), 599

Pauli Bekehrung (25. Januar), 359
Paulli, Simon, Prof., 512
Paulus, Apostel, 82; 356
–, hl., Patron des Münsterer Doms, 96
Perger, A. Cl., Gymnasiallehrer und Zentrumspolitiker, 226
Person, Gobelinus, 241, $_2$
Pest, 169; 171; 620, $_{15}$
Peter und Paul, Apostel, 19; 102; 158
Petrus, Apostel, 34; 505
Pezel, Christoph, ev. Pastor in Herborn, 351
Pfalz-Neuburg, 408
Pfalz-Simmern, Johann von, Bischof von Münster (1457–65), 212
Pfalz-Zweibrücken, Grafen von, 343
Pfalzel, Frauenkloster bei Trier, 50
Pfalzel-Szene, 22; 25; 49ff.
Pfarrsystem, 39; 57, $_1$
Pfister, F., 607
Pfründenwesen, 196; 220; 273; 281; 285; 287; 456
Philippi, Friedrich, 494; 572, $_{55}$
Piccolomini, Enea Silvio dè, 244
Pictorius, 104
–, d. Ä., Peter (1626–85), 636
–, Gottfried Laurenz, Baumeister († 1729), 155
Pieper, Anton, Prof., Kirchenhistoriker, 592
Pigge, Albert (um 1490–1542), kath. Kontroverstheologe, 291
Pippin d. J., dt. König (751–768), 7
Pisa, Konzil von (1409), 241, $_1$
Pius II., Papst (1458–64), 267, $_{87}$
Pius V., Papst (1566–72), 600
Pius VI., Papst (1775–99), 470
Pius VII., Papst (1800–23), 88f.; 219
Pius X., Papst (1903–14), 641

Pius XII., Papst (1939–58), 536; 645
Piusvereine, 550
Plettenberg gen. Herting, Hermann von, Offizial in Paderborn, 374f.
Plettenberg, Friedrich Christian von, Bischof von Münster (1688–1706), 104; 531
Poenitentiar, 220
Poggenburg, Johannes, Bischof von Münster (1913–33), 90; 225; 392; 646
Pole, Reginald, päpstl. Legat, 381
Polhenn, Johannes, 412
Portmann, Heinrich, Dr., Bischöfl. Kaplan, 236; 238; 643
Portugal, 600
Possevino, Antonio SJ, päpstl. Legat, 449
Post, Lothar v., Vikar in Bocholt, 321; 336, [100]
Postulation, 221
Präbenden, 164f.; 171; 178; 180; 182; 186; 194; 220; 403; 408; 424; 428; 431; 472
Prädikanten, Wassenberger, 476
Praecentor, 191
Prämonstratenser, 277; 400; 425; 434–447
Präsentationsrecht, 310; 313; 318; 503
Präsenzgelder, 318; 378
Predigt, 42; 273; 312; 320; 339; 387f.
Preising, von, Bischof von Berlin, 645
Preußen, Königreich, 89f.; 157; 219ff.; 559; 583; 589
Priesterbildung, 21; 278; 281; 377ff.; 381f.; 384; 386; 389
Priesterrat, 227
Priesterseminar, 389; 462f.
Priesterweihe, 313; 380; 386; 388
Prignitz, 268
Primogenitur, 348

Prinz, Joseph, Prof., Direktor des Staatsarchivs Münster, 145; 147; 150; 364; 495; 502
Privilegium dignitatis, 606; 615
Professio fidei, 377; 388; 422
Proninck, P. Henricus, Vikar in Bocholt, 314; 322; 324; 332
Propagandakongregation, 530
„Provide", Konstitution Bonifaz VIII., 273
Prozessionen, 249; 274; 457f.; 625
Püngel, Nik., Dr. h.c., Dompfarrer in Münster, 224; 565, [30]
Pusinna, hl., 63, [30]
Putul, Diakon, 11
Pyrmont, 407

Quakenbrück, Kollegiatstift, 411; 415; 426
Quedlinburg, St. Wiperti, Prämonstratenserstift, 140, [14]
Quernheim (Ravensberg), Augustiner-Chorfrauenkloster, 402, [30. 36]

Rabbe, Wilhelm, Pfarrer von Bocholt, 309
Radbod, Friesenherzog, 6
Radewijn, 260
Radowitz, 549
Raesfeld, Bernhard v., Bischof von Münster (1557–66), 88; 252, [28]; 381
–, Gottfried v., Domdechant in Münster (1569–86), 88; 383ff.; 517
–, Heinrich von, Stiftskustos, 424
Rafflenbeul-Jacobi, Dietrich, ev. Prediger, 349
Rahner, Karl, Theologieprofessor, 614f.
Rainald von Dassel, Dompropst zu Münster, Reichskanzler (1156–62), 131
Ramsdorf, Pfarrei, 503
Ratbod von Trier (883), 69, [46]

Rath, Domkapitular, 224
Rave, Landeskonservator, 159
Raveaux, 550
Ravensberg, Grafschaft, 341; 345; 400; 403; 408
Raynald, Oderich (1595–1671), 289
Reck, Freiherr von der, 516
Recklinghausen, Vest, 89; 410
–, Augustinerinnenkloster, 416, $_{64}$; 419
–, Franziskaner-Observanten, 410, $_{53}$
–, Reichstag (1663), 373
–, Reichstag, 445
–, Stiftskirche, 315
–, Vikarie S. Catharinae, 336
–, Eva v., Gräfin, 347
–, Ulrich VI., Graf v. 347
Redi, Francesco, Dichterarzt, 512
Rees, 321; 336f.
Reform, gregorianische, 424; 473
Reform, Katholische, 365; 380; 585f.; 590; 592
Reformation, 87; 215; 284; 286; 340–363; 397; 433; 438; 567; 610
Reformsynode, England (1555/56), 381
Regensburg, Reichsdeputationshauptschluß (1803), 86; 219
–, Reichstag (1653), 445; (1663) 373
Regenstein, Grafen von, 343
Reginmuod, adlige Frau, 503
Registrum ecclesiarum (1313), 490
Regula canonica, 108
Reichensperger, A., 549; 552
Reichersberg, Gerhoh von, Scholaster und Domherr von Augsburg († 1169), 425
Reichsverfassung, Deutsche (1871), 550
Reims, 492
Reininck, Gottfried, Kaplan an der Überwasserkirche-Münster, 476

Reining, Albert, Bildhauer, 103
Reinke, Prof. für altt. Exegese, 224f.; 558, $_6$
Reken, Kirche von (um 1350), 187, $_{92}$
Religionsfrieden, Augsburger (1555), s. Augsburg.
Rembold, Dompropst in Münster (1206–38), 170
Remigius, hl., 100; 139, $_{13}$; 149f.; 492; 499
Remigius und Nikomedes, hll., 77
Remmelt, 502
Rengering, Zisterzienserinnenkloster, 416, $_{61}$
Rensing, Dr., Landeskonservator, 638
Reservationsrecht, 211
Residenz, 307; 313; 315; 318; 324; 336; 338; 429; 448; 450f.; 472
Revolution, Französische, 86; 433
Rheda, Herrschaft, 355; 358
Rhede, 325
Rheinberg, 558
Rheine, 497; 546
–, fränkischer Missionsbezirk, 496; 500; 563, $_{21}$
–, Franziskaner-Observanten, 410, $_{53}$
–, St. Dionysius-Pfarrei, 494f.; 563, $_{21}$
–, Telgte-Wallfahrt, 645
Rheinhausen, Bursfelder Kloster, 256, $_{42}$
Rhynern, Franziskaner-Tertiarierinnen, 402, $_{31}$; 403
Ribbeck, Walter, 570
Richter, Bernhard, Dr. theol., Direktor des Collegium Borromäum-Münster, 577; 581, $_{95}$
–, Bocholter Familie, 309
Riculf von Mainz (787), 68, $_{44}$
Riegger, Paul Joseph v., Josephinist, 461
Riesenbeck, Kirchspiel, 375, $_{34}$; 606

Rietberg (Mark), Deutschordensritter, 401
–, Franziskaner-Observanten, 400, $_{15}$
–, Grafschaft, 341; 343; 347f.; 360; 400
–, Johann v., Graf (1472–1516), 348; 362
–, Konrad v., Bischof von Osnabrück (1270–96), 150, $_{53}$
–, Konrad IV. v., Bischof von Münster (1497–1508) u. Osnabrück (1482–1508), 279, $_{115}$; 362; 475
–, Otto III. von, Bischof von Münster (1301–08), 147, $_{39}$; 213; 214, $_{194}$; 215, $_{202}$
–, Otto III., Graf v. (1516–35), 347
–, Otto IV., Graf v., 348
Rinkerode, St. Pankratius, 187, $_{92}$; 506
Rittweger, E. D., Redakteur der Tremonia (Dortmund), 580
Riquin, Laie (1330), 173, $_{34}$
Robbers SJ, Rektor der Universität Nijmegen, 537
Rode (Paderborn), Benediktinerabtei, 410, $_{47}$
Roede, Anna, Herzebrocker Klosterschreiberin, 440
Rohracher, Andreas, Dr., Erzbischof von Salzburg, 536
Rohsum, Franziska van, 557
Roleff, Heinrich, Dr. theol. h.c., Titularbischof von Elaea, Weihbischof in Münster (1936–66), 225; 535
Roll, Heinrich, ehem. Haarlemer Karmeliter, 486
Rom, 5; 21; 34; 45, $_{10}$; 146f.; 207; 210ff.; 218f.; 261; 264; 285; 288; 293; 301ff.; 315; 344; 367; 374; 437; 482; 505; 516f.; 528; 543; 561; 584; 588; 601; 605; 639

–, Campo Santo, 572, $_{54}$; 583; 587
–, Castel Gandolfo, 541
–, Collegium Germanicum, 382; 449ff.; 531; 639
–, Deutsche Botschaft, 536
–, Jubeljahr 1450, 242
–, Peterskirche, 218; 645
–, Rota Romana, 215; 383
–, S. Pietro in vincoli, röm. Titelkirche, 244
–, Universität, 224
–, Vatikanisches Archiv, 587
Römeling, Patroklus, ev. Prediger, 347
Römer, Katharina, Mutter des Nikolaus v. Kues, 243
Rorup, 424
Rosenkranz, 628; 629, $_{43}$; 639
Roth, Heinrich, Domvikar in Münster, 238
Rothauß, 330
Rothenburg, Rudolf v., Bischof von Würzburg (892), 69, $_{47}$
Rothmann, Bernd, Kaplan an St. Mauritz-Münster, Wiedertäufer, 87; 476f.; 481f.; 484; 486; 488
Rouen, 122, $_{30}$
Rudloff, Johannes von, Weihbischof in Osnabrück, 536; 541
Rulle, Zisterzienserinnenkloster, 416; 418
Rumbeck (Hzgtm. Westfalen), Prämonstratenserinnenkloster, 416, $_{62}$
Ruotholphus, Pfarrer von St. Remigius-Borken, 490
Ruotpert von Metz (883), 69, $_{46}$
Rußland, 449; 607
Rüthen, Augustinerinnenkloster, 279, $_{118}$; 416, $_{64}$; 419

Sachsen, 15; 23; 32f.; 37; 40ff.; 49; 63; 72; 82; 113; 607
–, Hzgtm., 84
–, Anna v. (1531–84), 345

–, August v., Kurfürst (1553–86), 345
–, Clemens Wenzel v., Erzbischof von Trier (1739–1812), 460, [38]; 470
Sachsen-Lauenburg, Erich v., Bischof von Münster (1508–22), 624, [23]
–, Heinrich von, Bischof von Osnabrück (1574–85), 371, [24]; 440
Sachsenaufstände, 21
Sachsenkriege, 489; 497
Sachsenland, westliches (Münsterland), 493; 497
Saint-Amour, Wilhelm v. († 1272), Pariser Philosoph u. Theologe, 264, [78]
Sakramente, 272
Säkularisation, 86; 156; 168; 186; 219; 221; 341; 404; 406f.; 418f.; 433; 447; 503
Salerno, Dom, 113
Salm-Horstmar, Fürst zu, 503
Salvian, 36, [152]
Salzburg, 277, [112]; 278
–, Btm., 468
–, Kirchenprovinz, 68
–, Provinzialsynode, 245
–, Universität, 454
Samland, 150
Sanfelice, Joseph Maria, Kölner Nuntius, 445
Sardana, Marienbild, 635
Sassendorf, Pfarrei, 349
Sassoferato, Bartolo (1313–57), ital. Jurist, 291, [29]
Sauer, August, Historiker, 584
Sayn-Wittgenstein, Anna v., Gräfin, 347
–, Georg v., Domdechant in Köln, 352
Schaaken (Waldeck), Kanonissenstift, 404, [40]; 408, [44]
Schale (Tecklenburg), Zisterzienserinnenkloster, 401, [27]; 402, [35]

Schaumburg, Adolf v., Erzbischof von Köln (1547–56), 289f.; 304; 306
Scheda (Mark), Prämonstratenser, 119; 140, [14]; 400, [13]; 401; 406; 435; 447
Scheffer, 621
Scheifes, Johannes, Dr. theol. h.c., Titularbischof von Cestrus, Weihbischof in Münster (1921–36), 225
Schellhaß, Karl, 585, [113]
Schenkingprozeß, 383
Schepsdorf i. Emsland, 519
Scherz, Gustav, Stensen-Forscher, 536; 540
Schildesche, Freiweltliches Damenstift, 404, [40]; 408
Schinna, Benediktinerkloster, 400, [11]; 401, [24]; 406
Schiphower, Johannes, Augustiner, 263, [73]
Schisma, abendländisches (1378–1449), 241; 301; 630
Schlathoelter, C., 581
Schlaun, Johann Konrad, Baumeister († 1773), 156
Schlun, Domkapitular in Münster, 565
Schmael, Kaspar E., 521
Schmalkaldischer Bund, 415; 485
Schmalz, Hermann, Pfarrer der Berleburger Residenz, 352
Schmedding, Bernd, Bildhauer, 103
Schmidt, Fr., Domchordirektor, 225
Schmiemann, August, Münsterer Bildhauer, 640
Schmisingh, Domthesaurar, 337
Schmitz-Kallenberg, Ludwig, Prof., Direktor des Staatsarchivs Münster, 400; 573; 592; 593, [136]
Schmülling, Johann Heinrich (1774–1851), ntl. Exeget, Regens

des Priesterseminars (1826–51), 224; 393
Schneider, Wilhelm, Bischof von Paderborn, 641
Schnepf, Eberhard, Prof. in Marburg, 486
Scholaster, 181; 189; 200; 202ff.; 215; 426; 472
Schönberg, Friedrich Karl v., Bischof von Würzburg (1729–46), 455
Schönbornslust (Trier), 469
Schöneflieth, Burg bei Greven, 186; 188
Schöppingen, 314; 477; 497
–, Pfarrei St. Brictius, 494f.; 563, $_{21}$
–, Telgte-Wallfahrt, 638
Schonebeck, Schloß, 188
Schulte, Alois, Prof. in Bonn, 153; 159; 166; 575, $_{68}$; 593, $_{136}$; 594, $_{139}$
Schulwesen, 9f.; 21; 29; 31; 39; 45f.; 90
Schulze Bäing, Gescher, 502
Schüttorf, 519
–, Pfarrei, 495
–, Augustiner-Chorfrauen, 402, $_{30.35}$
Schwaben, Philipp v. (1198), 210, $_{185}$
Schwärmertum, 478; 487
Schwarz, Bernhard, Lehrer aus Beckum, 575; 586, $_{116}$
–, Heinrich, Sanitätsrat in Dülmen, 581, $_{95}$
–, Maria, geb. Mersmann aus Warendorf, 575
–, Wilhelm Eberhard (1855–1923), Domkapitular in Münster, Historiker, 556; 574–596
Schwarzburg, Heinrich von, Bischof von Münster (1466–96), 198, $_{142}$; 216; 279, $_{115}$; 624, $_{23}$
Schweden, 368; 600
Schweiß, Englischer, 347

Schwerin, Dom, 533
Scrimp, Bocholter Familie, 309
Sedlag, Bischof von Kulm, 549
Seelsorge, 272; 317; 450; 458
Seminar, tridentinisches, s. Münster, Priesterseminar.
Seminardekret, trident., 281; 380f.; 384
Seminaristicum, 381; 389
Send, 137; 407; 473
Seppeler, Richard Wilhelm, münst. Bürger, 568
Sergius I., Papst (687–701), 7, $_{12}$
Servatius, hl., 126
Servitium commune, 211, $_{187}$
Servitium regis, 188, $_{98}$
Siegen, Grafschaft, 341
–, Franziskaner-Observanten, 400, $_{15}$; 401, $_{24}$; 406; 414
Siegerland, 343; 350
Siegfried, Erzbischof von Köln, 277
Siegler, 175
Simeon, hl., 506
Simonie, 527; 529
Simson, B., 64ff.
Sintzig, Johann Wilhelm v., Germaniker, 450, $_6$
Skiba, Staatssekretär, 536f.
Sleidan, 291
Smid, Bischof aus Rom, 536
Soest, 141, $_{18}$; 347
–, Beginen, 272, $_{102}$
–, Dominikaner, 262, $_{69}$; 400, $_{16}$; 401; 406
–, Magistrat, 349
–, Minoriten, 262, $_{68}$; 400, $_{14}$; 401; 403; 405
–, Paradies, Damenstift, 402, $_{29.33.36}$; 403
–, St. Patroklus, Kollegiatstift, 401; 403; 426
–, St. Petri, 479
–, St. Walburgis, Kanonissenstift, 404, $_{40}$; 408, $_{44}$
–, Stiftskapitel, 423

–, Stiftsschule, 426
Soest, Hermann, Zisterzienser aus Münster, 242, ₃
Soester Fehde (1445–49), 214; 242
Spannagel, Karl, Prof., Historiker, 593
Speyer, Btm., 588, ₁₂₃
–, Dom, 187, ₉₃
–, Kaisergruft, 129
–, Reichstag (1526), 342; 349
Spiegel, Ferdinand August v., Erzbischof von Köln, 461; 544
Spiegelberg, 407
Spinoza, Baruch, 512
Stabilitas in monasterio, 276f.
Stadtlohn, 190, ₁₀₇; 481
–, Bischöfl. Kaplanei, 136; 176; 205; 494
–, Pfarrei St. Otger, 500f.; 504; 506; 564, ₂₁
Stadtlohn-Büren, 504
Statusbericht, 308; 315 (1651)
Steck, Gerhard, Vikar in Bocholt, 314; 322; 324f.
Stedesdorf, Grafen von, 343
Steinfeld, Abt von, 445
Steinfurt, 176; 359
–, Edelherren v., 85
–, Arnold III., Graf v. (1538–66), 358f.
–, Rudolf v., Edelherr, 435
–, Grafschaft, 341
–, Pfarrkirche, 359
–, Reformationsfest, 359
Steinheim, Johannes Lambertus von, Propst in Clarholz, 439
Stensen, Niels, Titularbischof von Titiopolis (Isaurien), Weihbischof in Münster (1680–83), 11; 137, ₆; 452; 511–542
Stephan II., Papst (752–757), 7
Stephanus, hl., 126; 505; 619
Sterneberg, Johannes, Vikar in Bocholt, 322; 325
–, Wilhelm, Vikar in Bocholt, 314; 321; 324; 333; 338f.

Stevergau, 495
Stiftskapitel, 377
Stiftskurie, 424
Stiftsritterschaft, 208
Stiftsschule, 281; 378; 426
Stiftung, Seppelersche, 568
Stiftungsmessen, 313; 317f.
Stockhausen, Ferdinand v., Dechant von St. Martini-Münster, 455
Stocking, Bocholter Familie, 309
Störmede (Mark-Lippe), Augustiner-Chorfrauen, 279, ₁₁₈; 402
Stolberg-Wernigerode, Grafen v., 343
–, Botho v., Graf (1467–1538), 350
–, Juliane v., Gräfin (1506–80), 350f.
Stolgebühren, 312
Storck, Wilhelm, Prof., 579
Stralen, Gottfried, hessischer Prädikant, 486
Straßburg, 484
Stromberg, Heilig-Kreuz-Bruderschaft, 627
–, Kreuztracht, 638
–, Sophia v., Äbtissin in Herzebrock, 440
Strumann, Franz (1855–1920), Pfarrer an St. Laurentius-Warendorf, 582, ₉₉. ₁₀₂
Stundengebet, 18ff.; 165; 257
Stupperich, Robert, Prof. in Münster, Historiker, 340
Stüwer, Wilhelm, 77
Sturm, Schüler des Bonifatius, 17, ₅₁
Succentor, 191; 200f.
Sudholt, Liborius von, Propst in Clarholz (1567–78), 440
Südkirchen, St. Pankratius, 506
Südlohn, Pfarrei, 503
–, Vitus-Kapelle, 500
Sudtergoe, 95

Personen-, Orts- und Sachregister

Suhr, Theodor, Dr., Bischof von Kopenhagen, 536f.
Suitger, Bischof von Münster (993–1011), 86
Suitger von Bamberg s. Clemens II. (1046–47).
Sünninghausen, Pfarrei, 473
Sylvius, Franz, Anatom, 512
–, Johannes, reformierter Prediger, 514
Symbolum, 41
Synkretistenstreit, 516
Synodalrede, 385
Synoden, 272; 274

Tant, Johannes, Kaplan an St. Lamberti-Münster, 476
Taufe, 312; 476; 478; 482; 487
Tautphäus, Georg Heinrich Jacobi v., Dechant von St. Ludgeri-Münster (1783–93), 390; 448; 453–471
–, Johann Jacobi v., 454
Tecklenburg, Grafschaft, 355; 358; 403; 409
–, Grafen v., 85; 623, [21]
–, Adolf v., Bischof von Osnabrück (1217–24), 149
–, Konrad v., Graf (1534–57), 355; 358; 440
–, Mechthild v., Gräfin, 355
–, Landstände, 358
Tecklenburg-Rheda, Grafschaft, 341; 355; 403
–, Anna v., Gräfin, 358
Tecklenburg-Rheda-Lingen, 400
Tegeder, Scholaster von St. Mauritz († 1526), 132
Telgte, 186
–, Gnadenkapelle, 633; 641f.
–, Heilig-Kreuz-Bruderschaft, 627
–, Marienwallfahrt, 633–647
–, Pfarrei, 187, [92]; 564, [21]; 635
–, Propsteikirche, 633; 645f.

–, Schmerzhafte Mutter von, 633
Tencking, Bocholter Familie, 309
Tenhumberg, Heinrich, Bischof von Münster (1969–79), 646
Terfloth, Johann Martin, Vikar in Nordkirchen, 575
Terminarier, 412
Theodor, hl., 102
Theodoricus Lippiensis, 486
Theomar von Augsburg (873), 68, [44]
Thesaurar, 181; 189; 196; 204; 432; 472
Thiadbracht, Bruder d. Großmutter Liudgers, 6
Thiadgrim, Vater Liudgers, 6
Thiadhild, hl., 87
Thomas von Aquin, 12, [31]; 272
Thonar, 40
Thüringen, 24; 47f.; 51; 245; 286; 346; 353
Tibus, Adolf Joseph Cornelius (1817–94), Domkapitular, Historiker, 61; 138; 143ff.; 151; 492f.; 495; 505f.; 556–574
–, Johannes, 557
Tilbeck, Hermann, 482
Tölz, Leonhardifahrt, 609, [21]
Tönisberg, Pfarrei, 90
Torck, Johann Rotger, Domdechant in Münster († 1686), 527f.; 570
Toskana, 512; 541
–, Großherzog von, 532f.
Treitschke, Heinrich von, 219
Tribbe, Heinrich († 1464), Domherr und Chronist in Minden, 279, [115]; 631
Trient, 302
–, Konzil von (1545–63), 88; 122, [30]; 287f.; 307; 313; 318; 343; 365; 367; 380; 420; 438; 444; 449; 479; 524; 526; 528; 531
Trier, 129; 261, [65]; 262f.; 543f.; 547; 588, [123]; 605

–, Kirchenprovinz, 68
–, Erzbtm., 5; 15; 49; 72; 219; 243; 263; 286; 459f.; 532; 588, ₁₂₃
–, Dom, 243
–, Domkapitel, 287; 544
–, Domstift, 175
–, Universität, 543
Trithemius, Johann, Abt von Sponheim, 281f.
Troyes, 424
Trutling, Dietrich, 479
Türken, 284; 485
Tumbült, G., 572, ₅₅
Turnar, 431
Tütel, Bernhard, Pfarrer von Werl (1580–1611), 443
Twistringen, 365, ₄; 373, ₃₄; 376, ₃₅
Tympius, Matthäus, 126

Ubaldis, Baldus de (um 1327–1400), Rechtsgelehrter, 291, ₃₀
Ubbenhorst, 502
Udo, Domherr zu Münster (1150–85), 123
Uffm Dreyn, Archidiakonat, 473
Uhrwerker, W., Pastor von Ascheberg, 609
Ulrich Engelberti († 1277), Straßburger Dominikaner, 313
Ungarnexpedition (1664), 373
Unionsbewegung, 511
–, evangelische, 516
Universitäten, 378f.; 385
Unna, 119; 279, ₁₁₈
–, Augustiner-Chorfrauen, 402, ₃₀. ₃₆
Üntrop, Kirche, 504
Urban IV., Papst (1261–64), 146; 319, ₃₇
Urban V., Papst (1362–70), 211
Urban VIII., Papst (1623–44), 368
Utpräbenden, 180
Utrecht, 5; 110; 270, ₉₇; 358
–, Btm., 7; 175; 501

–, Domschule, 5; 7; 9f.; 14; 21; 23; 37; 44f.; 46, ₁₂
–, St.-Martins-Stift, 4; 7, ₁₂; 44

Vagedes, Johannes († 1663), Generalvikar in Münster (1646–54), 317; 323; 337; 480
Valerii, Cornelius, 442
Vanutelli, Seraphin Kardinal, 639
Varlar (bei Coesfeld), 443
–, Pfarrei, 504; 506
–, Kirche, 506
–, Prämonstratenserkloster, 410, ₄₉; 411; 434; 445; 447
Vatikan, Archiv, 283; 289; 483f.; 572, ₅₄
–, Bibliothek, Fondo Barberini, 290
Vechta, Amt, 365; 373f.; 376
–, Dekanat, 365, ₄
–, Augustinerinnenkloster, 416; 419
–, Festungswerke, 86
Vechtrup, Everhard von, Dompropst in Münster (1353–56), 183
Veghe, Johannes, Rektor der Niesingschwestern in Münster, 280, ₁₁₈
Velen, 519
Vellern, Pfarrei, 473
–, Pfarrkirche St. Pankratius, 506
Velmede, Gottfried von, Pastor von Coerde, 442
Veninck, Bocholter Familie, 309
Vereinswesen, katholisches, 90; 588
Verfassung, landständische, 342
Verspoel, Schwestern von, 448, ₁
Vicedominus, 181; 189; 204
Vienne, Konzil von (1311), 205
Vigerius, Johann, Stadtschreiber in Münster, 487
Vikarien, 308; 313–319

Viktorin und Florian, hll., 99; 103; 116; 124
Vincke, Johann, Kaplan an St. Liudgeri-Münster, 476
Vinnenberg, Benediktinerinnenkloster, 415, $_{60}$; 519
–, Wallfahrtsort, 638
–, Zisterzienser-Frauenkloster, 417
Virgil von Salzburg (767), 69, $_{46}$
Visconti, Ercole, Kölner Nuntius, 530
Visitation, 273; 307f.; 445; 473; 519
–, Bistum Münster (1571/73), 381; (1621), 334; (1655), 315; 317
–, Bocholt (1654/56) 307–339
Vita Canonica, 421–433
Vita communis, 272; 277; 377; 421; 441; 473
Vita Gregorii, 22; 46f.
Vita Liudgeri auctore Altfridi, 602
Vita secunda Liudgeri, 494
Vita tertia Liudgeri, 62; 71; 73f.
Vita rhythmica Liudgeri, 59
Vitus, hl., 607
Viviani, Vincenzio, Mathematiker und Physiker, 512
Vlotho (Ravensberg), Zisterzienserabtei, 400, $_{12}$; 401, $_{24}$
Vogelius, Karl Heinrich v., Dechant von St. Ludgeri-Münster (1758–59), 451
Vogtei, 181
Volkhardinghausen (Waldeck), Augustinerkloster, 401, $_{21.24}$
Volkmarsen (Kr. Wolfhagen), 259
Volksfrömmigkeit, 226; 599–616
Volkspredigt, 263; 412
Volksvereine, katholische, 548; 550; 554
Vollenhove (Overijssel), 435
Voragine, Jacobus a, Bischof von Genua († 1298), 604
Vorhelm, St. Pankratius, 506

Voß, Hubert, Regens des Priesterseminars (1891–99), Bischof von Osnabrück, 225; 393; 641
–, Dechant am Alten Dom zu Münster, 424
Vreden, 190, $_{107}$; 502
–, Archidiakonat, 205
–, Pfarrei, 495; 500
–, Franziskaner, 410, $_{53}$
–, Kanonissenstift St. Felicitas, 492; 500; 564, $_{21}$
–, Telgte-Wallfahrt, 638
–, Vogtei, 493
Vrederune, Tochter von Frau Reginmuod, 503

Wadersloh, Pfarrei, 473; 564, $_{21}$
–, Knabenseminar s. Collegium Johanneum, 392
Wahlkapitulation, 213; 216; 526
Wala von Metz (876), 69, $_{49}$
Walbeck, Siegfried v., Bischof von Münster (1022–32), 504; 506
Walburgis, hl., Kompatronin des Münsterer Domes, 117; 118, $_{19}$
Waldburg, Otto Kardinal Truchseß von (1514–73), 301f.; 586
Waldeck, Grafschaft, 341; 343; 348; 400; 402, $_{35}$; 403; 409
–, Franz v., Bischof von Osnabrück (1532–53), 371, $_{24}$
–, Gottfried von, 175
–, Widukind von, Propst in Münster (1263–65), Bischof von Osnabrück, 182
Waldeck-Landau, Grafschaft, 349
–, Philipp III., Erbgraf von (1524–39), 344; 348ff.
–, Wolrad von, Graf, 350
Waldeck-Wildungen, Philipp IV., Graf v. (1513–74), 348
Waldenfels, Kölner Minister, 465f.
Walgarding, Gerd, Bürger von Telgte, 635
Walling, Johann, Dr., päpstlicher Kaplan und Auditor, 426

Walrave, Georg, Pfarrer von Beelen, 441
Waltbert, Enkel Widukinds, 492
Warburg, 190, $_{107}$; 625
–, Antoniusbruderschaft, 630
–, Dominikanerkloster, 262, $_{69}$; 410, $_{54}$
–, Konvent der gelehrten Predigtbrüder, 413
Warendorf, 190, $_{107}$; 567; 618
–, Pfarrei St. Laurentius, 121, $_{27}$; 495; 564, $_{21}$
–, Antoniusbruderschaft, 630
–, Bischöfliche Kaplanei, 136; 176; 205; 494
–, Festungswerke, 86
–, Franziskaner, 410, $_{53}$; 636
–, Heilig-Kreuz-Bruderschaft, 627
–, Kramergilde, 618
–, Wandmachergilde, 618
Wartenberg, Franz Wilhelm von, Bischof von Osnabrück (1625–61), 368; 370; 452
Wecelo, v., Bocholter Familie, 309
Wecken, Friedrich, 144f.
Weddern, Kartäuser, 410, $_{50}$; 412
Wedinghausen, Prämonstratenserabtei, 439; 443; 447
Weichmann, Johann Ernst, 323; 334; 337
Weide, Ursula, Schösserin von Eisenberg, 340
Weihnachtsstil, 144
Weimar, Verfassung (1919), 90; 226; 550
Weinand, Johannes, Dr., Direktor des Collegium Borromäum, 237; 392
Weißenstein (bei Kassel), Augustiner-Chorfrauenstift, 355
Welheim (Hzgtm. Westfalen), Deutschorden, 410, $_{55}$
Welver-Soest, Zisterzienser-Frauenkloster, 401, $_{27}$; 402
Wenden, 72; 436
Wening, 502
Wenneker, Johannes, Dr., Titularbischof von Laris, Weihbischof in Münster (1454. 1468), 309
Werden, 42; 63, $_{30}$; 108; 110
–, Benediktinerabtei, 5; 13, $_{36}$; 38; 59; 62f.; 73, $_{70}$; 75ff.; 80f.
–, Reliquienschrein, 79
–, Salvatorkirche, 34; 75
–, Urkunden, 60f.; 74
Werl, Pfarrei, 444
Werne, Pfarrei, 438; 442; 564, $_{21}$
–, Kirche, 435
Werner, Bischof von Münster (1132–51), 119; 124ff.; 435
Weseke, Telgte-Wallfahrt, 638
Wesel, 438
Wessum, 500; 564, $_{21}$
–, Telgte-Wallfahrt, 638
Westerburg, Siegfried v., Erzbischof von Köln (1275–97), 276
Westfalen, Augustiner-Eremiten, 410
–, Augustinerinnen, 402; 416; 419
–, Beginen, 418f.
–, Benediktiner, 410
–, Benediktinerinnen, 401; 415
–, Brüder vom gemeinsamen Leben, 411; 418
–, Deutschordensritter, 410
–, Dominikaner, 410
–, Dominikanerinnen, 402; 416
–, Domkapitel, 414
–, Franziskaner-Observanten, 406; 410; 412
–, Franziskaner-Tertiarierinnen, 402
–, Fraterherren, 419
–, Freiweltliche Damenstifte, 402; 404; 408; 416; 418f.
–, Herzogtum, 341; 410
–, Johanniter, 410
–, Kanonissenstifte, 417; 419
–, Kartäuser, 410
–, Klarissen, 402

–, Kollegiatstifte, 414; 419
–, Kreuzherren, 410
–, Minoriten, 410; 412; 414
–, Prämonstratenser, 410; 434–447
–, Prämonstratenserinnen, 401; 416
–, Regulierter dritter Orden des hl. Franz, 419
–, Schwestern vom gemeinsamen Leben, 416; 418
–, Tertiarierinnen des hl. Franziskus, 416
–, Windesheimer Augustiner-Chorherren, 410
–, Zisterzienser, 410f.; 417
–, Zisterzienserinnen, 401; 415
Westfälischer Friede s. Friede
Westfranken, 51
Westmünsterland, 500
Westsachsen, 5; 47; 49; 57; 62; 69; 72; 82; 489; 497
Wettringen, 497; 546
–, Pfarrei, 494; 563, [21]
–, Telgte-Wallfahrt, 638
Wevelinckhoven, Herrlichkeit, 358
–, Florenz v., Bischof von Münster (1364–78), 97; 140; 171; 185; 195, [133]; 214, [194]
Weygewynt, Albert, Domthesaurar in Minden (1338–54), 254, [33]
Wichertz, Heinrich, Pastor in Bocholt, 323, [61]
Wichtrup, 186
Widukind, 5; 11; 39; 45, [10]; 489; 491ff.; 497; 500
Wieck, Johann von der, Dr., Stadtsyndicus von Münster, 482
Wied, Friedrich v., Bischof von Münster (1522–32), 168, [18]; 476; 481f.
–, Hermann v., Erzbischof von Köln (1515–47), 284f.; 287; 291; 302; 354
Wiedenbrück, 279, [118]; 429

–, Augustinerinnenkloster, 402, [30]; 410, [53]; 416, [64]; 419
–, Kaland, 624
–, St. Aegidius, 426
–, Stiftsschule, 427
Wiedenbrück, Johannes von, Augustiner-Lektor, 263, [73]
Wiedertäufer, 103; 105; 118, [20]; 138; 154f.; 205; 417; 475f.; 478; 484; 487; 561; 592
Wien, 584
–, K. K. Haus-, Hof- und Staatsarchiv, 585
–, Konkordat (1448), 85; 168; 212; 244; 281, [120]; 430; 472
–, Kongreß (1815), 157
Wieschebrink, Theodor, Dr., Domvikar in Münster, 79; 238
Wietersheim (Minden), Johanniterorden, 410, [56]
Wietmarschen, Kanonissenstift, 404
Wigbert, Sohn Widukinds, 492
Wildermann, R., Studienprofessor, 227
Wildeshausen, Herrschaft, 365, [4]
–, Kollegiatkapitel, 411; 415
–, Vogtei, 493
Willebadessen (Paderborn), Benediktinerinnenkloster, 415, [60]
Willehad von Bremen (788), 21; 34; 69, [46]
Willibald von Eichstätt (741), Schüler des Bonifatius, 7, [11]; 14, [36]; 17, [51]; 33, [139]; 68, [44]
Willibert von Köln (870), 69, [48]
Willibracht, Bruder d. Großmutter Liudgers, 6
Willibrord († 739), 4; 6f.; 15, [44]; 21; 34; 109, [9]
–, Vita, 59
Wilmans, Roger, Archivrat, 144f.; 150f.; 566
Wilna, 449
Wilsnack, Wallfahrt, 254, [34]; 261, [65]; 268

Wilson, 594
Wiltinck, Bocholter Familie, 309
Wimpfeling, Jakob, Priesterhumanist (1450–1528), 432
Winckelhausen, Wilhelm von, Domdechant in Osnabrück, 373
Windhausen, 63, $_{30}$
Windesheim, 261
–, Reformkongregation, 258; 260; 262f.; 279; 414; 419
Windthorst, Ludwig, 226
Winter, Domwächter in Münster, 230
Winterswijk, 500
–, Archidiakonat, 205
–, Pfarrei, 495
Winzenburg, Dietrich II. Graf v., Fürstbischof von Münster (1118–27), 84; 99; 129
Wippra, Ludwig v., Bischof von Münster (1169–73), 84
Wirtheim, Peter, hessischer Prädikant, 486
Witte, Franz, Pfarrer von St. Mauritz-Münster († 1882), 392
Wittenberg, 346; 486
–, Augustinerkloster, 342
Wittgenstein, Grafschaft, 341; 343; 351; 363; 400
Wittgenstein-Berleburg, Johann VII., Graf v. (1517–51), 351
Wittgenstein-Hohenstein, Wilhelm v., Graf (1517–69), 352
Wittmund, Grafen von, 343
Wodan, 40
Wolbeck, 519
–, Telgte-Wallfahrt, 638
Wolfgar von Würzburg (810), 68, $_{44}$
Wormeln (Paderborn), Zisterzienserinnenkloster, 416, $_{61}$
Worms, 84; 348; 588, $_{123}$
–, Konkordat (1122), 84; 207
–, Reichstag (1521), 342; 350; 353

–, Reichstag (1545), 284
Wreden, Karl Josef v., Kanoniker, Sekretär des Kölner Erzbischofs, 462; 465–469
Wulfhelm, Bischof von Münster (887. 895), 98
Wulle, Buchhändler in Münster, 237
Wüllen, Telgte-Wallfahrt, 638
Würdtwein, Alexander, Weihbischof in Worms, 462
Wurssing, Großvater Liudgers, 6
Würzburg, 245
–, Bistum, 175; 455; 494; 588, $_{123}$
–, St.-Stephan-Abtei, 256
–, Universität, 454; 543
Wydenbrück, Johann Heinrich Melchior v., Dechant von St. Ludgeri-Münster (1694–1717), 450
Wyroghe, Hermann, Chorvikar am Dom zu Münster, 197, $_{138}$

Xaver, Franz, hl., 522

York, 4; 13, $_{36}$; 110
–, Domschule, 5; 10; 12; 42; 45
York, Friedrich v., anglikanischer Prinz, 451, $_{15}$

Zehnt, 496; 507
Zell, Katharina von, oberdeutsche Pfarrersfrau, 340
Zentrumspartei, 589
Zirkumskriptionsbulle (1821) s. De salute animarum.
Zölibat, 197, $_{140}$; 206; 398f.; 407; 441; 467ff.; 552
Zolter, Heinrich, Augustiner, 263, $_{73}$
Zur Bis, Sander, 334
Zuylen bei Utrecht, 4
Zwingli, 475f.; 481; 483; 486

Abbildungsnachweis

Umschlag: Domkirche in Münster *(Andreas Lechtape, Münster)*
S. 8: Liudgers Aufnahme in das Kloster Utrecht (Vita secunda Liudgeri fol. 5r: *Staatsbibliothek Berlin, Stiftung Preußischer Kulturbesitz; aus: Geschichte der Stadt Münster, hg. von Fr.-J. Jakobi, Bd. 1, 1993, 20)*
S. 73: Liudger wird zum Bischof von Münster gesalbt (Vita secunda Liudgeri fol. 11r: *Staatsbibliothek Berlin, Stiftung Preußischer Kulturbesitz; aus: ebd. 30)*
S. 76: Aufbahrung Liudgers in Münster (Vita secunda Liudgeri fol. 20v: *Staatsbibliothek Berlin, Stiftung Preußischer Kulturbesitz; Verlag Aschendorff)*
S. 80: Reliquien des hl. Liudger im Dom zu Münster *(Stefan Werding, Münster)*
S. 91: Papst Johannes Paul II. am Grab Clemens Augusts v. Galen *(Verlag Aschendorff)*
S. 96: St.-Paulus-Dom *(Andreas Lechtape, Münster)*
S. 154: Domplatz mit altem Baumbestand (vor 1939) *(aus: Der Hohe Thumb zu Münster, hg. von M. Bierbaum, 1950, 163)*
S. 232: Zerstörungen des Domes im Krieg *(aus: A. Schröer, Der Hohe Dom zu Münster. Sein Stirb und Werde in der Not unserer Zeit = Geschichte u. Kultur H. 1, 1947, 61)*
S. 474: Stiftskreuz von St. Martini-Münster *(aus: 800 Jahre St. Martini Münster, hg. von W. Hülsbusch, 1980, 2)*
S. 498: St. Remigius-Borken *(aus: 1200 Jahre St. Remigius Borken, hg. von H. Kerst, Propsteipfarre St. Remigius Borken, 1983, 177)*
S. 513: Niels Stensen *(Westfälisches Landesmuseum für Kunst und Kulturgeschichte, Münster – Porträtarchiv Diepenbroick; Foto: R. Wakonigg)*
S. 545: Johann Georg Müller *(Gemälde im Collegium Borromäum, Münster von M. Wagener, 1904)*
S. 557: Adolf Tibus *(aus: Das Domkapitel zu Münster 1823-1973, hg. von A. Schröer = WS 5, 1976, 297)*
S. 576: Wilhelm Eberhard Schwarz *(aus: ebd.)*
S. 634: Gnadenbild in Telgte *(Borgas Fotoverlag im Verlag Aschendorff, Münster)*
S. 637: Christoph Bernhard v. Galen *(Bistumsarchiv Münster)*
S. 640: Maximilian Gereon v. Galen *(aus: J. Kuropka, Clemens August Graf von Galen. Sein Leben und Wirken in Bildern und Dokumenten, 1992, 69)*
S. 644: Clemens August Graf v. Galen *(Bistumsarchiv Münster)*